일본대중문화론

※ 이 도서의 국립중앙도서관 출판예정도서목록(CIP)은 서지정보유통지원시스템 홈페이지
(http://seoji.nl.go.kr)와 국가자료공동목록시스템(http://www.nl.go.kr/kolisnet)에서 이
용하실 수 있습니다. CIP제어번호: CIP2019034838(양장), CIP2019034865(무선)

일본대중문화론

discourse on
the Japanese popular culture

구견서 지음

한울
아카데미

차례

머리글

대중문화는 많은 사람이 즐길 수 있는 문화를 지칭한다. 한정된 소수 또는 소중(小衆)보다는 다수 또는 대중이 넓게 애호하고 향유하는 문화가 대중문화(popular culture)에 내재된 본래의 의미일 것이다. 고도의 지식이나 기술로 접하고 독점하는 전문적이며 특수한 문화가 아니라 다수가 통상적인 지식이나 상식으로 향유하는 아마추어적이며 보편적인 문화이다. 많은 사람이 수용할 수 있고 넘볼 수 있기 때문에 대중문화는 대중이 주인이 되어 향유하며 교류하는 문화이다.

대중문화 범주에 들어가는 문화 영역과 문화 내용은 매우 다양하다. 예를 들면, 음료문화로서 오차(お茶), 코카콜라, 영상문화로서 시대극이나 로망 포르노(ロマンポルノ) 영화, 사회파 애니메이션, 음악문화로서 J-POP, 다카라즈카(宝塚), 일본 가요인 엔카(演歌), 음주문화로서 미즈와리(水割り), 이자카야(居酒屋), 음식문화로서 초밥(寿司), 돈카쓰, 다코야키(たこ焼き) 등이 있다. 그리고 성(性)문화로서 춘화(春畵), 소푸란도(ソプランド), 엿보기(覗き), 스포츠문화로서 레슬링, 격투기, 스모(相撲), 야구, 문학문화로서 소설과 하이쿠(俳句), 의복문화로서 기모노(着物)와 유카타(浴衣), 민족문화로서 천황제와 일본어, 민속문화재, AI문화로서 로봇, 비트코인(bit coin), 핀테크(Fintech), 자율주행자동차 등이 있다.

생활인이나 사회인이 향유하는 대중문화는 문화 영역과 문화 내용에서 본 것처럼 방대하고 다양해서 일정하게 한정하거나 경계를 정하는 것이 매우 어렵다.

〈그림 1〉 대중문화의 속성

대량성	균질성	복제 가능성	전통, 근대, 현대 사회성
유동성	익명성	통속성	정신, 물질, 의식주, 오락, 예술

여기에서는 범주를 한정하거나 정의를 내리는 데 집중하기보다는 일본인이 일상과 사회 속에서 향유하는 대중문화의 특성과 내용에 대해 고찰하고자 한다. 일상과 사회 속에서 존재하는 대중문화는 동일한 특징이 있으면서도 대량으로 생산된다는 점에서 균질성과 대량성을 갖고 있고, 필요하면 반복적으로 만들어 유통된다는 점에서 복제 가능성과 유동성이 있다. 또한 어디에서나 쉽게 접할 수 있고 소유자를 특정할 수 없다는 점에서 통속성과 익명성이 있다. 동시에 전통사회, 근대사회, 현대사회 등에서 작동하는 정신, 사상, 물질, 의식주, 오락, 예술 등과 밀접하게 관련된 속성을 함의하고 있다.

대중문화에 내재된 속성에 의해 유형을 구분해 보면, 대량생산과 대량소비에 의해 발생하는 유행문화와 소비문화, 신문이나 TV 등과 같은 매스미디어와 관련된 시청각문화, 다양한 첨단 과학과 기술로 만들어지는 과학문화, 균질화되고 평균화된 삶 속에 존재하며 생활양식으로 나타나는 생활문화, 문화 주체의 사회적 신분을 초월해서 존재하는 보통문화, 연령과 시대성에 기초한 청년문화와 노인문화, 문화의 품격과 가격으로 구분하는 고급문화와 하급문화, 사상의 보수성과 급진성으로 구분하는 보수문화와 진보문화, 국토와 민족을 중시하는 애국문화, 천황과 천황 전통성을 중시하는 천황문화, 외국인과 문화를 배척하는 혐류문화, 이념에 기초한 자본주의문화와 사회주의문화 등과 같이 매우 다양하다.

다양한 속성과 유형을 가진 대중문화는 기계화, 산업화, 자본화, 소비화, 산업, 상업화 등으로 창조되고 발전되어 인간 사회에서 문화적 기능과 역할을 하고 있다. 대중문화는 동시대성이라는 특징이 있다. 살고 있는 사람이 욕구하여 즐기는 문화이다. 현재 살아 있는 사람이 즐길 수 있는 것이기 때문에 문화도 살고 있다는 의미에서 인간과 문화는 동시대성을 갖는다. 만들어진 시기가 중시되는 것이 아니라 현재 대중이 즐기고 있는 대상이 되고 있는가 하는 점이 중요하다. 대중문화는 동시대성을 갖지 못하면 소멸되거나 사라지지만, 동시대성을 갖게 되어 살아 있는 사람이 즐기게 되면 새롭게 소생하거나 지속적으로 생존하게 된다. 시계열적으로 보면, 대중문화는 과거문화나 미래문화이기보다는 현재문화이다.

대중문화는 대중이 소비하는 문화라는 의미에서 대중 소비재이다. 대중이 소비할 수 있는 문화재로는 생활자가 즐길 수 있는 생활재, 자기 기호에 맞는 것을 선호한다는 의미에서 취미재, 심각하게 생각하기보다는 정신적 이완과 즐거움을 위해 이용하는 오락재, 개인보다는 많은 사람이 모여 함께 향유할 수 있는 집합재, 승패를 가르면서 즐기는 게임재, 시각이나 청각 등을 통해 접할 수 있는 영상예술재, 스마트폰이나 컴퓨터와 같이 전문기기로 애용할 수 있는 과학재 등이 있다. 여기에서는 대중문화의 전문화나 특수화보다는 일반화와 보편화가 중요하다. 대중문화는 소중보다 대중이 소비하는 대중소비재이며, 소비할 때 존재가치가 있는 문화이다.

대중문화는 문화 가운데 일정한 지위를 갖고 있다. 일반적으로 많은 돈과 시간을 들이며 소수가 즐길 수 있는 소중문화(小衆文化)가 아니다. 대다수 사람이 저렴하게 만끽할 수 있고, 누구나 눈만 돌리면 접할 수 있으며 쉽게 소유할 수 있다는 의미에서 특수문화가 아니라 보통문화라고 할 수 있다. 또한 고고한 자태나 자세로 향유하는 고급문화라기보다는 보통의 상식으로도 이해가 되고 수용이 된다는 의미에서 서민문화라고 할 수 있다. 따라서 대중문화는 일정한 특권을 가진 소수가 접하기보다는 보편적 행복추구권을 갖는 다수가 즐길 수 있다는 점에서 행복제조문화라는 지위를 갖는다.

대중문화는 점차 소수가 즐기는 소중문화로 전환되고 있다. 대중문화는 대중이 즐길 수 있는 문화임에는 틀림이 없지만 기술적으로 진화하고 개성적으로 분화되면서 문화 종류와 내용의 특성화, 다양화, 세분화 등이 촉진되어 변화를 거듭하고 있다. 더욱이 문화 소비자의 개성화, 문화 생산과 소비의 전문화 등이 진행되면서 대중문화는 소중문화로 전환되고 있다. 기존의 문화 생산자는 문화 계승자나 전문적 문화가가 중심이 되어 문화를 생산했지만, 최근에서 전문적인 문화 기업이나 다수의 개성 있는 문화 창조자가 문화를 다양하게 창출하여 소중이 즐기는 소중문화가 각광을 받고 있다. 문화 창조자와 문화 소비자가 전문화되고 문화의 개성화와 다양화가 추진되어 일어나는 현상이다.

대중성과 소중성을 가진 대중문화는 자본을 창출하여 문화자본주의를 작동하게 하고 문화자본을 만들어내고 있다. 자본적 가치를 창출하기 때문에 대중문화의 대량생산과 대량소비가 추진되어 문화자본이 발생했고, 문화상품화와 문화산업화가 진전되면서 문화가 유통하고 거래되어 자본을 축적하는 문화자본주의가 정착했다. 대중문화는 개별적으로는 가치가 낮지만 대량으로 생산되기 때문에 총합 가치는 고급문화나 지식문화보다 더 많다. 자본적 가치와 보편적 예술에 대한 중시 현상은 고급문화나 예술문화가 자본적 가치를 창출하는 대중문화로 전환하는 중요한 계기가 되었다. 장엄하고 엄숙한 클래식이 알기 쉬운 설명이나 재미있는 이야기와 접합되면서 대중의 접근 가능성을 높이고 문화 경계와 문화 가격을 낮추어 일반화하고 있다. 보편화된 대중문화가 생산하는 가치와 자본은 문화사회(cultural society)를 구축하고 문화생명 사이클을 구축하여 문화의 존재 가치를 높이고 있다.

현대사회에서 다양한 기능을 하고 있는 대중문화는 각 사회 영역과의 관계를 통해 가치를 창출하여 생존 가능성을 높이며 지속 가능한 문화로 성장하고 있어 중요성이 더해가고 있다. 대중문화와 정치의 관계이다. 대중문화는 국가, 정부, 지방, 기업, 시민단체, 문화단체 등에 의해 다양한 정치적 가치를 생산하고 있다. 최근 국가는 정치적 공약을 문화적 공약으로 전환하여 문화를 정치에 활용하고 있다. 또한 문화와 관련된 각종 권한을 지방으로 이양하여 책임 있는 문화 정책을 추진하도록 하고, 각 지역에서는 이양받은 권한에 기초한 문화 정책을 총체적으로 인식하여 종합문화 정책으로 진행하고 있다. 정치와 문화가 연결되는 과정에서 문화와 문화 정책은 정치적 성향을 띠고 중앙정부와 정치가, 지방정부와 정치가 등이 권력을 획득하거나 유지하는 공약 수단으로 이용되는 정치 프로파간다(propaganda)의 역할을 하고 있다.

대중문화와 사회의 관계이다. 대중문화는 현실 사회에 파고들어 사회를 유지하고 발전시켜 문화사회를 태동하게 했다. 문화 교류, 문화의 다양화, 문화 예술가와 창작자의 일반화, 문화 소비자의 전문화, 문화시장 형성, 문화적 가치와 효과 증대, 문화향유의 일반화, 문화 발신과 수신의 스마트화 등이 추진되면서 문화가 중심이 되는 문화사회화라는 혁명이 일어나고 있다. 문화사회화의 혁명은 문화와 사회가 하나가 되어 움직이고 있고, 문화가 사회를 생성하고 구축하며 지탱하고 존재하도록 기능하고 있다는 것을 의미한다. 문화가 사회를 살게 하는 중요한 원동력으로 작용하고, 공동체의 생존과 해체를 가져오며, 사회구성원의 삶의 질을 결정하고, 개인의 행복을 제공하는 사회를 만들고 있다.

대중문화와 정보의 관계이다. 정보화가 급속도로 진행되면서 정보사회가 촉진되고 있다. 정보사회에서 정보는 대중문화이기도 하고, 대중문화 전달의 대리자와 표현자이기도하며, 협력자나 창조자로서 역할을 하고 있다. 대중문화와 정보가 연결되어 상승효과와 가치를 창출해 더욱 밀접해지고 있다. 특히 정보 기술이 발달함으로써 다양한 대중문화가 창조되고 성장하는 신개념의 대중문화 정보사회가 구축되고 있다. 정보 기술은 대중문화 교류 및 전파 속도의 광속화, 문화예술가와 창작자의 전문적 일반화, 문화 소비자의 전문적 일반화, 전통문화의 국제화, 국제문화의 창출, 문화시장의 네트워크화와 탈국경화, 대중문화의 국제화와 보편화 등을 촉진시키고 활성화하는 원동력이 되고 있다.

대중문화와 경제의 관계이다. 경제적인 측면에서 대중문화는 다양한 부가가치를 창출하는 중요한 경제재로서 기능하여 기업 수준에서 생산하는 대중문화산업과 문화 상품을 소비자에게 유통하게 하는 대중문화상업으로 성장하고 있다. 대중문화산업으로는 디자인산업, 예술공연산업, 패션산업, 여가 관련 산업,

지식산업, 영상산업, 전통문화산업, 문화서비스산업, 영상예술산업, 영상정보산업, 미디어산업, 오락산업, 문화교육산업, 게임산업 등이 있다. 문화산업은 가치 있는 문화를 생산하고 문화의 다양화를 촉진시키며, 문화상업은 문화 생산자와 문화 소비자를 매개하는 문화시장을 활성화하고 있다. 문화산업과 상업은 문화의 자본적 가치를 창출하고 증폭시키는 동시에 문화 영역의 폭을 넓히고, 문화 내용의 다양화와 특성화를 촉진시켜 대중문화를 융성하게 한다.

대중문화와 관광의 관계이다. 최근 대중문화는 지역 활성화를 위한 중요한 수단으로 활용되고 있다. 지역이 보유한 문화자원과 인프라를 통해 관광 활성화를 꾀하고 있다. 관광은 무엇인가를 보고 느껴 즐기는 데 목적이 있다. 문화관광은 관광자원을 보고, 듣고, 체험하고, 느끼는 행위를 하는 대신에 그에 대한 반대급부로 대가를 내는 행위이다. 지역에 존재하는 전통문화, 생활문화 및 생활환경, 예술문화, 대중문화 등이 중요한 관광 대상이 된다. 그 외에도 문화관광은 국가 및 지역 활성화, 국가 간 교류, 지역 간 교류, 사람 간 교류 등을 활성화하고 국가, 지역, 기업, 개인 등의 경제적 가치를 창출하기 때문에 중요한 정책 대상이 되고 있다.

일본에서는 1992년 지역전통예능을 활성화하는 관광 및 특정 지역 상공업 진흥에 관한 법률을 제정하여 지역관광의 활성화와 효과를 극대화하는 정책을 추진하고 있다. 지역으로서 도쿄는 도쿄문화를 구축하여 관광 명소로 자리를 굳혔다. 도시 성장을 표상하는 도쿄타워(東京タワー)와 문화 성장을 자랑하는 도쿄스카이트리(東京スカイツリー)를 만들었고, 도쿄만에 오다이바(お台場)라는 문화 공간을 만들어 관광 명소로 했으며, 뉴욕 자유의 여신상을 비롯해서 세계 명물을 축소시킨 작품거리를 조성하여 도쿄를 방문하는 관광객에게 친근함과 아름다움을 제공하는 국제 관광도시로 탈바꿈했다.

대중문화와 생활의 관계이다. 21세기에 접어들면서 대중문화는 각 지역에서 거주하고 있는 생활인을 위한 생활재로서 인식되고, 생활인과 분리할 수 없는 필수적인 요소가 되어 생활문화로 정착했다. 대중문화가 생활의 일부가 되고 생활이 문화의 일부라는 등식이 성립되었다. 생활문화가 중시되고 확산되면서 생활 속에서 문화가 삶의 가치를 창출할 뿐 아니라 생활을 활성화하고 안정화하는 중요한 요소로 작용하고 있다. 생활세계에서의 편리함, 여유, 감성, 웃음, 공유, 교류, 공동체 삶, 학습 등을 창유하여 인간답게 살 수 있도록 하는 중요한 매체로 순기능하고 있다. 따라서 문화 정책은 인간으로서 생활인을 중심에 놓고 추진하는 생활문화 정책으로서 자리 잡았고 그 과정에서 문화적 삶의 가치를 높이고 있다. 대표적인 생활문화 정책으로는 주민참가형복지, 생애학습, 지역 및 생활공동체 만들기, 생활오락과 취미활동 등 매우 다양하다.

현대사회에서 정치, 경제, 사회, 관광, 정보, 생활 등과 관련되어 있는 대중문화는 사회인과 생활인에게 매우 성과 있는 가치를 생산하는 문화라는 점에서 소중한 자산이 되고 있다. 그리고 인간과 인간 사회를 윤택하게 하는 역할과 기능을 하면서도 대중과 밀접하게 관련되어야 존재하고 가치를 발휘할 수 있는 특징이 있다. 인간이 공유하고 향유하는 가운데 공존할 수 있는 운명이며, 누구나 접근하거나 소유하여 즐길 수 있는 친화력을 갖고 있으며, 인간의 손길이 닿아야 끊임없이 가치를 생산하고 생존할 수 있는 매우 까다로운 신분의 소유자이다.

일상적이며 가벼운 존재라고 우기면서도 한 번쯤은 학문적 접근이 필요하다는 절실한 생각에서 일본 대중문화라는 연구 주제를 선정하여 시동을 걸었다. 예상과는 달리 구체화하는 작업 과정은 매우 험난했고 난이도가 높았다. 세상에 존재하는 것은 모두 특별하다는 사실을 곱씹으면서 일본 대중문화의 흔적을 찾았다. 대중문화의 정체를 찾는 데 필요한 정의와 범주를 정하고, 시대적으로 존재했고 존재하는 대중문화를 발굴하고 특징을 정리하는 작업이었다. 특히 대중이 즐기는 대중문화의 실체를 찾아내고 실증하기 위해 기존 사진이나 자료에 의거해서 확인하고, 또한 정리되지 못한 채 숨어 있거나 어지럽게 널려 있거나 시야에 들어오지 않았던 대중문화를 밝히는 데 주력했다.

대중문화의 존폐라는 사선 위에서 그리고 허상과 실상 사이를 아슬아슬하게 넘나들면서 작업을 한 목적은 전후 일본 사회에서 다양하게 생성되어 성분 없이 살고 있으며 애매하게 생존하고 있는 대중문화의 정체와 역사를 찾는 데 있다. 연구하는 과정에서 여러 모습으로 가로막고 있는 허들을 넘어뜨리고 뛰어넘어 일본 대중문화의 실체를 독자에게 낱낱이 보여주려고 정성을 다했다. 그러나 탐구하고 사색하면서 동시에 기존 자료와 분석을 통해 발굴하여 세상에 내놓은 문화도 있지만 더불어 한계 상황에 부딪혀 소개하고 이해시키는 데 제한을 갖고 있는 문화도 담겨 있다. 남기는 것도 미래를 위한 미덕이라는 말도 안 되는 위로에 스스로 안주하면서 원고를 마무리하고 말았다.

그럼에도 불구하고 이 책이 일본 대중문화의 대표성을 가질 수 있도록 소중한 증거와 기회를 제공하고, 세상에 나올 수 있게 도움을 준 대중문화 창조자, 대중문화 향유자, 대중문화 연구가, 대중문화 선각자, 그리고 세상에 감동을 주는 지식을 찾아 전파하는 문화전령사 한울엠플러스(주)의 김종수 대표님과 윤순현 차장님, 그리고 편집진에게 사의를 표하고 싶다. 특히 불완전한 생명체에 혼과 생명을 불어넣어 살게 해줄 미래의 독자 제현께 감사하고 싶다. 인류는 문화의 주체이면서 동시에 의존하는 객체이기 때문에 문화와 함께 공존할 때 가치 있고 풍요로운 삶을 누릴 수 있다는 사실을 새삼 절실하게 느낀 것은 연구자로서 얻을 수 있는 특권이며 문화를 향유하는 행위어서 대단히 만족하고 있다.

평택대학교 龍耳谷에서

靑思 구견서

제 1 장

일본 대중문화의 변용

1. 머리글

문화는 시대성을 반영하여 창조되고 향유되면서 계승되어 존재한다. 한 시대의 성격과 특징을 함축하고 상징하기 때문에 시대를 읽어낼 수 있는 거울이다. 시대적 개념으로서 문화는 사회, 사람, 사상 등의 흐름을 알 수 있는 중요한 근거가 된다는 점에서 시대적 아이콘이다. 문화가 시대성을 담고 일정하게 상징하고 표현하는 문화시대에 살고 있어 나타나는 현상이다. 다른 한편으로 문화시대에서 문화는 인간에게 절대적으로 필요한 요소가 되어 문화인간을 탄생시키는 중요한 원동력이 되었고, 문화와 하나가 된 문화인간이 살아가는 문화사회(cultural society)를 구축했다.

전통사회에서는 물질적인 요소보다는 정신적인 요소를 강조하여 인간이 추구하는 가치와 정신을 성장시키는 요인으로 문화를 규정했다. 그 결과 인간 정신을 함양하고 가치체계를 구축하여 가치문화(value culture)를 창출했다. 다른 한편으로는 물질세계로서의 문명이 과학과 기술 발전에 의해 새로운 문명문화(civilization culture)를 만들어냈다. 따라서 문화는 적어도 정신세계를 강조하는 가치문화와 물질세계를 강조하는 문명문화로 구성되어 있다는 것을 알 수 있다.

전통성에 기초한 가치문화는 사상, 관습, 도덕, 규칙 등으로 전승되고 계승되어 생활과 사회 속에서 정신문화와 법규문화로 자리를 잡았다. 가치문화와는 다르게 근대화, 산업화, 과학화 등을 통해 발전하고 성장한 문명문화는 상품, 예술, 기술 등과 같은 물질문화로 형성되었다. 그러나 현시점에서 보면, 정신문화와 물질문화는 인간의 사고와 창작으로 인해 생활 속에서 융합되어 유희되는 생활문화로 전환되어 애용되고 있다. 문화가 생활 속에서 인간과 밀접하게 관련되어 살아가고 있어 인간을 떠난 문화는 의미와 가치가 없는 존재로 인식하고 있다.

정신문화와 물질문화는 문화에 내재된 힘으로 삶을 살아가고 유지되는 점도 있지만 결국 인간에 의해 빛을 발하고 생명을 연장시키는 존재이다. 정신과 물질의 합체로서 문화는 주어진 자체로 존재 가치와 아름다움을 갖고 계승되고 있고, 인간생활 속에서 생존하여 애용되고 있다는 점에서 사용가치와 상품 가치를 갖게 된다. 그럼에도 문화를 논하는 과정에서 가치나 도덕 등과 같은 한정된 정신문화, 이른바 고급문화에 집중하고 정책의 대상으로 삼아왔기 때문에 문명이라는 물질문화를 소홀히 해온 것이 사실이다.

종래의 국가나 지방자치단체는 의도적으로 또한 무의식적으로 정신문화를 강조하여 국민의 관심을 주도적으로 관장하고 유도했다. 그런 까닭에 정책 주체인 국가나 지방자치단체는 문화 정책의 대상으로 물질문화를 누락시켜 정책적으로 보호하거나 존재 가치를 높이지 못했다. 기존의 학문적 영역에서 진행된 문화 정의, 문화 이론, 문화 내용, 문화 성장 등에 대한 연구에서도 물질문화가 소외되는 현상이 있어 왔다. 물질문화는 국가나 지방자치단체의 장려 정책 대상이 아니라 비국가 영역에서 스스로 성장하고 발생하는 것으로 여겨왔고, 오히려 규제와 제한의 대상이 되어 왔다.

그러나 이 시대는 정신문화뿐 아니라 물질문화를 대중이 즐기는 시대가 되었다. 이른바 대중문화시대가 도래한 것이다. 대중문화시대가 강조되면서 정신문화는 물질문화와 융합하여 규제와 제한으로부터 해방되어 자유 가치를 낳았고, 고급문화는 특권적인 치장을 벗어버리고 대중에게 다가가 예술적 가치를 전하여 존재 가치를 높이고 있다. 더욱이 과학과 기술로 무장된 각종 문화는 모두가 바라는 대로 모습과 특징이 변모하여 사랑받는 대중문화가 되어가고 있다. 정신문화와 물질문화가 하나가 되어 대중문화로 전환되었을 뿐 아니라 생활문화로 자리 잡아 인간세계에 깊숙이 파고들고 있다.

대중문화는 인간에게 유용한 문화로 존재할 뿐 아니라 필연적인 동반자적 관계에 있다. 대중문화는 대중 속에서 살아가고 있고 대중을 떠나서는 존재하지 못하며, 대중은 문화 없이 존재할 수 없는 숙명에 처해진 것이다. 대중 속에서 존재하면서 소유 가치를 증대시키고, 생산되는 과정에서 자본 가치를 생산하며, 다양하게 이용되는 과정에서 사용가치를 높이고 있다. 대중이 소비하는 과정에서 향유 가치를 갖게 되었고, 다른 사회 영역과 교류하는 과정에서 통합 가치를 창출했으며, 삶과 죽음의 과정에서 새로운 시대 가치를 낳고 있다. 시대와 삶에 대중문화가 항존하는 대중문화시대가 된 것이다.

전후 일본 사회에서 엄연하게 존재해 온 대중문화는 각 사회 영역과 접합하고 충돌하는 과정에서 대중문화 정의, 대중문화론, 대중문화 내용 등이 변용되어 왔고 또한 특징을 살려 내실 있는 성장을 거듭하기도 했다. 시대를 아름답게 표현하고 삶을 의미 있게 하는 절대적 존재로 자리매김되어 일본과 일본인, 그리고 시대를 살리면서 존재해 왔다. 이 책은 대중문화에 대한 일반적 정의를 내려 정체를 밝히고, 동시에 전후 일본 사회에서 어떻게 생존하고 기능했으며, 어떤 특징을 갖고 변용되어 왔는가를 고찰하고 구체화하는 데 목적이 있다.

2. 대중문화의 정의와 대중문화론

1) 대중문화의 정의

학문적으로 문화에 대한 정의는 약 400여 개가 된다. 그만큼 문화의 속성과 특징은 다양하다는 의미이다. 이 책에서는 가장 대표적인 문화 정의를 소개한다. 첫째는 고대적인 문화 정의이다. 고대 그리스·로마시대에서 문화는 'cultura animi'라는 의미를 함의하고 있다. 'cultura'는 'cultivate'로 경작하다는 의미가 있고, 'animi'는 영혼을 가진 동물체를 지칭한다. 고대적인 시각에서 종합해 보면, 문화는 '인간의 자기인격 수양'을 의미한다. 정신과 인격을 수양해서 고차원적인 문화적 정체성(cultural identity)을 획득하고, 문화공동체(cultural community)를 형성하여 민족주의(nationalism)로 발현된다.

둘째는 근대적인 문화 정의이다. 문화를 근대적인 개념으로 해석한 문화인류학자 타일러(Tylor)는 1871년『초기문화(Primitive Culture)』에서 문화를 다음과 같이 정의했다.[1] 즉, "문화 또는 문명은 지식, 신앙, 예술, 도덕, 관습 등 인간이 사회구성원으로서 획득한 능력과 습성의 복합적인 전체"라고 했다. 타일러는 문화 정의를 통해 문화가 복합적인 존재이며, 내용도 매우 다양하게 구성되어 있는 것으로 인식했다. 문화와 문명을 동일 선상에서 인식하고 지식과 기술, 종교와 도덕 등을 문화 내용으로 규정했다.

〈표 1-1〉은 타일러의 문화 정의에 기초한 문화의 종류와 내용을 구체화한 것이다. 타일러가 인식한 문화 정의는 문화와 문명이 하나라는 특징이 있다.

'사회구성원으로 획득한 능력'이라는 의미는 사회를 구성하고 있는 인간이 선천적으로 습득한 것이 아니라 태어나서 후천적으로 획득한 능력이다. 인간만이 갖고 있는 학습 능력(learning ability)에 의해 습득한 것이며 동물이 갖고 있는 능력으로 습득한 것을 의미하지 않는다. 문화에 대한 인간의 능력은 학습 능력을 의미한다. 그런 점에서 인간은 문화를 갖고 있지만 동물은 문화를 갖고 있지 않다. 문화는 인간이 학습하고 체득하여 가질 수 있는 것이며 인간만이 가진 특권이다. 고등동물(원숭이, 구관조)의 학습은 성장 가능성이 적다는 의미에서 인간의 학습과 차이가 있다.

한편, 사회학자 베버(M.Weber)는 문화가 가치체계이고, 문명이 물질체계라

---

1   E. B. Tylor, *Primitive Culture*(London: Murray, 1871).

〈표 1-1〉 문화의 종류와 내용

구분	문화 내용
지식	노하우, 정보, 기술, 체험
신앙	기독교, 불교, 국가 신도, 애니미즘, 토테미즘, 민속신앙
예술	음악, 미술, 영화, 연극, 만화, 유물, 댄스, 오페라, 팝, 오케스트라
도덕	규범, 윤리, 에토스(ethos), 양심, 가치관, 관습
의식주	청바지, 미니스커트, 헤어스타일, 음식, 생활환경, 라이프스타일(life style), 주택, 패션
제도	규정, 조례, 시행령, 법률, 헌법
사상	자본주의, 공산주의, 민주주의, 천황주의, 전통주의, 근대주의, 보수주의
이동	자전거, 자동차, 비행기, 우주선, 드론, 배, 함정, 크루즈
상품	냉장고, 스마트폰, 펜, 세탁기, 소비제품, 컴퓨터, TV, 가구, 게임기
사회	금융기관, 기업, 소비, 조직, 가족, 사회단체, 공동체, 교육기관, 정부기관

고 인식하여 구분한다. 즉, 문화(culture)는 규범적·비누적적·인격적·주관적인 가치체계로 구성된 정신세계를 의미하고, 민족운명공동체를 형성하는 중요한 요소로 본다. 고전적 의미에서 문화를 정의한 것이다. 그것에 비해 문명(civilization)은 기술적·누적적·비인격적·객관적인 기술체계로 물질세계를 의미하는 문명세계이다. 베버는 문화를 추상적이며 정신적인 가치로 보는 경향이 있어 가치에 의한 이념주의를 강조하고, 문명을 산업화, 과학화, 기술화, 도시화, 정보화 등의 산물인 상품세계이자 물질세계로 보고 있어 물질만능주의를 강조한다.

셋째는 대중문화의 정의이다.[2] 일본 문화 정책의 주무기관 문화청이 규정한 문화는 '문부성설치법' 제2조에 의하면 다음과 같이 정의하고 있다. 문화는 "예술 및 국민오락, '문화재보호법'에 규정하는 문화재, 출판 및 저작권, 그 저작권법에 규정하는 권리 및 그것에 관한 국민의 문화적 생활 향상을 위한 활동"으로 규정한다.[3] '문부성설치법'이 규정한 문화는 정책의 대상이 되는 데 중요하고 예

---

2   구견서, 『일본의 지역문화정책』(신아사, 2018), p.145.

술 및 국민오락, 문화재, 출판 및 저작원 등을 규정하고 있다.

'문부성설치법'이 규정한 문화 개념은 시대 흐름에 따라 다의적인 의미를 갖고 범위와 정의도 확대되고 있다. 문화청은 문화 진흥과 보급, 문화재 보존과 활용, 국어 개선, 저작권 보호, 종교행정 및 운영 등 다섯 개 영역을 문화 정책의 대상으로 방향을 잡았다. 문화 정책 대상은 다섯 개 문화 영역 외에도 교육, 경제, 정보, 지역 만들기, 지역관광 활성화, 도시 만들기, 생활문화, 국민체육, 여가활동, 어메니티(amenity), 대중문화, 애니메이션(animation), 문화 공유 및 국제교류, 지역 브랜드, 지역 특화 등과 관련된 영역으로 확대되었다. 문화는 가치를 창출하는 중요한 자본재이며, 발전과 성장의 동력으로 인식하고 있다는 특징이 있다.

문화청이 규정한 문화 개념, 대중문화, 문화 정책 등은 단순하게 협의의 문화에 한정하지 않고 인간, 사회, 국가, 지역, 생활, 환경, 도시, 체육, 경제, 산업, 관광, 교류, 오락, 예술활동 등과 같은 영역으로 확대하고 있다. 문화와 문화 정책의 범위를 전 사회 영역으로 확대하고 있는 것이다. 특히 문화 정책은 국가 및 지방자치단체의 문화 시책, 문화 행정, 종합 행정, 종합 발전 등을 포함하고 있어 공공기관의 핵심 정책으로 부상하고 있다. 특히 문화 정책이 점차 대중문화 정책으로 전환되고 있어 대중문화에 대한 정의와 범위를 구체화하고 정체를 밝힐 필요가 있다.

특히 대중문화시대에 들어서 문화는 대중과 연결되면서 다양한 가능성을 가졌고 많은 역할을 수행하고 있다. 문화가 생산, 유통, 소비 시스템 등을 통해 대중과 연결되고 사회적 기능과 역할을 하는 대중문화로 전환·확대되었다. 더욱이 현대사회에서 문화는 양적으로 확산된 신(新)중간층이 담당하고 향유하는 중간문화이며 중류생활문화라는 의미도 있고, 정신과 물질의 구분과 같은 2분법, 예술, 사회 영역, 국경, 민족, 계층이나 계급 등을 초월해서 대중이 향유하고 소

---

3   根本昭, 『文化政策の法的基盤』(水曜社, 2003); 根本昭, 『文化行政法の展開』(水曜社, 2005).

〈그림 1-1〉 대중문화의 구조

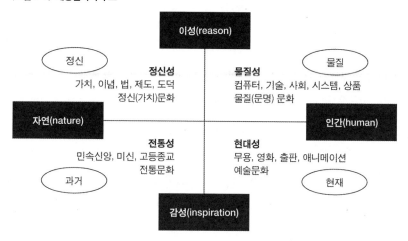

유하는 대중문화로 존재하고 있다.

따라서 기존의 문화는 산업화, 기계화, 과학화, 개성화, 자본화 등으로 많이 변화했고 본질, 내용, 기능과 역할 등이 다양화되어 대중문화화 되었기 때문에 대중문화에 대한 정의를 할 필요가 있다. 대중문화는 인간과 자연, 이성과 감성, 과거와 현재, 정신과 물질 등에 의해 발생하고 존재하여 기능하는 특징이 있다. 즉, 인간과 감성 사이에 존재하는 현재, 인간과 이성 사이에 존재하는 물질, 이성과 자연 사이에 존재하는 정신, 자연과 감성 사이에 존재하는 과거 등과 관련되어 있다. 그런 의미에서 대중문화는 인간적이며 자연적이고, 이성적이며 감성적이고, 정신적이고 물질적이며, 과거적이며 현재적인 특징이 있다. 대중문화는 과거 문화와 현재 문화로 존재하지만 미래 문화로 존재하지 않는다.

〈그림 1-1〉은 대중문화의 구조를 소개한 것이다. 대중문화를 둘러싼 이성과 감성, 자연과 인간, 정신과 물질, 과거와 현재 등의 상호작용으로 발생된 문화적 특징을 고찰한 것이다.

〈그림 1-1〉에 기초해서 대중문화의 종류를 보면, 이성, 정신, 자연 등에 의해 존재하는 정신문화, 자연, 과거, 감성 등에 의해 존재하는 전통문화, 이성, 물질,

인간 등에 의해 존재하는 물질문화, 인간, 현재, 감성 등에 의해 존재하는 예술문화 등이 있다. 그리고 대중문화의 구조에 기초해서 대중문화를 새롭게 정의해 보면, '대중문화는 자연세계와 인간세계에 대한 이성적·감성적·자연적·인위적 작용에 의해 과거와 현재에 존재하는 정신적이며 물질적 실체'라고 정의할 수 있다. 이런 정의는 대중문화가 인간과 자연을 배제하거나 떨어져서 존재할 수 없고 인간세계와 자연세계에 존재할 때 가치가 있다는 것을 강조한 것이다.

대중문화의 정의에 기초한 정신문화로는 법, 사상, 도덕 등이 있고, 물질문화로는 컴퓨터, 사회, 시스템, 각종 상품 등이 있으며, 전통문화로는 고등종교, 민속신앙, 미신 등이 있고, 예술문화로는 무용, 영화, 애니메이션 등이 대표적이다. 그런 의미에서 보면, 대중문화는 인간이 삶에서 필요로 하는 생활문화이며, 인간의 사고와 행동을 타인과 공감하는 교류문화이며, 인간의 오감을 통해 희로애락을 만끽하고 향유하는 유희문화라는 특징이 있다. 특히 대중문화는 현재를 살고 있는 생활자 중심의 현재문화라는 데 존재 가치와 사용가치가 있다.

2) 대중문화론

대중문화는 다양한 세계와 관련되어 존재하며 고유한 기능과 역할이 대중문화의 구조에서 규정한 대중문화는 스스로 지속적으로 움직이는 자기조직적인 힘(self organizing power)을 가지고 있다. 그리고 인간이 소유하고 공유하며 즐기는 소비재로 기능하여 삶의 질을 향상시키는 생활문화가 되고 있고, 개인으로서 인간과 집합으로서의 대중을 통제하고 구속하는 속성이 있는 초유기체(super-organism)로서의 힘을 가지고 있다. 이 책에서는 대중문화의 구조에서 규정한 대중문화의 속성과 특징, 자기조직적인 힘, 삶의 질 향상, 개인과 대중을 통제하고 지배하는 초유기체로서의 힘 등을 통해 기능하는 대중문화와 관련된 이론을 대중문화론(The Theory of Popular Culture)이라고 규정하고자 한다.

다음은 대중문화의 속성과 대중문화론이 담고 있는 내용에 대해 논의하고자 한다. 첫째는 대중문화가 문화법칙에 의해 구성되는 제3세계라는 특징이 있다.

제1세계(The First World)는 '물은 위에서 아래로 흐른다'라는 자연성에 기초한 자연법칙에 의해 생성되고 실현되는 질서와 힘이 작동하는 자연세계이다. 여기에서의 주체는 자연이며 자연에 내재된 질서와 힘이 주도적으로 작동한다. 제1세계가 갖고 있는 힘은 자연법칙으로 발현되는 초인력인 힘(nature making power)을 의미한다. 자연이 갖고 있는 힘은 인간의 힘을 조정하고 구속하기도 하지만 역으로 조정되기도 하는 성질을 갖고 있다.

제2세계(The Second World)는 '인간은 생각하기 때문에 존재한다'는 창조성을 가진 인간법칙에 의해 생성되는 질서와 힘이 작용하는 인간세계이며 정신세계를 의미한다. 이 세계에서의 주체는 인간이며 인간에게 내재된 사고와 행동에 의해 만들어지는 인간세계이다. 제2세계의 힘은 인간의 사고력과 창조력으로 발현되는 힘(human-making power)을 의미한다. 인간은 인간의 힘으로 자연세계에 도전하고 문화세계를 만들어가는 독보적인 존재임에는 틀림없지만 그런 세계로부터 완전하게 독립하거나 지배하지 못하는 한계를 가지고 있다. 인간은 자연에 도전하고 문화를 창조하는 가운데 공존하는 존재이다.

제3세계(The Third World))는 '때리면 아프기 때문에 때리지 말아야 한다'는 문화성을 가진 도덕, 가치, 법, 관습 등과 같은 문화법칙에 의해 생성되는 질서와 힘에 의해 작용되는 문화세계이다. 여기에서의 주체는 문화이며 문화법칙을 만들어내어 질서와 힘을 발휘한다. 즉, 문화는 문화법칙에 의해 제3세계의 힘을 갖게 되는 특징이 있다. 제3세계의 힘은 문화가 창출하는 질서와 힘(culture making power)이며, 문화세계를 유지하고 생존하게 한다. 문화는 자연과 인간에 의해 통제되고 지배받으면서도 역으로 지배하며 공존하는 존재이다.

대중문화는 기능이라는 측면에서 보면 초유기체라는 특징이 있다. 일반적으로 공기와 같은 자연을 구성하는 요소는 무기체(non organism)이다. 일정하게 유관으로 보이지 않는 다는 점에서 무기체로 인식하고, 수소나 산소와 같이 미립자로 존재하여 유형적인 형태나 조직을 갖고 있지 않다. 무기체는 자연법칙에 의해 조직되어 행동하며 직간접적으로 힘을 발휘하여 영향을 준다. 공기가 없으면 인간은 죽음에 이르게 된다. 무기체는 자연법칙에 의해 조직의 존폐가 결정되지만 유기체의 생존을 결정하는 기능을 한다.

인간은 유기체(bio-organism)이다. 인간은 정신과 신체를 갖고 있으면서 자연과 문화 사이에 존재한다. 정신은 눈에 보이지 않지만 자연과 문화에 영향을 준다. 신체는 형체를 갖고 일정하게 힘을 발휘하는 조직이다. 정신과 신체를 가진 유기체는 고도의 사고를 하고 인간적 조직화를 통해 고도의 기능을 발휘하는 데 최적화되어 있고, 자연과 문화를 조화롭게 운영할 수 있는 유일한 존재라는 데 가치가 있다. 무기체의 존폐가 생사를 결정하지만 무기체와 초유기체의 생존을 주도적으로 통제하고 관리하는 기능을 한다.

대중문화는 초유기체이다. 자연 조직이나 인체 조직과는 다른 유기적 조직을 가지고 있지만 유기체와 무기체에 속하지 않고 그것들을 능가하고 있다는 점에서 초유기체이다. 초유기체로 존재하는 것은 도덕, 사회, 제도, 이념, 상품, 가치, 사상, 이론, 문화 등을 들 수 있다. 이들은 인간의 지식과 힘에 의해 구축되는 것이라는 점에서 인간에게 종속된 존재이지만 역으로 인간에게 따르도록 강제하기 때문에 일정하게 구속력을 갖는다. 초유기체는 추상적으로 존재하고 유기체의 능력과 자기조직성에 의해 생명의 존폐가 결정되는 특징이 있으며 유기체의 삶과 생활을 규정하는 기능을 한다.

둘째는 협의의 대중문화론이다. 문화와 대중이 합체되어 사회와 세상을 움직이는 사회 이데올로기나 이론으로 기능하는 특징이 있다. 예를 들면, 역사적으로 대중과 문화를 토대로 하여 기능한 민족주의, 제국주의, 파시즘 등이 대표적이다. 이들 이론은 인간, 사회, 국가, 세계 등을 변화시키고 있다. 문화와 대중의 친화성을 가장 잘 설파한 오르테가(Ortega)는 『대중의 반역(大衆の反逆, La rebelión de las masas)』(1929)에서 대중인(mass-man)의 기원을 고찰하고, 사회에서 대중의 권력과 행동의 발흥에 대해 기술했다. 그는 '군중을 양적인 시청각적 존재'라고 규정하고 대중문화의 본질을 '운집과 충만의 사실'로 보았다.

오르테가는 대중과 그것을 구성하는 대중인의 쌍방에 대해 고귀한 생물과 하등한 생물을 대비시켜 대중인 속에서 노출되는 야만성과 원시성을 비판했다. 그러나 영국에서는 특정한 사회계급, 즉 일반적으로 대중이라고 생각되는 다수의 노동자계급을 지칭하여 비판하지는 않았다. 오히려 근대화와 동반되어 새로운 엘리트층으로 대두하기 시작한 전문가층, 특히 과학자에 대해 근대적 원시인이나 근대적 야만인이라고 격렬하게 비판했다. 그것은 엘리트와 비엘리트를 구별하는 기준을 사회관계가 아니라 내면적인 정신적 태도에 둔 고찰이고 판단이다.[4]

1960년대 리스먼(Riesman)은 『고독한 군중(The Lonely Crowd)』에서 대중의 타인 지향적 사고와 행동에 대해 설명하고 있다. 개인의 집합인 대중은 정치, 소비, 결정, 행동, 사고 등을 하는 데 있어 개인의 의지와 의견보다는 대중의 의지와 의견에 맞추는 경향이 있다고 보았다.[5] 이것은 자기가 자기의 것을 결정하지 못하는 외로운 대중이지만 많은 힘을 분출할 수 있는 조직이라는 점을 강조한 것이다. 맥루한(McLuhan)[6]은 시청각 미디어의 중요성을 강조하고 그것의 역할

4　神吉敬三訳, 『大衆の反逆』(筑摩書房, 1995).

5　加藤秀俊訳, 『孤独な群衆』(みすず書房, 1964). 『고독한 군중(The Lonely Crowd)』은 1950년 미국의 사회학자 리스먼이 발표한 저서이다. 리스먼은 사회가 기능하기 위해 사회 성원이 사회에서 담당하는 역할을 수행하도록 촉진시키는 것이 중요하다고 지적했다. 사회 성격은 사회 정세에 따라 변화하고, 인구 성장, 경제성장, 인구 정체나 감소 등과 같은 사회변동 요인에 의해 전통 지향형에서 내부 지향형이나 타인 지향형으로 변화한다고 주장했다. 전통 지향형의 사회에서는 전통에 의해 체계화된 관습에 의거해서 부끄러움이라는 사실을 인지한다. 내부 지향형의 사회를 구성하고 있는 사회 성원은 권위자 또는 보호자의 교육에 의해 형성된 도덕률에 따라 죄의식을 갖게 된다. 그리고 타인 지향형의 사회에서는 행동 규범보다는 매스 미디어나 또는 대면을 통해 교류하는 타인의 동향에 주의를 기울인다. 일반적으로 대중은 부끄럼이나 죄와 같은 도덕적 관념이 아니라 다수의 불안의식에 기초해서 동기가 부여되는 성향이 있다. 리스먼은 그와 같은 타인 지향형 사회가 성립된 배경에는 산업사회의 특징, 가족과의 관계, 동료 집단과의 관계, 매스미디어와의 관계 등이 있다고 인식했다. 더욱이 타인 지향형 사회에서 소비행동은 순수하게 자신의 의지로 결정하는 것이 아니라 타인 지향에 의존해서 결정하는 경향이 있다고 지적했다. 또한 정치 지도자는 타인 지향형의 의식이 있어 매스미디어의 영향을 받아 타인 지향형 정치를 하는 것으로 분석했다.

6　맥루한(Herbert Marshall McLuhan, 1911~1980)은 캐나다 출신의 영문학자로 문명비평

을 새롭게 인식했다. 그러한 입장은 문화 생산, 문화 유통, 문화 소비 등을 촉진 시키는 수단으로서의 가능성을 미디어에서 찾고 중요성을 인식한 것이다. 특히 대중이 주인이 되어 만들어내는 대중문화와 대중을 움직이는 미디어의 결합은 대중문화의 폭발적인 힘, 성장, 다양성 등을 가져와 다양한 대중문화론으로 활 성화되었다.

근대사에서 정치적으로 중시되어 표면으로 등장한 존재가 국민, 백성, 유권 자, 비엘리트 등으로 대변되는 대중이다. 대중은 정치와 연결되면서 힘을 발휘 했고, 정치는 대중을 통해 관철되는 시대가 되었다. 역사적으로 대중은 히틀러 의 나치즘, 무솔리니의 파시즘, 서구 열강의 제국주의, 일본의 울트라 민족주의 (ultra nationalism), 공산주의와 사회주의, 민주주의 등을 발흥시키고 작동하게 하며 지탱하는 중요한 힘으로 사용되었다. 21세기에 들어서 국가와 지방자치단 체는 대중으로서의 국민과 지역주민에 대해 관심을 가지면서 문화와 연결시켜 대중문화의 기능과 역할을 강조하고 있다. 그것은 국가나 정권을 탄생시키고 성 장시키는 한편 유지하고 지탱하는 힘과 이데올로기로 대중문화를 중시한 데서 오는 현상이다.

대중의 본질은 대중문화를 매체로 하여 양적으로 커진 존재이고, 대중이 바 탕이 된 대중문화의 본질은 군중이 추구하는 욕구를 충족시키는 행위에 있다고 할 수 있다. 따라서 대중과 문화가 하나가 되어 이론화한 것이 대중문화론이다. 〈그림 1-2〉는 협의의 대중문화론의 종류와 특징을 소개한 것이다.

주지하다시피 대중문화는 기본적으로 대중과 연결되어 힘을 발휘하는 특징 이 있어 역사적으로 대중을 동원하는 다양한 대중문화론으로 작용하여 영향력

가이며 미디어 이론가이다. 저서로는 McLuhan, *Understanding Media: the Extensions of Man* (McGraw-Hill, 1964); McLuhan, *The Meaning of Commercial Television: the Texas-Stanford Seminar*(University of Texas Press, 1967); McLuhan, *Counter Blast, Harcourt* (Brace & World, 1969); McLuhan, *Culture is Our Business* (McGraw-Hill, 1970); Eric McLuhan and Frank Zingrone, *Essential McLuhan* (Basic Books, 1995) 등이 있다.

민족주의(nationalism)	글로벌리즘(globalism)	국제주의(internationalism)
자문화주의	민족주의와 국제주의의 충돌	문화공유주의
동질성-이질성	문화세계주의	교류성-공유성
민족정체성(national identity)	국제성-세계성	국제정체성(world identity)
민족문화	글로벌정체성(global identity)	국제(공유)문화
	글로벌문화	
제국주의(imperialism)	**통합**	네오글로벌리즘(neo-globalism)
민족주의와 자본주의 결합	↑	국제주의와 인간주의결합
문화제국주의	**갈등 ← 문화 → 평화**	문화상대주의
지배성-피지배성	↓	상대성-용인성
제국문화	**개혁**	상대문화
자본주의(capitalism)	사회운동론(social movement theory)	인간주의(humanism)
문화자본주의	문화개혁주의	문화보편주의
착취성-피착취성	개혁성-변화성	보편성-통일성
자본축적성	사회운동성	도덕, 가치, 인간성
자본문화	개혁문화	보편문화

을 행사해 왔다. 대중문화론은 통합과 분열, 개혁과 보수, 갈등과 화합, 평화와 전쟁 등을 만들어내 인간, 사회, 국가, 세계 등을 변화시키고 유지해 왔고, 그 과 정에서 폭정과 지배를 유지하는 수단으로, 다른 한편으로는 유의미한 변화와 개 혁, 평화와 화합, 갈등과 전쟁 등을 추구하는 수단으로도 이용되었다. 궁극적으 로 대중의 복리를 위해 추진되기보다는 위정자나 소수 엘리트를 위해 사용된 경 우가 많았다.

대중문화론으로는 민족문화에 기초한 민족주의, 제국문화에 기초한 제국주 의, 자본문화에 기초한 자본주의, 글로벌문화에 기초한 글로벌리즘(globalism), 개혁문화에 기초한 사회운동론, 국제문화에 기초한 국제주의, 상대문화에 기초 한 네오글로벌리즘(neo-globalism), 보편문화에 기초한 인간주의(humanism) 등 이 있다. 대중문화론으로 민족주의, 제국주의, 자본주의 등은 국내외적 갈등을 일으키는 갈등 이론으로 작용해 왔고, 국제주의, 네오글로벌리즘, 인간주의 등은 세계의 조화와 안녕을 추구하는 평화 이론으로 작용하고 있다. 그리고 글로 벌리즘은 갈등과 평화를 연계하는 통합 이론으로, 사회운동론은 사회의 개혁과 변화를 추구하는 개혁 이론으로 기능해 왔다.

셋째는 광의의 대중문화론이다. 일반적으로 생활 속에서 다양하게 존재하여 기능하고 있는 대중문화의 특징, 기능, 형성, 전개 등에 대해 논의하는 것을 지칭한다. 예를 들면 음주문화, 음식문화, 오락문화, 예술문화, 사회개혁문화, 스포츠문화, 갬블(gambling, 도박)문화, 법칙문화, 성(性)문화, 영상문화 등의 특징, 기능, 형성, 전개 등에 대해 논의하는 것이다. 현대사회는 대중문화가 인간의 삶속에서 살아가는 대중문화시대이다. 대중이 중심이 되어 향유하는 대중문화는 삶의 질을 높이는 방향에서 존속하고 있으며 개인, 가족, 사회, 세계 등을 만들어가고 있다는 점에서 더욱 중시될 것으로 보인다. 이 책에서는 광의의 대중문화론에 입각해서 전후 일본의 각 시기에 발생하고 존재하여 기능한 대중문화에 대해 논의하고자 한다.

3. 일본 대중문화의 변용

1) 근현대 일본의 특징

근현대 일본은 매우 다양한 모습과 특징을 가지고 전개되어 왔다. 우선 근현대 일본의 전개 과정을 고찰하기 위해 1945년 이전을 전전(1945년 이전), 미군점령기를 전후(1945~1952), 미군점령기가 끝난 1952년 이후를 전후 후(1952~1989), 1990년대 이후를 현대 등으로 구분하고자 한다. 그리고 시대적 구분에 기초해서 근현대 일본의 특징을 국가 성격, 국가 목표, 천황 지위, 민족주의, 경제 성격, 사상, 일본인론 등의 관점에서 보면 〈표 1-2〉와 같다.

일본은 근대화를 추진하면서 서구 제국들이 추구해 온 근대주의와 전통적인 천황체제에 토대를 둔 천황주의를 가미한 천황절대국가를 구축했다. 천황절대

〈표 1-2〉 근현대 일본의 특징

구분	전전 (1945년 이전)	전후 (1945~1952)	전후 후 (1952년 이후)	현대 (1990년 이후)
국가 성격	- 제국국가 - 천황정치	- 민주국가 - 정당정치	- 대국 - 민족정치	- 국제국가 - 우익정치
국가 목표	- 부국강병 - 잘사는 강한 국가	- 부국 - 잘사는 국가	- 부국강병강문 - 잘살고 강한 군사 - 강한 문화	- 강한 일본
천황 지위	- 절대천황 - 천황 = 신	- 상징천황 - 천황 = 인간	- 절충천황 - 천황 = 국민	- 일본 천황 - 천황 지위 회복 - 국가원수 - 천황〉국민
민족주의	- 초민족주의 - 식민지주의 - 제국주의	- 민족주의 해방 공간 - 탈일본주의	- 경제성장주의 - 문화우월주의 - 문화민족주의	- 신일본주의 - 과거 회복 - 멀티 민족주의 - 신냉전주의
경제 성격	- 전시경제 - 통제경제 - 계획경제	- 탈군사경제 - 자유시장경제	- 성장경제 - 경제1류 - 정치3류	- 정치경제 - 경제 재생 - 일본 성장
사상	- 천황절대주의 - 식민지주의	- 자유주의 - 민주주의 - 탈천황주의	- 일본주의 - 일본 우익주의	- 신일본주의 - 일본 극우주의
일본인론	- 진선미일본인론 - 아시아지도민족론	- 열등한 일본인론 - 로빈슨크루소형 일 본인론	- 우수일본인론	- 국제일본인론 - 회복일본인론

자료: 구견서, 『일본민족주의사』(논형, 2004)을 재구성.

국가는 근대화를 추진하고 제국 일본을 만들어 세계 패권에 도전하는 데 성공했다. 제2차계대전이 종식되면서 천황절대국가는 패배했지만 일본은 평화주의와 민주주의를 통해 새로운 길을 모색하는 가운데 평화민주국가를 구축하는 데 성공했다. 그리고 경제제일주의를 추진하면서 경제적으로 성장하는 데 성공하여 일본 기적과 신화를 만들었다. 잘 나가던 일본은 1990년대 이후 경제위기와 동반된 국가위기에 직면하면서 천황제 국가와 경제성장 국가의 재생을 강조하고,

새로운 대국 일본 만들기를 강력하게 추진하고 있다.

전후 일본 국가의 흐름을 민족주의라는 관점에서 보면, 전전에는 식민지주의
와 제국주의를 가미한 일본적인 제국을 만드는 데 성공한 울트라 민족주의가 작
동했다. 점령기에는 민족주의 해방 공간으로서 일본적인 것들을 포기하고 탈피
하기 위한 탈일본주의(dissolved nationalism)가 강제적으로 채택되어 시행되었
다. 일본이 자립한 이후 고도 경제성장을 바탕으로 자부심과 성공 신화를 써낸
문화적 민족주의가 한 시대를 풍미했고, 1990년대 이후는 일본 재생과 강한 국
가 일본 만들기를 추진하고 있는 신일본주의(neo japanism)가 발흥하여 진행되
고 있다.

일본 국가의 중심에 있는 천황을 지위라는 관점에서 보면 천황은 절대천황,
상징천황, 절충천황, 일본 천황 등으로 자리매김되었고, 천황 중심의 근대 일본
국가가 추구해 온 국가 목표는 부국강병이다. 그 과정에서 사상적으로 중요한
역할을 한 것이 일본인론이다. 일본이 근대화를 추진하면서 역사적으로 내세운
일본인론은 아시아 지도민족임을 강조한 진선미일본인론, 창조성과 주체성을
강조한 로빈슨크루소형(Robinson Crusoe) 일본인론, 민족적·문화적으로 우수하
다는 우수일본인론(Japanese as number one), 국제적 경쟁력을 갖춘 국제일본인
론 등으로 전개되어 일본을 살리고 있다고 할 수 있다. 일본 국가의 흐름에는 사
상 적자로서 민족주의가 일관되게 관통하고 있다는 특징이 있다.

2) 일본문화론의 전개

일본문화론은 일본 국가와 민족의 특징을 포괄적으로 함의하면서 논의되어
전개되었고, 당시 일본을 감싸고 있던 시대성을 반영하면서 다양한 기능과 역할
을 해왔다. 그 과정에서 일본이 당면한 각종 위기를 극복하고 성장과 발전에 긍
정적으로 작용하여 성공적인 역할을 했다는 데 역사적인 가치가 있다. 일본문화
론은 문화론적 차원에서 추진되거나 논하기보다는 국가 목표를 담아내고 국민
을 통합하여 국가가 성장하는 데 공헌했고, 기업과 개인을 발전시키는 이론으로

구분	~1945년	1945~1990년	1990~현재
효시	- 니시다기타로(西田幾多郎) 『일본 문화의 문제(日本文化の問題)』 - 일본은 교(敎)의 문화 - 서구는 학(學)의 문화	- 베네딕트의 『국화와 칼(菊と刀)』 菊: 평화문화 刀: 전쟁문화 - 전후 일본문화론 효시	- 오타쿠문화 - 일류(日流)문화 - 창고문화 - 신인류문화
학파	- 교토학파(京都學派) - 일본 문화의 세계화 - 교토대학교 인문학부 중심 - 애국주의 학자 집단	- 신교토학파 - 일본학의 세계화 - 일본문화론의 세계화 - 애국적인 학자와 정치가	- 오타쿠파 - 일본제 대중문화의 국제화 - 신인류 젊은이
사상	- 초문화주의 - 천황문화론 - 제국주의문화론	- 문화민족주의 - 일본 문화우월론 - 일본문화론	- 일본적 문화주의 - 일본 문화보편론 - 일본 문화창조론
실천 내용	- 황국 찬양 - 세계사적 신질서 - 대동아질서 - 앵글로색슨족 중심의 질서 대신 일본 중심적 질서 구축	- 일본 성장 지속 - 일본 위기 극복 - 일본인, 일본 사회, 일본 기업, 일본민족 등의 우수성 찬미 - 일본적 공동체 찬미 - 일본적인 사고와 질서 찬미	- 정치적 전통문화 강조 - 일본 전통문화의 국가화 - 문화자본 창출 - 문화의 생활화 - 일본적 전통질서 재생
목표	- 일본 문화 중심의 대동아공영권 - 일본의 문화적 지배	- 일본 문화공영권 - 일본 문화의 세계화 - 일본 상품의 세계화	- 신일본 문화권 - 일류(日流)문화의 세계화
성격	- 천황문화 - 국책문화	- 일본적문화(日本的な物) - 발굴 국가문화 - 기업문화	- 일본제 대중문화 - 보편문화 - 국제문화

이용되어 일본 성공과 일본 우수성의 신화를 만드는 역할을 했다는 점에서 현실적 가치가 있다.

　〈표 1-3〉은 근현대 일본에서 추진된 일본문화론의 효시, 학파, 사상, 실천 내용, 목표, 성격 등을 정리한 것이다. 일본문화론은 1945년 이전, 1945년부터

1990년, 1990년 이후 등 각 시기에서 국가가 추구한 목표와 깊게 관련되어 유용한 역할을 했다는 점에서 국가사상이라는 성격을 지닌다.[7]

일본 사회에서 발생한 일본문화론의 효시는 『일본 문화의 문제(日本文化の問題)』에서 제기된 천황문화, 일본적 평화와 전쟁의 이중성을 다룬 『국화와 칼』, 일본 젊은이들의 개성과 창조로 구축한 오타쿠(オタク)문화 등이 대표적이다. 제국주의시대에서 천황문화는 일본을 제국으로 만드는 데 활용되었고, 전후 일본에서 국화문화와 칼문화는 일본의 위기를 극복하고 성장을 추구하는 데 유용하게 활용되었으며, 국제화시대에서 오타쿠문화는 새로운 신문화와 국제문화를 창출하는 역할을 했다는 데 의의와 가치가 있다.

사상적으로 보면, 일본문화론은 전전에 울트라 문화주의(ultra culturalism), 전후에 문화민족주의(cultural nationalism), 1990년대 이후에 일본적 문화주의(japanese culturalism) 등으로 진행되었다는 특징이 있다.[8] 울트라 문화주의는 국가가 문화를 관리하고 지배하는 국책문화의 형태로 추진되었고, 국내의 문화적 통합과 창조, 식민지문화 말살과 지배 등을 통해 제국문화를 구축하는 역할을 했다. 그것은 앵글로색슨족 중심의 세계질서 대신에 일본 중심적인 대동아질서를 통해 대동아문화공영권을 세우는 데 목적을 두었다.

전후 문화민족주의는 일본이 직면한 국내외적 위기를 극복하기 위해 문화적으로 국민을 통합하고, 기업 성장과 경제성장을 추구하는 역할을 하여 경제대국을 구축하는 데 중요한 기능을 했다. 일본 성장을 주도하는 가운데 일본인, 일본정신, 일본 등을 일등이나 일류로 만드는 데 공헌했고, 일본 문화와 일본제의 지위를 높이는 역할을 하여 문화국가 일본을 국제사회에 등장시켰다. 전후에 추진된 문화민족주의의 핵심적인 이념과 체제, 목표와 실천은 일본문화론 그 자체였

---

7   具見書, 「日本における文化的ナショナリズム」(東京大社會學硏究科 碩士論文, 1993).

8   구견서, 『일본 知識人의 사상』(현대미학사, 2001); 구견서, 『현대일본문화론』(시사일본어사, 2000); 구견서, 『일본민족주의사』(논형, 2004); R. Benedict, *The Chrysanthmum and the Sword* (Boston, 1946).

다는 특징이 있다.

일본적 문화주의는 과거 화려했던 일본으로의 발전적 회귀와 재생을 추구하고, 현대 일본의 위기를 극복하는 이론적 역할을 하며, 강한 일본 만들기를 핵심 파세로 하고 있다. 21세기 일본은 국내외적으로 많은 위기를 맞고 있다. 경제대국에서 경제소국으로의 추락 위기, 영토, 영공, 영해 등을 둘러싼 동아시아 국가 간의 갈등 격화, 군사적 대응과 대결로 인한 군사력 강화 경쟁, 경제성장을 둘러싼 갈등과 경쟁 등에 얽혀 있다. 일본은 당면한 각종 위기를 극복하여 화려했던 제국국가의 위상을 찾기 위해 일본적 문화주의를 적극적으로 활용하고 있다. 특히 2019년 일본 정부는 새로운 천황 즉위에 따른 연호를 '아름다운 화합'의 의미를 가졌다는 '레이와(令和)'를 공표했고, 신화폐 발행을 위해 제국주의시대에 활약한 인물을 선정하려 하고 있다. 일본적인 것을 강조하고 과거를 현재로 부활시키는 일본 정부의 단면을 볼 수 있는 움직임이다.

3) 일본 대중문화의 변용

일본은 메이지(明治), 다이쇼(大正), 쇼와(昭和), 헤이세이(平成), 레이와(令和) 등을 거치면서 강력한 국가체제를 구축하여 각종 국가 중심적인 정책을 추진해 왔다. 문화 정책은 국가 목표를 달성하기 위해 기획되고 추진되어 국책문화 정책의 성격을 띠었다. 전전 국책문화 정책의 근간을 이루는 요소가 천황과 전쟁이었기 때문에 국책문화 정책은 천황 정책이며 제국화 정책이다. 국책문화 정책의 대상이 된 대중문화는 영화, 연극, 노래, 공연, 가부키(歌舞伎), 애니메이션, 만화 등으로 국가 목표를 실현하고 달성하는 데 동원되어 프로파간다(propaganda) 역할을 했다.

패전 이후 일본에서는 미군의 점령 정책이 시작되면서 문화가 일본 개혁과 변화를 위한 중요한 핵심적 정책 대상이 되었다. 전쟁과 갈등을 만들어내는 제국 일본을 버리고 평화와 민주에 바탕을 둔 새로운 일본을 구축하기 위해 문화 정책과 문화 전략이 추진되었다. 이 시점에서 문화는 국민이 향유하기보다는 국가의 성격을 바꾸는데 사용한 이념적인 문화로서 점령 정책의 대상이 되었다. 점령문화 정책의 핵심은 서구 사상과 문화를 일본에 이식하여 새로운 사회를 구축하고, 더불어 전투적이며 집단주의적 전통사상과 천황문화로부터 벗어나는 데 있었다.

전후 새로운 출발점에서 추진된 문화 정책은 전전의 국책문화 정책과는 성격을 달리하면서도 점령군의 목적과 의도를 함의하고 있었다. 동시에 국가의 이념과 사상이 아니라 문화연구가, 기업가, 단체 등이 추구하는 가치를 반영한 문화 정책이 추진되었다. 그러나 1952년 일본 자립 이후 문화 정책은 경제의 흐름과 밀접하게 관련되면서 일본적 가치와 구조를 강조하는 방향으로 진행되었다. 일본 경제가 대체로 호황을 이루며 성장해 왔기 때문에 문화 정책도 질적으로 향상되고 양적으로 확대되었다. 이 과정에서 국가경제 정책은 국가문화 정책으로 연결되었고, 경제 호황은 문화지원 확대로 이어졌다.

일본에서 대중문화는 경제성장과 문화 정책을 추진하는 과정에서 발생하고 변용되어 왔다. 이 책에서는 전후 일본 국가의 성격을 시기별로 구분하여 일본 대중문화를 고찰하고자 한다. 즉, 일본의 최고 가치인 경제지상주의에 기초하여 달성한 경제성장, 다양한 사상과 제도에 의해 구축된 사회 변화, 전통성과 현대성에 의해 영향을 받은 문화 흐름, 국내외적 정치 관계에 의해 형성된 정치 환경 등으로 자리매김된 일본의 국가 위상을 점령기, 자립기, 성장기, 도약기, 대국화기, 국제화기, 네오 국제화기 등으로 구분하여 일본 대중문화의 변용과 특징을 고찰한다.[9] 〈표 1-4〉는 각 시기에 나타난 대중문화를 둘러싼 정치 환경, 경제 환경, 사회문화 환경 등의 특징을 소개한 것이다.[10]

---

9   자세한 것은 구견서, 『일본 영화와 시대성』(제이엔씨, 2007); 구견서, 『일본 애니메이션과 사상』(제이엔씨, 2011)를 참조.

10   鵜飼正樹・藤本憲一, 『戦後日本の大衆文化』(昭和堂, 2000); 鵜飼正樹・永井良和, 『戦後大衆文化論』(京都造形芸術大学通信教育部, 1999); 栗本慎一郎, 『大衆文化論—若者よ、目ざめるな』(光文社文庫, 1985).

〈표 1-4〉 일본 대중문화의 환경

구분		정치 환경	경제 환경	사회문화 환경
쇼와	점령기 (1945~ 1952)	- GHQ 일본 점령 - 천황 인간 선언 - 극동국제군사재판 - 미일 안전보장조약	- 경제지상주의 - 재벌 해체 - 서구 자본주의 - 다케우마 경제 - 한국전쟁 특수경기	- 개조형 문화 정책 - GHQ문화 검열 - 문화국가 - 서구 대중문화 이식 - 국책문화 정책 배제 - 전통문화 통제 - '문화재보호법' 제정 - 금각사 화재 - 3S문화 정책
	자립기 (1953~ 1960)	- 자유민주당 결성 55년 체제 - 신미일 안전보장조약 - 자위대 발족 - 사회당, 공산당	- 짐무(神武) 경기 - 경제 자립 5개년 - 아마테라스 경기 - 이와토(岩戶) 경기	- 자립형 문화 정책 - 전통문화 부활 - 53년 NHK 도쿄도 내 본방 개시 - 일본문화론 등장 - 경제성장문화 - 일본 기업문화주의
	성장기 (1961~ 1970)	- 베트남 반전 집회 - 한일 기본 조약 - 비핵 3원칙 - 메이지 100년 기념	- 국민소득배증계획 - 올림픽 경기 - 이자나기 경기 - 전국총합개발계획 - 신전국총합개발계획	- 성장형 문화 정책 -예술문화단체 지원 - 도쿄올림픽 개최 - 서구 대중문화 활성화 - 청년저항문화, 히피문화 - 문화청설치법, 문화청 창설 - 일본 만국박람회 EXPO - 패키지여행
	도약기 (1971~ 1980)	- 오키나와 반환 - 천황 7개국 방문 - 일중 공동 성명 - 다나카 금권정치 - 록히드 사건 - 원호 법제화	- 일본 열도 개조론 - 제1·2차 석유위기 - 전후 마이너스 성장 - 일본적 경영 신화 - 자동차 생산 세계1위	- 도약형 문화 정책 - NHK 종합 텔레비전 전체 컬러화 방송 시작 - 국제교류기금 창설 - 사회문제 및 환경문화(미나마타병) 대두 - 닛카쓰 로망 포르노 영화 - 전동식 파칭코 인가 - 특수 일본문화론 - 일본형 복지문화
	대국화기 (1981~ 1990)	- 전후 총결산 - 일미 공동운명체 - 리쿠르트 사건	- 수출 주도 경제구조 - 프라자 합의 - 미일 경제 마찰	- 대국형 문화 정책 - 문화시대와 지방시대 - 민간예술 등 진흥비 보조금

구분		정치 환경	경제 환경	사회문화 환경
		- 소비세 시작 - 작고 강한 정부 - 신자유주의	- 엔고 경기 - 버블 경기 시작 - 자동차 1000만 대 생산	- 1983년 도쿄디즈니랜드 개원 - 아니메(アニメ) 정착 - NHK 위성TV 방송 - 1985년 박람회 쓰쿠바 - 신인류문화 등장 - 문화대국화 및 문화국제화(국제 일본문화연구센터 설립)
헤이 세이 · 레이와	국제화기 (1991~ 2010)	- 아키히토천황 즉위 헤이세이 - 55년 체제 붕괴 - 중동전쟁 참여 - PKO 법안 처리 - 일본신당 결성 - 소비세 5% 인상 - 국기, 국가법 제정	- 버블 경기 붕괴 - 헤이세이 불황 시작 - 이자나미(いざなみ) 경기 - 국민총생산 축소, 마이 너스 성장 - 종합디플레이션 정책 - 잃어버린 일본 시작	- 생활형 문화 정책 - 예술문화진흥기금 - 기업메세나문화활동 - 영화사 닛카쓰 도산 - 아니메 〈모노노케 히메(もののけ姫)〉 배급 수익이 〈ET〉 능가 - 동계올림픽 나가노 개최 - 생활대국론 - 신일본주의문화 - 대중문화로서 일류문화 - 지역 만들기(町づくり) - 역사만화문화『전쟁론』등장
	네오 국제화기 (2011~ 현재)	- 고이즈미 야스쿠니 참배 - 해상 자위대 인도양 파견 - 유사법제 관련 법 - 우정성 민영화 - 강한 일본 만들기 - 레이와천황 즉위	- 저성장시대 - 잃어버린 20년 - 엔고 최고치 기록 - 아베노믹스 - 소비세 8% 인상 - 신(新)아베노믹스	- 공유 및 교류형 문화 정책 - 새로운 교과서 만드는 모임의 중학교용 역사교과서 검정 합격 - 지역문화 활성화 - 한일 월드컵 개최 - 소자고령사회 문화 - 혐한류, 혐중류, 혐일문화 - 지방창생문화 - 1억총활약사회문화 - 하계도쿄올림픽(2020) - AI, 로봇문화

전후 일본 대중문화의 형성과 전개에 영향을 미친 각 시기의 특징을 소개하면 다음과 같다. 첫째는 미군점령기(1945~1952)이다. 점령기에는 정치보다는 경제를 강조하고, 미국이 추구해 온 서구 자본주의에 기초한 경제성장을 최고 가치로 규정하여 적극적으로 추진했다. 다른 한편으로는 제국국가 일본을 문화국

가로 개조하고, 충성 일변도의 국민을 개성을 가진 국민으로 전환시키는 데 역점을 둔 일본 개조형 문화 정책을 강하게 밀어붙였다. 연합군총사령부(General Headquarters, 이하 GHQ)는 실용주의, 민주주의, 평화주의, 근대주의, 산업사회론, 자본주의 등과 같은 서구 사상을 도입하고, 동시에 일본의 전통문화를 제한하고 문화 및 사회 검열을 강화했다. 특히 전전 일본 국가가 수행했던 통제문화, 국책문화, 전통문화 등의 배제, GHQ문화 검열 개시, '영화법' 폐지 등을 통해 문화 개방 정책을 추진했다. 이 시기는 새로운 문화국가를 구축하기 위해 서구 문화를 수용하고 국민의식과 국가체제를 변화시키기 위해 친서구적인 가치와 체제를 이식하는 정책이 추진되었다.

둘째는 자립기(1953~1960)이다. GHQ의 점령 정책이 종언을 고하고 비로소 일본은 자의적으로 국가 의사결정을 할 수 있는 환경이 조성되어 일본 중심적인 경제 정책과 문화 정책을 추진했다. 경제 영역에서는 비약적으로 발전할 수 있는 경제구조와 토대를 갖춰 경제적 자립을 시도했다. 문화 영역에서는 검열과 인허가 중심의 문화 정책에서 벗어나 배제되었던 전통문화를 부활시켰고, 그 과정에서 전통문화가 문화산업과 문화상업의 중심이 되어 성장했다. 그리고 문화 정책을 추진할 수 있는 '지방자치법'이 제정되어 지역문화 정책이 시동을 걸었다. 경제성장과 더불어 일본적 구조와 가치를 찬미하는 일본문화론이 등장하여 일본 기업문화를 구축하는 계기가 되었다.

셋째는 성장기(1960~1970)이다. 성장기 일본 경제는 10% 전후의 고도성장을 하는 가운데 기업이 강해졌고, 국민소득이 증대되는 한편 국제사회에서 경제 역량을 발휘하기 시작했다. 특히 경제성장을 통해 과거 일본을 회복하고 미래 일본을 새롭게 구축하는 과정에서 일본의 기적과 신화를 만들었다. 1968년 6월 문부성 내부 부국이었던 문화국과 외국이었던 문화재보호위원회를 통합한 문화청이 발족했다. 문화 행정과 문화 정책을 추진할 정부 수준의 주무기관이 신설된 것이다. 도쿄 올림픽을 개최하는 한편 경제성장을 문화 성장으로 연결시키기 위한 문화 관련 환경을 정비했다. 예술문화단체의 재정 핍박이 심각해지자 국가가 적극적으로 자금을 지원하여 문화예술 성장을 유도했다. 다른 한편으로는 경제성장과 보수화에 기초한 기성세대의 권위문화에 저항하는 젊은이문화가 활성화되었고, 자유를 발산하고 구속으로부터 탈출하려는 히피문화가 형성되어 새로운 문화 사회를 만들려는 움직임이 활발해졌다.

넷째는 도약기(1970~1980)이다. 일본은 경제가 성장하여 세계경제의 주변에서 중심부로 이동했다. 1970년대 2차에 걸친 석유 파동과 같은 경제위기를 극복하고 성장을 지속적으로 유지하는 힘을 발휘하여 일본 경제신화를 이어갔다. 동시에 고도 경제성장의 부작용으로 발생한 사회문제나 공해문제로 생활환경이 위협을 받아 새로운 경제 정책, 사회 정책, 환경 정책, 문화 정책 등이 요구되었다. 문화적으로는 일본을 성장시킨 일본 문화에 자부심을 가졌고, 일본적 색깔과 성향을 가진 대중문화가 생겨났다. 당시 시대상을 담은 핑크영화문화, 파친코(パチンコ) 오락문화, 일본형 복지문화 등과 같이 대중이 주인이 되는 문화가 융성했다. 1970년대 후반부터 표방하기 시작한 지방시대와 문화시대가 주창되면서 지방자치단체에 의한 문화 행정과 문화 정책이 본격적으로 실시되었다.

다섯째는 대국화기(1980~1990)이다. 일본 경제만이 홀로 성장하는 가운데 버블 경기(bubble boom)를 통해 일본 경제가 세계경제의 중핵으로 자리 잡았고, 경제대국 일본이 탄생하면서 미국이 주도하는 세계경제질서 대신에 일본이 주도하는 세계경제질서가 생겨나 국제사회에서 힘을 발휘했다. 경제대국화로 인해 자부심을 갖게 된 일본 기업문화가 해외로 수출되는 기현상이 벌어졌고, 일본 문화의 활성화와 국제화를 추진하는 문화 정책을 추진했다. 한편 중앙정부에 의해 문화시대가 제창되어 문화생활이 강조되고, 지방정부에 의한 지방시대가 주창되면서 지역문화 정책이 활성화되었다. 중앙정부는 문화입국을 실현하기 위해 1988년 문화진흥 마스터플랜을 세워 관계성청, 지방자치단체, 민간 등이 역할을 분담하고 협력하는 연계체계를 확립했다.[11] 지방자치단체는 지방 활성

---

11 文化廳, 『新しい文化立国の創造をめざして』(ぎょうせい, 1999).

화를 위해 독자적으로 문화진흥 조례를 제정하여, 문화진흥의 원칙과 문화의 정의, 행정기관의 역할, 시책 검토 시스템 등을 구체화하여 실천했다.

여섯째는 국제화기(1990~2010)이다. 일본은 버블 경기가 붕괴되면서 기업 파산과 저성장 위기에 처하게 된다. 경제성장을 위한 다양한 정책이 추진되지만 별다른 효과를 거두지 못하는 가운데 잃어버린 10년, 잃어버린 20년이라는 불황시대와 저성장시대에 돌입했다. 문화계에서는 2001년 예술문화 관계자의 염원이었던 '예술문화진흥기본법'이 제정되었고 예술문화진흥기금이 설립되었으며, 기업메세나(mecenat)협의회가 발족하여 지역문화를 활성화했다. 다른 한편으로는 지역문화 진흥의 핵심 과제로 지역 만들기(地域づくり)를 설정하고, 문화를 상위 개념으로 규정하여 각종 정책이 문화 정책으로 수렴되었다.[12] 경제성장의 결과물을 생활에 반영하는 생활대국론이 등장했고, 일본 문화를 의미하는 일류문화(日流文化)가 각국에 전파되었다. 또한 일본의 근대사를 찬양하는 역사 만화가 유행하고, 일본적 색깔을 잃어버리지 않기 위한 신일본주의(neo japanism)가 주창되었다.

일곱째는 네오 국제화기(2010~현재)이다. 네오 국제화기에는 일본 경제성장을 위한 아베노믹스(Abe와 Economics의 합성어)와 강한 일본 만들기가 정부 주도로 추진되었다. 강한 일본 만들기는 영토권, 해양권, 영공권 등의 주장과 연결되면서 동아시아에서 신냉전을 부추기는 역할을 했다. 특히 일본 활성화를 위해 1억총활약사회 구축을 시도했고, 지역도태 위기를 극복하기 위한 종합 정책으로 지방창생 프로젝트가 구체화되었다. 지방창생은 지역 및 지역주민활동을 활성화하는 종합적 지방문화 정책으로 추진되어, 소자고령화 극복, 저성장경제 극복, 지역 살리기 등을 실현하고 사람, 일, 삶 환경 등이 선순환하는 구조를 만드는 데 목적을 두고 있다. 이 시기에는 문화 개방과 국제문화교류가 강조되어 일

---

12 구건서, 「일본에 있어서 지역문화정책의 기본 방향」, 한국일본학회, 《일본학보》, 제98집 (2014).

본제의 일류문화가 아시아를 중심으로 전파되는 가운데 한국 문화가 일본에 상륙해 번성하여 한류 붐을 형성했다. 그러나 아시아 정치 상황이 악화되면서 문화 간 경쟁과 비판이 극에 달해 혐한류, 혐중류, 혐일류 등과 같은 초유의 문화 갈등과 문화 전쟁이 표면화되었다.

일본의 문화 정책은 기본적으로 국가의 정책과 방향에 의해 변용되었고, 특히 당시의 정치 상황과 경제 상황에 영향을 받으면서 다양한 목적과 특징을 가지고 전개되었다.[13] 일본 문화 정책은 전전의 문화 정책에 대한 반성과 서구 문화 유입이라는 큰 틀 위에서 추진되었다. 따라서 전후 일정한 시점까지 문화 정책은 일본적인 요소를 터부시하고, 서구적인 요소를 적극적으로 도입하고 이식하는 경향이 있었다. 초기에는 대중문화를 국민이 향유해야 할 대상으로 인식하기보다는 통제와 제어 대상으로 인식했고, 경제성장에 의해 생성되는 부수적인 결과물로 인식했다. 그러나 '일본국헌법', '지방자치법', '문화재보호법' 등이 제정되고 문화청이 설치되면서 대중문화가 정책의 대상으로 인식되었다.

일본에서 추진된 문화 정책에는 국가와 지방자치단체가 추구하는 각각의 목적과 역할이 있었다. 국가는 예술 및 국민오락, 문화재, 저작권, 국어, 종교 등을 활성화하는 국가 중심적 문화 정책을 추진했다. 지방공공단체는 문화 창조, 문화 계승과 보전, 보급, 향유, 생애학습, 문화마을 만들기(町づくり) 등을 활성화하는 지방 중심적 정책을 추진했다. 특히 지방공공단체는 1970년대 이후부터 고도 경제성장과 사회 변화로 급격하게 기능이 위축되고 있는 지역사회의 재생을 위해 문화 행정과 문화 정책을 적극적으로 추진했다. 더불어 국가나 지방자치단체의 문화 정책과는 별도로 문화 기업, 민간 예술인, 문화대중 등이 주체가 되어 대중문화 창조와 활성화에 적극적으로 가담했다.

일본 대중문화는 국가, 지방자치단체, 민간문화인과 문화 기업 등 다양한 문

---

13 같은 글; 구견서, 「전후 일본에 있어서 문화정책 관련 법의 동향」, 한국일본학회, ≪일본학보≫, 제100집(2014).

화 주체의 문화 정책과 활동에 의해 변용되어 왔다. 특히 대중문화의 주체인 문화 기업이나 문화인에 의해 주도되었고, 대중문화의 객체인 대중문화 소비자의 요구와 수요에 의해 창조되고 향유되어 왔다. 대중문화 생산자, 유통업자, 소비자 등이 대중문화의 창조와 존재, 방향과 내용을 결정하여 다양한 대중문화를 활성화했다. 그것에 비해 국가나 지방자치단체 등이 추진한 문화 정책은 대중문화 소비자의 기호에 맞는 대중문화의 창조, 발흥, 전개 등에 관여하기보다는 단속, 검열, 제한 등과 같은 부정적인 접근을 했다. 그러나 최근에는 생활문화가 강조되면서 국가 번영, 지역 발전, 주민 행복, 삶의 질 향상 등을 촉발시키는 수단으로서 대중문화가 중시되고 있다.

4. 맺는 글

전후 일본이 추진한 문화 정책은 주로 전통문화나 계승되어 온 예술문화에 집중적으로 추진되었기 때문에 대중문화 정책이라고 평가하기는 어려웠다. 그 결과 문화 정책은 기존의 일본적인 사상이나 가치를 가진 문화 중심으로 추진되었고, 그것을 일반화하거나 접근하도록 시설 정비, 법적 제도 정비, 프로그램 개발 등과 같은 측면에서 추진되었다. 따라서 새롭게 발생하거나 유입하여 전파되거나, 창조되어 대중이 향유할 수 있도록 유도하는 이른바 대중문화 정책은 등한시되는 경향이 있었다. 대중문화 정책이 잘 추진되지 않았을 뿐 아니라 대중문화를 부흥 정책의 대상으로 보기보다는 규제나 제한의 관점에서 인식하고 대응하는 한계를 보였다. 일본이 추진한 문화 정책을 통해 대중문화가 발생하기보다는 정책과는 무관하게 자본 논리, 문화 생산자의 목적, 문화 소비자의 취향 등에 의해 발생하고 성장한 측면이 있다.

일본에서는 문화가 다양하게 변화하는 가운데 많은 새로운 문화가 창출되어 각 사회 영역뿐 아니라 생활에 깊숙이 파고들었다. 1940~1950년대 문화인류학

적 접근에서 다룬 베네딕트의 『국화와 칼(菊と刀)』을 시작으로 일본에 대한 문화적 접근과 인류학적 접근이 이루어졌다. 문화에 대한 정치적·경제적·사회적 접근을 통해 일본 알기와 일본 알리기가 국내외적으로 확산되는 가운데 문화가 갖고 있는 힘을 인식했다. 그 결과로 나타난 것이 한 시대를 풍미한 일본문화론이다. 그 중심에는 개인, 기업, 사회, 국가 등이 있었다. 일본문화론은 일본과 일본인의 성격, 일본 사회의 정체, 일본 국가의 방향, 개인의 가치관 등을 함의하고 있어 그것을 필요로 하는 주체에 의해 애용되고 소비되었다.

일본문화론은 일본을 최고의 국가로, 일본인을 최고로 우수한 국민으로, 일본 문화를 총체적 가치를 가진 최고의 문화로, 일본 경제를 최고의 성장경제로, 시대와 사상을 초월해서 기능하는 일본적 가치관과 구조를 특수한 가치관과 구조 등으로 승화시키는 역할을 했다. 그렇게 해서 시대를 초월해 기능하고 경계를 넘어 생산되는 신성장 개념으로 칭송되어 『재팬 애즈 넘버원(Japan as number one)』을 만들어냈다. 일본적인 것이 최고이며 일본이 최고라는 신화를 만들어내는 데 공헌했다. 일본문화론은 성장 신화를 만들어내고, 성장 신화는 일본인이 즐기는 대중문화를 창조하고 만끽하게 하는 중요한 환경이 되었다는 데 문화적 가치가 있다.

현대 일본 사회에서는 일본문화론을 초월해서 정치가 문화가 되고, 경제가 문화가 되고, 사회가 문화가 되고, 문화가 생활이 되어 문화생활을 강조하는 문화전성시대가 도래하고 있다. 기존의 문화 개념, 문화 이론, 문화체계, 문화 기능 등이 변화를 거듭하는 가운데 정치적 삶, 경제적 삶, 사회적 삶, 문화적 삶 등이 생활문화로 전환되어 승화되고 있다. 따라서 각 사회 영역이 독립적으로 활동하고 기능하던 시대에서 각 사회 영역이 문화와 연결되고 통합하여 효과를 내는 문화적 콜래보레이션(cultural collaboration)이 이루어지는 문화사회가 구축되고 있다.

대중문화시대에 문화는 정신문화나 물질문화로 구분해서 분석하고 위치하기보다는 총체적인 문화라는 개념으로 확대되었고, 그 과정에서 대중문화로 수렴

되고 있다고 해도 과언이 아니다. 대중문화가 삶의 질과 수준을 상징하고 대표하는 대중문화시대가 되어 더 이상 방치하거나 등한시할 수 없게 되었다. 일본에서 발생한 일본 대중문화는 부(富)와 여유, 시간과 장소, 시대성과 개성 등과 관련되어 활성화되었다. 대표적인 것이 파친코, 볼링, 재즈, 영화, 삼종신기(三種神器), 스트리트 패션, 다양한 성 유희, 오타쿠, 갸루(ギャル一), 캐릭터, 갬블, 아니메(アニメ) 등이다. 대중이 대중문화를 즐기는 시대가 되었고, 동시에 생활의 일부가 되어 공존하고 있다. 특히 최근에 대중문화의 한 부분으로 자리 잡은 스마트폰은 각종 사회 영역을 구성하는 문화적 요소를 집적하는 문화 플랫폼으로 기능하고 있어 대중문화의 정거장이나 터미널이 되고 있다. 이런 대중문화의 흐름과 변화는 문화가 보고, 즐기고, 배우는 차원을 초월해서 생활의 일부로 편입되었기 때문에 일어난 현상이다.

이 책은 학문적이며 현실적인 접근을 통해 전후 일본 대중문화의 정체를 밝히고 역사를 구축하는 데 목적이 있다. 일본 대중문화는 일본인이라는 대중이 생활 속에서 밥 먹듯이 언제나 가깝게 접하고 향유하는 것이기도 하고, 생각나면 가끔 찾아 꺼내보는 사집첩과 같은 존재여서 소중하다. 수많은 종류와 특징을 가지고 발생한 일본 대중문화의 전체상과 특징을 쉽게 이해하고, 대중문화를 통해 일본의 시대성을 파악할 수 있도록 구성했다. 그러나 대중문화의 개념이 폭넓고 다양하기 때문에 한정된 지면을 통해 대중문화 전체를 고찰하고 소개하고 분석하는 데 한계가 있었다. 그리고 생활 속에 녹아 있는 대중문화를 언어로 표현하고 동시에 전형적인 그림이나 사진을 통해 소개하려고 시도했지만 자유자재로 표현하지 못한 아쉬움이 있다. 이 책에 남겨진 과제는 완성으로 가는 좋은 소재가 될 것으로 확신한다.

1. 머리글

20세기 역사에서 중요한 변화가 일어난 시기가 1945년이다. 히로시마(広島) 와 나가사키(長崎)에 핵폭탄이 투하되어 전쟁이 종식되었고, 인류는 핵과 공존하 는 시대를 맞게 된다. 제2차 세계대전이 끝나고 세계는 자본주의와 공산주의라 는 이념에 의해 동서 진영으로 분리된 냉전시대에 돌입했다. 일본에서는 천황이 신이 아니라 인간이라는 인식이 확산되었고, 평화 헌법이 제정되어 민주주의를 도입하고 군국주의 교육에서 민주주의 교육으로 전환되었으며, 평화와 자유를 실감하게 되었다. 그러나 당시 일본은 연합군의 점령 정책으로 인해 자유롭지 못했다.

전후 일본은 패전과 함께 포츠담선언을 수용하고 미국 중심의 연합군총사령 부(General Headquarters: GHQ)에 의해 점령당했다. 점령기라는 의미는 GHQ가 패전한 일본을 국가로 인정하고 동시에 국민주권을 용인하면서도 자율적 국가 운영을 제한한 1945년부터 1952년까지이다. 당시 일본을 지배하고 있던 기본적 인 이념이나 사상은 미국이 추구하는 사상이나 이념에 기초했다. 즉, 평화주의, 민주주의, 자유주의, 반군국주의, 자본주의 등과 같은 보편적인 이념과 사상이 점령 정책의 근본 원리로 작용하고 일본 국가 만들기에 구체적으로 반영되었다.

점령 정책의 제일 중요한 작업은 평화민주국가를 선언하고 구축하기 위해 필요한 새로운 일본 헌법을 개정하는 것이다. 점령군 사령관 맥아더(Douglas MacArthur)는 1945년 10월 14일부터 일본국헌법의 개정 작업을 시작했다. GHQ는 메이지 시대에 제정된 대일본제국헌법의 전면 개정을 전제로 작성한 초안을 일본이 수정하는 절차를 거쳤다. 1946년 11월 3일 신헌법으로 일본국헌법이 공포되고, 1947년 5월 3일부터 발효되었다. 일본국헌법이 성립되어 국가의 정체성과 이념, 국민의 존재 가치와 의무, 천황의 지위와 권능, 정치체제와 방향 등이 정해졌다.

GHQ가 작성하고 일본 정부가 수정하는 절차를 통해 성립된 일본국헌법에는 천황과 국가의 성격을 규정했다. 천황은 기존의 대일본제국헌법상에서 가졌던 통치 권능의 지위를 포기하고 일본국헌법 제1조에 의해 일본국 및 일본 국민통합의 상징이 되었다. 다만 메이지 헌법처럼 입헌군주제는 유지되었다. 황실 재산은 국고로 수용되었고, 동시에 많은 황족이 황적 이탈을 했으며, 천황의 인간선언(人間宣言)으로 아라히토카미(現人神: 사람의 모습으로 이승에 나타난 신)는 부인되었다. 일본국헌법 제9조에서는 제2차 세계대전 중 일본이 추구해 온 패권적 군사체제를 해체하고 평화민주주의를 최고 이념으로 설정하여 무장을 해제하고 완전하게 비무장화 하도록 규정했다.

이어서 GHQ는 여성 해방, 노동자의 단결권 확보, 교육민주화, 비밀경찰 폐지, 경제민주화 등으로 구성된 5대 개혁을 추진했다. 국가개혁 정책에 동반되어 추진된 문화 정책은 GHQ의 문화 정책과 일본의 문화 정책으로 크게 구분할 수 있다. 종전과 함께 일본은 대외내적 압력과 국제사회의 분위기에 맞춰 문화국가로서 새로운 길을 추구할 것을 천명했다. 특히 GHQ는 전시 중에 추진된 국책문화 정책과 문화통제 정책을 중지시켰으며 국가의 문화에 대한 관여를 배제하고, 미군정에 의한 새로운 형태의 문화 정책을 추진했다. 따라서 일본은 정부 수준에서 결정한 이념에 기초한 문화 정책을 추진하는 데 한계가 있었다.

점령기의 문화 정책은 1945년부터 1952년까지 추진되었고, 문화국가를 구축하기 위해 제국주의적이며 천황 중심적인 집단의식을 약화시키고, 친서구적인 사상과 문화 이식을 통해 개인주의 의식을 양성하는 정책을 구사했다. GHQ는 전후 일본이 문화국가로 전환하는 데 필요한 통제문화나 국책문화 중지, 전전 문화 정책의 시정, 전통문화 배제, 문화 검열, '영화법' 폐지, 예술제 개최 등과 같은 예술진흥 정책, 예술활동의 장 확보, 3S장려 정책(스포츠, 섹스, 스크린), 종교·교육·학문 정책, 사회노동 및 언론 정책, 문화재 보호 정책 등을 적극적으로 추진했다. 일본이 스스로 구상하고 계획한 것이 아니라 GHQ가 기획하고 주도하는 문화 정책이 추진된 것이다.

특히 일본의 전통문화를 제한하고 사회문화 검열을 강화하여 새로운 일본 문화를 구축하려고 했다. GHQ는 전전 일본이 수행했던 통제문화나 국책문화, 그리고 전통문화를 배제하여 국민의식을 변화시키고 친서구적인 문화 이식을 위한 개방문화나 서구 문화를 도입했다. 1949년 호류지의 금당벽화(法隆寺 金堂壁畵)가 실화로 소실되는 사건이 발생하여 문화재 보호 정책의 일환으로 1950년 '문화재보호법'이 제정되었고, 국가에 의한 박물관과 미술관의 정비 작업이 진행되었으며, 패전과 동시에 정지되었던 지정 인정(指定 認定) 사무가 재개되었다.[1] 전후 일본에서 발생한 인플레이션, 재산세의 부과, 패전에 따른 국민적 자각의 상실, 전통경시 풍조 등으로 문화재가 방치되었기 때문에 '문화재보호법' 제정을 시작으로 문화재를 보호할 수 있는 법제와 체제를 구축했다.

점령기에 GHQ가 추진한 문화 정책은 전전의 일본적 문화 정책을 배제하고 새로운 개방문화 정책을 추진하여 일본 문화를 생성시키는 데 주력했다. 그 과정에서 GHQ는 전전에 일본이 자행했던 문화 통제와 검열을 대신해서 개혁과 의식 개조라는 명분으로 서구적이며 미국적인 사상과 방향을 강제하는 또 다른 문화 통제와 검열을 했다. 따라서 점령이 끝난 후 일본의 문화 정책은 서구 문화

---

[1]   竹前栄治·中村隆英 監修, 『GHQ日本占領史』, 全55巻(日本図書センター, 1996~2000); 구견서,
      「일본에 있어서 미군점령기의 문화정책」, 한국일본학회, ≪일본학보≫, 제94집(2013), pp.
      159~171.

가 이식된 토대 위에서 전통문화를 활성화하고 일본적 문화를 구축하는 정책으로 회귀했다. 그런 의미에서 보면, GHQ의 문화 정책은 전통문화를 배제하는 탈일본적 문화 정책과 대중의 백치화를 유도하는 대중문화 정책으로 추진되는 측면이 있었다는 점에서 일본 문화를 구축하는 데 공과를 생산한 미완의 정책이었다고 평가할 수 있다.

2. 점령기의 시대상

1) 평화민주주의

점령기 일본은 자의적·타의적으로 평화주의와 민주주의를 최고의 국가 목표와 운영 원리로 규정했다.[2] 민주주의와 평화주의가 제국주의를 대신해서 일본 국가를 구축하는 사상의 적자로서 자리매김된 것이다. 민주주의는 천황주권에서 국민주권으로 이행하는 것이며, 국가 중심적 의지에서 국민 중심적 의지로 국가를 운영하는 것이다. 평화주의는 군국주의와 제국주의를 버리고 전쟁을 하지 않고 평화를 추구하는 것을 의미한다. 민주주의는 민주국가를 구축하고 평화주의는 평화국가를 구축함으로써 완성된다.

일본국헌법에서 규정함으로써 의무적·강제적으로 실천해야 하는 절대성을 갖고 있는 일본의 국시와 원리가 된 평화주의와 민주주의는 포츠담 선언과 관련되어 있다. 연합국 중요국가로서 미국, 영국, 중국, 소련 등은 일본의 제국주의를 극복하는 기본 이념을 민주주의로 규정했다. 그것은 1945년 7월 17일 포츠담선언이 발표된 후 일본이 8월 9일부터 10일 오전 2시 30분까지 천황, 중신, 각료, 대본영 간부 등이 출석한 어전회의에서 포츠담선언을 원칙적으로 수락하여 구체화되었다.

---

2   神田文人, 『占領と民主主義』(小学館, 1989).

포츠담선언의 수락으로 점령군은 일본 정부의 존속을 인정하고 형식상 일본 정부를 통해 통치하는 간접통치 방식을 채택했다. 간접통치 방식은 일본 정부 정책과 점령군 정책 간의 조정과 합의에 의해 이루어질 가능성이 있었다. 그러나 현실적으로 점령군은 당시의 시대성을 반영하고 국제사회의 신질서 새편을 위해 미국이 추구하는 기본 이념을 통치 이념으로 했으며, 반일본적 사상과 서구 문화를 전제로 각종 정책을 수립하고 시행 규칙을 만들어 실천했다.

포츠담선언은 전체 13조로 구성되어 있고, 제5조 이하에서 항복 후의 대일 정책을 함축적으로 언급했다. 첫째는 일본에서 군국주의의 일소, 완전한 무장 해제와 평화적이며 생산적 생활로의 복귀, 전쟁 범죄인 처벌 등을 실시하는 것이다. 둘째는 민주주의의 부활 강화, 자유 및 기본적 인권을 확립하는 것이다. 셋째는 혼슈(本州), 홋카이도(北海道), 규슈(九州), 시코쿠(四国) 및 연합국이 결정하는 제 소도(諸小島)에 대해 일본의 주권을 제한하는 것이다. 넷째는 경제를 지지하고 또한 비군사적인 실물 생산이 가능할 수 있는 산업 활성화와 그를 위한 원자재 수입, 장래에 세계무역관계에 대한 참가 허가, 전쟁을 가능하게 하는 산업의 불허용 등을 추진하는 것이다. 다섯째는 신질서가 구축될 때까지 연합군이 일본을 통치하는 것이다.[3] 대일 정책의 근간은 영구 평화적이고 민주적이며 정상적인 새로운 일본 국가를 건설하는 것이다.

포츠담선언은 일본의 비군사화, 비군국주의화, 민주화, 자유화, 비제국주의화, 평화경제화 등을 목적으로 하고 있다. 포츠담선언에는 일본 국민이 자유롭게 표명한 의사에 따라 민주적이며 평화적인 체제를 구축하고 책임 있는 정부가 수립되면, 점령군은 철수한다는 것을 명시하고 있다. 이 선언과 수용은 전후 일본이 추구해야 할 목표, 국가 방향과 질서, 국민존재 방식, 국가운영 방법 등에 영향을 주었고, 일본 국가의 정체성을 찾는 중요한 기회와 이정표가 되었다. 포츠담선언은 일본이 평화민주주의 질서를 구축하고 평화민주 일본을 탄생시키

---

3   正村公宏, 『戦後史』, 上·下(筑摩書房, 1990).

는 거대한 목적이 있다는 데 가치가 있다. 그것을 구체적으로 이행하는 가운데 일본은 민주정치, 민주경제, 민주사회, 그리고 민주문화 등을 구축하여 새로운 평화국가 일본을 만드는 데 실제로 성공을 거두었다고 할 수 있다.

2) 문화국가

일본은 포츠담선언의 수락과 함께 문화국가로서의 길을 걷게 된다. 일본에서 문화국가라는 개념은 국회에서 언급되었고, 문화는 당시 일본 국가관 개조와 관련되어 강조되었다. 하나는 군국주의가 아니라 민주주의를 각 사회 영역에서 실천하여 민주문화를 구축하는 것이다. 다른 하나는 민주주의를 담당할 국민의 인격 형성이나 의식을 함양하는 교육문화를 정립하는 것이다. 민주문화와 교육문화는 새로운 문화국가의 기본 토대를 만드는 데 궁극적인 목적을 두었다.

일본은 문화국가를 실현하기 위해 국가기관으로 문부성 산하에 담당기관을 신설하고 관련된 문화 정책을 추진했다. 문화국가를 추진하는 선제 작업으로 기존의 문화 정책에 대한 반성과 전환이 필요했다. 전시 중 엄격하게 적용되어 문화 창조와 비평활동을 제약하는 법적 근거가 되었던 '치안유지법', '출판법', '신문지법', '영화법' 등을 폐지했고, 문화 지도라는 이름하에 이루어졌던 문화 통제, 문화 간섭, 문화 지배 등을 배제했다. 그리고 반전쟁주의, 반문화통제주의 등에 기초한 문화국가를 실현하기 위해 문부성이 주관하는 예술제를 추진하고 문화활동에 대한 지원을 활성화했다.

문화국가의 중요한 구성 요소가 되는 민주문화는 1947년 7월 2일 가타야마 데쓰(片山哲) 총리대신이 중의원 본회의 시정 방침 연설에서 민주주의에 기초한 문화를 부흥시키는 것으로 인식하여 중시되었다. 그리고 1947년 10월 19일 문화국가 건설을 위해 교육을 중시한다는 뜻을 표명했다. 민주문화는 우선 교육을 통해 배우고 실천하여 정착하고 완성되는 것으로 인식했다. 또한 모리도 다쓰오(森戸辰男) 문부대신은 문화국가를 언급하면서 국가 예산 가운데 문화예산을 최대로 배당함으로써 목표를 달성하고, 교육 개혁이야말로 문화국가를 구축하고 완성하는 중요한 방도라고 강조했다. 일본이 구상한 문화국가는 민주주의 교육을 통해 민주문화를 구축함으로써 달성되는 것이다.

1947년 '교육기본법' 전문에서 민주적인 문화국가를 건설하려는 이상은 근본적으로 교육의 힘에 의존하는 것이며, 그것을 위해 보편적이며 개성이 풍부한 문화를 창조하는 교육 보급을 철저히 함으로써 달성되는 것이라고 규정하고 있다. 그것 외에도 '학교교육법'이나 교육 관련 법령에도 동일 취지의 규정이 있고, 문화국가를 구축하는 중요한 요소가 민주적인 교육문화라는 점을 강조했다. 일본적인 교육문화를 구축하기 위한 제도 개혁은 6334제 교육 시스템을 실시하는데 초점이 맞춰졌고, 1947년 '국회법'에 의거 문교위원회를 설치하여 구체적으로 대응했다.

점령기의 최대 목표는 일본을 문화국가로 구축하는 것이다. 국가 목표를 추진하는 과정에서 다양한 시대성을 반영하는 사회문화적 현상이 일어나 일본을 변화시키는 동력으로 작용했다. 〈표 2-1〉은 점령기에 나타난 사회문화 현상이다.

점령기에 나타난 특징적인 사회문화 현상은 문화에 대한 통제와 지원이 동시에 이루어졌다는 점이다. 통제 정책으로는 GHQ에 의한 언론 검열, 영화 제작방침, 사상영화 제작 및 상영 금지, 전통사상 표현 금지, 천황주의 제한, 교육칙어 봉독 폐지 등과 같이 대중을 대상으로 하는 미디어와 대중문화의 검열로 추진되었다. 지원 정책으로는 문화를 활성화하기 위해 담당기관을 신설하고, 예술제를 지원하며 문화재를 보호하는 한편, 전통문화에 대한 표현이나 금지를 어느 정도 허용하는 방향에서 추진되었다.

다른 한편에서 장려 정책은 민주주의, 자유주의, 평화주의, 종교와 양심의 자유 등을 적극적으로 비호하고, 노동조합과 같은 사회단체활동을 근본적으로 허용·지원하고, 자유로운 사회를 구현하기 위한 비판 사상을 용인하는 방향으로 추진되었다. 더욱이 일본적 대중문화의 출발점이 된 만화 『사자에상(サザエ さん)』이 연재를 시작했고, 일본 가요를 담은 최초의 일본 레코드가 발매되었으며, 원형극장과 국제문화회관 건설, 3S개방 등이 추진되어 일본 대중문화가 싹

〈표 2-1〉 점령기의 사회문화 현상

구분	점령기의 사회문화 현상
1945 ~ 1952	GHQ 검열 개시(언론, 신문), 원자폭탄 재해조사연구특별위원회 설치, 문부성 '신일본건설교육 방침'(국체 호지, 평화국가 건설, 과학적 사고 양성), 학교호국단 해체, 자유간담회 결성, GHQ 민간교육정보부의 영화제작지침 발표(민주화 촉진, 군국주의 철폐), 대일본미술보국회 해산, 일본음악문화협회 해산, 전국인구조사 실시, 교토학생연맹 결성, 초국가주의적이며 봉건주의적 사상영화 236편 상영 금지 및 소각령 발표, '영화법' 폐지, 신일본문학회 결성, GHQ전쟁기록영화 접수, 민주주의과학자협회 결성, 사회주의정치경제연구소 회합, 동양문화연구소 주최 동양문화강좌 개설, 일본민주주의문화연맹 결성, 1946년 GHQ 영화 검열에 관한 각서, 미국 영화 배급소 센트럴영화사 설립, 문부성 주최 제1회 일본미술전, 1946년 만화「사자에상(サザエさん)」연재 개시, 일본종교연맹 설립, 민주주의 교육연구회 결성, 일소문화연락협회창립 총회, 아동문학자협회, 문부성 시정촌 공민관 설치 통첩, 일본노동조합총연맹결성대회, 전 일본산업별노동조합회의 결성대회, '생활보호법' 공포, 재일조선거류민단 결성, 신헌법공포기념축하도민대회, 도쿄대 사회과학연구소 설치, 자유영화인 집단 구성, 문부성 제1회 예술제, 교육칙어 봉독 폐지, 일본태평양문제조사회 개건 총회, 1947년 국세조사 실시, 전 일본민주주의문화회의 제1회 대회, ≪총합문화≫ 창간, '아동복지법', 교육행정민주화 결의, 연극문화위원회 발족, 1948년 제1회 NHK자만(自慢) 전국 콩쿠르, 민간 정보교육국 신간 번역출판허가 100권 발표, 문부성 조선인학교 설립 불승인, GHQ 신문사 통신사 검열 폐지, 민주주의옹호동맹준비회 결성, '일본학회의법' 공포, 일본예술원상 수상식, 1948년 전 일본학생자치회총연합회 결성, 1949년 대학범대책전국협의회 결성, 총리부 내 여론연구소 설치, 제1회 마이니치연극상, 전 일본노동조합연맹 결성, GHQ NHK국제방송 허가, '히로시마평화기념도시건설법' 공포, '나가사키 국제문화도시건설법' 공포, 영화제작윤리규정 작성, '문화재보호법' 공포, 금각사(金閣寺) 전소, GHQ 전 학년 해산 지령, 일본중국우호협회 결성, 문화재보호위원회, 일본 문화자유회의 결성, 평화추진국민회의 결성, 문부성 개국백년기념문화사업회 창립 결정, 일본 최초 레코드 발매, 문화재보호위원회 제1차 국보 181건 결정, 일본 최초 원형극장시연(와세다대 오쿠마 소강당), 1952년 도쿄도문화재연구소 발족, 문화재보호위원회 무형문화재 36건 선정, 전국아동문화회의 개최, 문화센터 준비위원 내 지적교류위원회 설치, 일미문화 교류 대표 파견, 국제문화회관 설립, 3S문화 정책

자료: 神田文人,『戦後史年表(1945-2005)』(小学館, 2005).

트기 시작했다.

3) 천황의 인간 선언

패전은 일본 천황에게 다양한 형태로 크게 영향을 주었다. 일본은 포츠담선언을 수락하고 항복한 후 4개월이 지난 시점에서도 메이지기에 제정되어 천황체제를 지탱해 온 대일본제국헌법하에 있었다. 헌법에 의해 천황은 여전히 주권을 갖고 있으며 불가침적인 존재이고 천황으로서 권능이 있는 상태였다. 반면에 천황에게 전쟁 책임이 있다는 전쟁 책임론이 등장하고, 친황과 친황제는 존재해야 하는가 등 천황과 천황제의 존폐를 둘러싼 논의도 촉발되었다. 천황을 둘러싼 다양한 논쟁을 잠재운 것은 천황 역할에 대한 정치적 논리와 천황의 인간 선언이 주된 요인으로 작용했다.

전전 천황은 아라히토가미(現人神)로 살아 있는 인간신으로 여겨져 절대적이며 신적인 권능을 가지고 있었다.[4] 천황이 제사장이 되어 종교의식을 행하는 것은 적어도 천황이 신에 가까운 종교적 존재이며 백성은 신자라는 종교관계를 유지하는 중요한 근거로 작용했다. 그럼에도 천황이 황거에서 행하는 종교의식[宮中祭祀]은 사적인 것이어서 금지되지 않았다. 천황을 중심으로 한 정치체제는 천황과 국민을 종교적 관계로 맺어 강화시킴으로써 국가를 통치하고 국민을 동원하는 데 유효하게 기능했다.

GHQ는 천황이 신성불가침적인 존재로 타국의 원수보다 위에 있는 존엄한 존재이며, 일본인은 타국민보다 낮다는 교설을 가르치는 것을 비합법적인 것으로 인식했다. 그런 이유로 1945년 12월 15일 GHQ의 민간정보교육국 종교과는 국가가 신도를 지원 및 감독하고 보급하는 활동을 금지하는 신도지령(神道指令)을 발령했다. 국가와 종교의 관계, 천황과 종교의 관계 등을 근절하고 정교분리를 통해 천황의 신적 존재를 희석시키기 위한 조치였다. 패전 이후 천황체제가 존부의 갈림길에 서 있는 상황에서 점령 당국은 천황 자신이 신격을 부정하기를 바라고 있었기 때문에 신도지령에서는 천황의 신격에 대해 언급하지 않았다. 자신을 신으로 주장한 적이 없는 쇼와천황은 점령 당국의 의향에 기본적으로 동의했다.[5]

---

4   新田均, 『「現人神」「国家神道」という幻想―近代日本を歪めた俗説を糺す』(PHP研究所, 2003).

당시 궁내청은 학습원(學習院)의 영어 교사로 부임한 블라이스(Reginald Horace Blyth)에게 점령 당국이 납득할 수 있는 정도의 천황 신분에 관한 설명서 원안을 만들도록 의뢰했다. 프라이스는 GHQ 종교 과장으로 일본 문화 가운데서도 하이쿠(俳句)에 능했던 헨더슨(Harold Gould Henderson)과 상의했다. 두 사람은 이른바 인간 선언이라 불리는 초안(案文)을 작성했다. 1945년 12월 31일 시대하라 기주로(幣原喜重郎, 1972~1951) 수상의 뜻을 받아 마에다 다몬(前田多門) 문부대신은 쇼와천황의 기노시타 미치오(木下道雄, 1887~1974) 시종장을 방문해 초안에 천황이 신의 후예인 것을 부인하는 내용을 담도록 요구했다.

기노시타 시종장은 이에 동의하고 천황에게 보고했다.[6] 천황도 신의 후예라는 것을 부인하는 내용으로 변경하는 것을 허락했다. 인간 선언은 천황이 신적인 존재가 아니라는 것을 인정하는 것보다는 전쟁 책임으로부터 벗어나 천황제의 존속을 유지하는 최소한의 조건으로 인식하고 있었던 것이다. 태평양전쟁 항복으로 일본 정부가 안고 있는 최대 과제는 천황의 신체 안전과 천황제를 유지하는 것이었다.[7] 점령군의 최대 관심은 일본을 어떻게 안정적으로 지배하고 개혁할 것인가 하는 점이다. 그런 관심은 필연적으로 천황과 천황제의 존부를 둘러싼 문제로 귀결되었다고 할 수 있다.

천황의 인간 선언 배경에는 일본 정부의 염원이 반영되었다고 할 수 있다. 천황의 인간 선언은 1946년 1월 1일 일본 정부의 관보에 쇼와천황의 칙서로 발표했다. 쇼와천황의 칙서 "신년에 즈음하여 맹서를 새롭게 하여 국운을 열기 바라는 국민은 짐과 마음을 하나로 해서 이 대업을 성취할 것을 간절히 바란다"[8]라고

---

5   竹前栄治·中村隆英 監修, 『GHQ日本占領史』, 全55巻.

6   藤田尚徳, 『侍従長の回想』(講談社, 2015).

7   児島襄, 『昭和天皇·戦後 1 「人間宣言」』(小学館, 2018); 久保春三, 『天皇のみいくさ—人間宣言の裏面史』(展転社, 1987); デイヴィッド バーガミニ, 『ポツダム宣言と天皇人間宣言』(決定版·天皇の陰謀—隠された昭和史), いいだもも 翻訳(NRK出版部, 1988).

8   新年二當リ誓ヲ新ニシテ國運ヲ開カント欲ス國民ハ朕ト心ヲ一ニシテ此ノ大業ヲ成就センコトヲ庶幾フ(しんねんニあたりちかいヲあらたニシテこくうんヲひらカントほっスこくみんハちんトこ

시작한다.

쇼와천황 칙서 내용 중에서 인간 선언이라고 주장하는 근거를 보면 다음과
같다.

朕ト爾等国民トノ間ノ紐帯ハ、終始相互ノ信頼ト敬愛トニ依リテ結バレ、単ナル神話
ト伝説トニ依リテ生ゼルモノニ非ズ °天皇ヲ以テ現御神トシ、且日本国民ヲ以テ他ノ
民族ニ優越セル民族ニシテ、延テ世界ヲ支配スベキ運命ヲ有ストノ架空ナル観念ニ基ク
モノニモ非ズ

(짐과 그대들 국민과의 유대는, 시종 상호 신뢰와 경애에 의해 연결되고, 단순한
신화와 전설에 의해 생기는 것이 아니다. 천황을 현어신(現御神)으로 하고, 공경
스러운 일본 국민을 타민족보다 우월한 민족으로 해서, 전 세계를 지배해야 할
운명을 가지고 있다는 가공할 만한 관념에 기초하고 있는 것이 아니다.)[9]

〈표 2-2〉는 쇼와천황의 인간 선언을 포함하고 있다는 「新日本建設に関する詔
書」의 전문을 소개한 것이다.[10] 제목, 메이지천황의 5개조 서문, 신년국운개화,
서명 등으로 구성되어 있다.

이 칙서에서 중요한 것은 천황이 신적인 존재를 부인하는 언급이 있는가 아
니면 없는가 하는 점이다. 쇼와천황 칙서의 후반부에서 '천황을 현어신(現御神,
아키쓰미카미)으로 하고'라는 것을 말미에 부인하고 있다는 점에서 쇼와천황은
신이 아니라는 것을 인정하고 있다고 해석할 수 있다. 천황과 국민의 관계는 신
화나 전설에 기초한 관계가 아니고, 천황을 아키쓰미카미로 인식하고 그를 믿는
일본 국민이 타민족보다 우월하게 생각하는 것은 아니라는 점을 밝히고 있다.

こ ろ ヲ い つ ニ シ テ こ ノ た い ぎ ょ う ヲ じ ょ う じ ゅ セ ン コ ト ヲ こ い ね が フ).

9 쇼와천황 칙서 내용은 昭和21年 1月 1日 「新日本建設に関する詔書」이며, 国立公文書館アジア歴
   史資料センター의 「アジア歴史資料データベース」에 기초한 것임.
10 昭和21年 1月 1日 「新日本建設に関する詔書」에서 재구성함.

〈표 2-2〉 쇼와천황의 신일본 건설에 관한 칙서

구분	내용
제목	新日本建設に関する詔書
메이지 5개조 서문	茲ニ新年ヲ迎フ。顧ミレバ明治天皇明治ノ初國是トシテ五箇條ノ御誓文ヲ下シ給ヘリ。曰ク、 一、廣ク會議ヲ興シ萬機公論ニ決スヘシ 一、上下心ヲ一ニシテ盛ニ經綸ヲ行フヘシ 一、官武一途庶民ニ至ル迄各其ノ志ヲ遂ケ人心ヲシテ倦マサラシメンコトヲ要ス 一、舊來ノ陋習ヲ破リ天地ノ公道ニ基クヘシ 一、智識ヲ世界ニ求メ大ニ皇基ヲ振起スヘシ
신년 국운 개화	- 叡旨公明正大、又何ヲカ加ヘン。朕ハ茲ニ誓ヲ新ニシテ國運ヲ開カント欲ス。須ラク此ノ御趣旨ニ則リ、舊來ノ陋習ヲ去リ、民意ヲ暢達シ、官民擧ゲテ平和主義ニ徹シ、教養豊カニ文化ヲ築キ、以テ民生ノ向上ヲ圖リ、新日本ヲ建設スヘシ。 - 大小都市ニ蒙リタル戰禍、罹災者ノ艱苦、産業ノ停頓、食糧ノ不足、失業者增加ノ趨勢等ハ眞ニ心ヲ痛マシムルモノアリ。然リト雖モ、我國民ガ現在ノ試煉ニ直面シ、且徹頭徹尾文明ノ平和ニ求ムルノ決意固ク、克ク其ノ結束ヲ全ウセバ、獨リ我國ノミナラズ全人類ノ爲ニ、輝カシキ前途ノ展開セラルルコトヲ疑ハズ。 - 夫レ家ヲ愛スル心ト國ヲ愛スル心トハ我國ニ於テ特ニ熱烈ナルヲ見ル。今ヤ實ニ此ノ心ヲ擴充シ、人類愛ノ完成ニ向ヒ、獻身的努力ヲ效スベキノ秋ナリ。 - 惟フニ長キニ亙レル戰爭ノ敗北ニ終リタル結果、我國民ハ動モスレバ焦躁ニ流レ、失意ノ淵ニ沈淪セントスルノ傾キアリ。詭激ノ風漸ク長ジテ道義ノ念頗ル衰ヘ、爲ニ思想混亂ノ兆アルハ洵ニ深憂ニ堪ヘズ。然レドモ朕ハ爾等國民ト共ニ在リ、常ニ利害ヲ同ジウシ休戚ヲ分タント欲ス。朕ト爾等國民トノ間ノ紐帶ハ、終始相互ノ信賴ト敬愛トニ依リテ結バレ、單ナル神話ト傳説トニ依リテ生ゼルモノニ非ズ。天皇ヲ以テ現御神(アキツミカミ)トシ且日本國民ヲ以テ他ノ民族ニ優越セル民族ニシテ、延テ世界ヲ支配スベキ運命ヲ有ストノ架空ナル觀念ニ基クモノニモ非ズ。 - 朕ノ政府ハ國民ノ試煉ト苦難トヲ緩ヤセンガ爲、アラユル施策ト經營トニ萬全ノ方途ヲ講ズベシ。同時ニ朕ハ我國民ガ時艱ニ蹶起シ、當面ノ困苦克服ノ爲ニ、又産業及文運振興ノ爲ニ勇往センコトヲ希念ス。我國民ガ其ノ公民生活ニ於テ團結シ、相倚リ相扶ケ、寬容相許スノ氣風ヲ作興スルニ於テハ能ク我至高ノ傳統ニ恥ヂザル眞價ヲ發揮スルニ至ラン。斯ノ如キハ實ニ我國民ガ人類ノ福祉ト向上トノ爲、絶大ナル貢獻ヲ爲ス所以ナルヲ疑ハザルナリ。 - 一年ノ計ハ年頭ニ在リ、朕ハ朕ノ信賴スル國民ガ朕ト其ノ心ヲ一ニシテ自ラ奮ヒ自ラ勵マシ、以テ此ノ大業ヲ成就センコトヲ庶幾フ。
서명	- 御名御璽 昭和二十一年一月一日 - 内閣總理大臣兼第一復員大臣第二復員大臣 男爵 幣原喜重郎, 司法大臣 岩田宙造, 農林大臣 松謙三, 文部大臣 前田多門, 外務大臣 吉田茂, 内務大臣 堀切善次郎, 國務大臣 松本烝治, 厚生大臣 芦田均, 國務大臣 次田大三郎, 大藏大臣 子爵澁澤敬三, 運輸大臣 田中武雄, 商工大臣 小笠原三九郎, 國務大臣 小林一三

이런 표현은 분명히 천황이 신적인 존재를 정면으로 부정한 것이 아니지만 종교적 관계가 아니라는 선언을 했다는 근거가 된다는 해석이 있고, 또한 신이 아니라는 언급으로 인식해서 인간 선언을 했다고 해석한다.

실제로 인간 선언이라고 명명한 것은 당시 일본 매스미디어나 출판사가 규정한 것으로 위에서 알 수 있듯이 당해 쇼와천황 칙서에는 인간이나 선언이라는 단어는 없다. 인간 선언에 해당되는 부분은 최종 단락의 몇 줄로 된 것이며 칙서의 6분의 1정도였다. 이 몇 줄도 사실을 확인만 하는 것으로 특히 무엇인가를 포기한 것이 아니라고 해석된다. 그럼에도 쇼와천황 칙서의 후반부 내용에 기초해서 이것을 인간 선언, 천황 인간 선언, 신격 부정 선언 등으로 이용하고 있다. 그러나 분명한 사실은 천황이 신적인 존재에 부담을 갖고 있고, 일본과 천황이 처한 위기를 극복하고 싶다는 의사를 암시적으로 표현했다는 점이다.

쇼와천황 칙서의 주요 목적은 조부인 메이지천황이 일본 민주주의를 표시한 「5개조 어서문(五箇条の御誓文)」을 후반부에서 인용하고 있고, 또한 칙서 전체 문장에서 신격 부정(神格等否定)을 기초로 하면서도 종전 후 신일본 국가의 건설을 스스로 국민에서 호소하는 것이었다. 그리고 새로운 시대에 천황과 국민의 관계를 신성한 종교적 관계라기보다는 일본을 구성하는 데 상호 중심에 있다는 점을 밝힌 것이라고 해석할 수 있다. 이 때문에 특정 부분에 의존하지 않는 통칭으로 신일본 건설에 관한 칙서, 연두 칙서, 국운진흥의 칙서 등으로 불린다. 국립공문서관은 「신일본 건설에 관한 칙서(新日本建設=関スル詔書)」로 소장하고 있다.[11]

GHQ는 GHQ가 주도한 쇼와천황 칙서에서의 표현에 기초해서 천황은 신이라는 것을 부정했다고 인식했다. 그러나 일반적으로 천황과 일본 국민의 선조가 일본 신화에 등장하는 신이라는 것을 부인하지 않는다. 역대 천황의 신격도 부정하고 있지 않다. 일본 신화의 신이나 역대 천황의 숭배를 위해 천황이 행하는

---

11 藤田尚徳, 『侍従長の回想』(中央公論社, 1987); ベン アミ シロニ, 『母なる天皇』(講談社, 2003); 高橋紘編, 『昭和天皇發言録: 大正9年-昭和64년 の真実』(小學館, 1989); 原武史, 『昭和天皇』(岩波書店, 2003).

신성한 의식을 폐지하고 있는 것도 아니다. 일본어로 발표된 것은 천황이 신의 후예라는 것을 명확하게 부정한 것이 아니라 어디까지나 아키쓰미카미(現御神)가 아니라는 것을 언급했다.

일본인에게 당연한 것을 말한 것에 지나지 않기 때문에 일본에서는 쇼와천황 칙서가 큰 반향을 일으키지 않았다. 1946년 1월 1일 쇼와천황 칙서가 신문 제1면으로 보도되었다. ≪아사히(朝日)신문≫은 '연두, 국운진흥의 칙서, 평화를 철저하게 해서 민생 향상과 사상의 혼란을 걱정하는 천황의 마음'이라고 보도했다. ≪마이니치(每日)신문≫은 '신년에 칙서를 받아 유대는 신뢰와 경애, 짐과 국민과 함께 있어'라고 보도했다. 신문은 신격에 대해 언급하지 않았고 일본의 평화와 천황은 국민과 함께 있다는 것만을 보도했다. 천황의 신격 부정은 뉴스로서 가치가 전혀 없었기 때문이다.

그러나 쇼와천황 칙서에서 표현한 것이 국외에서는 천황이 신에서 인간으로 전환했다는 의미로 인식하여 환영했다. 쇼와천황 칙서는 태평양전쟁의 전범이라는 이유로 퇴위와 추소(追訴)의 대상이 되었던 쇼와천황의 위상을 호전시키는 효과가 있었다. 이는 이후 진행된 극동국제군사재판(The International Military Tribunal for the Far East)에서 천황이 소추를 면하고 전범 논쟁을 잠재우는 결과를 낳았다. 따라서 천황이 인간 선언을 했든 안했든 쇼와천황 칙서는 현실적으로 천황과 천황제를 존재하게 하는 데 중요한 전환점과 원동력이 되었다. 현재 천황은 상징 천황으로서 일본 국가의 중심에 있고 국민과의 관계에서 위에 존재하며, 천황제와 천황문화를 지속적으로 유지하고, 일본 사회와 국민에게 최상위에서 직간접적으로 영향을 주고 있는 것은 사실이라고 할 수 있다.

4) 국제냉전체제

제2차 세계대전이 종전된 이후 세계에는 미국과 소련이 주도적으로 추진하는 이념전쟁이 냉전으로 비화되었다. 유럽에서 이념에 의한 동서 대립이 격화되고, 미국은 냉전의 논리에 기초해서 아시아 정책을 추진했다. 각국의 공산주의

운동은 일종의 전체주의로서 공산주의체제를 확산시키는 동시에 소련의 세력권을 확대하는 방향으로 진행되었다. 대소 냉전을 의식하고 있던 미국은 자본주의에 기초하여 반공산주의 정책과 운동을 강하게 전개했다. 공산주의와 반공산주의의 대립은 공산체제와 자본체제의 대립으로 나타났고, 전체주의와 자유주의, 일원적 공산체제와 다원적 민주체제의 대결로 나타났다.

미소의 대립은 평화질서를 구축하기보다는 이데올로기에 기초한 동서 간의 이념을 폭발시켜 냉전질서를 고착화시켰다. 냉전질서는 미국이 추구하는 자본주의와 소련이 추구하는 공산주의가 대립하는 이념질서이며 이념전쟁질서였다. 극동 아시아에서는 중국과 한국을 둘러싼 냉전이 극에 달했다. 그 와중에 일본에서는 이념 논쟁이 첨예하게 진행되었으면서도 냉전에 의한 국가 분열이나 붕괴는 일어나지 않았다. 미국이 주도하는 자본주의에 편입되고 냉전질서에서 벗어나 평화의 길을 걸었다.

패전 직후 일본에서는 시대성으로서 냉전주의가 발흥하지 못했다. 일본의 비냉전국가화는 빠른 속도로 진행되었다. 초기 미국은 「정치경찰 폐지에 관한 각서(政治警察廢止に関する覚書)」를 통해 1945년 10월 10일 전국의 형무소와 구치소에서 3000여 명의 정치범과 사상범을 석방했다. 그중에는 공산주의자로 활동한 도쿠다 규이치(德田救一), 시가 요시오(志賀義雄), 미야모토 겐지(宮本顯治) 등이 포함되어 있었다. 전전의 공산당원은 계속되는 탄압으로 전향하거나 경찰 고문으로 죽거나 외국으로 탈출했다. 그들 가운데 모스코바에서 스탈린의 숙청으로 희생된 이들도 있었다. 그런 이유 때문에 전후에 일시적으로 공산주의자들이 활동할 수 있는 환경이 조성되어 활성화되었다.

점령기 일본에서 재건된 공산주의운동은 파괴와 궁핍에 놓인 민중의 바람과 권리를 주장하는 강력한 힘으로 사회에 영향을 주었다. 당시 일본 공산주의자들은 스탈린이 이끄는 소련을 무조건적으로 옹호하고 미화했으며, 소련과 중국이 추구하는 공산주의를 추종하여 공산혁명을 주도하는 세력이 되기도 했다. 특히 냉전이 심각하게 전개되자 공산당은 소련과 중국공산당의 지시를 받아 겨우 도입된 자유주의, 민주주의, 의회주의 등을 부정하는 무장투쟁 방침을 채택하여 활동했다.

미국이 주도하는 노동운동 장려 정책과 노동자의 권리를 주장하는 공산주의 운동은 서구 사상의 적자로서 일본을 살리기 위해 도입한 자유민주주의운동을 심각하게 방해하는 요인으로 작용했다. 미국은 공산주의자들이 주장하는 사상과 운동의 목표가 미국이 주도하는 것과는 거리가 있다는 것을 알았다. 미국이 추구하는 민주주의가 아니고 소련이 추구하는 공산주의였기 때문에 탄압하기 시작했다. 점령하에 있던 일본은 미국의 주장과 정책이 충분히 반영되는 상황이었기 때문에 그 영향을 받지 않을 수 없었다. 미국은 자유민주주의와 자본주의를 상대국의 실정과는 관계없이 강하게 이식하려고 했다. 더욱이 각국의 지배층이나 지도층과 협력하기보다는 일방적으로 정책을 수행하는 경향이 있었다.

그렇게 해서 일본 정부에 강요하여 공산주의자들을 해방시켰던 미 점령군은 공산주의자들의 운동을 억압하고 봉쇄하는 정책을 주도적으로 추진했다. 특히 미국의 반공주의는 국제사회에서 반소련주의 및 반중국주의, 반사회주의, 반노동쟁의운동, 냉전문화 정책 등을 추진하게 하는 중요한 원인이 되었다. 또한 일본에서는 국내 세력 간의 대립으로 나타난 공산주의운동을 제압하고 새로운 질서를 구축하기 위해 점령 정책의 최고 목적이었던 일본의 비군국주의화 및 비군사화 정책의 방향이 전환되었다.

미국은 미국 내에서 매카시즘(McCarthyism)을 추진하여 공직기관 등에서 공산주의자나 지지자를 추방했다.[12] 동시에 맥아더는 일본에서 레드 퍼지(Red

---

12 매카시즘은 미국 위스콘신(Wisconsin)주 출신의 공화당 상원의원 조셉 레이먼드 매카시(Joseph Raymond McCarthy)가 주장한 반공운동이다. 그는 진보주의적인 민주당 행정부에 반대하여, 1950년 2월 "국무성 안에는 205명의 공산주의자가 있다"는 폭탄 발언을 한 후 과격한 반공운동을 주도했다. 이후 미국과 일본에서 공산주의자 추방이 대대적으로 행해졌다. 그의 주장은 제2차 세계대전 후 냉전이 심각해지는 상황에서 중국의 공산화와 한국전쟁 등 공산 세력의 급격한 팽창에 위협을 느낀 미국 국민으로부터 광범한 지지를 받았으나, 1954년 12월을 기점으로 의회와 군부의 규탄을 받아 영향력을 상실했다.

Purge)라는 반공 정책을 추진하는 지령을 내리고 일본공산당과 동조자를 비판함은 물론 공무원이나 민간기업, 각종 예술단체, 보도기관, 금융기관, 교육기관, 대학 등에서 일본공산당이나 지지자를 해고했다. 그것이 이른바 아카가리(赤狩)이다. 아카가리에 의해 약 1만 이상이 실직한 것으로 나타났다. 그 과정에서 일본은 반공교육, 반공사회, 반공정치, 반공정책 등을 활발하게 추진하여 새로운 국면을 맞았고, 반공문화가 일시적으로 사회 흐름을 끌어가는 상황이 되었다. 공산주의자 추방운동과 공산당에 대한 적극적인 탄압은 1952년 샌프란시스코 조약이 체결된 후에 어느 정도 해제되었다.

국제냉전체제는 일본 사회에 긍정적인 영향과 부정적인 영향을 주었다. 자유민주주의를 이식하고 자기 의견을 표출하는 민주 세력을 육성하기 위해 정부나 권력에 대항하거나 이의를 제기하는 비판적인 신진 세력으로 공산주의자들은 환영을 받고 보호되었다. 따라서 기득권에 대항하는 노동조직과 노동쟁의가 활발했고, 공산주의자들이 추구하는 사회운동이 중시되었다. 그러나 미국이 추진하는 자유주의, 민주주의, 자본주의 등과 괴리를 보이고 대립하는 상황이 빈번하게 발생하는 과정에서 탄압을 받아 해체되기 시작했다. 그 과정에서 미국은 공산주의운동으로부터 일본을 적극적으로 지키고 비호하는 가운데 일본은 국제냉전체제에서 벗어나 자립하고 성장하는 데 국력을 집중할 수 있는 행운을 맞이했다.

5) 다케우마 경제와 한국전쟁 특수경기

종전이 일본에게 선물한 것은 냉전이라는 국력소모전에서 벗어날 수 있게 한 것과 군국주의를 포기하게 하고 경제지상주의를 통해 경제 발전에 집중하게 한 미국의 성장 정책이었다. 붕괴된 경제를 재건하고 부흥하기 위해 국내외에서 힘을 모아 대응한 성장 정책은 결과적으로 성공을 거두었다. 그런 의미에서 보면, 일본의 정치적 안정과 경제적 성장을 지속적으로 지원하는 미국의 일본 점령 정책은 부정적이며 구속적인 성격을 강하게 띠었지만 성공적으로 수행되었다고 할 수 있다.

일본은 새로운 경제체제를 구축하기 위해 다양한 경제 정책을 추진했고, 국내외로부터 직간접적으로 도움을 받아 성장체제를 구축하고 발전할 수 있는 환경을 조성했다. 그중에서 대표적인 정책이 미국 정부에 의해 추진된 돗지 라인(Dodge Line) 정책이다. 그것은 일본이 처한 다케우마 경제(竹馬経済)를 시정하는데 역점을 두었다. 그리고 냉전으로 촉발된 한국전쟁으로 인해 발생한 특수경기(特需景気)가 일본 경제에 우호적인 역할을 했다. 돗지 플랜과 한국전쟁 특수경기는 일본 경제가 홀로 설 수 있는 중요한 원동력으로 작용했고 이후 성장의 토대가 되었다.

첫째는 다케우마 경제이다. 이것은 죽마 경제라고도 불리는 돗지 라인 또는 돗지 플랜이라고도 한다.[13] 돗지 라인은 전후 점령기인 1949년 2월 일본 경제 정비와 안정을 위해 실시한 재정금융긴축 정책이며 경제안정화 정책이다. 당시 GHQ 경제고문으로 방일했던 디트로이트은행 총재 요세프 돗지(Joseph Dodge)가 입안하고 권고한 정책이다.[14] 돗지는 기자회견에서 일본 경제가 양 다리를 땅에 딛지 못하고, 다케우마(竹馬)로 디디고 있는 것과 같다고 설파했다. 다케우마 경제는 한 발이 미국의 원조에 의해 서 있고, 다른 한 발이 국내의 보조금으로 유지하고 있는 경제 현상을 의미한다. 다케우마는 한 발을 너무 높이 들거나 낮추면 넘어져 다칠 위험이 있는 것처럼 일본 경제는 다케우마에 의해 지탱하는 경제에서 벗어나 스스로 서서 걸을 수 있는 자립경제로 전환할 것을 강하게 요구했다.

---

13 正村公宏, 『戦後史』, 上·下.

14 요세프 돗지는 자유주의관, 근검저축 지향, 안정적 정부론자이다. 1945부터 1946년까지 서독의 통화안정 정책에도 관여했다. 당시 돗지는 일본의 인플레이션 정책이나 이를 지도하고 있던 GHQ를 강하게 비판했다. 돗지에 의하면, 당시 생산과 수출이 증가하는 것처럼 보이던 일본 경제는 실제로 미국의 원조와 가격차 보조금으로 지탱하고 있는 다케우마 경제에 불과했기 때문에 다케우마를 버리지 않으면 일본 경제는 자립과 안정에 도달할 수 없다고 진단했다. 탈출구로 강력한 재정금융 긴축정책을 권고했다.

돗지 라인은 1948년 1월 GHQ가 제시한 경제 안정 9원칙으로 구체화되었다.[15] 다케우마 경제극복 정책은 긴축재정이나 부흥을 위한 금융융자 폐지에 의한 초균형예산, 일본은행 차입금 변제 및 채무상환 우선, 복수환율 개정으로 1달러당 360엔의 단일 환율제 설정, 전시통제 완화, 자유경쟁 촉진, 인플레이션 억제, 국내소비 억제, 수출 진흥 등으로 구성되어 있다. 다케우마 경제극복 정책이 추진되면서 인플레이션은 진정되었고, 1950년 7월 6일 도쿄 증권거래소의 수정평균주가(현재 日経平均株価)는 85.25엔을 기록했다. 그것은 오늘날에 이르기까지 사상 최고 안정치로 기록되고 있다. 그러나 역으로 디플레이션이 진행하고, 실업이나 도산이 이어져 돗지 불황과 안정 불황이 발생했지만 전반적인 경제 상황은 안정적이었다.

돗지 플랜에 의해 일본은 전반적으로 안정적인 성장과 시장을 구축할 수 있는 자립형 경제 환경을 만들어갔다. 특히 생산과 소비를 통해 성장이 추진되지 못하고 원조에 의해 성장하는 것처럼 보였던 일본 경제가 기본적인 성장 틀과 토대를 구축하는 계기가 되었다. 긴축과 절약을 통해 금융과 재정의 안정화를 추구하여 착실하게 자립하는 경제구조를 갖추었다. 다케우마 경제는 일본 경제의 위기를 지적하고 있을 뿐 아니라 미래 지향적 방향과 극복 시책을 동반했기 때문에 일본 경제가 자립하는 데 중요한 밑거름이 되었다고 평가할 수 있다.

둘째는 한국전쟁 특수경기(韓國戰爭特需景氣)이다. 특수경기는 국가가 세운 경제 정책에 의한 호경기라는 의미가 아니라 외부적인 요인으로 발생한 호경기를 의미한다. 다시 말하면, 국내의 사회현상과는 다른 요인으로 경제가 큰 폭으로 활성화되는 현상이며, 정상적으로 예상이 안 되는 특별한 수요가 발생한 호경기를 의미한다. 특수경기는 다른 지역에서 발생한 사회현상이나 사건과 관련된 물품이나 상품의 시장가치가 올라 생산과 수출이 증가하고 일자리가 늘어나 경기

---

15 경제 안정 9원칙은 경비 절감에 의한 예산 균형, 징세 시스템 개선, 융자 제한, 임금 안정화, 물가통제 강화, 외국 무역사무 개선 및 강화, 사재힐딩배급세 효과적 시행, 주요 국산원료 및 공업제품 증대, 식량집하계획과 효과적 집행 등으로 구성되어 있다.

상승을 견인하는 특수한 경기이다.

비상식적으로 경제 손실을 야기하는 전쟁에서도 군수산업제품에 대한 수요가 증가하여 경기를 상승시키는 좋은 힘으로 작용한다. 또한 직접 전쟁으로 소비되는 병기 관련 산업뿐 아니라 군사활동으로 생기는 수요가 증대하게 된다. 예를 들면, 철강, 에너지, 식료, 섬유 등 다방면에서 국가 예산이 투하되어 그와 관련된 산업이 활성화되고 기업이익이 늘어난다. 실제로 제2차 세계대전 개전 전후에 세계공황으로 냉각된 경제계는 군수 수요를 기대했었다. 그것이 이른바 대전경기(大戰景気)였다. 전쟁으로 발생하는 특수경기는 필요한 상품 수요가 급속하게 증가하기 때문에 관련 산업이 확장되고, 생산을 늘리기 위해 노동자를 모집하기 때문에 경기가 활성화된다. 또한 급격한 증산 정책으로 노동자의 노동시간이 늘어나 소득이 증가하고, 소비시장이 활성화되어 경제성장으로 이어진다.

1950년대 일본에서 발생한 특수경기는 바로 한국전쟁이 발발하여 생긴 특수수요에 의한 경기 활성화를 의미한다. 한국전쟁을 수행하기 위해 연합군 최고사령부는 점령하에 있는 일본을 물품중계 기지로 이용하고, 물자 조달을 위해 다량의 미국 달러를 투하해 일본이 이익을 얻게 되었다. 이를 가리켜 한국전쟁 특수경기라고 한다. 패전국으로 막대한 전시 부채를 안고 있던 일본이 급속하게 회복하는 데 일조한 부분이 있고, 또한 돗지 라인으로 위축된 경제를 확장시키는 역할을 했다. 당시 한국전쟁 특수경기는 일본이 경제적으로 자립하는 데 최적의 경제 정책으로 작용한 것이다. 제2차 세계대전으로 산업 수준이 크게 후퇴한 일본 경제가 한국전쟁 특수로 각종 영역에서 확장할 수 있는 발판과 기회가 되었다.

그러나 한국전쟁 특수로 호황을 누린 곳은 일부 재계만이라는 평가도 있다. 당시 일본 경제계에는 아직 특수이익이 노동자에게 환원되지 않았고, 일본 국민이 1일 섭취한 칼로리 양은 특수경기 기간에도 많이 신장되지 않았기 때문이다. 일본은 막대한 점령군 경비를 종전 처리비 명목으로 부담하고 있었다. 1952년까지 점령 총경비는 47억 달러로 알려졌고 정부회계에서 한국전쟁 특수 매출에 해당되는 금액이 미군에게 지불되었기 때문이다.

그리고 국제무역에서 적자를 기록했다. 한국전쟁 특수로 1951년 일본은 4억 3000만 달러의 무역외수지를 얻었다. 그러나 특수경기를 제외하면 무역외경상 수지는 2억 달러 적자를 기록했고, 무역을 포함한 경상거래에서 4억 8000만 달러 적자를 보였다. 적자의 원인은 전전과 전중에 한국이나 만주 등에서 들어오는 값싼 수입품이 GHQ의 대중무역금지령으로 단절되었고, 그 대신 미국으로부터 자원을 구매하고 미국을 위해 생산하고 미국을 위해 구매했기 때문이었다. 더욱이 한국전쟁은 국제적으로 물품 부족을 촉진시켰기 때문에 일본뿐 아니라 서독도 수출이 크게 증대했다. 특수경기로서 한국전쟁 특수는 일본 경제에 긍정적으로 작용하고 이후 경제 자립을 유도하는 추진력으로 작동했으며 경제 자립과 동반된 새로운 문화 발생에도 영향을 주었다고 할 수 있다.

3. 점령기의 문화 정책

1) 예술문화 정책

점령기의 예술문화 정책은 예술단체나 예술인들에게 신뢰를 받지 못했다. 그것은 예술단체와 예술인이 전전의 강제적이며 국가 지향적인 문화예술 정책에 대한 불신과 회의가 있었기 때문이다. 국가와의 관계를 경원시하여 국가로부터의 예술 지원에 대한 요구와 필요성을 표면화하지 않았다. 전전 국가에 의한 예술 통제와 국책문화의 재연에 대한 저항과 경계심, 그리고 예술활동의 자유를 향유하고자 하는 마음이 강했기 때문이었다.

GHQ는 민주적인 예술 정책을 추진하기 위해 전시 중 예술문화를 창조하고 비평활동을 제한하는 역할을 한 '치안유지법', '출판법', '신문지법', '영화법' 등을 폐지했고, 문화 통제를 배제했다. 그리고 예술문화의 활성화 전략으로 미국의 현대 예술작품을 수입해 전시하고 이식하는 예술개방 정책, 제한적이나마 전통적인 예술문화와 근대적인 예술문화를 진흥시키는 예술문화진흥 정책, 예술인을 지원하기 위해 다양한 제도적 장치를 마련하는 예술인과 예술단체 지원 정책 등을 추진했다.

일본 정부는 예술문화진흥 정책으로 전시 중 예술활동을 제약했던 제도와 정책을 철폐하고 동시에 새로운 문화제도와 정책을 추진했다. 정부기관으로 예술문화주무부서인 문부성은 사회교육국 산하에 예술과를 설치하여 예술활동을 지원했고, 국가 산하의 문화예술기관을 법인으로 전환하여 자율성과 독립성을 갖도록 했다. 기존의 문부성 미술전람회는 국가가 관여하지 않기 위해 사단법인 일전(日展)으로 변경하여 자주적으로 운영하도록 했고, 기존의 제국예술원은 일본예술원으로 전환하여 새롭게 출발했다. 1946년부터 문부성은 예술제를 문화국가 이념을 실현하는 차원에서 추진했다. 문화훈장제도는 1951년 설치된 문화공로자제도와 보조를 맞춰 운영되었고, 우수한 예술인에게 주는 예술제상과 예술제 장려상, 예술선장(藝術選獎), 문화훈장, 문화공로자, 일본예술원제도와 표창제도 등이 만들어져 예술을 진흥시키고, 예술인의 육성과 활동을 적극적으로 지원했다.

그리고 일본 정부는 다각적인 문화예술 정책을 추진하기 위해 기관과 제도를 정비하는 동시에 예술문화를 활성화하기 위한 조치로 1947년 '국회법'에 근거해서 문교위원회와 병행해 문화위원회를 설치했다. 당시 모리도 문부대신이 추진한 문교 정책은 예술문화에 학술 측면과 문화 측면이 있다는 점을 강조했다. 학술 측면은 문화교육으로 연결되고 문화 측면은 예술문화진흥으로 귀결된다는 구도와 취지를 1948년 4월 14일 중의원 문화위원회에서 밝혔다. 문부성이 구상한 예술문화 정책은 기존의 예술문화에 대한 반성과 순수한 문화예술을 육성하는 데 초점이 맞춰졌다.

당시 국회 문화위원회는 국가 행사, 예술, 국보급의 주요 미술품, 사적, 음악, 영화, 연극, 신문, 잡지, 그 외 저작물, 라디오방송, 국민오락, 박물관, 도서관, 관광사업, 문화 사업 등을 소관 대상으로 규정하고 활성화하기 위해 예술진흥 정책과 예술상 정책을 추진했다. 중의원의 문화위원회가 중심이 되어 문화예술 정책을 추진하여 의미 있는 결과를 얻었지만 문화위원회는 제3회 국회부터 각 성청의 소관별로 상임위원회가 정리 통합되는 과정에서 폐지되어 중요 업무 부분은 문교위원회가 담당했다.[16]

다른 한편으로 GHQ는 전전의 제국주의적 문화 정책에서 탈피하고 새로운 문화국가를 구축하기 위해 반전주의, 반제국주의, 민주주의, 자유주의 등에 기초한 채찍과 당근이라는 이중적인 예술문화 정책을 추진했다. 일본 정부의 예술문화 정책과 보조를 맞추고, 전통문화를 통제하면서도 자유주의적이며 민주주의적 예술문화활동을 보호하고 지원했다. 그런 가운데 맥아더는 냉전체제가 구축되고 1950년 한국전쟁이 일어난 이후 일본공산당을 비합법화하고 예술문화 영역 전반에 걸쳐 레드 퍼지 정책을 추진하여 예술문화인들을 대거 추방했다. GHQ에 의한 문화예술 정책은 이념에 기초해서 예술인들의 활동을 제한하고 사상적 자유를 통제한 측면이 있었다는 점에서 순수한 예술문화 진흥으로 평가하기는 어렵다고 할 수 있다.

2) 종교·교육·학문 정책

종교·교육·학문 정책은 전통신앙 배제와 종교적 자유를 인정하는 종교 정책, 올바른 일본 역사교육이나 민주화교육을 골자로 하는 교육 정책, 학술기관의 학문 자유와 문학 활성화를 위한 학문 정책 등을 포함한다. 종교·교육·학문은 자유주의, 민주주의, 평화주의 등에 기초하도록 장려하고 각 사회 영역에서 뿌리를 내리도록 유도했다. GHQ는 종교 정책으로서 국가 신도에 관한 통제와 제한을 했고, 교육 정책으로는 새로운 '교육기본법'을 공포하고 수신 및 역사교육을 금지했으며, 학문 정책으로는 제국대학의 명칭을 변경하도록 하고, 교과용 도서

---

16 根木昭, 『日本の文化政策: 文化政策學の構築に向けて』(勁草書房, 2001).

검정기준을 정하는 등 각 영역에서 제국주의적 요소를 일소하는 방향에서 추진했다.

〈표 2-3〉은 GHQ가 새로운 문화국가를 구축하기 위해 주도적으로 추진한 종교·교육·학문 정책의 내용을 소개한 것이다. 정책 방향은 통제와 금지, 자유와 민주라는 이중적 차원에서 추진한 특징이 있다.

GHQ는 선제적으로 정치적·사상적·종교적 자유에 대한 제한을 철폐하기 위해 「정치경찰 폐지에 관한 각서(政治警察廢止に関する覚書)」를 일본 정부에 전달했다. 「정치경찰 폐지에 관한 각서」에는 천황 및 황실에 대해 자유로운 토론이 가능하도록 사상, 종교, 집회, 언론의 자유를 보장할 것, '치안유지법'을 포함한 자유를 박탈하는 일련의 법률, 칙령, 성령, 명령, 규칙 등을 폐지하고 즉시 정지할 것, 그런 법에 의해 구속된 사람들을 석방할 것, 비밀경찰이나 언론통제기관을 일체 폐지할 것, 내무대신, 경찰관계 수뇌부, 전국의 사상경찰 및 탄압활동에 관여한 관리 등을 파면할 것 등이 포함되어 있다.

종교 정책으로는 정치와 종교를 분리하는 정교분리 정책과 종교 자유화를 추진했다. 제2차 세계대전까지 금지된 신종교가 해금되었고, '치안유지법'으로 체포된 종교인이나 지도자가 석방되었으며, 신도지령으로 엄격하게 정교분리를 했다. 지금까지 국가 종교로서 국가 신도와 정치가 하나가 되는 정교일치 현상이 일어나 종교의 자유가 제한·강제되었고, 천황이 국가 신도의 중심에 있어 국민과의 종교적 관계가 유지되고 있었기 때문이다. 기존의 대일본제국헌법에 의해 천황은 신성불가침적 존재로서 교주나 신의 지위에 있었고, 국민은 교주나 신을 믿는 신자로 자리매김되어 국가 신도는 국가 종교와 국민 종교로 기능하고 역할했다. 따라서 GHQ는 종교 개혁을 통해 전통적 종교관계를 단절하고 종교와 믿음의 자유화를 장려했다.

더불어 GHQ는 교육 개혁과 학문 개혁을 유도했다. 메이지유신에 의해 도입된 수신교육체제와 내용을 근본적으로 개조하는 교육 개혁을 추진했다. 황민화교육을 배제하고 자유주의와 민주주의에 바탕을 둔 교육을 강조했다. 구체적인

〈표 2-3〉 종교·교육·학문 정책

구분	종교·교육·학문 정책의 내용
종교	종교와 정치 분리 통달, 국가 신도 제한, 국가 신도에 대한 정부의 지원과 홍보 등 폐지에 관한 각서 교부, 천황 신격화 부인, 정치경찰 폐지에 관한 각서, 문부성 학교에서 천황폐하만세 합창 정지 통달
교육	수신 일본 역사 및 지리수업 정지와 교과서 회수에 관한 각서 교부, 전학교 지리수업 재개 허용, 문부성 교육칙어봉독 폐지, 문부성 공민교육 실시 통달, 문부성 신교육 지침, '교육기본법' 공포, 제국대학 명칭 폐지, 문부성 '학습지도 요령', 문부성 학습지도 요령 일반편 시안(소학교 수업일수 증가, 중학교 일본 역사 부활), 문부성 조선인학교 설립 불허가, 문부성 '부모와 선생의 회' 참고 규약을 전국에 배포, PTA 결성 촉진(1950년 전국 98% 결성), 교원 레드 퍼지 시작(1700여 명 추방), CIE 고문 이루즈 니가타대학교에서 '공산주의 교수 추방' 강연, 조선총련계 조선인학교 93교 폐쇄, 각의 상용한자표 발표, 신제국립대학 69교 도도부현에 설치, 문부성 교과용 도서 검정기준, 국립학교설치법, 국가행정조직법에 따라 문부성 설치, 문부성설치법(행정권한 이행, 지도조언 기관), '사회교육법' 공포, 문교심의회 제1회 회의, 수상 교육칙어를 대체하는 '교육선언' 작성, GHQ 전국고교 53개교에 직업과 설치, 규슈대학교 적색 교수에 대한 사직 권고, 도야마 니가타대학교에서 동취지 권고, 오사카대학교 공학부 입시에서 성병조사 실시 결정, 일본도서관협의회 우량도서 추천 실시, 문부성 순결교육심의위원회 결성, 문부성 도덕교육진흥방책 발표(요령 총설 소학교 편, 중학교 및 고교 편 배포), 문부성순결교육위원회 '순결교육 기본 요령' 발표, 문부성 순결교육 재검토 결정, 도쿄도교육청 공산주의 교원 246명 퇴직 권고(일부 소학교 반대 데모), 문부성 학교 축일에 히노마루(日の丸) 게양 및 기미가요(君が代) 제창 통달, 도쿄대학생 공산당 세포(細胞) 금지, 공산당 도쿄 세포 및 와세다 세포의 해산 지령, 문부성 8대 도시 소학교 빵 완전급식 실시, 도호쿠 대학교 이루즈 반공강연 반대, 전학련 임시대회에서 반이루즈 및 제국주의 타도 결의, 전학련 긴급중앙위원회 레드 퍼지반대 투쟁 선언, 문부대신 전국교육장회에서 수신교육 부활 및 국민 실천요령의 필요성 표명, 후생성 어린용 에로구로(エログロ) 책·가미시바이(紙芝居)·장난감·아동 도서 추방, 문부성 남녀교제의 예의 발간, 문부성 개국백년기념문화사업회 창립, 문부성 제1차 교직원 추방해제자 298명 발표(누계 4500명), 일본 어린이 지키는 회 결성, 일교조 문교정책 기본대강 발표

자료: 神田文人, 『戰後史年表(1945-2005)』(小学館, 2005).

개혁 정책으로는 민주화에 기초한 교육제도 개혁, 자유교육, 교육지방분권, 수신교육의 민주적 개혁, 국어 개혁, 로마자화, 남녀공학제, '학교교육법' 제정, 교육 관련 법령 정비, '교육기본법' 개정, 공산주의자 교직 추방 등이 추진되었다. 교육 개혁은 연합국 측이 구상한 민주교육을 추진하기 위해 교육체제, 교육 내용, 교육 관련 법 등을 새롭게 하는 방향에서 추진되었다.

그리고 학제 개혁을 구체화했다. 초등교육, 중등교육, 고등교육, 대학교육 등의 교육제도로 6334제를 도입했다. 그리고 복선교육(複線教育), 수신과목 및 교육칙어를 폐지하여 학문과 교육 내용을 자유롭게 했다. 더불어 남자대학과 여자대학을 남녀공학대학으로 변경, 9년간 의무교육, 엘리트 양성기관으로 사회적 역할을 담당했던 구(舊) 제국고등학교나 구(舊) 제국대학 폐지, 사범학교를 학사 4년제 대학 학부로의 전환 등을 추진했다. 학문 정책으로 GHQ의 금서지령이 내려져 도쿄대학교 등 전국 대학의 교수가 집필한 8000여 권의 역사 관계 문헌이 몰수되었다.

GHQ에 의한 종교, 교육, 학문 개혁은 전통적 종교, 교육, 학문 등을 폐지하는 탈일본적 종교, 교육, 학문 정책의 성격을 강하게 띠었다. 그 대신에 종교, 학문, 교육 등에서 서구적인 제도와 내용을 이식하는 친서구적 정책을 유도했다. 그 과정에서 GHQ는 제국주의에서 탈피한다는 명분으로 일본적인 요소를 강제로 배척하고 서구적인 요소를 도입했다. 그것은 자유주의적이며 민주적인 종교, 교육, 학문 등을 추진함에도 불구하고 일본인의 교육, 종교, 학문의 자유와 권리를 제한하는 측면이 있다는 점에서 불완전한 정책이었다.

3) 노동 정책과 언론 정책

일본 경제의 회복과 자립을 지원하던 맥아더는 1945년 10월 2일 카미유 고르주(Camille Gorgé) 주일 스위스 대사와 회의하면서 일본의 공업 능력이 아직 잔존하고 있어 전전과 같이 값싼 노동력으로 저렴한 제품을 수출하여 구미 여러 나라와 비슷한 경쟁력과 경제력을 갖게 되면 아시아 시장을 독점할 것이라고 염려했다. 스위스 대사는 일본의 경제성장과 세계시장 진출을 제한하기 위해 노동조합의 조직화를 통해 노동자의 임금을 상승시키고, 일본 제품 가격을 높이는 방식으로 일본의 경제력과 경쟁력을 조율할 수 있다고 역설했다. 그렇게 되면 전후 일본은 국제사회에서 눈에 띄지 않는 지위를 갖게 될 것이라는 의견을 피력했다. 이처럼 일본의 성장은 서구 국가에게 양날의 검과 같은 존재로 인식되고 있었다.

맥아더는 취임한 시데하라 기주로(幣原喜重郎) 수상에게 노동조합 결성을 포함한 5대 개혁 지령을 내렸다. 항복 후 국내 대부분 공정은 배상 지징을 받아 생산이 금지되었고, 일부 산업과 기업은 평화산업과 기업으로 전환되어 생존을 꾀했지만, 다양한 제한으로 생산량이 저하되어 성장하지 못했다. 기업과 산업에 대한 긴축 정책은 실업과 임금 인하를 초래해 전국 각지에서 노동자에 의한 생산관리 투쟁이나 생산복귀 투쟁이 발생했다. 맥아더의 일본 경제 정책과 노동 정책은 정치적 판단에 의한 진흥과 통제라는 이중적 방법으로 접근하는 경향이 있어 일관성 있게 추진되지 못했다.

GHQ는 기본적으로 민주주의와 자유주의 개념에 어울리도록 노동조합조직 구성과 노동조합운동의 자유화를 지지했고, 담당기관인 경제과학국 노동과 관료는 열의를 가지고 대응했다. 초기 GHQ가 추진한 노동 정책은 민주적인 노동 문화를 육성하는 것이었고, 그것을 활성화하기 위해 '노동조합법'을 제정했다. 이 시기에는 패전으로 발생한 열악한 노동 및 고용 환경을 개선·정비하고, 노동자의 다양한 요구를 수용하는 노동 정책을 추진했다. 고용 유지나 대우 개선, 전전 노동조합운동을 경험한 세력 활성화, 사회주의자와 공산주의자의 노동운동에 대한 참여 인정 등을 전략적으로 추진하여 노동조합 결성이 급속하게 촉진되었다. 일본 정부가 1945년 발표한 「일본 노동자 조직의 취급에 대해서」라는 문서에는 노동조합의 자유로운 발전과 활동을 촉구하는 노동계의 요구가 포함되어 있다.[17]

GHQ의 적극적인 지원과 장려 정책, 공산주의의 영향으로 노동운동이 강력한 힘을 발휘하기 시작하면서 GHQ 내부에서는 너무 풀어준 것에 반대하는 비판의 목소리가 높아졌다. 생산 현장에서는 1946년 매일 30건 이상의 생산관리

---

17 竹前栄治, 『戦後労働改革 GHQ労働政策史』(東京大学出版会, 1982).

투쟁이 발생했지만 폐업이나 강력한 노동 탄압은 발생하지 않았다. 이후 1946년 극동위원회는 노동운동 16원칙을 발표하고 점령 목적을 저해하는 노동운동을 금지했다. 1947년에는 식량 수송과 점령군에 대한 서비스를 스트라이크로 배제하려는 2·1 제네스트가 계획되었지만 맥아더의 개입으로 중지되었다. 2·1 제네스트 중지 이후 GHQ과 노동운동가 사이에는 심각한 의견 차이로 극단적인 대립이 발생했다.

그동안 민주적인 노동조직 구성과 활동을 지지하는 등 노동 개혁을 추진해온 뉴딜 정책 입안자들이 본국으로 귀국하고, 국내외 정치경제적 환경이 변함에 따라 노동조합운동에 대한 통제가 가해지기 시작했다. 노동조합 구성과 투쟁적인 노조활동을 제한·저지하여 노동계와 정치계는 극단적으로 대립했고, 일본 경제계와 기업에 악영향을 주었다. 당시 많은 노동자는 GHQ의 노동 현장에서의 민주화 추진에 대한 방해, 자본가에 대한 생산 금지, 경제성장과 기업 성장에 대한 저지와 방해 공작 등이 경제 부흥을 늦추게 한 주요 요인이었다고 인식했다.

〈표 2-4〉는 점령 후 자유주의와 민주주의 실현을 위해 적극적으로 추진한 노동 정책, 언론 및 출판 정책, 방송 정책 등의 내용을 소개한 것이다.

GHQ는 노동 정책에 이어 신문, 방송, 통신사, 출판 등에 대한 진흥과 통제를 가미한 언론 정책을 추진했다. 패전 후 GHQ에 의한 언론검열 정책이 시작된 것이다. 1945년에 「언론 및 신문의 자유에 관한 각서(言論及ヒ新聞ノ自由ニ関スル覚書)」(9월 10일), 「일본의 신문 준칙에 관한 각서(日本ノ新聞準則ニ関スル覚書)」(9월 21일), 「프레스 코드에 관한 각서(プレス·コードに関する覚書)」, 「라디오에 관한 각서(ラジオに関する覚書)」 등으로 구체화되었다.[18] 점령군은 민주화와 자유화라는 이름으로 민간 언론에 대한 사전 및 사후 검열을 실시하여 언론의 자유를 제한했다. 1945년 10월 9일 ≪아사히신문≫, ≪마이니치신문≫, ≪요미우리(読売)신문≫,

---

18 竹前栄治·中村隆英 監修, 『GHQ日本占領史』, 全55巻.

구분	노동 정책과 언론 정책의 내용
노동 정책	2·1 제네스트 중지 명령, 미국 할리우드 공산주의자 색출(赤狩リ), '지방자치법', '직업 안정법', 근로자연극활동조합, 전노련 해산명령, 노동과장 에미스 관공노조 스트라이크 중지 권고
언론 및 출판, 방송 정책	언론 및 신문의 자유에 관한 각서(보도 제한), 5대 신문의 사전검열 개시, 일본출판협회와 일본자유출판협회 GHQ의 경고로 출판강령 제정, 신문윤리강령 제정, 신문 여섯 개사와 통신사의 사전검열 폐지 및 사후검열 전환, 민간정보교육국 신간 번역·출판 허가, 에로구로 출판물 박멸에 관한 성명, NHK 국제방송 재개 허가, GHQ에 의한 방송편성 검열 폐지, GHQ에 의한 6대 신문사 및 3개 통신사 사후검열 폐지, 맥아더 공산당 기관지 ≪아카하타≫ 무기한 정지(맥아더의 요시다 수상 서간에서 한국전쟁에 대한 보도 태도를 이유로 아카하타 제재 조치), 신문사 내의 공산당원과 동조자 추방 지시, 레드 퍼지 개시, 정부 공무원 레드 퍼지의 방침결 정(신문 및 통신 등 1만여 명 퇴출), 연합국 점령군의 우편물, 전보, 전화 등의 검열에 관한 건을 폐지하는 법률 공포

자료: 神田文人, 『戦後史年表(1945-2005)』(小学館, 2005).

≪도쿄(東京)신문≫, ≪일본산업신문≫ 등에 대한 사전 검열이 개시되었다.

민간검열지대(民間検閲支隊, CCD)에 의한 검열은 일본의 전통적인 이념이나 사상을 척결하고 당시 미국이 추진하는 시대사상과 문화를 일본에 이식하고 정착시키기 위한 목적으로 추진되었다. 언론, 방송, 출판, 통신 등은 연합국 비판, 점령 정책 비판, 극동국제군사재판 비판, 전시 중 연합군의 학대행위, 원폭에 관한 정보, 점령군에 의한 살인, 강도, 강간, 매춘 비판, 만주국이나 중국, 소련에서의 일본인 처우에 대한 비판, 구미 제국의 유색인종차별 비판, 냉전 고조, 문학작품에서 기아나 전쟁후유증 표현, 비참한 상황 제보, 반점령 정책 주장 등을 하지 못하게 했다.

언론 정책은 표면적으로 언론 및 사상 자유에 대한 제한을 최소한도로 하고 세계평화에 우호적인 내용을 장려했다. 그런 가운데 민간검열지대는 지방지를 포함한 신문, 잡지, 출판물, 학술논문, 방송, 편지, 전신·전화, 영화 등을 검열했다. 일본 매스미디어에 대한 사전 검열이나 사후 검열이 행해져 점령군에 반한다고 판단되는 기사나 내용을 전면적으로 다시 쓰게 했다. 검열 과정에서 진주군에게 잔학행위를 당했다는 사실을 편지로 쓴 인물이 허위라고 인식하고 비밀리에 체포하여 군사재판에 회부하기도 했다. 언론 정책을 위반했다는 이유로 ≪아사히신문≫은 2일간 업무정지명령을 받기도 했다. 신문이나 뉴스를 통해 일본군의 전시 중 비행을 반복적으로 보도하게 하고, 국민의 전의를 없애는 한편 국민의 속죄의식을 증폭시켜 전쟁을 혐오하는 혐전 공작 정책을 시도했다.

GHQ에 의한 언론 검열은 사적인 부문과 공적인 부문에 걸쳐 포괄적인 내용과 범위에서 진행되었을 뿐 아니라 사실을 은닉했다. 그런 행태는 언론의 자유를 규정하고 보장하는 일본국헌법하에서도 실시되었고, 검열은 계도에서 벗어나 탄압 수준으로 강력하게 실시되었다. 에토 준(江藤淳)은 전후의 언론 검열 정책이 폐쇄된 언론 공간을 만들고 조장했다고 비판했다. 그런 점에서 보면, GHQ의 일본 언론 정책은 정치적인 목적과 판단을 통해 통제하고 지배하는 논리 위에서 전개된 측면이 있어 민주적이며 자유주의적인 언론문화를 형성하고 활성화하는 데 한계가 있었다고 평가할 수 있다.

4) 문화재 보호 정책

GHQ는 군국주의의 부활을 저지하기 위한 명분으로 전통적으로 계승되어 온 검도, 가부기(歌舞伎), 국가 신도 등을 제한했고, 전통문화 가운데 호전적이거나 민족주의적인 활동을 정지하거나 조직을 해산했으며, 군국주의 찬양 서적을 분서(焚書)했다. 한 예로 비군사화의 일환으로 일본 국내의 무도를 총괄하고 있던 정부의 외곽단체인 대일본무덕회(大日本武德会)를 해산하고, 관계자 1300여 명을 공직으로부터 추방했다. 전국에 일본도 반납을 명하여 방대한 도검류가 몰수·폐기되었다.

그 외에도 전의를 고양하는 다양한 장르의 예술에 대해 동일한 조치가 취해졌다. 자의적인 규정에 의거한 문화 통제는 연합군이나 미국인의 일본 문화에 대한 무지나 무 이해로 벌어진 것으로 인식하는 경향이 있었다. 일본 신화에 대해 기술한 문학작품도 검열하여 관련 내용을 삭제하도록 요구했다. 점령군은 야스쿠니신사(靖国神社)를 개 경기전용구장으로 계획했지만 실행하지 못했다. 그리고 제2차 세계대전 중 황국사관과 연결된 많은 황실 관련 문물을 문화재로 지정했지만 점령 정책을 추진하면서 그와 관련된 문화재 지정을 해제하는 문화재 지정 해제 정책을 동시에 추진했다[19].

점령기의 문화재 보호 정책은 전통적으로 계승되어 온 전통문화재를 보호하고 계승하는 문화재 보호 정책, 문화시설을 확충하는 문화시설 정책, 소실된 문화재를 복구하는 문화재 복구 정책, 숨어 있는 문화재를 발굴하는 문화재 발굴 정책 등을 실시했다. 이 시기는 일반적으로 일본 문화재를 경시하는 경향 속에서 1949년 호류지(法隆寺) 금당벽화 소실 사건이 일어났고, 1950년 7월 2일 긴가쿠지(金閣寺)에서 화재가 발생했다. 일본 정부는 문화재 보호의 필요성이 높아져 1950년 '문화재보호법'을 제정·시행했다. '문화재보호법'은 지금까지의 '국보보존법', '중요 미술품 등의 보존에 관한 법률(重要美術品等ノ保存ニ關スル法律)', '사적·명승천연기념물 보존법' 등을 총합한 것이었다.[20] 그것은 건축물, 미술품 등과 같은 유형문화재, 연극, 음악, 공예기술 등과 같은 무형문화재, 사적, 명승, 천연기념물 등과 같은 민속문화재를 보호하는 데 통일적으로 적용할 수 있는 법률이다.

'문화재보호법'은 3년간 시행한 후 그동안의 경험을 바탕으로 1954년 개정하여 시행했다. '문화재보호법' 개정으로 문화재라는 개념이 처음으로 도입되었고, 새로운 무형문화재, 매장문화재, 민속자료 등이 추가되었으며, 문화재 보호를 추진하는 전문 기관인 문화재보호위원회가 설치되었다. 동시에 문화재 보호에서 지방공공단체의 역할을 명확히 하고, 도도부현 교육위원회가 국가의 보호 행정에 관한 서류의 경유청이 되어 특정 대상에 대해 국가의 권한을 위임받아 대응했다. 더욱이 지방공공단체는 조례로 문화재를 지정할 수 있게 하여 전통문

---

19 根木昭, 『文化政策の展開: 芸術文化の振興と文化財の保護』(放送大学教育振興会, 2007), p.116.

20 2017년 국보 지정 건수는 건조물 223건, 미술공예품 885건, 그림 160건, 조각 134건, 서적 227건, 고문서 61건, 고고자료 47건, 역사자료 3건 등이다.

화를 보호하고 발굴할 수 있도록 했다.

점령기의 문화시설 정비는 천황 관련성을 제거하기 위해 국가의 문화시설로 전환했다. 그것은 여전히 제국 국가와 전쟁의 중심에 있던 천황과의 관련성을 배제하고 국민의식을 바꾸려는 차원에서 진행된 것이다. 문화시설 정비의 일환으로 전전 궁내성 소관이었던 도쿄(東京)와 나라(奈良)의 제실(帝室)박물관 및 은사(恩賜)교토박물관은 국립박물관로 전환했다. 1951년에는 가나가와(神奈川) 현립 근대미술관을 설립했고, 1952년에는 도쿄에 국립 근대미술관을 설립했다. 그리고 자연환경을 보호하기 위해 1951년 '삼림법'을 개정했고, 1952년 구(舊) 국립공원법을 '자연공원법'으로 개정했다.

이 시기의 전통문화는 점령군의 정치적 시각과 목적에 의해 존부가 결정되었고, 대체로 활성화보다는 금지와 통제의 대상이 되어 위축되거나 배제되는 경향이 있었다. 다만 전통문화 가운데서 보존 가치가 있는 문화재에 대해서는 전전의 문화재 보호 관련 법을 종합적으로 정비하여 대응하고, 사회 정세나 국민의식에 부정적인 영향을 주지 않는 범위에서 제한을 해제하기도 했다. 전통문화의 부흥과 위축을 좌지우지했던 GHQ의 문화 정책은 전통문화 활성화 차원보다는 탈전통문화 차원에서 추진했다는 점에서 부정적인 기능을 했다고 할 수 있다.

5) 3S대중문화 정책

GHQ는 일본을 점령하면서 대중문화 정책으로 이른바 3S 정책을 적극적으로 실시했다. 3S 정책은 스크린(screen) 정책, 섹스(sex) 정책, 스포츠(sport) 정책 등으로 구성되어 있다.[21] 일본에서 추진된 3S 정책이라는 용어는 양명학자이며 사상가로 활동한 야스오카 마사히로(安岡正篤, 1898~1983)가 미군이 일본을 점령한 시기에 존재했다고 주장한 데서 유래한다. 일본의 전통문화를 대체하고 서구 문화의 이식을 통해 대중의 관심을 비정치적 부문으로 전환하려는 의도적인 대중

---

21 竹前栄治·中村隆英 監修, 『GHQ日本占領史』, 全55巻.

문화 정책이었다.

야스오카는 일본에서 추진된 3S 정책의 유래에 대해 언급했다. 야스오카에 의하면, 제2차 세계대전 후 GHQ가 일본의 점령 정책을 실시하는 기본 원칙으로 3R〔Revenge(복수), Reform(개소), Revive(부활)〕 정책과 5D〔Disarmament(무장해제), Demilitalization(군국주의 배제), Disindusrrialization(공업생산력 파괴), Decentralizatiom(중심 세력 배제), Democratization(민주화)〕 등을 추진하며, 보조 정책으로 3S〔Screen(스크린), Sex(섹스), Sport(스포츠)〕를 실시할 것이라는 사실을 GHQ의 가드너(John Eliot Gardiner) 참사관을 통해 들었다고 전했다. GHQ는 일본을 점령하면서 3R, 5D, 3S 정책을 추진한 것으로 나타났다.

점령기 일본에서 미국은 언론 통제나 검열 같은 강경한 언론 탄압 정책과 오락문화를 도입해 장려하는 대중문화 정책을 동시에 실시했다. 일본에 주둔했던 점령군은 거의 미군이었기 때문에 미국의 풍속문화가 수입되어 확산되었고, 억압으로부터 해방된 일본인에게도 전파되었다. 대중문화 정책은 정치적 목적과 의도로 추진되었다는 점에서 일반 개념의 대중문화 정책과는 차이가 있었고, 일본과 일본인을 흔들어 놓았던 3S 정책으로 나타났다. 자칭 애국자이며 천황주의자로 알려진 스즈키 구니오(鈴木邦男)는 3S 정책을 GHQ가 강제적으로 밀어붙인 정책이라고 인식한다.

〈표 2-5〉는 GHQ가 점령기에 실시한 문화 정책으로 스크린 정책, 섹스 정책, 스포츠 정책 등과 관련된 내용을 소개한 것이다.

GHQ의 성 정책은 성 표현의 자유화를 추구하는 과정에서 성 관련 업소와 미디어를 범람시켜 성 향락에 빠져들거나 접근하기 용이한 성 환경을 만들었다. 성 업소가 우후죽순처럼 여기저기 생겨나고, 가스토리 잡지(カストリ雑誌, Castries Magazine)와 같은 성인 잡지가 발간되어 자유롭게 유통되었다. 미군이 점령한 후 일본에는 성 풍속이 개방되었고, 성을 대상으로 하는 성 산업과 엽기적인 성인 잡지, 성 영화, 성매매 등이 유행했다.

스크린 정책은 전전에 유행했던 국책 영화나 전통적인 복수 내용을 담은 영

〈표 2-5〉 3S대중문화 정책

구분	3S 대중문화 정책의 내용
섹스 정책	긴자에 특수위안부시설협회(RAA) 설립(정부 반액 출자), GHQ 공창 폐지에 관한 각서 발표(사창가 증가), GHQ 위생과 매춘업자에게 외국인 출입 금지 및 성병예방 주의를 조건으로 허가, 순결교육위원회 결성, 부녀 매음시키는 자의 처벌에 관한 칙령, 경시청 가스토리 잡지 ≪모모이로≫를 형법으로 처벌, GHQ의 '일본 정부의 매춘 검열 열의가 없다'고 경고, '매음행위 등 금지법', '풍속영업검열법' 공포, 경찰처벌령 금지(사창에 대한 검열 불가), 행정집행법 폐지(매춘부 검진 불가능), 미야기현 전국 최초 매음 검열에 관한 조령 공포, '성병예방법', '공중욕장법', '여관업법', '흥행장법', '소년법', '인신보호법', GHQ 점령군 병사에 성병을 감염시킨 사실이 있는 자를 군사재판에 제소하기로 결정, GHQ 국내에서 횡행하는 여자 매춘에 대해 일본 정부에 진상 조사할 것을 명령, 경시청 소년의 마약환자 검열 지시, 도쿄에서 밤의 여자 등록제, RAA 금지령으로 도쿄 사창가 활성화, 경시청 카바레 및 댄스홀 18세 미만 출입 금지, 제1회 전국성병예방주간, 제43회 국련총회에서 인신매매 및 타인의 매춘으로부터 착취 금지에 관한 조약 가결 1951년 발효, 오사카, 요코하마, 사세보시, 고후시 등의 풍기검열 조례 및 풍속안보 조례 제정, 일본에서 처음으로 브래지어 생산, 가나가와현, 효고현, 야마구치현, 오이타현, 야마나시현 등 풍기검열 조례 제정, '각세제검열법' 제정, 중앙청년문제협의회 인신매매 대책 요령 결정, 후생성 수태조정 보급실시 요령 발표
스포츠 정책	유도·검도·교련 전면 금지, 야구 장려, 와세다대학교 게이오대학교 야구 시합, 23개 프로야구 동서대항전, 도쿄 여섯 개 대학야구연맹 부활, 제1회 국민체육대회, 일본 사이클링협회 결성, 제1회 국제스케이트대회 개최, 전 일본 육상경기선수권대회 개최, 프로야구 나이트게임 시작, '자전거경기법' 공포, 잡지 ≪일간스포츠≫ 발간, 제1회 전국노동자 육상경기대회, 고라쿠엔 최초 국영경마 장외마권 판매, 대일본체육회를 일본체육협회로 개칭, 일본 사회인야구협회 발족, 미국 야구팀 샌프란시스코 방일하여 교징(巨人)과 시합, 일본유도연맹 설립, 프로야구 일본선수권, 제1회 프로야구 올스타게임(오릭스 우승), NHK TV 야구 실황 중계, 레슬링 활성화, 1951년 메모리얼 홀에서 일본 최초 프로레슬링 시합 역도산 대 브론즈 대결, 제55회 보스턴마라톤 일본 선수 참가, 제19회 세계탁구선수권 참가, 오슬로동계올림픽 일본 참가, 헬싱키올림픽 일본 참가, 전통 스포츠로서 스모 활성화, 자동차와 같은 스피드 스포츠, 골프, 테니스 활성화
스크린 정책	8월 15일 1주간 전국 영화 및 연극의 상영 정지, 전파관계 연구 여섯 개 항목 금지, 도쿄 극장 상연 중인 가부키 〈스가와라덴주테나라이카가미(菅原傳授手習鑑)〉를 반민주주의적인 것으로 인식해 상연 중지 통달, GHQ에 의한 군국주의, 초국가주의, 봉건주의 등의 내용이 있는 사상영화 236편 상영 금지 및 소각 통달, 비민주주의적 영화배제방지령에 관한 각서 교부, 다카라즈카(寶塚) 극장 접수, 민간교육정보부 영화제작사 대표를 초청해 민주화 촉진 군국주의 철폐 등 영화제작 방침 발표, 영화에 대한 종래의 통제 철폐 발표, 민간교육정보부 민주주의연극의 확립 시사, 상영검열 규칙 폐지 및 통제 철폐, '영화법' 폐지 공포, 영화 검열에 관한 각서, 민간정보교육국과 민간검열국의 2중 검열 개시, GHQ 지령으로 군국영화 2만 편 소각, 민간정보교육국 미국 현대작품 60여 편 상영 허

구분	3S 대중문화 정책의 내용
가	GHQ의 요청으로 에로 및 갱 영화 추방을 위한 영화윤리규정 관리위원회(영윤) 발족, GHQ의 요청으로 영화제작윤리규정 작성, GHQ 전쟁기록 그림접수, 가부키 전면 상영금지 해제, 가부키 〈가나데혼추신쿠라(仮名手本忠臣蔵)〉 도쿄 극장 공연 허가

자료: 神田文人, 『戰後史年表(1945-2005)』(小学館, 2005); 安江良介, 『近代日本総合年表』(岩波書店, 1991).

화를 상영 금지하거나 소각했다. 그리고 초기에는 극영화 정책을 추진하는 가운데 일본의 민주화를 선전하고 개발하는 데 역점과 가치를 두고 극영화 제작을 장려했다. 그리고 미국 영화를 수용하도록 하면서도 단순한 오락적인 극영화를 선호하지 않았다. 스크린 정책은 영화산업과 엔터테인먼트의 부활을 촉진시켰다. 그리고 스포츠 정책은 일본인의 에너지를 스포츠에 집중시키고 비정치 영역으로 관심을 유도하기 위해 미국 야구, 프로레슬링, 볼링, 스모 등을 장려했다. 그런 3S 정책과 함께 갬블을 허가하는 정책을 동시에 시행했다.

GHQ가 추진하여 활성화된 영화, 섹스, 스포츠, 스피드(자동차) 등은 대중의 문화적 욕구를 충족시키고 비정치 영역에 동원하는 역할을 했고, 대중이 오락문화에 심취하는 계기가 되었다. 그렇게 해서 일본인은 일상생활이나 사회생활의 불안을 해소하고, 정치에 대한 관심을 갖지 않으며, 전쟁에 대한 부정적 인식을 함양하는 등 고도의 정치적 문화 전략에 사실상 이용되었다. 그러한 정책은 WGIP(War guilt information program)와 연결된다.[22] GHQ는 일본 점령 정책을 추진하는 과정에서 성, 영화, 스포츠 등을 장려하는 문화적 지배와 통제 전략을 구사했다.

일본에서 추진된 3S문화 정책은 신체성에 호소하는 형태로 향락을 부추겨 일본인의 마음을 흔들어 놓는 데 성공했다. 또한 대중문화 정책은 미국의 이미지

---

[22] 'War Guilt Information Program: WGIP'은 문예평론가 에토 준(江藤淳)이 그 존재를 주장했다. WGIP은 제2차 세계대전 종결 후 GHQ가 일본 점령 정책의 일환으로 시행한 '전쟁에 대한 죄악감을 일본인의 마음에 심어주기 위한 선전계획(戰争についての罪悪感を日本人の心に植えつけるための宣伝計画)'이다.

와 친근감을 높이는 기능을 했고, 이후 일본의 오락문화를 형성하는 중요한 원동력으로 작용했다. 미국의 다양한 대중문화에 접근하는 과정에서 일본인은 미국과 미국 문화에 호의를 갖게 되었다. 그런 점에서 GHQ가 점령 당시 일본에 추진한 문화 정책은 유연한 대중문화 정책이라기보다는 일본과 일본인의 미국화 정책이고, 신체적 유희를 유발하거나 타락시켜 단순사고에 빠지게 하는 1억 백치화 정책이었다는 비판을 면하기 어려운 정책이었다.

4. 점령기의 대중문화

1) 국책위안부문화

일본에 대한 점령 방식은 연합국군 최고사령관 총사령부의 지령을 일본 정부가 실시하는 간접통치였다. GHQ는 군대를 해산하고 사상, 신앙, 집회 및 언론 자유를 제한하고, 제국법령 폐지, 야마자키(山崎巌) 내무대신 파면, 특별고등경찰제 폐지, 정치범 즉시 석방, 정치민주화, 정교분리, 대일본제국헌법 폐지, 재벌 해체, 농지 해방 등과 같은 개혁을 단행했다. 그리고 서구 대중문화 수입과 이식, 전통문화 및 영화 상영 금지, 새로운 민주 및 교육문화 장려 등과 같은 문화 정책을 추진했다.[23] 연합군 이름으로 일본에 주둔하여 점령 정책을 수행했지만 대부분은 미군이 주도하는 미국 문화, 미국 사상 등을 중점적으로 강조하는 가운데 일본 사회와 일본인에게 긍정적이면서도 부정적인 영향을 주는 GHQ문화가 형성되었다.

GHQ문화를 구성하는 것 중의 하나가 국책위안부문화이다. 일본 정부가 목적을 가지고 의도적으로 추진한 위안부문화이기 때문에 국책위안부문화라고 규정한다. 1945년 8월 15일 종전을 맞이한 후 점령군으로서 연합군이 일본에

---

23 神田文人, 『昭和の歴史第8券 占領と民主主義』(小学館, 1983).

상륙했다. 당시 미군이 일본에 진주한 후 10일 정도 경과했음에도 가나가와(神奈川)현에서 1336건의 강간 사건이 발생했다. 오키나와현(沖繩県)에서도 강간 사건이 반복해서 일어났다.

일본 정부는 여성의 성 피해 사실을 보고받고 상황이 심각하다고 인식해 미군의 일본 여성에 대한 강간방지 대책으로 일본 주둔 미군기지 주변에 위안시설을 설치하는 계획을 추진했다. 즉, 성 대응 정책의 일환으로 성매매나 성행위 활동을 공식화하는 RAA 정책을 추진했다. RAA는 특수위안시설협회(Recreation and Amusement Association)의 약자이다. RAA는 종전 직후 1945년 8월 18일 히가시히사구니(東久邇信彦) 수상, 코노에(近衛文麿) 부수상, 시게미쓰(重光葵) 외상, 야마자키(山崎巖) 내무상, 쓰시마 오쿠라쇼상(津島雄二) 등이 잠재적인 성 수요자로 변할 수 있는 주둔 군인들에게 일본 부녀자의 순결이 빼앗기지 않도록 하기 위해 설립한 성위안소를 담당하는 조직이다.[24] 당시 위안부 여성은 특수위안부, 개항위안부, 국책위안부 등으로 불렸다. 용어의 공통점은 정부가 일본 여성의 순결성을 지키기 위해 주도적으로 관여했다는 점이다.

1945년 8월 21일 특수위안부시설협회(RAA) 설립을 각의 결정하고, 코노에 후미마로(近衛文麿)는 특수위안시설협회를 설치했다. 그리고 일본 내무성은 전국 경찰에 대해 연합군을 대상으로 하는 위안소를 설치하는 지령을 내렸다. 1945년 8월 23일 경시청 보안과장이 도쿄도의 요리 음식업 조합장과 총무부장을 초청하여 성 방파제를 만들어 부녀자를 지키고 싶다는 취지를 설명하고 협력을 요청하게 된다.[25] 당시 RAA 운영과 관련되어 협력한 조직으로는 도쿄음료조합(東京飲料組合), 접객업조합(接客業組合), 약속장소업조합(待合業組合), 요시와라유곽조합(吉原貸座敷業組合) 등이었다. 그들 조직은 외국 군대의 일상적인 위안에 대응하

24 ドウス昌代, 『敗者の贈物―特殊慰安施設RAAをめぐる占領史の側面』(講談社, 1995); 五島勉, 『黒い春―米軍 パンパン 女たちの戦後』(倒語社, 1985); 千田夏光, 『従軍慰安婦』(三一書房, 1988); 富目ゆき, 『性の歴史学』(不二出版, 1997); 田中貴美子, 『女の防波堤』(第二書房, 1957).

25 田中貴美子, 『女の防波堤』.

기보다는 상륙한 점령군의 성 약탈이나 인격 착취를 방지하기 위한 조치라는 명분을 갖고 활동을 시작했다.

일본 정부와 RAA는 일본 여성을 보호하기 위해서라는 대의명분에 기초해 일본 각지에 성위안소를 설치했다. 경시청의 지침과 계획에 따르면, 공창, 사창, 예기(藝妓), 작부(酌婦), 요정, 여관, 호텔, 댄스홀 등을 한 장소에 집중시킨 종합적인 오락거리를 만들어 대응하는 것이 골자였다. 1945년 ≪마이니치신문≫에는 위안부를 모집하는 광고가 게재되었다. 신문에는 '특별 여자종업원 모집, 의식주 및 최고급의 임금 지급, 선불에도 응하며, 지방 지원자에게는 여비를 지급한다. 도쿄도 게이바구 긴자7의 1 특수위안시설협회' 등의 내용을 담은 위안부 모집 광고가 게재되었다. 그리고 일본 정부는 위안소 설치를 위해 정부 출자의 사업자금 3300만 엔을 지출하고, 특수위안부시설의 운영단체 RAA가 경시청에 허가 신청을 한 후 1945년 8월 28일 이사 전원이 황거광장에 모여 위안부 설치 선언식을 했다.[26]

고급위안소로는 1945년 10월 20일 구로다구에 영빈관대장(迎賓館大藏)이 설치되었고, 11월에는 세다가야구에 RAA클럽(RAAグラブ)이 설치되었다. 이들 시설은 1946년 8월 점령군에 의해 접수되었다. 최초의 일반병 사용 위안소는 1945년 8월 27일 설치한 고마치엔(小町園)으로 위안부, 특수시설부, 카바레부 등이 개설되었다. 도쿄도 내에는 종전 후 3개월 동안 락구라구(樂々), 미하루(見

---

26 사업 내용에는 성행위를 담당하는 위안부, 골프나 테니스 등의 유기부(遊技部), 그리고 예능부로서 연극, 영화, 음악 등이 있었다. 또한 카페, 바, 댄스홀 등을 담당하는 카바레부를 설치하고 긴자 등에 댄스홀, 카바레 등을 만들어 여종업원을 종사하게 했다. 긴자 6초메의 긴자 마쓰자카야(銀座松坂屋) 지하에는 댄서 400여 명이 종사한 오아시스 오프 긴자가 있었다. 댄스홀이 홍행하면서 대규모의 댄스홀이 만들어졌다. 댄스홀은 성행위를 하는 위안소 역할보다는 음식, 무대 연출, 쇼 등을 제공하는 종합적인 레저시설로 여기는 경향이 있었다. 그리고 RAA, 댄스홀 이외에도 미군을 위한 구락부가 있었다. 대표적인 것으로는 1945년 10월 개장한 다이안 클럽(大安グラブ)으로 재즈를 좋아하는 미군에게 음악을 들려주기도 하는 등 RAA보다는 건전한 문화시설로 활용되었다. 그 이면에는 일본 부녀자가 성 오락 대상이 되는 것을 방지하기 위한 목적도 있었다.

晴) 등을 포함해 25개소의 위안소가 개설되었다. 도쿄도(東京都), 요코하마(橫浜), 아타미(熱海), 하코네(箱根), 오사카(大阪), 히로시마(廣島), 시즈오카(靜岡), 아이치현(愛知縣), 효고현(兵庫縣), 아키타현(秋田縣), 이와테현(岩手縣) 등 일본 각지에 설치되었다.

도쿄도 내에는 약 1600여 명, 전국적으로는 4000여 명의 위안부가 일하고 있었고, RAA 전체로는 5만 3000여 명의 여성이 일하고 있었던 것으로 알려져 있다. 위안부는 하루 30명에서 50여 명의 객을 상대했고, 수입은 환율이 높은 달러로 받아 고수익을 올렸는데 고마치엔(小町園) 위안소에서 매춘부는 최대 월 5만 엔을 벌어들이기도 했다. 1945년 12월, 연합군 43만 287명이 일본에 주둔했다. 당시 국책위안소는 정부가 구상·출자하고 운영은 RAA가 주도했으며, 모집한 위안부는 광고를 보고 자유의사로 직접 온 여성들이었다. 당초 술상매(水商業)를 하는 자를 고용하려고 했지만 모이지 않아 전시 중 청선매춘(靑線賣春)으로 검거된 자에게 위안부가 되도록 요청하는 경우도 있었다. 전시 중에 있던 여자 청년단이 종전 후 강제적으로 모집되는 경우까지 있었다.[27]

도쿄도에는 25개소 위안시설이 있었고, 각 지역에서도 위안소가 생겨 운영되었다. 그곳에는 미군 출입이 잦았고 성 풍속이 문란해져 성병도 만연했다. 성 오락시설뿐 아니라 댄스홀에서도 풍기가 문란해지면서 댄서는 일주일에 한 번 강제로 성병 검진을 받도록 했다. 그런 와중에 1945년 9월 28일 연합군 의총감은 도쿄도 위생국에 위안시설의 증설을 요구했다. 1945년 12월 25일 도쿄도 섭외부장이었던 이소무라 에이이치(磯村英一)는 SCAP(the Supreme Commander for the Allied Powers)의 장교에게 불려가 초토화된 요시와라(ヨシワラ) 숙사를 부활시켜 점령군을 위한 여성을 모집하라는 명령을 받기도 했다고 전한다.

RAA가 증설되고 운영되는 가운데 도쿄도 내에 남아 있던 화류계도 관동 지역의 점령 업무로 편입되어 미군 전용으로 접수되었다. 도쿄도를 시작으로 각

---

27   五島勉, 『黒い春―米軍 パンパン 女たちの戦後』.

지역에 있는 화류계도 동일했다. 또한 공식적 성매매가 가능한 위안소 외에도 민간풍속시설도 흥행하여 나카노구 아라이초의 하나야나기가(中野区新井町花柳街) 풍속시설에 많은 점령군이 드나들었다. 위안소 설치로 인해 강간 사건이 이전보다는 감소했지만 특수위안부시설협회가 폐지되기까지 강간 사건과 부녀자 폭행 건수는 1일 평균 40건에 달했다.

각 지역의 위안소를 운영하는 과정에서 문제가 노출되었다. 도쿄도와 가나가와현의 위안소에서는 개업 전일 미군이 위안부를 교살하는 사건이 일어났다. 주고쿠(中國) 지역에서는 영국 군용의 위안시설에서 성병이 만연하여 영국군에게 성병 대책 강연회가 열리기도 했다. RAA가 운영하는 위안소에서 위안부와 미군의 성교가 행해지면서 성병이 만연하는 등 위안시설이 많은 문제를 안고 있었기 때문에 맥아더는 1946년 1월 21일「일본에 있어서 공창 폐지에 관한 각서」를 내렸다.

일본 내무성은 1946년 2월 2일 내무성령 3호를 공포했고, 경보국 공안 제9호「공창제도 폐지에 관한 건」의 통달을 하달했다. 1946년 3월 10일부터 점령군의 RAA 출입이 전면 금지되었고 행정적으로 오락시설로의 전환을 유도했다. 4월 18일 오사카부는 댄스홀을 대중적인 오락 장소로 여겨 허가했다. 1946년 6월 경시청은 카바레(cabaret), 댄스홀, 댄스교습소 규칙을 발령하여 사교장으로 인식하게 했다. 이후 경영 악화 등으로 인해 RAA는 1949년 4월 22일 우에노(上野)의 관광각에서 임시 총회를 열어 정식으로 폐지 결정을 하면서 역사 속으로 사라졌다.

점령기에 추진된 국책위안부는 인권과 일본 여성 순결을 보호하고, 소수의 여성이 다수의 여성을 지키기 위해 활동한 공창이며, 위안소는 공식적인 성매매 장소로 정부가 인정한 곳이다. 성매매를 공식적으로 인정하면서 활성화되는 가운데 성 관련 부작용이 발생하여 성 예방과 방지 정책이 추진되었다.[28] 일본을

---

28 일본에서는 역사적으로 성 예방을 위한 정책이 추진되었다. 에도시대 이래 공창제도가 존재

점령한 GHQ 사령관은 공창제도 폐지를 요구하고 1946년 창기검열 규칙을 폐지했으며 1947년에 포츠담선언에서 규정한 부녀자에게 매음시키는 자에 대한 처벌에 관한 칙령(칙령제9호)을 공표했다. 공창제도는 명목적으로 폐지되었지만 적선지대(赤線地帯)는 검열의 대상에서 제외되었기 때문에 사실상 공창제도는 이후에도 존속했다. 그런 가운데 일부 지방자치단체는 칙령과는 별도로 매춘 자체를 처벌하는 매춘검열 조례를 제정하여 대응했다.

종전 후 풍기문란을 방지하기 위해 전국적으로 매춘을 금지하는 법규의 필요성이 주창되었다. 1947년 12월 제2회 국회에서는 풍속영업 법안이 제출되어 성립되었다. '풍속영업법'의 대상은 요정, 카페, 카바레, 댄스홀 등으로 여기에서 매춘 등 선량한 풍속을 해하는 경우가 있으면 공안위원회의 허가를 취소하게 했다. 성문화가 정착되어 사회가 혼란해지면서 GHQ와 일본 정부는 성 방지 정책으로 '매춘방지법'을 구체화했다. '매춘방지법'의 원조는 1948년 제2회 국회에서 매춘처벌 법안으로 제출된 것이다. 그러나 처벌의 범위에 관한 합의가 이루어지지 못해 폐안되었다. 이후 샌프란시스코조약으로 일본이 해방된 후 성 매춘에 관한 법령이 제정되게 된다. 이 시기 일본에는 화류계를 이끌어온 전국성병예방자치회가 다양하게 압력을 행사하여 '매춘방지법' 제정을 방해하기도 했다. 결국 '매춘방지법'은 제정되어 1957년 4월 1일부터 시행되었다.

점령기에 있었던 국책위안부와 위안소는 GHQ에 의한 성 개방과 일본 정부에 의한 성 예방 정책이 만들어낸 것이다. 성 개방은 성 표현과 행위를 할 수 있는 자유를 활성화하는 측면이 있지만, 당시 점령군의 성 해결을 위한 전략으로도 이용된 점이 있다. GHQ는 원칙적으로 공창이 민주주의와는 거리가 있는 것으로 생각했지만 실제로 정책으로 구체화하는 데 한계가 있었다. 그리고 일본 정부가 추진한 RAA는 일본 여성의 성 안전을 확보하는 측면이 있지만 성매매와

했고, 메이지5년 정부는 태정관포고 제295호 예창기해방령에 의해 공창제도를 폐지하려고 했다. 그러나 실효성이 적어 1900년에 이르러 공창제도를 인정하는 창기검열규칙(娼妓取締規則)이 수립되었고, 1908년에는 비공인 매음을 검열했다.

성행위를 할 수 있도록 정부가 공식적으로 인정하여 성매매를 활성화시키는 부정적인 측면이 있었다. 점령기 성문화는 성 개방과 성 자유화를 추진하는 과정에서 형성되었고, 동시에 부정적인 성문화와 폐해를 줄이기 위한 성 예방 차원에서 성립되었으며, 이후 성 매춘 관련 법을 제정하는 중요한 계기가 되었다.

2) 진주군 클럽·범죄·인종차별문화

GHQ문화는 진주군 클럽(進駐軍クラブ)문화로 나타나 일본 사회와 일본인에게 대중문화를 소개하고 전달하는 창구 역할을 했다. RAA가 주도하는 진주군 클럽, 각 부대가 운영하는 진주군 클럽, 금지구역 외에도 일본인이 운영하는 미군 병사 전용 클럽이 생겨났다. 진주군 클럽에서는 음식, 구두 닦기, 이발소, 댄서에 의한 춤, 가수들의 노래, 쇼, 밴드 연주, 코미디, 마술, 빙고대회, 다양한 이벤트 등이 실시되었다. 진주군 클럽은 병사의 계급에 따라 구분되었다. 장교가 출입하는 장교 클럽 OC(Officers Club), 하사관이 출입하는 하사관 클럽 NCO(Non Commissioned Officers Club), 일반 병사가 출입하는 클럽 EM(Enlisted Men's Club) 등으로 분리되었다.[29]

병사용 클럽은 백인용과 흑인용으로 구분되었고, 흑인용 클럽에서는 힙합이 연주되었다. 각 진주군 클럽은 자신의 클럽에서만 활동하는 전속 빅밴드를 보유했다. 전전에 서양 음악을 금지했기 때문에 일본인 음악가나 악기는 매우 드물었고, 전시 중 군악대에서 활동했던 음악가가 활약했다. 처음에 그들은 진주군 클럽에서 연주하기보다는 NHK(Nippon Hoso Kyokai) 교향악단에 들어가 클래식 중심의 음악을 연주했다. 진주군 클럽이 증가함에 따라 그곳에서 음악활동을 하는 일본 출신 음악가가 급증했다.

당시 진주군 클럽은 일본인 출입이 금지되었지만 일하는 급사나 음악 연주자로 채용되면 출입이 가능했다. 스윙 재즈가 유행했던 미국에서는 재즈 연주자가

---

29 東谷護, 『進駐軍クラブから歌謡曲へ―戦後日本ポピュラー音楽の黎明期』(みすず書房, 2005).

클럽을 활동 무대로 삼았고 이를 계기로 일본에도 재즈가 침투하기 시작했다. 새로운 음악문화가 탄생하고, 맥주나 위스키 등의 수요가 급증하여 음주문화가 형성되었다. 진주군용으로 비과주를 제조하는 대기업도 생겼다. 사사노카와 주조(笹の川酒造)처럼 일본 술 주조회사가 수요를 예측해 위스키 제조 승인을 받아 판매했다. 그리고 햄버거나 핫도그 등과 같은 미국식문화가 일본 국민에게 전파되었다.

진주군 클럽은 위안부문화의 총본산이었지만 일본에게는 새로운 신문화의 발상지였고 이후 다양한 형태로 전환되어 일본 문화로 정착했다. 1945년 이후에는 전시 중 적성음악으로 금지되었던 재즈(ジャズ)나 팝(ポップス)이 해금되었을 뿐 아니라 진주군과 함께 밀려들어 왔다. 1945년부터 1950년 사이에 일본 대중음악은 크게 변했고, 가요곡(歌謠曲)은 1980년대까지 지속되어 J팝 스타일을 만들어냈다. 그 중심에 있던 활동가는 미군 병사를 위한 오락 공간인 진주군 클럽에서 활약한 일본인 음악가와 스태프였다. 이들은 진주군 클럽에서 음악을 연주하고 연구하여 그 후 일본 가요를 탄생시켰다. 신문화의 소개와 창조의 발신지로서 진주군 클럽에서 쇼와가요곡이 시작되었다.

당시 500여 개가 있던 진주군 클럽은 밴드가 더 필요해 밴드를 연결하는 중개업이 나타났다. 그들은 밴드의 매니저로 활동하기도 했다. 1947년에는 음악가나 밴드 등이 클럽과 계약을 맺기 위해 밴드 순위를 정하는 오디션이 있었다. 밴드의 실력 순위는 스페셜 A, B, C, D 등으로 매겨 구분했다. 진주군 클럽은 시스템적으로 일본에 뿌리를 내리고 있었고, 당시 상황을 소재로 한 영화도 제작되었다. 음악과 관련된 다양한 모습을 영화화한 것이 바로 사카모토 준지(阪本順治) 감독의 〈클럽 진주군: 이 세상 밖으로(クラブ進駐軍: この世の外へ)〉이다.

〈표 2-6〉은 진주군 클럽에서 음악 연주자나 가수로 활동한 일본인 아티스트들을 소개한 것이다. 이들은 서구 음악을 연주하고 노래를 하면서 실력을 키워 일본 가요를 만들어내는 데 공헌했다.[30]

1952년경 일본에는 재즈 붐이 일어났지만 주둔군이 철수한 해부터 시들어갔

〈표 2-6〉 진주군 클럽 출신의 아티스트

이름	아티스트 특징
하라 노부오 (原信夫)	- 해군 군악대 출신 색소폰 연주자, 재즈 리더, 미소라 히바리(美空ひばり) 후원자
미야마 도시유키 (宮間利之)	- 해군 군악대 출신 - 1958년 빅밴드 선구자로 뉴하드(ニューハード) 결성 - 홍백가합전(紅白歌合戦)에서 활약
나카무라 하치다이 (中村八大)	- 식스쥬즈(シックスジョーズ) 멤버 재즈피아니스트 - 사카모토 큐(坂本九)의 「위를 향해 걸어(上を向いて歩こう)」 작곡자
핫토리 요이치 (服部良一)	- 전전에는 콜롬비아 전속 작곡가로 활약 - 전후에는 부기(ブギ, boogie) 여왕 가사기 시즈코의 히트곡을 작곡 - 일본 가요계를 대표하는 작곡가
페기 하야마 (ペギー葉山)	- 1954년부터 가수로 활동 - 홍백가합전에 14회 연속 출연
고사카 가즈야 (小坂一也)	- 로카비리(Rock-A-Billy, ロカビリー歌手) 가수로 활약 - 아이돌 가수와 배우 등으로 활약
마쓰오 가즈코 (松尾和子)	- 진주군 클럽과 역도산의 클럽 리키(リキ)에서 활약 - 이후 「도쿄나이트클럽(東京ナイトクラブ)」, 「누구보다도 너를 사랑해(誰よりも君を愛す)」 등 히트곡을 작곡하고 배우로도 활약
나가시마 다쓰지 (永島達司)	- 통역 장교에서 매니저로 변신 후 교도도쿄(キョードー東京) 기획사를 설립하고 비틀스 등 유명 가수를 초청하는 공연 기획자로 활동

다. 그 때문에 진주군 클럽에서 일하던 빅밴드가 실직하는 가운데 일본 가요를 연주하는 빅밴드로 새로운 길을 찾았다. 그들 빅밴드는 텔레비전시대의 시작과 함께 가요 프로그램의 연주자로 활약하고, 가요곡과 빅밴드는 필수불가결한 관계가 되었다. 또한 진주군 클럽과 관련된 음악가들은 미국식의 음악 비즈니스를 배워 그 후 가요계를 활성화시키는 기획자로 활약했다. 1970년대 시부야(渋谷)에서 일본 록음악의 전설이 된 록 그룹 가제도시(風都市)와 같은 아티스트로 활동했다.

---

30 같은 책.

빅밴드는 미국의 대중음악을 일본어로 번역한 커버곡을 가요곡으로 히트하게 하는 역할을 했다. 예를 들면, 에리치에미(江利チエミ)의 「테네시왈쓰(Tennessee Waltz, テネシー・ワルツ)」와 「카모나 마이 하우스(Come On A My House, カモナ・マイ・ハウス)」, 페기하야마(ペギー葉山)의 「도미노(Domino, ドミノ)」, 디쿠미네(ディック・ミネ)의 「부루하와이(Blue Hawaii, ブルー・ハワイ)」, 유키무라 이즈미(雪村いづみ)의 「추억의 왈쓰(Till I waltz again with you, 想い出のワルツ)」, 다쿠닷쿠스(ダークダックス)의 「아니바사리 송(Anniversary Song, アニバーサリー・ソング)」 등이 대표적이다.

진주군 병사가 이용하는 진주군 클럽에서 향유하던 미국 문화는 일본 문화를 형성하는 토대가 되었다. 연합군이 출입하는 진주군 클럽에 출입하는 그 자체가 사회적·문화적 특권으로 인식되었고, 그곳에서 피로되는 미국 문화는 선진 문화로 인식되었으며 미국 문화에 대한 동경으로 발전하는 계기가 되었다. 미국 문화의 본산이었던 진주군 클럽은 향락문화의 수요를 흡수하여 부작용을 최소화하는 한편 일본 대중문화를 만들어내는 단초와 동기가 되었고, 다양한 대중문화 활동가를 양산하는 긍정적인 측면이 있었다.

GHQ문화는 군 범죄문화로 나타났다. 당시 일본 정부는 점령군에 대해 일본인들이 부정적으로 대응하거나 감정을 갖지 않도록 하기 위해 연합군을 진주군이라 칭하고 보도기관을 지도했다. 일본 조달청 자료에 의하면, 7년 점령 기간 중 미군 병사에게 살해된 사람은 2536명, 부상을 입은 사람은 3012명에 달한 것으로 밝혀졌다. 진주군은 질서를 지키거나 평화를 수호하는 좋은 명분이 있었음에도 실제로 무력을 행사하는 점령군이라는 우월의식으로 인해 질서 파괴자로 전락하는 경우가 많았다.

만화가 데쓰가 오사무(手塚治虫)도 거리에서 구타당했다. 연합군이 일본 여성을 습격하는 사건이 2만 건에 달했다. 심지어는 일본 여성이 강간을 당해도 일본 경찰관이 관여하기 어려웠다. 더욱이 제8미군은 조직적으로 전리품을 수집하고 배포하는 경우도 있었다. 진주군에 의한 범죄가 자행되었지만 미일협정에 의해 범죄자를 직접 체포하거나 징벌할 수 없었다. 점령은 점령군이나 점령 정책을 가장 정당화해 주는 근거로 이용되었고, 진주군의 규범과 행동이 사회질서를 규정하는 상황이 벌어지면서 연합군에 의한 범죄가 빈번하게 발생했다.

GHQ문화는 인종차별문화로 나타났다. 당시 일본에 주둔하고 있던 미군은 일본 여성과의 결혼이 금지되었다. 백인과 흑인으로 구성된 미군은 피 점령 국민으로 황색인 일본인 여성과의 사이에 태어난 어린이를 수용하거나 인지할 의무도 없었다. 특히 '배일이민법(排日移民法)' 때문에 미군과 결혼한 일본인 여성의 미국 입국은 불가능했다. 인종 간 차별은 점령군과 피점령지민, 황색인종과 백인종이라는 구분에서 시작되었고, 문화 간 이질성 때문에 발생한 것으로 인종 간 우열성을 가리는 과정에서 벌어졌다.

인종 간 다양한 문제가 발생하면서 미국은 1946년 '미군혼약자법(G.I. Fiancees Act; GIフィアンセ法)'을 제정하여 일본인 여성과 미군 병사 또는 군속과의 결혼이 가능하도록 했다. 1947년 당시 미군과의 국제결혼 신청 수가 822건에 달했다. 1950년 미군 병사와 일본인 여성의 결혼 금지가 공식적으로 해제되었다. GHQ는 일본에서 점령 정책을 수행하는 과정에서 탈일본적 문화 흐름을 조성하고, 대체문화로서 미국 문화를 수용하고 이식하는 데 집중했기 때문에 일본의 전통문화를 차별화하고 배척했다. 점령군의 대중문화 정책은 개방적인 문화 형성에 기여한 점도 있지만, 일본 대중문화가 자유롭게 형성되고 자생하는 데 방해 요인으로 작용한 부정적인 측면도 있다.

3) 계몽영화문화

GHQ는 패전국 일본에 대해 정치적으로 강경한 정책과 문화적으로 유연한 정책을 동시에 실시했다. 대중문화 정책으로 스크린 정책, 섹스 정책, 스포츠 정책 등을 강력하게 추진하여 성 풍속이 개방되었고, 서구적 가치를 담은 영화가 장려되었으며, 프로야구를 시작으로 서양 스포츠가 국민이 향유하는 스포츠로 자리 잡았다.[31] 일본인은 정치권의 의도대로 일상생활에서 새로운 대중문화를 수용했고, 문화인들은 점령군의 지침과 방책대로 그들에게 맞는 문화활동을 했다. 그런 점에서 점령군의 대중문화 정책은 성공적이었다고 평가할 수 있다.

일본이 제2차 세계대전에서 패하자 GHQ에 의한 일본 통치가 개시되어 문화정책이 구체화되었다. 그 가운데 스크린 정책이 추진되어 일본에서 제작되는 영화는 GHQ의 하부조직 CIE(Civil Information and Education Section, 民間情報教育局)에 의해 관리되었고, 제작 단계부터 엄격하게 검열을 받았다. CIE는 1945년 일본 영화에 대한 13개 규제 항목을 설정하여 제작과 상영을 검열하는 방식으로 통제하고 제한했다.[32] CIE의 영화제작 금지 리스트에는 국가주의, 애국주의, 자살과 복수, 잔혹한 폭력성 등이 금지 항목으로 되어 있어 사실상 시대극 제작이 불가능했다.

일본도를 휘두르는 검극은 군국주의적이며 복수를 찬미하는 이야기로 전개되는 경향이 있어 미국에 대한 적개심을 환기시키는 요소로 작용할 가능성이 높다는 이유로 영화제작을 제한했다. 시대극 영화에 대한 통제는 찬바라(ちゃんばら, 검극) 영화의 제작과 상영의 금지로 이어지면서 시대극 영화감독은 일거리를 잃거나 전향하여 영화를 만들어야 했고, 아라시 간주로(嵐寛寿郎)나 가타오카 치에조(片岡千惠蔵) 등과 같은 일본을 대표하는 시대극 배우는 실직하는 사태가 벌어졌다. 한편 전중 국책문화 정책의 일환으로 전의 고양 영화를 제작한 도호영화사, 시나리오 작가 등에게도 제약이 가해졌다.

금지 항목에서 벗어난 주제로 전후 최초로 제작된 시대극은 마루네 산타로(丸根賛太郎) 감독의 〈여우가 준 갓난아기(狐の呉れた赤ん坊)〉이며 1945년 10월에 공개되었다. 검극 내용 없이 연애 이야기를 그린 영화로는 이치카와 우타에몬

---

31 전전 일본에서는 「시온현자의 의정서(シオン賢者の議定書)」 이후 반유대주의가 선전되었다. 그것은 '유대인의 3S모략'이라고 불리는 것으로 스크린(Screen, 영화), 섹스(Sex, 성행위), 스포츠(Sport, 운동경기)의 머리글을 따서 3S 정책이라고도 한다. 3S 정책은 대중의 정치적 관심을 3S로 돌려 행동하도록 하는 홈 빼기(ガス抜き), 힘 빼기(骨抜き) 정책으로 평가된다.

32 이하 일본 영화에 관한 자료는 구건서, 『일본 영화와 시대성』(제이엔씨, 2007)를 참조.

(市川右太衛門) 주연의 〈오나쓰세이주로(お夏清十郎)〉가 있고, 사사키 야스시(佐々木康) 감독의 〈20살의 청춘(はたちの青春)〉(1946)에서는 일본 영화 최초로 키스 장면이 등장했다. 검극의 신을 삽입하지 않고 제작한 영화로는 아라시 간주로가 주연한 〈우몬도리모노죠(右門捕物帳)〉, 이토 다이스케(伊藤大輔)가 감독하고 반도 쓰마사부로(阪東妻三郎)가 주연한 〈수로닝마카리도오루(素浪人罷通る)〉 등이 있다.

영화 검열과 통제로 인해 전투 의식을 고양시키는 찬바라 영화 제작과 출연이 금지되자 시대극 감독과 스타 배우는 현대극에 출연했다. 이나가키 히로시(稲垣浩) 감독의 〈손잡는 아이들(手をつなぐ子等)〉, 이토 다이스케 감독의 〈왕장(王将)〉 등이 제작되었다. 그리고 반도 쓰마사부로가 출연한 〈찢어진 북(破れ太鼓)〉이나 가타오카 치에조가 출연한 〈타라오반나이(多羅尾伴内)〉 등이 있다.

영화검열체제가 1952년까지 지속되어 일본 영화계는 점령기관에 의해 관리·제어되는 상황이라 자율적 활동이 불가능했다. 영화 기획과 각본 단계에서 영어로 번역해 CIE에 제출하고 허가를 받은 것만 제작되었다. 예를 들면, 구로사와 아키라(黒澤明)의 〈새벽의 탈주(暁の脱走)〉(1950)는 야마구치 요시코(山口淑子)[33]가 주연한 조선인 종군위안부를 그린 작품이었지만, 수십 차례에 걸친 CIE 검열로 원형이 바뀐 채 제작되었다. 그리고 완성된 필름은 CCD(民間検閲支隊)에 의해 두 번째 검열이 이루어졌다. 과거에 제작된 영화 작품도 검열하여 상영 여부를 결정했다.

GHQ는 민주주의를 예찬하고 선전하는 계몽영화를 제작하도록 독려했다. 많은 제약 속에서 제작된 아라시 간주로 주연, 이나가키 히로시 감독의 〈최후의 양이당(最後の攘夷党)〉은 막말(幕末) 양이운동에 가담한 떠돌이 무사(浪士)가 서양인에 의해 주조되는 배외주의의 아둔함을 표현했다. 기존의 영웅상을 파괴하여 임협(任侠)의 이미지를 바꾸고 정의감이 강한 민주주의적 인물을 그린 작품으로는 마츠다 사다쓰구(松田定次) 감독의 〈구니사다주지(国定忠治)〉와 요시무라 코자

---

33 만주 영화의 이향란으로도 활동했다.

부로(吉村公三郎) 감독의 〈모리의 이시마쓰(森の石松)〉가 있다. 그리고 구로사와 아키라 감독의 〈우리 청춘에 후회 없어(わが靑春に悔なし)〉(1946), 요시무라 코자부로 감독의 〈야스조가의 무도회(安城家の舞踏会)〉(1947), 이마이 다다시(今井正) 감독의 〈푸른 산맥(靑い山脈)〉 등이 있다.

강한 검열과 통제 속에서도 점령기에 히트하거나 사회에 영향을 준 작품은 사사키 야스시 감독의 〈20살의 청춘〉과 신도 가네토(新藤兼人) 감독의 〈원폭의 아이(原爆の子)〉 등이 있다. 1946년 5월 개봉한 〈20살의 청춘〉은 1946년 쇼치쿠(松竹)에서 사사키 야스시 감독이 만든 작품이다. 나미키 미치코(並木路子)가 부른 주제가 「귀여운 스위토피(可愛ヰスィートビー)」가 여운을 주는 이 영화는 다음과 같은 이야기를 담고 있다.

가와무라(河村)는 회사에서 고참 사원이면서 구두쇠로 유명하다. 자기 회사에 노련한 중도 사원 사카모토(坂本)가 오면, 이때다 싶어 협박하거나 설득하여 약을 판다. 사카모토는 잘 피해간다. 그런 가와무라에게 어떤 사원이 '부장 아들이 가와무라 딸에게 홀딱 반했다'라고 말한다. 말을 들은 가와무라는 집에 돌아오자 딸(이쿠노, 幾野)에게 사귀고 있는 남자(오사카, 大坂)와 헤어지라고 하고, 이튿날 회사로 오라고 한다. 이쿠노도 오사카도 황당해 하지만 두 사람은 서로 사랑하고 있다. 이쿠노는 아버지 회사에 가지만 부장의 아들과 만날 기회가 주어지지 않는다. 다양한 방해 공작이 있는 가운데서도 이쿠노는 오사카와 키스를 하고 사랑을 확인한다. 반대한다는 사실을 안 오사카의 아버지와 오사카는 다른 신부를 찾는 방식으로 대응하면서 상황이 이상해진다. 가와무라가 반대하자 부인이 집을 나가려고 한다. 그러던 어느 날 가와무라는 부장에게 불려가고, 아이들의 결혼식을 올리자고 간절하게 호소한다. 가와무라는 회사 연회에 참석한 후 돌아오는 도중 사카모토의 집에 들러서야 비로소 딸과 오사카와 결혼한다는 사실을 확인하게 된다. 가와무라는 자신의 한심함을 느끼고 오사카의 아버지에게 이쿠노를 받아줄 것을 부탁하지만 부인과 관계를 회복하지 않으면 안 된다고 한다. 어쩔 수 없이 아내에게 사정을 하고 사이를 회복한다. 그렇게 해서 오사카와 이쿠노는 결혼한다.

이 영화는 전후 일본 영화 가운데 처음으로 키스 장면을 넣었다고 평가된다. 영화 중반, 오사카는 갑자기 의자에 앉아 있던 이쿠노에게 키스한다. 친구로서의 키스가 아니었다. 혀가 얽힌 키스는 아니었지만 남녀 간의 뜨거운 키스였다. 키스 장면은 최후에도 있다. 이 장면은 실내가 아니라 밖에서 하는 한낮의 키스였다. 또한 시대를 알게 하는 장면으로 연초를 종이로 마는 장면이 있다. 그러나 당시 생생하게 남아 있던 전후의 타버린 전쟁의 흔적이 전혀 나오지 않는다. 그것은 GHQ가 바라는 의도를 반영하고 새로운 사회 정서를 담은 결과였다. 이 영화는 당시 대표적인 연애 영화가 되었다.

일본에서 추진된 점령기의 계몽영화 정책은 오락성이 강한 미국 영화를 수입해 일본인이 전쟁이나 복수를 생각하지 않도록 하는 데 목적이 있었다. 당시 CIE의 영화 정책은 일본의 민주화를 선전할 수 있고 일본 정신을 변화시키는 계몽영화를 선호했다. 점령 후 일정 기간 일본 영화의 통제로 종전 후 전경을 영화 장면으로 촬영하는 것을 금지했고 현장 로케 촬영도 하지 못하게 했다. 어린이들의 문화매체였던 종이극 〈황금뱃트(黃金バット)〉의 캐릭터는 정의를 실현하는 슈퍼맨과 같은 역동적인 금발 캐릭터로 변경했다. 그리고 미국 문화의 이식과 침투를 위해 할리우드 영화의 총괄배급창구회사(central motion picture exchange: CMPE)를 도쿄에 설립했다.

반군국주의가 강력하게 추진되면서 전쟁 책임 문제가 영화계에 대두되어 전시 중 영화 제작을 통해 국가 전쟁에 협력했던 영화인을 추방해야 한다는 목소리가 커졌다. 미국은 냉전이 격화되는 가운데 일본에서 반공주의를 강조했고, 특히 한국전쟁 발발 이후 미국에서 공산주의자를 색출하는 매카시즘 정책이 추진되면서 일본공산당을 불법적인 단체로 규정했다. 더욱이 일본에서는 공산주의자 추방운동에 힘입어 신문, 방송업계, 영화계에 레드 퍼지가 개시되었다.[34]

그렇게 해서 전전 국책 영화를 제작한 가와기타 나가마사(川喜多長政), 네기시 간이치(根岸寛一), 기도 시로(城戶四郎) 등은 전의고양 영화에 참여한 죄로 1947년 영화계에서 추방되었다. 그러나 다른 장르의 문화계에서 벌어진 것과 같이 영화계에서도 전쟁 책임 소재는 애매하게 처리되었고, 1950년 전쟁 책임에 대한 처벌은 해제되었다. 영화계에 대한 통제와 제지, 추방 등으로 인해 일본 영화는 한정된 주제나 당국이 추천하거나 선호하는 영화를 제작함으로써 일본적인 영화를 만드는 데 한계가 있었다.

그러나 1951년 샌프란시스코조약이 체결되어 1952년 GHQ에 의한 영화 검열이 폐지되면서 일본 영화계에 큰 변화가 일어났다. 상영 금지되었던 시대극이 부활하면서 다수의 시대극 영화와 GHQ에 의해 제한되었던 전쟁 관련 영화가 제작되었다. 세키가와 히데오(関川秀雄) 감독의 〈들어, 와다쓰미의 목소리(きけ、わだつみの声)〉(1950)가 대표적이다. 1951년 구로사와 아키라의 〈라쇼몽(羅生門)〉이 베네치아국제영화제에서 그랑프리를 수상한 것을 기점으로 미조구치 겐조(溝口健二) 감독은 1952년 〈사이가쿠일대녀(西鶴一代女)〉, 1953년 〈우게쓰 이야기(雨月物語)〉, 1954년 〈산쇼다유(山椒大夫)〉 등으로 3년 연속 수상했다.

그리고 당시 사회에 반향을 일으킨 작품 〈원폭의 아이〉가 1952년 공개되었다. 근대영화협회가 제작을 지원하고 신도 가네토 감독이 제작했다. 이 작품은 오사다 아라타(長田新)의 작품 『원폭의 아이: 히로시마의 소년소녀의 주장(原爆の子~広島の少年少女のうったえ)』에 기초해 신도 감독이 전후 최초로 원폭 문제를 직접적으로 다룬 영화이다. 히로시마에 살고 있던 이치카와(石川孝子)는 1945년 8월 6일 히로시마에 원폭이 투하되었을 때 가족 가운데 살아남은 유일한 생존자

---

34 1950년 9월 25일 맥아더의 지령에 의해 쇼치쿠 66명, 다이에이(大映) 30명, 동호(東寶) 13명, 니치에이(日映) 25명, 리켄(理研) 3명 등 총 137명을 영화계에서 추방했다. 그 가운데에는 공산당원이 아닌 자도 포함되었고, 일부는 장기간에 걸친 소송을 통해 복직한 자도 있었으며 또한 패소한 자도 있었다. 블랙리스트에 오른 영화인이나 표현의 자유를 추구한 영화인은 독립 프로덕션을 설립하여 활동했다. 녹립 프로영화 제작 수는 1947년 17편, 1948년 38편, 1949년 67편, 1950년 94편 등 매년 증가하는 추세였다.

였다. 전후 세도나이카이(瀬戸内海)의 작은 섬의 초등학교 교사인 그는 전쟁이 종결되고 원폭 피해가 있던 시기에 근무했던 유치원 원아들의 근황과 소식을 알고 싶어 초등학교 여름방학을 이용해 오랜만에 고향 히로시마를 방문한다. 그가 과거 원아들을 찾아 나서면서 이야기는 시작된다.

이 작품은 1953년 칸국제영화제에 출품했지만 일본 외무성이 미국의 대일 감정 자극을 우려해 주프랑스 대사에게 참가도 수상도 않지 않는다는 전보를 보내 화제를 모았다. 프랑스 외무성과 협의한 대사는 정부가 개입하면 오히려 화제가 되기 때문에 영화제 당국에 맡기는 쪽이 좋겠다는 합의를 하고 출품했다. 서독에서는 반전 영화로서 군 당국에 의해 몰수되는 등 각국에서 경계하는 반응을 일으켰지만 원폭을 허용해서는 안 된다는 세계의 목소리에 합당한 영화여서 각국에서 큰 관심을 보였다. 이후 1954년 빈국제영화제 평화상, 1956년 영국아카데미상에서 국제연합평화상, 폴란드저널리스트협회 명예상 등을 수상한 반핵영화 제1호이다. 미국에서는 1995년 캘리포니아 대학교 박물관에서 상영되었고 2011년에는 뉴욕 브루클린에서 상영되었다.

점령기와 자립기의 경계에 있으면서 통제와 검열이 이루어진 시기에 만들어진 일본 영화가 국제적인 명작으로 호평받은 것은 도호(東宝), 쇼치쿠, 닛카쓰(日活), 다이에이(大映), 도에이(東映) 등과 같은 전문 영화제작사가 전전부터 양질의 영화를 제작할 수 있는 제반 환경을 잘 정비하고 우수한 감독, 작가, 영화제작 기술 등이 있었기 때문이었다. 그리고 다양한 작품에 출연한 하라 세쓰코(原節子)는 서양적인 신시대의 개막을 알리는 상징적인 스타가 되어 국민의 인기를 얻는 등 개성과 실력을 갖춘 일본 출신의 명배우가 있었기 때문이다. 일본 작품, 감독, 영화사, 배우 등이 국제 영화계에서 명성을 얻고, 일본에서 인기가 높아지면서 일본 영화는 대중문화의 주류로 정착했다.

4) 에로구로 성문화

일본의 성문화는 점령군의 성 개방 정책과 일본의 성 예방 정책에 의해 형성되었다. GHQ의 성 개방 정책으로 성을 터부시하는 가치관에서 자유로워지고, 성 미디어가 범람하는 동시에 성 향락에 쉽게 접근할 수 있는 환경이 조성되었다. 더욱이 성 개방, 성 상업화, 성 자유화 등을 통해 성 산업이 촉진되었다. 성 개방과 성 인식의 대중화·일반화로 인해 성 삽지, 공식석으로 성매매나 유사 성매매를 할 수 있는 성 관련 업소, 성 영화와 애니메이션 등과 같은 영상문화 등이 활성화되었다.[35] 성문화는 부정적으로 인식되었음에도 점령기에는 일시적으로 개방과 자유가 내재된 서구 문화로 인식하는 경향이 있었다.

성 잡지를 대표하는 가스토리 잡지(カストリ雜誌)는 태평양전쟁 종결 후 출판 자유화와 성 개방을 계기로 발행된 대중용 성 관련 오락잡지이다. 전시 중 억압되었던 자유의 에너지가 마그마처럼 분출한 흐름 속에서 가스토리 잡지가 등장했다. 가스토리 잡지가 다양하게 발간되면서 사회풍속, 성, 민속, 방랑, 예능, 범죄, 키스(接吻), 스트립(ストリップ), 속옷(drawers), 엽기(猟奇) 등에 대한 이야기를 가감 없이 적나라하게 표현되었다. 흥미 위주의 내용으로 구성되었고 에로와 구로를 판매 수단으로 한 잡지였다. 표지에는 관능적인 여성 그림을 내세웠고, 포르노 소설이나 성적 흥분을 자극하는 기사, 아카선(赤線) 등의 사창가 탐방기, 선동적인 여성 사진, 적나라한 성생활 고백이나 엽기적인 사건 보도, 범죄 사건 등이 게재되었다.[36]

당시는 전후 통제로 물자가 부족했기 때문에 인쇄용지는 당국에 신청해 배급받는 체제였다. 오락용 출판물은 용지 확보가 어려워 질이 좋지 않은 선화지(仙花紙)를 이용했다. 선화지는 재생한 종이여서 지질이 좋지 않았고 보존하기도 어려웠다. 선화지에 표현된 잡지는 GHQ의 검열을 피할 수 있었고 스트립 장면은 억압받았던 일본인에게 자유를 만끽하게 하는 상징적인 존재로 인식되어 인기를 얻으며 일시적으로 유행했다. 가스토리 잡지 붐은 1946년부터 시작되어

---

35 平野共余子, 『天皇と接吻』(草思社, 1998), p.370; 下川こう史, 『性風俗史年表(1945-1989)』(河出書房新社, 2007); 平井和子, 『日本占領を「性」で見直す』(日本史研究, 1998).

36 長谷川卓也, 『「カストリ文化」考』(三一書房, 1969).

1949년경 마무리되었지만 전후 풍속사에서 속악(俗惡)의 대명사처럼 인식되었고 이후 성인 잡지의 흐름과 전개에 영향을 주었다.

쇼와 초기에 발행된 에로구로(エロ・グロ, erotic grotesque) 잡지 ≪그로테스크(グロテスク)≫는 1929년부터 1931년까지 발행되었다. 전후 성 잡지로서 선구적인 역할을 한 것은 1946년 1월 창간한 월간지 ≪리버럴(りべらる)≫로 유행을 선도하여 많은 부수가 팔렸다. 당시 도쿄 요시와라(吉原) 사창가에서 풍속 라이터로 활동했던 요시무라 헤이기치(吉村平吉)는 가스토리(Castries)라는 언어가 외설잡지와 전후 세상을 상징하는 것이었고, 가스토리 술을 마시면서 가스토리 문화를 뜨겁게 이야기했다고 회고했다. 전후 활자문화 가운데 가스토리 잡지만으로도 당시 시대성을 읽을 수 있다.

가스토리 잡지로서 ≪리버럴≫은 1945년 12월 창간해 1953년까지 발행했고, 창간호는 20만 부 팔렸다. ≪적과 흑(赤と黒)≫은 1946년 9월 창간했고, ≪엽기(猟奇)≫는 1946년 10월부터 1947년까지 발행되었다. 성을 중심 주제로 발간된 잡지, 즉 SM 잡지로는 ≪기담클럽(奇譚クラブ)≫(1947~1975), ≪광염(狂艶)≫, ≪데카메론(でかめろん)≫, ≪마담(マダム)≫, ≪육체(肉体)≫, ≪부부생활(夫婦生活)≫(1949~1955), ≪별책모던일본(別冊モダン日本)≫(1950~1951), ≪아마토리아(あまとりあ, amatoria)≫(1951~1955), ≪우라마도(裏窓)≫(1956~1965), ≪천일야(千一夜)≫, ≪로맨스(ロマンス)≫, ≪범죄독물(犯罪読物)≫, ≪단란(だんらん)≫ 등이 있었다.[37]

당시 사회상을 담은 용어는 미모, 범죄 이야기, 범죄 잡지, 기담(奇譚), 사실 소설, 실화, 로맨스, 근대 이야기, 대중 클럽, 재미있는 이야기, 오락 소설, 로망춘추, 적과 흑, 팡팡(パンパン) 등으로 평온과 안정을 상징하기보다는 자유로우며 자극적인 내용을 담은 용어가 유행했다. 1946년 10월 창간된 ≪엽기≫의 권두에서는 '독자제현 평화국가 건설을 위해 심신 피로한 오후 한 시점에서 흥미 본위로 읽고 버리면 다행입니다'라고 썼고, '인간의 진짜 모습의 탐구정신 부흥에

---

37 같은 책; 山本明, 『カストリ雑誌研究─シンボルにみる風俗史』(中央公論社, 1998).

공헌하는 것입니다'라고 당당하게 선언했다. 그러나 1946년 2호에 『H대좌부인 (H大佐夫人)』을 게재한 것이 1947년 외설죄로 적발되어 발행 금지 처분을 받았다. 전시 중 H대좌주택에 하숙하던 청년과 H대좌부인 간의 간통 장면이 생생하게 묘사되었기 때문이다.

그리고 성생활을 정면으로 다룬 전문지 ≪부부생활≫은 1949년에 창간되었고, 집필진은 대학교수나 연구자, 작가 등이 참여했으며 발행 부수는 35만 부 정도였다. 내용은 전후 일본의 성 역사를 정리했다고 할 수 있을 정도로 육체구조, 성 지식, 성애 기술 등 성 관련 노하우와 실용적인 내용을 체계적으로 담았다. 1949년 6월호에는 작가 마루키 사도(丸木砂土)의 "낭인을 만족시키는 처의 성애 기교"라는 기사를 게재했다. 그리고 '남편을 사랑하고, 남편을 유혹하고, 남편을 자극하는 처의 기교가 밤만의 일이라고 한다면 큰 오산이다' 라고 썼다. 당시 1부당 20엔에서 30엔 정도로 서점이나 노점에서 판매되었다. 에로와 구로를 전문으로 하는 ≪실화신문(実話新聞)≫이 젊은이들의 책방 거리가 된 진보초(神保町)에 진열·판매되었고 약 40만 부를 발행했다.[38]

가스토리 잡지는 성 개방과 성 자유를 함의하고 있지만 폐허, 범죄, 성생활, 기아, 인플레이션, 억압, 자유 등의 시대상을 대변하는 거울이기도 했다. 그러나 1950년 로렌스(D. H. Lawrence)의 『채털리 부인의 연인(チャタレイ夫人の恋人, Lady Chatterley's Lover)』이 발행 금지되면서 당국은 가스토리 잡지에 대한 단속을 강화했다. 전후 혼란스럽게 발간되었던 성 관련 잡지가 어느 정도 정리되는 가운데 ≪주간 아사히(週刊朝日)≫를 시작으로 신문사계에 의해 제1차 주간잡지 붐이 조성되었다. 1955년에는 출판업계에서 주간지가 속속 등장하고 종합주간지로서 대중의 지지를 얻자 가스토리 잡지는 사명을 다하게 된다. 이후 일본은 성문화의 어두운 그림자를 드리운 채 자립기를 마감하고 고도 경제성장시대로 흘러갔다.

---

38 같은 책.

5) 레슬링·스모·야구문화

점령 당시 GHQ가 일본에서 추진한 3S 정책은 유연한 문화 정책으로 성 자유화와 개방, 스크린 통제와 민주화, 그리고 스포츠 장려 등을 통해 대중문화의 활성화로 이어졌다. 일본과 일본인의 자유화와 민주화를 촉진하려는 의도가 있었지만, 다른 한편으로는 관능적인 신체에 집중하게 하고 전통적 정신을 약화시키는 성격을 띠고 있었기 때문에 일본인을 우둔하게 만드는 1억 백치화 정책이라는 비판을 받지 않을 수 없었다. 다소 편견이 있는 평가이지만 그만큼 GHQ는 대중문화 정책을 통해 일본과 일본인을 경계하고 미래에 벌어질 사태를 미연에 방지하고자 했다.

일본에서 추진된 초기 스포츠 정책은 일본인의 에너지를 스포츠에 집중시키기 위한 것으로 일본인의 비정치화를 위한 전략에서 시작되었다. 스포츠 활성화 정책은 이미 미국산 야구가 수입되었지만 국민 스포츠로 육성·장려했고, 새로운 스포츠로 볼링과 테니스, 골프 등을 들여오고 레슬링을 적극적으로 장려하면서 전염병처럼 유행했다.[39] 국민의 관심은 정치나 전쟁보다는 경제생활의 안정화와 일상생활의 정상화를 통해 여유를 갖고 취미생활을 이어가는 데 있었다. 일본 국민의 수요와 점령 정책이 잘 맞아 떨어진 결과 예상치 못하게 스포츠가 흥행몰이를 했다.

스포츠 중에서도 레슬링이 폭발적으로 인기를 얻어 스포츠 붐을 일으켰다.[40] 레슬링 선수로 깜짝 등장한 인물이 한국 출신의 역도산(力道山, 1924.11~1963. 12.15)이다. 일본 이름은 모모타 미쓰히로(百田光浩)이고 한국 이름은 김신락(金信洛)이다. 그는 프로레슬러가 되기 전에 일본 전통 스포츠인 스모(相撲) 선수로 활동했다. 스모 선수로서 한 차례 우승하고 세키와케(關脇) 지위에 올랐지만, 폐쇄성과 전통성이 지배하는 스모계에서 한국인 출신 스모 선수였기 때문에

---

39 石川弘義(編集), 『大衆文化事典』(弘文堂, 1994).

40 戰後史開封取材班, 『戰後史開封 1』(戰後史開封取材, 平成8年).

오제키(大関)에 승진하지 못했다. 폐쇄적인 스모계에 대한 불만으로 스모를 그만두고 프로레슬러가 되어 일본 레슬링을 국민 스포츠로 견인하는 데 일역을 담당했다.[41]

일본에서 레슬링 인기가 높아지고 지명도가 좋아지면서 미국 레슬링과의 교류와 시합이 성사되었다. 1951년 9월 미국의 우애단체 프리메이슨(Freemasonry)계 자선단체 슈라인(Shrine)은 일본을 점령하고 있는 연합군을 위문하고 장애자를 위한 자선활동의 일환으로 브라운 등 미국 프로레슬러 여섯 명을 일본으로 초청해 프로레슬링대회를 개최했다. 초청 선수 가운데는 일계인 하롤드 사카다(ハロルド坂田)도 포함되어 있었다. 이때 역도산은 레슬링 연습을 보러 가서 사카다를 만났고 그의 권유로 프로레슬러가 되기로 결심하여 미나도쿠시바(港区芝)에 있는 클럽에서 본격적으로 지도를 받았다.

레슬러로서 가라테(空手チョップ)가 주특기였던 역도산은 1952년 미국으로 건너가 호놀룰루에서 일계인 레슬러 오키 시키나(沖識名)의 지도를 받으며 맹훈련한 뒤 프로레슬러로서 활동했다. 1953년 귀국해 닛타 신사쿠(新田新作)와 흥행사 나가다 사다오(永田貞雄)의 도움으로 일본 레슬러협회를 설립했다. 당시 미국 프로레슬러로 유명했던 샤프 형제를 초청하여 1954년 2월부터 전국을 순회하면서 14연전으로 흥행몰이를 했다. 1953년부터 레슬링 경기가 텔레비전방송으로 중계되어 국민의 지지를 받아 프로레슬링 붐이 일어났다.

일본 레슬러 기무라 마사히코(木村政彦)는 샤프 형제와의 결전에서 패배하는 역을 담당했고, 역도산이 기무라 마사히코를 가라테로 넘어트리는 일련의 약속된 레슬링 게임에 대한 싫증과 염증을 느끼면서 역도산과 기무라 마사히코 사이에 알력이 생겼다. 이를 계기로 기무라는 역도산과 결별하고 자신의 프로레슬링 단체를 설립하여 흥행을 유도했지만 실패하고 말았다. 금전적으로 궁핍해지고 상황이 좋지 않았던 기무라는 ≪아사히신문≫ 기자에게 '역도산의 프로레슬링

---

[41]　小林正幸, 『力道山をめぐる体験―プロレスから見るメディアと社会』(風塵社, 2011).

은 제스처이고 쇼이며 진검승부라면 패배한다'라는 돌발적인 발언을 하고 도전을 표명했다. 기무라의 도발적인 발언과 도전 선언으로 세간에는 두 레슬러 간의 싸움을 쇼와의 간류지마(昭和の巌流島) 싸움이라고 이야기할 정도로 승부에 관심이 모아졌다. 역도산과 기무라 간의 결전을 보도한 가두텔레비전에 시청자들은 귀를 기울이고 열광했다. 1954년 역도산은 기무라의 도전을 받아들였고 스모 출신 선수가 승리할 것인가 아니면 유도 출신 선수가 승리할 것인가에 관심이 집중되었다.

일본에서 처음으로 기무라와 역도산 간의 프로레슬링 헤비급 결정전이 성립되어 국민적 관심이 모아지는 가운데 시합이 진행되었다. 시합 종소리가 울리자마자 기무라는 역도산의 급소를 때리는 반칙 공격을 날렸다. 격노한 역도산은 갑자기 가라테로 집요하게 기무라를 공격하여 한순간에 KO(Knock Out)시켰다. 기무라는 피범벅이 되어 링에 쓰러졌다. 통상의 프로레슬링과는 다른 전말에 관객들은 놀랐고 경기장 안에는 침묵만이 흘렀다. 스모와 유도, 한국인과 일본인, 유명 선수 간의 세기적 대결로 알려지면서 폭발적인 흥행몰이를 가져온 진검승부는 그렇게 막을 내렸다.

시합이 끝나고 한참 지난 후 역도산은 시합하기 전 승부를 무승부로 하자고 합의했다는 사실을 매스미디어에 공개했다. 시합이 역도산의 승리로 끝난 후 역도산과 기무라는 화해했지만 당시 시합의 내용에 대해서는 억측만 있고 진실을 알지 못하는 상태가 되었다. 이후 일본에서는 스모 출신 역도산이 천하를 얻음으로써 프로레슬링에 입문하는 이들이 많아졌다. 역도산은 이후 많은 대회에서 승리하여 챔피언이 되었고, 일본 레슬링계의 황태자로 군림하면서 레슬링이 국민 스포츠로 수용되고 성장하는 데 큰 역할을 했다.

한국에서도 역도산의 명성이 알려지면서 레슬링 도입과 발전에 영향을 주었다. 1958년 역도산을 흠모해 일본에 밀입국한 후 요코하마에서 체포된 김일(金一)은 자민당 부총재 오노 반보쿠(大野伴睦)의 도움으로 일본에 체류하면서 역도산의 제자가 되었다. 김일은 오키 킨타로(大木金太郎)라는 일본 이름으로 일본프로 레슬링 선수가 되어 활동했다. 당시 일본 레슬링계에서는 한국 이름을 사용하는 것이 금지되었다. 김일은 일본 프로레슬링계에 데뷔하고 활동한 후 한국에 돌아와 한국 프로레슬링계를 활성화시키고 성장시키는 역할을 했다.

일본에서 활동하던 역도산은 1963년 1월 한국을 방문했을 때 김포공항에서 대대적인 환영을 받았다. 기자회견에서 20년 만에 한국을 방문하여 감개무량하다면서 장기간 일본어를 사용한 탓에 한국어로 말하는 것이 어렵다고 했다. 이 모습을 취재한 ≪도쿄주니치신문(東京中日新聞)≫은 "역도산 20년 만에 모국으로"라는 제목과 함께 사진을 게재했다. 지금까지 한국 출신인 것을 숨겨온 역도산은 귀국 후 이것을 알린 신문에 격노했다고 전해진다.

역도산은 레슬러로 대활약하면서 일본 레슬링계에서 무시하거나 접근하기 어려운 스타로 존재했다. 그런 가운데 역도산에게 불운이 다가왔다. 1963년 12월 아마사카 나이트 클럽에서 폭력단 수미요시 잇카(住吉一家)의 대일본흥업 구성원 무라타 가쓰시(村田勝志)가 역도산의 발을 밟는 사건이 벌어졌다. 이때 역도산이 무라타를 구타했고 무라타는 칼로 역도산의 복부를 찔러 크게 상처 입히는 불상사가 벌어졌다. 역도산은 병원에 입원한 후 치료를 마치고 퇴원했지만 레슬링 선수로서 리듬을 잃어 활동이 어려워졌다.

활동이 침체되고 무절제한 생활을 거듭하면서 폭식·폭음을 했고, 체력이 극도로 악화되어 다시 재수술을 받았다. 재수술이 성공했지만 계속되는 폭식·폭음으로 복막염으로 사망했다. 한국 출신으로 일본에서 스모 선수와 레슬러로 활약하면서 레슬링계를 평정하고 국민 스포츠로 성장시킨 역도산의 시대는 이렇게 막을 내리게 된다. 초기에 일본 국민의 관심 돌리기용으로 도입된 레슬링은 본래 목적과는 다르게 일본에서 국민적 사랑을 받는 스포츠로 정착했고, 지금까지도 성행하는 스포츠가 되었다.

일본에서 전통적 무사의 기예로서 그리고 스포츠로 역사성과 흥행성을 가진 것이 일본 씨름인 스모이다. 스모는 서로 싸운다는 의미를 갖고 있지만 역사 속에서는 무사들의 심신을 단련하는 무도로서 활용되었다. 스모는 토효(土表)에서

서로 시합하는 일본 고래의 신사(神事)이고 마쓰리(祭り)인 동시에 무예이다. 예로부터 축하와 의례로서 흥행을 돋우는 스모대회를 개최해 왔다. 스모는 일본적 전통과 고유성을 가진 무도, 격투기, 스포츠로서 인기가 있고 국제적으로 전파되지는 않았지만 대표적인 일본 전통 스포츠로 잘 알려져 있다.

전전의 스모는 전통 무예로 존재하면서 동시에 스포츠의 일환으로 경기가 추진되었지만 제2차 세계대전 발발은 스모계에도 부정적인 영향을 미쳤다. 1944년 스모의 메카인 료고쿠 국기관(両国国技館)이 대일본제국 육군에 접수되어 5월 본바쇼(本場所) 개최지를 고이시카와 고라쿠엔구장(小石川後楽園球場)으로 이동했다. 이 때문에 정상적으로 개최하지 못해 본바쇼를 1944년 10월에 개최했다. 1945년 5월 본바쇼는 징구가이엔 스모장(神宮外苑相撲場)에서 개최될 예정이었지만 공습으로 6월로 연기되었고, 결국 료고쿠 국기관에서 상이군인만 초청하여 개최했다. 이 경기는 지금까지 본바쇼로서 유일하게 미공개한 시합이었고 전중 최후의 본바쇼 시합이었다. 이후 도쿄 대공습으로 료고쿠 국기관과 스모 선수 합숙소가 소실되었다.

전후에는 사회 혼란으로 인해 각 선수단이 해체되는 경우도 있었고 본바쇼 개최에 대해서도 GHQ의 허가를 받아야 했지만 스모 경기의 흥행은 계속되었다.[42] 1945년 소실된 료고쿠 국기관을 복구하고 가을바쇼(秋場所, 가을 경기)를 개최했다. 그러나 1946년 료고쿠 국기관이 GHQ에 접수되어 메모리얼 홀로 개장되면서 사용할 수 없게 되었다. GHQ는 본바쇼 개최를 연 3회 인정했지만 메모리얼 홀 사용을 금지했기 때문에 1947년 메이지징구가이엔 스모장에서 시합이 개최되었다. 1948년 가을바쇼는 전후 최초로 오사카 가설 국기관에서 개최되었다. 이 시기에 우승 결정전이나 상제도가 제정되었고, 동서제(東西制)에서 계통별 시합(系統別総当たり制)으로 바뀌었다.

---

42 酒井忠正, 『日本相撲史 上巻』(ベースボール・マガジン社, 1956); 石浦外喜義, 『弱くても勝てる 強くても負ける』(幻冬舎, 2017). http://www.sumo.or.jp/.

일본 스모계는 스모의 전통을 계승하고 경기를 지속하기 위해 1949년 니혼바시(日本橋)의 요코초공원 내에 가설 국기관을 건설하고 1월 바쇼를 개최하여 전후 처음으로 15일간 열렸다. 이후 1950년부터 1952년까지 본바쇼는 15일간 지속해서 열렸다. 그런 가운데 오사카에서는 1950년 9월 바쇼를 가설 국기관에서 15일간 진행했다. 1952년 난파(難波)에 가설 국기관을 세우고 철골제의 오사카부립체육관이 준공되어 이후 3월 바쇼가 오사카에서 개최되었다. 점령기 스모 대회는 GHQ의 승인하에 진행되었고 경기장의 이동으로 제대로 개최하는 데 어려움이 있었다.

스모는 성적과 승진에 따라 요코즈나(橫綱), 오제키, 세키와케, 코무스비(小結) 그리고 주료(十両) 1부터 주료 10 등의 계급에 의해 서열이 정해진다. 시합 성적에 따라 계급의 승진과 하락이 결정되는 데 15전 중 8승 이상을 가치코시(勝ち越し)라고 하여 승진하고, 8패 이하이면 마케코시(負け越し)라고 하여 계급이 강등된다. 당시 요코즈나 성적이 좋지 않자 1950년 4월 유식자로 구성된 요코즈나 심의위원회가 발족해 대책을 논의했다. 1957년에는 이사장에게 중요사항을 건의할 수 있는 운영심의회가 발족해서 재계 인물이나 정치가가 위원으로 활동해 관여하게 되었다.

전국적으로 텔레비전이 보급되면서 NHK는 스모를 중계하기 시작했다. 당시에는 일시적으로 민방이 중계했지만 곧 철수했다. 국회에서는 스모협회의 존재방식에 대해 의문을 제기해 1957년 중의원 문교위원회의 조언을 받아들여 스모차옥제도(相撲茶屋制度) 개혁, 월급제 도입, 스모연습장 설립 등 스모계의 개혁이 이루어졌다. 1961년에는 나이 정년제가 실시되었고, 1968년 임원선거제도가 도입되었으며 1969년 승부 판정에 비디오 판독 사용을 개시했다.

현재 스모는 전국을 순회하면서 6바쇼(1월, 3월, 5월, 7월, 9월, 11월) 15일간이라는 체제로 운영되고 있다. 스모 선수는 각각 오야가타(親方)가 운영하는 헤야(部屋)라는 스모 그룹에 소속되어 기거하면서 연습하고 출전한다. 최근에는 스모계를 개방하여 외국인 선수를 수용하고 성적에 따라 최고 계급으로도 승진시키는 경우가 많아졌다. 특히 몽골, 하와이, 유럽 출신의 선수가 활약하고 있어 스모계에도 국제화가 진행되고 있다. 일본에서 스모는 전통 스포츠로 이미 오래전에 정착했고, 정치색이나 국내 사정의 영향을 받지 않고 지속적으로 유지되는 자타가 공인한 일본의 대표적인 스포츠이다.

서양 스포츠 중 가장 먼저 일본에 들어온 것이 야구이다. 야구는 메이지시대에 도입되어 현재까지도 인기 있는 스포츠로 자리 잡았다. 야구는 1871년 일본에 도입되어 미국인이 도쿄 개성학교에서 가르쳤는데 그 후 전국적으로 확산되었다. 1903년 캘리포니아 대학교 오바타 치우라(小圃千浦) 교수가 일계인 야구팀 후지 클럽을 탄생시켜 일미 야구 교류의 초석이 되었다. 영어 'baseball'을 '야구'로 번역한 사람은 제일고등중학교 야구부원이었던 추마 카나에(中馬庚)이다. 1889년 포수로 야구를 즐긴 마사오카 시키(正岡子規)가 번역했다는 설도 있다. 마사오카 시키가 자신의 아명을 야구(野球, のぼーる)로 사용한 것에서 유래했다.

1945년 직업 야구로서 프로야구가 성립되었다. 전전에는 일본 야구보국회가 결성되어 정치적 역할을 하는 경향이 있었고, 1944년 11월 태평양전쟁의 전황악화로 일본 야구보국회는 공식적으로 휴장을 발표했다. 1945년에는 공식전을 개최되지 못했지만 한신(阪神)이 비공개 공식전으로 정월대회를 기획했다. 한신은 한큐(阪急), 산업(産業), 《아사히신문》 등에 소속된 관서 지역에 잔류하고 있는 야구 선수를 모아 1월 1~5일에 걸쳐 효고현 사이규시(兵庫県西宮市) 구장에서 대회를 개최했다. 이 대회가 종전 전 최후의 직업 야구 시합이었다.

1945년 8월 15일 종전했지만 여러 상황 속에서 선수들도 많은 변화를 경험했다. 병역으로 팀을 벗어난 선수나 휴장을 계기로 유니폼을 벗은 선수가 많아 직업 야구팀이 붕괴된 상태였다. 종전 후 1945년 11월 23일 교징(巨人), 나고야(名古屋), 세네타스(セネタース) 등으로 편성된 동군과 한신, 난가이(南海), 한큐 등으로 편성된 서군 간의 일본 직업야구연맹부흥기념 동서대항전이 징구구장(神宮球場)에서 개최되었다. 그 후 군마현(群馬県)과 효고현에서 동서대항전이 개최되면서 전후 초기 일본 야구는 프로야구 성격을 점차 회복해 갔다.

일본에서는 고교 야구로 코시엔(甲子園)대회가 유명하고 고교 외의 아마추어 야구는 1950년대 도쿄 여섯 개 대학 야구가 인기몰이를 했다. 1950년대 후반에는 요미우리자이언츠 소속으로 많은 안타와 홈런을 친 나가시마 시게오(長嶋茂雄) 선수, 대만 출신으로 홈런왕이 된 왕정치(王貞治), 한국계 인다제조기로 불린 장훈 선수 등이 국민적 인기를 얻었다. 현재에도 많은 스타 선수를 배출하고 있는 일본 야구는 국민 스포츠로 성장하여 발전하고 있다.

일반적으로 고교 야구나 대학 야구를 대신해 프로야구가 흥행을 이어갔고 1990년대에 야구 인기가 정점에 달했다. 1995년 긴데쓰(近鉄)의 에이스로 활약했던 노무 히데오(野茂英雄) 투수가 미국의 다저스로 이적해 성공을 거두었다. 이후 일본 프로야구 선수가 미국의 MLB로 이적하는 경우가 많았다. 일본 선수로 MLB에 입성해 성공 신화를 쓴 선수가 스즈키 이치로(鈴木一朗)이다. 그는 안타제조기라는 별명처럼 일본과 미국에서 통산 4367 안타(일본 1278, 미국 3089)를 기록했고, 2019년 3월 45세로 은퇴했다. 직업 야구로서 프로야구가 인기몰이를 하고 유명 선수들이 배출되면서 많은 관중을 몰고 다니는 스포츠로 정착했다.

6) 홍백가합전문화

일본에서 가요대전으로 알려진 노래 시합은 1945년 12월 홍백음악 시합(紅白音樂試合)으로 처음 시작되었다. 홍백음악 시합은 1951년부터 NHK 홍백가합전(NHK紅白歌合戰)으로 바꾸어 방송되었다. 일본방송협회(NHK)가 1951년부터 방송하고 있는 남녀 대항 형식의 대형 음악방송으로 일본의 최장수 방송 프로그램 중의 하나로 오랜 기간 명성과 인기를 얻고 있는 대표적인 음악방송이다.[43] 남녀 가수 간의 노래 시합인 홍백가합전은 다양한 연령대의 유명 가수가 출전해 여러 장르의 노래를 부르는 특징이 있다.

---

43 石川弘義(編集), 『大衆文化事典』; 鶴見俊輔, 『戰後日本の大衆文化史』(筑摩書店, 1984); 鶴見俊輔(編), 『戰後史大事典』(三省堂, 1991).

통칭은 홍백전(紅白戰)이고, 여성 아티스트를 홍조, 남성 아티스트를 백조로 구분해서 대항 형식으로 노래하고 춤을 춘다. 당초에는 정월에 하는 라디오방송이었지만 NHK가 TV방송을 개시한 후 섣달 그믐날 밤으로 이동해서 1년 마무리를 상징하는 음악 이벤트로 방송되고 있다. 홍백전은 방송이 시작된 이래 사정에 의해 연기되거나 중지된 적이 없다. 남녀 가수들은 홍백전에 초청받아 출연하는 것을 영광이자 자신의 인기를 가늠할 수 있는 기회로 생각해 인지도를 높이기 위해 출연을 희망했다.

홍백전에는 일본을 대표하는 인기 가수가 대거 출연하고, 더욱이 가수 외에도 인기 있는 유명 인물이 초청되기 때문에 방송 개시부터 심야 방송임에도 연간 시청률이 상위를 차지했다. 국민의 관심이 높아 신문, 잡지, 민방까지 홍백전을 기사로 다루었다. 홍백전은 양측의 대항전이면서도 노래와 춤을 동반한 쇼로 방송하고 있다. 홍백전에 참가하는 가수는 방송 출연이 아니라 홍백가합전 출장이라며 영광스러운 자리로 인식한다. 〈표 2-7〉은 홍백가합전의 역사를 소개한 것이다. 1945년부터 매년 1회씩 방송하기 때문에 2019년 현재 70년의 역사를 갖고 있다.[44]

초기 홍백가합전에는 승패의 판단이나 심사위원이 없었다. 제3회부터 아나운서가 사회를 보고 제4회부터는 선수 선서, 우승기 반납 등이 개시되었고, 홍조의 의상 중시 현상은 컬러텔레비전이 방송되면서 더욱 격화되었다. 1960년대는 장발 그룹사운드 전성기로 장발 그룹은 불량하다는 의견이 많아 일체 출연을 금지시켰다. 그러나 아이돌(idol)이나 엔카 가수가 장발을 하는 경향이 많아져 결국 출연 금지는 해제되었다. 홍백전은 공영방송 NHK가 주최하고 이미지가 좋은 가수가 출연하는 것을 중시했다. 1991년부터는 선수 선서나 우승기 반납 등이 생략되었다.

44　NHK服務中心, 『紅白50回~光榮與感動的全記錄~』(雜誌), (臨時增刊, 2000年 1月); 合田道人, 『怪物番組紅白歌合戰の真實』(幻冬舍, 2004); 合田道人, 『紅白歌合戰の舞台裏』(全音楽譜出版社, 2012).

〈표 2-7〉 홍백가합전의 역사

구분	홍백가합전의 특징
1945년 이후	- 제2차 세계대전 후 1945년 12월 31일 홍백가합전(紅白音楽試合)을 라디오로 방송함 - 신시대에 대응하는 음악방송을 만들자는 목적으로 음악평론가이며 디렉터로 활동 히던 곤도 쓰모루(近藤積)의 창안으로 시작되었고, 처음에는 검도 홍백 시합을 염 두에 두고 'Speed, Sexuality, Sports'라는 오락 3요소의 성격을 가진 프로그램으로 기획
1950년대	- 1951년 정월 방송으로 제1회 NHK 홍백가합전을 방송하고, 출장 가수의 곡명이나 곡 순위를 발표하지 않음 - 1953년 제3회까지는 정월 방송이었지만 1953년 12월 31일 제4회를 계기로 홍백음 악 시합으로 정착 - 1957년 제8회까지는 솔로 가수로 제한하고 제9회 이후부터 그룹도 출연
1960년대	- 1962년 제13회의 시청률은 80.6%(비디오 리서치사), 솔로는 솔로, 그룹은 그룹별 로 대결 - 1963년 제14회는 81.4%로 홍백전 사상 최고 시청률을 기록하고 예능국에 홍백가 합전실시위원회를 설치 - 오키나와는 점령하에 있어 방송되지 않았고, 제16회(1964)부터 방송 개시 - 1969년 제20회부터 TBS 계열에서 일본레코드 대상(日本レコ-ド大賞)이 텔레비전 으로 생중계되어 가수들은 TBS 일본레코드 대상과 홍백전을 서로 오가게 되면서 홍백전의 위상이 흔들리게 됨
1970년대	- 1970년대에는 신삼인무스메(新三人娘), 신어삼가(新御三家), 하나노타카이치트리오 (花の高一トリオ) 등으로 대표되는 아이돌이 대두하고 포크, 뮤지컬, 록 그룹 등이 인기를 얻어 홍백전에 출전하면서 장르가 다양화됨 - 1973년 제24회에서 가구야히메(かぐや姫)의 「간다카와(神田川)」 가사에 나오는 '크 레파스(サクラクレパスの商標)'를 '크레용'으로 바꾸려고 하자 가구야히메는 출장 사 퇴하는 등 노래 가사를 둘러싼 갈등이 일어남 - 1978년 제29회에서 야마구치　모모에(山口百恵)의 「플레이바구 Part2(プレイバック Part2)」 가사에 나오는 '새빨간 폴세(真っ赤なポルシェ)'를 '새빨간 자동차(真っ赤な クルマ)'로 바꾸려 했지만 원래 가사로 불러 갈등을 야기함 - 1978년부터 스테레오 방송 개시
1980년대	- 1970~1980년대에 경이적인 시청률을 기록했지만 1974년 제25회부터 사회자 NHK 아나운서 야마카와 시즈오(山川静夫)가 시청률 저하로 교체 - 1982년 제33회부터 모든 가창곡의 가사를 텔레비전 화면에 표시하고, 레코드사에 출연 가수와 노래 3곡을 추천 의뢰 - 1983년 제34회부터 우승팀에서 금배 수상자를 선정하고, 패배한 팀에서 은배 수상 자를 선정 - 1984년 제35회는 미나토 하루미(都はるみ)의 은퇴 무대가 되어 시청률 78.1%를 기 록했지만 이후 시청률은 크게 저하됨

구분	홍백가합전의 특징
	- 1980년대 홍백전에서 고바야시 사치코(小林幸子)가 화려한 의상을 입고 출전하여 관심을 모았음. 1986년 「부부시구레(夫婦しぐれ)」를 부르며 20단 높이의 의상을, 「별리(別離)」를 부르며 클레오파트라의상을 입어 관심을 이어감 - 1989년 제40회에서는 홍백을 2부로 구성하고, 쇼와천황이 서거하여 '쇼와를 되돌아 보자(昭和を振り返る)'라는 의미를 부여. 1989년 시청률 저하로 홍백전 폐지가 검토 되었고 이후 시청자가 선호하는 가수와 노래를 선정하는 등 시청률 대책을 마련
1990년대	- 고바야시 사치코와 미카와 켄이치(美川憲一)의 화려한 의상 대결이 주목을 받았고, 고무로 데쓰야(小室哲哉)가 작사·작곡한 음악이 시장을 제패하고 홍백전에도 관련 가수들이 출연 - 1990년대 유명인이 개회 선언을 하고 오리지널송과 테마송을 출연 가수들이 합창 하고 디즈니와의 콜래보레이션 연출이 시작됨 - 1994년 제45회부터 1997년 제48회까지 그해 NHK 신인가요 콘테스트 우승자에게 홍백출전권을 부여하고, 1990년대 후반 비주얼계 밴드 붐이 일어나 GLAY, X JAPAN, LUNA SEA, L'Arc~en~Ciel 등이 출연 - 1999년 제50회에서는 방송이 끝난 후 '가는 해 오는 해(ゆく年くる年)'라는 의미에 서 2000년을 맞이하는 밀레니엄 카운트다운 행사를 함
2000년대	- 국민의 문화생활이 다양화됨에 따라 시청률이 40% 이하로 떨어지고, 지명도가 낮 은 가수들이 출연하게 되었으며 홍백전 출연을 고민하는 가수도 나타남 - 2001년 제52회 홍백전은 세계 최초로 생음악방송에서 리얼타임 자막방송을 함 - 2003년 제54회는 「세계에 하나만의 꽃(世界に一つだけの花)」으로 히트한 SMAP가 리드하고 엔카(演歌) 가수가 종반을 담당. 2010년에 들어서 팝가수가 종반을 담 당하는 경우가 많아지면서 그동안 홍백전을 주름잡던 엔카 가수가 홍백전 출연을 자제함 - 2000년대 후반 이후 남성 아이돌 업계를 쟈니스 사무소(ジャニーズ事務所)가 선점 하여 매년 동일한 사무소 소속 탤런트가 홍백전 사회를 독점함 - 한류 붐을 타고 한국 출신 K-POP 가수 그룹으로 동방신기, 소녀시대, 카라, 트와이 스 등이 출연함 - 남녀가 분리되어 대결하는 모습이나 LGBT(Lesbian, Gay, Bisexual, Transgender) 권리가 인정되는 등 성 다양화가 이루어지는 현실에서 홍조와 백조로 분리하여 승 패를 가르는 방식은 시대에 맞지 않는다고 비판받음

전후 제1호 히트곡이었던 「링고의 노래(リンゴの唄)」는 1945년 사토 우하치로 (サトウハチロー) 작사, 만조 다다시(万城目正) 작곡, 나미키 미치코가 노래한 곡이 다. 이 곡은 제2차 세계대전 후 1945년 10월 제1호로 개봉한 영화 〈소요가제(そ よかぜ)〉의 삽입곡으로 발표되어 많은 반향을 일으켰다. 전시하에서 작곡했지만

가사가 너무 나약하다는 이유로 발표하지 못했다. 작곡가는 처음에는 밝게 노래하도록 가수에게 요청했지만 나미키가 대공습으로 어머니를 잃어 강요하지 못했다고 한다. 가련한 소녀의 마음을 붉은 사과로 표현하는 멜로디와 가사가 종전 후 붕괴된 흔적이나 전시 중압감으로부터 해방되는 상황과 길 맞았고, 패전의 암울한 세상에 놓인 사람들을 밝게 하는 요소가 있어 히트했다. 이 노래는 2007년에 일본 가요백선에 선정되었다.

당시 사람의 마음을 잡은 노래가 「도쿄부기부기(東京ブギウギ)」인데 핫토리 요이치(服部良一)가 작곡하고 가사기 시즈코(笠置シヅ子)가 불러 유행했다. 1947년 발표되었고 부기 리듬을 강조한 가요곡으로 「푸른 산맥(青い山脈)」, 「링고의 노래」 등과 함께 전후 일본을 상징하는 대표적인 노래가 되었다. 이 곡은 가사기가 공연한 〈춤추는 만화제·우라시마 다시 용궁으로 가자(踊る漫画祭・浦島再び竜宮へ行く)〉의 삽입곡으로 전차 레일이 부딪치는 소리와 느낌을 리듬으로 구현한 것이다. 1953년 제4회 NHK 홍백가합전에서 가사기 시즈코가 노래했고, 2015년에는 4년 연속 일본 가요 톱10에 들었다.

당시 일본 예능계는 폭력단이나 야쿠자 등 반사회적 세력이 흥행사 역할을 하는 경우가 많아 출장 가수를 선고하는 데 악영향을 주었다. 엔카계의 스타였던 미소라 히바리(美空ひばり)는 제14회부터 제23회까지 홍조 멤버로 참가했다.[45] 그러나 1973년 동생이 야마구치 조직 다오카 가즈오(田岡一雄)와의 관계에서 발생한 사건이 문제되어 제24회부터 홍백전에 출전하지 못했다. 동생이 폭력단 관련 사건으로 체포되자 전국에서 미소라 히바리 공연을 취소하라는 목소리가 커지고 동시에 인기가 급락했다. 이후 제30회 특별 게스트로 초청되어 「히바리의 마도로스씨(ひばりのマドロスさん)」, 「링고추분(リンゴ追分)」, 「인생일로(人生一路)」 등 애창곡을 불렀다. 그리고 1986년 기타지마 사부로(北島三郎), 야마모토

45 戦後史開封取材班, 『戦後史開封 3』(戦後史開封取材, 平成8年), 塩澤実信, 『昭和の流行歌物語―佐藤千夜子から笠置シズ子、美空ひばりへ』(展望社, 2011).

료지(山本讓二) 등이 폭력단 주최의 연회석에 참석한 사실이 보도되어 출장 사퇴를 했고, 인기 사회자 시마다 신스케(島田紳助)가 폭력단과의 교류가 발각되어 예능계를 은퇴했다. 2011년부터 폭력단의 영향력을 배제할 목적으로 각 도도부현은 폭력단 배제 조례를 제정하여 단속을 강화했다.

점령기에 음악방송 홍백가합전이 기획·추진되었지만 GHQ는 패전국이 무슨 '배틀(battle)'이냐고 지적하며 시합의 의미를 가진 '매치(match)'로 변경했다. GHQ는 배틀, 싸움, 전쟁 등의 용어와 현상에 매우 민감하게 반응했고, 정치나 경제뿐 아니라 사회와 문화 정책에 반영했다. 음악, 영화, 예술, 의식 등이 그 자체로 존재하고 정치적 색채를 띠지 못하도록 미연에 방지했다. 당시 순수한 노래 제전으로 출발한 홍백전은 일본제 대중문화로서 엔카 등을 탄생시키고 정착하는 데 크게 공헌했다. 현재 홍백전은 일본적 감성과 향수를 가진 노래가 등장하고 최근에는 아이돌, 외국 가수가 출연하고 다양한 장르의 노래가 불리는 등 다양화와 국제화가 진행되고 있다.

7) 아프레게르·다케노코·○○족문화

패전과 종전, 전쟁과 평화, 점령과 자유, 서구와 일본, 서구 사상과 일본 사상, 붕괴와 재건 등과 같은 구조는 당시 일본 사회에 큰 충격을 주었고, 생각과 활동에 많은 영향을 주었을 뿐 아니라 새로운 젊은이문화를 발생시키고 구축하는 원동력이 되었다.[46] 이 시기에 발생해서 젊은이문화로 정착한 것이 아프레게르(après-guerre)문화, 다케노코생활(たけのこ生活)문화, 사양족(斜陽族)문화, 사용족(社用族)문화 등이 대표적이다.

첫째, 아프레게르문화이다. 전후파를 의미하고 기존의 가치관을 유지하고 지키는 특징이 있다. 아프레게르의 반대는 전전파를 의미하는 아방게르(avant-guerre)이다. 아프레게르는 제1차 세계대전 후 프랑스에서 기존 질서를 철저히

---

46 鶴見俊輔(編), 『戦後史大事典』.

부정하는 다다이즘(Dadaism)이나 쉬르레알리즘(超現實主義, Surrealism) 등의 아방가르드(avant-garde) 운동에 대한 반항으로 전개된 전후파(戰後派) 문학을 일컫는다. 다다이즘의 도덕이나 규범에 구속되어 있던 문학이나 예술운동이 새롭게 발흥한 것을 의미한다. 그 외 유럽이나 미국에서도 아프레게르 운동이 일어났다.

일본에서 아프레게르는 제1차 세계대전 후 1920년대 다이쇼민주주의와 전후 공황 상태에서 향락적인 도시문화와 에로구로 난센스(エロ・グロ・ナンセンス)라고 불리는 풍속으로 나타났다. 전전의 가치관이나 권위가 완전하게 붕괴한 시기에 기존의 도덕관이 결여된 젊은이에 의해 범죄가 빈발하고, 이들이 일으키는 범죄를 아프레게르 범죄라 했다. 또한 조직을 만들어 치안을 악화시키는 경우도 있었다. 이러한 어두운 면을 아프레게르라고 부르게 되었다. 그들은 전전의 가치관과 세대를 거부하고 새로운 시대에 어울리는 가치관과 문화를 추구한 특징이 있어 이른바 저항 세력과 젊은이 세력을 의미하는 전후파라고 할 수 있다.

둘째, 다케노코생활문화이다. 다케노코생활을 하는 젊은이가 만들어내는 문화이다. 죽순의 껍데기를 한 장 한 장 벗기듯이 가게 곤란으로 가지고 있는 의류나 물건을 조금씩 시장에 팔아서 생활비로 충당해 생계를 유지하는 젊은이를 의미한다. 특히 제2차 세계대전 직후 궁핍한 생활에 빠진 젊은이의 불안한 상태를 말한다. 패전 후 일본 젊은이들이 겪은 다케노코생활은 물자 통제와 인플레이션의 결과이다. 당시에는 암거래 물자(ヤミ物資)를 구입하는 데 필요한 현금이 부족해 의류나 식량 등으로 물물교환을 하는 야미(闇) 물자 거래가 일상화되었다. 오늘 입은 옷을 내일 야미 물자와 교환하기 위해 벗지 않으면 안 되었다. 그런 궁핍한 경제와 생활상을 풍자한 언어이다.

당시 암시장에서 활동한 가쓰기야(担ぎ屋, 중개인)는 현장에 가서 물자를 받아 소비자와 거래하는 개인 중개상인을 의미한다. 소비자가 직접 현장에 가서 물물교환 하기를 원했지만 상대해 주지 않아 가쓰기야가 대신했다. 구매한 물자를 류크사크(リュックサック, 군대에서 복귀할 때 지급된 가방)에 넣고 와서 자가 소비품이나 의뢰받은 것 외에는 야미시장에 팔았다. 물자 통제령으로 경제 경찰이 엄

격하게 검열하면서 열차 안에서 현행범으로 체포되기도 했는데 물자 몰수나 벌금 등 처벌이 내려졌다. 다케노코생활은 패전과 경제 붕괴로 벌어진 궁핍함을 극복하기 위한 생존 전략이었다.

셋째, 사양족(斜陽族)이다. 1947년 문예잡지 월간 ≪신조(新潮)≫에 연재된 다자이 오사무(太宰治)의 『사양(斜陽)』에서 유래한 용어로 1948년 유행했다. 그들은 이른바 몰락 계급을 의미한다. 1947년 당시 인기 작가였던 다자이 오사무는 소설 『사양』을 발표했다. 제2차 세계대전 후 급격한 변화로 몰락한 상류계급이나 사회현상을 담아 사회에서 반향을 일으켰다. 그 후 사양족이 계기가 되어 일정한 특징이 있는 집단을 '○○족'이라고 칭하는 경우가 많아졌다.

1950년대 들어서 파친코에 판을 거는 사람을 친지족(親指族)이라 지칭했다. 1960년대는 몽키댄스 유행으로 몽키족(モンキー族), 패션과 관련된 미유키족(みゆき族) 등이 나타나 '○○족'의 전성기를 맞았다. 미유키족은 미국 명문대학생 풍인 아이비스타일(アイビースタイル)를 패션화하고 도쿄 긴자의 미유키 거리에 모여 활동한 데서 유래했다. 당시는 경찰의 지도와 검열이 엄격해서 미유키족과 그들이 추구하는 패션은 사라졌다. 1967년에는 도쿄 신주쿠역 주변에서 각성제를 하며 서성이던 후텐족(瘋癲族, フーテン族)이 생겼다. 그들은 당시 미국에서 유행하여 일본에 상륙한 히피문화를 모방했다.

넷째, 사용족(社用族)이다. 회사 비용으로 멋을 내고 유흥을 즐기는 회사원을 지칭하는 말이다. 제2차 세계대전 후 경제 불황기인 1950년대에 피폐해진 샐러리맨들이 자비로 일류 레스토랑이나 바 등에서 음식을 먹는 것이 불가능하자 회삿돈으로 사용(社用)이라는 명목으로 지불하면서 유행했다. 사용족은 경제적으로 약체화된 사원을 야유하는 한편 선망하는 기분을 표현한 용어이다. 이 용어는 아라가키 히데오(荒垣秀雄)의 조어로 접대비나 교통비 등을 회사 비용으로 처리하는 소비 행태를 말한다. 사용족은 버블경제기에 대량으로 나타났다가 버블 붕괴 후 사라졌다. 2011년 긴자(銀座)에서 5000만 엔 규모의 탈세 의혹이 밝혀졌는데 이 클럽의 주요 고객은 사용족이었다고 보도되기도 했다.

대체로 젊은이문화는 시대성을 반영하는 가운데 첨단을 걷는 경우가 대부분으로 기성세대가 수용하기 어렵고 미래 사회나 문화, 가치관 등을 창조하거나 유도하는 특징이 있다. 종전 후 일본에서 발생한 젊은이문화는 시대적 아픔의 영향을 받고 혼돈 속에서 생활하는 가운데 생성·전개되었다. 미래 지향적인 가치와 목적을 추구하는 긍정적인 측면이 있고, 또한 현실 위기로부터 도피하는 부정적인 측면도 있다. 패전 직후 일본에서 발생한 젊은이문화는 현실을 살기 위해 벌인 처절한 투쟁이며 새로운 희망의 표출이라는 특징이 있다. 궁핍하게 현실을 살았던 젊은이들은 이후 경제성장과 풍부한 사회가 전개되는 과정에서 비판적이고 개성적인 문화를 창출하는 주체가 되었다는 점에서 가치가 있다고 평가할 수 있다.

5. 맺는 글

점령기 일본은 일시적으로 암흑기였다. 패전과 점령이라는 구도 속으로 일본과 일본인이 강제적으로 편입되었고 경제, 정치, 생활, 문화 등에서 혼란을 경험했기 때문이다. 점령군 GHQ에 의한 점령 정책으로 인해 일본 스스로 결정할 수 있는 것이 제한되어 있었다. 미군을 중심으로 구성된 GHQ는 반제국주의와 반군국주의를 슬로건으로 내세워 새로운 문화국가 일본을 구축하려고 했다. 그들이 새 시대를 열기 위해 제시한 시대사상은 민주주의, 자유주의, 평화주의, 반공주의, 자본주의 등이었다. 서구 사상이 수입되고 이식되는 과정에서 일본은 낯선 사상과 체제에 적응하지 못해 방황했다.

GHQ가 적극적으로 제시한 목표는 일본의 제국주의적 요소를 제거하고 방지하면서 체제를 해체하는 한편 새로운 시대에 어울리는 정치체제와 정치 이념에 기초한 국가 틀을 구축하는 것이었다. 극동국제군사재판을 통해 기존 정치가의 활동을 멈추게 했다. 그리고 제도적 장치를 마련하기 위해 대일본제국헌법을 폐기하고 국가체제와 국시를 새롭게 하기 위해 일본국헌법을 제정했고, 일본 군대를 해체하여 전쟁을 하지 못하는 국가로 만들었다. 국가 질서를 유지하기 위해 군대가 아닌 경찰대를 새롭게 신설하여 일본적인 평화주의와 민주주의를 구현했다.

특히 기존의 태평양전쟁에서 적극적으로 추진·개편된 군사경제체제를 평화경제체제로 전환하고, 재벌이나 족벌기업을 허물어 평화산업과 민주경제체제의 구축을 시도했다. 그리고 미국은 균형적 국가 예산, 평화기업 육성, 신산업으로의 전환 등과 같은 경제 개혁을 적극적으로 지원했다. 일본의 목표를 군사가 아닌 경제로 규정하고 경제제일주의를 강압적으로 이식하는 작업을 주도했다. 그 과정에서 일본은 경제 개혁과 경제 안정을 추구하고 국력을 집중적으로 투입하여 최적의 경제성장 환경을 구축했다.

정치와 경제 개혁과 병행해서 서구적 사상으로 도입된 자본주의, 민주주의, 자유주의 등을 활성화하기 위해 노동조직을 자유화하고 노동운동을 활성화했다. 특히 일본 국민의 가슴에 자리 잡고 있던 국가나 천황의식으로부터 벗어나도록 의식 개혁을 했고, 일본인에게 내재된 전통적 가치로부터 전환하기 위해 문화 개혁을 추진했으며 새로운 서구적인 대중문화를 전파했다. 그것은 3S 정책으로 나타나 성 개방문화, 영화문화, 스포츠문화 등을 활성화하는 방향으로 유도되었다. 그리고 전통문화를 배척하는 정책과 운동을 장려했고, 국가 중심 사상과 전통적 가치관을 배제하기 위해 엄격하게 문화 통제를 가했다. 다양한 목적과 방향을 가지고 추진된 GHQ의 문화 정책은 서구적인 대중문화와 가치관을 활성화하고 새로운 문화를 습득하는 기회가 되었지만 일본인의 가치관이나 문화에 혼동을 가져오는 중요한 원인이 되었다.

점령 정책으로 추진된 성문화를 비롯한 스크린 및 스포츠문화는 일본 국민이 수용하면서 가치관과 의식의 변화를 가져왔다. 현실적으로 성 개방 정책은 일본인의 정치적 관심과 점령군에 대한 반감 의식을 돌리는 수단으로 사용되었다. 스크린 정책은 반전주의나 반제국주의의 내용을 담도록 강요되었고, 찬바라와 같이 전통적인 복수극과 검을 사용하는 시대극을 배제하고, 국가 충성과 애국적 표현을 자제하게 했으며, 서구적 사상과 가치관을 가진 민주주의 영화와 같은 계몽 영화를 장려했다. 따라서 정치적 목적으로 이용되어 자율적이며 창조적인 영화를 만들지 못했다. 스포츠 정책은 야구, 레슬링, 볼링 등과 같은 근대적인 스포츠를 직접적으로 수용하고 이식해 일본 대중문화로 정착하는 데 공헌했다.

점령기 문화 정책의 공과는 분명히 존재한다. 타율적·통제적·제한적인 정책이었기 때문에 일본적 문화를 구축하고 새롭게 생성하는 데 한계가 있었다. 그럼에도 긍정적인 차원에서 본다면 국가, 전쟁, 천황 등과 같은 절대적 존재로부터 해방되는 계기가 되었고, 서구 문화나 사상이 갖고 있는 가치를 수용하는 가운데 기존 일본 문화의 한계성을 극복하고 새로운 문화 창조의 방향성을 잡고 대중문화를 촉발시키는 중요한 이정표가 되었다. 서구 음악인 재즈가 활성화되면서 일본 가요 탄생의 동기 부여가 되었고, 그동안 배우고 인내한 영화인과 영화계가 일본적 정서와 가치를 지닌 영화를 제작해 국제영화제에서 높은 평가를 받았다. 지금까지 일방적인 국책문화나 통제문화에서 벗어나 상호 공유하고 공감하는 대중문화의 중요성을 인식하고 발전시키는 원동력이 되었다고 평가할 수 있다.

제3장

자립기의 대중문화

1. 머리글

자립기인 1950년대는 샌프란시스코조약이 체결되어 GHQ에 의한 통제적이며 검열적인 일본 점령 정책이 종언을 고했다. 이른바 패전 후 일본의 의지가 누락되고 타의적 의지가 작용한 부자연스러운 해방 공간이 사라지고 자립을 추구하는 시기이다. 점령으로 인해 발생한 긍정적 요소와 부정적 요소가 명백하게 노출되어 일본이 가야 할 자립의 길이 보이기 시작했다. 일본 정부는 정치·경제·사회·문화 영역에서 자주적인 의사와 의지를 갖고 국가 자립을 위한 계획을 세워 실천했다.

국제사회에서는 이데올로기에 기초한 미국 패권과 소련 패권이 가미된 냉전체제가 구축되었고 자본주의 사회와 공산주의 사회로 양분되어 극단적으로 대립했다. 국제사회의 대립 무드는 일본 내에서 이념에 기초하여 구축된 세력 간의 대립과 연동되어 격렬한 갈등과 불협화음을 증폭시켰다. 자본주의와 민주주의에 기초한 일본은 미국의 협력과 지원으로 국제적 이데올로기에 매몰되어 수행하거나 집중하기보다는 급속하게 대두한 경제 과제를 해결하고 자립할 수 있는 경제체제를 구축하는 데 총력을 기울였다. 더욱이 자본주의사회에 편입되고 자리매김되면서 정치적·문화적·경제적으로 보수화가 진행되었다.

정치 영역에서는 점령기에 강조하고 강력하게 추진했던 일본의 민주화와 비군사화에 역행하는 움직임이 활발하게 일어났다. 일본의 자유민주화에 대한 제동과 비군사화에 대한 동력이 약화되어 보수화와 군사화를 강조하는 정책이 기획·실천되었다. 이러한 흐름을 역코스(逆コース)라고 한다. 일본이 국제사회의 염원을 저버리고 새로운 길을 모색하게 된 것은 미국과의 관계에서 형성된 냉전의 틀을 벗어나 국가안녕을 주창한 정치 세력과 경제 발전을 추구하는 경제 세력, 일본의 공산화를 방지하려는 미국의 의지 등이 중요하게 작용한 결과였다.

자립기의 역코스는 다양한 국내외적 갈등과 불안에 의해 조장된 부분이 있고 일본이 의도적으로 추진한 측면이 있다. 역코스는 국가위기극복운동, 샌프란시스코 강화 조약을 통한 일본 자립화, 국력 향상을 위한 자위대 발족과 군비확산 정책, 사회당 재통일에 의한 좌경화, 보수합동에 의한 55체제 구축, 일미안전보장조약, 일본의 독립과 자립을 통한 주권 회복, 각국과의 통상 조약 및 국교회복 조약, 오키나와 독립, 매카시즘 영향으로 인한 반공산주의 등이 발생하는 과정에서 추진되었다. 그 영향으로 일본 사회에는 전반적으로 급속하게 보수화가 진행되었고, 해방 공간에서 추진되었던 각종 정책이 역전되어 강한 국가 만들기로 전환되었다.

경제 영역에서는 많은 변화를 경험하면서 경제적 자립이 추진되었다. '과도경제력집중배제법'이 폐지되고 군수사업과 재벌기업 해체의 해제로 인해 재벌계 기업이 부활했다. 1950년 한국전쟁이 발발하여 미국에 대한 보급품 제공과 각종 병기 수리 등으로 발생한 경제특수로 일본 경제력은 1953년 후반 전전의 최고 경제 수준을 상회했다. 이후 연평균 10% 전후의 경제성장률을 기록하여 경제 자립과 성장 노선을 구축했다. 좋은 경기 흐름은 일본 초대 천황의 이름을 따서 짐무 경기(神武景気)라고 명명했다. 짐무 경기는 1954년 12월부터 1957년 6월까지 발생한 호경기를 의미하고 이후 고도 경제성장의 신호탄이 되었다. 짐무 경기와 동반된 산업구조 개편과 경제 부흥이라는 경제적 성과는 경제 자립으로 이어졌다.

경제성장이 순조롭게 진행되면서 일본은 산업근대화 촉진, 전기사업 재편, 전전 수준을 능가하는 경제 회복, IMF(International Monetary Fund) 가입, 국제부흥개발은행 가맹, GATT(General Agreement on Tariffs and Trade) 가맹, '독점금지법' 개정 등의 성과를 근거로 경제 자립과 성장 개시를 선언했다. 1956년 7월 『경제백서』는 태평양전쟁 후 일본 부흥이 달성된 것을 함의하는 '이미「전후」가 아니다(もはや「戦後」ではない)'라는 부흥 선언을 했다. 일본 경제의 자립 선언은 자립경제에서 성장경제로 이행되는 것을 의미했다. 일본에는 내구소비재 붐이 일어나 삼종의 신기라고 불리는 냉장고, 세탁기, 흑백텔레비전 등이 불티나게 팔려나갔고, 대부분의 가정이 가전제품 구매 예비군으로 활동하는 가전소비시대가 도래했다.

문화 영역에서는 점령기에 전전 국가가 주도하고 통제하는 국책문화 정책과 국책문화로부터 벗어나기 위해 탈일본문화 정책을 추진했지만 그 과정에서 점령군이 주도하고 지배하는 점령문화에 빠져들어 자율적이며 자유로운 문화 창조와 활동이 제한되었다. 자립기가 되면서 국가에 의한 문화 통제와 검열로부터 벗어나 문화 창조와 활동이 자유롭게 이루어져 활성화되었다. 전통문화가 살아나 가치를 인정받았고, 도쿄를 중심으로 하는 도쿄문화가 구축되었으며, 반핵을 주장하는 반핵문화가 활성화되었다. 특히 영화와 같은 대중문화가 일본적 색깔과 특징을 표출하여 국내외적으로 호평을 받고 인기를 누리면서 일본 대중문화의 발전과 성장을 견인하는 힘으로 작용했다.

2. 자립기의 시대상

1) 자립기의 사회현상

국제사회에서는 냉전구조가 고착화되어 자본주의 사회와 공산주의 사회가 양극화되면서 국내적으로도 정치적 대립이 첨예해졌다. 자본주의에 기초한 보수체제가 형성되고 공산주의에 기초한 혁신 세력이 분리되는 가운데 정치적 갈등이 증폭되었다. 정치적으로 소수 다당제에서 정치활동을 하던 세력이 보수화를 슬로건으로 내세워 55년 체제를 구축했고, 반대 세력은 사회당과 공산당으로 뭉치게 되어 정계는 크게 개편되었다. 정계 개편은 사회문화적 변화를 초래하고 역코스를 촉발시켰으며, 서구 사회에서 발생한 매카시즘 영향으로 인한 반공산주의운동을 강화하고 경제제일주의에 기초한 경제 자립과 부흥을 집중적으로 실천하는 힘으로 작용했다.

자립기 일본은 정치적 자립과 경제적 자립을 구축함으로써 점차 국가가 자립하는 계기를 마련했고 사회적·문화적 자립을 동시에 추구했다. 1950년대 일본의 자립은 1960년대 고도성장을 위한 토대가 되었다. 〈표 3-1〉은 자립기에 발생한 사회문화적 현상을 소개한 것이다.

1950년대 정치 영역과 경제 영역에서의 변화 그리고 사회문화 영역에서의 변화는 시대성과 중심 사상을 반영한 결과로, 일본 국가의 자립을 촉진시키는 원동력이 되는 한편 문화 정책과 일본적 문화의 방향성을 규정하고 발전시키는 데 영향을 주었다. 문화적으로는 외국과의 문화 교류를 강화하기 위한 협력기관이 신설되고 민족문화재를 보호하기 위한 조치가 강구되었으며 '국민연금법'과 같은 이른바 사회법이 제정되어 사회 안정화를 시도했다. 그리고 사회문제로 등장한 성문화를 규제하기 위한 '매춘방지법'과 노동쟁의를 규제하기 위한 '스트라이크규제법' 등과 같은 보수 성향의 법률이 제정되었다.

당시 자립기의 발전상과 시대상을 반영해서 새로운 노동운동으로 등장한 것이 춘투(春鬪)문화이다. 노동자 권리와 권익을 위해 제도화되어 출발했지만 이념적 성향과 색깔을 띠게 됨으로써 정부와 기업의 강한 반대에 부딪혀 파장을 일으켰다. 그리고 세계에서 처음으로 원폭 피해를 입은 일본에서는 원자폭탄을 반대하는 반핵운동과 평화운동이 전개되어 새로운 평화운동문화가 발생했다. 정치 영역에서는 안정적 성장을 갈구하는 보수문화가 발생하고 개혁과 변화를 요구하는 진보문화가 형성되었다. 또한 기존 세력의 보수화 경향에 저항하는 대

〈표 3-1〉 자립기의 사회현상

연도	자립기의 사회문화 현상
1952 ~ 1960년	1953년 NHK 도쿄도 내 본방 개시, 일프랑스문화협정 조인, 일이탈리아문화협정 조인, 제1회 동남아시아영화제(아시아영화제로 개칭), 원수폭금지서명운동전국협의회 결성, 영윤 영화와 청소년문제대책협의회 설치, 추도 원수폭대책전국어민대회, 세계평화기념성당 헌당식, 1954년 중국방문학술문화시찰단, 1955년 중소방문학술회의대표단, 문화재보호위원회 중요무형문화재기술 지정제도 제1차 지정, 아시아지식인회의, 국민문화회의 창립총회, 국제문화회관(록펠러재단 자금 지원), '매춘방지법' 공포, 오키나와문제해결국민총궐기대회, 부락(部落)문제연구소, 일중문화교류협회 발족, 조선대학교 설립, 나라국립문화재연구소, 히로시마원폭병원 개원식, 아시아문화도서관 개관, 황태자 마사다 미치코와의 혼약 발표, 1959년 황태자 결혼퍼레이드, '국민연금법' 공포, 오사카 국제페스티벌 개막, 1960년 일미안전보장조약 강행 체결을 반대하는 문학과 연예인 모임, 일소민간문화협정 조인, 도쿄문화회관 낙성식, 일본조선연구소 설립, 로마일본문화회관 개관, 만국박람회, 우익 지식인 등장, 일본문화론 등장, NHK 대도시 개설, '스트라이크규제법(ストライキ規制法)' 제정, 인권스트라이크, 수소폭탄실험금지운동, 일본적 노사관계 형성, 제1회 동남아영화제, 일본 기업문화주의, 짐무 경기, 이와토 경기, 일본 영화 황금기, 반핵문화와 평화운동문화 정착

자료: 神田文人, 『戦後史年表(1945-2005)』(小学館, 2005); 良介, 『近代日本総合年表』(岩波書店, 1991).

항문화(対抗文化)가 젊은이 중심으로 확산되었다. 경제 영역에서는 정치적 보수문화와 함께 보조를 맞춰 경제성장을 최고의 목표로 하는 경제계의 보수화가 진행되는 가운데 일본 기업문화와 새로운 유형의 노사문화가 탄생했다.

일본의 자립과 더불어 일본과 일본인의 장점을 드러내는 일본문화론이 발생하여 일본적 가치와 구조를 강조했다. 그것은 현실적으로 정치·경제·사회 영역에서 순기능을 하는 가운데 유용한 결과를 얻는 원동력으로 높게 평가받아 새로운 일본문화론을 지속적으로 재생시켰다. 경제성장과 기업 성장은 가계소득을 증대시켜 TV, 냉장고, 세탁기 등과 같은 내구소비재의 구매로 이어져 가전제품 대국을 만들었고, 황태자 약혼과 결혼으로 촉발된 문화 이벤트는 미치 붐(ミッチー・ブーム)과 같은 문화 현상을 일으켜 일본과 일본인의 마음을 안정시키는 역할을 했다. 경제 자립과 사회 안정은 이후 일본을 성장시대로 질주하게 했다.

2) 일본의 역코스

전후 일본에서 역코스(逆コース)는 강력하게 추진했던 일본의 민주화와 비군사화에 역행하는 정치적·경제적·사회적·문화적 움직임을 총칭한다.[1] 제2차 세계대전에서 패배한 일본은 포츠담선언과 항복 문서에 기초해서 연합국군최고사령관 총사령부(GHQ)의 점령하에 들어갔다. GHQ는 포츠담선언에 담긴 반전 정책와 평화 정책의 일환으로 전쟁수행자와 지지자에게 공직추방령을 내려 추방하고, 호국단체를 해체하는 단체규정령을 시행했다. 점령 목적을 저해하는 행동의 저지를 위해 행위처분령 등을 발동하여 대응했다. 그리고 일본의 민주화, 비군사화, 노동조합 활성화, 군사산업과 재벌 해체 등을 추진하여 새로운 일본 구축을 시도했다.

그러나 국내외적 정치 환경 변화와 미국의 영향으로 지금까지 추진해 오던 탈일본화 정책이 대전환되었다. 1947년 일본공산당 주도로 발생한 2·1 제네스트에 대해 중지명령을 내려 노동쟁의를 저지했다. 1949년 동아시아에서 공산주의를 표방하여 인민혁명으로 등장한 중화인민공화국의 탄생, 1950년 공산주의 체제하의 북한과 자본주의체제의 남한이 이념적으로 충돌해서 발발한 한국전쟁 등과 같은 변화가 일어났다. 공산혁명과 내전에 의한 국제전, 국내의 공산주의운동 등은 일본에 대한 위협으로 받아들여졌다. 국제사회에서의 공산주의와 자본주의에 기초한 냉전 이데올로기가 작동하고, 미국과 일본의 상호 국가이익을 추구하는 과정에서 추진해 오던 일본의 민주화와 비군사화 정책이 동력을 잃었다.

점령 후기부터 시작된 탈일본화 정책이 샌프란시스코조약 이후 일본화 정책

---

1 역코스를 주제로 다룬 영화는 기노시타 게이스케(木下惠介) 감독과 다카미네 히데코가 주연하고 쇼치쿠에서 1952년 제작한 〈카루멘 순정(カルメン純情)〉이 대표적이다. 이 영화에서는 역코스를 둘러싸고 재군비파와 반대파 간의 대립이 그려진다. 그리고 기노시타 게이스케 감독과 다카미네 히데코가 주연하고 쇼치쿠에서 1954년 제작한 〈여자의 정원(女の園)〉에서는 재군비에 투자하는 자본가와 봉건적 여대생의 존재 방식에 대해 학생들이 반발하는 내용을 그리고 있다.

으로 전향되었다. 다양한 국제정치의 변화와 일본의 보수화로 인해 군사화 정책과 국익 정책이 강조되었고, 기존의 전쟁 처리 방향과 방법이 국가를 중시하는 방향으로 선회했다. 요시다 시게루(吉田茂) 내각은 중앙집권적 정책을 취하면서 국가체제를 정비했다. 미국의 지원과 도움을 받아 교사회 영역에서 전범의 간재로 여겼던 공직 추방 지정자에 대한 처분을 해제하고 재군비, 재벌 해체 해제, 반공 정책 등을 시행했다.[2] 전범으로 처벌받은 정치인이 복권하여 정계에 진출해 수상이 되고, 경찰력 증강을 위한 지령이 내려지는 등 군사화에 준하는 정책들이 강화되었다.

자립기 일본에는 점령기의 정책에 기초한 민주화 및 비군사화 정책, 점령기 정책과는 정반대되는 반공 정책, 새롭게 계획되어 추진하는 일본 중심적 정책 등이 혼재되어 공존하고 있었다. 사령관 맥아더는 일본의 역코스 전환에 반대했지만 미 국무성은 강력하게 전환을 요구했다. 1948년 설립된 미국 대일협의회의 압력이 있었다는 사실이 이를 증명한다. 유럽에서도 반공 정책을 포함한 마셜플랜이 새롭게 실시되었다. 일본을 공산주의 방파제로 삼기 위해 점령 정책으로 추진되었던 민주화, 자유화, 비군사화 등을 바꾸는 역코스 정책이 시작되었다. 일본의 역코스 정책이 본궤도에 올라 새로운 국가 일본을 만들어갔다.[3]

〈표 3-2〉는 GHQ와 일본 정부가 점령기와 자립기에 추진한 역코스 내용을 소개한 것으로 1945년부터 1960년까지 다양한 정책적 변화를 통해 일본 국가 만들기와 일본 방파제 만들기가 병행된 특징이 있다.

역코스 정책은 극동국제군사재판에서 A급 전범으로 처벌받은 정치가를 복권하고, 전직 군인과 공직 추방 대상자를 정부기관에 복직시켰으며, 재벌 해체 대상이 되는 기업과 기업인의 활동을 인정하고 보장했다.[4] 특히 자유주의와 민

---

2 ライシャワー, 『ライシャワーの日本史』(講談社, 2001); 豊田祐基子, 『共犯の同盟史: 日米密約と自民党政権』(岩波書店, 2009); 原よし久, 『岸信介: 権勢の政治家』(岩波新書, 1995).

3 古田裕(編集), 『戦後改革と逆コース(日本の時代史)』(吉川弘文館, 2004).

4 극동국제군사재판에서는 조례를 A.평화에 반하는 죄, B.전쟁범죄, C.인도에 반하는 죄 등으

주주의를 신장하기 위해 적극적으로 지원했던 사회운동, 노동운동, 집단행동 등을 규제·제재하는 방식으로 정책이 전환되었다. 경찰대, 보안대, 자위대 등의 이름으로 치안뿐 아니라 군사력 강화를 염두에 둔 기관과 조직을 창설하여 강화했다.

역코스 정책에서 제일 두드러진 것은 군국주의 타도를 외치던 미국이 일보 후퇴하여 일본의 재무장과 재군사화를 조장하고, 일본과 미국 간 군사 협력과 강화를 추진하는 일미안전보장조약을 체결한 것이다. 일미안전보장조약은 1952년 일본의 안전을 보장하기 위해 미군을 일본 내에 주둔시키는 양국 간 조약으로 군사력 증강 정책이 포함되었다. 1960년에는 일본과 미국 간 상호 협력 및 안전보장조약을 개정하여 전문과 5조로 구성된 신미일안전보장조약을 맺었다. 일본에 미군을 주둔시키는 것을 골자로 하고 조약 기한은 없으며 주둔 외에 원조 가능성을 열어놓고 미군의 방위의무를 명백하게 하지 않았다.

신일미안전보장조약 전문에는 일본이 독자적인 방위력을 충분하게 구축하지 않아 방위력 향상을 위한 잠정 조치로 일본 내에 미군이 주둔한다는 내용이 있다. 미군을 일본에 주둔시키는 동시에 일본이 독자적인 군사력을 갖는 것을 전제로 재군비를 추진하는 내용을 담고 있다. 조약 제1조(미군 주둔권)에서 일본은 국내에 미군 주둔의 권한을 부여하고, 주둔 미군은 극동 아시아 안전에 기여하는 것 외에 무력 침공이나 외국으로부터의 교사 등으로 벌어지는 일본 국내의 내란에 대해 원조를 제공할 수 있도록 했다.

제2조(제3국 군대에 대한 협력 금지)에서는 미국의 동의를 얻지 않으면 제3국 군대의 주둔, 배치, 기지 제공, 통화 등을 할 수 없게 했고, 제3조(세목 결정)에서 세목 결정은 양국 간의 행정협정에 의하고, 제4조(조약 실효)에서는 국제연합의 조치 또는 대체되는 별도의 안전보장조치의 효력이 발생하면 양국 정부가 인식한

로 구분하여, A.평화에 반하는 죄로 소추된 자는 A급 전범, B.전쟁범죄로 소추된 자는 B급전범, C.인도에 반하는 죄로 소추된 자는 C급전범이라고 칭했다. B급전범 이상이 전쟁범죄에 해당된다.

〈표 3-2〉 역코스 현상

구분	역코스의 내용
1945년	공안경찰 설치, 비밀경찰 부활, 국내 질서와 비민주적 상황에 대한 국가권력 대응
1947년	공산주의사상에 기초한 노동조합 결성과 노동활동 강화에 대한 대응으로 GHQ의 2·1 제네스트 중지 명령, 노동쟁의 규제 강화
1948년	한정적인 재군비를 요구하는 로열 답신으로 재군비 착수, 공무원에 대한 노동권 제한, 전국 공안조례 제정, 단체행동 규제, 점령군에 의한 도호쟁의 개입, A급 전범 용의자 기시 노부스케(岸信介) 석방, 전전 및 전후 우익적 지도자 사회 복귀
1949년	국철 총재 시모야마 사다노리(下山定則)가 출근 도중에 실종되는 시모야마(下山) 사건, 미타카(三鷹) 사건, 마쓰가와(松川) 사건 등 국철 3대 미스터리 사건 발생, 반공 정책, 반노동운동, GHQ의 반공 자세를 제시한 이루즈(イールズ) 성명 발표
1950년	냉전에 의한 한국전쟁 발발, 미국의 반공주의 정책 강화와 레드 퍼지 개시, 공직 추방 대상이 우익에서 좌익으로 전환, 일본공산당 간부의 체포영장 청구, 일본공산당 기관지 ≪아카하타≫ 발행 정지, 공직 추방된 특고 경찰관의 공안경찰 복직
1951년	애국자단체 간담회 개최, 우익단체 결성, 공직추방해제 제1호 아카오빈(赤尾敏)의 대일본애국당 결성, A급 전범의 감형과 석방 조치, 경찰예비대에 육군사관학교 구 육군 소위 245명 제1기 간부 후보생으로 입대, 중좌 이상 405명 입대, 군비 강화
1952년	미일안전보장조약 체결, 반공군사동맹 결성, 주둔 미군의 재일미군으로 전환, '공직 추방령폐지법', 피추방자 전원 복귀, 반공 프로파간다 공작, 경찰예비대에 전 육군 대좌 입대, 해상경찰대 창설, 구육군 및 해군친목단체 부활, 경찰예비대본부가 보안청으로 개편, 경찰예비대가 보안대로 개편, '파괴활동방지법' 제정, 공안조사청과 내각관방장관실 설치, 정보기관 부활, 통신방송행정의 국가관리 강화, 재벌 상호 및 상표사용금지 해제, '독점금지법' 해제, 재벌계기업 부활, 전국 전몰자 추도식 개최, 일본국헌법에서 규정한 자유주의와 민주주의 사상 후퇴, '집단시위단속법' 제정
1953년	교과서 검정 권한 문부대신에게 일원화, 교육행정의 중앙집권화, 내무성 부활, 전후회 결성, 구군인 표창, 일본유족회 발족, 구군인은급부활연락회 결성, 스트라이크규제법' 제정
1954년	일미상호방위원조협정 체결, 보안청을 방위청으로 재편, 자위대 창설, 보안대는 육상자위대에 편입, 경비대는 해상자위대로 편입, 항공자위대 창설, '신경찰법' 제정, '교육2법' 제정, 교육공무원의 정치적 의사표명 금지
1955년	보수 합동으로 자유민주당 결성, 55년 체제[1] 발족, 중앙보수정권 강화, '과도경제력 집중배제법' 폐지
1956년	교육위원임명제로 전환, 헌법조사회 설치, 대장성 설치 법안 제출, 문화방송 주식회사로 전환, A급 전범 가석방으로 전범 부재
1957년	A급 전범이었던 기시 노부스케 수상 취임, 교직원 근무평정 전국실시 방침 발표
1958년	학습지도 요령에 도덕교육 명기, 수신교육 부활, '경찰관직무집행법' 개정, 가석방

구분	역코스의 내용
	A급 전범 공민권 회복
1959년	국회 주변 데모규제 법안 제출
1960년	구미일안전보장조약 개정으로 상호 협력 및 안전보장조약인 신미일안전보장조약 체결, 자치청이 자치성으로 승격, 국가소방본부는 국가공안위원회로부터 분리하여 소방청으로 개편

주 1: 55년 체제는 일본에서 여당으로서 자유민주당이 정권을 차지하고, 야당 제1당으로서 사회민주당이 점하는 체제가 성립된 1955년의 정치 구도를 지칭한다. 55체제라는 용어는 정치학자 마스미 준이치로(升味準一郞)가 1964년 발표한 논문 「1955년의 정치체제(1955年の政治体制)」에서 처음 사용했다. 점령 후 일본은 일본사회당, 일본공산당, 그리고 보수 정당이 난립하는 상황이었다. 1951년 시행된 샌프란시스코 강화 조약과 일미안전보장 조약에 대한 차이로 우파 사회당과 좌파 사회당이 분열했지만, 보수 정당이 추진하는 역코스와 개헌에 대항하고 호헌과 반안보 기치를 내걸어 1955년 사회당으로 재통일했다. 사회당으로의 재통일에 위기감을 느낀 재계의 요청으로 보수 노선의 일본민주당과 자유당이 합동으로 자유민주당을 결성하여 제1당이 되었다. 정계는 자유민주당과 사회당 2당체제로 재편되었다.

자료: 神田文人, 『戰後史年表(1945-2005)』(小学館, 2005); 安江良介, 『近代日本総合年表』(岩波書店, 1991); 吉田裕 (編集), 『戰後改革と逆コース(日本の時代史)』(吉川弘文館, 2004).

경우 실효하며, 제5조(비준)에서는 비준 후 효력이 발효한다고 규정했다. 신미일
안전보장조약은 미군이 일본에 주둔하고 일본이 스스로 자국을 방위할 수 있는
군사적 전력을 강화하는 방위 정책을 용인했다.

자립기 일본이 추진한 역코스는 미국 입장에서 보면, 미국이 주도하는 냉전
적 세계질서를 견고하게 구축하고 동아시아에서 발흥하는 공산주의에 대응할
방파제로서 일본의 역할을 기대했기 때문에 추진할 필요가 있었다. 일본 입장에
서는 점령기의 이점을 살리고 새로운 일본적인 국가를 구축하기 위해 경제 목표
를 달성함과 동시에 정치적 목표를 실현하기 위해 역코스가 절실하게 필요했다.
당시 미국과 일본의 국익을 위한 조치로서 역코스는 불가피한 것이었다. 따라서
그런 관점에서 본다면, 일본은 민주적이며 자유주의적인 자립이 아니라 보수적
이며 국가 중심적인 자립을 역코스를 통해 구축하려고 했다. 역코스 움직임은
이후 일본 성장을 추진하고 일본제 문화를 새롭게 발생시키는 원동력으로 작용
했다.

3) 짐무 경기

전후 일본 국가의 최대 목표는 정치적 성장이나 군사력을 증강하는 것이 아니라 경제력 향상을 통해 경제적 자립을 추구하여 새로운 경제국가를 구축하는 것이다. 정치 목표에서 경제 목표로 전환된 것이다. 경제 목표는 군사주의 및 제국주의를 포기한 대가로 책정된 목표이며 동시에 새로운 일본 생존을 위한 어쩔 수 없는 선택이었다. 일본은 점령기를 거치면서 경제 목표를 달성하기 위해 국력을 집중하여 경제적 자립을 구축하고 성장 토대를 만들었다. 일본이 경제적 자립을 구축한 경제성장 현상을 짐무 경기(神武景気)와 이와토 경기(岩戸景気)로 명명했다. 그것은 일본이 자립을 성공적으로 수행하여 국운을 바꿨다는 신호이기도 하고 자신감의 표출이기도 했다.

짐무 경기는 고도 경제성장이 시작된 1954년 12월부터 1957년 6월까지 약 30개월 동안 발생한 호경기를 총칭한다.[5] 그 가운데 특히 1955년 발생한 경기 호황을 가격 상승이 아니라 거래량 증가로 기업이익이 발생하는 수량경기(数量景気)라고도 부른다. 일본 초대 천황인 짐무천황(神武天皇)이 즉위한 기원전 660년 이래 전례가 없는 호경기라는 의미에서 명명했다. 당시 일본이 최초로 호경기를 기록했다는 의미에서 '짐무 이래 ○○(神武以来の○○)'라는 용어가 동시에 유행했다. 예를 들면, 당시 배우이자 싱어송라이터로 활동한 미와 아키히로(美輪明宏)를 '짐무 이래 미소년 미와 아키히로(神武以来の美少年 美輪明宏)'라고 표현하고, 대표적인 천재 기사였던 가토 히후미(加藤一二三)를 지칭하여 '짐무 이래 천재 가토 히후미(神武以来の天才 加藤一二三)'라고 칭했다.

일본은 점령기 다케우마 경제를 극복하기 위해 다양한 경제 정책을 추진한 결과 경제 안정화를 이루고, 1950부터 1953년까지 진행된 한국전쟁으로 특수경기가 발생하여 성장 동력으로 작용했다. 한국전쟁이 발발하자 미국은 1950년 6

---

5   大内悟史, 「石原裕次郎現る/神武景気/砂川闘争」, ≪週刊昭和≫, No.09(朝日新聞出版, 2009); 東映, 『神武景気のなかで』(東映, 1983).

월 재일병참사령부를 설치하고 직접조달 방식으로 일본으로부터 대량의 물자를 구매했다. 초기에 조달된 물자는 마대, 군복, 군용 모포, 텐트 등으로 사용된 섬유 제품, 그리고 전선 진지 구축에 필요한 철관, 철조망 등 철강 제품, 시멘트, 골재 등 건축 자재, 군인들이 먹는 식료 제품, 그리고 전투 차량과 무기 등의 수리였다.

GHQ는 일본 기업이 병기나 포탄을 생산할 수 있도록 1952년 3월 허가했다. 차량 수리나 항공기 수리는 기술 노하우가 있던 미쓰비시중공업(三菱重工業)이나 수바루(SUBARU)에 의뢰했다. 전쟁의 특수 혜택으로 각종 산업이 호조를 보이며 전체 세수는 신장되었다. 1951년 법인세 상위 10% 기업이 군복, 천막 등을 수주받은 섬유 관련 기업이었다. 지금까지 섬유 기업과 관련 기업은 노동집약적 생산에서 탈피하고 미국식 대량생산체제를 구축하기 위해 최신 기술, 품질관리 방법, 생산공정 방법 등에 대해 미국의 기술자들로부터 배웠다. 각각 일본 공장에 투입된 관련 기술자들은 기술을 가르치고 전수했고, 일본 기업과 일본 기술자는 선진 산업국가로 진입하는 데 필요한 기술과 노하우를 체득했다. 또한 미쓰비시중공업이나 고마쓰제작소(小松製作所) 등 국내 주요 군비기업은 1950년에 발족한 경찰예비대에 제공하는 전투 차량의 정비 및 수리 등을 수주받았고, 미국의 제조 기술을 배워 전후 공백기로 뒤처진 기술을 회복하면서 전차와 같은 전쟁 관련 병기를 제작했다. 한국전쟁으로 인해 일본 산업계는 생산성 향상과 기술 진보를 달성하여 전후 고도 경제성장에 크게 공헌했다.

한국전쟁으로 인한 계약액은 1950년부터 1952년까지 3년간 10억 달러, 1955년까지 36억 달러에 달한 것으로 알려진다. 한국전쟁 중에 출병한 미군에 대한 보급물자 지원, 파손된 전차나 전투기 수리 등을 일본이 대대적으로 수주받아 일본 경제가 큰 폭으로 성장하는 기회가 되었다. 생산 확대, 기업 성장, 소득 증대 등과 같은 호경기의 영향으로 일본 국내에서 TV, 냉장고, 세탁기 등과 같은 필수 내구재가 호황을 누리는 내구재 소비 붐이 발생했다. 이 필수 내구재를 지칭하여 삼종의 신기(三種の神器)라고 했고, 이 용어가 일본 사회를 점령했다. 삼

종의 신기라고 불릴 정도로 선망의 대상이 되었던 가전제품을 구매하여 사용할 수 있는 경제력을 가진 사회가 된 것이다.

당시 일본 경제는 짐무 경기라는 호경기가 진행되는 과정에서 산업과 기업이 현저하게 성장하고 국민소득이 전전 수준의 50% 이상 증대했으며, 공업 생산도 전전의 두 배를 초과 달성했다. 경기 호황은 생산과 소득 측면뿐 아니라 사회 전반에 걸쳐 발생했다. 『경제백서』는 일본 근대사에서 이상적인 경제 발전으로 청일전쟁과 러일전쟁 후 제1차 세계대전 단 2회뿐이었다는 것을 지적했다. 동시에 패전의 깊은 상처에서 벗어나고 한국전쟁으로 발생한 특수 수요가 경제를 발전시켜 전전의 최고 수준까지 도달했다는 의미에서 '전후'는 종료하고, 앞으로 자립하고 성장하는 데 고통이 동반될 것이라는 점을 강조했다.

경기 호황에 힘입어 1956년 7월 발표된 『경제백서』에는 '일본 경제의 성장과 근대화'라는 부제를 붙였고, 태평양전쟁 후 일본 부흥이 종료되었다는 의미로 '이미 「전후」가 아니다'라는 문장으로 끝을 맺었다.[6] 『경제백서』 서문에 쓰인 '이미 「전후」가 아니다'라는 용어는 전전 경제 수준으로 완전하게 회복되어 회복 경제가 종료되었다는 선언을 함의하여 일본 사회에서 회자되는 유행어가 되었다. 현실적으로는 1955년 실질국민총생산이 전전 수준에 도달했다는 경제적 자부심의 선언이었다.

그것은 경제성장을 견인해 온 부흥 수요가 사라지고 안정적이며 지속적으로 성장할 수 있는 방향으로 진행되고 있다는 자립경제 선언이었다. 또한 일본 경제 능력이 전전경제 수준으로 복귀한 것에 대한 성취감과 이후 성장에 대한 자신감을 천명한 것이다. 경제 자립과 성장 행로를 정비한 일본 정부는 처음으로 경제성장에 확신을 가졌고, 일본인은 경제 자립이라는 현실적 결과에 대한 자긍

---

6 『경제백서(経済白書)』는 내각부(구 경제기획청)가 국민경제의 연간 움직임을 분석하고 이후 정책의 지침을 제시하기 위해 1947년부터 매년 발행하고 있다. 정식 명칭은 『연차경제보고』 그리고 흔히만 일반적으로 『경제백서』로 부른다. 2001년 성청 개편으로 이후부터는 『연차경제재정보고』로 통칭했고, 재정에 관한 내용을 넣어 『경제재정백서』라고 불렀다.

심과 앞으로의 행보에 대한 책임감을 갖게 되었다. 이미 전후가 아니라는 용어는 일본 경제성장의 예고편이 되었을 뿐 아니라 구겨졌던 일본인의 자존심을 회복시키고 고도 경제성장시대가 개막했다는 상징어가 되었다.

자립기 일본은 전전경제 회복 및 전후 자립경제를 선언했다. 그러나 짐무 경기의 호황이 1956년 말 둔화되는 가운데 한국전쟁 특수 종결과 소비 위축, 디플레이션, 성장산업구조 개편 정체 등으로 약 1년간 냄비바닥 불황(なべ底不況)에 빠져 일시적으로 경기가 후퇴하는 현상이 벌어졌다. 일본 경제가 상층부만을 중심으로 성장하고 있었던 것이다. 그것을 지칭해서 아마테라스 경기(天照らす景気)라고 명명했다. 짐무 경기가 끝나고 일시적인 불황이 진행된 후 1958년부터 다시 경기가 살아나 이와토 경기를 맞이하여 새로운 성장기로 접어들게 된다. 이후 일본 경제는 산업구조 전환과 기업 활성화가 성공적으로 진행되어 고도성장의 길로 들어선다.

4) 이와토 경기

자립기에는 짐무 경기에 이어 이와토 경기(岩戸景気)라는 호경기가 발생했다. 이와토 경기는 1958년 7월부터 1961년 12월까지 42개월간 고도 경제성장의 호경기를 총칭한다. 짐무 경기, 이자나기(いざなぎ) 경기와 함께 전후 고도성장시대를 지칭하며 고도 경제성장 기조를 구축했다는 의미에서 일본 경제 발전사에서 중요한 지위를 점하고 있다.[7] 경기 기간이 42개월로 짐무 경기의 31개월을 능가

---

7 일본은 제1차 세계대전 승리 후 영국이나 미국과 동등한 대국의 한 국가로 취급되었다. 쇼와 전기 일중전쟁부터 미군의 일본 본토 공습에 의해 공업생산이 붕괴되는 1944년까지 경제성장률 자체는 고도 경제성장기에 필적할 만했다. 일본은 제2차 세계대전에서 미국, 영국, 중국 등의 연합군에 패배하고, 한반도나 만주 등 식민지를 상실한 뒤 경제가 붕괴되는 현상을 경험했다. 이후 1950년 한국전쟁 특수가 시작되어 1953년 후반 전전의 최고경제 수준을 넘어섰다. 일본 경제는 1954년 12월 일본 민주당의 제1차 하토야마 이치로 내각(日本民主党 第1次鳩山一郎内閣)부터 시작된 짐무 경기와 이와토 경기와 같은 호경기가 지속되어 비약적으로 성장했다. 1960년대는 올림픽 경기, 이자나기 경기, 1970년 개최된 오사카박람회 경기가 발생하여 연평균 10% 전후의 고도 경제성장을 달성했다. 전후 해체된 재벌이 주식을 갖고 은

하고, 짐무천황보다 호경기를 달성한 천황에 비유해서 '아마테라스오카미가 하늘의 이와토에 숨은 이래 호경기(天照大神が天の岩戸に隠れて以来の好景気)'라고 하여 이와토 경기라고 명명했다.

행을 중심으로 재생되고, 구 재벌계 기업이 일어났다. 그리고 높은 교육 수준을 배경으로 황금알을 낳은 양질의 노동력, 일본인의 독특한 근면성과 집단 중시 성향, 군수생산을 위한 관민일체화와 발달한 기술력, 잉여 농업노동력, 탄광 이직자 활용, 높은 저축률, 수출에 유리한 엔저환율(固定相場制1ドル=360円), 소비의욕 확대, 저가 석유, 안정된 투자 자금을 융통하는 간접 금융의 호송선단 방식(護送船団方式), 케인스적 경제 정책으로서 추진된 소득배증계획, 정부의 설비 투자 촉진에 의한 공업단지 조성, 신산업으로의 산업구조 개편, 석탄에서 석유로의 전환, 태평양 연안의 콤비나트 형성, 도카이도 신칸센(東海道新幹線)과 도메이 고속도로 같은 대도시 간 고속교통망 정비 등이 일본의 고도 경제성장을 견인했다. 그리고 TV, 세탁기, 냉장고 등과 같은 가전제품이 삼종의 신기로 불리며 가정에 급속하게 보급되었고, 편리한 가전제품의 보급은 생활시간 배분에도 크게 영향을 주어 여성의 사회 진출을 촉진시켰다. 순조로운 경제성장은 증권시장 성장을 촉진시켰고, 투자신탁의 잔고를 늘려 재투자가 활성화되었다. 이런 추세는 '은행이여 바이바이, 증권이여 안녕하세요(銀行よさようなら、証券よこんにちは)'라는 슬로건을 유행시켰다. 일본 경제는 일시적으로 급속하게 위축되었다. 1964년 산웨부(サンウェーブ)와 일본특수강(日本特殊鋼) 도산, 1965년 산요특수제강(山陽特殊製鋼)도산, 대기업증권회사 적자 등이 발생했다. 그러나 개인 소비가 왕성하여 제조업, 유통업, 서비스업 등은 영향을 받지 않았다. 불황을 타개하기 위해 일본 정부는 1965년 야마이치증권(山一證券)에 일본은행 특별융자를 하고, 전후 최초로 적자국채 발행을 단행했다. 그 결과 쇼와공황을 미연에 방지하고 고도 경제성장을 지속하게 되었다. 이후 일본 경제체제가 천지개벽을 하듯이 급속하게 성장 구조를 갖추고, 10% 전후의 성장률을 기록했으며 1968년 국민총생산(GNP)이 당시 서독을 추월해서 세계 2위가 되었다. 일본의 경이적인 고도 경제성장을 동양의 기적(Japanese miracle)이라고 칭송했고, 일본 경제모델을 답습하는 국가가 생겼다. 대표적인 것인 말레이시아의 'Look East Policy'이다. 일본 경제는 1973년 11월 자민당 다나카 가쿠에이(田中角栄) 내각이 열도 개조 개혁을 시작하면서 위기를 극복했다. 일본이 채권국이 된 1970년대에는 외국인의 일본주식 투자가 활발했다. 주식이 활성화되어 국내 기업이 적극적으로 주식을 매입하여 1973년 법인지주 비율이 66.8%에 달했다. 1973년 10월 제4차 중동전쟁을 계기로 원유 가격이 상승하여 일본은 오일쇼크(oil shock)에 빠졌다. 정부는 인플레이션을 억제하기 위해 공정보합을 9% 인상했다. 제2차 세계대전 이후 처음으로 실질마이너스 성장을 경험하고 고도 경제성장시대는 종언을 고하는 듯했지만 과감한 재정 정책으로 경기 회복을 유도했고, 성장은 지속되었다. 1990년대 초두 버블 경기 붕괴 이후 실질경제 성장은 지속되었지만 잃어버린 20년으로 알려진 저성장시대에 들어갔고, 2012년 아베 내각이 들어서면서 아베노믹스의 신아베노믹스라는 화폐경제 정책을 과감하게 시도하여 경기를 회복시키고 있다.

일본 경제는 1957년 7월부터 1958년 6월까지 약 6개월에 걸쳐 짐무 경기로 인한 과잉투자, 불량 재고 증가, 디플레이션 현상, 국제수지 악화, 금융긴축 정책, 석탄산업과 해운산업의 둔화 등으로 냄비바닥 불황이라고 불리는 불경기가 발생하여 일시적으로 후퇴했다. 그러나 경기후퇴를 경험하지 않은 성장산업으로 활발하게 가동하고 있는 전기기계, 정밀기계, 자동차 등이 긍정적으로 작용하여 경기 회복을 견인했고, 더욱이 새로운 산업으로 성장하고 있던 철강, 화학, 석유 등의 빠른 성장으로 성장 기조를 구축했다. 새로운 주도산업은 기술혁신과 산업구조의 변화를 통해 경제성장을 이끌었다. 동시에 일본 정부는 공정보합 인하를 시도하고, 채권을 발행하는 등 강력한 경기부양 정책을 실시했다. 그 결과 경기 흐름이 살아나고 성장하는 이와토 경기로 이행했다.[8]

이와토 경기는 경제 자립을 바탕으로 형성된 과잉투자 열기와 기술혁신으로 구축한 것이었다는 데 가치가 있다. 경제의 안정적 성장과 발전 전망으로 설비투자가 확대되어 경기를 주도했다. 1개 민간기업의 설비 투자가 다른 회사의 설비 투자를 촉진시키는 구조로 추진되어 투자가 투자를 부르는 경기였고, 투자가 기술혁신으로 이어져 발전을 촉진시켰다. 짐무 경기 시기보다 외국자본의 유입이 급증해 일본의 자본유출 증대를 크게 상회하여 안정적인 투자와 금융거래가 활성화되었다. 또한 자본유출이 증대하여 일본 경제의 국제신임이 높아졌다.

기술혁신으로 대량생산이 이루어지고 기업활동이 활성화되었으며 국민소득이 향상되고 소비가 증대하여 생산, 분배, 소비시장 등이 호조를 보였다. 식료품, 섬유 제품, 주방 제품, 화장품, 의약품 등을 판매하는 슈퍼마켓이나 슈퍼스토어 등 대형 점포가 출현해 대폭적인 할인판매로 고객을 유치했다. 슈퍼마켓으로 대표되는 대형 판매점의 출현은 생산자, 도매상, 소매자 등과 같은 종래의 유통 경로에 혁명적인 변화를 가져왔다. 일본 정치와 수상이 바뀌어도 변함없이

---

8 塩田潮, 『内閣総理大臣の日本経済』(日本経済新聞出版社, 2015); 森武麿, 『現代日本経済史』(有斐閣, 2009); 御厨貴, 『増補新版 歴代首相物語』(新書館, 2013).

<표 3-3> 자립기의 국민총생산(GNP)

구분	명목		실질
	총액(10억 엔)	1인당(1000엔)	총액(10억 엔)
1955	8,627.8	97	37,398.9
1956	9,670.5	107	39,741.6
1957	11,076.8	122	43,274.3
1958	11,850.3	129	46,250.9
1959	13,892.9	150	51,409.1
1960	16,662.0	178	57,838.1

자료: 鶴見俊輔(編), 『戰後史大事典』(三省堂, 1991), p.976.

생산과 소비가 활성화되었고 물품 품귀 소동이 일어나는 등 일본 경제는 정치 상황과 관계없이 우상향으로 전진했다.

호경기로 인해 젊은 샐러리맨이나 노동자의 수입이 급증하고 국민 사이에는 중류 의식이 확산되었다. 각 기업은 기술, 관리, 판매 부문 확대를 추진하는 가운데 화이트칼라층의 증가와 임금의 대폭적인 상승이 대기업 샐러리맨을 중산층으로 밀어 올렸다. 중산층은 대량소비사회의 중심 역할을 했다. 중산층 증대와 소비 붐으로 생산과 소비를 잇는 유통 시스템에도 크게 변혁이 일어 유통 혁명으로 이어졌다. 대량생산과 대량소비시대를 맞이하여 종래의 전통적인 유통 시스템으로 대응하지 못했다.

<표 3-3>은 호경기인 짐무 경기와 일시적 정체를 가져온 냄비바닥 불황, 그리고 이어진 이와토 경기 기간의 국민총생산과 1인당 국민소득 현황을 소개한 것이다. 1955년부터 1960년까지 명목과 실질 국민총생산은 지속적으로 증가하는 추세에 있고, 역시 명목과 실질 국민소득도 증가 추세를 이어가고 있다는 특징이 있다. 국민총생산과 국민소득 증가 추세는 이후 고도 경제성장 추세를 암시하는 지표라는 데 의미가 있다. 이와토 경기 기간에 각 경제지표는 좋아졌고 일본 경제가 실질적으로 성장했다. 1959년 시점에서 전년 대비 실질경제성장률은 11.1% 증가, 광공업 생산은 25.0% 증가, 민간기업의 설비 투자는 32.6% 증

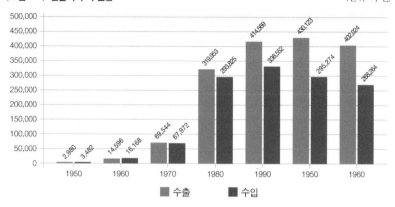

자료: PHP研究所編, 『戦後50年日本のあゆみ』(PHP研究所, 1995), p.63.

가, 국민총소득은 17.5% 증가하여 전후 최고 실적을 기록했다. 1960년에는 실질경제성장률이 12.1%로 연속적으로 2단위 성장을 했고 국민총생산은 전년 대비 14.0% 증가했다.

〈그림 3-1〉은 자립기인 1950년대부터 1993년대까지 일본의 무역수지 현황을 소개한 것으로 1950년대부터 1960년 초반까지는 수출이 수입보다 적었지만 1960년 중반부터는 수출이 수입을 능가하는 이른바 흑자시대를 구축하여 일본을 경제대국으로 만들어갔다는 특징이 있다.

1950년은 수출 2980억 엔, 수입 3482억 엔으로 -502억 엔, 1960년은 수출 1조 4569억 엔, 수입 1조 6168억 엔으로 -1572억 엔이지만 이후부터 수입보다 수출이 많아지는 수출흑자시대가 시작되었다. 1970년은 수출 6조 9546억 엔, 수입 6조 7972억 엔으로 수출이 1574억 엔 흑자를 기록하여 흑자시대를 이어갔다. 1980년은 수출 29조 3825억 엔, 수입 31조 9953억 엔으로 2조 6128억 엔 흑자를 기록했고, 1992년은 수출 43조 123억 엔, 수입 29조 5274억 엔으로 흑자 13조 4849억 엔을 기록하여 과거 이래 최고 실적을 남겼다.

무역에서의 흑자는 기본적으로 일본 경제가 성장하고 있다는 것을 의미하고,

일본 경제가 국제경쟁력이 있으며 일본 산업과 기업이 세계적인 산업과 기업과의 경쟁에서 승리했고, 일본 기업의 기술력과 노동자의 노동력이 높다는 것을 의미한다. 그런 요소들이 국가 및 국민의 부를 증가시켜 경제대국 일본을 만드는 원동력이 되었다. 자립기 일본 경제는 짐무 경기와 이와토 경기에 기초해서 전후 일본 사회의 부를 만들어내는 경제구조를 구축하고 성장 활로를 찾아 풍부한 일본 사회와 잘 사는 일본인을 만들어가는 과정을 성공적으로 수행했다는 데 역사적 가치가 있다.

3. 자립기의 문화 정책

1) 문화재 보호 정책

자립기 문화재 보호는 일본이 자주적으로 계획한 문화재 보호 정책에 의해 추진되었다. 1950년 '문화재보호법'이 제정되고 3년간의 시행을 거쳐 1954년 개정된 '문화재보호법'은 새로운 문화재 보호 정책을 실천하는 계기가 되었다. 이 시기의 문화 정책은 새로운 문화를 창출하고 활성화하기보다는 역사적으로 계승·전래되어 온 문화재를 보호하고 보전하는 데 치중했다. 따라서 이른바 대중문화에 대한 정책이나 법 제정으로 연결되지는 못하는 상황이었다.

'문화재보호법'은 문화재라는 개념을 도입하여 보호해야 할 대상과 범위를 확대하고 명확히 하는 한편 보호할 뿐 아니라 발굴하여 등록하는 제도적인 정비 작업을 했다. 국가의 보호 대상인 무형문화재, 매장문화재, 민속자료 등을 지정하는 제도를 체계적으로 정비하고 중요문화재에 관한 관리체제를 강화했다. 그리고 사적명승천연기념물 침해에 관한 현상회복명령 제도가 도입되어 그동안 방치되었던 문화재가 제도적으로 보호되었다.

문화재 보호를 적극적이고 실효적으로 추진하기 위해 중앙정부와 지방자치단체의 전문적인 기관을 정비했다. 전문기관으로 문화재보호위원회를 설치하고 중요문화재 관리단체를 지정하여 문화재 보호에 관한 지방공공단체의 역할을 명확히 했다. 지방공공단체가 조례로 문화재를 지정하는 방안을 명시했다. 도도부현 교육위원회가 국가의 보호 행정에 관한 서류의 경유청이 되고 지정 대상에 대한 국가 권한을 위임받아 적극적으로 관여하고 대응했다.

자립기의 문화재 보호 정책은 문화재 발굴과 지정을 둘러싼 제도와 기관을 정비했을 뿐 아니라 문화재를 보호하고 보관하는 문화재시설을 대대적으로 정비했다. 국가와 지방자치단체는 각각 역할이 부여되었고 문화재 보호와 계승에 필요한 문화재연구소와 대중이 이용할 수 있는 문화시설을 설치했다. 1952년에는 도쿄에 도쿄국립문화재연구소를 설립하고 1954년에는 나라(奈良) 국립문화재연구소를 설립했으며, 1959년에는 도쿄 우에노 국립서양미술관 등을 설립하여 전통문화재를 보전 및 계승하고 관람할 수 있도록 했다. 그리고 프랑스의 기증으로 1959년 마쓰가타 컬렉션이 설립되었다.

2) 매춘방지 정책

일본에서 매춘방지제도는 에도시대 이래 존재했다. 1872년 메이지 정부는 태정관포고 제295호 예창기해방령을 내려 공창제도를 폐지하려고 시도했다. 그러나 실효성이 없어 1900년에 공창제도를 인정하고 일정하게 규제하는 창기검열규칙을 제정했다. 1908년에는 비공인 매춘행위를 단속했다. 제2차 세계대전 후 점령기에는 공창제도 폐지가 요구되어 1947년 부녀 매음을 시키는 자의 처벌에 관한 칙령이 내려졌다. 공창제도는 명목적으로 폐지되었지만 적선지대는 단속 대상에서 제외되었기 때문에 사실상 공창제도는 이후에도 존속했다. 점령기에 성 개방 정책이 추진되어 서구적인 성문화와 전통적인 성문화가 맞물려 새로운 성문화가 발생했다. 성매매와 성 관련 상업이 범람하고 성 문란과 성 자유화가 진행되어 성질서가 변화했다.

성문화를 적극적으로 계도하고 질서를 잡기 위해 1956년 5월 24일 법률 제118호 '성매춘방지법'이 성립되어 발효되었다. '성매춘방지법'에는 매춘을 조장하는 행위를 처벌하는 동시에, 성행위 또는 환경에 비춰 매춘할 가능성이 있는 여성에 대해 보호처분 및 보호갱생 조치를 취하는 법적 근거를 마련하여 매춘을 방지하려고 했다. 1958년 4월 1일부터 완전 시행에 들어갔고, 오키나와(沖繩)와 오가사와라제도(小笠原諸島)에는 당시 일본 주권이 미치지 않았기 때문에 반환 후에 적용되었다.

'매춘방지법'에서 규정한 매춘은 '보상을 받거나 또는 받을 약속으로 불특정 상대방과 성교하는 것'이라고 규정하고 있다. 매춘의 내용을 명확히 규정하기 위해 매춘을 구체적으로 열거했다. 대중에게 성매매를 유도하고 소개하는 매춘 권유, 매춘 알선, 매춘을 시키는 행위 및 그것으로 보상을 수수하는 것, 매춘을 시킬 목적으로 하는 이익 공여, 매춘을 시킬 목적으로 계약하는 행위, 매춘 장소를 제공하는 행위, 사람을 관리하기 위해 지정된 장소에 거주하게 하고 매춘을 업으로 하는 자, 매춘 장소를 제공하는 업, 관리 매춘업에 요하는 자금을 제공하는 행위 등이 해당된다.

자립기의 매춘 방지는 기본적으로 성 개방을 저해하거나 근절시키기보다는 음성적으로 활성화되고 있는 매춘을 계도하고 질서를 잡는 데 목적이 있었다. 점령군의 성 개방 정책으로 매춘을 인정하는 과정에서 정착한 성 관련 문화를 정비하고 새로운 성문화를 구축하기 위한 조치였다. 그리고 '매춘방지법' 등을 제정하여 성매매는 위법한 행위임을 알리고 방지하는 측면이 있었지만 반대로 법망을 피해서 새로운 성문화가 발생하는 요인이 되기도 했다. 그러나 일본이 경제성장을 하면서 성을 사고팔 수 있는 경제적 여건과 환경이 조성되고 성 산업과 성 상업이 활성화되는 가운데 매춘 거리와 다양한 성 관련 업종이 생기고 성 관련 고객이 형성되었다.

3) 반공문화 정책

반공문화는 반공주의 또는 반공산주의에 의해 형성된 이념문화로 공산주의에 직접적으로 반대하고 적대시하는 사상이나 운동을 함의하고 있다. 광의의 의미는 공산주의나 사회주의 전체에 대해 반대하지만, 협의로는 공산주의를 통해 공산혁명을 추구하는 마르크스주의나 레닌주의, 공산당 등에 반대하는 사상이나 운동을 지칭한다. 반공산주의의 조직은 공산주의 대두와 공산체제에 반대함으로써 구축되었다. 특히 1917년 러시아에서 공산주의자에 의한 볼셰비키혁명으로 권력을 탈취한 10혁명 이후에 발생했다. 반마르크스주의, 반레닌주의, 반스탈린주의 등을 추진하는 운동과 연결되었다.

전후에 형성된 냉전시대에는 반공주의가 1953년 독일연방공화국에서 출발했다. 당시 독일크리스트교민주동맹의 반공산주의 포스터는 '모든 길은 마르크스주의의 모스크바로 연결된다'라는 슬로건을 내세워 반공산주의 운동을 촉발시켰다. 제2차 세계대전에서 미국을 중심으로 자유주의국가와 소련을 중심으로 공산주의국가가 협동하는 가운데 연합국이 주축이 되어 승리하자 전후 처리 방법을 둘러싼 갈등으로 1947년부터 영미와 소련 간 이데올로기 대립이 시작되었다.

제2차 세계대전 후 소련의 점령하에 있던 동유럽 각국이 공산화되는 가운데 독일은 서독과 동독으로 분단되었고, 유고슬라비아는 중추적인 역할을 한 국군을 추방하여 공산주의국가가 되었으며, 중국공산당은 제2차 국공내전에 승리해서 1949년 10월 1일 중화인민공화국을 설립하는 한편 중화민국국민당은 타이완이라는 새로운 국가를 설립하여 중국이 분단되었다. 몽골이 공산화되고, 한반도가 대한민국과 북조선 인민민주주의공화국으로 분단되는 등 공산주의국가가 전 세계적으로 확산되었다. 제2차 세계대전 이전 공산주의국가였던 소련은 많은 위성국을 통합하여 소련연방공화국이라는 새로운 초국가체제를 구축했다.

자유주의국가 진영은 미국을 중심으로 공산주의가 파급되는 것을 우려해서 반공주의를 슬로건으로 내세워 공산주의 세력과 대결했다. 러시아혁명에서 백군을 지원한 처칠은 제2차 세계대전 종결 후 '철의 장막(鉄のカーテン)'이라는 연설을 통해 소련을 시작으로 공산국가의 폐쇄성을 비판했다. 냉전시대 반공주의는 스탈린주의에 대립하는 사상으로 추진되었고, 소련공산당의 독재정치를 창출한 공산주의 세력과 민주주의 및 자본주의를 기반으로 형성된 반공 세력은 이데올로기전을 초월한 정치적·군사적 충돌을 야기했다. 국제사회에서는 미국을 시작으로 공산주의자를 색출하는 아카가리(赤狩り) 정책과, 노동운동이나 사회주의운동에 대한 섬멸이나 통제 정책으로 나타났다.

전전 일본에서는 대일본제국헌법하에서 '치안유지법'을 통해 특고경찰(特別高等警察)이 사회주의와 공산주의를 탄압했다. 전후에는 GHQ 점령하에서 강력한 반공 정책이 추진되었다. GHQ는 참모 제2부를 창설하고 공산주의자를 반대하고 추방하는 반공 공작을 했다. 전후에 특고경찰과 '치안유지법'이 폐지되었음에도 연합군점령하에서 GHQ에 의한 반공 정책과 역코스 정책이 추진되면서 공산주의자 추방이 이루어졌다.[9] 특히 국내 공산주의자를 탄압하고 색출하여 추방하는 레드 퍼지(Red Purge)가 각 사회 영역에 적용되어 실시되었다.

맥아더 총사령관의 지령에 의해 실시된 미국 주도의 레드 퍼지 정책으로 GHQ의 점령하에 각 사회 영역에서 1만여 명의 공산당원과 공산주의 관련 공직자가 추방되었다. 1949년 국철 노동자를 대량으로 해고한 배경에는 공산주의자가 혁명의 일환으로 추진한 폭력적 노동운동 2·1 제네스트에 대한 반공주의자들의 적대 정책이 있었다. 특히 미국에서 광풍처럼 번진 매카시즘으로 불리는 반공 정책은 공산주의자를 색출하여 추방하는 것이었지만 공산주의와는 무관한 사람까지도 공산주의자로 낙인찍고 실각시켜 사회로부터 추방하는 과도한 측면이 있었다.

일본은 샌프란시스코조약이 발효되어 주권을 회복한 1952년에 '파괴활동방지법'을 제정하고 조사청을 설치하여 일본공산당과 그 동조자, 관련 단체 등을 공안경찰과 함께 감시했다. 공산주의자에 대한 감시활동은 공산당이 혁명전선을 포기한 후에도 지속되었고, 당시 『경찰백서』에는 반공 정책의 동향이 잘 기록되어 있다. 반공 정책은 일본의 정치구조를 바꾸는 계기가 되었다. 1955년 일

---

9   吉田裕(編集),『戰後改革と逆コース(日本の時代史)』.

본 정부가 추진한 역코스에 대항하기 위해 우파와 좌파로 분열되어 있던 사회당이 재통합했다. 이에 위기감을 느낀 자유당과 일본민주당은 보수 합동으로 자유민주당을 결당하면서 55체제가 확립되어 일본 정치계는 보수 혁신의 2대 블록이 구축되어 전후 일본 정치를 둘러싸고 경쟁을 벌였다.

1957년 이시바시 단잔(石橋湛山) 수상이 병환으로 사직하고 전범에서 복권한 기시 노부스케(岸信介) 내각이 성립되었다. 기시 내각은 친미반중 정책을 추진하고 흥아주의에 기초하여 반공아시아제국을 구축하려고 시도했다. 당시 미국은 기시 수상을 적극적으로 지원하여 의기투합하는 가운데 기시 내각은 신일미안전보장조약 개정을 적극적으로 추진했다. 1957년 10월 일미안전보장조약 개정을 위한 교섭이 시작되고 1960년 1월 기시 내각은 신일미안전보장조약에 조인하고 5월에 강행 처리했다. 미국은 기시 정권을 철저하게 신뢰하여 친미반공 노선을 확립하도록 지원하고, 일본민족주의를 친미반공으로 이용하여 탈미흥아주의적 노선을 저지했다.

1960년에는 일본사회당의 니시오 스에히로(西尾末広) 등 우파가 민주사회당을 결성하고 공산주의를 혐오하는 노동자를 통합해 전일본노동총동맹을 결성하여 피노체코 정권과 박정희 정권의 반공주의를 주창하는 군사독재정권을 적극적으로 지지했다. 1970년대 동유럽의 많은 공산국가는 소련으로부터 이탈해 프롤레타리아 독재와 계획경제에 기초한 소련형 사회주의 노선을 포기했다. 그리고 의회제 민주주의와 복수 정당제를 옹호하는 유로코뮤니즘(Eurocommunism) 노선을 확립했다. 1970년 11회 공산당대회 이후 일본공산당도 기본적으로 혁명적 투쟁에서 벗어나 비판 세력으로서의 역할과 노선을 견지했다.

자립기 일본에는 공산주의에 기초한 공산당과 사회주의에 기초한 사회당이 각각 정치계에서 활동하며 다양한 주제를 통해 자민당과 경합하여 존재 가치를 이어가고 있다. 그러나 자유민주당이 주도하는 경제성장을 위한 자립경제에 국가 힘이 집중되는 상황에서 공산주의와 사회주의에 기초한 노동쟁의와 같은 투쟁은 오히려 사회적 호응을 불러일으키는 데 한계가 있었다. 따라서 노동쟁의는 춘투라는 형태로 새롭게 방향과 노선을 변경했다. 기업과 산업계는 일본적 가치와 구조가 효율적으로 기능해 좋은 결과를 이끌어내고 노동쟁의와 투쟁은 정치혁명이나 국가혁명에 가치를 두기보다는 노동자의 권익과 사회 비판, 보수 비판 등을 추구하는 활동에 치중하고 있다.

4) 노동문화 정책

전후 일본에서는 GHQ의 적극적인 자유주의와 민주주의 확산 정책으로 노동조직과 노동운동이 활성화되었다. 노동운동은 기본적으로 법으로 보장되고 있다. 일본국헌법 제28조에 노동기본권의 하나로서 보장되고 있으며 주로 '노동조합법'과 '노동관계조정법'에서 구체적으로 규정하고 있다.[10] 노동운동으로서 스트라이크(strike)는 노동자에 의한 쟁의행위의 일종으로 노동법의 쟁의권 행사로서 고용 측의 행동에 반대해 피고용 측이 노동을 거부하는 노동파업을 의미한다.

일본은 제2차 세계대전 패배로 GHQ의 점령하에 들어갔다. 초기 GHQ는 민주화 정책의 하나로 노동운동을 육성하고 지원했다. 전시 중에 투옥되거나 활력을 잃은 공산주의자와 사회주의자, 무산운동가, 노동운동가 등이 전면에 나와 활약하면서 노동조직과 노동운동을 활발하게 추진했다. 노동조합이 연속적으로 결성되어 1946년 조직률이 약 40%에 달했고, 조합원 수도 약 400만 명에 이르렀다. 당초 노동운동은 임금 인상, 경기 악화, 열악한 노동 환경을 배경으로 한 생활 향상 투쟁이 대부분이었지만 점차 정치 성향을 띠면서 반정부 투쟁으로 변질되기도 했다.

---

10 스트라이크의 법적 책임으로는 쟁의행위가 정당한 경우 행위에 대해 형사책임과 민사책임이 면책된다. 스트라이크로 사용자에게 발생시킨 손해에 대해서도 배상 책임이 면제된다. 다만 스트라이크 등 쟁의행위가 정당하지 않으면 책임은 면책되지 않는다. 무노동 무지급 원칙에 의해 정규 노동시간에 취업하지 않은 부분의 임금은 지불되지 않는다. 노동조합은 투쟁 자금 등의 명칭으로 성수하여 적립금을 준비하고 쟁의권 행사로 발생되는 임금 불시급분을 보전하고 있다.

노동조합 결성이 활성화되면서 노동조합의 힘이 강해지는 가운데 노동운동이 과격해지고 빈번하게 발생했으며 노동파업을 주창하고 정권을 반대하는 폭력행위가 동반하기 시작했다. 노동운동이 절정에 달한 사건은 1947년 2월 1일 계획된 2·1 제네스트로 관민 수백만 명이 참가할 예정이었다. GHQ는 일본의 안정을 위해서라는 명분으로 이를 금지했다. 이후 반정부색이 강한 노동운동에 대한 제재가 가해졌다. 1948년 공무원 스트라이크 금지, 1949년 '노동조합법'과 '노동관계조정법'의 개정, 1950년 레드 퍼지나 단체규정령 등이 잇따라 발령되었다.

1950년에는 민중 세력, 우파 세력, 중도 세력 등이 합동으로 새로운 일본노동조합총평의회(총평)를 결성하고 그 산하에 여러 조합이 결집했다. 총평은 중도적이며 노동 협조적인 방향에서 설립될 예정이었다. 그러나 국제사회의 냉전으로 인해 발생한 한국전쟁이나 1951년 9월 샌프란시스코조약 조인으로 동반된 일미안전보장조약 개정을 둘러싼 정치운동, 노동자나 노동운동에 대한 강한 압박과 제재 등으로 인해 좌파색을 강하게 내세웠다. 1952년 4월 28일 샌프란시스코조약이 발효하여 GHQ의 일본 지배가 종결되면서 좌파계 조합운동이 노동운동의 최전선에서 활발해지고, 탄광 노조나 전산(炭労·電産) 등에 의해 대규모 스트라이크가 빈번하게 일어났다. 더욱이 미쓰이미이케 쟁의(三井三池争議)와 안보 투쟁이 1959~1960년에 진행되었고, 정치적 이슈를 동반한 노동운동이 격화되었다. 특히 미쓰이미이케 투쟁은 직장 투쟁으로 정착한 노동자의 직장 질서를 유지할 것인가 아니면 기업 재건을 위해 경영자의 경영권을 회복시킬 것인가 등의 문제를 둘러싼 노사 투쟁이었고, 전후 노동운동의 방향을 결정하는 최대 분수령이 되었다.[11]

일본 노동사에서 기록에 남은 미쓰이미이케 쟁의는 총노동 대 총자본의 싸움으로 격렬한 쟁의 끝에 조합 측이 패배했다. 노동조합의 격렬한 노동운동이 정

---

11 平井陽一, 『三池争議—戦後労働運動の分水嶺』(ミネルヴァ書房, 2000).

권과의 대립으로 나타나면서 점차 노사관계, 그리고 노동조합과 국가의 관계는 악화되는 방향으로 진행되었다. 정부의 강력한 제재조치로 과격한 노동운동은 대부분 실패로 끝나면서 노동조합의 분열이 다양하게 일어났다. 이를 상징이라도 하듯이 1954년 전일본노동조합회의(전노회의)가 별도로 설립되었다. 그리고 안정적인 경제성장과 보수 세력의 결집은 노동운동을 저지하고 패배시키는 중요한 요인으로 작용하여 노동운동은 큰 전환기에 봉착했다. 노동운동은 패배와 반성을 계기로 절대 반대에서 정책 투쟁이라는 새로운 방향을 모색했다.

다른 한편으로는 일본 경제가 확대하기 시작하고 산업 전반에 걸쳐 합리화가 진행되면서 노동운동과 전략은 점차 새로운 방향으로 전환되었다. 짐무 경기로 1955년부터 경제 수준과 국민생활도 전전 수준으로 회복하면서 '이미 「전후」가 아니다'라는 경제 자립과 성장 선언이 이루어졌다. 일본 경제가 자립하고 성장 시대에 돌입하면서 노동운동은 생활 향상 투쟁과 더불어 현실적인 노동 환경 개선, 노동자의 권리 투쟁으로 전환되었다. 한편 경영자와 노동자가 노동조건에 합의하는 공식적인 협의체로서 춘투가 1956년부터 시작되었다. 당초 총평과 중립 노련 산하의 조합이 중심이었지만, 1960년대는 전일본노동조합회의가 중심이 되어 산업별로 춘투가 추진되었다.[12]

자립기에는 고도 경제성장과 동반해서 노동자의 생활수준도 향상되어 현실적인 타협점과 돌파구를 찾는 춘투의 흐름이 가속화되었다. 그리고 노동운동이나 학생운동과는 성질이 다른 시민운동이 동시에 일어나 사회운동은 다양화되었다. 시민운동은 베트남전쟁 반대나 오키나와반환운동으로 이어졌고, 안보 투쟁과 연결되는 과정에서 격렬한 반대 투쟁의 성격을 띠었지만 신일미안전보장조약의 성립이 강행되고 일본 정부가 주도하는 새로운 시대가 도래하면서 생활 보호를 주제로 한 운동을 전개했다.

1960년대 고도 경제성장기에는 경제성장과 춘투의 정착으로 노동자 임금이

12　法政大学大原社会問題研究所, 『日本労働年鑑 第27集(1954年11月5日)』(時事通信社, 2001).

상승하고 고용도 안정되었다. 노동운동은 노동 환경 개선이나 권리를 요구하는 쟁의행위로 많이 표출되었지만 조합 운영은 비교적 안정적이었다. 고도 경제성장기를 지나 1973년에 발생한 제1차 오일쇼크(oil shock)로 경제성장이 끝나고 전후 처음으로 마이너스 성장을 기록하면서 일본 경제는 큰 위기와 변화에 직면했다. 노동 현장에서는 고용 정세가 악화되고 임금 인상 투쟁 대신 생활방위 투쟁이 벌어져 새로운 국면을 맞이했다.

1980년대에 경제가 안정적으로 성장하는 시대가 되자 노동운동도 노사교섭을 중시하게 되어 노사관계의 안정화가 이루어졌다. 이것은 생활수준 향상과 맞물려 노동자의 노조 이탈로 이어졌다. 1983년 전노동조합의 조직률은 30% 이하로 떨어져 우하향으로 전환되었다. 그리고 노사교섭이 강조되고 좌파계 노조의 태도가 유연해지면서 노동 전선을 통일하려는 움직임이 고조되었다. 1980년 9월 30일 노동전선통일추진회가 총평과 전일본노동총동맹으로 새롭게 결성되었다. 노동전선통일추진회에 의해 1981년 선언된 「민간선행에 의한 노동전선통일 기본구상」은 자유로우며 민주적인 노동조합 노선을 견지하고 국제자유노동연(ICFTU)에 가맹하면서 비판 세력을 배제했다. 이 시기의 여성 노동자는 아르바이트로 기업활동에 참가했지만 노동조합의 조직화 대상이 되지 못했다.

이후 전일본민간노동조합협의회가 1982년 12월 4일 발족했다. 1987년 11월에는 전일본민간노동조합연합회가 발족하고 1989년 11월에는 통일 조직인 일본노동조합총연합회가 발족했다. 노동계 단체가 단산단위(單産單位)조합으로 조직을 통합하는 경향이 증가했다. 다양한 성격의 노동조합이 생기면서 통일전선촉진노동조합 간담회는 특정 정당 배제와 혁신적 분리, 임금 인상 자제, 감원 합리화용의 노사협조 노선 등을 노동전선 우익적 재편이라고 비판했다. 노동계 움직임에 대한 비판이 이어지는 가운데 1989년 11월 전국노동조합총연합이 설립되고 12월 9일에는 전국노동조합연락협의회가 조직되었다.

버블 붕괴와 저성장기에 접어든 1990년대는 비정규 고용이 증가하는 가운데 노동조합운동이 노동조건 악화에 유효한 수단을 취하지 못한 채 점차 쇠퇴하게

된다. 1989년 12월 소련 붕괴로 신보수주의를 내세운 정재계는 사회주의와 공산주의가 패배하고, 자유주의와 자본주의가 승리했다고 선언했다. 버블 붕괴를 맞이한 일본 재계에서는 지금까지 기능해 온 일본형 안정고용체제의 변혁을 주창하는 목소리가 커졌고, 1980년대 미국을 엄습한 정리해고 붐을 타고 리스토라(リストラ, restructure, 구조 개혁)와 희망퇴직을 도입했다. 1999년에는 '파견법'이 개정되어 일부 업종을 제외하고 노동자 파견을 자유화하는 한편 취직 빙하기에 직면한 젊은 층을 중심으로 비정규 고용 노동자가 급증했다. 그러나 자본 측의 공세에 대해 노동조합 측의 대응은 유보되었다.

밀레니엄시대인 2000년대 들어 노동계에는 새로운 변화가 일어났다. 노동조합의 조직률과 조합원 수의 감소가 가속화되었다. 2005년 조직률은 19.9%로 전후 처음으로 20% 이하가 되었다. 노동자의 권익을 지켜야 할 노동조합은 주도적이며 효과적으로 반대운동을 하지 못하고, 현장에서 조합 임원의 출세 의식이 확산되는 등 노동조합이 제 역할을 하지 못했다. 버블 붕괴기에 입사한 조합 임원 자제에 의한 임원 세습화가 진행되었기 때문이다. 또한 기업실적이 악화되어 노동운동이 노동자의 목을 조르는 것으로 인식했다. 잃어버린 20년이라는 불황 속에서 정사원은 서비스 잔업과 성과주의에 몰려 심신이 피로해졌고, 노동자의 우울증, 과로사, 과로자살 등과 같은 혹독한 노동 환경에 처하게 되었다. 이런 상황에서 기업 내 노사협조 노선을 지향하는 조합은 회사와의 우호관계를 중시하여 노동자의 상황을 묵살하여 신뢰를 잃었다.

저성장기와 다양한 형태의 경제위기가 동반되면서 노동시장과 취업시장의 비활성화로 노동조직은 많은 변화를 겪고 있다. 2000년대 일본에서는 노동조합에 가입하지 못한 젊은 노동자를 중심으로 노동 환경이 악화되고 있다. 노동자 3인 중 1인 정도까지 확대된 프리터(free arbeit, フリータ)나 비정규사원의 노동 환경이 가혹할 정도로 열악해졌고, 풀타임으로 일해도 빈곤에서 벗어나지 못하는 워킹 푸어(working poor)가 발생하고 있는 상황이다. 2007년 춘투에서는 연합회가 비정규노동자의 노동조건 개선을 요구하고 네트워크를 조직하는 비정규노동센터를 개설해 대응했다.

금융위기가 도래한 2008년 서브프라임론(Subprime Loan) 문제, 리먼쇼크 등으로 일본 기업이 위기에 처하면서 구조조정으로 많은 파견 사원이 발생하고 비정규직사원이 해고되는 가운데 여전히 노동조합 조직률은 저하되었다. 그들이 노동자 권리를 보호하기 위해 가입할 수 있는 기업 외 노조로는 지역 유니언(union), 합동노조, 산업별 개인 가맹노조 등이 있다. 경기 침체와 파견단절 문제가 발생하면서 빈곤 문제에 대한 관심이 높아져 사회적 약자를 위한 휴식처로해 넘기기 파견촌(年越し派遣村: 실직한 노동자에게 연말연시에 침식을 제공하기 위해 노동조합과 지원 단체가 구축한 반빈민 네트워크로 2008년 히비야공원에 설립)이 생기고 홈리스(homeless)를 지원하는 단체가 설립되었다. 그러나 일본 경제의 침체와 저성장은 불안한 일자리를 만들어내고 노동 환경을 악화시키고 있어 새로운 경제 정책과 대책의 개발이 절실하다.

4. 자립기의 대중문화

1) 삼종신기문화

자립기에는 경제성장과 개인소득의 증가로 선망의 대상이 된 내구소비재가 일반화되는 삼종의 신기(三種の神器)문화가 형성되었다. 삼종의 신기는 생활수준 향상으로 편리하게 사용할 수 있는 가전제품이 가정에 배치되면서 부유한 물질적 소비가 활성화되는 신호탄이 되었다. 내구소비재에 대한 욕구로 형성된 물질문화는 정신문화와는 상반된 개념이지만 물질을 통해 정신적 욕구를 충족시킨다는 점에서 중요한 의미가 있었다.

삼종의 신기 붐이 일어나기 전 일본에서는 트랜지스터 라디오(transistor radio)가 개발되어 히트 상품이 되었다. 이는 반도체 소재 트랜지스터를 사용한 라디오방송 수신기를 총칭한다. 일본의 트랜지스터 역사는 1950년대 시작되어 제조

혁명과 소비 혁명의 단초가 되었다. 1948년 미국의 벨연구소가 처음으로 트랜지스터 라디오를 제작하여 발표했다. 도쿄통신공업(당시 소니)은 1952년 벨연구소의 본사 WE사가 2만 5000달러에 기술을 제공한다는 사실을 알고 도입하려했지만 일본 통산성이 반대히여 성시되지 못했다. 기술자이며 소니 공동창업자 모리다 아키오(盛田昭夫)는 1953년에 WE사를 방문해 라이센스 계약을 맺고 처음으로 트랜지스터 라디오를 출시했다.

소형화된 트랜지스터 라디오는 전원 전압이 4.5~9V로 낮아 소비전력도 적기 때문에 소형 건전지로 작동하고 한 손으로 들 수 있어 어디에서나 편리하게 사용할 수 있었다. 소형화, 경량화, 휴대화 등이 가능한 라디오가 1950년 중반부터 양산되기 시작했고, 1950년 후반부터 1960년대 걸쳐 널리 보급되었다. 1가정 1대라는 라디오수신기의 소유 형태가 1인 1대로 급격하게 변화했고, 점차 대중을 위한 오락, 통신, 뉴스 등의 수단으로 이용되었다. 이어서 도시바(東芝), 텐(TEN), 미쓰비시전기(三菱電機), 마쓰시타전기산업(松下電器産業, 현 Panasonic) 등과 같은 가전제조기업은 자동차와 라디오를 결합해 새로운 카라디오를 제작했다. 1970년대에 들어서 진공관 라디오가 사라지고, 1973년 단파를 수신할 수 있는 고성능기종 BCL(Broadcasting Listening) 라디오 붐이 일어나 트랜지스터 라디오의 전성기를 맞게 된다.

트랜지스터 라디오가 가전계의 바람을 일으키는 가운데 가전업계에서는 전기밥솥, 청소기 등이 생산되어 인기를 얻었고, 이어서 일본 국적의 삼종의 신기가 새롭게 생산되었다. 1950년대 후반 짐무 경기라 불리는 호경기가 일어나면서 가계소득과 가처분소득이 증가했고, 그동안 숨겨졌던 소비 욕구가 가전제품에 대한 욕구로 돌출하여 수요 붐을 일으켰다. 소비 풍조가 일어나는 가운데 때마침 근대화와 발전의 상징이 된 3종의 내구소비재로서 흑백텔레비전, 냉장고, 세탁기 등이 등장했다. 선망의 대상이 된 새로운 가전제품이 불티나게 팔려 가전제품 붐이 일어나 일본 열도를 흔들어 놓았다. 소비 붐의 대명사가 된 삼종의 신기는 대중소비재로 각광을 받으며 생활과 산업에 긍정적인 영향을 주었다. 세

가지 가전제품 붐 현상을 천황의 상징물에 빗대어 삼종의 신기라 칭했다.[13]

당시 서민들은 프로레슬러 역도산의 경기와 황태자의 결혼식을 보기 위해 가두텔레비전 앞에 모이거나 텔레비전을 구매했다. 생활 향상의 상징이 된 3품목의 가전은 노력하면 손에 넣을 수 있을 정도로 일반화되었다. 1953년 흑백텔레비전 본방송을 개시했을 때 흑백텔레비전은 고가였기 때문에 가두텔레비전의 형태로 선전했고, 가전제품 판매점, 목욕탕, 대형 음식점 등 사람이 모이는 곳에 텔레비전이 설치되었다. 초기에는 프로레슬링처럼 인기 있는 방송이 있으면 텔레비전을 구입할 수 있었던 부유한 가정에 인근 주민이 모여 감상하는 경우가 많았다.

사회평론가 오야 소이치(大宅壮一)는 당시 대중에게 폭발적인 인기를 끌었던 텔레비전문화를 가리켜 1억총백치화(一億総白痴化) 현상이라고 평했다.[14] 이 용어는 ≪주간도쿄(週刊東京)≫ 1957년 2월 2일 자에서 언급해 확산되었다. 동시에 대중에게 큰 영향을 주는 텔레비전에 대한 부정적인 비판이 쇄도했다. 1억총백치화는 당시 일본산업화와 발전의 상징이었던 텔레비전에 빠져 생각하지 않고 보기만하는 일본인과 일본 사회를 비판하는 용어로 사용되어 유행했다. 이 용어에는 텔레비전이라는 미디어가 매우 저속한 것이며, 텔레비전만 보고 있어 인간의 상상력이나 사고력이 저하되는 현상을 비꼬는 의미가 있다. 텔레비전은 종이연극 이하의 백치 프로그램을 매일 방출하여 일본 대중을 단순화시키고 획일화

---

13 고도성장기인 1960년대는 컬러텔레비전(color television), 에어컨(air condition), 자동차(car) 3C를 신 삼종의 신기라고 칭했고, 헤이세이 시기에는 디지털카메라, DVD레코드, 슬림형 대형 텔레비전 등을 헤이세이 삼종의 신기라고 불렀다.

14 大宅壮一, 『大宅壮一のことば「一億総白痴化」を予言した男』(KADOKAWA, 2017). 일본 사회에서는 '일억…'이라는 용어가 당시 시대성을 반영하면서 유행했다. 태평양전쟁에서 본토 결전을 준비하는 과정에서 등장한 「일억옥쇄(一億玉砕)」, 「전진 일억불의 구슬이다(進め一億火の玉だ)」, 패전 후 「일억총참회(一億総懺悔)」, 텔레비전을 보는 일본인을 총칭하는 「일억총백치화」, 전후 경제성장으로 빈부차가 적은 것을 표현한 「일억총중류(一億総中流)」, 2015년 아베 총리가 일본 사회에 활력을 찾기 위해 추진한 「일억총활약(一億総活躍)」 등은 일본 국민 전체를 의미하는 동시에 집단주의 심성을 상징한다.

시키기 때문에 일억백치화(億白痴化)의 주범으로 비판받았다.

식자들의 부정적인 인식과 더불어 매스미디어도 동일한 입장에서 비판했다. ≪도쿄신문≫ 석간 1957년 1월 27일 칼럼에서는 텔레비전이 만들어내는 비속 현상을 보고 즐기는 대중을 국민백치화운동이라 지칭한다는 기사를 게재했다. 아사히방송 광고지 ≪방송아사히(放送朝日)≫는 1957년 8월호에서 텔레비전 시대의 개막에 즈음하여 "텔레비전에 바란다"라는 특집을 기획하고, 식자들의 대담을 모아 공개했다. 그 가운데 전후 최고의 사회파 대중작가로 활동한 마쓰모토 세이조(松本淸張)는 장래 1억 일본인이 텔레비전을 보면서 총체적으로 백치가 될 가능성이 있다고 하여 '총'이라는 언어를 사용하여 강조했다.

당시 식자들과 매스미디어는 텔레비전을 저속한 것으로 비판했지만 그 배경에는 독서를 중시하는 교양주의적 세계관이 있었다. 도서를 읽는 행위는 스스로 활자를 통해 능동적으로 내용을 이해하여 사고와 상상력을 풍부하게 하는 학습행위로 인식해 일본 사회에 독서문화를 정착시켰다. 책을 보지 않거나 문자를 읽지 않으면 내용을 이해하기 어렵고, 자신의 머리로 상상하거나 사고하는 힘이 약해진다는 도서 중심적 생활 태도가 중시되어 벌어진 현상이다. 도서에 비해 텔레비전은 수동적으로 비춰지는 영상을 보고 들려오는 음성을 듣는다는 점에서 상상력이나 사고력을 저하시킨다고 인식했다.

텔레비전에 대한 찬부 논란이 가열되면서도 삼종의 신기 붐으로 형성된 경기 호황에 힘입어 1956년 '이미 「전후」가 아니다'라는 전후 경제 부흥이 선언되면서 새로운 경제도약을 할 수 있는 제반 환경이 준비되었다. 텔레비전 보급과 더불어 황태자비의 약혼과 결혼 이벤트는 일본인의 관심을 고조시켜 이른바 미치 붐을 일으켰다.[15] 경제 호황으로 물질적 풍요와 함께 여유를 가질 수 있는 생활 환경으로 인해 황실 행사를 축하하는 분위기가 조성되었다. 신비에 싸인 황실 이벤트와 소통 수단으로서의 텔레비전이 대중을 열광하게 만들어 미치 붐이라

---

15 石田あゆう, 『ミッチー・ブーム』(文藝春秋, 2006).

는 사회현상을 만들어냈다.

자립기에 형성된 삼종의 신기문화는 다른 말로 표현하면 성장 붐, 가전제품 붐, 소득 증가 붐, 산업 활성화 붐, 일본 제품 붐, 가정 소비 붐 등의 특징을 가진 현상으로 일본 사회에 정착했다. 흑백텔레비전, 냉장고, 세탁기 등은 내구재로서 모든 가정이 가져야 하는 상징물이자 선망의 대상이 되었기 때문에 가전제품 기업은 경쟁적으로 생산하고, 유통 담당자는 경쟁적으로 보급했으며 소비자들은 경쟁적으로 구매하여 일본 경제의 경쟁력을 향상시켰다. 당시 종합가전 브랜드는 대량생산, 대량유통, 대량소비 등을 통해 대량생산유통소비체제를 구축했다. 아키하바라(秋葉原)와 같은 거리에는 가전제품 전문점이 생겨나고 가전제품 소비자가 몰리는 가운데 일본은 가전제품 대국으로 이미지화되었다.

2) 가성다방·슈퍼마켓·인스턴트문화

자립기에는 대중이 즐길 수 있는 대중문화가 정책의 대상이 되지 못했다. 그러나 대중은 중앙정부나 지방자치단체의 문화 정책과는 무관하게 다양한 형태의 대중문화를 즐기고 있었다. 대중이 즐기는 문화로 시대에 정착한 것은 인스턴트 라면, 홀라후프, 가미가제 택시(神風タクシー), 텔레비전방송, 트위스트, 도돈파(ドドンパ), 닷코찬(だっこちゃん), 합동하이킹(合同ハイキング), 젊은 넷코회(若い根っこの会), 레저, 코카콜라, 마이카, 롯폰기족, 슈퍼마켓, 기노쿠니야(紀ノ国屋), 도요타 크라운 자동차 등으로 전전과는 다른 문화 현상이 일어났다. 그리고 이 시기에는 암이 유행하고 불쾌지수라는 개념이 등장했으며 시정촌 병합과 지정도시 등이 추진되었고, '매춘방지법' 등이 제정되었다.

당시 시대상을 전적으로 반영한 음악과 쉼 장소로 이용된 재즈다방(ジャズ喫茶)이나 가성다방(歌声喫茶)이 대중들에게 인기를 얻어 유행했다. 1950년경 도쿄 신주쿠(新宿)의 한 요리점에서 러시아민요가 흘러나왔다. 자연 발생적으로 손님들이 노래를 부르기 시작하고 유행하면서 가성다방이 생겨났다. 제2차 세계대전 후 시베리아 개척을 다룬 소련 영화 〈시베리아 이야기(Сказание о земле

Снбирскои, シベリア物語)〉가 상영되면서 영화에서 연출된 장면의 영향을 받기도 했다. 1955년 도쿄 신주쿠(新宿)에 컬처(カチューシャ), 등불(灯) 등과 같은 가성다방이 개장하면서 유행했다.

가성다방은 가수와 배우, 사회자 등으로 활동한 사토 무네유키(佐藤宗幸)나 가미조 쓰네히코(上条恒彦) 등과 같은 가수들이 데뷔하는 무대가 되기도 했다. 특히 학생운동이나 노동운동의 한 형태로 노래운동(うたごえ運動)이라는 새로운 발상이 일어나면서 가성다방은 정치운동 장소로서도 기능했다. 연대감을 느끼게 하는 가성다방이 인기를 얻어 많은 사람이 애용했다. 그리고 집단 취직으로 도쿄에 상경한 지방 청년들이 외로움을 달래는 장소가 되기도 했다. 최전성기에는 전국에 약 100곳 넘게 존재했다.

가성다방은 가라오케 박스(カラオケボックス)와는 다르게 모두가 합창하는 형태로 진행되었다. 젊은이들이나 사회운동 성향을 지닌 이들이 모여 노래하고 토론하는 사회운동의 거점 역할을 했다. 그러나 현실적으로 음식 주문이 적고 단가도 낮아 운영난에 처하게 되면서 퇴조의 길로 들어섰다. 1965년을 피크로 가성다방 붐은 점차 시들어 1970년대에 거의 사라졌다. 1970년대 후반에는 가라오케 스낵바(カラオケスナック), 1980년대 가라오케 박스 등이 생겨나 사람들 앞에서 노래 부르고 싶은 수요자를 흡수해 일본제 명품문화로서 가라오케문화가 정착했고 이후 세계화가 진행되었다.

또한 경제성장과 함께 소비자가 상품을 저렴하고 용이하게 구매할 수 있는 유통 혁명이 일어났다. 유통 혁명은 슈퍼마켓(supermarket: SM)이 생기면서 시작되었다. 높은 빈도로 소비되는 식료품이나 일용품을 셀프 서비스를 통해 언제든지 단시간에 구입할 수 있도록 한 소매업이 유행했다. 슈퍼마켓은 시장을 의미하는 'market'과 초과하다는 'super'의 합성어로 전통 시장을 능가하여 다목품을 취급하는 종합판매 점포를 지칭하는데 협의로는 식료품이나 일용품 판매 점포를 말한다. 특정 상품을 전문적으로 취급하는 것이 아니라 폭넓은 생활용품을 진열해서 판매하는 총합슈퍼로 특화했고, 동시에 식품슈퍼, 의료슈퍼, 공산품슈퍼 등과 같이 전문제품을 취급하는 슈퍼마켓도 등장했다.

다품목을 취급하는 종합슈퍼는 초기에 SSDDS(Self Service Super Discount Department Store) 또는 셀프데파트라고 칭했다. SSDDS는 셀프 서비스와 저가 판매 점포로 1960년대 널리 이용되었다. 슈퍼마켓이라는 용어가 유입되어 개점 한 점포는 1952년 케이한전기철도(京阪電気鉄道)가 오사카의 구게이바시역(旧京橋 駅)에 설치한 케이한 슈퍼마켓(京阪スーパーマーケット)이 최초이다. 그리고 도쿄 아오야마(青山)에서 과일상으로 창업한 기노쿠니야가 1953년 징구마에역(神宮前 駅)에 셀프 서비스 방식으로 상품을 선택하고 일괄적으로 계산하며 미국식 쇼핑 카트를 사용하는 시스템을 갖춘 슈퍼마켓을 개점했다. 이후 1956년 세이부(西 武), 1957년 다이에(ダイエー), 1961년 이토요카당(イトーヨーカ堂) 등이 개점했고 대형화와 전문화된 슈퍼마켓이 유행했다.

일본의 슈퍼마켓은 식료품, 일용품, 의료품, 주류, 가전제품 등 다양한 제품 을 취급하고 있어 종합슈퍼의 성격을 띠고 시가 중심지에 개점하고 있다. 1975 년에는 후쿠오카현에서 지역슈퍼마켓 마루와(丸和)가 개점하여 24시간 영업을 했다. 1990년에는 담배나 주류 판매가 가능해졌다. 1996년 다이에는 슈퍼업계 최초로 전국의 매장에서 정월 초하루에 영업했다. 슈퍼마켓은 각기 다른 생산자 가 생산하는 다른 상품을 한곳에 진열하고 대량으로 구매하여 판매하기 때문에 소비자가 저렴하게 이용할 수 있는 시장으로 애용되었다.

일본 음식문화 가운데 국내뿐 아니라 세계 각국에 전파되어 유행하고 정착한 것이 인스턴트 라면(instant ramen, instant noodles)문화이다. 인스턴트 라면은 열 탕에 넣거나 냄비에 끓이는 방식으로 단시간에 간단하게 조리해서 먹을 수 있도 록 가공된 보존성이 좋은 식품이다.[16] 라면은 포장과 조리 방법 차이에 따라 포 장 라면과 컵라면, 면 종류에 따라 프라이 면과 건면 등 매우 다양하다. 일본에 서 만들어진 식품이지만 해외에도 수출되었고, 기술 이전으로 현지에서 제조되

16　速水健朗, 『ラーメンと愛国』(講談社, 2011).

〈표 3-4〉 라면 역사

구분	특징
1953년	- 무라다제면소(村田製麺所, 都一株式会社)의 무라다 요시오(村田良雄)가 즉석 라면으로 굴곡면 제조법을 발명하여 특허를 냄
1955년	- 미쓰다산업(松田産業, おやつカンパニー)은 된장중화면(味付中華麺)을 즉석면 제조품으로 개발했지만 상업화에 실패하고, 1959년 베비라면(ベビーラーメン, ベビースターラーメン)을 상품화하여 인기를 얻음
1956년	- 제1차 남극 관측대가 도메이쇼코(東明商行)의 즉석 라면을 가지고 가서 화제를 불러일으킴
1958년	- 도메이쇼코는 즉석 라면으로 장수면(長寿麺)을 발매하고, 면에 끓는 물을 붓고 스프를 넣는 제조법을 시작함 - 12월 도메이쇼코의 창업자 재일 대만인 조고쿠분(張国文)은 된장건면제법(味付乾麺の製法)을 특허 출원한 후 닛쇼식품이 2300만 엔에 특허 기술을 매수함 - 다이와통상(大和通商)은 계사면(鶏糸麺)을 발매함 - 닛쇼식품의 창업자 안도 모모후쿠(安藤百福)는 순간유열건조법(瞬間油熱乾燥法)을 발명하고 세계에서 처음으로 인스턴트 치킨라면을 개발함
1959년	- 닛쇼식품 안도 수마(安藤須磨)가 즉석 라면 제조법을 특허 출원함
1961년	- 메이세이식품은 컵에 튀긴 면, 건재료, 분말스프 등을 넣어 뜨거운 물을 넣어 먹게 하는 최초의 컵라면 메이세이마타야키면(明星叉焼麺)을 개발했으나 용기 내구성이 떨어져 테스트 판매만 하고 상품화하지 못함
1962년	- 메이세이식품은 전분을 사용한 분말스프를 개발하고 분말스프와 면을 별도의 봉지에 넣은 시나치구이리메이세이라면(支那筍入明星ラーメン)을 발매함 - 닌텐도(任天堂)는 자회사 산킨식품(三近食品)을 설립해 뽀빠이라면(ポパイラーメン)을 판매하지만 실패함
1963년	- 닛쇼식품은 세계에서 처음으로 닛쇼야키소바(日清焼そば)를 발매함
1966년	- 산요식품은 삿포로이치반(サッポロ一番) 라면을 개발하고 건조한 파를 넣어 판매한 후 1970년대에는 면을 기름에 튀기지 않고 냉동 건조시키는 후리즈드라이제법(フリーズドライ製法)을 개발하여 보급했고, 이후 소금맛, 된장맛, 카레맛 등 다양한 스프를 개발함
1971년	- 닛쇼식품은 세계 최초로 내구성이 있는 컵을 통해 컵누들(カップヌードル)을 발매했지만 잘 팔리지 않은 상태에서 연합적군(連合赤軍)의 아사마산장(あさま山荘) 사건에 파견된 기동대원 등이 컵누들을 먹고 있는 모습이 TV로 방송되면서 히트함
1975년	- 도요수산은 세계 최초로 마루창노컵우동기쓰네(マルちゃんのカップうどんきつね)를 발매함
1980년대	- 조미료, 미소, 고마다레 등을 넣어 만든 액체조미료 라면이 많아졌고, 건조시

구분	특징
	킨 새우, 돼지고기, 계란 등을 넣은 라면이 보급되었으며, 내용물이 푸짐한 라면이 발매되지만 가격 인상 요인이 되었고, 맛 없는 라면은 시장에서 외면당함
1990년대	- 레토르트(retort, 멸균 처리) 조리법이 개발되어 고급 라면이 등장함
2000년대	- 라면은 컵라면, 봉지라면, 생면라면 등으로 생산되고, 다양한 요소가 가미된 콜래보레이션 라면이 등장함

어 널리 퍼져 있는 국제화된 일본 음식이다. 특히 동아시아 국가에 전파되어 한국, 홍콩, 중국 등에서 유행하고 있다.

〈표 3-4〉는 일본의 라면 역사를 소개한 것이다. 1953년 즉석 라면이 특허를 내면서 발동을 걸었고, 이후 질적·양적으로 성장하여 다양한 라면이 개발되면서 라면대국 일본을 구축했다.

최근에는 건강식품에 대한 관심과 요구가 높아지면서 비프 라면을 선호하고 있다. 기름으로 튀기기보다는 찌거나 열풍 건조하는 제품이 많다. 쌀을 원료로 하는 라이스 누들, 녹두를 원료로 하는 하루사메(春雨), 야쿠르트사의 면허개전(麵許皆伝, クロレラ), 닛쇼식품(日淸食品)의 고추라면(とんがらし麵, 唐辛子), 닛쇼식품의 닛쇼라왕(日淸ラ王 袋麵), 산요식품(サンヨ―食品)의 삿포로이치반(サッポロ一番 麵の力) 등이 있다. 봉지면이 컵라면보다 덜 소비되지만 2012년 도요수산(東洋水産)이 개발한 마루창정면(マルちゃん正麵)이 히트하면서 번창했다. 그리고 생면을 그대로 건조시키는 새로운 제법이 개발되어 생면에 가까운 식감을 느낄 수 있는 생라면이 등장했다. 한편 해외에서 생산된 최초 라면은 메이세이식품(明星食品)이 한국의 삼양식품과 협력해서 1963년 제조한 삼양라면이다.

1950년대 생산되기 시작한 인스턴트 라면은 이후 일본뿐 아니라 세계 각국으로 확산되어 세계 식품으로 자리 잡았다. 라면에 대한 수요가 증가하면서 분말 스프를 제조하는 기술이 발달했고, 의약품 제조에 사용되는 동결건조 기술이 파나 새우를 보존하는 데 응용되어 일반화되었다. 인스턴트 라면의 제조 및 조리 방법, 구성 등은 인스턴트식품으로 확대되어 적용되고 있다. 현재 인스턴트식품

〈표 3-5〉 인스턴트식품 종류

구분	내용
전통식품	냉동 두부, 말린 쌀(糒), 미숫가루, 메밀국수(蕎麦, 소바), 갈분탕(葛湯), 인스턴트 라면, 컵라면, 튀김면(인스턴트 우동, 인스턴트 메밀보리), 건면, 소바, 우동, 냉동부리, 소면(素麺), 하루사메(당면, 春雨ヌードル), 진공팩 면(우동, 소바)
통조림·레토르트 식품	쌀밥(백반, 적반, 잡곡), 죽, 카레(白飯付きカレー), 스프, 크림 스튜, 덮밥, 규동(牛丼), 오야코동(親子丼), 주카동(中華丼), 고기(ハンバーグ, ミートボール, ミートソース), 삶은 식품, 오뎅(おでん), 니마메(煮豆), 자쓰니(雑煮)
분말식품	차(茶: 顆粒状), 레몬티, 녹차, 매화차, 곤부차(昆布茶), 스킴밀크(スキムミルク), 코코아, 오렌지주스, 메론소다, 시루코(汁粉, 단팥죽), 아마자케(甘酒), 스프(スープ), 완모노(椀物), 미소시루(味噌汁), 수이모노(吸い物), 차즈케(茶漬けの素), 분마쓰마슈포테토(粉末マッシュポテト)
건조식품	건빵(乾パン), 호시유바(乾しゆば), 야키후(焼き麩, 밀개떡), 미역(わかめ), 기타 해산물(他海草類), 인스턴트커피, 미소시루, 수이모노, 자른 야채(カット野菜), 과일(果物)
냉동식품	야키우리(焼売), 무시교자(蒸し餃子), 차항(チャーハン), 가열 햄버거(加熱済みハンバーグ), 가열 프라이드치킨(加熱済みフライドチキン), 피자, 가열 돈카쓰(加熱済みトンカツ), 미트볼, 무시니쿠만(蒸し肉まん)

은 편리하여 일상생활에서 빈번하게 사용되고 전장이나 등산, 재해 지역 등에서도 이용되어 질적·양적으로 성장하고 있다.

〈표 3-5〉는 인스턴트식품의 종류를 소개한 것이다. 인스턴트식품은 누구나 장소와 시간에 구애받지 않고 간단하게 조리해서 먹을 수 있으면서도 영양가도 높은 식품으로 발전하고 있다.

자립기에 형성되어 발전·발명되어 나타난 물품문화 중 히트 상품은 가전제품이며 냉장고, 세탁기, 텔레비전 등으로 대표되는 삼종의 신기이다. 그리고 음료를 판매하며 노래를 도입해 인기를 얻은 가성다방과 서양 음악을 들려주는 재즈다방 등이 당시 시대사상과 연결되면서 사회운동의 메카로서 역할한 것은 매우 이례적이다. 그리고 일본 사회 현상과 맞물려 나타난 것이 인스턴트음식문화이다. 경제성장과 함께 속도 있게 움직이는 사회생활에 맞춰 생겨났고 이후 일본인의 식습관과 음식문화를 규정하는 중요한 계기가 되었다. 인스턴트식품은 봉지라면이나 컵라면을 시작으로 전통식품, 통조림, 분말식품, 건조식품, 냉동식품 등과 같은 일반 식품으로 확산되어 개발하고 발전하는 일본 음식문화가 되었다.

3) 사무라이 영화·데쓰카 만화문화

자립기에는 영화가 영상문화를 주도하고 일본적인 전통극과 사무라이를 다룬 시대극이 활발하게 만들어졌다는 의미에서 시대극 영화시대라고 할 수 있다.[17] 시대극은 근대 연극이나 영화, TV 드라마, 현대극 등과 대별되는 일본적 특징을 가진 장르이다. 시대극 영화 장르는 헤이안(平安)시대부터 메이지유신까지 취급한 무사 관련 작품을 총칭한다. 시대극은 전형적으로 마게(髷, マゲ)를 한 인물이 등장하고 정의, 복수, 충성 등과 같은 무사시대의 이념을 담고 있다. 1950년대 시대극으로 제작된 영화는 에도시대를 무대로 한 작품이 많다.

시대극은 다른 말로 찬바라(チャンバラ)라고도 한다. 엄밀하게 구분하면, 찬바라는 시대극의 하부 장르로 절정 장면에서 검극 장면(剣戟シーン)이 등장하는 경향이 있어 시대극과 찬바라가 반드시 일치하는 것은 아니다. 찬바라의 어원은 검극 장면을 다루는 영화에서 양자의 칼이 부딪칠 때 내는 소리를 찬찬바라바라(ちゃんちゃんばらばら)로 표현한 것에서 유래한다. 그것과 별도로 마게모노(髷物, まげもの), 존마게모노(丁髷物) 등의 모습을 하고 칼을 가진 무사가 등장하는 시대극을 사무라이(侍) 영화라고도 한다.

1952년 미일안전보장조약이 체결되어 점령 정책이 끝나면서 영화계는 자유롭게 시대극을 만들 수 있게 되었다. 시대극을 제작하지 못해 담아두었던 에너지가 분출해 시대극 영화가 폭발적으로 만들어져 일본 영화사에서 시대극이 가장 왕성하게 제작되고 공개된 시기였다. 그 가운데 점령시대에 제작된 구로사와 아키라 감독의 〈라쇼몽〉이 베네치아 영화제에서 그랑프리를 수상하면서 시대

---

17 이하 구건서, 『일본 영화와 시대성』(제이엔씨, 2007)를 참조.

극 영화의 붐을 촉발시켰다.

구로사와 아키라 감독이 제작한 〈라쇼몽〉은 다이쇼 4년 9일 발표한 아쿠다카와 류노스케(芥川龍之介)의 『라쇼몽』이라는 소설을 영화한 것이다. 이 작품은 사무라이 중심으로 벌어지는 칼로 인한 복수, 원한, 충성 등의 내용을 담고 있지는 않지만 통쾌한 복수를 잘 그려냈다. 구로사와 아키라(黒沢明) 감독은 이렇게 간단하게 그려진 아쿠타가와 류노스케의 〈라쇼몽〉이라는 작품을 명품 시대극으로 만들었다.[18]

이어서 구로사와 아키라 감독은 〈7인의 사무라이(七人の侍)〉라는 작품을 1954년 공개했다.[19] 이 영화는 약 1년에 걸쳐 촬영하고 수천 명의 스태프가 참여해 완성되었으며 공개했을 때 700만 명의 관객을 동원하여 흥행에도 성공했다. 내용은 전국시대(1586)를 무대로 떠돌이 낭인의 약탈로 곤궁해진 백성에게 고용된 7인의 사무라이가 신분 차이를 극복하면서 떠돌이 낭인을 물리치는 내용이다. 면밀한 고증과 생동감 있는 액션을 도입하여 시대극의 진수라 평가받았다. 〈7인의 사무라이〉는 전반부와 후반부로 나눠 상영되었다. 전반부에는 주로 사무라이 모집과 전쟁 준비에 대해 그렸고, 후반부에는 떠돌이 낭인과의 결전을 그렸다.

이야기는 전국시대 말기 어느 산간 농촌이 배경이다. 마을 사람들은 전쟁 때문에 도적으로 변한 떠돌이 낭인의 약탈에 시종일관 노출되어 있다. 어느 봄날 산에서

---

18 芥川龍之介, 『ザ·龍之介: 芥川龍之介全一冊』(第三舘, 2000).

19 〈7인의 사무라이〉는 1954년 4월 26일 공개된 시대극 영화이다. 도호가 제작하고 배급했으며, 구로사와 아키라가 감독하고 미후네(三船敏郎) 등이 주연했다. 모놀로그와 표준형 사이즈로 된 207분 영화이다. 구로사와 감독은 처음으로 복수의 카메라와 망원렌즈를 사용했다. 역동적이며 사실적인 액션을 그렸고, 촬영기술, 각본, 치밀한 고증을 통해 만들어 시대극 리얼리즘을 확립했다. 이 영화는 당시 통상 작품의 일곱 배에 달하는 제작비를 들였고, 수천 명의 스태프가 동원되어 1년간 촬영했으며 흥행에도 성공했다. 구로사와가 존경하는 존 포드의 서부극에서 영향을 받았고 동시에 세계의 영화인과 영화 작품에도 영향을 주었다.

떠돌이 낭인의 대화 소리가 들렸다. 보리를 수확하는 시기에 떠돌이 낭인 40명이 마을을 약탈하러 온다는 이야기였다. 지금까지의 경험으로 보면, 관리는 도움이 되지 않을 것이 명백했기 때문에 마을 사람들은 절망에 빠져 있었고 젊은 요시기치(利吉)는 떠돌이 낭인과 싸울 것을 주장한다. 마을 사람들은 두려워 반대했지만 마을 장로는 싸우기로 결정하고 배고픈 사무라이를 고용하여 대응하자고 제안한다. 힘을 빌려줄 사무라이를 모집하기 위해 큰 마을에 나온 요시기치 4인(利吉・茂助・万造・与平)은 싸구려 여인숙에 체류하면서 쌀밥을 배부르게 준다는 조건으로 사무라이들에게 말을 건네지만 거절당하고 만다. 그 와중에 인근 농가에 도적이 들어 어린이를 잡아 인질극을 벌이는 사건이 발생한다. 주위 사람들은 팔짱만 끼고 있는 가운데 지나가던 사무라이가 중으로 변장하여 어린이를 구출하고 도적을 베어버렸다. 사무라이는 간헤이(勘兵衛)라는 떠돌이무사였다. 젊은 사무라이 가쓰시로(勝四郎)는 그에게 제자가 되고 싶다고 말한다. 요시기치는 그 사무라이에게 떠돌이 낭인의 퇴치를 부탁한다. 간헤이는 밥만 먹을 수 있는 것만으로는 무리라고 일축하고 마을 이야기를 들어보더니 적어도 사무라이 7명은 필요하다고 말한다. 이야기를 듣고 있던 주위 사람들은 농민의 고충을 알면서도 행동하지 않는 간헤이를 질책한다. 간헤이는 마음을 돌려 돈과 출세와는 관련 없는 의뢰를 받아들인다. '밥, 적당하게 하고는 안 먹어'라고 말한다. 이렇게 해서 7명의 사무라이 일행이 마을에 들어왔다. 마을 사람들은 사무라이 지도하에 방어선을 구축하고 싸울 준비를 한다. …… 초여름 보리 베기가 시작되어 잠시 평화의 시간이 흐르는 가운데 떠돌이 낭인이 정찰하기 위해 나타났다. 떠돌이 낭인을 잡아 본거지를 안 사무라이들은 요시기치의 안내로 본거지를 급습하여 해치운다. 그러나 호우가 내리는 밤 떠돌이 낭인 13명이 마을을 덮친다. 사무라이들은 싸움을 벌이는 가운데 떠돌이 낭인을 한 명 한 명 해치운다. 기쿠치요(菊千代)가 마을 여자아이들이 있는 작은 방에 숨어든 두목을 살해하자 떠돌이 낭인은 파멸한다. 떠돌이 낭인을 격퇴한 마을은 일상으로 돌아오고 파란 하늘 아래서 마을 사람들은 피리와 북으로 박자를 맞추며 평화롭게 모내기를 한다. 활력 넘치는 새로운 생활이 시작된 마을 사람들과는 대조적으로 그 모습을 지켜보는 살아남은 사무라이 세 명의 표정은 밝지가 않다. 모내기하러 가기 위해 마을 여성들이 무사들 옆을 지나간다. 그 가운데 시노(志乃)는 젊은 사무라이 가쓰시로를 보고 주저하면서 말없이 논으로 떠나든다. 가쓰시로를 잇으려는 듯이 시노가 열심히 노래부르며 묘를 심는다. 간헤이가 중얼거린다. '이번에도 진 싸움이다', 찡그린 얼굴의 시치로지(七郎次)에게 '승리한 것은 저 백성들이다. 우리들이 아니다'라고 말하고 간헤이는 언덕을 본다. 언덕위에는 묘지 푯말 대신 칼이 꽂힌 네 개의 병사 무덤(土饅頭)이 외롭게 있다.

이 영화는 전형적인 사무라이를 등장시킨 찬바라 영화로 정의, 복수, 휴머니즘 등을 다루고 미군정이 종료된 후 전국시대를 배경으로 제작한 정통시대극 영화라는 데 가치가 있다. 특히 국제사회에서 일본 영화의 수준과 가치를 높인 작품으로 베네치아 국제영화제에서 은사자상을 수상하여 일본 영화를 세계 영화계에 알리는 계기가 되었다. 이 영화는 1960년 미국에서 제작된 〈황야의 7인(荒野の七人)〉에도 영향을 주었다.

GHQ의 통제와 감시를 받았던 정통시대극이 자유롭게 제작되어 발표되는 가운데 당시 세계적인 감독 구로사와 아키라는 〈라쇼몽〉과 〈7인의 사무라이〉를 제작하여 시대극의 선구자적 역할을 했다. 이 작품을 필두로 시대극으로 만들어져 인기를 얻은 작품으로는 미조구치 겐조 감독의 〈사이가쿠일대녀〉, 〈우게쓰 이야기〉, 〈산쇼다유〉, 〈치카마쓰 이야기(近松物語)〉, 기누가사 데이노스케(衣笠貞之助) 감독의 〈지옥문(地獄門)〉 등이 있고, 이들 작품이 빛을 보면서 시대극 영화의 황금시대가 열렸다.

제2차 세계대전과 관련된 내용을 담은 영화가 만들어져 새로운 영상문화를 꽃피우는 계기가 되었다. 제2차 세계대전과 관련된 영화로는 기노시타 게이스케(木下惠介)의 〈24인의 눈동자(二十四の瞳)〉(1954), 도에이(東宝映画)가 가공의 괴수를 등장시켜 시리즈로 제작한 〈고지라(ゴジラ)〉, 이마이 다다시의 〈히메

유리의 탑(ひめゆりの塔)〉(1953), 이치가와 콘(市川崑)의 〈미얀마의 수금(ビルマの竪琴)〉(1956) 등이 있다. 이들 영화는 전쟁을 단순하게 악으로 인식하지 않고 전쟁 체험의 비장함을 느끼게 하는 동시에 전쟁에 대한 회한과 휴머니즘을 표현하여 사회에 영향을 주었다.

그중 화제를 낳은 작품이 1954년 쇼치쿠에서 기노시타 게이스케 감독이 제작한 〈24인의 눈동자〉이다. 이 영화는 일본이 제2차 세계대전에 돌입하면서 발생한 역사적 소용돌이에 말려든 여교사와 생도들의 고난과 비극을 통해 전쟁의 비참함과 참혹함을 표현한 작품이다. 또한 언론 자유가 제한되고 군국주의에 빠진 일본과 패전으로 전쟁에서 해방된 일본이라는 서로 다른 두 개의 시대를 그린 작품이다. 이 영화는 제2차 세계대전과 관련된 내용을 직접적으로 다룬 작품으로 전쟁의 참화를 작품의 형태로 고발하고 있다는 의미에서 반전 영화라고 할 수 있다.

그 외에도 제2차 세계대전을 일본의 입장에서 그려낸 영화로는 〈전함야마토(戰艦大和)〉(1953), 〈태평양의 독수리(太平洋の鷲)〉(1953) 등이 있다. 이들 영화에는 지난 과거시대에 일어났던 전쟁에 대해 향수를 느끼게 하는 표현도 많다. 아라시 간주로가 메이지천황을 연기한 〈메이지천황과 일러대전쟁(明治天皇と日露大戰爭)〉(1957)과 같은 작품도 등장했다. 신성하고 불가침적인 존재로 여긴 천황을 주제로 한 영화가 만들어지고 유통되는 시대가 도래한 것이다. 자립기 영화는 자유로운 발상과 소재를 다루면서도 일본적 정서와 가치를 끊임없이 추구한 특징이 있다.

일본 영화계에는 정통시대극, 반전 영화, 전쟁 향수, 신시대상 등과 같은 다양한 내용을 소재로 한 영화가 많이 생산되었다. 일본 정서를 담은 영화가 국제적으로 호평을 받을 수 있었던 것은 도호, 쇼치쿠, 닛카쓰, 다이에이, 도에이 등과 같은 전문적인 대형 영화제작사가 주도적으로 양질의 영화를 만드는 데 참여하고, 다수의 우수 영화인으로서 감독과 촬영기사가 육성되었으며, 튼튼한 시나리오가 만들어졌고 영화의 대중화를 이끈 영화 관객이 한몫을 했기 때문이다.

〈표 3-6〉 자립기의 영화사·감독·작품

구분	자립기의 영화사·감독·작품
도에이 (東映)	- 신작 2편 양산체제를 구축하기 위해 어린이용 연속활극 형식의 단편을 장편으로 제작해 상영하고, 나카무라 긴노스케(中村錦之助)가 출연한 〈신제국 이야기 피리 부는 동자(新諸国物語 笛吹童子)〉 시리즈(1954년, 3부작), 〈신제국 이야기 홍공작(新諸国物語 紅孔雀)〉 시리즈(1954~1955년, 5부작) 등이 어린이에게 인기를 얻음 - 이치카와 우타에몬, 가타오카 치에조, 나카무라 긴노스케 등이 출연하는 어른용 시대극을 활성화하여 도에이는 시대극 왕국이라는 위상을 구축함 - 현대극으로는 뉴페이스로 등장한 나카하라 히토미(中原ひとみ) 등이 활약했고, 작품으로는 이마이 다다시 감독의 〈쌀(米)〉(1957), 〈순애 이야기(純愛物語)〉(1957) 등과 같은 수작이 히트함 - 1958년 10월에는 일본 최초의 장편 애니메이션 〈백사전(白蛇伝)〉을 공개하여, 일본 애니메이션 중흥의 원조가 되었고, 도에이시네마스코푸(東映シネマスコープ)의 도입으로 일본 영화의 와이드시대를 개관함
도호 (東宝)	- 1954년 〈고지라〉가 히트하고 시리즈화 되어 1975년까지 많은 수익을 냈고, 모리시게 히사야(森繁久弥) 출연의 〈3등중역(三等重役)〉과 같은 샐러리맨 시리즈, 프랑키사카이(フランキー堺) 출연의 사장 시리즈, 역전 시리즈 등이 히트를 쳐 도호의 경영을 유지함 - 이마이 감독의 〈다시 만나는 날까지(また逢う日まで)〉(1950), 베네치아국제영화제 그랑프리를 수상한 이나가키 히로시 감독의 〈무호마쓰의 일생(無法松の一生)〉(1958), 히로세 미키오(成瀬巳喜男) 감독의 〈부운(浮雲)〉(1955), 오카모토 기하치(岡本喜八) 감독의 〈독립우연대(独立愚連隊)〉(1959) 등이 제작됨 - 도호 쟁의로 일시 도호를 떠났던 구로사와 아키라의 〈사는 것(生きる)〉(1952), 〈7인의 사무라이〉(1954), 〈숨은 성채의 3악인(隠し砦の三悪人)〉(1958) 등이 히트한 후 구로사와는 거금을 들여 1959년 구로사와 프로덕션을 발족시키고 도호와 파트너십을 유지함 - 오다 모토요시(小田基義) 감독과 쓰부라야 에이지(円谷英二) 특수촬영 감독의 〈투명인간(透明人間)〉(1954), 혼다 이시로(本多猪四郎) 감독과 쓰부라야 특수촬영 감독의 〈수인설남(獣人雪男)〉(1955) 등이 특수촬영 작품으로 히트하고, 도호 영화 1000편 기념 작품으로 이나가키 히로시 감독과 쓰부라야 특수촬영 감독이 〈일본탄생(日本誕生)〉(1959)을 제작됨
쇼치쿠 (松竹)	- 오오바 히데오(大庭秀雄) 감독의 〈너의 이름은(君の名は)〉(1953~1954), 이마이 감독의 〈니고리에(にごりえ)〉(1953), 〈기쿠와 이사무(キクとイサム)〉(1959) 등이 히트함 - 고바야시 마사키(小林正樹) 감독의 〈인간의 조건(人間の條件)〉(1959~1962)이 베네치아국제영화제에서 수상했고, 후쿠다 세이이치(福田晴一) 감독, 반 준자부로(伴淳三郎) 출연의 〈이등병 이야기(二等兵物語)〉와 같은 희극 작품이 히트하여 쇼치쿠 영화로 특화됨 - 기노시타 게이스케(木下惠介) 감독의 〈카루멘 고향으로 돌아가다(カルメン故郷に帰

구분	자립기의 영화사·감독·작품
	る)〉(1951), 〈일본의 비극(日本の悲劇)〉(1953), 〈24인의 눈동자〉, 〈여자의 정원(女の園)〉(1954), 〈야국과 같은 너(野菊の如き君なりき)〉(1955), 〈태양과 장미(太陽とバラ)〉(1956), 〈기쁨도 슬픔도 어느 세월에(喜びも悲しみも幾歳月)〉(1957), 〈나라야마 부시코(楢山節考)〉(1958), 오즈 야스지로(小津安二郎) 감독의 〈맥추(麦秋)〉(1951), 〈이른 봄(早春)〉(1956), 〈피안화(彼岸花)〉(1958), 〈도쿄 이야기(東京物語)〉(1953) 등과 같은 명작이 발표됨
닛카쓰 (日活)	- 1953년 제작 재개 후 이치카와 콘 감독의 〈미얀마의 수금〉(1956) 등과 같은 문예작품을 제작함 - 5사 협정으로 타사에서 스타를 스카우트하지 않기 위해 이시하라 유지로(石原裕次郎)를 비롯한 여러 배우를 배출하고, 젊은이를 위한 청춘 영화나 무국적액션 영화를 제작하여 보급함 - 후루카와 다쿠미(古川卓己) 감독의 〈태양의 계절〉(1956), 나카히라 코(中平康) 감독의 〈그릇된 과실(狂った果実)〉(1956), 이노우에 우메쓰구(井上梅次) 감독의 〈풍랑을 부르는 남자(嵐を呼ぶ男)〉(1957), 다사카 도코다카(田坂具隆) 감독의 〈태양이 닿는 비탈길(陽のあたる坂道)〉, 구라하라 고레요시(蔵原惟繕) 감독의 〈풍속 40마일(風速40米)〉(1958) 등이 있음 - 이시하라가 주연한 작품이 한 시대를 풍미했으며, 가와시마 유조(川島雄三) 감독의 〈막말태양전(幕末太陽傳)〉(1957)과 같은 역사에 남을 만한 수작이 제작됨
다이에이 (大映)	- 1950년대부터 1960년대에 걸쳐 남자배우 하세카와 가즈오(長谷川一夫), 이치카와 라이조(市川雷蔵)와 여배우 야마모토 후지코(山本富士子) 등이 활약함 - 시대극 영화로는 다카미네 히데코(高峰秀子)가 출연한 미조구치 감독의 〈지카마쓰 이야기〉(1954), 요시무라 코자부로 감독의, 〈밤의 강(夜の河)〉(1956), 모리 가즈오(森一生) 감독의 〈하쿠오키(薄桜記)〉(1959), 이토 다이스케 감독의 〈벤텡고조(弁天小僧)〉(1959) 등이 있고, 이치카와 콘 감독의 〈염상(炎上)〉과 같은 문예작품에 기반을 둔 영화가 발표됨 - 독립계영화로는 신도 가네토 감독의 〈원폭의 아이〉(1952), 야마모토 사쓰오(山本薩夫) 감독의 〈진공지대〉(真空地帯, 1953), 이마이 감독의 〈대낮의 암흑(真昼の暗黒)〉(1956) 등이 발표되고, 1957에는 데시가하라 히로시(勅使河原宏)와 같은 젊은 영화인이 시네마57을 결성하여 실험영화 제작을 시도함

자료: 구견서, 『일본 영화와 시대성』(제이엔씨, 2007);佐藤忠男, 『日本映画史』(岩波書店, 1995).

〈표 3-6〉은 자립기에 활약한 영화사와 영화감독, 그리고 제작된 영화 작품을 소개한 것이다.

자립기의 일본 영화는 일본 영화사에서 가장 화려하게 칭송받는 영화황금기를 맞이하게 된다. 1954년 구로사와 아키라 감독은 〈7인의 사무라이〉로 베니치

아국제영화제 은사자상을, 기누가사 데이노스케 감독은 〈지옥문〉으로 칸국제
영화제에서 그랑프리를, 미조구치 겐조 감독은 〈우게쓰 이야기〉와 〈산쇼다유〉
로 베네치아국제영화제에서 은사자상을, 이치가와콘 감독은 〈미얀마의 수
금〉(1956)으로 베니스국제영화제에서 상조루주상을 받으면서 일본 영화가 세계
적으로 알려졌다.

국제영화제에서 각종 영화상을 수상을 하면서 일본 영화에 대한 호평과 관심
이 높아졌고 일본 영화인들은 자부심과 긍지를 갖게 되었으며 일본 영화가 세계
적인 영화로 자리매김하게 된다. 1958년에는 영화 인구가 11억을 돌파하고 영
화는 최고의 대중오락으로 부동의 존재가 되었으며 영화 산업은 황금기를 맞이
했다. 1955년 당시 대기업 영화사 여섯 곳에서 연간 174편의 시대극이 제작되
었고, 1960년에는 168편이 제작되었다. 그 이후 고도 경제성장이 이루어지면서
대중문화가 다양화되는 가운데 시대극 영화는 점차 위축되어 갔다. 1962년에는
77편으로 반감하고, 1966년에는 15편, 1973년에는 다섯 편 정도가 제작되었다.

그리고 영화관에서 상영되던 시대극 영화는 텔레비전이 개발되어 보급되면
서 텔레비전 시대극으로 전환되었다.[20] 1953년 2월 NHK TV가 개국하여 TV방

---

20 영화세계에서 시대극 왕국으로 불렸던 도에이가 1964년부터 임교(任俠, 협기, 용기 있는 사
람) 노선으로 바꾸고 1966년에 시대극을 종료하여 시대극의 중심은 다이에이로 옮겨졌다.
다이에이는 가쓰 신타로(勝新太郎)의 〈네무리쿄시로〉 시리즈에 출연하여 명성을 얻은 이치
카와 라이조(市川雷蔵)가 1969년 젊은 나이에 죽자 급속하게 정체성을 잃어 1971년 도산했
다. 그 후 1970년대 들어서 가쓰프로(勝プロ)가 제작한 와카야마 도모지로(若山富三郎) 주연
〈아이가진이리(子連れ狼)〉 시리즈가 히트하고, 쇼치쿠(松竹)가 다카하시 히데키(高橋英樹) 주
연의 〈미냐모토 무사시(宮本武蔵)〉, 이리여 낙양을 베라(狼よ落日を斬れ)〉, 〈구모기리니자에
몬(雲霧仁左衛門)〉, 〈어둠의 사냥꾼(闇の狩人)〉 등을 제작했다. 도에이는 1978년 12년 만에
시대극을 부활시킨 〈야규일족의 음모(柳生一族の陰謀)〉가 히트한 후 〈아고조단절(赤穂城断
絶)〉, 〈사나다유키촌의 모략(真田幸村の謀略)〉, 〈도쿠카와일족의 붕괴(徳川一族の崩壊)〉, 〈그
림자의 군단 핫도리한조(影の軍団服部半蔵)〉 등을 발표하고, 1980년대에 들어서 후카사쿠 긴
지(深作欣二) 감독이 가도가와 하루키(角川春樹)와 제휴하여 〈마계전생(魔界転生)〉, 〈사토미
핫겐전(里見八犬伝)〉을 제작했다. 그러나 그 후 관심을 끌 만한 시대극은 없었고, 시대극 영
화는 50년 가까이 혼돈에 빠지는 가운데 텔레비전이 명맥을 유지하는 상황이 되었다.

송이 시작되고 텔레비전 시대극의 역사가 시작되었다. 당시 시대극은 텔레비전 카메라로 제작해 스튜디오 드라마 형태로 30분 정도 생방송했다. 1953년 7월 방송된 〈한시치도리모노초(半七捕物帳)〉가 텔레비전 최초의 시대극이었다. 1954년 6월 NTV가 방송한 〈에노켄의 미도고문만유기(エノケンの水戸黄門漫遊記)〉는 민방 최초의 시대극이었다. 어린이 작품으로는 〈아카도스즈노스케(赤胴鈴之助)〉, 〈사루도비사스케(猿飛佐助)〉, 〈손오공(孫悟空)〉 등이 방송되었다.

텔레비전 최초 시대극 스타는 나카무라 다케야(中村竹弥)로 〈에도의 영법사(江戸の影法師)〉(1955)에서 인정받아 전속 계약을 맺고 〈한시치도리모노초〉(1956), 〈우몬도리모노초〉(1957), 〈마타시로행장기(又四郎行状記)〉(1958), 〈하타모토구쓰오토코(旗本退屈男)〉(1959) 등에서 주연을 맡았다. 어른용의 시대극으로는 〈구라마뎅구(鞍馬天狗)〉, 〈쾌걸흑두건(快傑黒頭巾)〉, 〈단게사젠(丹下左膳)〉, 〈제니가타헤지 도리모노히카에(銭形平次 捕物控)〉, 〈네무리교시로(眠狂四郎)〉, 〈나루도비죠(鳴門秘帖)〉, 〈신고주반쇼부(新吾十番勝負)〉 등이 있다. 자립기에는 극장 영화뿐 아니라 텔레비전이 보급되면서 텔레비전 영화와 스타가 등장하여 새로운 영화문화를 만들어갔다.

이 시기에 형성된 문화가 데쓰카 오사무(1928~1989)의 만화문화이다. 초기에는 대본용으로 제작된 만화작품을 만화라고 했으므로 그런 의미에서 대본 만화가 일본 만화의 시작이다.[21] 1948년 고베시에서 개업한 로망문고(ろまん文庫)가 전후형의 대본업(貸本業)만화를 제작했다. 1953년경부터 대본 만화가 전파되기 시작했고, 메이지기부터 제작된 어린이용 만화로 표지에 붉은 그림이 있는 조야한 적본 만화(赤本漫画)에서 화려한 포장을 한 대본 만화로 수요가 이동했다.

종전 후 대본점에 진열된 대부분의 책은 중소 유통업자가 운영하는 서점에서 흘러나온 일반 유통의 고서나 고잡지였다. 이후 대본출판사가 출판하는 만화 단

---

21 구견서, 『일본 애니메이션과 사상』(제이앤씨, 2011); 山口康男, 『日本のアニメ全史』(TEN-
    BOOKS, 2004).

행본이 서점가를 점령하기 시작했다. 1950년 말부터 1960년대에 최전성기를 맞이하여 전문 대본점과 문구점, 과자점 등을 겸업하는 점포가 도쿄도에 3000여 개 있었고 전국적으로 대본점이 우후죽순처럼 생겼다. 만화에 대한 관심과 수요기 증기히면서 만화기, 만화점, 만화 기획서, 만화 잡지, 만화 시장 등이 활성화되었다.

당시 대본 만화 요금은 시대에 따라 달랐는데 1950년대 후반 최전성기 입회금이 20엔, 대출 가격이 2박 3일에 10~20엔 정도였다. 대본 만화 단행본 정가는 100~150엔이었고, 기본적으로 섬에는 유통되지 않았다. 만화 전문점은 1000~1500여 명의 회원을 보유했고, 1일 150~200여 명의 고객이 들렀다. 고객은 주로 공장에서 일하는 젊은 남녀가 중심이었다. 초기 대본 만화 단행본은 전전부터 활동한 베테랑 작가, 적본(赤本) 작가, 종이연극 작가, 화가 등이 만화가로 데뷔하여 만들어졌다. 많은 작가가 다양한 장르의 내용을 표현한 대본 만화는 영화, 드라마, 연극 등으로 극화되면서 1960년대 최고 전성기를 맞이했다.

그러나 TV가 일반 가정에 보급되면서 대본 만화는 젊은이용 오락으로서 우위를 잃게 된다. 또한 ≪주간소년선데이(週刊少年サンデー)≫, ≪주간소년 매거진(週刊少年マガジン)≫ 등 주간 만화 잡지가 창간되어 유통시장을 잃으면서 사실상 1960년대 말 대본 출판은 종료되었다. 대본출판사 중심의 대본 비즈니스는 소멸되었지만, 만화 잡지나 코믹 잡지 등이 대량으로 유통되고 있다. 대여 비디오점은 만화 대출이나 만화 찻집, 전자 서적에 의한 전자 대본 등을 취급하여 만화를 유통시키고 있다. 최근에는 『게게게의 아내(ゲゲゲの女房)』나 『극화표류(劇画漂流)』 등과 같이 당시 시대성을 그린 작품이 주목을 받으며 대본 만화 작품의 복원 출판이 이어지고 있다.

자립기의 만화계에는 일본 만화의 아버지와 신으로 칭송되는 데쓰카 오사무가 활동했다.[22] 데쓰카는 유년기에 디즈니 영화를 보면서 애니메이션에 관심을

---

22 구건서, 『일본 애니메이션과 사상』; 山口康男, 『日本のアニメ全史』; 渡辺泰, 『日本 アニメー

갖게 되었고 1942년 디즈니 작품 〈반비(バンビ, Bambi)〉의 영향을 크게 받았다. 1942년 극장용 장편 애니메이션 〈서유기(西遊記 鉄扇公主の巻)〉(중국, 1941, 73분, 모놀로그)를 보고 감동받았고, 1945년 오사카 쇼치쿠좌에서 해군 제작의 장편 만화영화 〈모모타로(桃太郎 海の神兵)〉를 보고 만화가가 되기로 결심했다. 만화가로 활동하기 위해 1952년 도쿄로 상경하고 1953년 ≪만화소년(漫画少年)≫ 잡지사의 소개로 도시마구의 도키와장(トキワ荘)에 입거하여 활동을 개시했다. 그 이후 데라다 히로오(寺田ヒロオ), 후지코 후지오(藤子不二雄), 이시모리 쇼타로(石森章太郎), 아카쓰카 후지오(赤塚不二夫) 등도 입거하여 도키와장은 일본 만화가와 일본 만화의 산실로 기능했다.

데쓰카 오사무는 오사카에서 적본 만화를 그려 도쿄로 가지고 와서 고단샤(講談社)에 간행을 의뢰했지만 거절당했다. 이후 신생각(新生閣)이라는 출판사에서 몇 작품을 간행했다. 그리고 새롭게 창간된 잡지 ≪소년소녀만화와 읽을거리(少年少女漫画と読み物)≫에 1950년 4월부터 최초의 잡지 연재 작품 「타이거 박사의 진여행(タイガー博士の珍旅行)」을 연재했다. 1950년 11월부터는 ≪만화소년≫에 「정글대제(ジャングル大帝)」를 연재하고, 1951년에는 「철완 아톰(鉄腕アトム, Mighty Atom)」의 전신인 「아톰대사(アトム大使)」를 ≪소년(少年)≫에 연재했다. 1953년 ≪소년클럽(少女クラブ)≫에 「리본의 기사(リボンの騎士)」를 연재 개시하여 데쓰카의 만화세계를 구축했다.

데쓰카는 다카라즈카 가극(宝塚歌劇)이나 디즈니에서 영향을 받는 작품을 만화 잡지에 게재하면서 이야기 만화의 선구자가 되었다. 1954년 ≪만화소년≫에 〈불새(火の鳥)〉를 연재했다. 이 작품은 그 후 몇 번 중단되면서도 오랜 기간 지속적으로 연재한 데쓰카의 기념비적인 작품이었다. 당시 출판사들은 데쓰카의 작품을 연재하면서 단행본의 복잡한 이야기 구성에 대한 수정, 독자의 관심을 끌기 위한 매력적인 캐릭터 만들기, 단순한 이야기 구성 등을 요구했다. 데쓰카는

ション映画史』(有文社, 1977).

1952년 단행본 작품 「반비」와 「죄와 벌(罪と罰)」을 끝으로 종결하는 대신에 잡지 부록이 급증하여 부록 책자에 작품을 연재하면서 활동을 이어갔다.

당시 만화 잡지에는 「철완 아톰」과 「나의 손오공(ぼくのそんごくう)」 등과 같은 인기 있는 아동만화가 연재되었다. 데쓰카는 1955년 새로운 시도로 어른용 만화 제작에 돌입했다. 어른용 만화 잡지 ≪만화독본(漫画読本, 文藝春秋新社)≫에 「제3제국의 붕괴(第三帝国の崩壊)」와 「곤충소녀의 방랑기(昆虫少女の放浪記)」를 연재했다. 이 작품의 특징은 어린이용이 아니라 어른용 이야기와 그림을 그렸다는 데 있고, 만화가 어린이 전용에서 어른 전용으로 확대되는 계기가 되었다는 점이다. 1955~1958년에 지적 흥미를 전면에 내세운 작품을 내고, 1956년 SF(Science Fiction) 단편 시리즈 「라이온붓쿠스(ライオンブックス)」를 시작으로 학습지에 「만화생물학(漫画生物学)」, 「만화천문학(漫画天文学)」 등과 같은 학습만화를 발표했다. 1958년에는 도에이 동화에서 연출가로 활동하는 시라카와 다이사쿠(白川大作)의 의뢰로 극장용 장편만화 애니메이션 〈서유기(西遊記)〉를 제작했다.

데쓰카는 1961년 본격적으로 만화영화를 제작·활성화하기 위해 추프로덕션(虫プロダクション)을 설립하고 스태프 6인으로 동화부를 설치했다. 추프로덕션은 1년에 걸쳐 40분 컬러 장편 애니메이션 〈어느 거리의 이야기(ある街角の物語)〉를 제작하여 부루리본상(ブルーリボン賞)과 문부성예술장려상을 수상했다. 이 작품은 추프로덕션의 실험작이며 제1작품이다. 대사가 일체 없고 음악과 영상만으로 이루어졌고 유럽 어느 나라의 길거리에서 소녀와 곰 인형, 같은 아파트에 사는 쥐의 일가, 바이올린을 연구하는 청년과 피아노치는 소녀가 그려진 포스터 등을 통한 전쟁 이야기를 그린 작품이다.

이후 철완아톰 추프로덕션으로 개명하고 일본 최초로 30분짜리 텔레비전 애니메이션 시리즈 〈철완 아톰〉을 제작했다. 매회 풀 제작하는 것이 어려워 리미티드(limited) 아니메 작법을 처음으로 도입하여 애니메이션계에 큰 영향을 주었다. 철완 아톰은 일본을 대표하는 어른용 애니메이션으로 인기몰이를 했다.

1967년 만화에 기초해서 애니메이션으로 제작된 〈정글대제〉는 베네치아국제영화제에서 은사자상을 수상했다. 이후 데쓰카는 〈오스(おす)〉, 〈물방울(しずく)〉, 〈담배와 재(タバコと灰)〉, 〈창세기(創世紀)〉, 〈메모리이(めもりい)〉 등과 같은 단편의 비상업 작품을 제작했다.

데쓰카는 여기에 머물지 않고 실험적인 만화에 도전하기 위해 실험만화 잡지 ≪COM≫을 창간하고, 1967년 괴기만화 「뱁파이어(バンパイヤ)」, 「도로로(どろろ)」를 ≪소년선데이≫에 연재하여 괴기만화 붐에 일조했다. 1968년에는 청년잡지 ≪빅코믹≫, ≪플레이코믹(プレイコミック)≫ 등이 창간되어 청년 만화가 본격적으로 시작되었다. 데쓰카는 ≪빅코믹≫에 「지구를 삼키다(地球を呑む)」, 「아야코(奇子)」, 의학 만화로 인간에 대한 존엄성을 그린 「기리히토찬가(きりひと讃歌)」를 게재했고, ≪플레이코믹≫에 「공기의 바닥(空気の底)」 시리즈를 연재하여 청년들로부터 관심을 받았다. 청년 작품에는 안보 투쟁 등으로 혼란해진 당시 사회정치적 현상이 잘 그려져 있다.

1970년대는 소년 잡지 ≪파우스트(ファウスト)≫, 일본의 전통적 괴담 이야기를 소개한 「백 이야기(百物語)」, 나가이 고(永井豪)의 「파렌치학원(ハレンチ学園)」 등이 히트하면서 성교육을 강조하는 만화가 유행했다. 데쓰카는 신생 만화로 「야켓파치의 마리아(やけっぱちのマリア)」, 「아포로의 노래(アポロの歌)」 등을 소년 잡지에 게재하며 활동했다. 그러나 데쓰카와 그의 작품은 시대성에 뒤처졌고, 경영하던 애니메이션사업도 도산하면서 어려운 상황에 빠지게 된다. 데쓰카는 1974년 ≪주간소년매거진≫에 「3개의 눈이 통한다(三つ目がとおる)」를 연재하면서 만화가로서 부활하기 시작했다. 1976년에는 중단되었던 「불새」가 ≪만화소년(マンガ少年)≫의 창간호에 게재되었고, 1977년 「블랙잭(ブラック・ジャック)」, 「붓다(ブッダ)」, 「유니크(ユニコ)」, 「MW」 등을 연속적으로 연재했다. 이 시기에 만화문고본 붐이 다시 일어나 데쓰카의 과거 작품이 간행되었고, 고단샤에서는 『데쓰카 오사무 만화 전집』을 간행하여 만화의 제1인자, 만화의 신 등으로 평가받았다.

1980년대 후반에는 막말(幕末)부터 메이지까지 자신의 루트를 그린 「양지의 나무(陽だまりの樹)」를 ≪빅코믹≫에 게재했고, 히틀러를 소재로 제작한 역사 만화 「아돌프에 고한다(アドルフに告ぐ)」를 발표하여 청년 만화의 새로운 지평을 열었다. 일본 만화이 완성을 위해 왕성하게 자업활동을 하던 데쓰카는 1989년 1월 병상에 의지하게 된다. 그는 100세까지 만화를 그리고 싶다고 했고, 병상에서 그런 의지를 실천하기 위해 만화를 연재했다. 마침내 그는 1989년 2월 인생을 마감했지만 임종에 가까워지면서도 만화를 그리게 해달라고 부탁한 것으로 전해진다. 「구링고(グリンゴ)」, 「루도위히B(ルードウィヒ・B)」, 「네오 파우스트(ネオ・ファウスト)」 등은 미완의 작품으로 남아 있다.

자립기의 영상문화는 한마디로 일본 시대극 영화와 휴머니즘 만화가 시작되어 전개되었다는 데 의의와 가치가 있다. 전통성과 일본적 가치관에 기초해서 만들어진 찬바라 영화나 사무라이 영화로 나타난 시대극 영화, 데쓰카 만화에서 시작해 애니메이션으로 발전한 일본 만화와 애니메이션 등은 독특한 일본적 정서와 가치를 표현하여 일본이 자랑하는 대중문화가 되었다. 일본제 영상문화는 내용의 다양성과 독창성, 연령을 초월한 독자, 산업화와 상업화, 일반화 및 특수화 등을 추구하면서 문화를 소비하는 대중을 끌어들여 일본제 대중문화로 각인되었고 세계화되는 계기가 되었다.

4) 노사춘투문화

자립기에 노동문화로서 춘투문화가 형성되었다. 춘투(春鬪)는 '春季鬪爭'의 약어로, 봄에 하는 투쟁이라는 의미이다. 일반적으로 노동조합 측은 춘계생활 투쟁이라고 하고, 경영자 측은 춘계노사교섭이나 춘계 투쟁 등으로 부른다. 춘투는 일본적인 특징을 갖고 발생한 노동운동으로서 1954년 탄광노조, 개인철도노조, 화학노조, 전철노조, 종이노조 등 다섯 개 산업노동조합이 협동해 투쟁하는 공투회의(共鬪会議)를 설립하면서 시작되었다. 이어서 1955년 전국금속노조, 화학동맹, 전기노련 등이 참가해서 여덟 개 산업별 노동조합으로 구성된 공투회의

가 출범하여 공식적으로 활동했다.[23]

자립기의 초기 춘투는 노사 간의 노동조건을 둘러싸고 격렬한 투쟁이 이루어져 말 그대로 경영자와 노동자 간의 혈투라는 방식으로 진행되었다. 노동자는 각종 요구사항을 관철하기 위해 노동쟁의나 파업이라는 수단을 동원했다.[24] 무장을 하고 집단으로 거리에 나와 투쟁했다. 노사 간 싸움에서 세를 과시하고 교섭력을 높이기 위해 산업별 노동조합을 결성하여 거대한 조직을 구성했다. 노동운동으로 춘투는 삶의 투쟁에 기초한 산업별 투쟁, 기업 내 투쟁 등의 성격을 갖고 있었고, 시대성을 반영하는 가운데 정치운동이나 사회운동과 연계하여 투쟁했다. 그 과정에서 춘투는 정부나 경영자와 대결하면서 공산주의 이론에 기초하여 과격하게 행동하는 공산주의자와 연합하여 전투적이며 극단적인 집단행동으로 이어지기도 했다.

그러나 고도 경제성장을 달성하고 사회가 안정되고 보수화되면서 격렬한 노사 간 싸움으로 전개된 춘투는 노동자와 경영자에 의해 교섭하거나 타협하는 방식으로 전환되었다. 현재 춘투는 노동단체와 경영자가 그해의 노동조건을 해결하기 위해 매월 봄 정례적으로 교섭하는 방식으로 진행되고 있다. 산업별 노동조합에서 전환된 기업별 노동조합이 주류인 일본에서 각 기업노동조합의 성격과 특징에 따라 교섭력에서 차이가 있다.[25] 춘투는 노동자 중심으로 구성된 각 기업노조나 각 산업노조가 매년 같은 시기에 보조를 맞춰 단결함으로써 교섭력을 높이는 데 목적이 있다. 먼저 대기업의 교섭 결과로 임금 상장(相場)을 결정하

---

23 正村公宏, 『戦後史』, 上(筑摩書房, 1990); ものがたり戦後労働運動史刊行委員会, 『戦後労働運動史 IV(1952-1955)』(第一書林, 1999); 小島恒久, 『日本の労働運動』(河出書房新社, 1987); 猿橋真, 『日本労働運動史』(学習の友社, 2001).

24 ものがたり戦後労働運動史刊行委員会, 『戦後労働運動史 VI(1959-1964)』(第一書林, 1999); ものがたり戦後労働運動史刊行委員会, 『戦後労働運動史 IV(1952-1955)』(第一書林, 1999); 佐藤浩一, 『戦後労働運動史(下) 1955-1977』(社会評論社, 1977).

25 全労連労働総研, 『国民春闘白書』(学習の友社, 2011-2018); 小島恒久, 『日本の労働運動』; 猿橋真, 『日本労働運動史』; 斎藤一郎, 『戦後日本労働運動史(上)』(あかね図書販売, 2005).

〈그림 3-2〉 춘투의 흐름

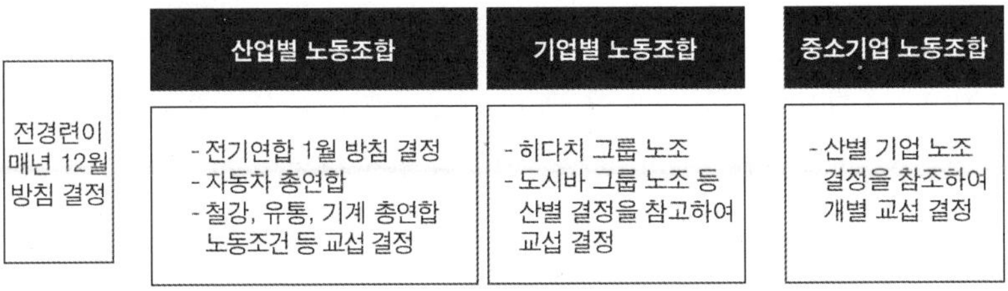

	산업별 노동조합	기업별 노동조합	중소기업 노동조합

전경련이 매년 12월 방침 결정	- 전기연합 1월 방침 결정
	- 자동차 총연합
	- 철강, 유통, 기계 총연합
	  노동조건 등 교섭 결정
		- 히다치 그룹 노조
		- 도시바 그룹 노조 등
		  산별 결정을 참고하여
		  교섭 결정
			- 산별 기업 노조
			  결정을 참조하여
			  개별 교섭 결정

고 그것이 중소기업 교섭에 영향을 주는 흐름으로 진행된다. 춘투는 임금 인상, 고용 유지, 노동시간 단축, 워크라이프 균형 실현, 노동조건 및 환경 개선 등과 같은 다양한 내용을 협상 대상으로 하고 있다.

〈그림 3-2〉는 일본에서 추진되고 있는 춘투의 흐름을 소개한 것으로 대기업의 산별노조와 기업노조의 협상이 이루어진 후 중소기업 협상으로 이어지는 특징이 있다.

노사 교섭은 매년 1월 일본경제단체연합회가 춘투에 대한 입장을 표시하는 「경노위보고(経労委報告)」를 공표한다. 보고서에 기초해서 자동차, 전기기기, 철강 등 제조 대기업의 노조가 불을 붙여 교섭하고 노동조건의 방향을 정한다. 그후 철도, 전기회사 등 비제조업이 교섭에 들어가 타결되면 대기업 춘투는 마무리된다. 이어서 대기업 협상안에 기초해서 중소기업이 3월 중에 노동조건을 교섭하여 결론을 내면 그해 춘투는 종료된다. 그 외에도 공무원 춘투가 있다. 2013년 이후부터는 매년 가을 이듬해 춘투를 위해 정부가 일본경제단체연합회에 임금 인상을 요구하는 관제춘투(官制春鬪)를 하고 있다.

춘투의 최대 목적 중 하나는 임금 인상이다.[26] 춘투임금 인상률은 매해 춘투 결과로 각 기업의 사용자와 노동조합 간에 타결한 평균임금 인상률이다. 통상 채택되고 있는 춘투임금 인상률의 수치는 후생노동성이 발표하는 민간 주요 기

---

26 厚生労働省編集, 『厚生労働白書』(日経印刷, 平成1-29年版).

업 춘계인상 요구 및 타결 상황에서 제시된 임금 인상률이다. 그 외 일본경제단체연합회가 발표하는 춘계노사교섭 대기업 업종별 타결 결과, 춘계노사교섭, 중소기업 업종별 회담 일람 등이 이용된다. 고용자 임금은 소정 내 급여만이 아니라 소정 외 급여(잔업 수당)나 상여금에도 크게 좌우된다. 경기 동향에 따라 소정 외 노동시간은 크게 변동해서 최근 상여금을 기업실적과 연동시켜 협상하는 방식을 채택하는 기업도 있다.

많은 일본 기업의 소정 내 급여(봉급) 개정은 춘투 결과를 반영하고 매년 단위로 실시하며, 소정 외 수당이나 상여금 계산도 소정 내 급여를 기초로 계산하기 때문에 춘투 인상은 매년 임금 동향에 크게 영향을 준다. 그 때문에 춘투임금 인상은 그해 고용자 소득추계나 물가상승률에 대한 영향을 예측하는 자료로 이용된다. 최근 연봉제나 상여금 업적연동제를 채용하는 기업이 증가하고 있다. 그리고 각 종업원 급여는 연공서열형에 기초한 결과 개인 차이가 작아지는 임금체계에서 점차 각 개인의 업적에 따라 임금격차를 확대하는 방향으로 전환되고 있기 때문에 춘투인상률은 일본 전체의 고용자 소득 동향을 나타내는 지표로 활용하는 데 한계가 있다.

자립기 이후 노동조합과 노동운동은 시대성의 변화, 일본의 경제성장 추이, 노동자의 경영 참여, 경영자와 노동자 간의 기업 공유 등과 같은 요인에 의해 새로운 노동문화와 기업문화를 구축하여 일본적 특징을 가진 춘투문화를 정착시켰다. 그것은 일본 노동조합이 추진한 노동쟁의, 노동조합원의 인식과 행동 등의 변화에서 알 수 있다. 〈그림 3-3〉은 1970년대 이후 노동쟁의 건수를 나타낸 것으로 춘투가 기존의 대결 구도에서 협상과 협조하는 방식으로 변화하고 있다는 것을 알 수 있다.

〈그림 3-3〉에서 알 수 있듯이 자립기를 지나 성장기와 도약기의 노동쟁의에서 큰 변화가 일어나고 있다. 노동쟁의 건수를 보면, 1970년 3783건, 1975년 7574건, 1980년 4230건, 1985년 1439건, 1990년 1698건, 1992년 788건 등으로 나타난다. 노동운동 건수 추이는 오일쇼크로 경제가 악화된 1975년을 피크로

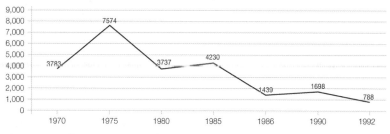

〈그림 3-3〉 노동쟁의 건수

자료: PHP研究所, 『戦後50年の日本のあゆみ』(PHP研究所, 1995), p.104.

점차 하향곡선을 그리고 있다. 노사 간의 교섭이 잘 이루어지고 있어 노동쟁의 가 줄어들고 있고 있다고 볼 수 있다.

일본에는 역사적으로 경제성장 추이에 맞춰 노사가 협력하고 양보하는 새로 운 일본적 노사문화가 구축되어 경제성장, 기업 성장, 개인 성장 등이 동시에 이 루어지는 독특한 기업문화가 작용한다. 최근 춘투가 젊은이 중심으로 이벤트화 되는 경향이 있어 교섭 난항이나 투쟁과 같은 노사 간 불협화음은 일어나지 않 고 있다. 또한 제조업계의 노동조합과 조합원 수가 감소하고 있는 상황이다. 노 동조합 수, 노동조합원 수, 노동쟁의 건수 등의 감소는 노동자의 권익이나 권리 를 위한 노동조합의 교섭력이 약화되어 생긴 것일 수도 있지만 경영자와 노동자 간의 원만한 협상과 타협으로 공생을 찾는 성숙한 일본의 춘투문화가 조성된 결 과이기도 하다.

5) 반핵·평화운동문화

반핵운동은 핵무기나 핵에너지 사용에 반대하는 사회운동이라고 할 수 있다. 핵무기와 핵 이용 시설을 폐기하여 핵 관련 위협으로부터 인류를 해방시키자는 의미에서 본다면 평화운동의 성격을 띠고 있다. 일본은 핵무기의 피해를 직접적 으로 입은 유일한 국가라는 점에서 반핵운동과 평화운동의 메카가 되었다.[27] 1945년 제2차 세계대전이 진행되는 가운데 핵 투하로 인해 항복했지만 지구상에서 처음으로 핵 공격을 경험한 국가로서 핵폐기운동이 설득력을 얻어 강력하게 추진하고 있다.

종전 후 일본은 핵실험으로 인해 두 번째 피해를 입었다. 1954년 3월 1일 비키니섬 근처에서 참치를 잡던 제5후쿠류마루(第五福竜丸) 일본 어민이 수소폭탄을 실험하는 중에 피폭되는 사고가 발생했다. 후쿠류마루의 수소폭탄에 의한 피폭은 히로시마와 나가사키에 투하된 원폭에 이어 또다시 피해를 입은 상황으로 일본 열도의 공분을 샀다. 일본은 원자폭탄과 수소폭탄이라는 병기에 의해 재해를 경험한 최초의 국가가 되면서 핵무기와 핵 사용에 적극적으로 반대했다.

제5후쿠류마루의 피폭으로 도쿄에서는 오염된 참치가 대량으로 폐기처분되었다. 치구지(築地) 시장에서는 행정지시로 참치나 상어의 경매와 유통이 금지되어 땅에 묻었다. 다른 수산물도 상장되지 못하고 폐기되었다. 제5후쿠류마루 사건을 후세에 전하기 위해 원폭참치(原爆マグロ) 무덤이 만들어지기도 했다. 제5후쿠류마루가 방사성물질로 피해를 입은 사실은 영화 〈고지라〉로 제작되었다. 오염된 참치와 어류는 다른 어선에도 있었지만 미국은 제5후쿠류마루 피해자에게만 위로금으로 1인당 200만 엔을 주고 핵 피해에 대한 보상을 마무리했다.

그러나 미국의 수폭실험으로 제5후쿠류마루 등 일본의 다수 원양어선이 피폭을 당했기 때문에 핵무기와 핵실험을 근절하는 국민운동으로 확산되었다.[28] 더욱이 피폭 어선의 구보야마 아이기치(久保山愛吉) 무선장이 원자폭탄과 수소폭탄에 의한 희생자는 자신이 최후가 되었으면 한다 는 유언을 남기면서 반핵운동에 불을 지폈다. 제2차 세계대전 중의 핵무기 투하와 비키니 핵실험으로 인한 피폭의 영향으로 일본에서 반핵운동이 등장하고 전 세계로 확산되어 반핵문화

---

27 구건서, 『일본민족주의사』(논형, 2004); 戰後史開封取材班, 『戰後史開封 3』(戰後史開封取材, 平成8年).

28 第五福竜丸平和協会, 『第五福竜丸は航海中: ビキニ水爆被災事件と被ばく漁船60年の記録』(第五福竜丸平和協会, 2014).

가 형성되는 계기가 되었다.

조직적인 반핵운동은 도쿄도 스기나미구(東京都杉並区) 주부들이 시작했다. 이어서 1955년 8월 히로시마에서는 제1회 원수폭금지세계히로시마대회(原水爆禁止世界広島大会)가 열려 핵병기 폐절을 요구하는 시명운동과 지구에서 핵을 근절시키는 평화운동을 전개했다. 이어서 같은 해 9월 히로시마 시장을 중심으로 원수폭금지일본협의회(원수협)가 발족했다. 원수협의 기본 방침은 모든 국가의 모든 핵에 반대하는 것이다. 반핵 및 평화운동 조직인 원수폭금지일본협의회는 도도부현을 시작으로 지역노동조합과 연대하여 반핵운동을 전개했다.

일본은 원자폭탄에 반대하는 반핵운동을 평화운동과 연결시켜 추진했다. 냉전이 최고조에 달한 1950년대와 고도 경제성장기인 1960년대 일본에서는 핵병기폐절운동이 더욱 고조되었다. 그러나 국제사회를 격렬히 대립하게 만든 냉전 이데올로기는 오히려 핵과 핵무장을 부추기는 역할을 했다. 1954년 제5후쿠류마루의 피폭을 계기로 결성된 원수폭금지일본협의회는 1961년 소련의 핵실험을 기점으로 더욱 강력한 반핵운동을 전개했고, 정계에서는 민사당계가 핵병기금지운동을 추진했으며, 평화건설국민회의가 결성되어 평화운동을 벌였다.

1965년에는 일본사회당계가 원수폭 금지 일본 국민회의를 설립하여 반핵운동을 이어갔다. 원수폭과 핵병기를 대상으로 한 반핵운동은 1968년 미국의 핵항공모함 엔터프라이즈호 입항에 대한 반대운동으로 이어졌다. 입항반대운동은 원수협으로부터 분리되어 발족한 단체에 의해 수행된 것이다. 그 영향으로 원수폭금지세계대회는 매년 분열된 상태로 개최되었고, 파행을 거듭하는 가운데 규모도 축소되었다. 이어서 원수폭금지일본협의회도 분열되어 피폭자의 80%가 탈퇴했다.

일본에서 추진된 반핵운동은 기본적으로 핵의 군사 이용을 근절시키는 핵병기 반대로 시작하여 활성화되면서 핵무기 폐절과 핵실험 금지 등을 추구하는 평화운동으로 전개되었다. 그러나 많은 논란에도 불구하고 일본에서는 핵을 이용하는 에너지 대책의 일환으로 원자력발전소가 건설되었고, 경제성장을 추진하는 과정에서 원자력상설계획이 확산되었다. 2011년 3월 11일 동일본 대지진으로 폭발한 후쿠시마 제1원자력발전소는 고도 경제성장기인 1969년 9월 23일 착공하여 완성한 시설이다.

현재 핵무기 제조와 원자력발전소는 불가분의 관계에 있고 또한 자연재해로 원자력발전소 관련 사고가 빈번하게 일어나 위협받는 상황이다. 이 때문에 일본뿐 아니라 선진국에서는 핵의 평화적 이용을 둘러싼 논의가 일어나 원자력발전소 폐기를 추진하고 있다. 그러나 핵무기를 보유한 국가가 핵무기 폐기를 실천하지 못하고 있어 여전히 핵전쟁의 위험성을 갖고 있다. 일본에서 강력하게 추진되고 있는 반핵운동은 결과적으로 핵 사용이 인류에게 피해를 줄 것이라는 전제하에 핵무기 폐기, 원자력발전소 폐기, 핵 사용의 폐절 등을 통해 지구에 핵이 없는 평화로운 세계를 구축하는 데 목적이 있다.

6) 태양족·청년문화

일본에서 청년들이 자신의 의지를 자유롭게 표현하고 행동하기 시작한 것은 전후 서구민주주의와 문화가 유입된 후라고 할 수 있다. 일본 경제가 자립하고 자신감을 찾는 과정에서 서구적인 청년문화가 수용되어 점차 일본 색깔을 가진 청년문화를 만들어냈다. 경제 자립과 성장은 일본 사회의 보수화를 가속화시켜 보수문화를 정착시키는 동시에 정반대의 신문화 성격을 가진 청년문화를 양산하는 계기가 되었다. 특히 정치계와 경제계에서 보수화가 진척되고 정착하면서 사회문화 영역에서는 개혁적이며 진보적인 청년문화가 발생했다. 기득권층의 보수화 경향에 저항하는 청년문화가 한 시대를 풍미하여 일본 기득권층과 일본 사회의 변화를 유도하는 역할을 했다.

〈표 3-7〉은 1950년대 이후 일본에서 발생한 청년문화의 종류와 특징을 소개한 것으로 도돈파, 닷코찬, 젊은 넷코회, 롯폰기족, 태양족 등이 대표적이다. 일본에서 청년문화는 1950년대 발생한 미국의 청년문화가 패전과 동시에 일본에 전해져 시작되었다. 유년기와 청년기에 제2차 세계대전을 경험한 야케아토(焼け

〈표 3-7〉 청년문화

구분	청년문화의 내용
도돈파	- 도돈파는 일본 음악의 한 장르이며, 1960년대 필리핀 만보(マンボ)에서 유래한 것으로 4박자 중 세 번째 박자에 공백을 두는 리듬이며, 그 음이 도돈파로 들렸기 때문에 곡조 이름이 그대로 도돈파가 됨 - 최초 연출은 교토 기원 클럽 페라미에서 「기원고우타(祇園小唄)」 편곡을 가부키에 사용하여 성사되었고, 1961년에는 와타나베 마리(渡辺マリ)가 「도쿄도돈파무스메(東京ドドンパ娘)」를 발표하여 청년들에게 인기를 얻어 유행함
닷코찬	- 닷코찬은 1960년에 제작되었고 공기를 불어넣은 비닐 인형의 애칭으로 캐릭터의 일종이며 초기에는 기노노보리 윙키(木のぼりウィンキー)의 이름으로 발매하여 청년들에게 유행했음
젊은 넷코회	- 가토 히데오(加藤日出男)는 1957년 청년들의 수기를 담은 「도쿄의 젊은 뿌리들(東京の若い根っこたち)」을 발표하고 이것이 영화로 만들어지면서 뿌리찾기운동이 등장하는 계기가 되어 1959년 젊은 넷코회 탄생으로 이어짐 - 대도시는 고도 경제성장기 황금알을 낳는 곳으로 인식하여 지방 젊은이들이 취업하기 위해 몰려들었지만, 도시에 적응하지 못하는 젊은이 중에는 아름다운 자연을 보며 고향을 생각하는 사람이 많았기 때문에 고향을 생각하며 힘내라는 슬로건을 내세워 넷코운동을 제창했고, 넷코운동은 청년노동자들의 친구만들기운동으로 정착함
롯폰기족	- 1950년대부터 1960년대 전반 최첨단 거리였던 롯폰기에 모여든 젊은이들을 롯폰기족이라고 함 - 다나베 마사오(田辺靖雄)를 중심으로 1961년 롯폰기야수회(六本木野獣会)가 결성되었고, 부유층의 자녀가 많았으며 연예인으로 활동하기도 함 - 롯폰기족이 소멸된 후 이들은 1960년대 개점한 이다구라캔디(飯倉のキャンティ)에 모여 젊은이문화거리를 형성함
태양족	- 태양족은 1955년 이시하라 신타로의 소설 『태양의 계절』에서 등장하는 새로운 젊은이를 지칭하며, 청년문화를 상징하는 태양족은 사회문화적 흐름을 끌어가는 어른 세대의 가치관이나 행동 양식에 대항하면서 새로운 가치관과 개혁을 추구하는 신문화의 성격을 띤 젊은 세대를 의미함 - 해변에서 무질서하게 향락적인 행동을 하며 선글라스를 끼고 아로하 셔츠(アロハシャツ)를 입고 멋을 내는 불량 집단으로 인식하기도 함

跡) 세대가 성인이 된 1950년대 이후에 성립되었다. 야케아토 세대를 지칭하는 대표적인 청년들이 태양족(太陽族)이다. 청년문화를 촉발시킨 시대상을 담은 작품이 이시하라 신타로(石原慎太郎)의 소설 『태양의 계절(太陽の季節)』이다.[29] 1955년 이 작품이 발표되고 ≪주간도쿄≫에 실린 이시하라 신타로와 오야 소이치 간

대담 내용에서 오야는 향락적이며 무도하게 행동하는 젊은이를 태양족이라 칭해 시대적 유행어가 되었다.

이 작품은 부유한 가정에서 성장한 젊은이의 무질서하고 무분별한 생활, 그리고 감정을 물질화하는 신세대의 모습을 그린 단편 소설로 다음과 같은 내용을 담고 있다.

고교생 쓰카와 다쓰야(津川竜哉)는 농구부에서 복싱부로 바꿔 복싱에 열중하면서 부유한 친구들과 술, 담배, 도박, 싸움 등 타락한 생활을 한다. 거리에서 사귄 소녀 가즈에 이즈미코(和英泉子)와 육체관계를 맺고 이즈미코는 다쓰야에게 매력을 느끼게 된다. 그러나 다쓰야는 이즈미코와 붙어 다니는 것에 싫증이 나서 이즈미코에게 관심을 가진 형 쓰카와 도구(津川道久)에게 그녀를 5000엔에 팔아버린다. 사실을 안 이즈미코는 화가 나서 도구에게 돈을 주고 만나지 않는다. 이후 세 사람 사이에 돈에 의한 계약관계가 반복된다. 이즈미코는 다쓰야의 아이를 가진 것을 알게 되어 중절수술을 받지만 수술이 실패하고 늑막염으로 죽는다. 장례식에서 다쓰야는 이즈미코가 자신에게 목숨을 건 복수를 했다고 생각하고 영전에 향을 던지면서 처음으로 눈물을 흘린다. 다쓰야는 학교 체육관에 가서 정신없이 샌드백을 치는 순간 이즈미코의 말이 떠오른다. '왜 너는 좀 더 솔직하게 사랑할 수 없니'라는 말이었다. 다쓰야는 그 순간 이즈미코의 웃는 얼굴의 환영을 던져버린다.

이 작품은 물질만능주의와 서구적 성의식을 잘 그리고 있다. 그것은 당시 일본에서 벌어지고 있는 성 개방 흐름과 물질추구사상과 무관하지 않다. 여자 친구를 돈으로 매매하는 현상은 당시 성매매가 성행한 사태를 표현한 것이고, 거기에 죄책감을 느끼지 않는 것은 물질적 가치가 정신적 가치를 능가하는 일본 사회의 실상을 표현한 것이다. 다른 한편으로는 기성세대의 고정관념과 가치관

---

29 石原慎太郎, 『太陽の季節』(新潮社, 1957).

을 신랄하게 행동으로 비판하고, 일본 사회가 변화되고 있다는 사실을 각인시키는 측면이 있다.

『태양의 계절』 발표 5년 후 미시마 유키오(三島由紀夫)는 본격적으로 이 작품을 읽고 평가했다. 미시마는 '새롭게 읽어보니 많은 스캔들을 일으키는 작품임에도 순결한 소년소설, 고전적인 연애소설로 읽을 수 있어 놀랍다'고 솔직하게 인정했다. 성적 무취(性的無恥)는 별도의 수치심과 별도의 허영심으로, 악행은 별도의 정의감으로 대신하고 하나의 가치 파괴는 별도의 가치 긍정으로 끌어내고 있다. 그는 이 작품의 역설적인 특징이 『태양의 계절』이 내포하고 있는 우수한 점이라고 했다. 이 작품은 일본의 노벨상이라 칭하는 아쿠타가와상(芥川賞)을 수상하여 문학작품으로 인정받았다.

그러나 『태양의 계절』은 이야기가 비윤리적이라는 이유로 발표될 당시 문단이나 사회에서 비난을 받았다. 당시 일본 청년들이 인식하여 행동으로 실천하고 있는 청년문화의 실체를 보여준 점에서는 칭찬을 받았지만 현실 사회에서 보여질 수 있는 일탈적 행위와 왜곡된 가치관은 사회적 논쟁을 일으켰다. 이 작품이 영화로 만들어지면서 젊은이들은 주인공 이시하라 유지로(石原裕次郎)를 흉내 내어 선글라스를 쓰고 아로하 셔츠를 입는 등 자유분방한 문화가 유행했다.[30] 그들은 새로운 가치관을 창출하고 패션문화나 거리문화와 같은 대중문화를 탄생시킨 주역으로 활동했다. 이 작품은 자립기 일본 청년들이 향유하고 있는 문화의 진수를 그려내고, 새로운 시대성을 표현하면서 미래 일본 사회에서 살아갈 청년상을 암시하고 있다는 점에서 가치가 있다고 할 수 있다.

자립기 청년문화는 점령으로부터 해방되어 자유로움을 발산하는 문화이며, 경제성장으로 정신적 욕구를 물질적 풍요로움으로 향유하는 문화이다. 그리고 기성세대가 이끌어가는 보수문화에 저항하고 이의를 제기하는 젊은이 세대가

---

30 大内悟史, 「石原裕次郎現る/神武景気/砂川闘争」, ≪週刊昭和≫, No.09; 臼井吉見・木南健二, 「太陽族映画の決算」, ≪週刊朝日≫, 昭和31年9月2日号(朝日新聞社, 1956).

만들어가는 저항문화이기도 하다. 다른 한편으로는 노동조건 개선을 요구하는 노동문화, 원수폭에 반대하는 평화운동, 사회를 변화시키려는 개혁문화 등의 성격을 갖고 시대와 동행한 특징이 있다. 청년문화는 그 시대에 종언을 고하지 않고 이후 1960년대에 저항문화로 연결되었고, 1970년대와 1980년대를 거치면서 가미나리족(カミナリ族),[31] 미유키족(みゆき族),[32] 안논족(アンノン族)[33] 등과 같은 행동 양식을 공유하는 젊은이들의 원조가 되었다.

7) 도쿄문화

일본이 성장하면서 성장 아이콘과 집합체로 등장한 것이 도쿄이다. 성장이 시작되면서 수도 도쿄에는 산업, 금융, 정치, 경제 등이 집중하여 일본을 대표하는 도시가 되었다. 도쿄의 성장을 문화적으로 표현한 것이 333미터의 도쿄타워(東京タワー)였다. 1958년 12월 23일 도쿄타워가 준공되고, 1964년 도쿄올림픽(東京オリンピック)이 개최되어 도쿄시대를 열었고, 2012년 2월 29일 634미터의 도쿄스카이트리(東京スカイツリー)가 준공되면서 국제화된 도쿄시대를 이어갔다.[34] 도쿄타워는 단순한 탑이 아니며, 도쿄올림픽은 순수한 스포츠 잔치가 아니라 도쿄를 새롭게 탄생시키고 이미지를 만든 도쿄 이야기의 시작이며 문화도시로 가는

---

31 이른바 번개족으로 1950년대 중반부터 1960년대에 걸쳐 공공도로를 오토바이로 고속 질주하는 젊은이를 지칭한다. 그들은 목도리를 두르고 오토바이를 개조해서 소음을 내며 질주했다. 그 소리가 번개 같다고 해서 그렇게 불렸다. 현재 폭주족의 전신이며, 위법적으로 경주하는 폭주족과 행동 양식이 비슷하다.

32 기성세대의 질서에 따르지 않고, 자유로운 생각이나 행동을 나타내는 청년 유형 중 하나이다. 1964년경 도쿄 긴자의 미유키 통로 주변을 거니는 젊은이들을 보고 명명했다. 독자적인 패션문화나 스트리트문화를 일본에 유행시켰다.

33 1970년대 중반부터 1980년대에 걸쳐 유행을 주도한 젊은이를 지칭한다. 패션 잡지나 여행 가이드 책을 한 손에 들고 혼자 여행하거나 소수로 여행하는 젊은 여성을 의미한다. 이들이 여행의 주역이 되어 여성 손님을 중시하는 계기가 되었다. 동시대 젊은이의 여행 스타일을 지칭하는 가니족(カニ族)과 함께 사용되었다.

34 東京タワー, 『東京タワー60周年記念 タワー大神宮オリジナル御朱印帳』(主婦の友社, 2018).

통과역이라는 점에서 도쿄문화 자체이다.[35]

도쿄타워(Tokyo Tower)는 도쿄도(東京都港区芝公園)에 있는 종합전파탑이라는 애칭을 가지고 있다. 정식 명칭은 일본전파탑(日本電波塔)이지만 도쿄의 상징이며 관광 명소로 일본과 도쿄의 성장과 자부심으로 인식되고 있다. 일본의 탑박사로 알려진 나이토 다추(内藤多仲)에 의해 설계되고 높이 333미터, 해발 351미터, 탑각의 간격 88.0미터, 총공사비 30억 엔, 공사일 543일, 참여자 21만 9335명, 중량 4000톤 등으로 구성되었다. 지상 125미터와 223.55미터에 전망대를 가지고 있는 명실상부한 일본의 상징이다.

도쿄타워는 텔레비전과 FM라디오 안테나로 방송 전파를 송출하는 기능을 하고, 동일본 여객철도 방호무선용 안테나로 긴급 신호를 발신하며, 도쿄도 환경국의 각종 측정기가 설치되어 있다. 현재는 도쿄 스카이트리(TOKYO SKYTREE)에 이어 일본에서 두 번째로 높은 건조물이다. 도쿄타워는 전파탑을 일원화하는 차원에서 건립되었다. 초기 설계 단계에서는 전망대를 설치하지 않으려 했으나 파리 에펠탑을 넘는 세계 최대 탑을 만들어 전망대를 설치하면 10년 내에 건설비를 보전할 수 있다는 의견이 있어 설치하기로 결정했다.

도쿄타워 명칭은 사전에 공모한 결과 8만 6269통이 호응했고 제일 많았던 쇼와탑, 일본탑, 평화탑, 우주탑 등이 후보군에 들어갔고, 아키히토(明仁) 황태자의 성혼이 예정되어 있었기 때문에 프린스탑도 후보가 되었다. 명칭위원회에 참가한 만담가이자 배우 도쿠카와 무세이(徳川夢声)가 잘 어울리는 명칭이 도쿄타워라고 천거하여 1958년 10월 9일 결정했다. 응모한 학생은 가나가와현 소학교 5학년 여학생으로 10만 엔의 상금이 주어졌다.

도쿄타워는 도쿄문화의 핵심으로 역할하고 있다. 전파탑의 역할보다는 도쿄와 일본을 상징하기 때문이며 세계 사람들이 일본을 방문할 때 찾는 관광 명소로 기능하기 때문이다. 전망대에 가기 위해서는 입장 티켓을 구매해야 한다. 전

---

35 梅棹忠夫, 『日本』(講談社, 1987).

망대 1층을 유리로 해놓아 발밑으로 내려다볼 수 있다. 준공 이후 해마다 방문 객이 증가하고 있다. 1959년 우에노 동물원 입장객 수는 연간 360만 명이었지 만 도쿄타워는 513만 명을 기록했다.

도쿄문화를 만들어내는 명소로서 도쿄타워를 알리기 위해 2008년 개업 50주 년에 맞춰 전망대를 오가는 엘리베이터 3기를 설치했다. 엘리베이터 3호기는 빛의 루빅 큐부(光のルービック・キューブ), 2호기는 유니버스(UNIVERSE), 1호기는 UFO라는 이름을 붙였다. 휴게소와 식사 코너로 되어 있던 타워 1층 타워 홀을 도쿄타워홀(東京タワーホール)로 개칭하고 다목적으로 사용하고 있다. 2008년 8월 5일 타워 3층 일부를 개장해서 타워갤러리3・3・3이라는 이름을 붙여 전시장으 로 사용하고 있다.

둘째는 도쿄의 명소로 인기를 얻고 있는 도쿄스카이트리(東京スカイツリー)이 다.[36] 2003년 12월 1일 지상디지털방송 개시에 맞춰 도쿄타워를 대신하고 전파 장애를 해소할 새로운 전파탑 건설이 검토되었고, NHK와 민방이 건설을 위한 프로젝트를 발족시켰다. 건설지는 스미다구 오시아게(墨田区押上)로 정하고 도쿄 스카이트리, 제2도쿄타워, 신(新)도쿄타워, 스미다타워(すみだタワー) 등으로 가칭 했다. 2008년 7월 14일 착공하고 지상디지털방송으로 전면 이행하는 2012년 2 월 29일에 맞춰 완성했으며, 같은 해 5월 22일 개업했다. 높이 634미터로 세계1 위이며, 제1전망대는 340~350미터, 제2전망대는 445~450미터 지점에 설치하고, 총사업비는 650억 엔을 들였으며 본방송은 2013년 5월 31일 개시했다. 도쿄 스 카이트리는 도쿄타워와 함께 일본과 도쿄의 새로운 천년을 이끌어가는 상징물 로 기능하고 도쿄문화의 새로운 생산기지로 그리고 발신지로 역할을 하고 있다.

도쿄를 상징하는 도쿄타워 건설과 함께 1964년 도쿄올림픽이 결정되었고 도 쿄 스카이트리 건설 후 2020년 도쿄올림픽이 결정되었다. 도쿄도는 타워와 올

---

36 岸豊明, 『誰も知らない東京スカイツリー選定・交渉・開業・放送開始 … 10年間の全記録』(ポプラ社, 2015).

림픽을 통해 도쿄문화를 구축하는 데 성공하고, 동시에 21세기 일본 문화의 중심으로 도쿄문화를 새롭게 성장시키고 있다. 도쿄를 방문하는 국내 여행객과 해외 방문객이 증가하고 다양한 문화의 체험을 통해 도쿄문화가 세계로 전파되고 있다. 현재 도쿄문화는 일본 경제이고, 일본 정치이며, 일본 사회 등을 상징하고 도쿄시대와 일본시대의 산실로 작용하고 있다.

5. 맺는 글

자립기 일본은 국내외적으로 큰 변화를 경험한 시기이다. 국제적으로는 샌프란시스코조약으로 구속하고 통제했던 점령군이 물러나 일본이 스스로 결정하여 자립을 추구한 시기였다. 정치적으로는 그동안 다당제로 혼란을 거듭했던 정치계에서 55체제가 구축되어 보수 지향적인 자유민주당이 독주하는 시대가 시작되었다. 자유민주당 결성으로 일본 정치계는 보수화가 진행되어 새로운 일본 탄생을 위한 기틀을 마련했다.

경제적으로는 패전으로 혼돈에 빠져 있던 일본 경제가 성장의 기미를 보이기 시작했다. 다케우마 경제를 극복하는 경제 개혁과 합리화를 통해 자립경제를 구축할 수 있는 틀을 만들어내고, 기존의 재벌기업이나 산업이 해체의 길을 걸을 예정이었지만 다양한 국제 정세의 변화로 잔존하여 기능할 수 있게 되었다. 전전 기업과 산업을 온존시키는 가운데 생산구조, 기업구조, 경제구조 등의 개혁과 과학기술 혁신으로 자립할 수 있는 토대를 구축했다. 이어서 한국전쟁 특수 경기와 짐무 경기, 이와토 경기라 불리는 호경이를 맞이했다. 새로운 소비문화로서 슈퍼마켓이 생겨났고 제품에 대한 접근성과 가격을 낮추는 유통 혁명이 일어나 기업과 경제를 살렸다.

사회적으로는 미국이 강력하게 추진한 자유주의와 자본주의가 발흥하여 제국주의를 대체하고 소련을 중심으로 한 공산주의와 사회주의가 발흥하여 반공산주의와 일본주의가 발생했다. 세계가 이념적으로 이분화하여 냉전이 시작되었다. 특히 미국에서 매카시즘이 강력하게 추진되어 일본 국가의 미래 방향을 바꾸는 데 중요하게 작용했다. 그리고 노동운동이 활성화되어 노동쟁의가 발생하는 가운데 보수정치가와 기업가는 노동운동을 통제하는 반노동운동 정책을 추진했고 이후 춘투라는 공식적인 노사협상이 이루어져 새로운 일본적 노사관계를 만들어냈다.

문화적으로는 서구 문화가 유입되고 경제성장과 국가 자립을 추구하는 과정에서 새로운 일본 문화가 발생했다. 그것은 삼종의 신기로 불리는 냉장고, 세탁기, 흑백텔레비전 등과 같은 가전문화, 기성세대에 저항하는 청년문화, 핵무기의 실험과 근절을 주창한 반핵문화와 평화문화, 노동운동의 일환으로 추진된 춘투문화 등이 대표적이다. 그리고 찬바라나 사무라이를 소재로 한 영화로 활성화된 전통적 영상문화, 신세대 음악을 표방한 가성다방문화, 그리고 데쓰카 오사무와 같은 걸출한 만화가가 나타나 일본제 만화와 애니메이션을 만들어 구축한 데쓰카 만화문화 등과 같은 일본제 대중문화가 발생하여 애용되었다.

특히 점령하에서 활성화되었던 성매매 등과 같은 성문화를 규제하고 근절하기 위한 '매춘방지법' 등이 제정되어 새로운 변화를 시도했다. 기존의 성매매문화가 변화하는 가운데 경제성장과 성 산업이 발전하면서 새로운 유사 성문화가 등장했다. 그리고 소득수준이 향상되어 스포츠와 같은 레저, 파친코와 같은 오락, 태양족으로 대표되는 새로운 사고와 패션 등과 같은 대중문화가 성장했다. 특히 도쿄타워와 도쿄올림픽 개최 결정으로 일본 발전과 도쿄 발전을 시각적으로 과시하는 상징물을 구축하고 이벤트를 만들어 도쿄에 열광하는 다양한 도쿄문화가 형성되었다.

자립기에는 반제국주의적 흐름에서 국가 방향을 결정하던 기존의 점령 정책에서 크게 전환하여 일본적인 색깔을 노골적으로 표현하고 추진하는 일본 중심주의적 정책이 추진되었다. 그 과정에서 친미국주의, 일미안전보장조약, 반공주의사상, 반노동운동, 국가경제제일주의, 보수주의 등이 중시되어 일본을 자립시키는 사상과 힘으로 작용했다. 정치, 경제, 사회, 문화 영역 등에서 벌어진 새로운 변화는 일본이 스스로 자립하고 이후 발전 방향을 잡는 토대와 기회가 되었으며, 일본과 일본인을 살리고 성장하는 기적을 만들어내는 데 공헌했다.

제4장

성장기의 대중문화

1. 머리글

성장기(1961~1970)는 고도 경제성장을 통해 일본이 각 영역에서 성장한 시기를 의미한다. 1960년대 일본은 경제성장을 필두로 정치, 사회, 문화 등에서 괄목할 만한 변화와 개혁으로 일본적 색깔을 띤 일본제를 만들어냈다. 특히 자본주의와 민주주의라는 보편적 가치에 기초한 국가를 건설하고, 일본적 제품을 생산하여 새로운 일본상을 구축하는 데 성공했다. 당시 일본이 달성한 고도성장은 계획을 능가하는 기대 이상의 결과였다.

일본이 추구하는 평화국가는 경제성장을 제1 가치로 삼아 시도했다는 점에서 성장형 평화국가를 의미했고 경제에 기반을 둔 목표였기 때문에 경제형 평화국가이다. 성장기에 일본은 국민소득배증계획, 전국총합개발계획, 도쿄올림픽 등으로 이자나기 경기를 만들어 유래 없는 고도성장을 통해 세계적인 경제국가로 발돋움했다. 어떤 시대보다 새로운 일본 국가상을 정립하고 사회상을 만들려는 욕구가 폭발한 시기였다. 일본의 경제적 성공은 일본적인 색깔을 공식화하고 국제사회에서 위상을 높였다. 일본적 색깔을 찾아내는 데 영향을 준 베네딕트의 『국화와 칼』은 일본적 가치를 예찬하는 일본문화론으로 승화되었다.

다른 한편으로는 보수화가 사회 영역에서 확산되어 세력을 증강시키는 가운데 기성세대나 기득권층의 보수주의적 사고에 반발하는 젊은이들이 나타나 개혁과 변혁을 요구하는 대항문화를 이끌었다. 성장과 함께 신세대와 기성세대 간의 갈등, 일본적인 것과 비(非)일본적인 것의 대립, 정부와 시민의 대립, 보수주의와 진보주의의 대립, 평화주의와 냉전주의의 대립 등과 같이 각 사회 영역에서 성장과 성장 부작용을 둘러싼 불협화음이 노출되었다는 점에서 갈등시대라고 규정할 수 있다.

일본상 구축을 둘러싸고 벌인 논쟁과 대립은 평행선을 걷고 있었고, 어떤 성장을 하고 누가 사회주체 세력이 되어야 하는가 하는 문제를 중심으로 세대 간, 주체 간에 충돌이 일어났다. 정치적 안정과 경제적 성장을 중시하는 정부와, 국민과 시민의 권리 및 복리를 중시하는 시민 세력 간의 대립이 발생했다. 그럼에도 다양하게 노출되고 있는 성장시대의 갈등을 해결하는 원칙이나 원리가 잘 정리되지 않아 해답을 내지 못했기 때문에 성장과 부작용 논란은 지속되었다.

기득권 세력은 권력을 기반으로 보수화된 색깔로 일본을 만들고 유지하려 했고, 반대로 신진 세력은 개혁과 변화로 새로운 일본을 만들려는 움직임을 이어갔다. 기성세대는 현재 대립과 미래 방향성 차이에도 불구하고 경제성장을 통해 국민소득 증대와 사회간접자본 확충을 위한 국가 정책을 추진하여 새로운 일본을 탄생시키려고 했다. 젊은 세대는 평화국가, 탈일본, 반미주의, 반전주의 등과 같은 정치적 변혁과 사회 개혁을 강하게 주창하는 개혁운동을 추진했다. 성장기 일본 사회에서 발생한 다양한 움직임은 새로운 시대성과 방향성을 추구하는 힘으로 작용했고, 이후 일본 문화 형성에 영향을 주었다.

1960년대 초 문부성 문화국은 종래의 예술문화, 국어, 저작권, 종교행정, 새로운 문화 보급 등을 정책의 대상으로 확대했다. 그리고 경제성장기로 접어들면서 예술문화단체의 재정 핍박이 심해지자 중앙정부는 지원금을 조성하여 예술문화활동에 지원하고 활성화를 위한 문화 행정을 추진하기 시작했다. 민간 예술문화단체와 사회교육단체에 대한 지원이 시작되어 1961년 군마교향악단과 1964년 예술관계단체 등이 혜택을 입었다. 또한 1966년 전통예능의 보존과 진흥, 전승자양성을 위한 지원, 전통문화와 대중문화의 산실이 되는 국립극장 개설, 1967년 예술가 재외연구제도 등을 추진했다.

중앙정부는 성장과 사회 수준에 걸맞은 문화예술을 활성화하는 문화 정책을 추진하고, 재정 지원과 함께 법적·제도적 장치를 마련하기 위해 1968년 6월 문부성 내부부국이었던 문화국과 외국이었던 문화재보호위원회를 통합하여 새로운 전담기구로 문화청을 발족시켰다. 문화청은 문화 행정과 문화 정책을 추진할 정부 수준의 주무기관으로 기능했고, 문화 개념을 사회 상황의 변화에 맞춘 정책 대상으로서의 문화 범위와 문화 정책, 문화 인프라 등을 폭넓게 확대하여 실천했다. 문화청 설립으로 문화 정책이 본궤도에 오르는 계기가 되었다.

성장기에는 문화청이 설립되어 문화 행정과 문화 정책이 정부 수준에서 전진적으로 추진되었고, 중앙정부는 의도적으로 전통적인 문화재나 예술문화에 역점을 두는 정책을 실시하여 성과를 거두었다. 동시에 고도 경제성장으로 국민의 생활수준이 현저하게 향상되어 문화적 욕구가 증가했고, 산업화와 도시화의 진전으로 개인의 개성화와 다양성이 촉진되는 가운데 대중문화가 생산·확산되었다. 그러나 일반 시민이나 국민, 생활인들이 향유할 수 있는 대중문화가 문화 정책의 대상이 되지 못했기 때문에 자생하거나 상업 논리에 의존하는 상황이 되었다.

다른 한편으로는 성장의 부작용으로 발생한 공해가 심각해지고 자연환경이 파괴되면서 개발 중심의 성장이 도마에 올랐으며, 도시와 농촌 사이에 과밀과소 문제와 격차문제가 발생했다. 성장의 결과로 획득한 물질적 풍요는 사람들에게 주체성과 인간성을 잃게 하여 사회 전반에 소외와 인간관계 경시 현상이 나타나고, 대항문화를 양산했다. 이로 인해 성장과 성장 부작용이 공존하는 모순사회가 되었고 1970년대에 사회문제로 분출했다. 성장은 물질이라는 선물을 주었지만 인간을 기계화하거나 부품화하여 사회와 인간의 유연성을 떨어뜨리는 결과를 낳았고 상업적이며 물질적인 문화 욕구를 폭증시켰다.

2. 성장기의 시대상

1) 성장기의 사회현상

경제성장은 일본 사회에 새로운 현상을 발생시키고 다양한 변화를 촉진시켰다. 냉전이라는 이념 논쟁과 투쟁에서 벗어났지만 국내에서는 일본 역사주의, 보수주의, 일본주의, 일본 문화주의 등이 전면에 등장하면서 일본인의 자부심과 자존심을 높이는 역할을 했다. 그리고 일본이 경제적으로 부유해지고 국제사회에서의 위상이 높아지는 가운데 일본 근대사와 천황주의를 찬미하는 우익 세력의 활동이 왕성해졌다.

사회문화 영역에서는 기성세대의 가치관에 의문을 제기하는 목소리가 청년을 중심으로 높아져 기득권과 보수화에 반대하는 저항운동이 벌어졌다. 청년들은 성장에 따른 부작용에 대해 조정과 수정을 요구했고, 성장에 동반된 사회문제를 현실적이며 평화적으로 해결하기를 요구했다. 사회문제를 해결하려는 해법 간의 의견 차이가 사회 갈등으로 노출되어 충돌하는 가운데 기성세대와는 전혀 다른 시대상을 담은 신문화로서 청년문화가 발생하여 일본 사회를 흔들어 놓았다. 젊은 대중이 참여하는 학생운동, 평화운동, 공민권운동, 베트남 반전운동 등이 시대음악과 연결되면서 대중문화가 사회 변화를 유도하는 역할을 했다. 당시 록음악은 음악의 한 장르로 취미와 오락의 대상이 되었으면서도 사회운동을 주도하고 청중을 움직이는 대중문화로 기능했다.

1960년대는 냉전이 국제 질서를 규정하는 측면이 있었지만 대부분의 국가는 성장이라는 국가 목표를 설정해서 발전, 개발, 계획 등을 최우선적으로 추진한 결과 모순을 내포하는 불완전한 성장을 하고 있었다. 일본도 예외는 아니었기 때문에 긍정적이지만 부정적인 사회현상을 많이 양산했다. 〈표 4-1〉은 성장기의 시대상을 나타내는 사회현상을 소개한 것이다.

성장기라는 의미에는 정치, 경제, 사회, 문화 등이 발전한 시기라는 의미가

연도	성장기의 사회현상
1961 ~ 1970	1963년 '교과서무상조치법' 공포, 신제작좌(新制作座)문화센터 낙성식, 1964년 국민해외 도항 자유화, 한일교섭의 재검토 심포지엄, 헌법문제연구회, 1964년 도쿄올림픽 개최 및 도쿄올림픽예술전, 로스토우 미국무성 정책기획위원장 일본방문 반대 데모, 영화 〈도쿄올림픽〉개봉, 1964년 도모나가 신이치로(朝永振一郎)[1] 노벨물리학상 수상, 메이지 백년총서 발행, 각종 조선인학교 불허, 1966년 기원절 부활반대 국민집회, 국민문화회 의 기원절 문제 간담회 등 건국기념일심의회 답신 항의성명, 국립극장 개장, 이에나가 사부로(家永三郎) 교과서 소송 시작, '문화청설치법' 제정, 일본학술진흥회 설립, 도쿄대 분쟁, 메이지백년제 반대 중앙집회, 1968년 미노베지사 조선대학교 및 각종 학교 설립 허가, 전학련공투회의 결성과 운동, 문화재보호심의회 발족, 가와바타 야스나리(川端康 成) 노벨문학상 수상, 도쿄대 분쟁으로 전공투와 반전공투 대립 격화, 도쿄대 야스다(安 田) 강당 봉쇄 및 해제, 전국샐러리맨동맹 결성, 부락해방동맹 중앙본부, 전국학력 테스 트 실시, 세계평화 어필 7인 위원회, 미나마타병(水俣病)을 고발하는 회 발족, 1969년 구 마모토 미나마타병 환자112명 손해배상 소송, 문부성 비만아 전국조사 발표, 국제반전 데모, 1969년 영화 〈남자는 괴로워(男はつらいよ)〉 시리즈 시작, NHK TV 모자성교육 실시, 일본만국박람회(日本萬國博覽會 EXPO 70: 인류의 진보와 조화) 개최, 공해문제 국 제 심포지엄, 일본 최초 국제영화제 개최, 문화재보존전국협의회, 제1회 세계종교자평 화회의 개막, 문화청『문화재백서』 발행, 사회개발 개념 등장, 공해대국, 마이홈 붐, 맨 션 붐, 신삼종신기(자동차, 에어컨, 컬러TV), 바캉스 유행, 도카이도 신칸센 개통, 골프 주간지, 패키지여행, 사회여가 개념 등장, 일본 문화운동, 1962년 도쿄인구 1000만 명 돌파, 대도시 주택난, 1963년 텔레비전 장편 아니메 〈철완 아톰(鐵腕アトム)〉, 〈사자에 상〉 방송 개시, 미니스커트 등장, 1966년 총인구 1억 돌파, 1969년 일본 최초 우주선 발 사 성공, 1970년 미시마 유키오 할복 자살, 이타이이타이병(イタイイタイ病), 미쓰이광업 소) 발생

주 1: 도모나가 신이치로(1906~1979)는 일본의 물리학자이다. 상대성론적 공변이 아닌 장의 양자론(場の量 子論)을 초다시간론(超多時間論)으로 공변하는 형태로 장의 연산자(場の演算子)를 형성하는 장의 양자론 을 새롭게 구현했다. 초다시간론에 기초한 이론과 수법을 창출해서 양자전자학 발전에 기여함으로써 노벨물리학상을 수상했다. 또한 비섭동론(非摂動論)의 일반 이론인 중간결합 이론(中間結合理論)이 물 성이나 소립자의 상태를 조사하는 기본 수법임을 주장했다.

자료: 神田文人,『戰後史年表(1945-2005)』(小学館, 2005); 安江良介,『近代日本総合年表』(岩波書店, 1991).

있다. 일본의 성장 모습은 도카이도 신칸센(東海道新幹線) 개통, GNP(Gross National Product) 세계2위 부상, 세계박람회 개최, 도쿄올림픽 개최, 국민소득 증대, 신 (新)삼종신기 붐,[1] 마이카 시대, 맨션 붐, 여가 개념 등장 등으로 나타났다. 더불 어 편리함을 도모하는 사회 인프라가 정비되고, 부유함을 자랑하고 윤택하게 하는 삶의 환경이 구축되었으며 물질적 부를 즐길 수 있는 다양한 수단이 등장하여 일본과 일본인의 욕구를 충족시켰다.

다른 한편으로는 성장 부작용으로 발생한 미나마타병(水俣病)[2]과 이타이이타이병(イタイイタイ病),[3] 보수파와 기성세대에 저항하는 젊은이들의 저항문화, 도쿄대 투쟁을 시작으로 발생한 학생운동, 지식인들의 사회운동, 환경오염에 반대하는 공해운동 등이 나타나 일본 사회를 흔들어 놓았다. 또한 일본주의를 촉발시키고 논란을 일으킨 미시마 유키오 할복 자살, 기원절 부활, 메이지 100년 총서 발행, 건국기념일 부활, 이에나가 사부로(家永三郎)의 교과서 소송, 헌법문제 연구 등이 중요한 이슈로 등장하여 일본을 긴장시켰다.

---

1 삼종의 신기는 일본 신화에서 천손인 니니기노미코토(瓊瓊杵尊)가 강림했을 때 아마테라스오카미(天照大神)로부터 받은 거울, 옥, 검 등을 의미한다. 삼종의 신기는 일본 역대 천황이 계승해 온 것으로 지배자를 상징한다. 거울(鏡)은 지식(知), 옥(玉)은 인내(仁), 검(劍)은 용기(勇)를 의미한다. 삼종의 신기는 지배자가 갖추어야 할 3덕목이라고 할 수 있다. 성장기의 신 삼종의 신기는 자동차, 에어컨, 컬러TV 등을 의미한다.

2 미나마타병은 메틸수은화합물 중독으로 발생하는 병이다. 즉, 유기수은으로 발생되는 중독성 중추신경계 질환이다. 이 물질이 환경에 배출되어 동식물에 전해지고 사람이 그것을 섭취하여 발생한다. 1956년 5월 1일 구마모토 미나마타시에서 처음으로 발견되었고, 1957년 초기에는 원인을 알지 못해 기병으로 불리다가 지명을 따서 미나마타병으로 불리게 되었다. 미나마타시에 있는 질소미나마타 공장은 공업배수를 미나마타 해변에 배출하고, 그것에 포함된 메틸수은이 어류에 침투하여 생물 농축으로 이어져 어류를 섭취한 구마모토현과 가고시마현 일부 주민이 중독되었다. 환경오염의 식물 연쇄로 발생한 인류 최초의 병이다. 일본의 고도 경제성장기에 발생한 공업재해로 다수 희생자를 발생시켜 공해의 원점이 되었다. 이후 환경 대책이 마련되고 정화되어 1997년 미나마타해변의 안전이 선언되어 어업이 재개되었다. 일본에서 환경병으로 발생한 미나마타병과 제2의 미나마타병(新潟水俣病), 이타이이타이병, 욧카이치 천식(四日市ぜんそく) 등을 4대 공해병이라고 한다.

3 이타이이타이병은 기후현(岐阜県) 미쓰이 금속업 가미오카(神岡鉱山) 공장이 버린 미처리 폐수가 하천으로 흘러들어 발생한 공해병이다. 약칭으로 이타이병(Itai-itai disease)이라고 하고 옥스퍼드 사전에 기록되었다. 이 병은 1910년부터 1970년대까지 진쓰카와(神通川) 하류 지역인 도야마현에서 발생했다. 환자들은 아파서 '이타이, 이타이(痛い, 痛い)'라고 울부짖었다. 1955년 지방 의사가 지역 신문과 인터뷰를 하는 중에 간호사가 환자를 이타이이타이 상이라고 부르는 것을 듣고 병명으로 할 것을 제안하여 이타이이타이병으로 불렀다.

2) 이자나기 경기와 국민소득배증계획

일본의 고도 경제성장을 상징하는 용어가 이자나기 경기이다.[4] 이자나기 경기는 1965년 11월부터 1970년 7월까지 57개월간 경제가 고도로 성장한 호경기를 총칭하며, 제2차 세계대전 후 최장의 경기성장 및 확대 기간을 의미한다.[5] 이자나기는 일본 신화에 등장하는 하늘 신의 명을 받아 일본 열도를 창조했다는 남신 이자나기(伊弉諾尊, いざなぎのみこと)에서 유래한다. 이자나기는 아마테라스 오미카미(天照大神)와 수사노오노미고토(素素戔嗚尊)의 부신(父神)이다. 이자나기 경기의 명칭은 짐무 경기와 이와토 경기를 능가하는 경기였기 때문에 그 시대를 거슬러 올라가 이자나기 경기라고 명명했다.

1960년대 이자나기 경기를 견인한 경제 정책이 이케다 다미토(池田勇人) 내각이 추진한 국민소득배증계획이다. 국민소득배증계획은 경제학자 시모무라 오사무(下村治)가 입안하고, 당시 수상이었던 이케다 내각이 책정한 장기경제발전계획이다.[6] 1960년 수상에 취임한 이케다 다미토는 1960년 9월 5일 국민소득배증계획의 골자를 발표하고 경제성장률 목표를 연평균 9%로 정했다. 국민소득배증계획은 처음에 비현실적이라고 여겨져 야당, 경제학자, 매스미디어, 국민 등의 반응이 차가웠다. 이케다는 경제는 자기에게 맡겨달라고 하고 10년 내에 소득을 배로 증가시키겠다고 역설했다.[7] 이케다는 기회가 될 때마다 자신 있게 국민들을 설득했고 이것이 받아들여져 이케다 붐을 일으켰다.

국민소득배증계획은 1961년부터 1년간 명목국민소득(국민총생산) 26조 엔 배증, 선진국 국민 수준으로의 국민 생활수준 향상, 10년간 완전고용 달성, 복지국

---

4   正村公宏,『戦後史』, 上・下(筑摩書房, 1990).

5   일본은 2002년 1월부터 2008년 2월까지 73개월간 지속된 전후 최장의 호황 경기를 이자나미 경기(いざなみ景気)가 칭했다.

6   経済企画庁総合計画局(編集),『図説所得倍増計画』(至誠堂, 1960); 総合研究開発機構戦後経済政策 資料研究会,『国民所得倍増計画資料(第22巻)』(日本経済評論社, 2000).

7   塩田潮,『内閣総理大臣の日本経済』(日本経済新聞出版社, 2015); 阜野厚,『歴代首相の経済政策全 データ』(角川書店, 2005).

가 실현, 국민계층 간의 소득격차 시정, 연간 경제성장률 9% 유지, 1인당 국민소득 12만 엔에서 1963년 15만 엔으로 신장 등을 목표로 했다. 그렇게 되면 10년간 국민소득은 두 배 이상이 될 것으로 확신했다. 그런 정책과 목표를 세운 이케다에 대해 외신들은 나인 퍼센트 맨(nine percent man)이라 칭했다. 그 후 일본 경제는 계획 이상의 성장으로 목표를 초과 달성했다.

이케다는 무역자유화, 개방경제체제, 생산성 향상과 기업구조 개혁, 국토 개발 등과 같은 전략으로 국민소득을 높이는 국민소득배증계획을 실천했다. 경제성장을 통한 국민소득증대계획이다. 구체적인 실천 항목으로 지속적인 감세 정책, 철도, 도로, 만, 용수 등 사회 인프라 정비, 공공투자 정책, 산업구조 고도화, 중화학공업화 유도, 생산성 높은 부분으로 노동력 이동, 자유무역 추진, 중화학공업의 생산성 고조, 인적 능력 향상과 과학기술 진흥, 교육과 연구를 경제성장으로 연결, 2중 구조 완화, 사회적 안정망 확보, 마찰적 실업과 자본격차 대응, 사회복지와 복지 정책 추진 등을 제시하여 실천했다.

소득배증계획으로 추진된 또 다른 실천 정책이 바로 전국총합개발계획이다. 그것은 1962년 10월 각의 결정한 국토개발계획이며 공업지역 건설계획이다. 도쿄, 나고야, 오사카, 기타규슈 등으로 연결되는 태평양벨트지대에 공업단지를 조성하는 것이 골자였다. 도쿄에서부터 기타규슈에 이르는 태평양 연안 지역에 기간 인프라를 정비하고 공업지구를 구축하는 거점개발 구상이다. 특히 전국총합개발계획을 통해 공업을 활성화하고 지역을 개발하여 전국을 균형 있게 발전시키는 것이 주요 목적이었다.

이케다는 태평양벨트지대에 중화학공업단지를 구축하고 발전시켜 고도 경제성장을 실현하는 구상을 세웠다. 공업단지를 연안부에 추진한 이유는 공업 원료를 수입에 의존하는 상황이어서 배로 운반하면 이동이 수월하고 비용 절감이 가능하기 때문이었다. 당시 일본은 값싼 원료를 접근성이 좋은 해안을 통해 들여와 기술혁신으로 저렴하게 완제품을 생산하고 경쟁국인 미국으로 수출하여 수익을 남기는 대미수출 전략을 추진했다. 공업화와 산업화가 진전되면서 인구가 농촌에서 태평양 연안의 공업 도시로 이동하면서 과밀도시화와 과소도시화가 발생했다.

전국총합개발계획이 추구하는 경제성장에 필요불가결한 요소가 사회간접자본 정비이다. 이케다는 1961년부터 5년간 4조 9000억 엔을 도로 정비와 공단조성에 투자하기로 결정하고, 중앙자동차도로, 도메이 고속도로(東名高速道), 하네다공항 대신에 신국제공항 건설, 한신 고속도로공단 설치, 수자원개발공단, 산탄지역진흥사업공단 등의 계획을 세워 추진했다. 그리고 전국 각 지역에 항만 정비, 매립 조성, 터널 굴착, 연결도로(バイパス) 신설, 지방 공항 등 산업 기반을 정비하기 시작했다. 이케다는 미국이 고속도로 관련 사업을 활성화하여 자동차산업을 부흥시켰듯이 일본도 고속도로를 정비하여 자동차산업을 신장시키는 복안을 가지고 추진했다.

그리고 전국총합개발계획은 공업선도성 이론에 기초한 공업화 시너지 효과를 노렸다. 공업선도성 이론은 대규모 공장을 유치하면 유통업이나 서비스업이 생겨나 활성화된다는 이론이다. 중화학공업을 중심으로 한 기업이 대규모 이익을 획득하여 공장시설을 대형화하고 규격품을 대량생산하여 대량소비되는 근대화된 공업사회 건설을 지향했다. 즉, 대량생산, 대량유통, 대량소비 등이 순(純) 순환하는 경제구조를 완성하는 것이었다.

일본 정부는 의도적으로 산업구조를 섬유나 잡화와 같은 경공업을 지양하고 중공업으로 전환하여 철강, 자동차, 전기 등의 미래 산업에 재정 투자를 집중했다.[8] 1963년 '신산업도시건설촉진법'을 제정하고 1964년 태평양벨트지대 외에도 공업정비특별 지역을 지정하여 공장을 유치하고 보조금을 투입했다. 각 지방자치단체는 공업 유치에 혈안이 되어, 철강, 석유정제, 석유화학, 화력발전 등을 연결하는 콤비나트(kombinat)를 형성하여 발전에 박차를 가했다.

그리고 민간 기업이 투자 자금을 확보할 수 있도록 일본은행 금리를 0.37%

---

8   総合研究開発機構戦後経済政策資料研究会, 『国民所得倍増計画資料(第22巻)』.

인하하고 800억 엔의 감세를 단행했다. 한편 2년 내에 일본 시장의 90%를 개방하는 무역자유화 정책을 추진하여 국내시장의 성장과 활성화를 유도하고 일본 기업이 해외 기업과 경쟁할 수 있도록 했다. 더불어 사회보장 공공투자 정책을 추진하여 의료, 제약, 보건 등의 산업을 정비하고 발전시켰다. 다양한 당근과 채찍(アメとムチ) 정책으로 일본 기업은 새로운 공장을 건설하고 설비 투자를 확대하여 정부의 정책에 화답했다.

고도 경제성장이 한참 진행되는 가운데 갑작스러운 위기 상황이 발생했다. 1964년 도쿄올림픽이 끝나고 증권 불황, 구조 불황, 쇼와40년 불황 등으로 불리는 경제 침체가 일시적으로 도래했다. 이에 정부는 초기에 금리를 인하하는 등 금융완화 정책으로 대응했지만 개선되지 않아 보정예산으로 건설 채권을 발생하도록 하고 적극적인 경기부양책을 실시했다. 특히 무역이나 자본의 자유화에 대응하고 국제경쟁력 강화를 위해 기업과 산업의 규모를 확대하는 대형 합병 정책을 실시했다. 야하타(八幡)제철과 후지(富士)제철의 합병으로 신일본제철이 탄생하는 등 다수의 합병이 이루어졌다. 그것을 계기로 경기는 다시 회복되기 시작했고 탄력을 받아 성장 궤도를 지속적으로 유지했다.

산업계에서 도요타(豊田)는 모든 국민이 자동차를 구매할 수 있는 마이카 시대를 열기 위해 신형 자동차 카로라(カローラ)를 생산하고, 닛산은 그에 대응해서 사니(サニー)를 생산하여 저가로 판매했다. 이렇게 해서 일본에는 일반 국민이 차를 소유하는 마이카 시대가 열렸다. 도쿄올림픽을 계기로 컬러텔레비전 보급률이 급속하게 높아졌고, 소득수준 향상으로 에어컨 수요가 급증했다. 성장기 선망의 대상이 된 내구소비재로 자동차, 컬러텔레비전, 에어컨 등이 불티나게 팔렸고 신성장동력으로 작용하여 신(新)삼종의 신기라 불렸다.

이케다가 추진한 국민소득배증계획은 소득 주도의 성장 정책이 아니라 소득을 배증하기 위해 산업과 기업을 활성화하여 실천하는 경제성장 주도 정책이었다. 일본은 국민소득을 두 배 증대시키기 위해 임금을 올리기보다는 경공업에서 중공업으로의 산업구조 전환, 기업 경영의 합리화와 이노베이션 추구, 안정된

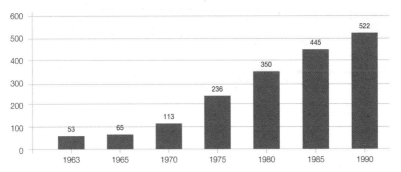

〈그림 4-1〉한 가족의 1개월간 소득 추이   (단위: 1000엔)

자료: PHP研究所編, 『戰後50年日本のあゆみ』(PHP研究所, 1995), p.328.

노사관계, 공업선도성 이론 실천, 전국 각 산업의 균형 발전, 과감한 당근과 채찍 정책, 기업의 국제경쟁력 강화, 민간투자환경 정비, 목적형 공공투자, 생산성 높은 부문으로의 노동력 이동, 인적 능력 향상을 위한 문교 정책, 사회복지 정책 강화, 공공 정책을 통한 대규모 인프라 정비, 도쿄올림픽을 위한 제반 시설 정비, 과학기술 진흥, 가전제품, 자동차, 조선 등의 미래 산업 활성화, 우수한 지방 노동력 활용 등과 같은 성장 정책을 면밀하게 주도적으로 추진했다.

국민소득배증계획은 생산제일주의, 경제성장 지상주의, 과학기술 만능주의 등에 기초했고, 그와 같은 고도성장의 패러다임은 이후 1970년 초반까지 지속적으로 유지되었다. 이케다는 자신이 내세운 국민소득배증계획의 실천을 통해 10%라는 고도 경제성장률을 기록하고, 국민총생산과 개인소득이 급증하여 일본을 세계 제2의 경제대국으로 성장시켰다. 다양한 실천 과제는 이후 자민당 장기 집권하에서 경제개발과 성장 정책의 기초가 되었고 실제로 경제를 성장시키고 국민소득을 높이는 데 성공적으로 기능했다. 그 결과 일본은 이코노믹 애니멀(economic animal)이라는 영광을 얻게 되었다.

〈그림 4-1〉은 성장기 한 가족의 1개월간 소득 추이를 소개한 것이다. 1963년에는 5만 3000엔, 1965년에는 6만 5000엔, 성장기 마지막 해인 1970년에는 11만 3000엔으로 급속하게 증가하여 성장 효과를 보고 있다는 것을 알 수 있다.

<표 4-2> 성장기의 국민총생산(GNP)과 개인소득 현황

연도	명목	
	국민총생산(10억 엔)	1인당 소득(1000엔)
1961	20,139.8	214
1962	22,282.7	234
1963	26,163.4	272
1964	30,301.9	312
1965	33,673.0	343
1966	39,600.4	400
1967	46,333.0	463
1968	54,792.6	541
1969	64,890.7	633
1970	75,152.0	722

자료: 鶴見俊輔(編), 『戰後史大事典』(三省堂, 1991), p.976.

일본은 고도 경제 발전을 통해 국민소득과 국민총생산, 수출과 경상수지 등에서 괄목할 만한 성장을 거두었다. 1960년 중반 일본은 미국에 이어 국민총생산 측면에서 독일과 프랑스를 추월하는 세계 제2의 경제대국으로 발돋움했고 성장대국으로 거듭났다. 일본은 당시의 고도 경제성장 현상을 이자나기 경기로 지칭했고, 이 용어는 일본 경제의 성장 아이콘으로 유행했다. 이후 경제성장 구도는 많은 우여곡절을 겪는 가운데서도 1993년까지 지속적으로 유지하는 괴력을 발휘했다.

<표 4-2>는 이케다가 추진한 고도 경제성장 정책의 실적으로 평가할 수 있는 국민총생산과 1인당 소득 현황을 소개한 것이다. 성장기인 1961년부터 1970년까지 국민총생산과 1인당 국민소득은 지속적으로 성장하는 추이를 보인다. 1961년 국민총생산은 20조 1398억 엔에서 1970년 75조 1520억 엔으로 증가하여 3.7배 상승했고, 국민소득은 1961년 21만 4000엔에서 1970년 72만 2000엔으로 증가하여 약 3.5배 상승했다. 이는 이케다의 소득배증계획이 대성공했다는 증거이다.

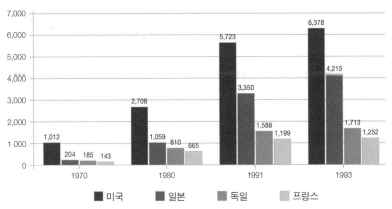

〈그림 4-2〉 일본과 서구 주요 국가의 국민총생산 현황 (단위: 억 달러)

자료: PHP硏究所編, 『戰後50年日本のあゆみ』(PHP硏究所, 1995), p.51.

1960년대 슬로건으로 내세운 소득배증계획은 국민총생산(GNP)과 국민소득에서 약 3.5배 이상 상승하는 성과를 거두었고, 10.6%라는 경이적인 평균경제성장률을 달성하여 세계경제사에 흔하지 않은 기록을 남겼다. 노동시장에서도 큰 변화가 일어나 취업난 시대에서 인력부족 시대로 전환되어 완전고용을 실현하면서 이중구조가 개선되었다. 경제 성공으로 일본은 1964년 선망의 대상이었던 경제협력개발기구(OECD)에 가맹하여 비서구 지역에서 유일하게 경제 선진국의 지위를 획득했다. 또한 지금까지 IMF에서 경제 상황이 불안한 제14조 국가로 취급되었던 일본은 선진국과 동등한 제8조 국가로 이행하는 동양의 기적을 실현했다.

이자나기 경기를 바탕으로 일본 경제는 이후에도 지속적으로 성장했다. 〈그림 4-2〉는 1970년대 이후 일본과 서구의 국민총생산 현황을 나타낸 것이다. 1970년부터 1993년까지 일본은 국민총생산에서 미국 다음으로 2위를 점하는 경제적 힘과 능력을 발휘했다.

이 시기에 개최된 도쿄올림픽이나 박람회는 이케다 내각의 고도 경제성장 정책에 의해 달성한 경제적 번영을 자축하고 세계에 알리는 상징적인 이벤트로 일본의 자신감과 자부심을 표현하는 장이 되었다. 그러나 다른 한편으로는 이케다 정책과 결과에 대해 다양한 비판이 일어났다. 개발 거점 지정을 둘러싸고 지역 간 경쟁과 자유민주당 소속 지방 정치가들 간의 편향적인 유치 전쟁이 치열해졌다. 그리고 대기업에 의한 토지 매점으로 지가 폭등이 동반되고, 부와 인구의 편중으로 국토의 균형 발전을 추진하려는 목표가 실현되지 못했다. 효율성을 중시해서 대도시권과 그 주변 지역에 우선적으로 배분되었고, 1969년 신전국총합개발계획이 실시되면서 1972년 다나카 내각의 일본 열도 개조론으로 연결되어 더욱 지가 폭등을 부추겼다. 일본의 산업구조 및 지역구조를 급변하게 하여 산업과 지역의 불균형적 발전을 촉진시키는 부작용을 낳기도 했다.

3) 고도성장형 경제계획

전후 일본은 정치 지향적 정책보다는 경제제일주의를 채택하여 경제 부흥과 발전에 전력을 다했다. 미국의 지원, 일본 내의 노력, 국제사회의 우호적 관계 등과 같이 경제를 성장시킬 수 있는 환경이 조성되었다. 일본은 자립기와 성장기를 거쳐 지속적인 경제성장을 달성하여 경제대국을 구축하고 발전하는 국가가 되었다.[9] 이 시기 일본 경제는 신이 계획해도 달성할 수 없을 만큼의 좋은 성과를 거두었고, 이후 호황과 불황을 경험하면서 경제성장을 지속적으로 추진하여 30여 년간 성장시대를 견인했다.

그 과정에서 일본은 경기 호황에 해당되는 특징을 'ㅇㅇ경기'라는 이름을 붙여 명명하는 전통이 생겼다. 〈표 4-3〉은 전후 일본이 경험한 경기명, 경기 기간, 경기 내용 등을 간단하게 소개한 것이다.

전후 일본은 다케우마 경제라는 지원 경제에서 출발해서 한국전쟁 특수경기를 통해 자립할 수 있는 토대를 만들고 고도 경제성장을 달성한 이자나기 경기

---

9   塩田潮, 『内閣総理大臣の日本経済』; 森武麿, 『現代日本経済史』(有斐閣, 2009); 御厨貴, 『増補新版 歴代首相物語』(新書館, 2013).

〈표 4-3〉 전후 일본 경기의 특징

경기명	기간	경기특징
다케우마 경제	1949~1952	- 점령기의 일본 경제구조를 지칭함 - 미국의 지원과 내부 지원으로 지탱하는 불안한 경제구조를 시정하는 돗지 라인 경제 정책을 추진하여 성공함
한국전쟁 특수경기	1950~1953	- 냉전으로 인해 한반도에서 한국전쟁발발 - 전쟁물자 수요 등으로 일본에 한국전쟁 특수 붐 발생함 - 과잉 투자로 인한 반동(反動)으로 쇼와29년 불황 야기됨
짐무 경기	1954~1957	- 일본 내 투자 및 소비 활성화 - 전후 최초로 31개월간 경제가 성장함 - 1955년 수량경기(가경 상승이 아니라 판매량의 증대로 기업 이익이 증가하는 경기) 발생 - 경기 호황을 일본의 초대 천황 이름을 따 짐무 경기로 칭함 - 1957년 1년간 냄비바닥 불황 도래
아마테라스 경기	1956	- 기업과 상층부만이 호경기를 맞이했다고 평가하여 아마테라스 경기로 칭함
이와토 경기	1958~1961	- 자립기와 성장기를 잇는 42개월간 호경기가 도래하여 이와토 경기라 칭함 - 일시적으로 전형기(轉型期) 불황 도래함
올림픽 경기	1964~1965	- 올림픽 경기 준비를 통한 사회간접자본 활성화 - 교통망 구축, 경기장, 간선도로, 신칸센 등 설비 투자 - 올림픽 경기 종료로 쇼와40년 불황 도래
이자나기 경기	1965~1970	- 소득배증계획, 경기부양 정책, 경제 개혁 등으로 57개월간 장기 경기 호황을 기록하여 이자나기 경기라고 칭함 - 10% 이상의 고도 경제성장, 국민총생산에서 세계 제2의 경제 대국이 됨 - 달러 가치 하락을 유도한 닉슨쇼크 발생
열도개조 경기	1971~1973	- 다나카 가쿠에이의 열도 개조 붐으로 23개월간 호경기 - 제1차 석유위기가 도래하여 처음으로 마이너스 성장률 기록
제1차 석유위기 확대 경기	1975~1976	- 석유위기를 극복하고 22개월간 경기 호황 - 위기극복으로 경제도약 발판을 마련함 - 미니(みに一) 불황이 9개월간 이어짐
제2차 석유위기 확대 경기	1977~1979	- 2차 석유위기 후 경기 호황이 28개월간 지속됨 - 엔고 불황 도래
반도체 경기	1983~1985	- 공공투자 경기와 하이테크 경기 발생 - 반도체 경기로 28개월간 호황 도래

경기명	기간	경기특징
		- 미국과의 극단적인 경제 마찰로 재팬 배싱(Japan bashing)이 일어남 - 프라자 합의 후 일시적 불황
버블 경기	1986~1991	- 프라자 합의 불황 후 경기부양 정책으로 주가, 지가 및 주택 가격이 폭등하는 버블 경기가 53개월간 지속됨 - 엔고, 디플레이션, 지가, 토지가, 주가 폭락 등으로 버블 붕괴 - 사자나미 경기(さざ波景気), 아시아 금융위기, 저성장 등으로 헤이세이 불황을 야기하고 잃어버린 20년이 시작됨
IT 경기	2000~2002	- 반도체 호황으로 인한 IT버블 경기 발생 - IT버블 붕괴
이자나미 경기	2002~2007	- 전후 최장의 73개월간 호황 경기 발생 - 2008년 리먼쇼크 발생으로 금융위기 도래
아베노믹스 경기	2012~현재	- 2009년 데자뷰 경기(デジャブ景気)과 유럽경제위기 도래 - 경기부양 정책으로 아베노믹스와 신아베노믹스 실시 - 소비세 10%로 인상, 명목임금 1.5% 인상, 실질 0.1% 성장, GDP 신장률 1.2% 등으로 저성장 구조 고착화됨 - 2018년 유효구인배율 1.62를 기록하여 경기 활성화됨

자료: PHP研究所編, 『戦後50年日本のあゆみ』(PHP研究所, 1995), p.59.

를 맞이했다. 1970년대는 고도 경제성장 추세를 이어가기 위한 열도 개조 개혁과 석유위기를 돌파하는 경제체제를 구축했고, 1980년대 버블 경기와 흑자경제를 통해 경제대국 일본을 완성했다. 그리고 1990년대 이후 헤이세이에 들어서 반도체 경기와 아베노믹스 경기를 통해 지속적인 경제성장을 유지하고 있다.

일본 경제는 버블 붕괴로 촉발되고 엔고(円高)와 디플레이션이 작동하여 이른바 잃어버린 10년 또는 20년이라는 경기암흑 시대가 도래했음에도 저성장 기조를 유지하고 있다. 〈그림 4-3〉은 1956년부터 2017년까지 일본의 경제성장률 추이를 소개한 것으로 1960년대 성장기에는 12.4%라는 최고성장률을, 1998년과 2008년에는 각각 -3.4%라는 최저성장률을 기록했다.

전후 일본 경제성장률은 자립기 6.8%와 성장기 약 10%대를 유지했고, 도약기에는 저성장을 했지만 3~4%대를 유지했다. 이후 대국화기 6.3%, 국제화기

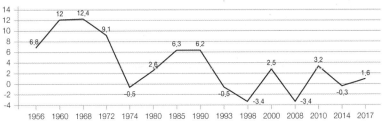

〈그림 4-3〉 일본의 경제성장률 추이 (단위: %)

자료: 内閣府SNAサイト에서 인용.

2~3%, 네오 국제화기 1~3%대의 성장률을 기록하여 전반적으로 성장 기조를 유지하고 있다. 그러나 1974년 -0.5%, 1993년 -0.5%, 1998년 -3.4%, 2008년 -3.4%, 2014년 -0.3% 등 마이너스 성장률을 기록했다. 일본 경제는 기본적으로 성장과 흑자라는 두 요소가 지속적으로 유지되고 있어 앞으로 우상향의 성장 추이를 유지할 것으로 보인다.

일본 경제가 성장 기조를 유지하고 지속적으로 성장할 수 있는 것은 자립기부터 네오 국제화기까지 일본 정부가 기획하고 실천한 경제계획이 있었기 때문이다.[10] 〈표 4-4〉는 일본 내각에서 추진한 경제계획 명칭, 내각명, 책정 연도, 계획 기간, 목적, 실질경제성장률 등을 소개한 것이다.

성장기인 1960년대는 국민소득배증계획과 전국총합개발계획을 바탕으로 경제성장을 추진하여 대성공을 거두었다. 1970년대는 경제사회발전계획, 신경제사회발전계획, 경제사회기본계획, 일본 열도 개조론, 쇼와50년대 전기경제계획 등을 실천하여 경제가 도약할 수 있는 발판을 마련했다. 1980년대는 신경제사회7개년계획, 경제사회의 전망과 지침 등을 통해 경제대국으로서 위상을 높였고, 1990년대는 세계경제와 함께 살아가는 일본, 2000년대는 아베노믹스와 신

---

10 草野厚, 『歴代首相の経済政策全データ』; 塩田潮, 『内閣総理大臣の日本経済』; 森武麿, 『現代日本経済史』; 御厨貴, 『増補新版 歴代首相物語』; 古川洋, 『高度成長—日本を変えた6000日』(読売新聞, 1997); 渡辺昭夫, 『戦後日本の宰相たち』(中央公論新社, 2001).

〈표 4-4〉각의 결정한 경제계획 현황

경제계획 명칭	내각명	계획 기간	경제계획 주요 목적	실질 경제성장률
경제 자립 5개년	히토야마 (鳩山)	1956~1960	- 경제 자립 - 완전고용	5.0% (9.1%)
신장기경제계획	기시 (岸)	1958~1962	- 생활수준 향상 - 경제성장 유도 - 완전고용	6.5% (10.0%)
국민소득배증계획	이케다 (池田)	1961~1970	- 국민소득 증대 - 생활수준 향상 - 완전고용 - 10% 경제성장	7.2% (10.3%)
중기경제계획	사토 (佐藤)	1964~1968	- 경제발전 근대화 - 복지국가로의 전진	8.1% (10.4%)
경제사회발전계획	사토 (佐藤)	1967~1971	- 경제성장 - 균형 있는 경제사회 구축	8.2% (10.0%)
신경제사회발전계획	사토 (佐藤)	1970~1975	- 경제력에 어울리는 일본 사회 건설 - 균형적 발전 지향	10.6% (5.1%)
경제사회기본계획	다나카 (田中)	1973~1977	- 국민복지 충실 - 국제협력 추진 - 석유위기극복 - 열도 개조 개혁	9.4% (3.5%)
쇼와50년대 전기 경제계획	미키 (三木)	1976~1980	- 안정적 경제발전 - 충실한 국민생활 실현	6.0% (4.9%)
신경제사회7개년계획	오히라 (大平)	1979~1985	- 안정성장궤도 - 국민생활 질적 향상 - 문화시대 선언	5.7% (4.1%)
1980년대 경제사회의 전망과 지침	나카소네 (中曾根)	1983~1990	- 평화와 안정적인 국제관계 - 경제사회 형성 - 풍부한 국민생활	4.0% (4.0%)
세계와 함께 살아가는 일본	다케시타 (竹下)	1988~1992	- 대외불균형 시정 - 풍부하고 실감하는 국민생활 실현 - 지역경제사회 균형 발전	3.7% (3.7%)
아베노믹스	아베 (安部)	2012~2014	- 3개 화살: 대담한 금융완화 정책, 기동적인 재정 정책, 민간투자를 환기하는 성장 정책	-

경제계획 명칭	내각명	계획 기간	경제계획 주요 목적	실질 경제성장률
신아베노믹스	아베 (安部)	2015~현재	- 신3개 화살: 희망 낳은 강한 경제, 안심연결사회 보장, 꿈꾸는 어린이 육성 지원	-

주: ( )는 계획 기간 중의 실적치이다.

자료: 鶴見俊輔(編), 『戰後史大事典』(三省堂, 1991), p.214; 구건서, 『21세기 일본』(신아사, 2016), pp.205~296.

(新)아베노믹스 등을 기반으로 한 경제가 위기를 극복하고 성장하고 있다. 일본 경제가 지속적으로 성장한 데는 각 시기에 적절한 경제계획을 세우고 실천한 역대 총리들의 역할이 있었다는 점을 부인하기 어렵다.

4) 일본경제단체연합회

일본 경제가 성공한 것은 일본 정치가가 경제 지식과 전문성을 가지고 경제 정책과 경제계획을 최우선적으로 세우고 해결 과제를 선정하여 일목요연하게 실천했기 때문이다. 기업가는 철저한 애국주의적 민족정신에 기초하여 기업을 운영하고 창의적으로 도전하는 기업가 정신을 가지고 국제기업으로 성장시킨 결과이다. 또한 경제 관련 단체를 조직하여 기업과 경제 현장에서 발생하는 다양한 문제를 해결하고 개혁안을 만들어 사업하기 좋은 기업 환경과 경제 환경을 만들었기 때문이다. 특히 기업 현장에서 열심히 일하는 근로자의 헌신적인 희생 정신이 기능했기 때문에 가능했다고 볼 수 있다.

일본 기업을 최전선에서 이끌며 성장시킨 경제계 대표 단체가 일본경제단체 연합회(Japan Business Federation)이다. 일본경제단체연합회는 대기업 중심의 제조업이나 비제조업으로 구성된 경제 단체로 재계 총본산이라고 할 수 있다. 그리고 일본 상공회의, 경제동우회 등과 더불어 경제 3단체 중 하나로 영향력이 가장 크다. 이전에는 경제산업성 소관의 사단법인이었지만 공익법인제도 개혁과 함께 내각부 소관의 일반 법인으로 전환되었다.[11]

2002년 5월 일본경제단체연합회는 경제단체연합회와 일본경영자단체연맹

(이하 경단련, 1948년 발족)을 통합하여 총합경제단체로 재편했다. 조직 명칭은 사단법인 일본경제단체연합회로 줄여서 '경단련' 또는 '일본경단련'이라고 부른다. 경단련은 기업이 가치를 창출할 수 있도록 독려하고 일본과 세계의 경영 발전을 촉진시키는 데 목적을 두고 있다. 그리고 경영자의 의견 청취, 정치, 행정, 노동조합, 시민 등과의 대화, 회원 기업에 대한 헌장준수 권고, 각국 정부, 경제 단체, 국제기관 등과의 대화 등을 통해 경제 전반과 기업 전반에 관한 과제를 모아 건의하고 정책적 방향에 대해 의견을 제시하고 있다.

경단련에는 도쿄 제1부 상장기업(東証第一部上場企業)을 시작으로 일본의 유력 기업이 많이 가입하고 있기 때문에 경제 전반적인 사안에 대한 견해나 주장이 대표성을 가져 정책에 잘 반영될 수 있다. 경단련은 성장 전략과 경제발전계획, 기업이익 창출 등을 추진하는 정책을 제시하고, 경제 정책에 대한 재계의 제언을 관철하기 위해 발언력을 높이고 있으며, 자유민주당 등과 같은 정당에 정치 헌금을 하여 정치계에 대한 영향력을 높이고 있다. 경단련 회장은 출신 기업의 정책 스태프와 함께 관련 업무를 수행하고, 사무국 직원은 관료로 보이므로 민료(民僚)라고도 불린다.

〈표 4-5〉는 2000년 이후 일본경제단체연합회 회장 자격과 역대 회장을 소개한 것이다. 경단련 회장은 이른바 경제 대통령으로 불릴 정도로 매우 중요한 위치를 점하고 있다.

경단련 회장은 일본 경제의 중심이 되는 산업과 기업의 대표 중에 선발되는 경향이 있다. 역대 회장은 원칙적으로 제조업 대표가 취임하는 것을 암묵적으로 인정한다. 회장으로서의 적성과 회장활동에 필요한 자금을 해당 기업에서 거출할 수 있는 능력이 있는지 등의 관점에서 판단한다. 회장은 재계 총리, 재계 천황으로 불린다. 이전에는 경제 단체에 속한 민간인이었지만 경시청으로부터 신분 보호를 받는다. 회장은 후임이나 부회장을 선임하는 사실상의 권한이 있고,

---

11   内田公三, 『経団連と日本経済の50年ーもうひとつの産業政策史』(日本経済新聞社, 1996).

〈표 4-5〉 일본경제단체연합회 회장 자격과 역대 회장

구분	내용
입회 자격	- 경단련사업에 찬성하고 기업행동헌장 정신을 존중하고 실천할 것 - 경제 사업을 경영하는 법인으로 사업 내용이 당회 회원규정에 맞고 사회적으로 유용한 상품이나 서비스를 계속적으로 개발 및 제공할 것 - 순수자산이 1억 엔 이상일 것 - 3기 이상 연속해서 당기순손실을 보지 않았을 것 - 재무제표에 관한 공인회계사 등의 감사보고서가 적정 의견일 것 - 위기관리 체제 및 내부 통제 시스템을 도입하고 있을 것 - 과거 3년간 중대한 불상사 발생이 없을 것
조직	- 회장, 부회장, 이사, 감사 - 심의원회의장 및 부의장 - 사무국 직원
역대 회장	- 초대 회장: 오쿠다 히로시(奧田碩) 도요타자동차 회장, 2002년 5월~2006년 5월 - 2대 회장: 미타라이 후지오(御手洗冨士夫) 캐넌(キャノン) 회장, 2006년 5월~2010년 5월 - 3대 회장: 요네쿠라 히로마사(米倉弘昌) 스미토모화학(住友化学) 회장, 2010년 5월~2014 년 6월 - 4대 회장: 사카키바라 사다유키(榊原定征) 도레(東レ) 회장, 2014년 6월~2018년 5월 - 5대 회장: 나카니시 히로아키(中西宏明) 히다치제작소(日立製作所) 회장, 2018년 5월~현재

부회장은 각 산업의 균형을 생각해 선발한다. 현직 부회장이 차기 회장이 되는 것이 관례이다. 심의원회 의장은 경단련에서 두 번째 실세로 비제조업의 대표가 맡는다.

경단련은 일본의 경제성장 및 기업 성장과 함께 생사고락을 같이해 왔다. 그 과정에서 일본 경제와 기업을 개혁하고 발전시키는 데 큰 역할을 했다. 특히 일본 산업과 기업 중에서 제조업 출신을 회장으로 신임하여 제조 기업과 제조 기술이 성장하는 신화를 만들어냈다. 그리고 일본 기업만이 갖고 있는 노사 간의 협력적인 경영체계와 보은체계를 만들어 새로운 일본 기업문화를 구축했다. 일본 기업문화는 경제성장기와 경기침체기에 존재 가치를 발휘하여 강력한 운명 공동체적 노사문화로 정착했다. 그것은 일본 경영의 삼종신기로 구체화되었고, 일본 기업의 성장을 지탱하는 대표적인 성장형 기업문화가 되었다. 최근 들어

경단련은 영향력이나 사회에 미치는 힘이 저하되었다고 평가되지만 여전히 일본 기업을 대표하는 경제 단체로서 가치를 창출하여 일본 경제계를 이끌어가고 있다.

3. 성장기의 문화 정책

1) 문화재 보호·전통예능진흥 정책

국가경제가 발전함과 동시에 문화재 보호 정책뿐 아니라 적극적으로 문화재를 발굴하고 전승 및 관리하는 실효적인 문화재 정책을 추진했다. 그리고 중앙정부, 지방자치단체, 문화인, 국민 및 지역주민 모든 주체가 문화재를 보호해야 한다는 의식이 확산되었다. 일본 정부는 문화청 설치와 동시에 문화재보호위원회를 폐지하고, 문화재 보호에 관한 권한을 분리하여 문부대신이 문화재 지정 및 지정 해제를 담당하고, 그 외의 권한은 문화청 장관이 직접 행사하도록 했다. 문부대신과 문화청 장관의 자문기관으로 문화재보호심의회를 신설했다.[12]

한편 도시화의 진전으로 각 지역의 옛날 거리가 붕괴되면서 전통적 건조물이 사라지거나 보존 환경이 악화되었다. 지역주민의 의식 변화와 생활양식의 근대화로 풍속, 전통 행사, 관습, 민속 예능, 기구 등과 같은 민속문화재, 공예기술, 보존기술 등이 계승되지 못하고 사라졌다. 더욱이 전국적인 국토 개발과 함께 매장문화재의 파괴가 진행되었다. 그런 상황에 대처하기 위해 '문화재보호법'을 개정하고, 민속문화재의 범주, 전통적 건조물군 보존지구제도, 문화재보존기술 보호제도, 매장문화재제도 등을 신설·실시했다.

일본은 문화재 보호와 함께 전통 예능에 관심을 갖게 되었다. 중앙정부와 지

---

12 根木昭, 『文化政策概論』(晃洋書房, 1996); 根木昭, 『文化政策の展開: 芸術文化の振興と文化財の保護』(放送大学教育振興会, 2007).

방자치단체는 각 지역에 분포되어 있는 전통예능을 활성화하기 위한 문화 정책을 추진했다. 중앙정부는 각종 문화제도와 문화시설을 정비하고 설치하는 데 중점을 두었다. 1966년에는 계승되고 있는 전통예능의 보존, 진흥, 전승자 육성 등의 거점으로 국립극장을 설치했다. 1967년에는 국립근대미술관으로부터 교토 분관을 분리하여 독립시켰고, 도쿄와 교토에 각각 국립근대미술관을 설립했다. 1972년에는 현대무대예술을 진흥하기 위해 제2국립극장 건립을 위한 예비조사 및 연구가 시작되었다.

2) 예술진흥·생활문화 정책

고도 경제성장으로 소득이 증대하고 시간적 여유를 갖게 되면서 예술문화와 생활문화에 대한 관심이 높아져 예술진흥 정책과 생활문화 정책이 급무로 등장했다. 예술진흥 정책으로는 예술활동에 대한 장려 정책과 예술가를 육성하는 인재양성 정책이 핵심적으로 추진되었다. 생활을 윤택하게 하는 민간단체에 의한 예술활동이 각 예술 분야에서 활발하게 전개되었다. 오케스트라와 같은 대규모의 예술가를 보유한 무대예술단체는 대부분 경영이 어려워 본래의 창조적인 예술활동을 충분히 전개하지 못했기 때문에 정부 지원이 필요했다. 1961년부터 문부성은 무대예술단체를 지원하기 위해 사회교육단체보조금제도를 설립하여 처음으로 실연단체인 군마교향악단에 지원금을 교부했다. 그리고 오케스트라뿐 아니라 오페라, 발레 등 현대무용을 공연하는 여러 단체로 지원 대상을 확대하고 예산도 증액했다. 사회교육단체보조금은 1964년 예술관계단체 보조금으로 독립하고 문화청이 관할했다.

예술가 육성 정책으로는 예술가 양성 프로그램과 표창제도를 신설하여 적극적으로 활용했다. 예술가 양성을 위해 1967년에는 각 분야에서 활동하는 예술가를 해외로 파견하는 예술가재외연수제도를 발족시켰다. 예술가를 격려하고 장려하기 위해 예술 장려(전신은 예능선장)의 대상 분야를 확대하고 동시에 종래의 문부대신상 외에 1967년 문부대신 신인상 제도를 도입하여 신인 문화인재의 예술활동을 독려했다. 또한 점령기부터 우수작품을 제작하도록 하기 위해 실시한 우수미술품매상(買上) 제도를 활용했고, 1972년에는 우수영화제작장려상 제도를 발족했다.

근대화된 도시에서는 문화를 향유하고 충족시킬 수 있는 각종 문화 정책과 문화상업이 활성화되었다. 또한 개개인의 개성, 취미, 생활, 가치관 등이 변화하여 문화 향유 방식이 다양화·전문화되었다. 생활문화에 대한 관심이 높아져 생활문화 정책의 필요성이 대두했고, 문화 수요자에게 문화를 보급하는 과제가 급부상했다. 중앙정부는 문화청에 문화보급과를 설치하고 문화진흥을 직접적으로 담당하게 했다.

그리고 국민의 생활문화를 향상시키기 위해 문화공연시설 확보, 문화 프로그램 다양화, 문화공연 활성화, 청소년과 어린이 문화체험 활성화, 무대예술의 지방순회공연, 전용문화회관 설치, 문화활동 지원과 강화 등을 추진했다. 무대예술 순회공연을 위해 1967년 청소년예술극장, 1971년 이동예술제, 1974년 어린이예술극장 등을 신설했다. 청소년예술극장은 전국공립문화시설협회에 위탁해서 이동예술제순회공연과 예술체험 등을 하도록 했다. 문화시설 정비에 나서 1967년 문화회관 설치, 1968년 도도부현의 문화시설 정비, 1970년 국가 보조에 의한 역사민속자료관 설치 등이 실현되었다.

중앙정부나 지방공공단체는 문화에 대한 국민 수요에 대응하기 위해 생활문화 정책을 필두로 교육문화 정책, 국민오락 정책 등을 동시에 시행했다. 생활문화 정책으로는 생활 속에서 여유를 갖고 취미를 살릴 수 있도록 유도했고 차도, 화도(華道), 향도(香道), 예법, 분재, 바둑(碁), 장기(將棋) 등과 같은 취미 프로그램을 대폭 신설하여 개방했다. 교육문화 정책으로는 생활하면서 문화교육을 받을 수 있도록 공민관이나 문화시설에 다양한 문화교육 강좌를 개설하여 이용하게 하고 의복생활, 식생활, 주거 환경 등을 개선하기 위해 의식주 개선 교육과 정보를 제공했다. 오락문화 정책으로는 국민오락으로서 파친코점을 개설할 수 있도록 허가하고 야구, 스모, 레슬링, 국민체육, 볼링 등을 활성화했다. 이 시기의 오락은 돈을 투자하는 투기성과 시간을 필요로 하는 상업적 오락이 활성화되었다.

3) 지역 만들기 정책

국가 성장은 지역 성장을 견인하여 생활수준과 문화생활을 향상시키는 긍정적인 측면이 있지만 다른 한편으로는 대도시 중심의 성장을 더욱 촉진시켜 지역도시의 축소와 기능 약화를 초래하는 부정적인 측면이 동반되었다.[13] 국가가 주도하는 대도시 중심의 성장 정책과 개발 정책은 도시와 지역 간의 불균형 발전과 기형적인 발전을 부추기는 원인이 되었다. 산업과 문화가 집중하는 대도시로 지역 인재와 젊은이들이 지역 도시를 떠나 이동하고, 지역산업과 지역상업, 지역 인프라 등이 약화되어 지역공동체 붕괴와 지역경제의 쇠퇴를 증폭시키는 현상이 발생했다.

지역을 부흥시키고 발전시키기 위한 성장 동력을 문화적 차원에서 찾아 추진하는 지역문화 정책이 적극적으로 전개되었다. 문화가 정신적 가치와 교양적 지식을 함양하는 소극적 역할에서 벗어나 지역을 발전시키고 향상시키는 적극적인 정책 수단으로 전환되었다. 더불어 문화 행정과 문화 정책을 포괄하는 지역문화 정책이 중시되어 실천했다. 지역문화 정책은 지역 만들기를 최우선과제로 두는 동시에 지역문화를 활성화하는 방향으로 추진되었다. 일본 각 지역은 전통적으로 계승하고 전수해 온 지역 마쓰리(地域祭り), 전통예술, 역사적 풍토 등을 활성화하고, 다양한 발전 프로그램을 통해 지역을 개발하고 성장시키는 정책을 단행했다.

특히 지역 만들기에 대한 관심이 높아져 지역 생활환경과 역사적 경관을 정비하고 새롭게 조성하는 정책이 추진되었다. 역사적 경관이나 전통적인 지역문화재를 보존하고 활용하기 위해 각종 법률이 제정되고 제도가 신설되었다. 국가 수준에서는 1966년 '고도에 있어서 역사적 풍토의 보존에 관한 특별조치법'을

---

13 구견서, 『일본의 지역문화정책』(신아사, 2018).

제정하고, 1966년 풍토기의 언덕 등과 같은 사업을 추진하여 지역 경관을 만들었다. 자방공공단체는 역사적 환경 보존과 그것을 중심으로 한 지역 만들기를 활성화하고, 각 지방의 사정에 맞게 역사적으로 가치 있는 환경과 경관을 보존하기 위한 '역사적 환경보존 조례', 역사적 환경을 포함한 전체 도시경관을 정비하고 구축하도록 하는 '도시경관조례', 정신적이며 정서적 기반이 되는 후루사토(故鄕)의 전통적 풍경을 보존·활용하고 조화로운 지역 환경을 조성하기 위해 '풍경조례' 등을 제정했다.[14]

성장기에 지역 만들기를 중시하게 된 배경에는 고도 경제성장이 대도시 중심으로 이루어져 성장 혜택이 도시민에게 집중되는 경향이 있었고 문화 향유 정도에서 현격하게 차이나는 상황이 일어났을 뿐 아니라 도시 간 발전과 성장의 격차가 발생했기 때문이다. 따라서 점차 지역문화 정책은 대도시와 지역 도시 간의 성장과 문화의 격차를 줄이는 동시에 동반 발전하고 성장하기 위한 전략에서 추진되었다. 그러나 지역 발전을 도모하기 위해 계획한 지역 만들기, 지역 활성화, 문화예술 진흥, 지역경관 만들기 등을 강력하게 실천했음에도 기대했던 만큼의 효과를 거두지 못했다. 이후 지역문화 정책은 도약기, 대국화기, 국제화기, 네오 국제화기 등으로 추진되었지만 대도시와 지역 도시 간의 격차가 더욱 커졌고 지역의 축소, 통합, 소멸 등이 지속적으로 발생하여 의도한 성과를 내는 데 한계가 있어 새로운 정책적 전환이 필요하다.

---

14 1975년에는 전통적 건조물군 보존지구 제도의 발족, 1978년에는 역사의 길 지정, 1989년에는 후루사토(고향) 역사의 광장 조성 등을 통해 전통과 현대가 공존하는 지역문화 환경을 활발하게 만들었다.

4. 성장기의 대중문화

1) 이케바나, 분재, 바둑문화

일본에서 활성화되고 성장한 생활취미문화는 다양하게 존재하지만 이 책에서는 이케바나(生け花)로 불리는 화도(華道 또는 花道), 분재(盆栽), 바둑 등을 중심으로 소개하고자 한다. 화도는 식물만을 이용하거나 주로 식물을 이용하되 다양한 재료를 조화롭게 구성·감상하는 꽃꽂이예술이다. 일반적으로 화도(花道)로 표기하고 꽃꽂이의 길을 의미하며 살아 있는 꽃이라는 의미에서 이케바나(生け花, 活花, 揷花)라고도 한다. 화도는 이케바나보다는 구도적 미를 강조하는 경우도 있다.

화도에는 역사적으로 계승된 다양한 유파가 있고 유파에 따라 양식이나 기법이 서로 다르다. 화도는 일본 발상의 전통적인 예술이며 현재에는 일본 국내뿐 아니라 국제적으로 확산되어 발전하고 있다. 구미의 플라워 디자인은 3차원의 구도를 형성해 어디에서 봐도 통일된 형태를 갖고 있다. 거기에 비해 화도는 감상하는 방향을 정면으로 규정하고 있는 경우가 많아 3차원 공간을 2차원으로 전환해서 표현하는 유파도 있다. 화도는 색이 고운 꽃뿐 아니라 나뭇가지, 나무줄기, 잎이나 나이테 등 모든 자연 요소를 화재로 사용해 감상할 수 있는 장점이 있고, 해외에서 유행하고 있는 꽃의 장식 개념과는 현저하게 다르다.

화도는 무로마치(室町)시대 중기 교토롯가쿠도(京都六角堂)의 승려가 확립한 것으로 알려져 있다.[15] 당시 승려는 화도를 하면서 연못 근처에 거주했기 때문에 이케보(池坊)라고 불렀다. 그와 같은 명명 방식이 일반화되어 유파의 이름이 되었다. 이후 꽃꽂이를 하는 유파의 본산을 의미하는 이에모토(家元), 종가(宗家) 등이 형성되었다. 화도는 에도(江戸) 중기에 다테바나(立花) 또는 릿카(立華)라고 불리게 되면서 상류계급이 선호하여 번성했다. 에도 후기가 되면서 지금까지 상

---

15 依田徹, 『盆栽の誕生』(大修館書, 2014).

류계급이나 무가계급이 향유하던 취미에서 서민이 접하는 취미로 변화했고, 쇼카(生花, 세이카)라 불리면서 일반화되어 대중의 사랑을 받았다. 현재 화도라고 하면 에도 후기 쵸닝(町人)문화가 현저하게 발달한 분카시대(文化時代, 1804~1818) 및 분세이시대(文政時代, 1818~1831)에 유행한 쇼카 또는 이케바나(挿花)를 지칭한다.

에도시대에 무가차도(武家茶道의 달인이었던 고부리 마사가즈(小堀政一)를 이에모토로 한 엔슈류계(遠州流系)는 교쿠이케(曲生け)라고 불리는 화도를 널리 전파하고 유행하게 했다. 엔슈류계에서는 화도 기교의 달인, 명수 등이 많이 등장하여 한 시대를 풍미했다. 그들은 꽃병(銅の花器), 목재, 염색한 화대(花台) 등을 엄선하는 안목과 기술을 가지고 있어 직인 기술자로 인정받아 이케바나의 명수가 되었고, 이에모토로 성장하여 기술과 기법을 계승하고 전수했다. 이케바나의 명수와 이에모토가 생김으로써 이케바나가 활성화하고 성장했다.

한편 칸사이(関西) 지방에서는 에도분카시대에 활동한 미쇼사이 잇포(未生斎一甫)가 세운 미쇼류계(未生流系)라는 이에모토가 형성되어 미쇼류를 발전시켰다. 미쇼류는 인간의 생각으로 사계절의 변화를 꽃병에 담아 생명을 영속시켜 신성시하고 아름다운 자연을 더욱 아름답게 이케바나로 표현하는 특징이 있다. 동일본에서는 이마이 소후(今井宗普)가 생생하고 역동적인 이케바나를 구성하는 고류계(古流系)를 발족시켜 이케바나 세계를 주도했다.[16] 그리고 에도 말기에는 이케바나의 명수가 나타나 활약하면서 자연식물을 소재로 꼽고 세워 살게 하는 기법으로 꽃병과 조화롭게 구성하는 나게이레바나(なげいれ花), 얇고 넓은 수반(水盤) 위에 꽃과 소재를 꽂아 구성하는 모리바나(盛花) 등과 같은 유파가 형성되어 계통을 이어갔다. 에도 말기에서 메이지 초기에는 일본 문화에 대한 서구인들의 관심이 높아지는 가운데 이케바나가 유럽에 전파되어 플라워 디자이너들에게 영향을 주었다.

16　古流協会,『古流生花百瓶集』, 角川(主婦の友, 1990).

전후 일본에서 이케바나는 예술성과 전문성을 강조하면서도 일부 특정한 소수가 독점하기보다는 각 가정이나 연출이 필요한 장소에서 누구나 할 수 있는 예술로 확산되었다. 역사적으로 계승되어 발전한 화도는 일본이 자랑하는 독특한 전통예술로 정착·애용되고 있다. 특히 이케바나는 식물 외에 자연에 존재하는 모든 재료를 구성 요소로 사용하고, 살아 있는 식물을 이용해서 자연의 아름다움을 표현하는 예술이다. 이케바나가 예술적 가치를 인정받으려면 살아 있는 재료를 사용하는 것이 중요하다. 특히 이케바나는 자연 속에 존재하는 각각의 개성 있는 모습과 미를 자연스럽게 노출시키는 구성예술이며, 자연계에 존재하는 모습을 재구조화하여 더욱 아름다운 모습으로 연출해 인간세계로 들어온 예술이라는 특징이 있다.

둘째는 일본에서 전통적으로 인기 있는 생활취미문화로 정착한 것이 분재이다.[17] 분재는 초목을 화분(鉢, 盆栽鉢, 盆器)에 심어 자연의 아름다움을 함축적으로 연출하는 조형예술이다. 나무, 가지, 잎, 줄기, 뿌리, 열매, 화분 등 나무를 구성하고 있는 다양한 요소와 모양, 나무를 지탱하고 있는 화분, 나무와 화분으로 구성된 전체 모습 등을 시각적으로 감상하는 예술이다. 자연의 풍경을 모방하고 거대한 나무를 의도적으로 조형하는 것이 특징이다. 거대한 모습으로 존재하는 자연을 조형하여 가정으로 들어왔다는 의미에서 축소형 예술이다.

분재는 중국 당나라 때 행해진 분경(盆景)이 헤이안시대에 일본으로 들어오면서 시작되었다. 옛날에는 분산(盆山), 하치노키(鉢木), 쓰쿠리마쓰(作りの松) 등으로 불렸다. 가마쿠라(鎌倉)시대에는 하치노키가 무사계급의 취미로 활용되어 인기가 있었다. 에도시대에는 나무 재배가 성행하면서 분재나 원예가 융성했다. 메이지(明治)시대에는 분재가 취미로 여겨졌고, 재배하고 관리하며 키우는 데 오랜 시간이 필요했기 때문에 시간적 여유가 있는 중·장년층 중심으로 애호가가

---

17 依田徹, 『盆栽 BONSAI ジャパノロジー・コレクション』(KADOKAWA, 2015); 依田徹, 『盆栽の誕生』.

생겨났다. 전후에는 경제성장과 함께 분재를 본업으로 하는 분재업자도 생겨났고, 분재를 취미로 삼아 육성하는 애호가들도 나타났다. 1980년에는 노년층의 취미가 되었고, 1990년대 이후 분재는 해외로 전파되어 중·장년층의 취미가 되었으며 본사이(BONSAI)라고 불린다.[18]

분재는 식물의 아름다움을 가까운 곳에서 감상하기 위해 식물을 화분에 재배하기 때문에 화분식물(鉢物)이라고 불렸다. 목적은 자연 풍경과 식물을 화분에 심어 자연의 아름다움과 맛을 감상하는 데 있다. 야외나 자연에서 볼 수 있는 큰 나무를 축소하거나 변형시켜 화분에 심어 가꾸면서 아름다움을 감상하는 즐거움이 있다. 재현하는 방법으로는 전지를 하거나 철사를 이용하여 나무의 형태를 변형시키는 기법이 있다. 또한 암석 위에 나무뿌리를 심어 성장하게 하는 등 다양한 기교가 연출되어 더욱 많은 즐거움을 준다. 분재의 멋과 아름다움을 연출하기 위해서는 화분 선택, 나무 고르기, 육성법, 비료 주기, 전지 작업, 모형제조 작업, 물 주기 등을 해야 하기 때문에 많은 정성과 시간이 소요된다. 살아 있는 식물이기 때문에 가치가 있고, 완성이 없어 기대가 크며, 변화 과정에서 노출되는 아름다움을 감상할 수 있는 매력이 있다.

셋째는 바둑문화이다. 바둑은 나라(奈良)시대의 공가(公家)이며 일본의 견당사(遺唐使)였던 기비노 마키비(吉備真備, 695~775)가 전래한 것으로 전해지고 있다. 그러나 『수서 외국전』에는 바둑 경기를 좋아한다(囲碁の競技を好む)라는 기록이 있어 그 이전에 전해진 것으로 보인다. 나라시(奈良県奈良市) 도다이지(東大寺大) 불전의 서쪽에 위치하고 있으며 많은 예술품을 소장하고 있던 정창원(正倉院)에는 바둑판(碁盤)에 대한 문헌기록이 있다. 헤이안시대에는 귀족이 취미로 좋아했고, 『겐지 모노가타리(源氏物語)』와 같은 문학작품에도 종종 바둑에 대한 묘사가 등장한다.[19]

18　依田徹, 『盆栽の誕生』.

19　戦後史開封取材班, 『戦後史開封 3』(戦後史開封取材, 平成8年); 中山典之, 『囲碁の世界』(岩波新, 2003); 増川宏一, 『碁 ものと人間の文化史59』(法政大学出版局, 1987).

무로마치시대에 들어서 지금까지 공가(公家)나 승려계급이 애호하던 바둑(囲棋)은 무사와 서민으로 확대되었고 동시에 바둑판과 바둑알을 사용하는 다양한 놀이가 생겨났다. 바둑이 확산되면서 바둑을 잘 두는 고우치(碁打ち, 직업적인 기사), 조주(上手)라고 불리는 전문가도 생겨났다. 전국(戦国)시대에 들어서는 싸움의 전술로서 활용되어 크게 번성했다. 전국시대 무장들이 바둑을 좋아했다는 기록이 있다. 바둑의 고수로 이에모토 혼인보가(家元本因坊家)의 시조가 되었고, 고우치라 불리는 최고수였던 산시(算砂)는 오다 노부나가(織田信長), 도요토미 히데요시(豊臣秀吉), 도쿠가와 이에야스(徳川家康) 등의 바둑 스승으로 활약했다. 산시는 이들 장군에게 고시(五子, 다섯 개의 바둑알)를 놓게 하고 대국을 즐겼다고 전한다.

노부나가는 산시에게 명인(名人)이라는 칭호를 주었고, 히데요시는 중용했으며, 이에야스는 쇼군이 된 후에 메이징 고도코로(名人碁所)로 임명하여 바둑계를 총괄하도록 명령했다고 전한다. 귀족이나 무가들이 애용하면서 전국시대와 에도시대에 걸쳐 바둑 수준이 비약적으로 향상되었다. 에도시대에 방일한 조선통신사 이약(李礿)에게 산시(三子)를 놓게 하고도 승리했다는 기록이 있다. 당시 산시라는 차이는 프로 기사와 아마추어 기사 정도의 차이를 말한다.

에도시대에는 산시의 혼인보가(本因坊家), 이노우에가(井上家), 야스이가(安井家), 하야시가(林家) 등이 바둑의 이에모토라고 불렸는데 우수한 기사를 육성하며 서로 경쟁했다. 이에모토 4가는 각각 막부로부터 후원을 받았고, 종가의 혈통이 아니라 실력으로 대결하여 승자를 결정하는 바둑대회에 참가했다. 바둑기술을 보여줄 수 있는 대회 장소는 에도성 내 쇼군어전에서 행하는 고조고(御城棋)였고, 매년 1회 개최하여 최고수를 가렸다. 4가에서 선정한 각 대표가 대국을 벌여 승부를 내는 방식으로 진행했으며 대국에서 지면 이에모토로서 가문이 불명예를 안게 되어 제자 모집에도 영향을 주었다.

바둑계의 총괄자인 메이징 고도코로는 각 이에모토 중에서 선정했고, 실력과 인격이 다른 가문보다 좋다고 인정받아야 했다. 대국을 소고(争棋)라고 했다. 쇼군어전에서 혼인보가(本因坊) 소속으로 산시의 제자인 산에쓰(算悦)와 야스이가 2세 산지(算知)가 사상 처음으로 대국을 벌였다. 이들의 대국은 쇼군 앞에서 시행하는 고조고에서 9년에 걸쳐 진행되었고, 6전 대국에서 각각 3승 3패를 기록한 가운데 산에쓰의 사망으로 승부를 가리지 못하고 종료되었다.

쇼와기 일본에서는 1941년 혼인보전(本因坊戦)이 개시되어 세키야마 리이치(関山利一)가 제1기 혼인보가 되었다. 이후 태평양전쟁이 발발하여 기사들의 활동은 미미했고, 일본 기원 건물도 공습으로 타버렸다. 그런 가운데서도 혼인보전은 계속되었다. 1945년 제3기 혼인보전 제2국이 히로시마에서 열렸는데 대국 중에 원자폭탄이 투하되어 대국장의 바둑알이 폭풍으로 날아간 상황에서도 끝까지 진행되어 승부를 냈다. 그 대국을 원폭하의 대국이라고 칭했다.

전후 일본에서는 1947년 미나토구 다카나와(港区高輪)에 일본 기원회관이 설립되었다. 중국 출신 기사 고세이겐(呉清源)은 당시 일류 기사를 상대로 열 차례의 대국에서 모두 승리하는 대기록을 남겼다. 1950년 메이징(名人)의 별명인 9단에 추천되어 쇼와의 기성(昭和の棋聖)으로 불렸다. 당시 혼인보 하시모토 우타로(橋本宇太郎)가 이끄는 일본 기원에 불만을 가진 칸사이(関西) 기사들은 새로운 칸사이 기원을 설립했다. 1951년 하시모토에 승리한 다카카와 가쿠(高川格)가 혼인보에 올랐고 이후 9연승이라는 대업을 달성했다. 1953년 오자센(王座戦), 1956년 주단센(十段戦), 1961년 메이징센(名人戦), 1975년 텐겐센(天元戦), 1976년 기세이센(棋聖戦)과 고세이센(碁聖戦) 등이 설립되어 현재는 7대 타이틀전으로 진행되고 있다.

1960년대는 대만 출신의 임해봉(林海峰) 기사가 크게 활약하였다. 그는 사카다 에이오(坂田栄男)에 도전하여 메이징 타이틀을 빼앗아 사카다 아성을 무너뜨렸다. 그리고 최강자였던 임해봉과 함께 기타니 미노루(木谷実, 1909~1977) 문하의 오다케 히데오(大竹英雄)가 등장하여 당시 바둑계를 평정하는 다케임(竹林)시대를 열었다. 특히 기타니 미노루 문하에서 활약한 이시다 요시오(石田芳夫), 가토 마사오(加藤正夫), 다케미야 마사키(武宮正樹) 등 3인을 기타니산우도리(木谷三羽

鳥)라고 했다. 이 시기는 기타니 미노루 문하생이 바둑계를 평정하고, 그들 간에 타이틀전을 하는 기타니이치몬 황금시대(木谷一門黃金時代)였다.[20]

1970년대에는 기타니이치몬 황금시대를 잇는 기타니 미노루 문하에 한국 출신 조치훈(趙治勳)과 고바야시 고이치(小林光一)가 등장했다. 1983년 한국 출신 조치훈은 기세이, 메이징, 혼인보 등 3대 타이틀을 1년에 걸쳐 획득하고 1987년 7대 타이틀을 획득하는 그랜드슬램을 달성했다. 이후 조치훈으로부터 고바야시 고이치가 기세이와 메이징을 따내고 각각 8연승과 7연승을 기록했다. 조치훈은 1989년부터 혼인보 10연패를 달성하여 타이틀 최장 연승 기록을 남겼다.

1990년대에 들어서 기타니 문하를 대신해서 요다 노리모토(依田紀基)와 대만 출신 오릿세이(王立誠)가 패권을 잡았고, 21세기에 들어서 임해봉의 제자 조우(張栩), 다카오 신지(高尾紳路), 야마시타 게이고(山下敬吾), 히에 나오키(羽根直樹) 등이 활약하여 헤이세이 4대 천왕으로 불렸다. 2009년에는 천재 기사로 알려진 이야마 유타(井山裕太)가 메이징이 되었고 2012년에는 5대 타이틀을 차지했으며, 2016년에는 7대 타이틀을 독점하여 세대교체를 이루었다. 그리고 무라카와 다이스케(村川大介, 伊田篤史, 一力遼, 芝野虎丸) 등 헤이세이 탄생의 기사들이 활약하고 있다.

1990년대부터 바둑의 세계대전이 개시되었고 일본, 한국, 중국 출신 기사 간의 국가대항전과 타이틀전이 벌어지고 있다. 일본의 경우 젊은 기사보다는 원로 기사들이 많아져 위기를 맞고 있다. 1998년부터 2003년까지 ≪주간 소년챔프≫에 바둑 만화 「히카루의 고(ヒカルの碁)」가 연재되면서 바둑 붐이 일어나 많은 어린이가 바둑을 두었다. 바둑경기 인구는 1982년 1130만 명, 2004년 450만 명, 2006년 360만 명, 2007년 240만 명 등으로 점차 감소하는 추세에 있다. 2016년 한국 출신 이세돌 기사와 딥마인드(deepmind)사가 개발한 인공지능 컴퓨터 기사 알파고(AlphaGo) 간의 대전에서 이세돌 기사가 1승만을 거두고 완패하여 충

---

20 伊藤敬一, 『昭和囲碁名勝負物語』, 全2권(三一書房, 1994).

격을 주었다. 알파고가 등장하면서 인공지능과 인간지능 간의 경쟁이 시작되었고 인공지능에 대한 견제와 기대가 공존하고 있다.

성장기에는 소득 증가로 인해 개인 취미를 살리기 위해 선택해서 즐기는 대중문화가 발생했다. 이케바나, 분재, 바둑 등은 서민들의 취미가 되었고 그 과정에서 일본 대중문화로 자리 잡았다. 전문가들이 활동하고 각종 대회를 개최함으로써 대중문화의 격을 높이기도 하고, 대중이 선호하는 취미가 되어 생활문화로 정착했다. 현재 이케바나, 분재, 바둑 등은 생활 속에 존재하여 대중이 즐기는 가운데 가치를 낳고 세계화되고 있다는 점에서 살아 있는 일본 대중문화라고 할 수 있다.

2) 올림픽·박람회·신삼종신기문화

일본은 성장사회를 만들기 위해 1964년 도쿄올림픽을 개최하고, 성장을 표출하기 위해 1970년 오사카박람회를 유치하여 국제사회에 알렸으며, 일본 산업의 발전과 소득 증대로 신삼종신기를 만들어냈다.[21] 도쿄올림픽은 일본적인 색깔을 나타내는 측면이 있을 뿐 아니라 보편성을 담보한 이벤트 문화이며, 오사카박람회는 선진국과 대등하게 성장하고 있는 일본의 발전상을 보여주고 자부심을 알리는 데 목적이 있는 홍보용의 문화행사였다. 신삼종신기는 일본 국민이 성장의 결과물을 실제 생활에서 향유하는 소비문화로 나타났다.

첫째는 도쿄올림픽문화이다. 제18회 하계도쿄올림픽은 1964년 10월 10일부터 10월 24일까지 일본의 수도 도쿄에서 개최되었다. 일반적으로 도쿄올림픽이라고 칭하는데 도쿄오륜(東京五輪)이라고도 한다. 개회 선언은 쇼와(昭和)천황이 했다. 도쿄올림픽은 참가국 93개국, 참가 인원 5133명, 경기 종목 수 20경기 163종 등으로 구성되었다. 세계 스포츠사에서 아시아 국가로는 처음 개최한 하계올림픽이라는 의미와 함께 일본의 성장과 발전을 촉진시키는 성장형 이벤트

21　戰後史開封取材班,『戰後史開封 1·2·3』(戰後史開封取材, 平成8年).

로 추진되었다. 일반적으로 올림픽은 국가 성장과 능력을 증명하는 기회로 서구 선진 국가들이 독점하여 국력을 과시하는 축제였다. 도쿄올림픽은 성장을 유도하는 촉매제로 사용하고 각 영역의 수준을 한 단계높이기 위한 절호의 기회로 삼아 성공했다는 데 의의가 있다.[22]

도쿄올림픽은 국제사회에서 다양한 움직임이 일어난 시기에 열렸다. 1964년 소련의 후루시초프가 수상에 취임하여 공산주의를 확산시키고 올림픽 기간 중에 세 명을 태운 소련 우주선 보스호트 1호(Voskhod 1)가 도쿄 상공을 비행하며 올림픽에 참가한 세계 청년들에게 열렬한 인사를 보냈다. 중국은 군사력 강국임을 알리는 핵실험을 감행했다. 미국에서는 공산국가에 대한 견제를 강화했고, 공민권운동을 주도하던 마틴 루터 킹(Martin Luther King) 목사가 노벨평화상 수상자로 결정되면서 미국 내 인권문제가 도마에 올라 체면을 구겼다. 일본은 올림픽을 개최하면서 OECD 가맹국이 되어 선진국으로 부활하는 계기가 되었다. 공산국가가 위력을 과시하고 미국이 도마에 오르는 가운데 도쿄올림픽이 열려 세계정세를 반영하는 장으로 주목받았다.

도쿄올림픽 개최가 결정되면서 많은 준비 작업에 들어갔다. 부족한 경기시설을 세우고, 교통망을 정비하고 건설하는 데 거대의 건설비가 투자되었다. 도쿄도는 개회와 폐막을 위한 국립경기장 정비와 기타 경기장 신축, 선수와 관중을 위한 호텔 건설과 제반 시설을 정비했다. 쓰레기 도시라고 불리던 도쿄에 쓰레기 수집 차 250대를 투입하여 깨끗한 환경미화 거리를 만들었고, 세계 사람들에게 보여줄 음식문화, 질서문화, 서비스문화 등을 새롭게 정비하는 데 공을 들였다.

그리고 제도고속도로 교통영단(帝都高速度交通営団), 도쿄 모노레일 하네다공항선, 수도고속도로 건설 등 도쿄 교통 인프라가 정비되었다. 도시 간 교통기관의

22　三島由紀夫·石川達三, 『1964年の東京オリンピック: 「世紀の祭典」はいかに書かれ、語られたか』 (河出書房新社, 2014).

〈표 4-6〉 일본 신칸센 현황

구분		거리	개통 시기	최고 속도	건설비
도카이도선 (東海道線)	도쿄-신오사카 (東京-新大阪)	515.4km	1964.10	시속 270km	3300억 엔
산요선 (山陽線)	신오사카~하쿠다 (新大阪~博多)	553.7km	1972.3	시속 270km	9100억 엔
도호쿠선 (東北線)	도쿄~모리오카 (東京~盛岡)	496.5km	1982.6	시속 240km	2조 6600억 엔
조에쓰선 (上越線)	오미야~니가타 (大宮~新潟)	269.5km	1982.11	시속 275km	1조 6300억 엔

자료: PHP研究所編, 『戦後50年日本のあゆみ』(PHP研究所, 1995), p.171.

중핵으로서 도쿄는 수도권, 나고야, 오카사 등 3대 대도시를 연결하는 도카이도 신칸센을 올림픽 개회 9일 전인 1964년 10월 1일 개통했다. 수도고속도로 건설이 급속하게 추진되어 도쿄 국제공항에서 국립경기장까지 연결하고 도중에 도쿄역, 황거 주변, 국회의사당, 관청가 등을 경유하는 수도고속 도심환상선 루트 (首都高速都心環状線ルート)가 완성되었다.

〈표 4-6〉은 첨단 기술과 산업 성장의 상징이며 새로운 도시문화와 교통문화를 구축한 1964년부터 1982년까지 일본에서 건설된 신칸센의 현황을 소개한 것이다.

도쿄올림픽은 경기시설 건설, 국내 교통망 정비, 건설 투자, 의식 개선, 기술 향상, 관광 진흥, 가전제조업 활성화 등을 통해 일본 경제를 성장시키는 올림픽호 경기를 만들어냈다. 도쿄올림픽을 계기로 위성방송기술이 향상되었고 컬러 방송으로 소형콤팩트 카메라가 개발되었다. 1959년 미치 붐 이후 TV 수상기가 급속하게 보급되었고 동시에 올림픽을 계기로 가전제품 기업은 컬러 텔레비전을 만들어 컬러 방송으로 스포츠를 관람하도록 했다. 컬러 방송으로 TV 수상기 구입이 비약적으로 증가했고, 스포츠와 오락성이 높은 버라이어티 방송(vaudeville show)이 급증했다. 1964년 일본 가정의 87.8%가 흑백 또는 컬러 텔레비전을 보유했다.

도쿄올림픽은 기술적인 측면에서 성장된 일본을 보여주었고, 이후 경제 및 사회의 성장 동력으로 활용되었다. 도쿄올림픽에서 처음으로 컴퓨터에 의해 실시간으로 선수들의 경기기록이 관리되어 신속하게 알려졌다. 전 경기장에 놓인 단말기에 개별 경기의 기록을 모아 공개했고, 동시에 다음 대회장의 경기 결과를 알 수 있도록 했다. 이 시스템의 성공은 일본에서 리얼타임 시스템이 보급되는 계기가 되었다. 미쓰이(三井)은행은 시스템을 이용해 제1차 온라인 시스템을 구축했고, 마쓰다(松田)는 생산관리 시스템으로 응용했다.

도쿄와 올림픽 경기를 보려는 여행 수요가 급증했고 일본 음식을 세계에 소개하고 전파하는 기회가 되어 음식문화의 다변화와 세계화를 촉진시켰다. 내국인과 외국인을 위해 역에서는 에키벤(駅弁)으로 치킨 도시락을 개발·공급했다. 그것은 당시 명품점으로 알려진 양식마카나이(洋食まかない)를 참조해서 고안한 것이다. 전통 과자로 유명한 후쿠오카명과(福岡銘菓)는 1964년 도쿄에 진출해서 도쿄명과를 창업하여 일본 과자를 세계에 알렸다. 그리고 흥미나 취미로 여겨지던 스포츠가 국위를 선양하고 애국심을 낳아 결속을 다지는 중요한 기회가 되었고, 사회인을 위한 스포츠시설이 각지에 조성되어 생활스포츠문화를 구축하는 계기가 되었다. 더욱이 선진문화와 비교되는 가운데 일본 문화가 선진적이며 국제적인 모습으로 전환하는 중요한 계기가 되었다.

둘째는 오사카만국박람회(Japan World Exposition, Osaka 1970)문화이다. 오사카 박람회는 1970년 3월부터 9월까지 183일간 열렸다. 일본은 도쿄올림픽을 개최하고, 아시아에서 처음으로 국제박람회를 오사카에서 개최했다. 개최명은 개최지 이름을 따서 오사카만박(大阪万博)이었다. 슬로건은 '인류의 진보와 조화(人類の進歩と調和)'로 정하고 77개국이 참가했다. 오사카만박이 슬로건으로 내세운 인류의 조화로운 발전 개념은 당시 일본이 갖고 있는 자심감과 내재되어 있는 시대적 과제를 그대로 담아내어 표현한 것이다. 오사카만박은 고도 경제성장을 달성하여 경제 선진국이 된 일본의 과학, 기술, 산업, 기업 등을 과시하는 이벤트성 축제의 성격을 띠었다.

오사카만박은 국가 프로젝트로 추진되어 많은 기업, 연구자, 건축가, 예술가 등이 건설, 영상, 음향, 전시물 제작 등에 참여했다. 관람자 총수는 6421만 8770명이었으며 그 가운데 외국인은 약 170만 명이었다. 특히 미국관에는 아폴로 11호가 가지고 온 달의 돌(月の石)이 전시되어 인기몰이를 했다. 박람회가 폐회한 후 각 대회장은 비즈니스 도시와 연구·도시로 만드는 등 다양한 의견이 있었지만 최종적으로 공원화하기로 했다. 현재는 자연문화시설, 문화공연시설, 스포츠시설, 레저시설 등을 조성하여 시민을 위한 문화 공간으로 활용하고 있다.

국가사업으로 추진된 오사카만박은 대규모 예술가를 국가 이벤트에 동원한 것에 대해 문화 및 예술계 내부로부터 비판이 일었다. 예술문화의 성장과 발전을 추진하는 데 보수화된 국가가 국가 중심적으로 주도하는 경향이 지속되어 국가에 대한 불신이 있었기 때문이다. 동시에 1960년대 기성세대에 의해 추진된 미일안전보장조약을 둘러싼 논쟁이 여전히 존재함에도 불구하고 사회적 합의를 찾지 못한 상태에서 1970년 일미안전보장조약 개정을 시도했다. 시민들은 개정을 반대하는 이른바 70년 안보 투쟁을 벌이고, 오사카만박 이벤트를 통해 정치로 향하는 국민의 눈을 돌리려는 의도가 있다며 대학생들은 오사카만박 개최를 반대하는 운동을 전개해 사회 분위기가 경색되었다.

셋째는 신삼종신기(新三種神器)문화이다. 1950년대 후반부터 짐무(神武)경기가 진행되는 가운데 부유함의 상징으로 선망의 대상이었던 흑백텔레비전, 세탁기, 냉장고 등 삼종의 신기라고 불리는 가전제품이 선풍적인 인기를 얻어 경기를 부양시키는 순풍으로 작용했다. 가전제품에 대한 구매 열풍은 일본 제조업 수준을 한 단계 높이는 계기가 되었고, 일본 경제가 성장하는 중요한 원동력으로 작용했다.

1960년대 중반에는 이자나기 경기라는 호황기가 도래하고 경제가 활성화되어 3C라 불리는 컬러텔레비전(color television), 에어컨(air condition), 자동차(car) 등이 삼종의 신기를 대신하여 신삼종의 신기 붐을 일으켰다. 이 중에서 가장 빠르게 보급되었던 것이 도쿄올림픽을 계기로 개발하여 판매한 컬러텔레비전이었다. 상대적으로 제일 늦어진 것은 값이 비싼 에어컨과 자동차였다. 1968년에는 전자레인지(cooker), 별장(cottage), 중앙 난방(central heating) 등 신(新)3C가 유행했다. 헤이세이기에는 디지털카메라, DVD(Digital Versatile Disc) 레코드, 슬림형 대형 텔레비전 등 디지털 가전의 삼종신기가 유행했다.

자동차는 신삼종신기의 효과를 선두에서 이끌어 성장신화를 구축했다. 개인이 자동차를 구매할 수 있다는 자신감과 자부심이 생기면서 자동차를 소유하는 이른바 마이카 시대가 시작되었다. 당시 일본은 철도, 신칸센, 전철 등 대중교통이 잘 정비되어 있었기 때문에 구미 여러 국가처럼 자동차 대중화가 일어나지 않을 것이라는 생각이 지배적이었다. 그러나 자동차에 대한 동경과 소득이 증가한 일본인은 부유함을 과시하려는 듯이 자동차를 구매하여 붐을 일으켰고, 자동차의 대중화를 촉진시켰다.

일본에서는 이미 1959년 8월 닛산자동차가 대중용 자동차 블루버드(BLUE-BIRD)를 발매하기 시작했다. 이것이 마이카 시대를 알리는 신호탄이 되었다. 1960년대 신삼종신기에 자동차가 들어가면서 인기몰이를 했다. 초기에 국민차라고 불리는 블루버드가 각광을 받았고 이어서 스바루360(スバル360)이 인기를 얻었다. 1966년 4월 사니, 11월 카로라 등이 등장해 히트하면서 자동차 생산과 구매가 촉진되어 개인이 자동차를 소유하고 이용하는 마이카 시대를 열었다.[23] 더불어 자동차를 생산하는 회사 간 경쟁이 더욱 치열해져 자동차산업이 활성화되었다.

미쓰비시의 고루토(三菱・コルト), 스바루1000(スバル1000), 다이하쓰 베루리나(ダイハツ・ベルリーナ), 마쓰다사의 패밀리아(マツダ・ファミリア) 등이 경쟁적으로 생산되었다. 그리고 도요타는 경차를 능가하는 성능, 대량생산체제에 의한 저렴한 가격, 해외 수출용 등의 개념에 기초한 새로운 자동차 파부리카(パブリカ)를 생산했다. 파부리카는 월 판매 대수 1만 대, 1대당 가격 38만 1000엔 등과 같은 구체

---

23 朝日新聞, 『みんな「中流」で幸せだった 憧れは団地・カローラ・三種の神器』(朝日新聞社, 2017).

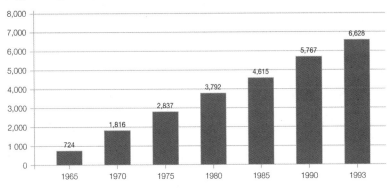

자료: PHP研究所編, 『戦後50年日本のあゆみ』(PHP研究所, 1995), p.173.

적인 목표를 세워 생산·판매했다. 일본 자동차기업은 실용적이고 저렴한 경자
동차를 만들고, 소비자는 적극적으로 구매하여 마이카 시대를 완성해 갔고 자동
차문화를 구축했다.

〈그림 4-4〉는 일본의 자동차 보유 대수를 소개한 것이다. 1965년 724만 대,
1970년 1816만 대, 1975년 2837만 대, 1985년 4615만 대, 1993년 6628만 대 등
을 보유하면서 자동차 생산과 소비의 대국이 되었다.

올림픽 경기의 발생, 젊은이에 의한 사회개혁운동, 비틀스의 일본 공연 등이
있던 시기에 마이카 붐이 일어나 본격적인 자동차 대중화시대가 열렸다. 당시에
는 자동차를 갖는 것이 사회 신분을 높이는 것으로 여겨 자동차 구매 붐을 견인
했다. 신분상승 열망과 자동차 인기가 급등하면서 가구당 한 대를 기준으로 자
동차를 구입했다. 자동차 붐으로 인해 자동차문화와 자동차 신화가 형성되었
다. 자동차의 소유에서 향유로 욕구가 전환되어 드라이브문화, 취미로서의 튜닝
문화, 자동차 경주문화 등을 발생시켰다. 일본 가정이 자동차를 소유하여 마이
카 시대를 구축하면서 동시에 국제 자동차시장에서 일본 자동차 기술 및 성능을
검증받아 신뢰를 쌓으면서 자동차 수출 대국으로 성장하는 신화를 구축했다. 일
본은 올림픽, 신삼종신기, 오사카박람회 등을 통해 경제적 부를 만끽하는 풍요

로운 시대(rich age)를 맞이했다.

3) 우익·민주·대항문화

일본은 고도 경제성장을 달성하기 위해 다양한 경제계획과 정책을 추진하여 풍요로운 리치시대(rich age)와 일본 문화를 만들어갔다. 고속 성장을 위해 혁신 적인 발전계획을 신속하게 추진하면서 각 사회기간시설이 충실해졌고, 기업과 산업의 성장 환경이 정비되었다. 경제성장은 가정경제를 건실하게 하여 개인 소 비를 촉진시켰으며 동시에 사회문화의 변화를 가져왔다. 일본적 발전을 다양한 이벤트로 국제사회에 알려 국제적 위상을 높이고, 일본 국가의 존재감과 국민의 자부심을 갖는 가운데 일본 역사주의와 보수주의가 전면에 나서면서 강한 보수 성을 띤 우익문화가 나타났다. 그러나 성장 부작용이 폭발하고 보수화에 강하게 저항하는 대항문화가 등장하여 충돌했다.

첫째, 경제성장을 토대로 보수화된 기성세대를 중심으로 강렬한 일본적 색깔 을 드러낸 우익문화가 발생했다. 일본이 경제적으로 부유해지고 국제사회에서 위상이 높아지면서 근대사를 찬양하는 일본 역사주의와 천황주의를 주장하는 우익 세력이 전면에 등장했다. 당시 민주적인 사회와 자학사관(自虐史観)을 정면 으로 비판하면서 주체적인 일본주의를 주장한 미시마 유키오(본명 平岡公威, 1925.1.14~1970.11.25)는 할복 사건을 일으켜 일본 사회에 잠자고 있던 우익들을 일깨웠다.[24] 문학가로서 노벨문학상 후보로도 올랐던 미시마의 할복자살은 일

---

24 미시마 유키오는 소설가, 극작가, 수필가, 언론가, 정치 활동가, 우익주의자 등으로 활동했
다. 전후 일본 문화계를 대표하는 작가 중 한 사람으로 노벨문학상 후보가 되는 등 일본뿐
아니라 해외에서도 잘 알려진 작가이다. ≪에스콰이어(Esquire)≫에서 세계의 100인에 선정
된 최초의 일본인으로 국제 TV 프로그램에도 출연했다. 그는 시대가 낳은 문제점을 날카롭
게 조명하고 분석한 작가이다. 대표작으로는『가면의 고백(仮面の告白)』,『조소(潮騒)』,『금
각사(金閣寺)』,『게이코의 집(鏡子の家)』,『우국(憂国)』,『풍요의 바다(豊饒の海)』등이 있고,
희곡으로는『로쿠메이칸(鹿鳴館)』,『근대노악사(近代能楽集)』,『사도후작부인(サド侯爵夫
人)』등이 있다. 순수기 회리된 미구와 시각인 문제, 고민극에 기조인 인공상(人工性), 구축
성 등이 풍부하고 유미적인 작품을 내놓았다. 만년에 정치 성향을 드러내 자위대에 체험 입

본 사회뿐 아니라 지식계, 그리고 국제사회에 큰 충격을 주었다. 그리고 일본적 정서를 문학적으로 표현하여 노벨문학상을 받은 가와바타 야스나리(川端康成, 1899.6.14~1972.4.16)가 자살하면서 일본인의 사무라이 정신을 연상하게 하여 일본과 세상을 놀라게 했다.[25]

미시마의 할복 사건을 계기로 움츠려왔던 일본 역사주의, 천황주의, 일본 군대주의, 일본주의 등을 주창하는 일본 우익이 세력을 확장하기 시작했다. 상징 천황을 일본국 천황으로의 복귀, 근대 역사의 자학적 반성에 대한 반성, 새로운 친일본적 역사교과서 개정, 일본국헌법의 개정, 자위대의 일본 군대화, 국기국가법 제정 등의 실천을 통해 일본다운 일본을 만들어야 한다는 우익적 움직임이 사회 각층에서 일어났다. 당시 문학계, 정치계, 경제계 등에서 활동하는 우익 지식인들이 대거 등장하여 일본 우익문화를 구축하는 데 크게 공헌했다.

둘째, 지식인을 중심으로 형성된 민주문화이다. 전후 일본에는 평화국가를 구축하는 최고 이념으로 작용한 민주주의와 평화주의를 지속적으로 유지하고

대하고, 젊은이들로 구성된 민병 조직 다테노 카이(楯の会)를 결성하여 활동했다. 1970년 11월 25일 다테노카이 대원 4명과 함께 자위대 이치가야(市ヶ谷) 주둔지를 방문해 동부방면 총감을 감금하고 발코니에서 연설한 후 할복자살을 했다. 이 사건은 세상을 놀라게 했고 전후 우익활동을 촉진시키는 계기가 되었다.

25 가와바타 야스나리는 소설가, 문예평론가로 활동하고 근현대 일본 문학의 정점에 섰던 작가이다. 1968년 노벨문학상을 수상하고 대표작으로는 『이즈의 춤꾼(伊豆の踊子)』, 『서정가(抒情歌)』, 『금수(禽獣)』, 『설국(雪国)』, 『천마리학(千羽鶴)』, 『산소리(山の音)』, 『잠자는 미녀(眠れる美女)』, 『고도(古都)』 등이 있다. 초기 소설이나 자전적 작품에는 가와바타 자신을 등장인물로 하거나 자신을 둘러싼 사물에 대해 섬세하게 기술했다. 순수한 창작보다는 약간의 각색을 하거나 실험체를 기반으로 한 작품을 썼다. 그리고 구체적인 실명이나 배경을 등장시키고, 연구하고 추적하여 조사하는 과정을 밀도 있게 그려 작품으로 승화시켰다. 노벨상 선정 이유는 일본인 마음의 정수를 우수한 감수성으로 표현하여 세계 사람들에게 깊은 감명을 주었기 때문이다. 대표 작품은 『설국』으로 설국을 방문한 남자가 온천 거리에서 열심히 살아가는 여성들의 초상을 보면서 정해지지 않은 운명의 각 순간을 발견하는 이야기이다. 사랑하며 살아가는 여성의 열정과 아름다운 처절함이 허무해진 남자 마음을 비추는 거울로 작용하는 심리와 서정의 미를 담은 작품이다. 가와바타는 박수받을 때 사라져야 한다는 신념을 갖고 1972년 72세에 가스 자살로 생을 마감했다.

실천하려는 지식인의 움직임이 활발했다. 특히 자의적인 해석으로 일본 역사와 근대사를 왜곡하는 현상에 대해 그리고 일본 역사를 일방통행으로 왜곡해서 가르치는 국정교과서에 대해 이에나가 사부로 교수는 강력하게 반대하면서 교과서 소송을 시작했다. 일본 지식계를 이끌어오던 와다 하루키(和田春樹)나 노벨문학상 수상자인 오오에 겐자부로(大江健三郎) 등과 같은 지식인들은 역사적 양심선언을 하며 민주문화를 끈질기게 이끌어갔다.[26]

셋째, 젊은이를 중심으로 형성된 대항문화이다. 일반적으로 대항문화는 1960년대 후반부터 1970년대 전반에 걸쳐 사용된 용어이다. 협의의 의미로는 히피문화이며, 1969년 우드스톡(Woodstock)으로 대표되는 록음악 중심으로 형성된 저항문화를 지칭한다.[27] 우드스톡 콘서트는 음악제라는 의미도 있지만 젊은이들이 기성사회에 대항하고 비판하는 목소리를 음악으로 표현했다는 데 가치가 있다. 대항문화로서 음악은 1960년대 포크나 록의 융합과 같이 서로 다른 장르와 연결하고 시대성을 다양하게 표현하여 발전했다. 당시 비틀스나 가수로서는 이례적으로 노벨문학상을 받은 밥 딜런(Bob Dylan) 등을 시작으로 뮤지션이 음

---

26 이에나가 사부로(1913.9.3~2002.11.29)는 역사가, 교육자, 일본 사상가 등으로 활동한 도쿄 교육대학 교수였다. 자신이 집필한 일본사 교과서에서 남경대학살(南京大虐殺), 731부대, 오키나와전(沖縄戰) 등에 대한 기술을 인정하지 않는 검정 기준이 부당하다는 이유로 문부성을 상대로 '검정제도는 위헌'이라는 소송을 3차에 걸쳐 제기했다. 이에나가는 '이 소송은 … 궁극적으로 인류의 파멸을 저지하기 위한 인류사적 과제를 안고 있다'라 주장했다. 소송의 3대 쟁점이었던 '교과서 검정은 헌법 위반이다(教科書検定は憲法違反である)'라는 이에나가 주장은 최고법원에서 전부 수용되지는 않았다. 법원은 '일반 도서로서의 발행을 방해하는 것이 아니라 발표 금지 목적이나 발표 전의 검사와 같은 특징이 없어 검열에 해당되지 않는다'라고 판결하여 이에나가의 주장은 대부분 거부되어 실질적으로 패소했다. 한편 개별 검정 내용에 대해서는 일부 부당하다고 판결하여 이에나가의 주장을 받아들였다. 그가 제기한 소송은 그의 사망으로 중지되었지만 올바른 역사관을 세우려고 한 지식인 정신은 일본 사회에 크게 영향을 주었다.

27 우드스톡 콘서트(Woodstock Music and Art Festival)는 1969년 8월 5~17일 미국 뉴욕에서 열린 록 중심의 대규모 야외 음악제였다. 약 40만 명의 관객이 모여 미국 음악사에 남는 콘서트였고, 1960년대 미국의 대항문화(counter culture)를 상징하는 역사적 이벤트가 되었다.

악을 통해 공민권운동이나 베트남 반전운동을 전개하여 대중음악의 역사적 역할과 방향을 새롭게 제시했다.

음악사에서는 1960년대를 비틀스 에이지라고 했다. 비틀스가 일본에 온 것은 인기 절정이었던 1966년 6월이었다. 비틀스는 일본에 입성하여 록음악과 새로운 책임 음악의 정수를 보여주었다. 일본 정부는 과열로 인한 사고 방지를 위해 공연장 무도관 1층에 청중을 앉히지 않았고, 경관 8400여 명을 동원해 경계했다. 비틀스가 인기몰이를 하면서 비틀스풍의 일본 그룹사운드가 생겨났고, 대표적인 그룹이 가야마 유조(加山雄三)가 이끄는 와일드원즈(ワイルドワンズ)였다. 그들은 「언제나(いつまでも)」, 「더 사베지(ザ・サベージ)」, 「추억의 물결(想い出の渚)」 등을 히트시켰다. 1960년대 록음악은 음악의 한 장르이며 오락의 대상이었지만 다른 한편으로는 세상의 불의와 사회 부정, 전쟁, 독재권력 등에 대해 강하게 반대하는 대항문화로서 역할을 했다는 데 가치와 의의가 있다.

성장기 일본에서는 젊은이를 중심으로 기성세대의 권위에 저항하는 대항문화가 나타나 활성화되었다. 일본주의를 주창하고, 성장 중심적인 정책을 추진하며, 보수주의적 방향을 강하게 추진하는 기성세대에 대해 그리고 정치권력과 경제력에 의해 일방적으로 끌려가고 있는 일본 사회에 대해 개혁을 주문했다. 젊은이들은 사회비판 세력으로 등장하여 새로운 일본 사회를 구축하기 위한 정치 및 사회운동을 전개했다. 1960년대 후반에는 기성사회에 대해 강력하게 저항하고 항의하는 대항시대가 개관되었다.

대항시대에는 상대적으로 젊은 청년세대와 비판 세력들이 기존의 기득권을 인정하기보다는 기득권을 버리고 개혁과 변화를 통해 신질서를 구축할 것을 강하게 요구했다. 기성세대에 대한 저항은 현실적으로 국가에 대한 저항, 정치권력에 저항, 기존의 가치관에 대한 저항, 보수 세력에 대한 저항, 기성문화에 대한 저항 등의 의미를 담고 있다. 다른 한편으로는 민주, 평화, 비폭력, 반전, 변화, 신문화, 개혁 등을 추진력으로 새로운 일본과 사회를 구축하려는 운동이라고 할 수 있다.

대항의 주체 세력은 대학에서 개혁운동을 주도하는 학생, 새로운 문화와 자유를 주장하는 히피, 보수와 안주에 메스를 가하는 개혁가, 정치권에서 공식적인 루트를 통해 부당성을 제기하며 힘을 발휘하던 사회당과 공산당을 중심으로 한 정치가, 국가 중심적 사고에서 벗어나 새로운 시민권을 주창하는 시민운동가, 지역의 편파적 발전에 대항하여 균형 발전을 요구하는 지역주민, 성장 주도 정책에 반대하는 환경운동가, 독재 권력에 반대하는 인권운동가 등과 같은 다양한 사회구성원이 중심이 되어 활동했다.[28]

일본에서 대항문화는 1960년대 말부터 1970년대 전일본학생자치회총연합(全日本学生自治会総連合, 이하 전학련)과 같은 학생운동으로 나타나 활성화되었다.[29] 미국에서 발생한 베트남전쟁반대운동의 일본판이라고 할 수 있다. 그들은 1960년대와 1970년대 안보 투쟁으로 알려진 일미안전보장조약반대운동과 연동해서 활동했다. 학생들은 헬멧, 마스크, 장갑, 레인코트 등을 착용하고 운동을 벌였다. 또한 대항 내용을 가사와 멜로디로 담아 노래를 부르고, 개혁구호를 외치며, 대학 캠퍼스나 길거리 행진을 하고, 간판 문자를 쓰며, 모두가 참여해 가두연설

---

28 戰後史開封取材班, 『戰後史開封 1·2·3』.

29 당시에는 생활권 보호 움직임과 병행해서 학생정치운동의 개건으로 1945년 9월부터 학원민주화 투쟁이 일어나고, 그것이 학생자치회의 출현으로 이어졌다. 東京物理学校, 北海道大学, 東京工業大学, 静岡高等学校(旧制), 早稲田大学, 東京女子大学, 佐賀高等学校(旧制), 東京産業大学, 日本大学予科, 法政大学, 立命館大学, 立教大学, 大阪商科大学, 京都大学, 中央大学 등에서 학원민주화 투쟁이 시작되었다. 그들은 학원보국단 해체, 전범교사 추방, 민주적 교원 복귀, 학생 조직 결성 등을 내세웠다. 학생자치회는 전전에 존재한 개인가맹단체와는 다른 전학생이 전원 가입하는 자치제도의 확립을 추진했다. 1946년 5월 와세다대학 학생회가 자치회 규약을 가결하고 당국이 승인하여 전국에서 처음으로 전원 가입한 학생자치회가 결성되었다. 그와 더불어 언론 장으로 학생신문, 잡지 등이 활발하게 간행되었다. GHQ의 후원으로 학생 투쟁은 학생 측의 승리로 끝나는 경우가 많았다. 1948년 45개 대학의 일본학생자치회가 연합하여 전학련(全学連)을 결성했고, 일본공산당의 영향하에 있었지만 1955년 이후 일본공산당에 대한 비판파가 주류를 이루었다. 그들은 군국주의 교육을 비판하고, 민주주의로 전환하지 않는 교사의 무절제를 비판했다. 1960년대에는 안보 투쟁 등과 같은 격렬한 학생운동을 전개했지만 그 과정에서 조직이 분열되었다. 1970년대 이후는 학생운동이 사회운동에서 핵심적인 역할을 하지 못하고 점차 축소·변화되어 갔다.

을 하고, 무엇인가를 투척하는 등의 방법으로 대항운동을 했다.[30]

성장기 젊은이들은 평화운동과 신문화의 상징이 된 히피문화를 수용했다. 일본에서 진행된 대항문화에는 과거 인습이나 사회규범에 굴하지 않는 남녀 관계의 모색, 대학의 권위와 서열 부정, 사회기관의 권위 등 기성세대가 의존하고 있는 제도와 가치에 대해 도전하는 개혁정신이 있고, 사회문제 해결, 민주주의와 평화주의 등을 주창하는 정의정신이 함의되어 있다. 젊은이들이 중심이 되어 만들어낸 대항문화는 이후 반전운동, 환경보호, 인종차별 금지, 기득권 폐지, 개혁정신 등을 선의 가치로 규정하는 사회운동으로 확산되었고, 일본 사회를 변혁하고 견제할 수 있는 잠재적 세력에게 영향을 주기도 했다. 그러나 아이러니하게도 당시 전학련 투사들은 사회에 진출하고 기성체제에 녹아들어 일본과 일본 사회를 위해 땀 흘리는 기업 전사로 변신했다.

4) 스트리트·미니스커트·스타킹문화

경제성장과 함께 기성세대가 가지고 있던 가치관이나 습관, 생활양식, 의식, 패션 등에서 벗어나 파격적이며 무형식의 형식을 찾는 청년문화가 자연스럽게 발생했다.[31] 정치와 경제 상황, 시대적 가치와 이념, 자유주의와 민주주의, 개인주의 등에 기초한 표현 방식이나 연출을 자유롭게 하는 문화가 발흥하여 성장시대의 변화와 개혁의 한 축을 담당했다. 그중에서 젊은이들을 중심으로 발생하여 패션문화로서 정착한 미유키족의 길거리문화, 미니스커트문화, 팬티스타킹문화 등이 신세대의 대표적인 문화가 되어 급속도로 확산되었다.

첫째, 미유키족의 길거리 문화가 탄생했다. 그들은 기존의 사회질서나 가치관에 관계없이 자유로운 생각이나 행동을 통해 표현하는 청년들이다. 1964년 도쿄 번화가인 긴자(銀座) 미유키 거리에 모여 새로운 패션으로 거리를 활보하는

---

30 似田貝香門, 「全学連」, 『日本大百科全書』(JapanKnowledge, 2017); 石丸整, "全学連: 東大教養学部自治会が脱退決議", ≪毎日新聞≫, 2012年 06月 14日.

31 戦後史開封取材班, 平成8年, 『戦後史開封 1·2·3』.

젊은이를 보고 미유키족이라고 명명했다. 중소 도시나 시골에서 도쿄로 상경한 젊은이가 향하는 장소가 긴자 미유키 거리였다. 그들은 반(VAN)이라는 점포 주변에 모였고, 거리를 거니는 조직을 만들어 놓았으며, 독자적인 패션문화를 낳이 새로운 거리문화를 일본에 유행시켰다.

미유키족은 남성의 경우 셔츠를 입고 종이 가방이나 뱀 머리 모양의 가방을 끼고 다녔으며, 여성의 경우 하얀 블라우스에 낮은 구두, 롱스커트, 리본 벨트 등을 했다. 머리를 삼각형으로 접은 스카프를 두르고 긴자의 미유키 거리를 서성였다. 도쿄 긴자거리뿐 아니라 지방에서도 비슷한 패션과 놀이가 유행했다. 지방에서는 쇼핑을 하거나 패션 취향이 같은 친구들이 모여 서로 취미를 경쟁하거나 이성과 만나 거리를 활보하고 다녔다.

미유키족은 주변을 괴롭히거나 반사회적 운동을 하던 가미나리족과는 달랐다. 그들이 추구하는 신문화 향유 성향에 대해 주간지에서는 불순 이성교제 놀이라고 규정하여 부정적으로 평가하기도 했다. 일본에서 화려하고 번화한 거리를 점령하여 새로운 문화를 창출했지만 거리 상점가들은 미유키족이 영업에 방해된다고 단속을 요구했다. 1964년 도쿄올림픽을 준비하는 과정에서 풍기문란을 이유로 미유키족을 단속했고 이후에 사라졌다. 1960년대 말경 유행을 이끌던 젊은이문화는 신주쿠로 이동했다.

둘째, 성장기에 여성의 전형적인 대표 패션으로 등장한 것이 미니스커트문화이다. 미유키족이 선호하던 긴 스커트가 일시적으로 유행했지만 유명인을 중심으로 파격적인 미니스커트가 일본 사회와 거리를 잠식했다.[32] 미니스커트는 길이가 짧은 스커트에 대한 총칭이다. 미니스커트의 길이 기준은 정확하게 결정된 것이 없지만 일반적으로 무릎이 보이는 스커트를 미니스커트라고 한다. 미니스카(ミニスカ) 또는 미니(ミニ)라고 불린다. 허벅지 중앙보다 위에 걸치는 극단적으로 짧은 것을 마이크로 미니스커트(マイクロミニスカート, マイクロミニ)라고

---

32 鈴木英之, 『よみがえれ! 昭和40年代 高度成長期、少年少女たちの宝箱』(小学館, 2012).

도 불렀다.

　1960년대 프레타포르테(pretaporter, 여성용 고급 기성복)의 대두와 함께 젊은이의 사상과 자유를 표현한 스트리트 패션이 시작되었고 대표적인 아이템으로 미니스커트가 등장했다. 1959년 영국 런던에서 스트리트 디자이너로 활동한 메리퀀트(Mary Quant)가 미니스커트를 젊은이용으로 판매하기 시작했고, 프랑스 파리에서 패션 디자이너로 활약한 앙드레 쿠레주(André Courrèges)가 1965년 미니스커트를 발표하면서 유행했다. 그 후 영국 출신의 모델 겸 가수로 활동한 트위기(Twiggy, 1949년생)가 착용해서 붐을 일으켜 세계적으로 미니스커트가 확산되었다. 트위기는 1967년 일본에 와서 트위기 선풍을 일으키며 미니스커트를 유행시켰다.

　〈표 4-7〉은 세계적으로 선풍적인 인기를 누렸던 미니스커트문화가 일본에 상륙하여 발전한 모습을 소개한 것이다. 1960년대 일본에 유입되어 여전히 폭넓게 사랑받는 패션으로 자리매김되고 있다.

　여성 패션 중에서 가장 파격적으로 아름다움을 표현하여 젊은이의 시선을 사로잡은 것 중의 하나가 미니스커트이다. 여성의 노출 심리와 아름다움이 잘 연결되는 패션으로 초기 젊은이를 중심으로 유행했지만 점차 모든 연령층으로 확산되어 여성 패션의 중심으로 자리 잡았다. 미니스커트는 여성의 노출 정도에 대한 도덕성 논쟁이나 표현의 자유 논쟁을 야기했지만 새로움과 각 시대의 특징을 표현하는 상징물이 되었고, 여성패션문화에서 영원히 사라지지 않는 미의 아이콘이 되어 여성과 동행하고 있다.

　셋째, 미니스커트와 함께 여성 속옷 패션계를 대표하는 것이 팬티스타킹이다. 팬티스타킹(panty-stocking, pantyhose, tights, collants)은 주로 여성의 하반신을 덮는 내복에 가까운 의류이다. 팬티를 의미하는 팬츠와 긴 장화인 스타킹을 하나로 한 것으로 판스토(パンスト)라고 하며 발에서부터 허리까지를 하나로 덮는 내복을 겸한 옷을 지칭한다. 1963년 미국에서 세계 최초의 팬티스타킹이 개발되어 발매되었다. 발매 시기부터 미국 여성 사이에서 붐을 일으켜 팬티스타킹

《표 4-7》 일본의 미니스커트 역사

구분	특징
1960년대	- 1965년 8월 섬유제조업체 데이징(帝人)이 일본에서 처음으로 미니스커트 테이진 엘(テイジンエル)을 발매함 - 1967년 3월 배우이자 아나운서로 활동하던 노사이 요코(野際陽子)가 파리에서 귀국할 때 착용, 같은 해 10월 영국 모델 트위기(ツィッギー)가 일본에 오면서 착용, 같은 해 대표적인 엔카 가수 미소라 히바리가 미니스커트를 입고 「진홍빛 태양(真赤な太陽)」을 가요방송에서 노래한 후 전국의 여성들에게 전파됨 - 1969년 사토 에이사쿠(佐藤栄作) 수상이 방미할 때 동행한 62세 사이토 히로코(佐藤寛子) 부인이 미니스커트를 착용하여 신선함을 줌 - 짧은 미니스커트는 만화 『사자에상』에서도 종종 그려짐 - 교통기관 근무자, 여성 경관, 오사카박람회 참여자 등이 미니스커트를 입어 제1차 붐을 일으킴
1970년대	- 미니스커트가 유행한 1960년대와 1970년대에 학교 교복 스커트의 길이가 짧아진 시기가 있었지만 당시 학교 교칙이나 연소자에 대한 사회 시선이 엄격하여 유행하지 못함 - 1970년대 후반부터 1990년대에 걸쳐 제복 스커트를 길게 하는 것이 멋으로 여겨져 여학생이 착용했고, 〈나메고양이(なめ猫)〉, 〈스케반형사(スケバン刑事)〉 등에도 제복 스커트를 착용해 불량스러운 소녀를 의미하게 됨
1980년대 말 ~ 1990년대	- 1982년에 미니스커트가 잠시 유행함 - 버블기에는 무릎에서 30~35cm로 올라가는 초미니(超ミニ)로서 마이크로미니라 불리는 미니스커트가 유행했고, 미니스커트 길이와 경제 불황의 관계를 논하는 경우가 종종 발생함 - 1990년대 중반 이후 여고생 중심으로 스커트 길이는 짧을수록 귀엽다라는 인식이 생겨나 제복 스커트가 짧아져 미니스커트문화를 주도함 - 제복 스커트 길이는 지역차가 컸고, 오사카와 고베에서는 무릎이나 무릎 아래 스커트를 착용하는 학생이 많았음 - 일본에서 갸루문화가 발생하고, 젊은 OL(office lady) 중심으로 미니스커트가 유행하고 대부분 여성이 애용함
2000년대	- 2005년 사진 주간지 ≪FLASH≫는 제복 스커트 길이가 전국에서 제일 짧은 곳이 니가타(新潟)라고 보도하여 화제를 낳기도 함 - 시대적 상황에 따라 미니스커트의 길이가 조정되는 현상이 생겨남

의 세계화가 시작되었다.

일본에서는 수입품이었기 때문에 희소성이 있었고 고가이기도 해서 서민들에게는 확산되지 않았고 잘 팔리지 않았다. 그 후 섬유 제품을 제조·판매하던

아쓰기나일론공업(厚木ナイロン工業, 現アツギ)의 창업자 호리 로쿠스케(堀禄助)는 미국에서 배운 기술을 바탕으로 새로운 팬티스타킹을 개발하여 1968년 처음으로 일본에서 판매하기 시작했다. 팬티스타킹의 발매가 시작되면서 일본 여성 사이에 붐이 일어 한 시대를 풍미했다. 당시 팬티스타킹은 투명성과 착용감을 강조했고, 올이 풀리는 것을 수리하는 업자도 있을 만큼 고가의 상품이었다.

가격이 비쌌지만 여성과 팬티스타킹은 불가분의 관계에 있어 필수품이 되었고, 수요가 급증하면서 판매가 활성화되어 생산을 확대했다. 기술이 발전하면서 올이 잘 풀리지 않는 상품이 개발되어 여성들의 최대 애용품이 되었다. 팬티스타킹은 초기에 팬티를 입지 않고 착용하는 것을 상정했지만 구매자인 여성들이 부끄러워하여 팬티 위에 착용하게 되었다. 1990년대 전반까지 사회인 여성, 주부, 여고생 등에게 친근한 패션 상품으로 애용되고 일반화되었다.

그러나 그 이후 맨다리 붐이 일어 사회인 여성, 일부 학교 제복, 관혼상제 등에서 착용하지 않는 관례가 일시적으로 유행했다. 2012년경부터 타이츠(タイツブーム) 붐이 일어나 중·고교생에서부터 사회인 여성까지 팬티스타킹을 착용하게 되었다. 일본에서는 일반적으로 스타킹(ストッキング)이라고 불리는 경우에도 팬티스타킹이라고 인식한다. 최근에는 팬티스타킹이나 팬티라고 불리는 것을 싫어하는 여성이 있어 양말에 대한 영어 총칭으로 호저리(Hosiery, ホーザリー)라고도 하고, 쉬어타이츠(Sheer Tights)라고도 한다. 요즘은 기능성을 가진 제품이 다양하게 등장하고 있어 상황과 기호에 맞게 착용할 수 있다.

5) TV문화, CM송 문화

도쿄올림픽은 스포츠 대전을 초월해서 일본과 일본인, 일본 문화, 일본 성장 등을 국제사회에 알리는 중요한 계기가 되었다. 그리고 고속도로 건설, 도로 개량, 입체 교차로 설치 등과 같은 사회시설은 새로운 도시와 도시문화를 만들어 갔다. 특히 꿈의 기차라 불린 도카이도 신칸센(東海道新幹線)이 개통되어 일본 열도를 일일생활권으로 바꿔놓았다. 성장이 도시화와 생활환경의 편리함으로 나타났고, 가계소득과 개인소득이 증대하여 취미를 즐길 수 있는 문화가 중시되기 시작했다.

1964년 도모나가 신이치로(朝永振一郎)가 노벨물리학상을 수상하며 일본 성장과 실력을 세계에 알리고, 소설가 가와바타 야스나리가 노벨문학상을 수상하면서 일본 문학과 문화에 대한 관심이 높아졌다. 대중으로서 시민들은 볼링을 즐기거나 여행을 하거나, 야구 등 스포츠를 즐기면서 대중문화를 정착시켰다. 기업들은 상업광고를 통해 자사, 자사 로고, 자사 제품 등의 이미지를 높이고, 대중문화를 기업이익의 창출 수단으로 인식하고 상품화해 대량생산과 대량소비가 가능한 문화시장을 만들어갔다.

이 시기에는 컬러TV가 발매되면서 새로운 TV문화가 형성되기 시작했다. 특히 당시 시대상을 담은 드라마와 애니메이션, 스포츠 등이 TV를 통해 방송되면서 인기를 누려 유행했다. 올림픽을 계기로 컬러TV가 발매되면서 스포츠를 중계하거나 기사나 뉴스를 송출하는 기능을 넘어 시대성을 표출하는 각종 문화 프로그램을 방영하여 사람들을 텔레비전 앞으로 모여들게 했다. 그뿐 아니라 기업과 상품을 선전하고 생산자와 소비자를 연결시키는 홍보를 길거리보다는 TV에서 했다.

당시 시대성을 가미한 TV 드라마로 방영되어 인기를 얻은 작품이 〈남자는 괴로워(男はつらいよ)〉 시리즈이다.[33] 이 작품은 아쓰미 기요시(渥美清) 주연, 야마다 요지(山田洋次) 감독의 TV 드라마와 영화 시리즈로 제작되었다. 후지TV가 제작하여 1968년부터 1969년까지 방송한 TV 드라마이다. 이어 1969년부터 1997년까지 영화 시리즈로 만들어 최장수 시리즈 영화가 되었고, 주인공이 죽을 때까지 48편이 제작되었으며 일본인의 마음과 정서를 담아낸 불후의 명작으로 평가받고 있다.

주인공은 토라상(寅さん)이라는 애칭으로 불리어 토라상 시리즈라고도 한다.

---

33 구견서, 『일본 영화와 시대성』(제이엔씨, 2007).

테키야(テキ屋, 사람이 많이 다니는 거리에서 영업하는 업자) 가업을 생업으로 하는 후텐도라(フーテンの寅)가 무엇인가에 끌려 고향으로 돌아와 대소동을 일으키는 인정 희극으로 매회 여행지에서 만난 여성에게 홀리지만 실연당하거나 포기하여 성공하지 못하는 연애 모습과 일본 각지의 아름다운 풍경을 그린 작품이다. 최종회에서는 토라지로가 허브로 술을 만들어 팔기 위해 아마미오시마(奄美大島)에 허브를 채취하러 갔다가 허브에 중독되어 죽는 것으로 끝을 맺었다. 그런 결말에 대해 시청자로부터 다수의 항의가 있었다.

현재를 살아가는 우리들의 모습과 실체를 그려낸 인간 드라마라는 데 의의가 있다. 일본인은 성장 중심의 사회 흐름 속에서 부를 향유할 수 있었지만 다른 한편으로 기업문화와 물질문화에 취해 인간성을 잃어가면서 소외되는 현상이 벌어졌다. 이 작품은 당시 일본인이 기업문화와 정형화된 사회에 매몰되어 가는 과정에서 쉽게 적응하지 못하는 모습을 그리면서도 내면에 숨겨져 있는 따뜻하고 순수한 인간성을 이끌어내어 일본 사회와 일본인을 비추는 거울 역할을 했다. 성장문화와 틀 문화 속에서 숨 쉬기 어려운 생활인으로서의 일본인을 그려내고 새로운 돌파구를 찾으려 했다는 데 가치가 있다. 더불어 TV 드라마가 일본인들을 사로잡으면서 TV문화를 정착시켰다.

그리고 TV나 영상문화를 지배하기 시작한 것 중의 하나가 일본 애니메이션이다.[34] 1963년 텔레비전 장편 애니메이션으로 방영되어 히트한 작품이 〈철완 아톰〉과 〈사자에상〉이다. 만화가 데쓰카 오사무가 제작한 〈철완 아톰〉은 SF만화로 출발해서 텔레비전 애니메이션으로 만들어진 작품이다. 주인공 철완 아톰은 가공의 로봇 명칭이고, 주제곡의 곡명이며 시리즈 게임의 제목이기도 하다. 이 작품은 〈ASTRO BOY〉라는 제목으로 미국에 수출되어 방영되었다.

애니메이션으로 제작되기 전에는 1951년 4월부터 이듬해 3월까지 〈아톰대사〉로 연재되었고, '철완 아톰'이라는 제목으로는 1952~1969년에 ≪소년≫에

---

34 구건서, 『일본 애니메이션과 사상』(제이엔씨, 2011).

만화로 연재되었다. 1963~1966년에 일본에서 처음으로 후지TV계에서 30분 TV 애니메이션 시리즈로 제작되어 방영되었다. 애니메이션 제1작은 평균시청률 30%가 넘는 인기를 얻어 일본뿐 아니라 세계 각지에 수출·방영되어 세계화된 일본제 애니메이션으로 인정받았다. 1981년 아톰과 관련된 내용으로 출판된 만화작품의 누계가 1억 권을 돌파했다.

작품은 21세기 미래사회를 무대로 이야기가 전개된다. 원자력을 에너지원으로 움직이며 사람과 동등한 감정을 가진 소년 로봇 아톰이 활약하는 이야기이다. 아톰은 선악을 구분할 수 있는 전자두뇌, 기억 용량이 15조 8000억 비트에 달하는 초능력을 갖고 있다. 이후 좋은 사람과 나쁜 사람을 알아볼 수 있도록 변경하고 전자두뇌도 두부에서 몸체로 변경했다. 60개국 언어가 가능한 인공지능, 눈물을 흘리는 서치라이트 눈, 10만 마력의 원자력 모터를 가진 신체, 제트엔진을 가진 다리, 안테나 역할을 하는 코와 같은 초능력을 가진 로봇이다. 로봇은 기계지만 인간성을 잘 이해하고 소통하는 감성을 가져 인간과 동행할 수 있는 새로운 세계를 상정하고 있다.

〈철완 아톰〉은 과학의 발전으로 만들어질 미래형 로봇세계를 상정하고 미래 사회의 모습을 그렸다는 데 애니메이션사의 한 획을 긋는 과학 애니메이션이다. 그리고 만화세계나 애니메이션세계가 어린이에게 한정된 것이 아니라 모두에게 열려 있는 문화세계라는 이슈를 만들어내어 만화와 애니메이션의 지평을 새롭게 열었다. 특히 일본제 애니메이션의 출발이 되고, 역사를 만들어냈으며 일본 문화의 한 축을 형성하는 중요한 계기가 되었다. 일본 문화 중에서 가장 일본다우며 일본적인 색깔과 특징을 가진 문화로 성장했다는 점과 애니메이션을 일본인뿐 아니라 세계인이 즐길 수 있는 대중문화로 성장시키는 토대가 되었다는 데 가치가 있다.

그리고 당시 TV문화와 함께 상품문화를 성장시킨 것이 CM문화이다. 그중에서도 초기부터 지속적으로 중심적인 역할을 한 것이 CM송인 커머셜송이다. 커머셜송(コマーシャルソング, Music in advertising, Advertising Jingle)은 광고 및 선전을 위한 악곡을 말하는 것으로 코마송(コマソン) 또는 CM송이라고 한다. 짧은 소절의 노래로 제작되며 주로 TV나 라디오방송에서 커머셜(CM)로 활용된다. 가사가 없는 것은 CM곡, CM음악으로 불린다. TV CM, Web CM 등의 동화 광고는 커머셜 필름(Commercial Film)이라고 하고, CF송이나 CF곡이라고도 한다.

일본의 CM송 역사는 매우 오래되었다.[35] 광의의 의미에서 CM송은 1769년 치약 분말 소세키고(漱石膏)를 선전하기 위해 조루리(浄瑠璃) 작가이며 하이쿠가 히라가 겐나이(平賀源内)가 작사·작곡한 선전곡이다. 메이지시대에는 「오이치니 구스리야상(オイチニの薬屋さん)」, 1901년 이와야 마쓰헤이(岩谷松平)의 「시노노메 부시(東雲節)」를 바꾼 「텡구연초당세류행절(天狗煙草当世流行節)」과 무라이 기치헤에(村井吉兵衛)의 「사노사세쓰(さのさ節)」를 바꾼 담배 CM송, 기쓰네가자키유원지(狐ヶ崎遊園地)의 PR송 「찬기리세쓰(ちゃっきり節)」 등이 있었다. 그리고 이후 1934년 코미디언 후루카와 롯파(古川緑波)가 메이지 캐러멜 선전곡으로 부른 「나는 천하의 인기자(僕は天下の人気者)」, 1950년 8월 가수 아카쓰키 데루코(暁テル子)가 부른 「추잉껌은 사랑의 맛(チューインガムは恋の味)」 등이 있다.

〈표 4-8〉은 일본에서 제작된 CM송을 각 시대별로 정리한 것으로 상품 선전, 기업 홍보, 상품발전상, 선전매체발전상, 당시 사회상 등을 알 수 있다.

CM송을 통해 본 전후 일본 사회에서는 전전 면직, 1950년대 카메라, 비누, 약품, 1960년대 가전, 제과, 헬스센터, 주조, 1970년대 자동차, 제약, 술, 화장품, 일본 항공, 여행, 가전, 1980년대 항공, 술, 가전, 코카콜라, JR, NTT, 1990년대 청량음료, 자동차, 술, 생명보험, 2000년대 게임기, 망고, 청소기, 유제품 등이 CM의 홍보 대상이 되었다. CM송은 기본적으로 상품을 홍보하여 소비를 촉진시키는 데 목적이 있지만 기업 이미지나 기업가를 선전하여 기업의 가치를 높이는 역할도 했다. 그리고 당시 생산되는 제품과 소비자의 성향, 사회성, 시대성 등을

---

35 M ソング, CM COLLECTORS~必聴盤!! 噂のコマーシャルソング~1988; CMソング, クラシック・オン・TVコマーシャル・ベスト1988.

〈표 4-8〉 일본 CM송의 역사

구분	시대적 특징
전전	- 1928년~1930년 면직물 선전곡 「푸레잔행진곡(プレザン行進曲)」, 이리에 토라조(入江虎三) 상점의 「푸레잔면사(プレザン錦紗)」 등을 빅레코드에서 제작하고 베 짜는 깁, 도메, 소매점 등에 배포하여 면시 매상이 네 배 증가함
1950년대	- 1951년 9월 1일 민간 라디오방송 개시로 일본 최초 라디오 CM송 「나는 아마추어 카메라맨(僕はアマチュアカメラマン, 小西六写真工業)」이 방송되었고, 기업명이나 상품명이 아니라 상품 이미지를 높이는 데 주력함 - 제약을 선전하는 「펭귄의 노래(ペンギンの歌, 塩野義製薬)」라는 동요 색채가 강한 노래가 NHK에서 방송됨 - 1953년 민간 텔레비전 개시로 1950년대 중반 미쓰와비누테마송(ミツワ石鹸テーマソング)에서 처음으로 기업명과 상품명을 연호함 - 1957년 세이부가 운영하는 백화점 선전곡 「유락초에서 만납시다(有楽町で逢いましょう)」가 발표되었고, 텔레비전의 급속한 보급과 고도 경제성장으로 신제품 관련 CM송이 다양화되고, 상품 설명형 CM송으로 「인포머티브 송(インフォマティブ・ソング)」이 발표됨
1960년대	- 1960년 CM송만 부르는 커머셜이 라디오도쿄에서 방송됨 - 대표작품으로는 「나쇼나루(ナショナル, 松下電器産業, 現Panasonic)」, 〈빛나는 도시바의 노래(光る東芝の歌, 東芝)」, 「캇파의 노래(かっぱの唄, 黄桜酒造)」, 「킨칸의 노래(キンカンの唄, 金冠堂)」, 「장생촌파(長生きチョンパ, 船橋ヘルスセンター)」, 「라이오네스커피캔디(ライオネスコーヒーキャンディー, 篠崎製菓)」, 「섹시핑크노래(セクシー・ピンクの歌, キスミー)」, 「치구레 모리나가(チクレ・モリナガ, 森永製菓)」 등이 있고 기업명이나 제품을 선전함
1970년대	- 1970년 공해문제로 상품 선전을 하지 않는 CM송 등장 - 1972년 포크가수 요시다 타쿠로(吉田拓郎)가 「Have A Nice Day(富士フィルム)」를 발표하고, 1973년 록가수 오다키 에이이치(大瀧詠一)가 「Cider '73(三ツ矢サイダー)」를 발표하여 젊은이 중심으로 인기를 얻음 - 1972년 미쓰비시은행 선전곡 「행복한 미니은행(しあわせのミニバンク)」이 은행 실내에서 발표하자 당시 은행협회는 CM 선전을 금지함 - 1974년 사미(サミー・デイヴィスJr.)가 출연한 즉흥창법 CM 「산토리 화이트(サントリーホワイト)」가 칸국제광고제에서 최초로 그랑프리를 수상함 - 대표 CM송으로는 「남자의 세계(男の世界, マンダム)」, 「사랑과 바람처럼(愛と風のように, 日産自動車)」, 「집을 짓는다면(家をつくるなら, ナショナル住宅)」, 「간바라나쿠차(ガンバラナクチャ, 中外製薬)」, 「무카나이데(むかないで, ライオン)」, 「히다치의 나무(日立の樹, 日立製作所)」 등이 있음 - 1978년 TV CM 스테레오방송 대표곡으로는 「소크라테스의 노래(ソクラテスの唄, サントリーゴールド900)」, 「사랑의 추억(愛のメモリー, 江崎グリコ)」, 「UFO(日清食

구분	시대적 특징
	品)」, 「시간이여 멈춰(時間よ止まれ, 資生堂)」, 「너 한사람은 10000볼트(君のひとみは 10000ボルト, 資生堂)」, 「몽상화(夢想花, 日本航空)」, 「계절의 가운데서(季節の中で, 江崎グリコ)」, 「그것은 지금(それは今, セイコー)」, 「좋은날 여행(いい日旅立ち, 国鉄)」, 「매료되어서(魅せられて, ワコール, 일본레코드 대상 수상)」, 「이방인(異邦人, 三洋電機)」, 「미소의 법칙(微笑の法則, 資生堂)」 등이 있고 기업과 상품을 선전하는 CM송 유행함
1980년대	- 클래식음악, 민족음악, 현대음악 등이 CM송에 사용됨 - 대표곡으로는 「와인렛도의 마음(ワインレッドの心, サントリー赤玉パンチ)」, 「두 사람의 사랑랜드(ふたりの愛ランド, 日本航空·JAL沖縄キャンペーン)」, 「SWEET MEMORIES(サントリービール)」, 「뜨거운 마음에(熱き心に, 味の素ゼネラルフーヅ)」, 「행복이란 무엇인가(しあわせって何だっけ, キッコーマン)」, 「I feel Coke(日本コカコーラ)」, 「당신을 좀 더 알고 싶어서(あなたをもっと知りたくて, NTT)」, 「크리스마스 이브(クリスマスイブ, JR東海)」, 「용기의 증거(勇気のしるし, 三共)」 등이 있고 감성적인 CM송이 유행함
1990년대	- 1992년부터 1995년 오쓰카제약(大塚製薬)의 포카리스웨트 선전송에 비인구(Being, Inc) 소속 가수가 연속 기용됨 - 불황과 제작비 축소로 「이사 사카이(引越のサカイ)」, 「산토리 C.C. 레몬(サントリー C.C.レモン)」 등 초기의 연호형 CM송이 유행하여 1995년 이미지송 쇠퇴 - 대표곡으로는 「로망스 신(ロマンスの神様, アルベン)」, 「카킨음운(カーキン音頭~フリーター一代男~, リクルート)」, 「카로라II에 타서(カローラIIにのって, トヨタ自動車)」, 「철근딸(鉄骨娘, サントリー)」, 「징징징글베(ジン ジン ジングルベル, サントリー)」, 「테릿코(てりっこ, 宝酒造)」, 「상큼한 매화주(さらりとした梅酒, チョーヤ梅酒)」, 「그것이 당신의 좋은 점(それがあなたのいいところ, サントリー)」, 「언어로 표현할 수 없어(言葉にできない, 明治生命)」, 「innocent world(日本コカコーラ)」, 「Synchronized Love(武富士)」 등이 있고 테마를 가진 CM송이 유행함
2000년대	- 2000년 「사랑의 노래(愛のうた)」, 「노바 토끼처럼(NOVAうさぎのうた)」 등 덴쓰(電通) CM송이 주목받음 - 대표곡으로는 「바나코아라 수정망고(ハナコアラの見直しマンボ, そんぽ24)」, 「모도 니데모시테(も~ど~にでもして~, ダイキン工業)」, 「다케모토 피아노 노래(タケモトピアノの歌, タケモトピアノ)」, 「가리가리 너처럼(ガリガリ君のうた, 赤城乳業)」, 「Dear WOMAN(資生堂)」, 「돈이 소중해(お金は大事だよ, アフラック)」, 「천사의 날개 세이반의 노래(天使のはねセイバンの唄, セイバン)」 등이 있음
2010년대	- 대표곡으로는 「인사의 마법(あいさつの魔法, ACジャパン)」, 「소취력의 노래(消臭力のうた, エステー)」, 「바다의 목소리(海の声, 浦島太郎)」, 「au산타로 시리즈(au三太郎シリーズ, auガラホ)」 등이 있음

자료: https://www.yahoo.co.jp를 재구성.

잘 함의하고 있다는 특징이 있다.

CM송은 제품을 생산하고 판매하는 기업, 곡을 만들고 작업하는 음악가, 작곡가, 작사가, 음악 프로듀서, 그리고 선전 대상이 되는 상품, 영상 작업을 하는 데 필요한 배경이나 가수, 선전매체 등과 같은 다양한 요소로 구성된다. 특징이 담긴 내용을 많은 시청자에게 짧은 시간에 순간적으로 전달하는 찰나 예술의 성격이 강하다. 상품광고 등은 다른 많은 제품과 경쟁해야 하기 때문에 선전에 대한 흥미를 가질 수 있도록 내용을 담은 이야기, 지속적으로 공략하는 연속성, 순간적으로 인지할 수 있는 파격성, 자부심을 심어주는 품위 등 다양한 전략을 세워 제작된다.

최근 스마트시대에 들어서 광고는 단순했던 CM송을 넘어 스마트폰, TV, 신문, 포털사이트, 애플리케이션, 각종 SNS(Social Networking Service) 등으로 선전되어 새로운 CM시대를 맞고 있다. CM은 짧은 시간에 상품 정보를 대중에게 보여 구매하게 하는 것이 중요하다. 현재는 광고전성시대라고 할 수 있다. 특히 광고 내용, 광고송, 광고매체, 모델, 구매 방법, 결재, 배송, 피드백, 상품의 질, 제품 회사 등을 동시에 알리는 스마트광고시대가 개관했다. SNS를 통한 광고 효과가 높아지면서 SNS 기업의 가치가 폭발적으로 올라가고 광고를 해야 팔리는 시대가 되고 있어 광고의 중요성이 더해지고 있다.

6) 파친코·볼링문화

성장기 일본에서 유행한 대중문화 중의 하나로 갬블 성격을 강하게 띠고 있음에도 불구하고 정착된 것이 파친코(パチンコ)이다.[36] 일반적으로 갬블 성격을 띤 오락은 돈을 걸어 승패를 가리는 방식이기 때문에 금지하거나 제한하고, 한정된 장소에서만 허용하는 경우가 대부분이어서 일반화하거나 대중화하기 어

---

36 谷岡一郎, 『現代パチンコ文化考』(筑摩書房, 1998). 파친코의 어원은 치는 소리를 의미하는 'パチン'와 'コ'라는 접미어의 합성어로 작은 구슬을 날리는 것을 의미한다.

럽다. 그러나 일본 정부는 파친코를 대중오락으로 허용하는 파격적인 결정을 했다. 현재 파친코는 대중이 일상 속에서 쉽게 접근이 가능한 취미나 오락으로 인식하여 즐기고 있다.[37]

파친코는 유리판에 있는 다수의 핀을 자극하여 구슬을 나오게 하는 구조로, 핀에 따라 떨어지는 구슬이 특정한 입구에 들어가서 득점하거나 또는 상구(賞球)를 얻는 게임으로 일상 속에서 취미로 즐기는 유기(遊技)이다. 영업 형태는 풍속영업으로 규정하고, 객이 게임으로 얻은 구슬을 파친코점이 지정한 장소에서 특수 경품이나 돈으로 교환하는 시스템으로 운영된다. 현금을 직접적으로 투입해서 게임하는 방식이 아니라 돈으로 구슬을 사고, 획득한 구슬로 현금이나 경품을 교환하기 때문에 갬블로 규정하지 않는다.

파친코유기기(パチンコ遊技機)는 파친코다이(パチンコ台)라고 불린다.[38] 파친코는 통칭이고 풍속영업상에서는 파친코유기기라고 한다. 파친코 설비를 하는 유기시설은 시설 설립 전에 경찰의 영업 허가를 받아야 한다. 파친코 영업을 하는 곳을 파친코점(パチンコ店) 또는 파친코야(パチンコ屋)라 하고, 파친코 업계나 잡지에서는 파라(パーラー)라고 한다. 일본에서 유기시설은 1930년대 최초의 점포가 개점했고, 제2차 세계대전 당시에는 불요불급의 산업이라 하여 금지되었다가 종전 후 부활했다.[39]

〈표 4-9〉는 일본에서 대중오락으로 정착하여 활성화된 파친코의 역사를 소

---

37 같은 책; 溝口敦, 『パチンコ30兆円の闇』(小学館, 2005); 鈴木笑子, 『天の釘 現代パチンコをつくった男 正村竹一』(晩聲社, 2001).

38 파치스로(パチスロ)는 풍속 영업 등의 규칙 및 업무 적정화에 관한 법률(風俗営業等の規制及び業務の適正化等に関する法律)의 적용을 받는 제4종 영업점(파친코점) 등에 설치된 슬롯머신과 유사한 유기기를 말하고 파친코형 슬롯머신(パチンコ型スロットマシン)이라고 칭한다. 업계의 명칭은 올림피아머신(オリンピアマシン)이라고 한다. 제4호 영업점에서 가동하는 파치스로는 안전통신협회가 행하는 형식에 적합해야 한다. 카지노 슬롯머신은 룰이 자동적으로 정지되지만 파치스로는 유기자가 기술적으로 개입할 수 있다. 파치스로 1호기는 1985년 파치스로에 관한 신영업법에 의해 등장했다.

39 파친코 기술에 대해서는 잡지 ≪パチンコの攻略マガジン≫, ≪パチンコオリジナル実践術≫ 참조.

개한 것이다. 파친코는 일본이 근대화를 추진하는 가운데 발생하여 대중이 오락으로 즐기고 있다는 점에서 대중문화 중 하나라고 할 수 있다.

일본에서 파친코점은 1930년 풍속영업점으로 1호가 개점했고, 1936년 고지현에서 일시적으로 유행하여 확산되었다. 전후에는 1948년 '풍속영업취급법'이 제정되어 영업 허가가 나면서 마사무라게지(正村ゲージ)가 처음으로 개점했다. 1953년 일본이 독립하고 자립을 추구하는 시기에 제1차 파친코 붐이, 1960년대 경제성장기를 맞이하여 제2차 파친코 붐이 일어나 일본인에게 사랑받는 대중오락으로 정착했다. 1970년대 후반경부터 파친코다이에는 핸들이 없고 구슬을 치는 스프링을 설치하여 수동 레버로 힘의 가감을 조절하여 치는 방식이 새롭게 시작되었다. 현재 파친코다이는 구슬의 자동 사출기구로 정착하고, 파친코 구슬의 사출 빈도는 0.6초당 1발이며, 아레파치(アレパチ)에서는 0.5초에 1발 발사되도록 작동하고 있다.

현재 파친코는 오락의 일종으로, 파친코점은 풍속영업으로 분류하여 규제하고 있다. 2017년 1월 말 파친코 관련 기업 수는 2016년 대비 177사가 감소한 3244사이고, 점포는 420곳이 감소해 1만 258곳이다. 〈그림 4-5〉는 1990년 이후부터 2016년까지 파친코 점포 수와 추이를 소개한 것이다. 파친코 점포 수는 1995년 1만 7630개소로 최고점에 도달했지만 점차 감소하여 2016년에는 1만 개소 이하로 줄었다.

대중문화로 정착한 파친코는 재일한국인이나 조선인이 운영하는 경우가 많았다. ≪중앙일보≫ 조사에 의하면, 일본에서 파친코점 경영자 중 재일한국인이나 조선인이 90%를 점하고 있다. 2006년 ≪AERA≫에 의하면, 전국 파친코점 소유자의 국적을 보면, 한국 50%, 조선 30~40%, 일본과 대만이 각각 5%로 나타났다. 일본재류민단 산하의 재일한국인상공회의소에 소속한 1만 개사의 70%가 파친코와 관련된 사업을 하는 것으로 알려지고 있다.

일본에서 파친코는 허가받아 운영할 수 있지만 이용은 자유로워 누구나 쉽게 접근할 수 있는 대중오락이어서 국민오락으로 폭넓게 애용된다. 갬블 성격이 강

〈표 4-9〉 일본의 파친코 역사

구분	특징
1920년대	- 1925년 오사카에 가로 형태의 개량 파친코가 있었다는 설이 있지만 전문가는 유럽에서 수입한 월머신(ウォールマシン)이 퍼져 파친코의 기원이 되었다고 보고 있음
1930년대	- 1930년 풍속영업점 제1호가 나고야에서 개점함 - 1936년 고지현(高知県)에서 파친코가 대유행하여 점포 35곳이 개점함
1948년 ~ 1950년대	- 1948년 '풍속영업취급법'이 제정되어 파친코를 허가영업으로 지정하고 파친코점 마사무라게지가 등장함 - 1953년 파친코점이 급속히 증가하고, 제조 브랜드가 600사에 달해 제1차 파친코 황금기가 도래함 - 당시 유행한 파친코유기기로는 〈소물(小物)〉, 〈제비뽑기(宝くじ)〉, 〈올15마사무라게지(オール15正村ゲージ)〉, 〈연발식올20(連発式オール20)〉, 〈레콘지스타(レコンジスター)〉(무인기) 등이 있음
1960년대	- 1960년 리모트컨트롤 방식이 처음 도입되었고, 파친코점 헤이와(平和)가 군마현 기류시(桐生市)에서 설립되었고, 도요마루(豊丸)가 나고야에 설립됨 - 1965년 파친코 점포 수가 1만 개를 넘어섰고, 올림피아 머신이 등장했으며 파친코유기기 〈작구(雀球)〉가 유행하여 제2차 파친코 황금시대가 도래함
1970년 ~ 1980년대	- 1979년 전일유연(全日遊連)이 매년 11월 14일을 파친코일로 제정함 - 1986년 전국 파친코 파치스로팬 감사날(全国パチンコ·パチスロファン感謝デー) 제정 - 파친코유기기로는 〈아렌지(アレンジ)〉, 〈테레비파친코(テレビパチンコ)〉, 〈UFO〉, 〈휘바(フイバ, fever)〉, 〈슈파콘비(スーパーコンビ)〉, 〈드림X(ドリームX)〉 등이 있음
1990년대	- 1997년 파친코 브랜드 10사에 대해 공정거래위원회가 '독점금지법' 위반으로 배제 권유함 - 파친코유기기로는 〈마작 이야기(麻雀物語)〉, 〈뉴욕(ニューヨーク)〉, 〈CR황문찬마2(CR黄門ちゃま2)〉 등이 있음
2000년대	- 2005년 유기기의 1/500 확률 규정을 1/400로 바꿔 고객의 승률을 높임 - 2016년 형식유기기를 72만 6000대를 철거함 - 2017년 파친코 점포 수가 1만 점포 이하로 감소함 - 파친코유기기로는 〈화만개(花満開)〉, 〈CR등려군(CR鄧麗君)〉, 〈대소(大小)〉, 〈가기테카(がきテカ)〉, 〈휘바바카전(フィーバーバカ殿)〉, 〈휘바여름축제(フィーバー夏祭り)〉 등이 있음

자료: 特許庁資料室, 『パチンコ·パチスロ年表: 1948年-2006年』(特許庁資料室, 2007); 溝口敦, 『パチンコ30兆円の闇』(小学館, 2005); 鈴木笑子, 『天の釘 現代パチンコをつくった男 正村竹一』(晩聲社, 2001); 溝上憲之, 『パチンコの歷史』(晩聲社, 1998)에서 재구성함.

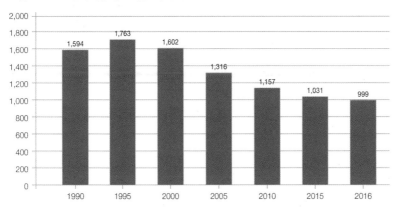

〈그림 4-5〉1990년대 이후 파친코 점포 수 추이　(단위: 10)

하고 투기성이나 사행성이 높은 오락이지만 취미의 일환으로 이용되어 일본인과 공존하고 있다. 파친코는 개인과 기계 간의 관계로 형성되는 오락으로 일본인의 개인주의와 사생활주의 성향에 잘 맞는 오락이라고 할 수 있다. 또한 파친코 기술을 가르치는 파친코 학원이 있고 시급이 높은 일자리를 제공하는 긍정적인 측면도 있다.

성장기에 대중이 즐기는 스포츠로 정착한 것이 볼링이다. 볼링(bowling)은 실내에서 하는 스포츠 경기 중 하나이다. 일본어로는 주추기(十柱戱)라고도 한다. 볼링은 에도막부시대에 들어왔고, 1861년 6월 22일 나가사키 오우라거류지(大浦居留地)에 일본 최초의 볼링장 인터내셔널 볼링 살롱(インターナショナルボウリングサロン)이 개설되었다. 막말(幕末) 지사나 사카모토 료마(坂本龍馬)가 나가사키에 거주하면서 영국인 무기무역상으로 활동한 글로버(Thomas Blake Glover)와 교류하는 가운데 도입되었기 때문에 사카모토 료마가 일본인 최초의 볼링 선수라는 주장도 있다. 그것을 기념하기 위해 1972년 일본 볼링협회가 6월 22일을 볼링의 날로 정했다.

〈표 4-10〉은 일본의 볼링 역사를 소개한 것이다. 볼링은 막말부터 시작되었는데 전후에 일반인이 본격적으로 즐기면서 대중오락으로 발전했다.

〈표 4-10〉 일본의 볼링 역사

연도	특징
1861년	- 나가사키(長崎)의 오우라 거류지에 최초 볼링장 인터내셔널 볼링 살롱이 개장함
1950년대	- 1952년 12월 20일 일본 최초 민간볼링장 도쿄볼링센터가 개장한 후 개업 1년 만에 경영 파탄에 빠짐 - 1955년 일본볼링연맹이 설립됨
1960년대	- 1961년 국제주기자연맹(国際柱技者連盟, FIQ, 세계볼링연맹)에 가맹하고 볼링 기계화가 진행됨 - 1964년 전일본볼링협회 설립 - 1965년 일본볼링장협회 창립
1970년대	- 1970년 말 스코어를 계산하는 기계가 실용화되고 볼링 붐이 시작됨 - 1972년 일본볼링장협회가 볼링의 날(ボウリングの日)을 제정함
1980년대	- 1983년 전일본볼링협회가 일본체육협회에 가맹함 - 1986년 아시아대회가 서울에서 개최되고 일본은 볼링 12종목 중 여섯 개 종목에서 금메달을 획득함 - 1988년 서울올림픽에서 공개모범게임(exhibition game)으로 채택함
1990년대	- 1990년 나가사키현 오우라조(長崎県長崎市大浦町)에 일본 볼링발상지비를 건립함 - 1994년 도쿄도 미나토구 아오야마 2쵸메(東京都港区北青山2丁目)에 근대볼링발상지비를 건립함

1952년 12월 20일 최초의 볼링장인 도쿄볼링센터(東京ボウリングセンター)가 개장했다. 점령군에 의한 스포츠 장려 정책으로 추진한 레슬링, 야구 등과 함께 볼링이 시작되었다. 1970년 이후에는 볼링 대표선수 스다 가요코(須田開代子)와 나카야마 리쓰코(中山律子)와 같은 스타 선수가 등장하여 볼링장 수가 크게 증가하고 붐을 일으키는 계기가 되었다. 일본 국내 볼링장은 1972년 3697개소였지만 볼링 인구가 극감하고 있다. 2016년에는 볼링장 수가 821개소로 줄었다. 놀이의 다양화, 시설 노후화 등으로 폐업이 지속되는 상황이다. 그러나 볼링은 가볍게 접근할 수 있는 스포츠로서 체조와 함께 국민에게 친숙한 운동으로 자리 잡고 있다.

7) 자동판매기문화

자동판매기(vending machine)는 불특정 다수 구매자가 화폐 또는 카드로 대가를 지불하고 상품을 제공받을 수 있게 한 것이다(약칭 자판기). 자동판매기는 상품 거래에 필요한 상점, 점원, 상품, 결제, 포장, 서비스 등을 최소화하거나 생략하고 가장 간단하고 저렴하게 상품을 소비자에게 연결하는 무인 판매기라는 점에서 각광을 받고 있다. 바쁜 일상에서 다양한 상품을 언제 어디서든 구입하고자 하는 소비자에게 판매하는 방식을 취하고 있다.[40]

1888년 오노 슈지(小野秀三)가 자동판매기 특허를 내고, 다와라야 고시치(俵谷高七)가 자동판매기 특허 2건을 출원하여 받았다. 다와라야 고시치는 우편국의 의뢰를 받아 기구류를 제작해 특허를 받았고, 1890년 제3회 내국권업박람회에 연초 자동판매기를 출품하는 성과를 냈다. 당시 자동판매기에는 위화 배제나 판매 시 거스름돈을 반환하는 기능이 탑재되었는데 이는 서구에도 볼 수 없는 선진적인 것이었다. 1904년 다와라야 고시치가 발명한 자동우편우표엽서매각기(自働郵便切手葉書売下機)는 가장 오래된 자동판매기로 체신총합박문관이 소장하고 있다.

메이지시대에 자동판매기가 발명되었지만 단발적이고 실험적이었다. 1924년 나카야마 고이치로(中山小一郎)는 처음으로 봉지과자(袋入菓子) 자동판매기를 제작했다. 이것이 일본 최초의 보급형 자동판매기이다. 1955년에 자동판매기가 본격적으로 실용화되고 1965년에 급속히 보급되었다. 경제가 발전하고 편리성을 도모하는 소비 행태의 유행 수요에 대응해 발 빠르게 움직인 일본 기업의 도전 정신, 100엔과 50엔 등 신동전의 발행 덕분이었다. 1967년 국철 운영을 합리화하는 과정에서 도시의 각 철도역에 근거리 승차권을 발행하는 자동권매기 설치가 전면적으로 도입되어 자동판매기 확산에 크게 영향을 주었다.[41]

---

40 黒崎貴, 『自動販売機入門』(日本食糧新聞社, 2016).

41 鷲巣力, 『自動販売機の文化史』(集英社新書, 2003).

〈표 4-11〉 자동판매기 상품

구분	상품 품목과 특징
종이컵 음료	そば, うどん, ラーメン
냉동식품	おにぎり, 焼きおにぎり, 寿司, たこ焼き, 焼きそば, 唐揚, フライドポテト, ピザ, トース　ト, ホットサンド, 弁当, から揚げ弁当, 缶入り食品 おでん缶, らーめん缶, うどん缶, パス　タ缶, ナッツ(おつまみ類), 菓子(チューインガム, チョコレート, スナック菓子), 鶏卵,　米, パン, かき氷, 納豆, アイスクリーム類, 綿菓子, ハンバーガー, カレーライス, カップ　めん(ラーメン, うどん), 味噌汁, 野菜, 果物類(キャベツ, タマネギ, 人参, リンゴ, バナナ　など), 氷
비음식계	新聞, 雑誌, 文庫本, ポルノ雑誌, 切手, はがき, 乾電池, DVD, CDソフト, 無人レンタルビ　デオ, 風船, 靴下, お菓子, カプセルトイ(ガシャポン、 ガチャ、 ガチャガチャ), カプセル　に入ったフィギュア等の玩具, テレフォンカード, ハイウェイカード, プリペイドカード　類, 乗車券の切符類, トレーディングカード類, 回数券のバラ売り, たばこ, 生花, キーホル　ダー, 下着, 旅行保険, ティッシュペーパー, トイレットペーパー, お守り, おみくじ, 自動　券売機, 交通機関の乗車券類, 食券, 入場券, 公営競技の投票券, 外貨現金(外貨両替), トラベ　ラーズチェック(外貨両替), コスチューム, 釣り餌, 温泉スタンド, タオル, 洗車用洗剤, コ　イン洗車場, 化粧品, 櫛, ひげそり用品, 傘, 使い切りカメラ, フィルム, 金, 名刺, 印章, 携　帯型電子機器, デジタル音楽プレイヤー, デジタルカメラ, ビデオゲーム, 携帯電話用SIM　カード, プリペイド式カード, 医薬品, 風邪薬, 鎮痛剤, アンプル剤, 性具, コンドーム
희귀한　자동판매기	어린이 용품으로 놀이기구, 기후시(岐阜市)에 있는 일본 유일의 캔맥주 케이스 자동　판매기, 2011년 가스미가세키역(霞ヶ関駅)에 설치된 사과자동판매기, 파친코 파치스　로(パチンコ・パチスロ)에 설치된 파친코 구슬, 담배, 음료 등 자동판매기, 스이카　(Suica)와 같은 교통 전자머니카드를 판매하는 자동판매기

　자동판매기는 물품자동판매기, 서비스자동판매기 등으로 대별하고, 1990년 일본 표준상품 분류에 의하면, 물품의 경우 식품계와 비식품계로 구분한다. 물품자동판매기는 일반적으로 차갑거나 뜨거운 용기 음료, 과자류, 담배, 잡지, 신문, 카레, 각종 냉동식품, 면류, 컵면, 교통기관 승차권, 입장권, 각종 프리패스권, 껌, 아이스, 콘돔 등을 판매하고 있다. 또한 내장 전자레인지가 있는 자동판매기도 있고, 다언어 대응 판매기도 등장하고 있다. 최근에는 편의점이나 24시간 영업 슈퍼마켓 출점이 증가하여 판매 품목이 점차 감소하고 있다.

　〈표 4-11〉은 자동판매기를 통해 판매되고 있는 상품을 소개한 것으로 종이컵 음료, 냉동식품, 비음식계, 희귀한 자동판매기 등과 같이 다양화되고 있다.

일본에서 자동판매기를 통해 판매되는 상품은 음식류, 기호식품, 생활필수품, 대중이 필요로 하는 각종 입장권, 소수의 소비자를 위한 전문 상품 등이 있다. 그 가운데서도 포르노 잡지, 성인용품, 의약품, 명찰, 꽃 등과 같은 상품도 판매된다. 자동판매기가 성행하면서 상품유통 문화에 새로운 변화를 초래했다. 길거리 상품, 무인판매대, 개인사생활보호 상품, 근거리 구매, 서비스 미제공 유통문화, 가격 저렴화 등과 같이 생산자, 유통업자, 소비자 등이 상호 이득을 보는 유통 시스템을 만들었다.

전국 자동판매기 설치 대수는 지속적으로 증가하여 2000년에 560만 대로 최다를 기록했다. 자동판매기는 21세기 들어 다양한 유통 시스템이 개발되면서 점차 감소하는 경향에 있다. 일본자동판매기공업회 조사에 따르면, 2007년 현재 540만 5300대로 이 중 48.8%가 음료 판매용이며, 2008년은 526만 대이다. 자동판매기 매상은 2007년 7조 엔, 2008년 5조 7000억 엔으로 점차 감소 추세에 있고, 자동판매기 이용자는 남성 90%, 여성 10% 정도이다. 일본 내 자동판매기의 공업제품 출하 금액이 가장 많은 곳은 미에현(三重県)으로 나타났고, 자동판매기 설치 대수가 많은 곳은 욧카이치시(四日市市)로 12만 대이다. 현재 전철, 지하철, 식당, 공연 티켓 등 다양한 영역에서 이용객의 불편을 해소하기 위해 그리고 인건비 절약을 위해 자동판매기를 설치·운영하고 있다.

5. 맺는 글

성장기는 사회 영역 가운데서도 경제 분야의 성장이 가장 두드러졌던 시기이다. 국민소득배증계획, 신산업 정책으로 인한 산업구조 개혁, 경제성장 제일주의에 기초한 경제력 향상과 국력 집중, 각종 경제개발계획, 일미안전보장으로 인한 냉전비 감면 등 다양한 요인으로 일본 경제는 10% 전후의 고도성장을 기록하면서 세계경제에서 새로운 중심 국가로 자리매김했다. 고도 경제성장을 표현하고 촉진시킨 도쿄올림픽이 개최되고, 부의 상징인 자동차를 소유하는 마이카 시대가 도래해 자동차 및 관련 산업을 발전시켰고, 만국박람회를 개최하면서 기술 과학의 선진국으로 자리매김되어 국제사회에서의 지위가 크게 높아지는 기분 좋은 경험을 했다. 일본의 성장 지향적 욕구가 일본 경제를 활성화하고 성장시키는 중요한 촉진제로 기능했다. 특히 전후 일본 성장을 지속시킨 성장형 경제모델은 이후 도약기나 대국화기, 국제화기 등에서도 변함없이 작용했다는 데 가치와 의의가 있다.

한편 성장사회에 동반되어 보수화된 정치권과 비정상적 국가 성장에 저항하고 세계평화를 추구하는 젊은이문화가 다양하게 나타나 새로운 개혁시대를 열었다. 특히 미국에서 촉발된 공민권운동에 기초한 인권운동, 베트남전쟁을 반대하는 반전운동, 지구에서 핵 사용을 반대하는 반핵운동 등과 같이 보편적인 가치와 권리를 주장하는 저항문화가 생겨나 한 시대를 풍미했다. 미일안전보장 조약을 반대하고 기성세대의 기득권, 가치관과 구조 등을 타파하려는 학생운동이 대학을 중심으로 일어나 일본 사회의 변화를 유도했다.

대중문화가 활성화되고 고도 경제성장의 열매를 생활 속에서 만끽하려는 움직임과 함께 인구 1억이 구매하는 대량소비문화가 발생했다. 컬러텔레비전, 에어컨디션과 같은 가전제품, 부의 축적과 향유를 상징하는 자동차 등을 소유할 수 있는 리치시대가 도래하여 일본은 풍요로운 사회로 진입했다. 고도성장기의 대중문화는 오락과 갬블 사이의 경계인 파친코와 파치스로, 대중오락으로 건전하게 자리 잡은 볼링, 유통 혁명과 소비 혁명을 통해 시장혁명을 일으킨 자동판매기문화, 패션계의 토대가 되어 복구와 유행을 거듭하고 있는 미니스커트, 여성의 영원한 패션이 되어 속옷문화로 정착한 팬티스타킹 등이 유행했다. 그리고 개인의 자유를 표현하고 즐기는 길거리문화, 시대극을 초월해서 성장기 인간성 회복을 갈구하는 영화, 일본제 애니메이션 등과 같이 대중을 대상으로 하는 현대판 대중문화가 대량생산되고 대량소비되는 대중문화시대가 도래했다.

문화를 생산하는 문화 기업가는 대중문화를 이익 창출의 자본재로 인식하여 전문적 문화인을 육성하고 생산능력을 향상시켜 이익을 남기는 문화산업을 발전시켰다. 대중문화가 일본인의 문화생활에 침투하여 생활문화로 정착하고 일본적 특징을 갖고 성장하는 문화가 되었다. 경제와 문화의 관점에서 보면, 성장기라는 개념에는 경제 중심의 성장뿐 아니라 일본적 대중문화의 성장이라는 의미가 동시에 함의되어 있다. 성장으로 발생한 의미 있는 대중문화와 부작용을 동반한 대중문화는 일본 사회가 성숙할 수 있는 힘으로 작용했다는 데 가치가 있다.

특히 이 시기에 발생한 일본 만화와 애니메이션은 일본 영상문화가 발전할 수 있는 토대가 되었다. 성장하는 데 필수적이며 중요한 동력으로 작용하는 과학을 강조한 로봇 애니메이션 〈철완 아톰〉이 제작되어 새로운 미래 지향적 과학세계의 지평을 열었고 어린이, 어른 등이 애니메이션 소비자가 되는 기적을 낳았다. 또한 일본의 전통적인 정서를 담아낸 문학이 진가를 발휘하면서 노벨문학상을 수상하여 일본 문학을 세계문학계에 알리고 꽃피웠다. 그것은 고도 경제성장을 바탕으로 한 일본 가치의 상승을 의미하고 일본 문화에 대한 평가를 새롭게 하는 중요한 계기가 되었다. 일본 성장과 더불어 일본 대중문화가 향유되는 단계로 들어섰다는 데 의의가 있다.

제**5**장

도약기의 대중문화

1. 머리글

도약기(1970~1980) 일본은 성장의 기적과 같은 고도 경제성장 추이를 지속적으로 끌어가기 위해 일본 열도 개조라는 파격적인 국가발전계획을 추진했다. 다양한 국제경제 환경 변화에 대응하기 위해 일본적 경영을 강조하고, 경제 부양 정책과 재정안정화 정책을 동시에 추진했다. 달러 가치를 조정하는 닉슨독트린이 발표되어 경제가 위축되었고, 각 국가는 자국의 문제를 스스로 책임지고 해결하는 방향으로 진행되었다. 한편 국제사회는 냉전이 지속되는 가운데서도 국교 정상화라는 화해의 무드가 조성되었다. 그러나 1970년대 중동 국가가 석유를 국제외교 전략으로 이용하는 과정에서 발생한 두 차례에 걸친 석유파동은 국제사회에 악영향을 주었을 뿐 아니라 성장하는 일본을 위기 속으로 몰아넣어 큰 충격을 주었다.

일본은 경제성장을 적극적으로 추진하는 과정에서 획득한 성장 열매를 만끽했지만 경제적 개발과 발전의 부산물로 인해 위기에 봉착했다. 고도 경제성장의 부작용으로 사회문제나 공해문제가 대두하고 생활환경과 인간 존엄성이 위협받게 된 것이다. 국민들은 현실적인 공해 대책, 그리고 자연환경이나 역사적 환경에 대한 보호, 발전과 보존이 양립하는 성장 등을 강하게 요구하는 시민운동을 전개했다. 따라서 다양하게 봉착한 현실적 위기를 어떻게 극복할 것인가라는 과제에 답을 내기 위한 사회 정책과 환경 정책을 동시에 계획하여 실천하기 시작했다.

경제성장으로 악화된 생활환경와 생태 환경을 정비하고 인간성과 자연성 회복을 요구하는 사회적 목소리가 높아졌다. 풍부한 사회로 진입하는 과정에서 발생한 과제에 대해 일본 정부는 새로운 대안으로 문화를 향유할 수 있는 문화시대 구축과 쾌적한 생활이 가능하도록 어메니티(amenity) 만들기를 제시하여 강조했다. 그리고 사회안전망을 구축하기 위해 사회복지 원년을 선언하여 일본적 사회복지체계를 구체화하고, 1970년대부터 민관 합동으로 지역에서 발생한 미나마타병, 이타이이타이병 등과 같은 공해병을 해결하기 위해 대응했다.

다른 한편으로는 고도 경제성장 일변도를 추진하는 가운데 기업, 정보, 문화, 정치, 금융, 노동 등이 도쿄와 같은 대도시로 집중하면서 대도시와 중소 도시 간의 비균형적 발전을 초래했다. 상대적으로 약해져 가는 지방자치단체는 강한 위기감을 갖게 되었고, 지역 주체성과 자율성을 가지고 지역 발전을 추진하기 위해 지역 현실에 맞는 문화 행정과 문화 정책을 실시했다. 특히 1970년대 후반부터 표방하기 시작한 지방시대의 표어 아래 문화에 대한 관심이 높아져 지방공공단체는 지역문화를 활성화하는 정책을 추진했다.

문화청은 전반적인 문화 행정을 담당하기 위한 전문기관으로 문화과를 설치하여 대응했고, 1977년 전국 각 도도부현(都道府県)은 예술문화와 문화재를 담당하는 문화과를 설치하여 문화 행정과 문화 정책을 독자적이며 자주적으로 실천했다. 지방공공단체는 불균형적인 발전으로 위축된 지역사회를 새롭게 구축하고, 지역에서 발생한 공해문제, 자연환경 악화, 역사적 환경 파괴 등에 대한 반성으로 지역문화 정책을 적극적으로 추진했다. 지방자치단체장들은 지역이 갖고 있는 모든 재원과 능력을 동원하여 새로운 지역만들기에 집중했다. 지역문화 정책은 지역 발전과 지역 활성화를 추구하는 기초적인 실천 정책이라는 점에서 가치가 있고, 대도시와 지역이 균형적으로 발전할 수 있도록 상호 협력하며 지역 특화, 지역 만들기, 지역 부흥 등을 통해 지역 발전을 추구하는 장점이 있다.

　문화적으로는 새로운 가치관과 동반된 문화 현상이 일어났고 특히 경제성장으로 일본 사회에는 부유형 문화와 개성형 문화가 등장했다. 사회적 보수화가 진전되고, 소득 향상으로 여가문화에 대한 욕구가 폭발했으며, 가족 중심의 외식문화가 동시에 유행했다. 특히 기성세대와 청년세대의 가치관이 변화하여 사생활주의와 개성주의가 일반화되면서 자신의 삶과 가치를 자유롭게 표현하는 갸루문화(gal culture), 오타쿠문화, 갬블문화 등과 같은 일본적인 특징을 가진 문화가 나타나 성장을 만끽하고 개성이 넘치는 일본형 대중문화를 형성하여 한 시대를 풍미했다.

　도약기 일본은 고도 경제성장을 지속적으로 유지하고 발전시켜야 하는 역사적 사명을 가졌고, 국제사회에서 자국이익 추구라는 민족주의가 등장하여 위기를 맞았으며, 성장 부작용으로 사회 분열이 초래되었고, 발전 전사로서가 아니라 인간으로 인간다운 삶을 살아야 한다는 새로운 인식이 확산되었다. 성장 단계에서 도약 단계로 진입하기 위해 일본열도개조계획을 추진함과 동시에 사회적 약자를 보호하고 성장 열매를 분배하기 위한 선진적인 정책으로서 일본형 복지가 추진되었다. 다양성과 불확실성을 가진 일본은 도약, 공해, 환경, 복지, 위기, 문화, 지역 등과 같은 시대적 과제를 해결하고, 성장을 이어가기 위해 일본문화론과 일본적 경영의 삼종신기를 전면에 내세웠다.

2. 도약기의 시대상

1) 도약기의 사회현상

　일본은 정치와 경제 영역에서 성장과 위기를 동시에 경험하고 있었다. 일본이 안고 있는 현실적 성장 과제는 지속 가능한 발전을 유지하는 것이었지만 당시 시대적 상황은 매우 불리하게 작용하는 상황이었기 때문에 대담한 성장 정책이 필요했다. 국제사회의 경제 환경 변화에 대응하기 위해 외연을 확장하고, 지속적인 성장을 유지하기 위해 일본 열도 개조론을 등장시켜 개발을 촉진시켰으며 기업의 경쟁력을 높이고 경기부양 정책을 과감하게 추진했다. 그리고 국내외적인 위기를 극복하고 지속적인 경제성장을 유지하기 위해 다양한 경제 정책을 추진했다.

성장위기 환경은 오히려 일본인이 단합하고 결속하며 희생하려는 국가 및 기업 중심적 가치관을 함양하여 도약할 수 있는 추진력으로 작용했다. 기업 현장에서는 종신고용제, 기업별 노조, 연공서열 등에 기초한 경영의 삼종신기를 주창하는 일본적 기업문화를 조성하여 실천했다. 지속적인 성장과 위기극복의 단초가 된 일본 정신은 내외적으로 막강한 힘을 발휘하여 일본 홀로 성장하는 경제체제를 구축했다. 도약기에서 추진된 다양한 형태의 시대적 비전과 위기극복 모델은 성장을 지속적으로 유지하고 도약하는 토대가 되었고 1980년대 이후 경제대국을 구축하는 데 중요한 역할을 했다.

〈표 5-1〉은 도약기에 발생한 사회현상을 소개한 것이다. 당시 일본의 변화와 특징을 나타내고 있다는 점에서 시대상을 대변하는 한편 일본 문화와 사회의 특징을 알고 이해할 수 있는 중요한 근거가 된다.

도약기에는 일본 사회의 복잡화·다양화로 인해 새로운 현상이 일어났다. 사회복지 원년, 환경오염, 주민운동, 1억총중류, 매스여가시대, 내셔널미니멈, 일본형 사회복지, 일본우익론, 일본문화론, 특수 일본문화론, 일본민족우수론, 일본사회우수론 등과 같은 현상이 시대상을 구성했다. 특히 보수주의에 기초한 보수 세력들이 일본적 성장과 위기를 볼모로 정면에 등장하여 활동했다. 반면에 일본적 가치를 무시하고 초극하려는 일부 급진 세력으로 등장한 연합 적군은 사상적으로 마오쩌둥이 주창한 인민전쟁(人民戰爭) 이론에 기초하면서 극단적인 개혁과 혁명을 추진하는 좌파문화를 형성하여 일본 사회를 혼란에 빠지게 했다.

도약기에는 이전에서 볼 수 없었던 새로운 사회문화적 현상이 시대성을 반영하면서 파격적으로 등장했다. 일본인들은 정부가 최고 가치로 규정한 경제성장

연도	사회현상
1971~1980	1971년 전국지역부인단체연합 연락협의회, 나리타(成田)공항 공단1평 강제수용 실시, 문부성 환경공해교육 강조, 일본과 멕시코 양국문화협정(1954)에 의거 학생교류, 사회교육심의회, 신좌익계단체 주최 오키나와 투쟁 집회, 일본 맥도날드 긴자 1호점, 문화청 외국인을 위한 기본용어사전 발행, NHK 총합텔레비전 전체 컬러방송 시작, 볼링 인구 1000만시대, 티셔츠 유행, 주택론 본격화, 공해문제 국제도시회의 개최, 닛카쓰 로망 포르노 영화 〈단지 마누라 대낮의 정사(團地妻晝下りの情事)〉 개봉, 인형전용극장 개장, 경시청 닛카쓰 로망 포르노 영화 외설 의혹으로 압수(1980년 고법 무죄 판결), 가와바타 야스나리 가스 자살, '자연환경보존법' 공포, '노인복지법' 개정, '유선텔레비전법' 공포, '국제교류기금법' 공포, 아이누 문화자료관 개관, 제3회 구주국제문화회의 개최, 해외여행자 급증, 일본 열도 개조 개혁으로 토지 붐, 제2차 베이비 붐, 쓰레기전쟁, 판다 붐, 비즈니스호텔 붐, 이론문화연구국제회의 개최, 미시마 유키오 작품 연속공연, 우키요에(浮世絵) 붐, 우키요에협회 창립10주년 세계 우키요에대회 개최, 만화 『베르사이유의 장미』, 1973년 매춘문제를 생각하는 회 결성(21개 단체 참가), 태국·필리핀 섹스여행, 한국기생파티, 아오야마대학교 교수 외설혐의로 기소, '국민축일법' 개정 공포, '쓰쿠바대학설치법', 공해피해 위기 돌파 전국어민총궐기대회, 김대중 사건 쓰루미 슌스케 등 항의, 일본평화학회 설립, 생활방위국민총궐기대회, 서점 대형화, 골프 붐, 에어컨 보급, 전동식 파친코 인가, 영화 〈일본 침몰〉개봉, 민방 텔레비전 심야방송 중지, 필리핀에서 전쟁청년 발견 귀국, 약자 구제를 위한 국민 춘투, 아사히컬처센터 개장, NHK 9시 뉴스센터 시작, 방송기금 설립, 방송대학설치조사연구회의, 매장문화재센터 나라국립문화재연구소 설치, 백화점 국보중요문화재 전시 금지, 일본소비자연맹 결성, '국립민속박물관설치법', 일본 팬클럽 한국의 언론자유문제 규탄, 여성 미니스커트 종언, 자연건강식품 붐, 민간건강법 유행, 고교진학률 90.8%, 문명문제간담회 발족, 일본 리쿠르트센터, 이노우에 기요시(井上淸)『천황의 전쟁 책임』발간, 소학생 학습학원 통학 62%, 여성부츠 붐, 영화 〈임마누엘〉 붐, 커피 공해, 에로영화 붐, 문부성 대학 단기대생 수 200만 발표, 미국 재해영화 〈타워링〉과 〈조스〉 붐, 1976년 아시아전통예능교류 세미나, 제1회 오이타현(大分県) 영화제 개최, 남녀 노조키(覗き) 붐, 스낵바 붐, 폭 넓은 넥타이 유행, 오시마 나기사 감독의 〈아이노유리타〉 개봉, 1977년 포경문제 등 자연보호 주제로 한 콘서트 및 심포지엄 개최, 『데쓰카오사무 만화전집』, 전국 공해피해자 총행동집회, LP 레코드 발매, 원수폭금지대회국제회의, 왕정치 756호 홈런 기록으로 국민영예상 제1호 수상, 사회학자의 신중간층 논쟁, 평균수명 세계 최장, 가라오케 붐, 할인판매점 등장, 초·중학생 자살 증가, 핑크레이디 활약, 신체론 유행, 1978년 갈브레이스 『불확실성시대』46만 부 판매, 국제비디오아트전, 국립미나마타병연구센터 설치, 디스코 붐, 훼밀리 교외 레스토랑 붐, 엔고 최고기록, 스미다구하나비(墨田区花火) 부활, 룸 에어컨, 문화청 피카소 등 서양 미술 15억 엔 구입, 산토리문화재단, 자카르타 일본문화센터 개소, 〈은하철도 999〉 히트로 극장용 장편 애니메이션 붐, 예수의 방주 집단 실종, 제1회 일본문화디자인회의 개최,

연도	사회현상
	교내 폭력, 만자이 붐, 포카리스웨트 등 스포츠음료 붐, 터키탕 유행, 아시아평화연구국제회의 개최, 제1회 일본국제음악콩코르 개최, 사회복지 원년, 환경오염문제, 주민운동, 1억총중류 현상, 매스여가시대, 내셔널미니멈(national minimum), 일본형 복지 개념, 일본우익론, 일본문화론, 특수일본문화론, 일본민족우수론, 유우구레족, 마도기와족(窓ぎわ族)

자료: 安江良介, 『近代日本総合年表』(岩波書店, 1991); 神田文人, 『戦後史年表(1945-2005)』(小学館, 2005).

과 경제지상주의에 기초해서 충실하게 사고하고 행동하여 성공을 거두는 데 공헌하면서도 개인의 취미와 가족의 행복을 추구하는 흐름을 만들어갔다. 동시에 전통적인 가치관으로부터 탈피하여 공동체보다는 개인생활을 중시하는 현상이 나타났고, 사회적 미덕으로 삼아왔던 절제와 도덕률에서 일탈하여 자유롭게 표현하고 행동하는 개성문화가 등장했다. 국가와 사회를 우선시하던 집단주의문화가 개인과 사생활을 중시하는 개인주의문화로 이행한 것이다. 개인주의적 사고와 개성적인 의식을 가진 젊은이들은 일본 애니메이션을 보기 위해 극장 앞에서 철야하고 새로운 문화를 창조하여 즐기는 오타쿠, 신인류, 피터팬 세대라 불리며 새로운 시대를 열어갔다.

도약기에 나타난 신세대는 기존의 사회적 가치나 틀을 과감하게 넘어섰다는 점에서 일탈 세대라고 할 수 있는 부정적인 측면이 있지만, 새로운 문화를 개척하고 창출하여 선진적인 문화 흐름을 주도하면서 끌어가는 역할을 담당하는 긍정적인 측면이 있다. 젊은이들은 국가나 사회가 추구하는 가치와 목표에 종속되어 편입되기보다는 오히려 자신의 가치를 중시하여 실현해 가는 성향이 있었다. 사회에 팽배해 있는 불의에 대해 비판하거나 반체제운동을 하는 저항문화보다는 자기중심적이며 타협적인 사고와 행동을 지향하고 현실 일탈적인 대중문화에 심취했다.

2) 일본 열도 개조론

1970년대 일본 경제를 도약시키기 위한 정책과 전략으로 등장한 것이 다나카

가쿠에이(田中角栄)가 주창한 『일본 열도 개조론(日本列島改造論)』이다. 다나카 가쿠에이는 자민당 총재 선거를 한 달 앞둔 1972년 6월 11일 새로운 정책강령과 발전 전략으로 일본 열도 개조론을 발표했다.[1] 다나카는 일본 열도 개조론에서 산업 및 공업의 재배치와 교통 통신의 전국적인 네트워크 형성을 시작으로 사람과 돈의 흐름을 거대 도시에서 지방으로 역류시키는 지방 분산 정책을 과감하게 추진한다는 개혁 내용을 밝혔다. 일본 열도 개조론을 사실상 정권 공약으로 발표한 다나카는 1972년 7월 총선거에서 승리하여 총리대신이 되었다.

일본 열도 개조론은 1968년 다나카 가쿠에이가 자민당 도시정조 회장으로 발표한 「도시정책대강」을 기초로 작성하여 1972년 6월 20일 일간공업신문사(日刊工業新聞社)에서 간행되었다. 『일본 열도 개조론』은 다나카가 총리가 되면서 91만 부 팔렸고 연간 베스트 4위를 기록했다. 일본 열도 개조론은 일본 열도를 개조 대상으로 보고 지역과 대도시를 동시다발적으로 개발하여 고도성장으로 고착화된 대도시와 중소 도시 간의 격차를 줄이고 수정하려는 정책적이며 전략적인 경제 정책으로 추진되었다.

미국이나 이탈리아의 개발 사례를 통해 구상한 일본 열도 개조론은 일본 열도를 고속도로, 신칸센, 혼슈시고쿠 연락다리(本州四国連絡橋) 개설 등과 같은 고속교통망을 구축해 전국을 연결하고, 지방의 공업화를 촉진하며, 과소 및 과밀 문제, 공해문제 등을 동시에 해결한다는 내용이다. 다나카는 일본 국토의 북부를 공업지대로 하고 남부를 농업지대로 계획했다. 특히 자신의 출신지이며 선거 기반인 니가타현 나카고시(新潟県中越) 지방과 중심도시 나가오카시(長岡市) 개발을 염두에 두고 추진했다. 다른 한편으로 자신의 오랜 염원이었던 호설지대의 빈곤을 해결하고 화력발전에서 원자력발전으로 전환하는 정책을 구상했다.

다나카는 정책을 추진하기 위해 수상 자문기관으로 1972년 8월 일본열도개조문제 간담회를 설치하고 열도 개조에 대해 의견을 청취했다. 다양한 의견을

---

[1]   田中角栄, 『日本列島改造論』(日刊工業新聞社, 1972).

수렴하여 계획을 구체화하는 가운데 연금복지사업단은 대규모 연금부양시설 그린 피어(green pier)를 건설하고 국토개발계획을 세웠다. 그 후 열도 개조 붐이 일어나 일본 열도 개조론에서 개발 후보지로 제시한 지역에서는 토지 매입이 성행하여 지가가 급등했다.[2] 개발계획이 구체화되어 건설 호재가 발생하고 공정 보합 조정으로 투자가 활성화되면서 경기 전망이 좋아져 물가가 폭등하는 현상이 일어났다.

한편 열도 개조의 핵심 정책 중 하나인 신칸센 건설을 둘러싸고 신칸센 철도 노선을 정하는 기본 계획이 검토되는 가운데 후보지의 지역 관계자나 국회의원이 활발하게 유치운동을 한 결과 1973년 11월 15일 운수성 고시로 11개 선로가 추가로 결정되었다. 일본 열도 개조론에서 제시한 혼슈시고쿠 연락다리의 기본 계획도 결정되었다. 그러나 제4차 중동전쟁을 계기로 발생한 오일쇼크는 물가와 경제에 결정적인 타격을 주어 가격이 폭등하는 광란 물가, 기업 도산, 소비위축 등을 초래하고 일본 경제를 혼란에 빠트려 혼슈시고쿠 연락다리 착공이 미뤄졌다.

국내 정치계에서는 다나카의 일본 열도 개조론을 반대하는 주류파이며 균형재정론자인 후쿠다 다케오(福田起夫)가 오구라쇼(大蔵省) 대신에 취임했다. 후쿠다는 총수요 억제 정책에 의한 경제 안정화를 강력하게 추진하여 열도 개조론의 시책은 일시 후퇴했다. 더욱이 1974년 다나카가 금권오직 사건으로 수상에서 물러나고 긴축재정을 추진하면서 교통망 정비와 신칸센 건설은 유보되기도 했지만 계속적으로 추진하여 성과를 거두었다.

당시 일본은 국제사회의 변화에 대응하면서 발전과 성장을 유지해야 하는 상황이었다. 그리고 국내적으로는 수도권의 과밀과 지방의 과소 문제가 심각해졌

2　山本雄二郎, 『日本列島改造論の幻想』(エール出版社, 1972). 지가 폭등으로 물가가 상승하는 인플레이션이 발생하고 고물가가 사회문제화 되었다. 이를 해소하기 위해 일본 정부는 물가안정 7항목을 정하고 생활 관련 물가에 대해 긴급하게 조치할 수 있는 법률을 제정했으며, 공정보합을 네 차례에 걸쳐 올려 대응했다.

고, 대도시와 중소 도시 간의 격차가 현저하게 나타났기 때문에 일본의 불균형 발전을 극복하기 위한 해법으로 다나카가 제시한 일본 열도 개조론은 추진할 가치가 있었다. 그리고 고도 경제성장을 지속적으로 유지하고 각종 위기를 극복하기 위한 대책이었다는 데 긍정적인 측면이 있다. 일본 열도 개조론은 일관적으로 추진되지 못했지만 일본 경제가 도약하는 데 일역을 담당했다.

그러나 다나카가 추진하는 일본 열도 개조 개혁에 대한 비판이 지속적으로 나왔다.[3] 교통망 정비로 다양한 문제가 해결될 것이라는 구상은 토건업 일변도라는 비판을 받았다. 과밀화된 대도시와 과소화된 지방을 연결하는 교통망 정비는 대도시가 갖고 있는 자본, 기술, 오락 등 인프라가 지방으로 침투하기 쉽게 한 측면이 있지만 동시에 지방의 주민, 인재, 기업 등이 대도시로 유출하기 쉽게 하여 도쿄 일극 집중과 지방 과소화를 더 부추기는 부정적인 효과를 낼 수 있다는 비판이 등장했다. 그리고 역내, 역전, 교외의 스트로 효과(straw effect, 교통망으로 발전하기도 하고 쇠퇴하기도 하는 현상)를 초래했고, 더욱이 중심 시가지가 쇠퇴하는 도넛 현상이 벌어졌다.

열도 개조가 시작되면서 신칸센과 고속도로는 도쿄와 지방을 연결하는 것이 대부분이었고, 지방과 지방을 연결하는 건설은 추진하지 못했다. 균형 있는 발전을 위해서는 다나카가 목표로 한 열도 개조를 재생해야 한다는 주장도 등장했다. 다나카의 구상은 완전하게 추진되지 못하고 한계에 부딪히는 가운데 다나카를 잇는 새로운 정권이 해결해야 하는 국가적 과제가 되었다. 미키 다케오(三木武夫)의 생애설계계획, 오히라 마사요시(大平正芳)의 전원도시 구상, 스즈키 젠코(鈴木善幸)의 화(和)의 정치, 다케시타 노보루(竹下登)의 고향창생사업 등이 추진되었다. 국가나 지방자치단체는 도로교통망 건설, 사회복지 확대, 경기부양 정책 등으로 다액의 부채를 안게 되어 재정이 악화되었고, 일본 경제는 성장하면서 재정 적자가 발생되는 모순된 성장 구조라는 새로운 국면에 직면했다.

---

3 같은 책.

3) 제1차 및 제2차 석유파동

일본 경제사에서 처음으로 마이너스 성장을 기록한 시기가 도약기이다.[4] 그것은 2차에 걸친 오일 충격 때문에 일어났다. 오일쇼크는 1973년에 발생한 제1차 오일쇼크와 1979년에 발생한 제2차 오일쇼크를 의미하는 것으로 원유 공급압박과 원유 가격 상승에 의해 세계경제가 혼란에 빠진 사건이다. 석유위기 또는 석유쇼크라고도 한다.[5] 1973년 10월 제4차 중동전쟁이 발발하여 석유수출국기구(Organization of the Petroleum Exporting Countries: OPEC)의 가맹산유국 가운데 페르시아만 여섯 개 국가는 원유 공시가격을 1배럴당 3.01달러에서 5.12달러로 약 79%를 인상한다고 발표했다. 다음 날 아랍석유수출국기구(OAPEC)는 원유생산을 단계적으로 감산하기로 결정했다. 또한 이스라엘이 점령지로부터 철수할 때까지 이스라엘 지지 국가에 대해 경제 제재를 가하기로 결정했다. 1973년 12월 OPEC는 1974년 원유 가격을 5.12달러에서 11.65달러로 다시 인상한다고 결정했다.

석유 가격 인상으로 당시 OPEC 국가는 국제수지흑자가 1973년 10억 달러에서 1974년 약 700억 달러로 급증하여 석유부유국이라 불렸다. 한편 발전도상국을 위해 지원하는 민간은행 대출액은 1970년 30억 달러에서 1980년 250억 달러로 급증했다. 경제위기에 봉착한 세계 각국은 유로채권시장에서 자금을 조달했다. 석유를 수출하는 국가의 경제가 호조를 보이는 가운데 석유 수입 국가는 적자를 면치 못하는 상황에 빠졌기 때문이었다. 석유 가격을 상승시켜 얻은 달러의 힘에 의존하는 중동 산유국은 석유를 이용하여 국제사회에서 정치적·경제적인 영향력을 행사하기 시작했다.

에너지원을 중동 석유에 의존해 온 선진 공업국의 경제가 흔들렸다. 일본도

4　戦後史開封取材班, 『戦後史開封 2』(戦後史開封取材, 平成8年); 正村公宏, 『戦後史』, 上·下(筑摩書房, 1990).

5　財務省財務総合政策研究所(編集), 『安定成長期の財政金融政策—オイル·ショックからバブルまで』(日本経済評論社, 2006).

예외는 아니었다. 일본은 1960년대 이후 에너지혁명을 추구하기 위해 에너지원을 석탄이나 기타 자원에서 석유로 과감하게 전환했기 때문에 석유파동은 직접적으로 일본 경제에 부정적인 타격을 주었다. 그리고 닉슨독트린쇼크(Nixon Doctrine Shock, 달러쇼크)로부터 해방되는 시점에서 직격탄을 맞았고, 일본 열도 개조 붐으로 초래된 지가 폭등으로 급속하게 인플레이션이 발생한 상태에서 석유 가격 상승으로 인플레이션이 가속화되었다.

일본은 1974년과 1980년대 초 인플레이션 억제책의 일환으로 시장의 돈을 회수하기 위해 고금리 정책을 시행했다. 닉슨쇼크로 엔고 불황이 오고, 석유 가격 상승으로 인한 대책으로 총수요 억제 정책을 취해 소비가 억제되었으며, 대형 공공사업이 도쿄와 같은 대도시를 포함해 지방에서도 축소되었다. 오일쇼크 이전에 추진된 금융완화 정책, 제품 가격 상승, 임금 인상, 건설 투자 등이 물가 상승으로 이어져 1974년 소비자물가가 23% 상승하는 광란 물가가 형성되었다. 인플레이션을 억제하기 위해 공정보합을 인상하고 기업의 설비 투자를 억제했다. 그 결과 1974년 전후 처음으로 -1.2% 성장을 하여 고도 경제성장은 일시적으로 종언을 고했다. 도약기 일본 불황은 1975년 이후 국채를 대량으로 발행하는 계기가 되었다.

제2차 요일쇼크는 1978년 말 OPEC가 1979년 원유 가격을 14.5% 인상한다고 결정하면서 발생했다. 원유생산 중단은 석유 관련 산업을 위축시켰고, 원유 가격 상승은 다른 제품의 상승을 가져왔다. 1979년 이란혁명으로 석유생산이 중단되었기 때문에 이란으로부터 대량으로 석유를 수입했던 일본은 또다시 석유 위기에 봉착하여 경제가 악화되는 위기를 맞았다. 그러나 일본은 제1차 오일쇼크에서 얻은 학습 효과로 신속하게 대처했다. 성 에너지 정책으로 심야 텔레비전 자숙, 주유소 일요 축일 휴무, 자동차 운전 자제, 석유소비 제한 등을 실시하고, 기업의 에너지 합리화와 절약을 강력하게 요구했다. 일본은행은 조기에 강한 금융제한 조치를 취하고, 노동조합과 기업은 비용 증가 요소를 억제했으며, 노사협조 체제를 구축하여 대응했다. 일본은행의 금융 억제, 노사의 임금 억제,

<표 5-2> 도약기의 국민총생산(GNP)

연도	명목		실질
	총액(10억 엔)	1인당(1000엔)	총액(10억 엔)
1971	82,806.3	781	181,945.9
1972	96,539.1	898	198,325.2
1973	116,672.9	1,070	207,744.5
1974	138,155.8	1,251	207,299.2
1975	152,209.4	1,361	215,631.8
1976	172,152.5	1,515	224,321.5
1977	190,034.8	1,666	235,004.4
1978	208,780.9	1,814	274,061.2
1979	225,401.8	1,942	260,605.2
1980	245,360.0	2,097	268,817.9

자료: 鶴見俊輔(編), 『戰後史大事典』(三省堂, 1991), p.976.

성 자원 에너지 추진, 엔고에 의한 수입 가격 억제 등으로 악영향을 최소화시킨 결과 일본 경제에 미치는 부정적인 영향은 1차 오일쇼크 때보다 적었다. 이후 일본은 원자력과 풍력, 태양광 등 비석유에너지 활용을 모색하기 시작했다. 그럼에도 도약기 일본 경제는 지속적으로 성장하는 기적을 다시 만들어내는 데 성공했다.

〈표 5-2〉는 도약기 일본의 국민총생산 추이와 국민소득 추이를 소개한 것이다. 일본 경제가 각종 위기에 봉착하면서도 국민총생산과 국민소득이 지속적으로 증가하고 있어 성장하고 있었다는 것을 알 수 있다. 특히 1973년 제1차 오일쇼크와 1979년 제2차 오일쇼크가 발생했음에도 국민총생산과 1인당소득은 증가했다. 명목총생산은 1971년에 비해 1980년에 약 세 배 증가했고, 1인당소득도 약 세 배 증가했다.

도약기 두 차례에 걸쳐 불어닥친 오일쇼크는 세계경제와 일본 경제에 부정적인 영향을 주는 가운데 자원으로서 석유의 힘, 자원이 정치적으로 이용될 수 있다는 자원무기화, 국제정치의 무자비함 등을 인식하는 신호탄이 되었다. 따라서 국제적으로는 OPEC에 대한 집단적 경계심과 적대심이 증가하는 계기가 되었고, 석유 일변도의 에너지 정책에서 원자력과 자연자원을 이용하는 다자원에너지 정책이 추진되었다. 이후 오일쇼크를 경험한 일본은 일본적인 기업문화를 구축하여 가계, 기업, 국가 경제를 안정시키는 데 성공하고 국제사회에서 경제대국으로 위상을 높이는 괴력을 발휘했다.

3. 도약기의 문화 정책

1) 예술문화 정책

국가에 의한 예술문화 정책은 전통적으로 계승되어 온 고급예술 진흥, 예술가 육성과 예술을 공연할 수 있는 예술무대 활성화 등에 대한 지원 정책을 의미한다. 전통적으로 계승되는 예술은 명작으로 인정받은 고전음악, 오페라, 고전미술, 전통음악, 전통예능, 교향악단, 오케스트라 등을 함의한다. 그리고 예술문화 정책은 예술문화시설 정책, 문화재 보호 정책, 지역전승예술 정책 등으로 나타났다. 따라서 예술문화 정책에는 예술의 범주에 들어가지 않은 대중문화에 대한 정책이 미미했다.

예술가 육성 정책은 예술가들이 활동할 수 있는 예술 환경을 조성하고, 기존 예술가들이 안정적으로 공연할 수 있는 인프라 지원과 경제적 지원을 포함한다. 그리고 장차 예술가가 되고자 하는 예비 예술가들이 성공적으로 성장할 수 있도록 지원하는 것이다. 1976년부터 문화청의 보조 사업으로 오페라연수소가 설치되어 오페라가수육성사업이 시작되었다. 1977년에는 예술가 국가연수제도가 발족하여 예술가들이 본격적으로 성장할 수 있는 기회를 제공했다. 국가연수제도는 1991년에 예술 인턴십제도로 재편성되었다. 이어서 애니메이션 관련 인재를 지원하기 위해 어린이용 애니메이션 영화제작 장려금을 교부했고, 1978년에는 무대예술창작 관련 인재의 활동을 장려하기 위해 작품상을 신설하여 지원했다.

일본에서 문화예술 정책이 그 나름대로 좋은 결과를 얻은 부분이 문화시설 정책이다. 문화시설은 기본적으로 예술가들이 자신의 예술을 공연할 수 있는 장소를 의미한다는 점에서 예술가를 위한 것이지만, 다른 한편으로는 비예술인들이 예술가의 공연을 감상할 수 있는 장소가 된다는 점에서 일반 대중을 위한 시설이기도 하다. 문화시설은 다수의 예술가와 감상자를 연결시켜 예술의 대중화를 촉진시키는 장소라는 특징이 있고 각종 공민관, 종합문화관, 문예회관 등으로 신설되고 있다. 1970년 오사카 만국박람회 개최를 위해 설치했던 만국박람미술관을 1977년 오사카 국립국제미술관으로 개관했다.

그리고 현대무대예술을 위한 시설로 설립을 준비해 오던 제2국립극장은 설치 장소의 선정, 공개 설계, 기본 설계, 시행 설계 등을 마치고 구체화했다. 다른 한편으로는 전통예능을 위한 국립극장으로 1979년 연예자료관, 1983년 노악관(能樂館), 1984년 분가쿠(文樂) 극장 등을 설치했다. 지방문화시설로는 국고보조를 받아 건설한 문화회관, 역사민속자료관, 박물관, 미술관 등이 있다. 지방자치단체는 문화시설을 통해 예술 공연을 지원하고, 지방 출신 유명 예술가들의 작품을 전시할 수 있도록 하고 있다.

2) 문화재 보호 정책

국가문화 정책의 본산으로 설치된 문화청은 문화 정책을 통해 문화활동을 적극적으로 지원했고, 동시에 1975년 '문화재보호법'을 현실에 맞춰 개정하여 문화재를 보호할 수 있도록 제도를 정비했다. '문화재보호법'이 개정되어 종래의 개발과 보호라는 모순된 정책과 불균형을 극복하고 조정과 균형이 이루어질 수 있는 문화재 관련 정책이 추진되도록 했다. 중앙정부가 주도하는 문화재 관련 정책과 지방정부가 추진하는 문화재 관련 정책이 서로 보완해 주고 자주성을 발휘할 수 있는 문화재 보호 정책이 가능해졌다.[6]

개정된 '문화재보호법'은 다음과 같은 정책적 내용과 방향을 규정하고 있다.

첫째, 개발과 보호를 조화롭게 하는 것이다. 성장기의 기본 방침은 개발·발전시키는 것이어서 파괴를 동반했다. 그런 점에서 개발은 보호와는 상반된 개념이며 정반대의 결과를 가져올 가능성이 있다. 개발을 우선시하면 보호할 수 없는 상황이 발생하기 때문이다. 성장기를 통해 개발하면서 부작용이 발생하여 보호와 보전을 중시하게 되었다. 특히 도시나 지역을 개발하면서 문화재가 많이 훼손되었기 때문에 개발을 신중하게 하도록 했고 중앙정부, 지방자치단체, 국민 등이 문화재를 보호하도록 의무를 규정했다.

둘째, 문화재의 공개 및 활용 촉진이다. 문화재는 계승하고 보호하는 데 중요성을 두었기 때문에 대중 앞에 공개하거나 개인 소장 문화재를 공개하는 정책이 활성화되지 못했다. 그러나 문화재는 대중이 알고 그것을 즐길 수 있을 때 존재 가치가 있다는 인식이 확산되었다. 계승된 문화재는 개인이 소유하는 것이 아니라 민족이 소유하는 것이며, 개인이 숨어서 보는 것이 아니라 공유해서 즐길 수 있는 공공재의 성격이 강조된 결과였다. 대형 박물관이나 미술관, 역사박물관, 개인 기념관 등을 통해 작품을 전시하고 공개하도록 하여 문화재와 공공재로서의 가치를 높이는 기회가 되었다.

셋째, 문화재 거리를 조성하는 것이다. '문화재보호법'은 문화재가 놓인 환경을 사람과 공존하는 차원에서 운영하도록 강조하고 있고, 관련 문화재나 환경을 조화롭게 보호하고 계승하는 측면을 중시했다. 그리고 광범위한 지역에 분포되어 있는 역사적 가치가 있는 문화재를 지정하고 보호하도록 했다. 풍토기의 언덕(風土記の丘)이나 역사의 도(歷史の道) 등의 보존, 전통적 건조물 보존지구 등과 같은 문화재 집합지를 보존하도록 규정하고 있다. 또한 문화재 보존 기술, 자재의 확보, 문화재의 국제교류 등을 강조했다.

1970년대 들어 지역 발전과 성장을 위해 주창한 지방시대와 문화시대는 국가와 지방을 활성화하는 중요한 이념과 이슈를 만들어냈다. 지방시대와 문화시대

---

6   根木昭, 『文化政策の展開: 芸術文化の振興と文化財の保護』(放送大学教育振興会, 2007).

라는 표어에는 문화재의 정비와 활용은 물론 적극적으로 발굴하고 창조하는 문화활동이 함의되어 있다. 그 일환으로 지방자치단체는 박물관이나 역사민속자료관 설치, 전시를 통한 작품 공개, 건조물이나 전통적 건조물군의 정비, 사적 정비와 활용 등과 같은 정책을 추진했다. 현재 문화재는 지역의 문화 자산이며 자부심이며 성장촉진제라는 점에서 중요성이 더해가고 있다.

3) 지방·문화진흥 정책

지방공공단체는 '지방자치법'과 '문화재보호법'에 기초해서 자주적으로 지역 문화 정책을 추진했다. 1977년 하타 야와라(畑和) 사이다마현(埼玉県) 지사에 의한 행정의 문화화, 1978년 나가세 이치조(長洲一二) 가나가와현 지사에 의한 지방시대 등이 주장되면서 지방 개발에 대한 분위기가 달아올랐다.[7] 지방시대와 행정의 문화화 개념은 공교롭게도 성장기의 공과가 만들어낸 특징이 있다. 지방시대는 지방을 발전시켜야 한다는 슬로건이고, 행정의 문화화는 책임 있는 문화 정책을 추진하여 문화생활이 가능한 문화시대를 만들어야 한다는 의미가 함의되어 있다.

지방시대는 지방공공단체가 지방을 발전시켜야 한다는 논리와 당위성의 근거가 되었고 추진하는 원동력으로 작용했다. 성장기에 대도시 중심의 발전 정책과 경제개발계획에 제동을 걸고 지방을 활성화시키자는 지방 재건 및 부흥 선언이다. 대도시 중심의 발전은 대도시와 중소 도시, 대도시와 시정촌(市町村) 간의 발전 격차를 가져와 지방 도시의 황폐화를 초래하는 중요한 요인이 되었다. 따라서 중앙정부와 지방자치단체는 국가와 지방, 대도시와 중소 도시, 대도시와 시정촌 간의 균형적인 발전과 조화로운 동반 성장을 강조했다. 이후 지방시대는 지방 만들기, 지역 만들기, 지역 일으키기, 마을 만들기, 지역 특화 등과 같은 부흥 정책으로 구체화되었다.

---

7 구견서, 『일본의 지역문화정책』(신아사, 2018).

또한 지방시대는 문화시대에 기초를 둔 지역문화 정책을 적극적으로 추진하는 중요한 동기가 되었다. 지역문화 정책은 지역문화진흥과 함께 지방 발전을 추구하는 핵심 정책이 되었다. 쾌적한 생활환경을 조성하고 문화시설을 정비하며, 지역이 문화적인 주체성과 자율성을 갖고 주민이 생활 속에서 문화를 향유할 수 있는 제반 환경을 개선하는 등 지역 발전과 지역주민의 생활 향상을 목적으로 했다. 그와 더불어 중앙정부의 문화 담당기관인 문화청은 지역문화 활성화 정책으로 기관 간 상호 협조, 지방 간 경쟁을 통한 지원 확대, 다양한 문화적 교류, 문화 개발과 창조 등을 할 수 있도록 적극적으로 지원하고, 지방공공단체가 추진하는 지역문화 정책에 적극적으로 호응했다. 도약기에 주창된 지방시대와 문화시대를 염두에 둔 지역문화 정책은 지역문화 진흥, 지역 발전, 지역 특화, 지역관광 활성화, 지역인재 육성, 지역문화시설 건설 등을 추구하여 지역총합발전 정책의 성격을 띠었다.

4. 도약기의 대중문화

1) 신중간층·우익문화

경제성장과 생활 안정은 신중간층을 등장시키고 확산시키는 가운데 보수문화를 구축하는 원동력으로 작용했다. 경제성장은 가정의 소득 증가를 촉진시키고 개인의 가처분소득을 신장시켜 경제적 안정감과 사회적 네트워크를 지속적으로 유지할 수 있게 하는 정신과 자세를 견고하게 했다. 현재 사회에 안주하는 세력은 변화와 개혁에 민감하게 반응하지 않고 가정생활에 집중하는 사생활주의와 개인주의 흐름을 만들어갔다. 그와 같이 보수적이며 개인주의적 성향을 가진 계층을 신중간층이라고 할 수 있다.[8] 신중간층은 임금노동자 가운데서도 각

---

8   村山泰亮, 『新中間大衆の時代』(中央公論社, 1984).

종 사무, 서비스업, 판매관계 업무, 전문업 등에 종사하여 소득과 생활이 안정된 층으로 샐러리맨이나 화이트칼라를 지칭한다.

칼 마르크스(Karl Marx)의 이론에 따르면, 자본주의가 발달하면 할수록 빈부격차가 확대되고 계급 분산이 진행된다. 계급이 분산되면서 자본가계급, 중간계급, 노동자계급 등으로 분리되어 계급투쟁을 하는 과정을 통해 중간계급은 상층이나 하층으로 재편된다. 그러한 주장과는 반대로 독일 사회민주당 논객 베른슈타인(Eduard Bernstein)은 수정주의를 발표하고, 자본주의가 발전할수록 중산계급이 대두한다고 예언했다. 과거 사회주의정권이 탄생한 지역이 식민지나 종속국이 되는 경향이 있었고, 혁명으로 완전하게 평등한 사회를 실현한 사례가 거의 없었다는 사실에 기초해 보면 베른슈타인의 지적이 의미가 있다. 마르크스는 자본주의의 진행 과정에서 적대성을 띤 중간계급의 등장을 예언했지만 자본주의가 발전하는 과정에서 계급성이 낮고 중화적인 성격 띤 중간층이나 신중간층이 등장했다.

일본에서 중간층은 다이쇼시대에 성립했다고 할 수 있다. 근대화를 추진하는 가운데 일정하게 소득을 가진 층이 발생하면서 사회의 중심 세력으로 역할을 하게 되었다. 적어도 제2차 세계대전 이전까지는 중간층이 형성되었지만 제2차 세계대전이 발발하면서 일본 사회에서 중간층은 붕괴되었다. 1950년대 일본이 자립하고 1960년대 고도 경제성장기를 거치면서 급속하게 신중간층이 생겨났고, 1970년대 도약기를 통해 거대한 세력을 형성했다. 이 시기에 존재했던 자작농이나 상점주 등 구(舊) 중간층과 샐러리맨, 화이트칼라 등을 포함한 중간 대중을 신중간층이라고 할 수 있다.

도약기 신중간층은 일본 사회에서 일반적으로 진보성이 결여된 보수 세력이되어 보수문화를 주도했다. 보수 노선은 일본 성장과 위기를 통해 등장하여 급진 노선을 압도하고 안정적인 일본 만들기를 시도했다. 경제성장을 계속적으로추진하기 위해 다나카 가쿠에이(田中角榮)에 의해 추진된 일본 열도 개조에 긍정적으로 호응했고, 2차에 걸친 석유위기를 극복하는 데 참여했다. 성장파와 보수파는 일본 활성화라는 차원에서 동일 선상에 있었고, 안정적 일본과 생활을 지속적으로 유지하는 데 일치했다. 보수 노선의 일부는 일본주의와 천황주의를 내세운 일본 우익으로 활동했다.

우익 노선에서 활동한 대표적인 인물이 미시마 유기오이다. 그는 일본주의와 천황주의의 부활을 주장하며 할복자살을 했고, 그 상황이 매스커뮤니케이션을 통해 알려지면서 수면에서 사라졌던 우익들을 깨워 이후 극단적인 우익 성향을 띤 세력의 활동을 촉진시키는 계기가 되었다. 그들은 일반적으로 미온적인 보수와 구분하여 과격한 우익이라고 규정할 수 있다. 일본 우익은 신우익이나 민족파 등으로 불리며 활동했다. 그들은 반공사상, 일본이익주의, 천황제 옹립, 국익 우선, 외세 배척, 민족주의 등의 슬로건을 내걸고 과격한 행동, 가도 행진과 연설, 집단 선전, 인신공격 등과 같은 활동을 하기도 했다.

정치계에서 활동하면서 우익의 흑막이라고 불렸던 고다마 요시오(児玉誉士夫), 록히드(ロッキード) 사건 관련 정치가와 기업가,[9] 전후체제의 기만성을 응징할 목적의 경단련 습격(経団連襲撃) 사건 등을 일으킨 반체제 활동가, 미시마(三島) 사건과 같이 천황 중심의 국가체제를 주장하는 정치 우익 등이 다양하게 등장했다. 그리고 21세기에 들어 인종차별적 활동을 하고 있는, 재일특권을 허용하지 않은 시민회(日特権を許さない市民の会)와 같은 배외주의 우익도 생겨났다.[10] 그들

---

9 고다마 요시오(1911. 2. 18~1984. 1. 17)는 우익운동가, CIA에이전트, 면정회(錦政会) 소속의 폭력 단원으로 활동한 우익이다. 재정계의 흑막, 해결사(フィクサー)라 불린다. 1960년 생전 장례식을 행했을 때 고노 이치로(河野一郎)와 오노 반보쿠 등과 같은 대물정치인들이 참석하여 사회적 이슈가 되기도 했다.

10 재일특권을 허용하지 않는 시민회는 시민으로 구성된 반한 단체로 재특회라고 약칭한다. 재일한국인 및 조선인에 대한 입관특례법을 대일특권으로 규정하고 폐지하는 운동을 벌이기 위해 설립되었다. 설립자 및 초대 회장은 사쿠라이 마코토(桜井誠)이고, 현재 회장은 야기 야스히로(八木康洋)이다. 그들은 일본 국내에 거주하는 재일 한국인 및 조선인이 특별영주 자격이나 다양한 경제적 편의 등과 같은 특권을 부당하게 얻고 있다고 하여 철폐를 위한 가두인설, 데모, 집회 등의 활동을 전개하고 있다. 또한 재일 한국인 및 조신인 이외 외국인을 배척하고 근대사 긍정적 인식, 일본의 핵무장론 등 우파적 슬로건을 내세우고 있다.

의 공통점은 운동 중심에 국가와 민족을 놓고 옹호하고 있어 직간접적으로 일본 정부의 암묵적인 지원을 받고 있다는 점일 것이다.[11]

냉전시대에는 폭력단과 관련된 체제 의존적인 친미우익이 많았지만 냉전 후에는 '폭력단대책법'이나 폭력단 배제 조례 등으로 쇠퇴했고, 비폭력적인 방식으로 활동하는 경향이 있다. 과격한 행동에 대한 반성으로 새롭게 등장한 우익은 토크 섹션과 언론활동을 통해 사상을 주장하거나 논단지를 통해 논리적으로 일본이나 민족을 위한 방향과 정책을 주장하고 있다. 이들은 전전의 일본 편향적인 정통우익과 공통점이 있지만, 반공반미, 민주주의, 시민주의, 자유주의 등을 주장한다는 점에서 차이가 있다.

그리고 21세기 들어서 독특한 성격을 띠고 활동하는 우익이 있다. 대표적인 그룹이 신슈다카쓰노카이(神州蛇蝎の会)라는 우익단체이다. 이 단체는 기본적으로 대일본제국헌법 복원과 개정을 주장하고 있어 기존의 강성 우익과 일치하는 점이 있지만, 일장기와 태극기를 동시에 들고 데모를 한다는 점에서 그리고 한일협력활동을 하고 있다는 점에서 배외적 활동을 하는 우익과는 다르다. 2016년 오사카에서 일본인과 재일한국인 100명이 참가하여 창립했고, 독재공포정치를 허용하지 말 것과 납치된 한국인 및 일본인 전원 석방할 것 등을 주장하기도 했다.

일반적으로 보수로서 우익은 편향적이며 과격한 활동을 하는 데 비해 보수로서 신중간층은 안정적이며 점증적인 변화를 선호하며 활동한다는 점에서 차이가 있다. 이른바 건전한 보수라고도 할 수 있다. 2000년대 들어서 도시부의 신중간층은 개혁적인 민주당을 지지하고, 농촌부의 구 중간층은 보수적인 자유민주당을 지지하는 현상이 벌어졌다. 구 중간층은 약간의 생산수단을 사유하고 있는 데 비해 신중간층은 생산수단을 소유한 자본가에게 고용되어 있다는 점에서

---

11 樋口直人, 『日本型排外主義 在特会・外国人参政権・東アジア地政学』(名古屋大学出版会, 2014); 安田浩一, 『ネットと愛国—在特会の「闇」を追いかけて』(講談社, 2015).

주목할 필요가 있다. 신중간층이라고 불리지만 정치 행동에서는 차이가 난다. 그러나 기본적으로 신중간층이 끌어가는 보수문화는 정치적인 색채를 띠기보다는 개인과 가정, 생활환경, 민주사회 등과 같은 이슈에 관심을 갖고 사고하고 행동하는 특징이 있다.

2) 혁명좌파문화

경제성장과 생활 안정은 보수화를 촉진시켜 사회문제를 등한시하고 적폐를 만들어내는 구조를 고착화하는 부정적인 측면이 있었다. 정치적·사회적 보수화는 소수에 의한 급진적인 개혁과 극단적인 혁명을 요구하는 좌파문화를 동반하는 경우가 많다. 전후 일본공산당이 재개한 무장투쟁 노선을 신봉한 진보적 학생 당원은 1955년 일본공산당 제6회 전국협의회에서 무장투쟁 노선을 포기하고 새로운 전략으로 전환하는 지도부에 불만이 있었던 행동파로서 그리고 일본공산당 무장 노선을 계승한 신좌파로 불리며 과격한 활동을 했다.

1960년대 성장기를 거치면서 형성된 보수화 물결에 반대해 온 세력으로 활동한 공산주의자동맹적군파(共産主義者同盟赤軍派)와 일본공산당 가나가와(神奈川)위원회는 연합적군파(聯合赤軍派)를 결성했다. 연합적군파는 사상적으로 마오쩌둥 사상인 인민전쟁 이론에 기초하고, 우파 세력에 반대하여 가장 강력한 방법과 수단, 이념 등을 갖고 활동한 극좌파 성향의 단체였다. 연합적군파는 1960년 후반부터 1972년까지 활동한 일본테러 조직, 신좌익 조직, 혁명적 행동 조직, 일본혁명 조직 등의 성격을 띠고 극단적인 혁명사상을 신봉하여 활동했다.

초기 적군파는 인민전쟁을 실행하기 위해 1969년 11월 5일 대보살도게(大菩薩峠) 사건을 일으켰다. 적군파는 오사카전쟁과 도쿄전쟁이 실패로 끝난 후 11월 투쟁이라 규정하고 칼, 철 파이프, 폭탄, 화염병 등으로 무장한 여덟 개 부대가 대형 덤프카 다섯 대에 분승하여 수상 관저 및 경시청을 습격하고 인질을 잡아 옥중 활동가를 석방시키는 작전을 기획했다. 목적 달성을 위해 그들은 대보살도게 부근 산중에서 무장침투훈련을 실시하고 야마나시(山梨)현의 후쿠창쇼(福ちゃ

ん荘)에 잠복했다.

1969년 11월 경시청과 야마나시현경의 합동기동대가 대보살도게 부근에 잠입하여 그 자리에서 53명을 흉기준비 집회죄의 현행범으로 체포하고 무기를 압수했다. 체포된 대원중에는 간부들의 꼬임에 빠진 고교생도 있었다. 그들은 재판에 회부되었을 때 "반혁명 전사도 발견되면 타살형을 받는다. 법정은 너희들이 싸워야 할 전장이다. 곳곳에서 인민의 손으로 법정을 새롭게 하고 총을 쏴라 총이 재판권을 갖는 것이다"[12]라고 모두진술을 하면서 혁명을 시도하는 무장단체였다는 사실이 밝혀져 일본 사회를 경악하게 했다. 특히 사건 조사를 통해 의장이었던 시오미 다카야(塩見孝也) 등 간부들이 체포되어 적군파는 큰 타격을 입었다. 이후 약체화된 적군파는 1969년 8월 일본공산당 가나가와현 위원회와 통합하고 연합적군(連合赤軍)을 결성했다.

연합적군파는 세력을 확장하기 위해 혁명좌파 활동가 나가다 요코(永田洋子)와 함께 독재체제를 만들어 활동했다. 그들은 1970년 3월 일본 항공기 요도호 납치(よど号ハイジャック) 사건을 일으켰으며, 1971~1972년에 연합적군 동지에 대한 린치(lynch) 살인을 저지른 산악베스(山岳ベース) 사건, 그리고 1972년 2월 가루이자와(輕井澤)에서 경찰과 총격전을 벌인 인질극 아사마산장(あさま山荘) 사건 등을 일으켰다.[13] 그들은 사회 변화를 유도하는 개혁운동이나 저항운동보다는 직접적으로 파괴하거나 붕괴시키는 극단적인 방법으로 사회혁명을 시도했다.

연합적군파는 1970년 3월 31일 일본 항공기 요도호를 납치하는 사건을 일으

12　反革命兵士も見つけ次第銃殺の刑にするのだ! 法廷は君達の戦うべき戦場にあるのだ! いたるところに、人民の手で法廷を創り出せ!銃を持て! 銃が裁判権を持っているのだ!

13　永田洋子, 『獄中からの手紙』(彩流社, 1993); 坂口弘, 『あさま山荘 1972(上·下)』(彩流社, 1993); 大泉康夫, 『氷の城 連合赤軍事件·吉野雅邦ノート』(新潮社, 1998). 연합 적군파가 일으킨 아사마 산장(浅間山荘) 사건은 신좌익운동이 퇴조하는 계기가 되었다. 아사마 산장 사건은 2008년 와카마쓰 코지(若松孝二) 감독의 영화 〈실록 연합적군 아사마산장으로의 도정(実録·連合赤軍 あさま山荘への道程)〉으로 만들어졌고, 2009년 텔레비전 아사히계에서 방영된 드라마 〈경찰의 피(警官の血)〉에서는 당시 사건 현장이었던 후쿠창소를 무대로 했다.

컸다.[14] 당시 9인으로 구성된 적군파라고 주장한 그룹은 하네다공항발 후쿠오카 행 일본 항공 351편을 납치했다. 범인 그룹은 북한으로 망명할 의사를 표시하고 그쪽으로 비행기를 유도했다. 비행기를 납치한 후 출발하기 전에 '우리는 내일 하네다를 출발한다. 우리는 투쟁하기 전에 이렇게 자신과 용기와 확신이 내부로 부터 용솟음치는 것을 알지 못한다. 최후에 확인하자. 우리는 내일의 조(明日の ジョーである)이다' 라는 성명문을 발표했다.[15] 비행기가 북한으로 향하는 과정에 서 여기는 평양 진입 관제라는 무선메시지가 흘러나왔다. 그러나 북한이 아니라 한국의 김포공항이었다. 범인 그룹은 망명지의 한국어나 영어를 알지 못해 그 상황에 대해 의심하지 않았다. 김포공항에는 한국 군인이 북한 병사 복장을 하 고 '평양 도착 환영'이라는 현수막을 내걸어 위장했다. 범인 그룹은 평양이 아니 라는 사실을 알고 북한으로의 망명을 요구하며 야마무라 신지로(山村新治郎) 운 수정무차관을 인질로 잡고 북한으로 향했다.

항공 승무원을 제외한 승무원과 승객은 후쿠오카공항과 김포공항에서 순차 적으로 해방되었고, 야마무라 운수정무차관이 인질을 대신해서 탑승했다. 요도 호는 후쿠오카공항과 한국의 김포공항을 2회 착륙한 후 4월 3일 북한의 미림비 행장에 도착하여 그대로 망명했다. 북한은 평양에 도착한 납치범에 대해 망명을 허용하고, 일본을 비난하면서도 인도주의적 관점에서 기체를 반환하며 승무원 을 귀국시킬 것이라고 발표했다. 북한의 대처에 대해 일본 정부는 사의를 표하

---

14 요도호(淀号)는 납치된 비행기의 애칭으로 당시 일본 항공은 보유하는 비행기마다 애칭을 부 여했다. 보잉727형에는 일본의 하천 이름을 붙였고 요도호의 애칭은 요도가와(淀川)에서 유 래한 명칭이다.

15 일본 애니메이션 〈내일의 조(明日のジョー)〉는 정확한 제목이 〈あしたのジョー〉라는 복싱 영 화이다. 이 작품은 다카모리 아사오(高森朝雄) 원작의 만화영화로 1968년부터 1973년까지 고 단샤의 ≪주간소년 매거진≫에 연재되었다. 범인 그룹은 자신들을 주인공에 비유하여 타버 릴 때까지 투쟁할 것을 주장했다. 텔레비전 아니메판 〈내일의 조(あしたのジョー)〉 제1화 방 송일은 1970년 4월 1일이었다. 납치 리더였던 다미야 다카미로(田宮高麿)는 손개끼 이별을 주제로 한 시를 낭송하고 승객 한 사람이 답가로 「북귀행(北帰行)」을 노래했다고 전한다.

는 담화를 발표했다.

연합적군파는 세계혁명전쟁이라는 무장봉기론을 내세워 전쟁 선언을 했다. '노동자 국가에 무장 근거지를 건설하고 세계혁명 근거지 국가로 전환시켜 후진 국에서 혁명전쟁과 일미혁명전쟁을 결합해서 단일화된 세계혁명전쟁을 추진한 다'는 국제근거지론과 세계혁명론을 주창했다. 그들은 일본에서 전 단계 봉기 (前段階蜂起)를 하고, 북한을 혁명근거지화하여 한반도의 무력통일, 중화인민공 화국의 세계혁명근거지화, 북베트남 통합과 남베트남 민족해방전선 구축을 위 한 사이공 공략, 동남아시아로의 혁명전쟁 확대 등의 단계적인 혁명을 구상 했다.

중요한 활동 근거지로서 북한이 선택된 것은 북한체제를 지지하기 때문이 아 니라 최근 일본제국주의와 적대관계에 있는 국가였기 때문이다. 연합적군파의 의도는 북한의 혁명화를 통해 적군파의 군사기지로 활용할 계획이었다. 실제로 연합적군파는 북한의 혁명근거지화를 위해 다미야 그룹(田宮グループ)을 북한에 파견하려고 했다. 그러나 이미 체포영장이 내려져 합법적인 출국이 불가능했기 때문에 도항 수단으로 민간 여객기를 납치하기로 결정한 것이다. 이렇게 해서 요도호사건은 일단 연합적군파의 망명으로 일단락되었지만 일본에 많은 파장 을 일으켰다.

요도호납치 사건은 일본에서 벌어진 최초의 비행기 납치 사건이다. 이 사건 을 계기로 1969년 6월 항공기 납치 등 처벌에 관한 법률이 제정되었다. 다만 헌 법 39조 소급처벌금지규정으로 범인 그룹이 귀국할 경우 이 법률은 적용되지 못하는 상황이었다. 그러나 이 법에 기초해서 기체라는 재물과 항공운임이라는 재산상의 이익에 반하는 강도죄나 승무원 및 승객에 반하는 탈취와 유괴죄 등이 적용되었다. 또한 국외로 도망하고 있기 때문에 '형사소송법' 제255조의 규정으 로 공소시효가 정지되었다. 그 후 범인 그룹은 무죄 귀국을 요청했지만 일본 정 부는 허용하지 않았다. 또한 일본도나 권총에 모조품이 사용되었기 때문에 모조 권총 소지 및 모조 도검류 휴대를 각각 금지하고 형법으로 다스리기 위해 총도

법(銃刀法)을 개정하여 대응했다.

연합적군은 그 후 총괄이라는 이름으로 다수의 동료를 린치하고 살해한 것이 판명되어 일본에서는 반체제에 대해 거대한 위화감이 조성되었고 시대사상으로 역할을 하지 못해 조직이나 추종자가 점차 사라졌다. 극단적인 진보적 성향이 약화되고 보수적인 사회 흐름이 시대성을 끌어가는 가운데 일본 사회에서 활약하던 카운터 컬처(counter culture)시대가 종언을 고하게 되었다. 그 대신 일본은 현실에 동조하고 적극적으로 참여하면서 부와 여유를 즐기는 풍부한 사회로 접어들었다.

3) 디스코·가라오케문화

경제적 가치를 최고로 하는 경제지상주의가 만들어낸 풍부한 사회에서 윤택한 삶을 향유하려는 사회구성원이 많아졌고, 사회 흐름과 본업에 충실하게 적응하며 개인과 가족의 행복을 추구하는 경향이 높아졌다. 이 시대 젊은이들은 국가나 사회와 같은 공동체보다는 개인과 가족에게 가치를 두는 개인주의와 가족주의 성향을 가졌고, 그동안 사회에 팽배해 있던 비판과 반체제운동과 같은 충격적인 저항문화보다는 긍정적이며 부드러운 대중문화에 다가갔다. 대표적인 것이 디스코(disco)문화, 가라오케(カラオケ)문화 등이다.

일본에서는 서구 문화로 유입된 디스코문화가 젊은이들에게 인기를 얻으며 대도시를 중심으로 전파되어 정착했다.[16] 디스코 또는 디스코텍(discothèque)은 음악을 내보내면서 음료를 제공하고 손님에게 춤을 추게 하는 댄스홀을 함의한다. 디스코의 어원이 된 것은 프랑스어 'discothèque'이다. 마르세유(Marseille) 방언으로 '레코드를 놓는 장소'를 의미한다. 제2차 세계대전 중 라이브 밴드 연주가 곤란한 나이트클럽에서 레코드를 대신 틀어 음악과 춤을 즐기면서 시작되었다. 제2차 세계대전 후 파리에 라 디스코텍이라 불리는 클럽이 출현하여 유행

---

16 戰後史開封取材班, 『戰後史開封 1』(戰後史開封取材, 平成8年).

했다.

디스코는 일반적으로 레코드를 통해 음악이 나가지만 라이브음악을 연주하는 경우도 있다. 레코드에 있는 순번으로 음악이 흐르는 구조이고, DJ가 현장에 맞게 선곡하기도 하고 곡 소개나 뮤직, 스쿠랏치(スクラッチ, scratch, 재생중의 음악의 리듬이나 타이밍을 의도적으로 엇갈리게 하는 연출) 등을 연출하여 분위기와 흥을 돋운다. 일본에서 디스코는 1960년대 오픈한 시부야의 클레이진스팟(クレイジースポット)이나 신주쿠의 지아자(ジ・アザー)가 최초라는 설이 있다. 이후 성장기를 지나 도약기인 1975년~1979년에 젊은이들 사이에 디스코 붐이 일어났다.

제1차 디스코 붐은 1975년과 1976년 사이에 디스코 밴드가 상업적으로 히트하면서 발생했다. 음악과 춤을 동반하는 디스코 밴드가 성행하면서 여유를 즐기며 새로운 문화를 추구하는 청년들의 마음을 사로잡았다. 이어서 1977~1979년에 제2차 디스코 붐이 일어났다. 1978년 존 트라블타(John Travolta) 주연의 영화 〈토요일 밤 열정(Saturday Night Fever)〉이 일본에 소개되면서 신주쿠, 시부야, 롯폰기(六本木), 이케부쿠로(池袋) 등 번화가에서 디스코가 유행했다. 이 영화의 히트로 불량한 청년문화라는 오명과 편견에서 벗어나 대중화되었다.

1970년대부터 격렬하고 신나는 음악을 연주하는 세계적으로 유명한 대형 록그룹이나 가수가 등장했고, 많은 디스코 곡이 생산되어 음악세계를 장악했다. 미국 가수 도나서머(Donna Summer), 영국 출신의 비지스(Bee Gees), 독일 출신의 아라베스크(Arabesque)와 징기스칸(Dschinghis Khan) 등은 흑인 음악과는 다르게 춤추게 하는 음악을 만들어냈다. 미국의 남성 6인조 그룹 빌리지 피플(Village People)은 「YMCA」를 불러 디스코장의 젊은이들을 열광하게 했다. 그리고 일본에서는 사이조 히데키(西城秀樹)가 젊은이용 팝 음악 「YOUNG MAN」을 불러 바람을 일으켰다.

1980년대 디스코붐을 상징한 롯폰기 스퀘아빌딩(六本木スクエアビル)은 지하 2층과 지상 10층 가운데 1층부터 4층을 제외한 전 공간이 디스코장이었다. 그중에서 NASA 그룹이 활동한 네펜타(ネペンタ)와 기제(ギゼ)가 인기 있었다. 1980년대 중기부터는 전자악기를 이용한 댄스뮤직 유로비트(eurobeat) 붐이 일어나 전 국적으로 전파되었다. 당시 디스코곡은 팝 색깔이 강한 반면 컴퓨터를 이용한 테크노 음악이 다수 등장하여 애용되었다. 1990년대는 대형 디스코점 줄리아나 도쿄(ジュリアナ東京)가 개점했고 유로비트 대신에 테크노사운드(techno sound)가 유행했다. 1990년대는 디스코가 클럽으로 이동했고, 2000년대는 쟈니즈계(ジャ ニーズ系)가 백댄서로서 일본 발상의 춤으로 손과 팔을 움직이는 파라파라 댄서 (パラパラダンサー)를 기용하면서 파라파라가 유행했다.

1970년대 디스코문화가 활성화되는 가운데 다른 한편으로는 가라오케가 유 행했다. 가라오케는 사전에 제작된 반주를 재생하여 합창이나 합주하는 행위를 말한다. 대칭어로는 라이브 연주를 의미하는 나마오케(生オケ)라는 용어가 있다. 사전에 제작된 반주 녹음도 가라오케라고 한다. 악단 또는 악대에 의한 라이브 연주가 아니라 레코드나 테이프를 대용으로 하는 음악을 의미한다. 1970년대 이후 연주장치 자체를 가라오케라 부르기도 한다. 가라오케는 라이브 연주가 불 가능하거나 할 수 없는 경우 녹음된 레코드를 이용하여 노래를 부르는 음악활동 이라는 의미도 있다.

가라오케 용어는 가라(カラ, 空), 오케(オケ, オーケストラ)를 결합해 만든 조어이 다. 가라오케라는 용어는 일설에 의하면, NHK 교향악단 단원들의 잡담에서 유 래한 언어라고 한다. 이 용어가 보급되기 이전에는 가라 연주(空演奏)로 표현하 는 경우가 많았다.[17] 현재 가라오케는 가창이나 악기를 이용하는 합창, 합주, 연 주 등을 하는 행위를 지칭하고 가라오케 시설, 즉 노래를 부르기 위한 장치, 장 치를 사용해서 노래를 부르는 것뿐 아니라 노래를 부르기 위한 장소를 제공하는 가라오케 박스를 가라오케라고 약칭해서 사용하고 있다.

1971년 밴드 출신 이노우에 다이스케(井上大佑)는 가라오케 관련 서비스와 전

---

17 全国カラオケ事業者協会, 『カラオケ歴史年表』(全国カラオケ事業者協会, 2000); 鳥賀陽弘道, 『カ ラオケ秘史 創意工夫の世界革命 』(新潮社, 2008); 野口恒, 『カラオケ文化産業論』(PHP研究所, 2005); 田家秀樹, 『読むJ-POP―1945-1999 私的全史 あの時を忘れない』(徳間書店, 1999).

용 장치를 발명했다. 그는 뮤직 박스 재생기, 준비된 템포를 선택하는 재생, 가창할 수 있는 테이프를 첨부해서 '8 Juke' 라고 명명하고 판매했다. 그다음에는 코인 인식의 유료재생 장치를 노래가 필요한 스낵바에 설치하고 테이프 한 개당 4곡, 10개 세트 계 40곡을 50~100엔 정도를 받았다. 이것이 노래문화를 혁명적으로 바꾼 가라오케의 시작이었고, 세계화의 시작이 되는 계기가 되었다. 가라오케라는 용어와 형식은 일본에서 탄생하여 유행한 일본제 대중문화이다.[18]

가라오케라는 용어가 일반에게 보급된 계기는 1970년대 FM(Frequency Modulation) 음악방송 하다치사운드 인 나우(日立サウンド・イン・ナウ) 프로그램이 대중에게 알려지기 시작하면서였다. 이 방송에서 제일 인기 있는 코너가 〈가라오케 코너〉였다. 그리고 가라오케 게임이 생중계 되면서 시청자들에게 가라오케라는 용어가 확산되었다. 가라오케가 활성화되면서 방송 프로그램에 한정되지 않고 주점, 스낵바, 음식점, 가라오케 전문점, 호텔 연회장, 가정 등 다양한 곳에 가라오케 박스가 설치되었다. 초기 가라오케는 여흥이라는 개념으로 자리매김 되었지만 점차 연령대나 설치 장소에 관계없이 모두가 선호하는 취미로 자리 잡아 인기 있는 대중문화가 되었다.

1970년대 가정용 테이프 레코더가 보급되면서 자택 가라오케가 시작되었고, 1980년대에는 술을 마신 후 가라오케를 즐기는 것이 아니라 순수하게 노래만을 집중적으로 부르기 위한 장소가 생겼다. 가라오케만을 전문적으로 제공하는 가라오케 박스라는 사업 형태가 탄생했고, 레이저 디스크에 의한 가라오케 시스템과 마이크 입력 기계가 등장했으며, 선곡을 입력하는 버튼 형태가 개발되어 활성화되었다. 오카야마(岡山)현에서는 폐차가 된 화물 열차나 트럭을 개조해 설치한 가라오케가 등장했다. 1990년대 이후에는 통상 건축물 내에 가라오케 전문 룸을 설치하는 형태가 유행했다. 이어서 통신가라오케(通信カラオケ)

---

18 가라오케가 나오기 이전인 1950~1960년대는 일부 다방에서 점주나 전속 라이브밴드가 악기를 연주하고 객이 노래하는 가성다방이라는 업종이 존재했다. 당시 가성다방은 사회운동이나 풍조와 연계되는 경우가 많아서 유행가를 노래하는 지금의 가라오케와는 달랐다.

가 대유행하면서 사업 영역을 확장했다. 1992년 다이토(タイトー)가 통신가라오케 'X2000'을 발매했고, 에쿠싱(エクシング)도 통신가라오케 'JOYSOUND'를 발매했다.

통신가라오케는 이후 기계구동 장치가 없는 소형 스페이스화가 시도되어 장소와 관계없이 신곡의 배포가 빨라졌다. 1995년에는 제일흥업(第一興商)의 'DAM', 기가네트워크(ギガネットワークス)의 'GIGA', 파이오니아(パイオニア·東映ビデオ)의 'BeMAX'S', 일본 빅타(日本ビクター)의 '손오공', 세가(セガ)의 'Prologue 21', USEN의 'U-kara' 등의 브랜드가 참가하여 통신가라오케 전성기를 맞이하게 된다. 그러나 2000년대 들어서 브랜드 철수나 흡수 합병이 이어져 2006년 일본 빅타와 다이토, 2007년 세가 등이 철수하면서 통신가라오케 업계는 제일흥업, BMB(USENグループ), 에쿠싱(ブラザー工業グループ) 등이 주도했다. 2010년에 에쿠싱이 BMB를 자회사화하고 흡수하여 업계 순위는 제일흥업 1위, 에쿠싱 2위를 점하고 있다.

초기 가라오케는 노래를 테이프나 레코드에 수록하여 재생하는 단순한 노래 장소였지만 점차 기술이 발전하고 콤팩트화 되어 노래를 CD(Compact Disc)에 수록하고 플레이어도 다양화되었다. 가라오케는 초기에 화면 없이 노래만 나왔고, 이어서 텔레비전 화면에 노래가사 자막이 나오고 자막대로 노래를 불렀다. 그 후 노래 제목이나 가사 의미를 반영한 일종의 촌극(寸劇)을 담은 영상이 나왔다. 2000년대에 들어서 통신가라오케의 진화로 본인 영상, 아니메 영상, 라이브 영상, 뮤직비디오, 드라마나 영화 영상 등이 나왔다. 이어서 마이크형 가라오케가 등장하여 마이크형 하드웨어에 수록한 곡과 그것을 보완하는 롬(ロム)을 사용해서 개인용의 가라오케 박스가 만들어졌다. 최근에는 휴대전화(mobile phone)나 컴퓨터에 가라오케 소프트나 악곡 데이터를 다운로드하는 새로운 서비스가 나타났다.

일본은 가라오케라는 새로운 음악 장르와 음악문화를 만들어냈다. 가라오케는 학생 콤파(コンパ, Kompanie, company), 샐러리맨의 간담회, 각종 연회장, TV

방송, 결혼식 여흥, 학교 문화제, 가라오케 대회 등에서 사용되는 대표적인 대중오락이 되었다. 가라오케는 공식적이며 전문적인 음악문화를 무형식적이며 아마추어적인 음악문화로 전환하고, 음악이나 노래를 가정이나 개인에게 밀착시키는 역할을 했다. 『레저백서』에서는 가라오케를 현대인이 스트레스를 해소시키는 오락으로 분류하여 통계지표로 사용하고 있다. 그리고 가라오케는 음악에 대한 저작권을 보장해 주는 계기가 되었고, 음악 인기순위의 판도뿐 아니라 CD 판매에도 영향을 주고 있다. 일본에서는 가라오케 박스나 통신가라오케 보급으로 싱글 CD의 밀리언셀러가 발생하기도 했다.

일본인은 술을 마시지 않고 사람 앞에서 노래 부르는 것을 좋아하지 않았지만, 가라오케가 일반화되면서 굴하지 않고 노래를 즐기는 의식이 생겨 활성화되었다. 일본에서 발생한 가라오케는 아시아를 비롯해 서구세계에 수출되어 인기몰이를 하는 가운데 다양한 형태로 변형되어 장점과 약점을 노출시키고 있다. 가라오케가 대중화되면서 가라오케기기산업, 음악산업, 가라오케업 등이 활성화되고 있어 경제에도 좋은 영향을 미치고 있다. 그 과정에서 가라오케가 변질되거나 악용되어 풍속상업화하고, 전자기기에 의한 소음으로 불쾌감을 주는 경우가 발생하고 있다. 그러나 일반적으로 가라오케는 술 취한 사람만 부르는 노래, 가수가 부르는 노래, 숨어서 부르는 노래, 전문가가 부르는 노래, 무대가 있는 곳에서 부르는 노래 등의 개념에서 누구나 어디에서든 자유롭게 즐기는 노래로 완전하게 해방시켰고, 감상하는 노래문화뿐 아니라 직접 부르는 노래문화를 구축했으며 개인, 일상, 사회 등에 활력을 불어넣는 역할을 하는 긍정적인 대중문화로 순기능하고 있다.

4) 유구레족·마도기와족·안방문화

도약기에는 일본 사회와 기업 조직에 깊숙이 빠져들어 적응·생활하고 있던 중년들이 자의적이며 타의적인 요인으로 이탈하는 새로운 사회현상이 발생했다. 성장기를 통해 중년은 경제성장을 주도하여 발진시키면서 경제 전사로서 그리고 가정을 안정적으로 부양하는 가정 전사로 활동하여 일본을 지탱하는 중심 세력이 되어 중요한 역할을 전담해 왔다. 따라서 중년은 가정에 대한 책임으로 부터 벗어날 수 있는 개인적인 자유가 제한되었고, 기업에서 책임을 지는 샐러리맨으로서 선택의 폭이 매우 적은 세대라는 특징이 있다.

특히 중년 남자들은 가정에 대한 책임과 일중독으로 발생하는 스트레스를 해소하기 위한 방편으로 이탈적이며 비밀스러운 사적인 사고와 행동을 하는 새로운 연애문화를 만들어내 비판받았고, 회사의 전사로 희생하면서도 사정에 의해 버림받아 강제로 퇴출되는 기업문화에 묵언으로 일관하는 나약함에 빠졌다. 도약기에 등장한 유구레족(夕暮れ族)문화와 마도기와족(窓際族, まどぎわぞく)이 대표적이다. 유구레족은 개인의 자유를 제한 없이 표현하고 사생활을 즐길 수 있는 프리레스(freeless)에 대한 비이성적인 돌파구를 찾는 과정에서 나타났다. 마도기와족은 경제 발전과 경제위기를 극복한 경제 중심 세력임에도 불구하고 사회·경제 변화로 일자리에서 소외당하고 쫓겨날 위기에 놓인 중년들을 지칭한다.

유구레족문화는 시대 변화의 영향을 크게 받는 외로운 중년들이 만들어낸 유희적이며 몰가치적 사회현상으로, 규범이 무너진 아노미 현상이고, 성 산업적 발상이 만들어낸 중년문화라고 할 수 있다.[19] 유구레족은 소설가로 활동하던 요시유키 준노스케(吉行淳之介)의 『유구레까지(夕暮れまで)』라는 소설에서 그려진 남녀 커플을 의미하는 것으로 중년 남자와 젊은 여성이 커플이 되어 데이트를

---

19 1982년 도쿄도 출신의 단기대학 졸업을 자처하는 한 여성이 애인이 없는 남성과 돈이 필요한 여성을 중개하여 연인계약을 하게 하는 회원제 애인뱅크를 만들어 유구레족을 끌어들였다. 창업자 여사장이 사명과 전화번호를 인쇄한 티셔츠 모습으로 후지TV 〈웃어도 좋아(笑っていいとも!)〉와 심야방송 아사히 TV 〈투나이트(トゥナイト)〉 등에 출연하여 유구레족에 대해 발언한 후 매스미디어의 관심을 받아 전국에 유사한 조직이 생겼다. 당시 여사장은 남녀 합해 회원이 2000명 이상이며, 여성 회원 대부분이 여자 대학생, OL, 간호사 등이라고 이야기했다. 그러나 실제로는 여대생을 주요 전력으로 이용하는 매춘클럽이었기 때문에 사회문제가 되었다. 1983년 12일 어시장요 매춘 알선 혐의로 체포되었고 재판에서 실형 판결을 받았다. 이후 전국의 애인뱅크는 사실상 폐업했다.

즐기는 부류를 의미한다.[20] 이 책에서 자신의 인생에 대한 관심과 처녀(処女)라고 대우받는 상황에 어쩔 줄 몰라 하는 22세의 스기코(杉子)에게 중년 남자 사사(佐々)의 마음이 공포감과 호기심으로 흔들린다. 두 사람은 많은 나이 차이에도 불구하고 불안전하고 기묘한 육체관계를 갖게 된다. 사회규범이나 규칙을 넘어서 젊은 여성과 중년 남성이 서로 원하는 것을 상대방에게서 얻는 모습을 그려 사회 파장을 일으켰다.

1980년대 초기에 매춘(売春買春)을 중개하는 애인은행(愛人バンク)이 생기고 그곳을 이용하는 유구레족이 도쿄에 등장했다. 애인은행은 돈과 시간이 있는 중년 남성과 돈이 필요한 젊은 여성을 소개해 주고 리베이트를 챙기는 성 상업의 형태로 운영되면서 인기를 얻어 한 시대를 풍미했지만 1983년 적발되어 해산되었다. 중년 남성과 어른스러운 얼굴을 한 젊은 여성의 데이트가 유행하면서 그런 커플을 보면 젊은 여자를 애인으로 둔 유구레족으로 인식할 정도로 사회에 만연했다. 성매매는 법적으로 규제하고 있어 음성적으로 이루어졌다.

유구레족문화는 남성의 성적 욕구와 여성의 물적 욕구가 잘 맞아 떨어졌고, 그것을 간파한 성 상업자가 만들어낸 비정상적인 연애문화라고 할 수 있다. 그리고 중년 남성과 젊은 여성의 성 가치관이 변하는 과정에서 출현한 것이다. 중년 남성의 은밀한 성 유희와 성 자유주의, 젊은 여성의 몰가치적 성 개념과 물질만능주의가 만들어낸 문화이다. 돈과 시간이 있는 외로운 중년 남성과 젊음과 시간이 있지만 돈이 필요한 젊은 여성 간의 상호 필요성이 부추긴 이탈적 사회 병리 현상이다. 이 흐름은 헤이세이기에 들어서 중년 여성과 젊은 청년이 커플을 맺는 역(逆)유구레족으로 다시 재연되었다.[21]

---

20 吉行淳之介, 『夕暮まで』(新潮社, 1982).

21 유구레족과 유사한 것이 원조교제(援助交際)이다. 원조교제는 여성이 금전을 목적으로 교제 상대를 모집하고 성행위 등을 하는 매춘의 한 형태이다. 여성이 18세 미만인 경우도 있어 매스미디어에서 종종 아동매춘문제가 제기되었다. 광의로는 교제 상대가 되어주고 여성이 금전적 원조를 받고 남성이 대가를 주는 행위를 지칭하지만, 반드시 성행위를 동반하는 것은 아니다. 협의로는 성행위를 목적으로 여성에게 금전을 제공하여 성매매를 하는 행위를 지칭

그리고 도약기에 중년문화를 형성한 것이 마도기와족이다. 마도기와족은 일본 기업이나 직장에서 한직으로 몰린 중년층 사원이나 직원을 지칭하는 용어이다. 1977년 엔고 불황 시기가 도래했을 때 ≪홋카이도신문≫ 칼럼은 관리직에서 제외되고 일거리가 제공되지 않아 창문을 보거나 테라스에서 신문을 읽기도 하고, 밖을 보면서 시간을 때우는 중년층을 마도기와아저씨(窓際おじさん)라 했다. 그리고 1978년 일본 경제신문에 연재된 「일본·생존조건(ニッポン·生きる条件)」에서 OL(office lady)들이 하는 잡담 중에 자주 등장하던 언어로 마도기와족을 소개했다.

고도 경제성장기 일본 기업 경영자는 종신고용제, 연공서열제 등과 같은 특징을 지닌 기업문화를 적극적으로 수용하여 능력이나 인간관계를 초월해서 일과 지위를 정년까지 보장해 주는 파격적인 기업 운영을 통해 기업 성장과 경제성장을 달성했다. 그러나 1970년대 두 차례에 걸친 오일쇼크가 발생하고 기업과 경제가 어려워지면서 구조 조정을 하거나 관리자 중년에게 일이나 일자리를 제공하지 않는 현상이 벌어졌다. 평생직장으로 여겼던 기업에서 구조 조정이라는 명분으로 일을 주지 않고 놀게 하여 스스로 회사를 떠나도록 하는 일본적 해고 방식이 자행되어 마도기와족이 발생했다.

마도기와족과 유사한 현상이 출향(出向)이다. 1990년대 버블 경기 붕괴로 인해 성과주의가 도입되면서 마도기와족은 허용되지 않았고, 직장에서 퇴출하기 위한 해고 방법으로 자회사에 강제로 전근시키는 출향을 적극적으로 이용했다. 마도기와족은 회사에 남게 하면서 스스로 사라지기를 바라는 측면이 있지만 출향은 자회사로 억지로 전근 보내는 형태로 해고하는 방식이다. 그런 해고는 기업과 일본 성장의 모티브이며 원동력이라고 자부하던 일본 경영의 삼종신기가

한다. 약칭으로는 엔코(援交), 별칭으로는 엔코(円光)나 우리(ウリ, 売り) 등으로 불린다. 영어권에서는 Enjo kōsai, Compensated dating, School girls to Housewives, Child prostitution, Prostitution 등으로 소개된다. 성행위 구매지는 슈기 대디(シュガ ダディ)라고 하고 부유층의 중년이 많다.

무너지고, 동시에 회사 인간(會社人間)과 기업 전사를 해고하는 구조 조정으로 일본의 공동운명체적 기업문화가 사라지는 것을 의미한다.

일본에서 중년이 가정 지향적으로 전환되면서 형성된 것이 안방문화이다. 고도 경제성장기에는 중년들이 회사를 중심으로 한 일상을 보내며 형성된 집 밖문화가 유행했다. 더욱이 이 시기에는 아버지가 회사 인간이 되어 가정에 있기보다는 회사에서 일하고 퇴근 후에도 회사 관계자를 대접하는 모테나시(もてなし) 문화가 정착했기 때문에 중년들의 안방문화는 한정적이었다. 그러나 가족과 개인의 기호를 중시하는 가운데 TV문화가 활성화되면서 많은 취미와 놀이가 집 안에서 이루어지는 안방문화가 형성되었다.

1970년대 들어서 텔레비전문화가 질적·양적으로 성장하고, 가족 중심주의가 중시되어 가장들이 가정에 들어오면서 텔레비전을 중심으로 한 안방문화가 새롭게 생겨났다. 가정에서의 아버지 권위는 경제성장과 함께 개인 중심의 문화향유 방식이 강조되면서 변했고, 그동안 가장 중심이었던 텔레비전과 방송 프로그램이 연령대별 수요와 개인적인 수요에 맞춰지기 시작했다. 이러한 변화로 집 밖에서 행하던 스포츠, 올림픽 경기, 각종 드라마와 명작 영화, 엔카 프로그램, 버라이어티쇼, 음악방송, 애니메이션, 여행 프로그램, 교양 프로그램, 음식 프로그램, 교육 프로그램, 정치 및 경제 프로그램 등을 가정에서 향유할 수 있게 되어 안방문화가 정착했다.

안방문화는 가정이 가족구성원의 의식주를 해결하는 공간을 초월해서 휴식처인 동시에 취미를 할 수 있는 문화 공간으로 전환시켰고, 행동하는 문화에서 보고 듣는 시청각문화를 촉진시켰다. 또한 생활양식 변화, 광고를 통한 상품 정보, 뉴스를 통한 사회현상이나 각종 정치적 행사 등에 대한 정보 등을 제공하여 새로운 정보문화를 구축했다. 더욱이 각종 프로그램을 시청하는 가운데 사회현상에 대해 비판하거나 지지하는 의견이 교류되는 토론문화가 촉진되었다. 가정은 거대한 사회현상, 문화 현상, 정치 현상, 경제 현상 등이 모아지는 축소형 국가의 모습으로 변했고, 다양한 기능을 하면서 사회 성장을 촉진시키는 역할을 했다.

5) 로망 포르노 영상문화

경제성장과 소득 증대는 성 상업과 성 산업의 다양화를 가져왔고, 보수적이며 도덕적인 차원에서 터부시해 온 성 개념과 인식을 변하게 했으며 새로운 성 문화를 발생·정착시켰다. 성적 표현과 성 산업이 연결되면서 성 관련 출판물, 성 애니메이션, 로망 포르노 영화, 성인 드라마, 성 예술, 성인극장, 성 관련 TV 프로그램, 성인노래 등이 등장했다. 성과 관련된 작품이나 출판물이 일반화되고 확산되면서 성 표현을 둘러싸고 예술인가 아니면 외설인가, 성 표현의 사회적 허용 범위는 어디까지인가 등에 대한 논의와 논쟁이 사회문화 영역, 그리고 법정에서 벌어졌다.

당시 성 영화는 로망 포르노 영화, 핑크무비 등으로 불렸다. 로망 포르노라는 용어는 도에이가 공개한 스즈키 노리부미(鈴木則文) 감독의 영화 〈온천 미미즈 게이샤(溫泉みみず芸者)〉에서 처음으로 사용된 포르노(ポルノ)라는 언어를 따서 만든 것이다. 이 작품은 일본 포르노 여배우 1호 이케 레이코(池玲子)의 데뷔 작품이다. 닛카쓰영화사는 영화사의 사활을 걸고 로망 포르노 영화를 제작해 위기를 극복했지만 다른 한편으로는 성 표현을 둘러싸고 세상의 관심을 받으면서 논란을 일으켰다. 닛카쓰가 제작한 성 관련 영화를 닛카쓰(日活) 로망 포르노 영화라 하고 1971~1988년에 제작한 성인영화를 의미한다.

닛카쓰는 1950년 후반 다양한 악조건 속에서도 많은 히트 영화를 제작하고 일본 영화의 황금시대를 건인하고 지탱했다. 1960년대 후반부터 영화 관객 감소나 경영독재체제로 운영난에 빠져 영화 제작이 어려워졌다. 1970년대 들어서 영화사 생존을 위해 다이니치 영화배급시대의 중심 작품이었던 에로 노선을 전면에 내세웠다. 그리고 채산성 관점에서 저예산으로 이익을 올릴 수 있는 장르의 성인영화로 로망 포르노 영화를 제작했다. 당시 관계자들의 증언에 의하면, 로망 포르노 영화는 지금까지 닛카쓰에서 제작한 일반용 영화보다도 제작 기간이 짧았고 제작비도 반 이하로 줄었다.

로망 포르노 영화 제작은 성 관련 표현이나 내용을 성예술로 승화시키며 인간 본능을 진솔하게 노출시킨다는 점에서 창작성이 돋보이는 측면이 있었다. 다른 한편으로는 예산도 한정되고 단기간에 제작해야 하는 열악한 환경을 극복할 수 있는 좋은 수단이었다. 영화감독들 사이에서는 닛카쓰 로망 포르노 영화를 제작하는 데 어느 정도 나체 장면을 넣고, 어떤 이야기나 연출도 가능하며, 아무것도 말하지 않고 자유롭게 성 표현을 해도 된다는 소문이 날 정도였다. 로망 포르노 영화는 10분에 1회 정도 성 장면을 넣으면서 상영시간 70분 정도로 하고, 모자이크 처리를 하지 않고 제작하여 표현의 자유를 존중하는 자유도 높은 영화로 인식되었다.

닛카쓰는 로망 포르노 영화를 왕성하게 제작하여 새로운 영화 장르를 만들어 갔다. 그러나 닛카쓰의 예술적이며 상업적인 의도와 목적에 대해 일본 사회에서는 다르게 인식하는 상황이 벌어졌다. 닛카쓰영화사는 1972년 영화윤리위원회가 닛카쓰 제작의 성인영화를 심사하고 외설에 해당된다는 판단을 내려 형법에 규정한 외설동화공연 진열죄 혐의로 피소되었다. 그것이 바로 유명한 닛카쓰 로망 포르노 사건이며 닛카쓰 로망 포르노가 예술인가 아니면 외설인가 하는 세기의 예술재판이 시작되었다. 외설로 피소된 작품은 1971~1972년에 상영된 〈사랑의 온기(愛のぬくもり)〉, 〈사랑의 사냥꾼(恋の狩人)〉, 〈OL일기(OL日記)〉, 〈여고생 게이샤(女高生芸者)〉 등이다. 이후 닛카쓰는 〈아 포르노 열기〉, 〈러브헌터〉, 〈찬가〉, 〈꽃과 뱀〉을 제작하여 상영했고, 특히 오시마 나기사(大島渚) 감독의 〈사랑의 유리다(愛のユリーダ)〉가 세상에 나오면서 사회적 반향을 일으켰다.[22]

당시 외설이라고 피소되었던 〈사랑의 온기〉는 중년 남성에게 갑자기 외도처럼 다가온 젊은 여성을 좋아하는 금지된 사랑을 그린 작품이다. 결혼한 중년이 젊은 여성을 좋아해서 사랑을 나누는 것이 외도인가 아니면 사랑인가 하는 논쟁

---

22 구견서, 『일본 영화와 시대성』(제이앤씨, 2007), 521쪽.

을 일으켰다. 이 작품은 다음과 같은 이야기를 담고 있다.

중년 나카가미 고노스케(中上甲之助)가 리나(リナ)를 처음 본 것은 요코하마의 바에서였다. 46세가 될 때까지 근엄하고 성실한 학자로서 지내온 나카가미는 리나를 만나면서 적극적으로 구애를 하고 호텔까지 데려가 사랑을 나누기도 했다. 리나는 나카가미를 하룻밤의 놀이 상대로 생각하고 관능적으로 성 유희를 즐겼다. 리나와 하룻밤을 지낸 나카가미의 생활은 급변한다. 리나를 누구에게도 뺏기지 않을 것이라 결심하고 맨션을 팔아 돈을 주며 리나의 사생활을 통제한다. 그런 가운데 나카가미의 부인 치가(千加)는 남편의 태도변화에 민감하게 반응하며 외도를 의심한다. 치가는 나카가미의 제자 니미야(二宮)에게 남편을 미행하도록 부탁한다. 나카가미가 드나드는 장소를 알게 된 니미야는 치가에게 사실을 숨긴다. 더욱이 니미야는 나카가미의 눈을 피해 리나와 만나 노는 가운데 성관계를 맺는다. 이후 리나는 맨션에 돌아오지 않게 된다. 나카가미는 모든 것을 버리고 리나의 행방을 찾는다. 그런 남편을 본 치가는 강하게 질책을 한다. 남편이 지금의 지위를 얻은 것도 은사의 딸이었던 치가와 결혼했기 때문이었다. 치가와 논쟁을 벌이는 중에 나카가미는 확실히 리나를 사랑하고 있는 자신을 알게 된다. 그리고 지위와 명예를 버리고 빈털터리가 된다하더라도 리나와 함께할 것이라고 결심한다. 나카가미가 그런 깊은 애정을 갖고 있다는 사실을 안 리나는 처음으로 나카가미에 대한 사랑을 느낀다. 이윽고 리나는 나카가미의 맨션으로 돌아온다. 나카가미와 리나의 새로운 삶이 시작되고 두 마음이 연결된 것을 축복이라도 하듯이 아침의 햇살이 두 사람을 감싼다.

〈사랑의 온기〉는 건실하고 성실한 중년 남자가 젊은 여성을 만나 어긋난 사랑을 하면서 새로운 삶을 살아가는 것을 그리면서 가정을 파괴하고 동시에 부부간의 의리를 저버리는 모습을 표현하고 있다. 이 작품은 온전한 사랑이 무엇인가라는 질문을 던지면서 사랑은 약속이 아니라 마음으로 느껴 행동으로 움직이게 하는 것이라는 답을 주는 듯하다.

그리고 역시 외설 논쟁을 일으킨 작품 〈여고생 게이샤〉는 학생 신분으로 게이샤라는 직업을 선택해서 활동하는 것이 타당한 것인가에 대한 논쟁을 일으킨 작품이다.

〈여고생 게이샤〉는 성인 사회에 들어가 불안한 생활을 이어가면서도 자신의 삶을 집요하게 끌어가는 여고생 게이샤의 삶과 투쟁을 잘 그려내고 있다. 그러면서도 학생 신분으로 게이샤를 하는 것 자체가 사회 도덕과 윤리에 어긋난다는 설정을 전제로 하고 있다. 이 작품은 미성년자가 성을 수단으로 하는 직업을 갖는 것이 가능한가라는 질문을 하고, 여전히 직업은 나이와 관계없는 자신의 선택적 자유에 속할 수도 있다는 점을 강조하고 있는 듯하다.

당시 경시청은 이들 영화에 대해 외설이라고 판단하여 닛카쓰영화사 관련자를 고소했다. 1978년 도쿄 지방재판소는 무죄판결을 내렸다. 판결문에서는 "성 묘사가 어디까지 허용되는가는 시대와 함께 변하는 사회적 통념에 의한다"라고 했다. 1980년 2심 도쿄 고등재판소도 같은 이유로 검찰의 항소를 기각했다. 영화에서의 성적 표현을 둘러싼 예술과 외설의 논쟁은 법정에서 가려졌지만 공동체로서 사회가 수용할 수 있는 성 표현의 수위와 기준을 마련하는 계기가 되었다.

성 영화가 탄생한 것은 영화제작사의 제작 환경 위기를 돌파하려는 기업생존 전략에 의한 것이기도 하지만 국가와 사회를 우선시하던 집단주의문화에서 개인주의문화로 이행한 결과이기도 하다. 그리고 고도 경제성장과 사생활 중심주의가 팽배하면서 자유로운 사생활을 즐기는 문화 욕구가 충만했고, 전통적으로 기능했던 성의식의 현재화가 진행되었으며, 도덕적·윤리적인 가치 의식이 상업적 가치에 의해 무너진 결과이기도 하다. 당시 로망 포르노 영화는 일본인과 일본 사회의 가치관과 행동거지를 반영한 측면이 있다는 점에서 성 개방사회 일본을 함축하고 있다.

사회 논란과 법정 논쟁을 일으킨 로망 포르노 영화는 1988년 4월 14일에 닛

카쓰(にっかつ) 경영진이 도쿄 프린스호텔 기자회견에서 같은 해 6월에 '로망 포르노 영화 제작을 종료한다'고 발표하여 제작이 종료되었다. 그렇게 해서 1971년부터 1988년까지 16년 6개월에 걸친 닛카쓰 로망 포르노시대는 종언을 고했다. 1988년 5월 28일 공개된 최후 작품은 고토 다이스케(後藤大輔) 감독이 인간이면 누구나 가지고 있을 것으로 보이는 고독이나 적막함을 26세 여성의 내부에 숨겨진 욕망을 통해 표현한 〈베드 파트너(ベッドパートナー)〉, 가나자와 가쓰지(金澤克次) 감독이 유행하는 최첨단 장식으로 영업하는 이동식 스탠드바에 몰려드는 젊은이들의 성의식과 성 풍속도를 그린 〈러브게임은 끝나지 않는다(ラブゲームは終わらない)〉 등이다.

닛카쓰는 2010년 로망 포르노 영화를 새롭게 기획했다. 부활 작품은 〈단지 마누라 대낮의 정사(団地妻 昼下がりの情事)〉와 〈뒤에서 앞으로(後から前から)〉라는 리메이크 작품이다. 리메이크한 영화는 신선한 에로스 형태로 제작하여 여성 관객이 볼 수 있도록 각색했다. 2012년 5월 닛카쓰 창립 100주년 기념으로 '삶을 이어가는 로망 포르노'를 개최했다. 닛카쓰 100주년 기념행사를 축하하기 위해 야마다 코이치(山田宏一) 감독과 야마네 사다오(山根貞男) 등이 추천한 닛카쓰 포르노 영화를 상영했다. 그리고 소네 추세이(曽根中生) 감독의 미공개 작품으로 동료와 함께 위장옷을 입고 기관총으로 여성을 난사하는 남자와 그를 생각하는 여성과의 관계를 그린 성인영화 〈백주 대낮의 여자 사냥(白昼の女狩り)〉을 이벤트 행사로 상영했다.

한편 로망 포르노 영화와 같은 시대성을 반영한 작품이 『일본 침몰(日本沈没)』이다. 이 작품은 1973년 고마쓰 사쿄(小松左京)가 발표한 SF소설이다. 이 작품은 다음과 같은 내용을 담고 있다.

한 지구물리학자는 지진관측데이터에 근거해서 일본 열도에 이변이 일어날 것을 예감하여 조사하기 시작한다. 심해조사정 와다쓰미(わだつみ)호에 연구원이 타고 일본 해구에 잠입하여 보니 균열이 생긴 것을 발견한다. 데이터를 분석한 결

과 일본 열도는 최악의 경우 2년 이내 지각변동으로 육지 대부분이 해면 속으로 침몰할 수 있다는 결론을 내고 이것을 발표한다. 일본은 아수라장이 되는 가운데 일본 열도 운명과 같이 하려는 사람도 있다. 시코쿠(四国)를 시작으로 일본 열도가 바다 속으로 사라지면서 북관동지방이 대폭발을 하여 일본 열도는 완전하게 침몰한다는 예견이다. 문제를 해결하기 위해 일본인을 해외로 탈출시키는 D계획을 입안하여 실천에 들어간다. 생각보다 지진활동이 빨라지는 가운데 일본인을 해외로 탈출시키는 데 성공한다.

일본은 고도 경제성장기에서 얻은 자신감과 환희 등이 계속해서 이어질 것으로 예상했고 고도 경제성장의 결과물을 만끽했다. 그러나 1970년대 불어닥친 오일쇼크와 함께 최대 위기를 맞게 되면서 일본과 일본인은 잠시 아노미 상태에 빠진다. 당시 위기 상황을 상징적으로 표현하여 일본인을 놀라게 한 영화가 〈일본 침몰〉이다. 이 작품은 자연재해로 절체절명의 상태에 빠진 일본인을 구하는 내용을 다루고 있지만 일본에 내포된 위기에 경종을 울리고 있다는 특징이 있다. 도약기에 발생한 유구레족, 마도기와족, 안방문화, 로망 포르노 영화 등은 당시 시대성을 반영하면서 한 시대를 풍미했다.

6) 오타쿠·피터팬문화

일본 젊은이들은 시대적 상황과 환경에 대응하는 과정에서 일본적인 성격과 특징을 지닌 새로운 젊은이문화로 오타쿠문화를 발생시켰다.[23] 오타쿠라는 용어에 대한 정의는 아직 정확하게 정립되어 있지 않지만 '오타쿠(お宅)'라는 용어

---

23 오타쿠(お宅, おたく, オタク, ヲタク)는 1970년대 일본에서 탄생한 언어로 대중문화 애호자를 의미한다. 원래는 만화, 아니메, 아이돌, SF, 특촬 영화, 여배우, 컴퓨터, 컴퓨터게임, 퀴즈, 모형 철도, 격투기, 완구 등에 강한 호기심이나 취미를 가진 사람이나 애호자를 2인칭으로 오타쿠(お宅)라고 불렀다. 버블 경기에 알려졌다. 이 시기에는 오타쿠족(お宅族), 오탓키(オタッキー), 오탓카(オタッカー)로 불렸지만 명확한 정의가 있는 것은 아니다.

에서 알 수 있듯이 두문불출하고 집에서 무엇인가를 하는 젊은이를 지칭한다. 혼자 집에 머물면서 자기가 좋아하는 것에 심취하여 사회생활을 하지 않고 나홀로 세계를 살고 있는 젊은이라는 부정적인 측면과 관심 영역에 대한 깊은 탐구로 새로운 지식과 문화를 창출하는 젊은이라는 긍정적인 이미지가 공존한다.

오타쿠 세대는 시대적으로 다양한 사상과 특징을 가지고 변천해 왔다.[24] 아즈마 히로키(東浩紀)는 오타쿠 세대를 1960년대 제1세대, 1970년대 제2세대, 1980년대 제3세대 등으로 구분한다. 오타쿠는 어떤 취미나 사물에 깊은 관심을 갖고 있지만, 다른 분야의 지식이나 사회성이 결여 되어 있는 인물로 설명된다. 또한 오타쿠는 독특한 패션을 하는 아키하바라계(秋葉系)와 같은 용어와도 연결된다. 오타쿠는 2인칭으로 사용되는 용어로 1980년대 종종 SF아니메, 만화, 게임 등과 연결해 말하는 경향이 있지만, 아니메 팬, 카메라 마니아, 전자 공작 팬, 아이돌, 오디오 팬, 공부밖에 모르는 가리벤(ガリ勉) 등의 이미지로 확대되었다.[25] 다른 한편으로는 부정적인 인물상으로 아니메나 SF아니메에 광적으로 빠진 자조적인 자기상을 가진 젊은이를 지칭하고, 특이한 취미를 가진 사람, 사회생활을 잘 못하는 사람, 사교성이 떨어지는 사람, 취미 외에는 상식이 결여된 사람을 지칭한다.

기묘한 취미를 가진 오타쿠를 기모오타(キモオタ)라고 부르기도 한다. 기모오타의 어원은 기모이타쿠(キモいオタク)에서 유래한 것으로 '기분 나쁘다(キモい)'와

---

24 일본에서는 각 시대에 활동한 젊은이들을 다양하게 부른다. 즉, 야케아토 세대는 전시에 태어난 세대, 단카이 세대(전후 세대)는 전후 1947~1949년에 탄생한 세대, 단카이 세대 주니어(단카이 세대 후예)는 1970년대에 태어난 세대, 신인류는 1960년부터 1970년대에 태어난 세대, 신인류 주니어 세대(신인류 세대 후예, 사토리 세대, 유토리 교육 세대)는 1980년 후반대부터 1990년 전반에 태어난 세대, 오타쿠는 1970년대부터 활동한 젊은 세대 등으로 구분하고 있다.

25 マイストリー, 『平成オタク30年史』(kadokawa, 2018); ライブ, 『二次元世界に強くなる 現代オタクの基礎知識』(新紀元社, 2017); 原田曜平, 『新オタク経済 3兆円市場の地殻大変動』(朝日新書, 2015); びゃくい, 『だからオタクはやめられない』(kadokawa, 2016); 鹿月鷹, 『アイドルとオタク大研究読本』(ぺろりん先生, 2017).

'오타쿠(オタク)'가 합성된 조어이다. 기모오타는 오타쿠를 보고 주위 사람이 기분이 나쁘다고 느낀다고 해서 생긴 용어이다. 기모오타라고 불리는 사람은 인기가 없는 사람이나 이성으로부터 미움을 받는 타입이다. 기모오타의 일반적인 특징은 자기 용모에 흥미가 없음, 자신의 흥미에 대해서만 알고 말함, 혼자 방에 처박혀 있음, 금전적 감각이 비정상적임, 좋아하는 것에만 몰두함, 커뮤니케이션 불가, 대체로 아니메에 대해서만 이야기함, 경어를 사용하지 못함, 분위기를 읽지 못함, 어쨌든 냄새가 남, 패션에 돈을 들이지 않음, 제 나이에 맞는 옷을 입지 못함, 청결감이 떨어지는 복장, 어린이용 아니메를 좋아함 등으로 매우 부정적이다.

오타쿠라는 용어와 의미를 둘러싸고 다양하게 논의되고 있어 오타쿠와 그 문화를 재정의하려는 시도가 일어났다. 나카모리 아키오(中森明夫)는 1983년 칼럼 「만화부릿코(漫画ブリッコ)」에서 코믹마켓(コミックマーケット)에 모이는 집단에 대해 '요즘 마구잡이로 세기말적 천성을 가진 어두운 마니아 소년을 오타쿠라고 부르는 것은 기분 나쁘지 않다'라고 평가하면서 그들을 오타쿠라고 명명한 후 아니메 팬이나 SF 팬을 오타쿠라고 인정했다. 나카모리는 오타쿠를 새로운 문화를 창출할 수 있는 주체로 인식하고 그들의 성장 가능성을 긍정적으로 평가하고 있다.

평론가 오카다 도시오(岡田斗司夫)는 오타쿠 문화를 창작 작품의 직인예(職人芸)를 즐기는 문화로 인식했다. 오카다에 의하면, 1990년경부터 부정적인 의미가 사라지고 긍정적으로 사용되었다. 어떤 취미에 강한 집착을 가진 인물이라는 의미로 사용된다. 자기 취미에 집착하는 오타쿠는 소득이나 여가시간 전부를 소비하는 소비성 오타쿠, 자기 취미를 주위에 확대하기 위해 창조활동을 하고 싶다고 생각하는 심리성 오타쿠 등으로 구분한다. 철학자 아즈마 히로키는 하부문화와 연결시켜 오타쿠를 애호가뿐 아니라 광적인 성향이 있는 사람이라는 의미로 사용했다. 정신과 의사 사이토 마사키(斎藤環)는 섹추얼티(sectuality)가 오타쿠의 본질이며 콤플렉스를 가진 사람이 오타쿠라고 했다.

사회학자 미야다이 신지(宮台真司)는 마니아, 학자, 오타쿠 등 간의 차이를 구분하고 있다. 마니아는 우표를 수집하는 사람처럼 취미에 집착하는 사람, 학자는 공룡을 연구하는 사람 등과 같이 연구하는 것에 대해 타자가 이해 가능하다는 특징이 있는 데 비해, 오타쿠는 타자가 이해하기 어려운 것에 집착한다는 점에서 차이가 있다고 보고 있다. 마니아의 몰입 대상에는 성에 대한 자아의식이 없지만 오타쿠 경우는 깊게 관련되어 있다고 본다. 미야다이에 의하면, 젊은이들은 오타쿠계(オタク系)와 난파계(ナンパ系)로 분리된다. 현실을 기호적으로 장식하고 성애를 적극적으로 일치시키는 방법을 선택한 것이 난파계이고, 역으로 성애에서 벗어나 허구를 구사하고 현실로부터 멀어지는 방법을 선택한 것이 오타쿠계라고 했다.

〈표 5-3〉은 일본에서 발생한 오타쿠와 오타쿠문화의 흐름과 특징을 소개한 것이다. 오타쿠문화는 오타쿠가 만들어낸 부정적이면서도 긍정적인 문화를 함의한다. 역사적으로 부정적인 오타쿠는 퇴폐적인 문화를 생산하고, 긍정적인 오타쿠는 창조적인 문화를 생산해 왔다고 볼 수 있다.[26]

오타쿠문화를 창조한 주체는 말 그대로 오타쿠였지만 신인류라는 젊은이층과 밀접하게 관련되어 있다.[27] 신인류는 사회적 흐름과 문화적 흐름을 주도하는

---

26 岡田斗司夫, 『オタク学入門』(新潮社, 2000); 岡田斗司夫, 『オタクはすでに死んでいる』(新潮社, 2008); 榎本秋, 『オタクのことが面白いほどわかる本: 日本の消費をけん引する人々』(中経出版, 2009); 難波功士, 「戦後ユース・サブカルチャーズをめぐって(4): おたく族と渋谷系」, 『関西学院大学社会学部紀要』, 第99巻(関西学院大学, 2005); 山口麻希, 「オタク文化の経済価値に関する経営学的考察」, 『全国研究発表大会要旨集』, 2010年 秋季全国研究発表大会(経営情報学会, 2010).

27 신인류(新人類)는 구리모토 신이치로(栗本慎一郎)가 1980년대에 사용한 신조어로 종래와는 다른 감성이나 가치관, 행동규범 등을 가지고 있는 젊은이, 획일화된 사회에 영합해서 무기력한 경향이 있는 젊은이를 지칭한다. 1984년 마케팅 정보지 ≪아쿠로스(アクロス)≫에서는 신사회를 형성하는 직업인으로 규정했고, 신인류는 1986년 신언어 및 유행어 대상에 선정되었다. 광의로는 1961년부터 1970년대에 탄생한 세대를 지칭하고, 협의로는 1980년대 중반에 입사한 신입사원으로 가치관이 기존 관리층과는 다른 젊은이를 신인류라고 불렀다. 그들으 성숙한 성인사회를 구성하는 일원으로서의 자각과 책임을 지는 것을 거부하고 사회 자체를 하나의 픽션으로 인식했다. 학교 수업 이외에도 TV방송이나 만화, 아니메, 록, 테크노팝,

새로운 주체로 나타났다. 그들은 1945년부터 1950년 사이에 내어난 단카이(團塊) 세대의 후예로 1960년대 후반부터 1970년대 태어난 세대이다.[28] 신인류 세대는 어린이 의식을 그대로 간직한 젊은이라는 의미에서 피터팬 세대(Peter Pan Generation)라고도 불렸다. 애니메이션을 보기 위해 극장 앞에서 철야하는 기현상을 보이는 열광적인 세대였다. 신인류는 기존의 사회적 가치나 틀을 과감하게 넘어서 새로움을 추구했다는 점에서 이탈 세대라고 할 수 있는 부정적인 측면이 있었지만 새로운 문화 흐름을 주도하면서 사회를 담당하는 세대라는 긍정적인 측면도 있다. 그린 측면에서 보면, 신인류는 오타쿠 세대, 사토리 세대 등과 연결된다.

마쓰모토 레이지(松本零士) 감독이 1977년 극장 애니메이션으로 만든 〈우주전함 야마토〉가 공개되면서 일본 애니메이션의 혁명이 일어났다. 이 작품은 1974년 10월 요미우리(讀賣) 텔레비전계에서 텔레비전 애니메이션으로 방영했고, 1977년 극장용 애니메이션으로 상영되어 폭발적인 반향을 일으켰다. 이야기는 다음과 같이 전개된다.[29]

서양 음악 등을 자유롭게 체험하는 특징이 있다. 이러한 신인류가 등장하면서 네쿠라(根暗, ネクラ, 어두운 성격), 네아카(根明, ネアカ, 밝은 성격)라는 용어가 유행했고, 신인류가 탄생시킨 젊은이문화는 네아카 지향적이었다. 인신류가 어린이를 양육하는 1990년대는 학교교육이나 공무원 세계를 불신하고, 일부 부모는 학교에서 몬스터 패어런트(モンスターペアレント)문제를 일으켰다. 대도시권을 중심으로 중학교 입학시험을 보도록 하고 사립 중·고교에 보내려는 경향이 강했으며 부자간에 문화벽이 없는 친구부자형이 많았다. 이후 2000년대 중반 마케팅 용어로 신인류의 어린이 세대를 신인류주니어(新人類ジュニア)라고 불렀고, 사토리(さとり) 세대로 등장했다.

28 단카이 세대라는 용어는 사카이 타이치(堺屋太一)의 소설 『단카이의 세대(団塊の世代)』에서 유래했다. 그들은 야케아토 세대(전시에 태어난 세대)의 다음 세대에 해당되고 제2차 세계대전 직후인 1947~1949년에 태어나 전후문화와 사상을 공유하는 전후 세대를 지칭하며 제1차 베이비 붐 세대라고 부른다. 1947년 267만 8792명, 1948년 268만 1624명, 1949년 269만 6638명 등 3년간 806만 명이 태어났다. 단카이 세대는 고도 경제성장, 안보 투쟁, 석유위기, 버블 경기와 버블 붕괴 등을 통해 일본을 성장시키고 위기를 극복하는 주역으로 활동했다.

29 구견서, 『일본 애니메이션과 사상』(제이엔씨, 2011).

〈표 5-3〉 오타쿠와 오타쿠문화의 변천

구분	오타쿠의 의미와 문화
1970년대 후반 ~ 1980년대 중반	- 애니메이션은 아동용, 중고생, 청소년층 등을 대상으로 드라마성을 담아 인기를 얻어 애니메이션 붐을 가속화시킴 - 〈우주전함 야마토(宇宙戰艦ヤマト)〉, 〈은하철도 999〉, 〈루팡 3세(ルパン三世)〉, 〈기동전사 건담(機動戰士ガンダム)〉, 〈건담 시리즈(ガンダムシリーズ)〉 등 텔레비전 아니메와 극장용 아니메가 히트하면서 고유 팬층을 형성함 - 아니메 잡지 창간, 간푸라 붐(ガンプラブーム), 아니메이트 전문점 창업, 아동용 아니메 시장 활성화 등 아니메 산업이 급속하게 성장함 - 오타쿠는 부정적인 의미가 약화된 아니메 팬, 신흥 아니메나 관련된 일에 과도하게 관심을 갖은 아니메 팬으로 인식함
1980년대 말 ~ 1990년대 초	- 프로덕션제 도입으로 애니메이션이 대량생산되고, 풍부한 자금력과 노동력을 배경으로 고도의 작품성이 있는 애니메이션에 흥미를 가진 아니메 팬이 증가함 - 여가시간 증가와 가처분소득 증가로 텔레비전, 비디오, 고가의 오디오 세트 등을 구입하여 오타쿠 증가를 촉진시켰으며, 오타쿠 존재를 사회현상으로 착목하기 시작함 - 1985년 〈슈퍼마리오 브라더스(スーパーマリオブラザーズ)〉가 폭발적으로 히트하면서 파미콘 오타쿠(ファミコンおたく), 게임 오타쿠 등이 등장해서 학업을 등한시하는 아동과 학생이 증가하여 사회문제가 됨 - 기존의 오타쿠는 하부문화에 취미를 가진 사람이라는 인식이 보편화된 시점에서 1988~1989년 사이에 일어난 사이타마 연쇄 유아유괴사건의 범인이 오타쿠 성향을 가진 사람으로 알려지면서 오타쿠가 부정적으로 인식됨
1990년대 후반	- 시청자에게 철학적 질문을 던진 〈신세기 에반겔리온(新世紀エヴァンゲリオン)〉은 학력 편중과 경기둔화로 불안해하던 청소년층에게 영향을 주었고, 이후 자신과 상대방이 세상 위기와 연결되는 작품세계를 그리는 세카이계(セカイ系) 사회현상이 나타남 - 에반겔리온 방송 영향으로 1996년 오카다 도시오는 『오타쿠학 입문(オタク学入門)』에서 오타쿠가 일본 문화의 정통 계승자라고 주장함 - 컴퓨터(personal computer) 게임의 보급으로 게임 관련 기업이 호황을 누리고 게임 창조자로서 오타쿠를 긍정적으로 평가했고, 1995년 마이크로소프트 윈도우 95가 발매되어 가정에 컴퓨터 보급이 진행되어 연애게임 오타쿠, 에로게임 오타쿠 등이 일반화됨
2000년대	- 컴퓨터와 게임기 보급으로 오락전자의 전문가, 아니메 메이트, 일반인 등의 구분이 사라지고, 오타쿠의 창조성과 가치가 부각되어 문화 창조자와 문화 산업가로 평가됨 - 오타쿠 관련 상품 시장이 확대되고 가전제품 거리였던 아키하바라가 만화, 아니메, 게임 등의 거리로 변화되어, 일본이 아니메 대국으로 정착됨 - 노무라종합연구소의 조사에서 오타쿠 시장(자작 컴퓨터, 아니메, 게임, 아이돌,

구분	오타쿠의 의미와 문화

코믹)을 2900억 엔으로 보았고, 경제산업성은 일본 콘텐츠산업의 국제화 촉진이
라는 관점에 주목했으나 오타쿠용의 상품군은 마니아만이 알 수 있는 한계가 있
어 쇠퇴의 조짐이 있었음

- 2005년부터는 「스즈미야하루히의 우울(涼宮ハルヒの憂鬱)」, 「라키스타(らき☆す
  た)」 등과 같은 젊은 여성 캐릭터가 일상생활을 담담하게 살아가는 작품세계를
  의미하는 공기계(空気系)나 세카이계 작품이 높게 평가되어, 인터넷 커뮤니티에
  서 동화투고 사이트나 소셜네트워크 서비스가 제공되었고, 철도산업 홍보를 위
  해 「철도 무스메(鉄道むすめ)」, 「히메미야나나(姫宮なな)」 등 모에캐라(萌えキャ
  ラ, 우상적인 캐릭터)가 부각되어 산업과 아니메의 콜래보레이션이 일어남
- 1990년대 후반부터 2000년대 중반에 걸쳐 오타쿠계의 중심적인 존재였던 어른용
  게임이 고가격과 다른 콘텐츠의 다양화로 쇠퇴의 길로 접어들었고, 안드로이드
  (Android), iOS 등 스마트폰의 급속한 보급으로 아니메나 라이트노벨(ライトノベ
  ル),[1] 미소녀 캬라(美少女キャラ)를 기용하는 브라우저 게임이나 소셜게임이 오타
  쿠계에서 중요한 위치를 점함
- 아키하바라계 아이돌이나 아이돌 성우를 좋아하는 등 오타쿠가 다양화되었고,
  1990년대 진행된 오타쿠의 저연령화와 캐주얼화가 진행되었으며, 오타쿠문화를
  일반화시킨 세대가 사회 중책을 이루어, 오타쿠문화는 하부문화가 아니고 주류
  문화로 성장함
- 지방자치단체, 공공단체, 기업 등에서 오타쿠문화를 이벤트, 홍보 수단 등으로 활
  용하고 있고, 오타쿠문화의 일반화·다양화와 동반되어 젊은 시절 오타쿠문화와
  접점을 이루지 못했던 사람이 오타쿠문화에 관심을 갖고 오타쿠세대와 교류함

주 1: 라이트노벨은 'light'와 'novel'을 조합한 화제 영어이며 약어로는 라노베(ラノベ)라고 한다. 가미기타 게
이타(神北惠太)는 1990년 초 컴퓨터 통신 니후티사부(ニフティサーブ)가 주최한 「SF판타지 포럼(SFファ
ンタジー・フォーラム)」에서 SF나 판타지를 라이트노벨이라고 명명했다. 라이트노벨과 다른 소설의 경계
는 애매하여 확실하지 않다. 다만 라이트노벨은 만화나 모에에(萌え絵)의 일러스트레이션이나 삽화 이
용, 등장인물의 캐릭터 이미지나 세계관 설정, 캐릭터 중심의 이야기 전개, 청소년 독자층 등을 상정해서
집필하는 작품이라는 특징이 있다. 라이트노벨 가이드북 『이 라이트노벨이 굉장해(このライトノベルが
すごい!)』은 매년 좋아하는 작품, 좋아하는 여성 캐릭터와 남성 캐릭터, 좋아하는 일러스트레이터 등에
대한 여론조사를 실시한다. 1970년대 이후 라이트노벨은 SF와 판타지 작품이 주류를 이루고 있다.

2199년 지구는 알 수 없는 이성인국가(異星人国家) 가미라스제국(ガミラス帝国)
에 의해 침략 당한다. 명왕성에 근거를 둔 가미라스는 지구에 유성폭탄을 투하하
여 바닷물이 증발하고, 지구가 변모하고 방사능오염으로 생물이 전멸한다. 인류
는 지하도시를 건설하고 지구방위대를 결성하여 저항을 하지만 과학의 차이로
극복하지 못한 채 전멸1년을 앞두고 있다. 그런 가운데 지구와 떨어져 있는 대마

젤란성운에 있는 이스칸다루성(イスカンダル星)으로부터 방사능제거장치를 가지러 오라는 메시지를 받는다. 지구는 우주선을 개조하기 위해 250년 전 제2차 세계대전 중에 침몰한 전함 야마토를 수리하여 우주전함 야마토를 완성한다. 우주전함 야마토는 인류의 구인을 위해 희망을 안고 이스칸다루성으로 향한다.

이 작품은 어린이 중심의 애니메이션에서 중고생이나 대학생 등과 같은 젊은 세대의 마음을 달궈 애니메이션의 수요자층과 장르를 개척하는 계기가 되었고, 애니메이션 오타쿠 세대가 등장하는 데 결정적인 역할을 했다. 젊은이들의 열광 속에서 사회현상이나 문화 현상으로서 코어팬(core fan)이 나타나 팬클럽을 결성하여 애니메이션 활성화에 공헌했을 뿐 아니라 문화 수요자로서의 역할을 했다. 그들은 애니메이션 제작 장소를 견학하고, 출연한 성우의 광팬이 되어 성우붐을 일으켰고, 애니메이션 자료를 수집하거나 동인지를 발행하거나, 작품 관련 캐릭터를 수집하는 활동으로 애니메이션 장르와 시장을 형성하고 성장시키는 데 공헌했다.

린타로(りんだろう) 감독의 〈은하철도 999(銀河鉄道999)〉는 마쓰모토 레이지의 SF소설을 영화한 작품이다. 1977~1981년에 소년화보사 ≪소년킹(少年キング)≫의 간판 작품으로 연재되었다. 극장 애니메이션과 TV 애니메이션으로 제작되어 히트했다. 이야기는 다음과 같이 진행된다.[30]

은하계의 각 혹성은 은하철도라 불리는 우주 공간을 달리는 열차로 연결된 미래세계이다. 우주에서 부유한 사람은 기계신체에 혼을 이식하여 기계인이 되어 영원한 생명을 얻지만, 빈자는 기계신체를 손에 넣을 수 없어 기계인들의 박해 대상이 된다. 그런 가운데 기계인에게 모친이 살해당한 주인공 호시노 데쓰로(星野鉄郎)는 무료로 기계신체를 준다는 별을 향해 의문의 미녀메텔(美女メーテル)과 함께 은하초

---

30 구견서, 『일본 애니메이션과 사상』.

특급999호에 타 모험을 시작한다.

　도약기의 젊은이와 젊은이문화를 청년과 청년문화라고 하기보다는 오타쿠와
오타쿠문화, 신인류와 신인류문화라고 지칭한다. 오타쿠와 신인류의 의미가 완
전하게 일치하는 것은 아니지만 동일시대를 살아왔고 비슷한 특징을 가지고 있
다. 그들은 오타쿠라 불리면서 사회에서 순기능과 역기능을 동시에 했고, 독특
한 문화를 창조하면서 문화 창조자이며 미래세대 구현자로서 사회문화적 역할
을 충실하게 하고 있다. 특히 일본적 특징을 가진 대중문화와 대중문화산업을
촉발시키고 성장시킨 주체라는 점에서 높게 평가받는다. 오타쿠의 창작활동을
통해 만들어진 일본 대중문화로서 일류(日流)문화가 성립되고 성장하여 세계문
화로 확산되고 있다.

7) 일본형 복지문화

　일본의 복지 역사는 국가가 국민의 복지를 책임지는 법률이 제정되면서 본격
적으로 시작되었다. 전후 일본 복지는 제2차 세계대전 후 패전 처리를 하면서
시작했다. 복귀한 전 군인이나 유족의 경제문제에 대처하기 위해 '생활보호법'
을 제정하고, 전쟁고아를 돌보기 위해 '아동복지법'을 제정하여 민간이 건설한
아동양호시설을 이용하도록 했다. 상이군인을 구제하기 위해 1950년 '신체장애
자복지법'을 제정하여 복지 정책과 영역을 확대했다. '생활보호법', '아동복지법',
'신체장애자복지법' 등 세 개의 법률을 복지3법이라고 하고, 그 후 1960년대 제
정된 '지적장애자복지법', '노인복지법', '모자복지법' 등 3법을 합쳐서 복지6법이
라 한다.

　일본에서 복지는 기본적으로 복지6법과 그것에서 파생되거나 관련된 복지법
으로 규정한 내용을 지칭하고, 일반적으로는 그것에 사회보장과 공중위생 정책
을 포함한다. 사회보장제도시민회의 분류에 의하면, 협의의 복지는 사회보장,
공적 부조, 사회복지, 공중위생 및 의료, 노인보건 등 다섯 개 영역으로 분류하

〈표 5-4〉 복지의 구성

구분	복지 내용
사회보험	의료보험, 연금보험, 고용보험, 개호보험, 각자가 보험료를 지불하고 각종 위기로부터 보호하는 복지 시스템이고, 원칙적으로 강제로 가입하는 제도임
공적부조	생활보호 정책으로 생활이 궁핍한 자에게 '생활보호법'에 기초해 국가가 최저한의 생활보장을 하고 자립을 돕는 공공형 복지 시스템
사회복지	노인복지, 장애자복지, 아동복지, 모자복지, 공비부담의료 등 사회적 약자를 원조하는 시스템
공중위생 및 의료	감염 대책, 식품위생, 수도, 폐기물 처리 등 국민이 건강하게 생활할 수 있도록 예방이나 조기 발견을 목표로 한 시스템
노인보건	고령자의료제도, 노인 건강을 보호하기 위한 시스템

며, 광의로는 그것에 보훈, 전쟁 희생자 후원 등을 추가한다. 〈표 5-4〉는 현재 일반적으로 일본에서 추진되고 있는 복지 영역과 내용을 소개한 것이다.

사회보험은 의료보험, 연금보험, 고용보험, 개호보험 등으로 구성된 것으로 복지 중에서 가장 중요한 부분이며, 공적 부조는 국가나 지방자치단체와 같은 공적 기관이 생활자를 보호하고 지원하는 것이다. 사회복지는 노인복지, 장애자복지, 모자복지, 아동복지, 모자복지 등으로 구성되고 사회적 약자를 보호하고 자립을 돕는 데 목적이 있다. 그리고 국민이 쾌적한 환경에서 건강을 유지하며 생활할 수 있도록 각종 보건위생 환경을 정비하고 지원하는 공중위생 및 의료 영역이 있고, 고령자를 전폭적이며 전문적으로 보호하는 노인보건제도가 있다.

일본 복지문화는 고도 경제성장으로 국가의 재정 상황이 좋아지고 격차 시정과 사회 약자를 보호하기 위한 복지 정책을 실시하면서 형성되었다. 1970년대 지속적인 경제성장을 하는 가운데 국민의 사회적 안정장치를 구축하기 위해 다나카 가쿠에이 내각은 1973년을 복지 원년으로 선언하고 대폭적인 사회보장제도를 확충하는 정책을 실시하여 일본형 복지제도를 만들어갔다. 성장기의 국민소득배증계획을 계승하면서 성장을 지속적으로 유지하고 국민의 안정적인 생활을 확보하고 보호하는 데 목적이 있었다. 1970년대 일본 복지 원년을 선언하면서 국가가 복지 영역을 확대하고 복지 내용의 다양화를 통해 국민 복지를 책임지는 공공복지 정책으로 전환했다.

다나카 수상이 상정한 복지 원년 정책(福祉元年政策)은 의료보험 급부율 개선, 연금 수준 인상, 생활보호 기준 인상, '교원인재확보법'에 의한 교원급여 인상 등이 핵심이었다. 사회보장 분야에서 제도를 충실하게 정비하고 급부를 개선하기 위해 국가재정을 투입하는 전략이었다. 구체적으로는 70세 이상 고령자의 자기부담 무료화를 중심으로 노인의료 무료화제도 신설, 건강보험 피부양자의 급부율 인상, 고액의료비 지원제도 도입, 연금 급부 수준의 대폭적 인상, 물가 변동에 대응해서 금전 지급이나 공급액을 상하로 조정하는 물가 슬라이드(物価スライド) 도입, 현역 노동자의 임금 인상에 맞춰 연금 수령액을 증액하는 임금 슬라이드(賃金スライド) 도입을 실시했다.

그러나 이후 재정지출 확대와 경제위기로 국가재정 상태가 악화되어 국민복지 정책의 방향은 변했다. 1973년 원유 가격의 폭등으로 인플레이션이 발생하고 기업 수익이 악화되고 세수가 감소하여 사회복지 정책은 일시적으로 정체되었다. 재정 악화가 지속되고 급부 수준을 조정하기 위해 추진한 급부 관련 지출이 급증했기 때문에 재계나 오쿠라쇼는 복지지출 억제를 강하게 요구했다. 다른 한편으로는 사회보장 역할과 규모 확대, 고령자에 대한 무상복지나 노인의료 무료화제도 도입 후 급격한 고령화(高齢化)·소자화(少子化)가 발생하여 사회보장비가 지속적으로 증대했다. 제2차 임시행정조사회의는 국가재정 재건과 복지 위기를 극복하기 위해 공적 부문과 사적 부문이 복지에 책임을 지는 일본형 복지사회론을 제시했다. 그처럼 일본은 고도 경제성장을 바탕으로 파격적인 복지를 추진했지만 도약기 경제 악화로 후퇴하면서 일본형 복지로 전환했고, 복지에 대한 책임을 공공기관, 가정, 본인 등으로 분산하는 다자책임형 복지와 국가무책임형 복지를 추진했다.

이후 1980년대 들어서 집권당인 자민당은 선거에 미치는 영향을 고려해서 복지 수정을 주장한 일본형 복지사회론을 억제하는 전략을 구사하여 1980년 중의

원 및 참의원 통일 선거에서 대승했다. 이후 자민당은 안정적인 성장으로의 이행, 국가재정 재건과 건전화, 장래 발생할 초고령화에 적합한 사회보장제도 정비 등을 추진했다. 노인의료비에 대한 공적 부담을 줄이기 위해 자기책임성 사회보장으로 전환하고, 환자 본인이 의료비 일부를 부담하고 국민이 공평하게 분담하도록 하기 위해 노인보건거출금 제도를 도입했다. 1984년에는 건강보험의 본인부담률을 10% 인상하고, 퇴직자 의료보험제도를 도입했으며, 1985년에는 전 국민이 가입하는 기초연금제도를 도입하고 급부 수준을 인하했다.

일본은 1960년대 중반 인구 1억 명을 넘어 성장과 안정을 추구할 수 있는 인구학적 순환 구조를 구축하여 효과적으로 이용하는 데 성공했다. 이후부터 경제 성장과 위기가 반복되는 과정에서 수명 연장, 의학 발달과 건강 관심 증대, 단카이 세대의 고령화 등으로 촉발된 고령화 사회, 젊은 청년들의 결혼 및 가정에 대한 가치관 변화, 경제 환경과 소득 환경 악화 등으로 어린이 출산이 줄어드는 소자화 사회로 급속히 진행되었다. 1980년대 후반부터는 본격적인 소자고령화 사회가 진행되어 경제, 노동, 복지, 생산과 소비 등 다양한 영역에 부정적인 결과가 나타나고 있다.

〈그림 5-1〉은 1950년대부터 2050년까지 일본 인구 중 65세 이상, 15~64세, 14세 이하의 점유율 추이를 나타낸 것이다. 65세 이상 인구 비율은 증가 추세에 있고, 15~64세 인구와 14세 이하 인구 비율은 감소하는 추세이다.

1950년 경제활동인구인 14~64세 인구가 59.7%를 차지하여 다른 인구 분포를 압도적으로 추월하고 있으며 이들은 경제성장과 사회 성장을 추진하는 중심 세력으로 활동했다. 65세 이상 인구는 4.9%로 최저였기 때문에 노인을 위한 복지가 크게 문제시되지 않았음을 알 수 있다. 그러나 점차 증가하여 2000년대에는 65세 이상 인구가 14세 이하 인구를 초월하는 방향으로 진행되고 있고 경제활동인구가 감소하고 있어 노인에 대한 복지지출 압력이 증대하고 있다. 2050년에는 65세 이상 인구가 28.2%를 점유할 것으로 예상되어 노인복지를 위한 사회보장비가 폭발적으로 증가할 것으로 보인다.

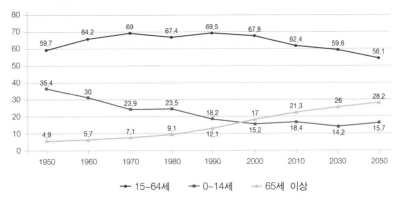

자료: PHP研究所編, 『戦後50年日本のあゆみ』(PHP研究所, 1995), p.356.

일본 정부는 2000년대 들어 소자고령화에 대응하기 위해 다양한 복지제도와 복지법을 제정 및 개정하여 대응하고 있다. 1997년 '아동복지법'이 개정되고, 2000년에는 고령자를 위한 보건 복지서비스를 통합한 개호보호법이 실시되고 있으며, 아동복지나 고령자복지서비스를 분리하고 계약중심제도로 전환했고, 2006년에는 '장애자자립지원법'이 시행되었다. 일본은 복지제도의 증가와 확대가 복지비 증가로 이어져 국가재정을 악화시키고, 소자고령화가 국가 기능을 마비시키는 요인으로 작용하여 최악의 경우 국가 파산으로 이어질 수 있기 때문에 사회복지의 기본 구조를 개혁하고 있다.

〈그림 5-2〉는 1973년부터 1993년까지의 국민의료비와 노인의료비 부담액을 소개한 것이다. 복지비 지출 가운데 점차 노인의료비가 증가하고 있어 국가재정과 가정경제에 큰 부담이 되고 있다.

국민의료비와 노인의료비가 점차 증가하는 추세라는 공통점과 국민의료비에서 노인의료비가 차지하는 비율이 증가하고 있다는 특징이 있다. 국민의료비 중 노인의료비 비율이 1973년 4.1%, 1975년 5.2%, 1980년 6.0%, 1985년 6.2%, 1990년 6.0%, 1993년 6.4% 등으로 나타나 점점 증가하고 있다는 것을 알 수 있다. 노인의료비의 증가는 비경제활동인구가 증가하고 동시에 그들이 사용하는

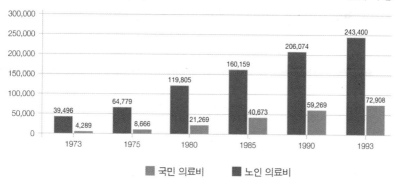

〈그림 5-2〉 국민의료비와 노인의료비 (단위: 억 엔)

자료: PHP硏究所編, 『戰後50年日本のあゆみ』(PHP硏究所, 1995), p.356.

의료비가 증가하고 있는 것을 의미한다.

2014년 사회보장 지출이 GDP(Gross Domestic Product)에서 차지하는 비율은 공사(公私) 합해서 26.3%이고, 그 가운데 사비는 4.0%이다. 일본의 사회보장 지출은 65세 이상 고령자에게 집중되고 있다. 2014년 사회보장 급부액은 121조 엔으로 국민소득 359조 엔 가운데 32%를 점하고 있다. 이것은 1인당 88만 엔, 세대당 219만 엔에 해당된다. 일본의 재정 규모는 매년 3조 엔 정도 증가하고 있고 노인복지 관련 비용의 증가가 주요 원인이다. 현시점에서 예측해 보면, 2025년 사회보장 급부 지출은 141조 엔으로 증가하여 국민소득에서 차지하는 비율이 최고에 달할 것으로 보인다.[31]

〈표 5-5〉는 일본의 사회보장 급부액과 국민소득 비율을 1980년부터 2020년까지 소개한 것이다. 사회보장 급부액이 증가하고 있고, 국민소득에서 차지하는 비율도 증가하고 있다는 특징이 있다. 2006년 기준 사회보장 급부 비율은 1980년 12.15%, 1990년 13.61%, 2000년 21.01%이고, 2005년에는 23.99%였다.

일본은 일본형 복지사회론을 주창하면서도 복지를 지탱하는 이념으로서 국

---

[31] 厚生労働省, 『社会保障の給付と負担の見通し』(厚生労働省, 2006).

<table>
<tr><th colspan="6">〈표 5-5〉 사회보장 급부액과 국민소득 비율   (단위: 억 엔, %)</th></tr>
<tr><th>구분</th><th>금액</th><th>국민소득 비율</th><th>구분</th><th>금액</th><th>국민소득 비율</th></tr>
<tr><td>1980</td><td>247,736</td><td>12.15</td><td>1985</td><td>356,798</td><td>13.69</td></tr>
<tr><td>1990</td><td>472, 203</td><td>13.61</td><td>1995</td><td>647,243</td><td>17.54</td></tr>
<tr><td>2000</td><td>781,191</td><td>21.01</td><td>2005</td><td>877,827</td><td>23.99</td></tr>
<tr><td>2009</td><td>998,507</td><td>-</td><td>2012</td><td>1,095,000</td><td>-</td></tr>
<tr><td>2020</td><td>1,344,000</td><td>-</td><td>2025</td><td>1,489,000</td><td>-</td></tr>
</table>

자료: 厚生労働省, 『社会保障の給付と負担の見通し』(厚生労働省, 2006).

가책임주의를 강하게 추진한 결과 복지체계와 내용을 건실하게 한 측면이 있었
다. 최근『후생노동백서』에서는 일본의 복지 시스템이 자유주의와 보수주의를
균등하게 잘 조합하여 추진하고 있으며, 여전히 발전 도상에 있다고 자가 진단
했다. 1970년대를 사회복지 원년으로 선언하고 국가책임형 복지를 추진하는 가
운데 재정부담 증가, 소자화 촉진, 고령화 촉진과 초고령화 사회 도래 등으로 일
본적인 복지를 주장하여 새로운 일본형 복지를 추진하고 있지만 다양한 복지 딜
레마에 빠져 있다. 21세기 복지 선진 국가를 구축하기 위해 다양한 복지 정책을
추진하고 있지만 복지 정책의 한계가 노출되고 있어 일본과 국민의 미래 생존을
위한 새로운 복지 이념, 복지제도, 복지체계 등을 개발하여 대응할 필요가 있다.

8) 관광·여가·갬블·외식문화

일본에서 여가문화(leisure culture)는 고도 경제성장을 달성하는 과정에서 등
장하고, 산업과 기업이 성장하여 개인소득이 증가하고 시간적으로 여유가 생기
면서 시작되어 여가를 선택할 수 있는 사회제도와 문화 기반이 정비되면서 형성
되었다. 이후 국가와 지방자치단체가 국민의 여가활동육성계획을 추진하면서
활성화되고 성장했다.[32] 국가가 여가라는 인식을 본격적으로 정책에 반영한 시

32 　公益財団法人日本生産性本部, 『レジャー白書』(公益財団法人日本生産性本部, 2010). 이 책에서는

기는 1973년 오일쇼크 이후이다. 여가는 구속되지 않는 시간을 이용하여 자유롭게 취미활동을 하는 것을 의미하기 때문에 의무적으로 해야 하는 활동과는 다르다.

개념적으로 여가는 자유 시간을 의미하고 최저한의 생명 유지에 필요한 식사, 배설, 수면 등과 가족생활 유지에 필요한 일이나 가사를 제외한 시간을 지칭한다. 여가는 생명 유지와 생활 유지에 필수적으로 동반되는 것이 아니라 생명과 생활 유지를 품위 있고 윤택하게 해주는 요소라고 할 수 있다. 여가개발센터는「여가시대에 있어서 산업활동의 사회적 위치 부여(余暇時代における産業活動の社会的位置づけ)」에서 여가는 인간의 다양한 생활활동 가운데 자유재량으로 활동할 수 있는 것이라고 정의했다. 즉, 생활유지활동으로 먹는 것, 건강을 챙기는 것, 입는 것, 주거하는 것, 일하는 것 등, 창조적 활동으로 놀기, 배우기, 알기, 만나기 등, 재무활동으로 납세하기, 준비하기 저축하기, 빌리기 등과 같은 자유재량적인 요소를 함의한다.

1973년「제4차 국민생활심의회 답신」에서 소비자 보호를 위한 여섯 개 서비스 가운데 여가서비스, 운수서비스, 금융서비스, 보험서비스, 의료서비스, 환경위생서비스 등을 제시했다. 고도 경제성장을 달성하면서 여가가 생활의 존재 방식을 규정하는 중요한 요소가 되었을 뿐 아니라 국민복지에서도 중요한 부분을 점하고 있다. 복지시대에 여가는 인간답게 사는 데 필요한 경제적 충족에 머물지 않고 정신적 충족과 함께 여유로운 생활로 인식되기 때문이다. 다른 한편으로 일본에서는 산업진흥의 일환으로 추진된 여가산업이 다양하게 발생하여 많은 부가가치를 생산하고 있다.

도약기에 발전한 여가 중의 하나가 관광이다. 1960년대까지 일본에서 젊은 여성이 여행하는 것은 매우 드물었다. 전통적으로 관광은 기업이 사원들의 노고

주제에 따라 레저 또는 여가라는 용어를 사용하여 혼란이 오고 있어 여가를 우선적으로 사용한다. 다만 정부 보고서, 자료 등에서 사용되는 용어는 있는 그대로 사용하고자 한다.

를 위로하기 위해 그리고 남자들이 단합을 위해 단체로 가는 온천여행, 아동이나 청소년이 견학을 위해 떠나는 수학여행, 젊은 그룹이 겨울 스포츠로 즐기는 스키여행, 가족 단위로 유명 관광지나 온천을 방문하는 가족 여행 등과 같은 형태로 이루어졌다. 1970년대 오사카에서 개최된 만국박람회를 계기로 단체 여행이 아니라 개인이 국내 여행을 하는 흐름이 정착했다. 만국박람회 이후 국철은 개인 여행의 수요를 촉진하기 위해 다양한 프로그램을 운영했다.

각 관광지에서는 여성 관광객이 증가하면서 여성 관광객을 대상으로 하는 관광지와 마을 만들기가 시작되었다. 젊은 여성이 여행 주체가 되었고, 이후 여성 관광객을 맞이하기 위해 다양한 관광서비스가 개발되어 관광지 개발과 부흥을 촉진시켰다. 인기가 높았던 온천은 새로운 개념을 도입했다. 유후인 온천(由布院温泉)은 보고 즐기는 개념을 자제하고 혼자서 조용히 보내는 온천문화를 만들어 갔다. 당시 안논족은 현재 숙년 세대가 되어 육아를 끝내고 여유로운 생활을 하고 있다. 그녀들은 당시 여행 분위기를 즐겼던 감성과 낭만을 가졌기 때문에 여행 잠재력을 가진 중요한 세대로 등장하고 있다. 따라서 여행사나 JR 서일본철도회사는 안논족이었던 여성들을 국내 관광지로 유도하는 캠페인을 벌여 여행을 활성화하고 있다.

일본에는 관광뿐 아니라 다양하게 여가를 즐기는 시대가 도래했다. 1972년 국민생활센터가 발행한 「여가 활동에 있어서 만족도 조사결과 보고서(余暇活動における満足度調査結果報告書)」에서 도쿄도 23구 주민을 대상으로 주요 여가 내용을 조사했다. 여가는 TV 보기, 신문 읽기, 가족과 대화, 외식, 쇼핑, 영화, 연극, 국내 여행, 친구와의 대화, 해수욕, 피크닉, 라디오 듣기, 스포츠, 박물관, 미술관, 동물원, 음악, 드라이브, 산책, 공원, 수예, 원예, 바둑, 장기, 마작, 카드 게임, 경륜, 경정, 악기 연주, 회화, 서도(書道), 사진, 파친코, 차도, 화도, 등산, 하이킹, 콘서트, 낚시, 체조, 미용, 캐치볼, 자격취득학습, 지역활동, 갬블, 사회봉사, 해외여행, 코인 수집, 종교활동 등으로 나타났다.

〈그림 5-3〉은 여가로 분류된 오락 중에서 파친코, 마작, 게임 등에 참여한 이

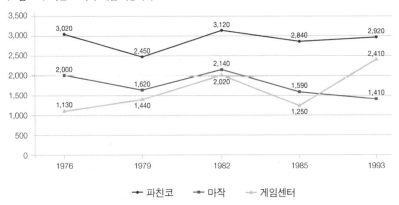

〈그림 5-3〉 파친코·마작·게임 이용자 수 （단위: 만 명）

자료: PHP硏究所編, 『戰後50年日本のあゆみ』(PHP硏究所, 1995), p.356.

용자 수를 소개한 것이다. 1973~1993년을 살펴보면, 일본인은 여가로서 파친코, 마작, 게임 등을 선호하는 것으로 나타났다. 1980년대 중반부터는 마작보다 게임을 선호했고 여전히 파친코가 부동의 1위를 차지하여 1976년 3020만 명과 1982년 3120만 명이 참가하여 최고를 기록했다. 일본인은 여가로서 파친코를 즐긴다는 것을 알 수 있다.

〈그림 5-4〉는 여가로 분류되는 오락 중에서 경마, 경륜, 경정 등과 같은 스포츠에 참여한 이용자 수를 나타낸 것이다. 제일 선호하는 것은 경마이며 경륜과 경정이 그다음을 차지하고 있다. 일반적으로 경마 참여자 수는 해마다 증가하고 있고 1993년 1540만 명이 참가해 1985년의 두 배가 되었다. 1970년대까지는 경륜이 경정보다는 많았지만 1980년대 초반부터는 일시적으로 경정 인구가 많아지기도 했다.

2004년 『레저백서』에서는 일본인의 여가활동 현황에 대한 조사 결과를 발표했다. 노동시간, 가계수입 지출, 여가시간 등을 조사하고 또한 여가지출 영역을 스포츠, 취미 창작, 오락, 관광 행락 등으로 범주화하여 91종목의 여가활동에 대한 참가 실태를 조사했다. 당시 여가활동 상위 20개 종목을 보면, 외식, 국내 여행, 드라이브, 가라오케, TV 감상, 복권, 컴퓨터, 영화, 음악, 동물원, 원예, 스낵

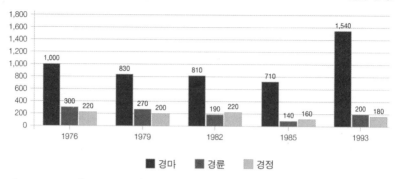

〈그림 5-4〉 경마·경륜·경정 참여자 수   (단위: 만 명)

자료: PHP硏究所編, 『戰後50年日本のあゆみ』(PHP硏究所, 1995), p.356.

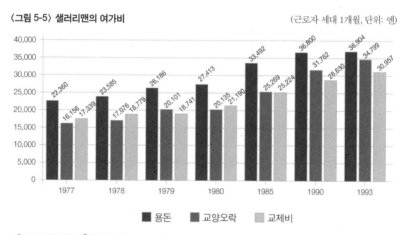

〈그림 5-5〉 샐러리맨의 여가비   (근로자 세대 1개월, 단위: 엔)

자료: PHP硏究所編, 『戰後50年日本のあゆみ』(PHP硏究所, 1995), p247.

바, 볼링, 유원지, 체조, 피크닉, 보드 게임, 카드 게임, TV 게임, 조깅 등으로 나타났다. 특징적인 것은 가라오케, 복권, 컴퓨터 등과 같은 새로운 오락이 이용되고 있는 점이다.

〈그림 5-5〉는 1977~1993년 사이에 샐러리맨이 지출하는 여가 비용과 소비 영역을 소개한 것이다. 근로자가 한 달에 지출하는 여가 비용을 보면, 용돈 비율

이 제일 높고, 교양오락과 교제비 순이다. 근로자는 1977년 용돈 2만 2360엔, 교양오락 1만 6256엔, 교제비 1만 7339엔을 사용했고, 1980년 용돈 2만 7413엔, 교양오락 2만 135엔, 교제비 2만 1190엔을, 1993년 용돈 3만 6904엔, 교양오락 3만 4799엔, 교제비 3만 957엔을 사용한 것으로 나타나 소득 증가와 함께 여가 지출 비용이 증가했다는 것을 알 수 있다.

성장기를 지나 도약기에서 애용된 여가문화 중에 오락성과 사행성을 동시에 함의하고 있던 것이 도박(賭博, gambling)이다. 도박은 금전이나 물품을 걸어서 승부를 내는 유희를 의미한다. 도박은 도지(賭事), 하쿠치(博打), 바쿠에키(博奕), 쇼부고토(勝負事)라고도 하며 갬블(gamble)이라고도 할 수 있다. 도박은 금전이나 물품 등 재물을 걸어서 승부를 내는 것으로 지면 재물을 잃고, 이기면 재물을 획득하는 게임을 총칭한다. 도박은 위험성이 높고, 잠재적 이익에 돈을 거는 것을 말한다. 도박을 하는 사람을 도박사, 갬블러(gambler), 하쿠타우치(博打打ち)라고 한다. 도박은 도지와 하쿠기(博戲)로 분리한다. 도지는 승부 결과에 참여할 수 없고, 바쿠기는 결과에 참여할 수 있다는 점에서 차이가 있다.

공영 경기에서 이루어지는 도지는 야구 도박, 축구 도박, 복싱 도박, 복권, 룰렛(ルーレット), 바카라(バカラ) 등이 있고, 바쿠기로는 마작(賭け麻雀), 내기 골프, 포커, 파친코, 하나후다(花札) 등이 있다. 그 외에도 펀드나 채권과 같은 금융상품, 주식시장과 같은 상장(相場) 상품에 대한 투자 등도 도박이다. 금융상품 중에서도 자동차보험, 건강보험, 생명보험 등은 갬블 성격이 높다. 도박 용어 중에서 배당률(オッズ, odds, 확률을 나타내는 수치)이라고 불리는 것은 보험 용어로 등급이라고 불리고 병기의 리스크가 적은 젊은이의 배당률은 높지만, 중·장년의 경우는 배당률이 낮다. 넓은 의미에서 보면, 땅 투기, 금 투자, 화폐 투자, 선물거래 등도 도박에 속한다고 할 수 있다.

갬블의 한 종류로 인식하고 있고 일본에서 뿌리를 내려 동아시아로 확산된 것이 하나후다이다. 하나후다는 일본의 가루타(かるた, 歌留多, 骨牌)의 일종으로 하나가루타(花かるた)라고 한다. 일본의 가루타는 포르투갈어의 카드 게임을 나타내는 'carta'에서 유래한 것이다. 일반적으로 하나후다는 하치하치바나(八八花, 화투)를 의미하는 것으로 1월부터 12월까지 각 시기의 꽃 네 장씩으로 구성되어 총 48장의 하나후다를 말한다. 카드 매수인 48장은 포르투갈의 트럼프(トランプ)에서 유래한 것이다. 2인이 하는 코이코이(こいこい), 3인이 하는 하나 맞추기(花合わせ), 애호가가 즐기는 하치하치(八八) 놀이 등이 있다. 동일한 놀이라 하더라도 지역에 따라 규칙이 다르며, 지역에서만 통하는 독특한 놀이 방법이 있다.[33]

일본에 카드 게임이 처음 상륙한 시기는 무사가 집권하던 아즈치모모야마(安土桃山)시대이다. 선교사가 철포나 그리스도교, 카스텔라(castela) 등과 함께 전했다. 도쿠카와막부가 지배하던 에도이전 덴쇼(天正)시대(1573~1691)에 이미 일본 카루타로서 하나후다가 만들어졌고, 현재는 당시 만들어진 하나후다가 한 장 남아 있다. 에도시대에는 도박의 폐쇄성에도 불구하고 물품유통 통로를 통해 전국으로 확산되었다. 이후 하나후다 게임은 각 지방에 의해 만들어진 규칙에 따라 진행되었고, 그 규칙에 맞는 지방 하나후다(地方花札)가 제작되었다.

에도시대에는 사행성을 조장하고 사회질서가 문란해진다는 이유로 하나후다를 전면 금지하는 정책을 시행했다. 일반적으로 하나후다의 하나는 하나도리(花鳥)가 디자인되어 있다. 원래는 상류계급의 놀이였기 때문에 막부는 하류계급의 상인이나 죠닝이 사용하는 것을 금지했다. 그 때문에 사람들은 막부의 눈을 피해 도박행위를 하기 위해 점포 안쪽에 도박장을 마련하고 놀이를 했다. 점포에 들어가면 먼저 하나를 문지르는 모양(鼻, ハナ, 花札をこする合図)을 하면 점주가 안으로 안내했다. 도박행위의 신호로 사용되었기 때문에 은어적 표현으로 하나후다의 판매점에는 '花=ハナ=鼻'를 표시한 텡구(天狗)가 걸려 있었다.

메이지 정부는 초기에 하나후다 판매를 금지했지만 1886년 해금하여 긴자의 가미가타야(上方屋)에서 하나후다가 판매되었고, 그 후 하나후다는 크게 유행했다. 1902년에는 곳파이제(骨牌税, 하나후다세)가 제정되어 하나후다 놀이에 과세

---

33 淡路まもる編, 『花札の遊び方』(文進堂, 昭和56年).

를 부과했다. 곳파이제는 1957년 '트럼프유세법'으로 개정되었고, 1989년에는 소비세 도입으로 폐지되었다. 간접세의 하나로 마작, 트럼프, 하나후다 갬블 도구에 과세를 해왔다. 과세 의무자는 소비자가 아니라 제조업자였기 때문에 일본 각지의 히니후다 제조점은 도산 가능성에 직면했다. 이로 인해 지방 하나후다 제조점이 폐점하면서 각지에서 전해지는 하나후다놀이 방법도 사라졌다.

현재 닌텐도(任天堂)는 많은 지방 후다의 원판을 보유하고 있다. 하나후다를 제조하는 기업은 닌텐도, 다무라쇼군도(田村将軍堂), 오이시텡구도(大石天狗堂), 엔젤푸레인카드(エンゼルプレイングカード) 등 다수 존재했다. 2009년 여름까지 마쓰이텡구도(松井天狗堂)는 일본에서 유일하게 손제작 하나후다(手摺り花札)를 제작했지만 직인의 고령화나 후계자 부재 등의 이유로 현재는 중단된 상태다. 상품의 성격상 도가라(図柄)도 고정되어 있어 새로운 것을 만들어내기가 어렵다. 2015년 닌텐도는 주력 상품이 된 컴퓨터게임에 등장하는 간판 캐릭터 마리오(マリオ)를 곁들인 마리오 하나후다(マリオ花札)를 새롭게 제작하여 발매했다.

〈표 5-6〉은 일본 각 지역에서 제작된 하나후다의 종류와 특징을 소개한 것이다. 일본에서 하나후다는 서민들이 즐기는 전통놀이였지만 세금이 부과되면서 사라졌다.[34]

도약기에 여가 스포츠로 자리매김한 것이 골프이다. 골프(Gowf, Golf)는 코스에서 클럽이라는 도구로 정지된 공을 쳐 홀에 넣는 게임이다. 홀에 볼을 넣어 타수를 줄이는 게임이며 스포츠이다. 골프는 스포츠이기도 하며 여가로도 인식하며 한자로는 공구(孔球)로 표기한다. 일본에서는 종전 후 1945년 10월부터 골프장이 건설되었다. 고도 경제성장과 함께 골프장 수와 골프 인구가 점점 증가했다. 초기 골프는 부유한 사람들이 즐기는 리치게임으로 인식되었지만 골프장이 많이 건설되고 사교 스포츠로 자리 잡아 일반인에게 확산되면서 활성화되었고

---

[34] 江橋崇著, 『花札-ものと人間の文化史-』(法政大学出版局, 2014); 尾佐竹猛, 『賭博と掏摸の研究』(総葉社書店, 1925); 淡路まもる編, 『花札の遊び方』; 渡部小童 編 『花札を初めてやる人の本』(株式会社土屋書店, 2010).

〈표 5-6〉 각 지역의 하나후다의 특징

지역	하나후다 종류와 특징
일본 각지	- 하치바나는 일본 전국에서 사용되는 하나후다로 메이지기에 완성되어 지방 하나후다의 도안이 통일됨 - 일본 전통조합(松に鶴, 梅にうぐいす)이나 다른 가루타로부터 도안을 전용한 것도 있고, 무시(むし)라는 경기에 사용되는 6월과 7월의 후다를 줄여 40장으로 구성한 무시후다(虫札)가 있음
홋카이도	- 홋카이바나(北海花)는 홋카이도에서 사용되는 하나후다
니가타현	- 에치고바나(越後花)는 니가타현에서 사용되는 하나후다로 대역(大役), 소역(小役)이라는 경기에 사용되며 현존하고 있음 - 에치고코바나(越後小花)는 니이카타현의 조에치(上越) 방면에서 사용되는 하나후다이며 오니후다라는 추가후다 세 장이 있는 것이 특징임
후쿠이현	- 에치젠바나(越前花)는 후쿠이현에서 사용되는 하나후다로 수수께끼가 많은 것이 특징임
시고쿠 지방	- 킨도키바나(金時花)와 아와바나(阿波花)는 시고쿠(四国) 지방에서 사용되는 하나후다로 킨다로(金太郎)의 오니후다(鬼札, ジョーカー)가 있어 그렇게 불리어짐
야마가타현	- 오슈바나(奧州花) 또는 야마가타바나(山形花)라고 불리고 동북 지방에서 사용되는 하나후다로 가스후다(カス札, 조커) 두 장 가운데 한 장에 흑점이 있음
동북 지방	- 하나마키바나(花卷花)는 이와테현을 중심으로 동북 지방에서 사용되는 하나후다
오카야마현	- 비젠바나(備前花)는 오카야마현을 중심으로 사용되는 하나후다
중국 대련	- 중국 대련 주재 일본인이 사용한 하나후다로 적단(赤短), 쿠사(くさ), 청단(青短) 등의 그림이 있음
한국	- 화투(花鬪, hwatu)는 조선 말기에 닌테도가 제작한 하나후다가 처음으로 전래됨 - 적단(赤短)에는 홍단(紅短), 청단(青短)에는 청단이라는 그림과 글자가 있고, 광후다에는 한자로 '光'이라고 쓰여 있고, 오동나무는 11월, 버들나무(柳)는 12월을 상징하며, 그 외에도 특수 가스후다가 들어 있음 - 한국에서 인기가 있으며, 짝을 맞추는 코이코이, 고스톱, 육백(六百間), 섯다 등의 게임 놀이가 있음

더불어 골프산업도 발전했다.

골프산업이 활성화되면서 대중이 즐길 수 있는 골프 이벤트가 다양한 형태로 개최되었다. 1957년 가스가센추리구락부(霞ヶ関カンツリー倶楽部)에서는 36개국에서 2인씩 참가하여 타수로 순위를 정하는 제5회 캐나다컵이 개최되었다. 이 대회에서 일본팀 나카무라 도라기치(中村寅吉, 小野光一)가 우승했다. 이것이 텔레비

전으로 방송되면서 골프가 대중에게 널리 알려졌고 1959년 골프장이 급속하게 건설되어 골프 인구도 증가했다.

1970년대 들어서 고도 경제성장이 지속되어 골프장 건설에도 크게 영향을 주었다. 대기업이 골프장 건설에 참여하고 전국에 이름난 골프장이 세워졌다. 일본에서 건설된 골프장 수는 1975년에 1000개를 돌파했다. 동시에 스포츠전문업체가 골프채, 골프공, 장갑 등 골프 용품을 생산하여 명품 기업으로 성장했다. 골프장이 대량으로 건설되고 골프 관련 용품이 저렴해지면서 골프 대중화가 시작되었고, 잠보오자키(ジャンボ尾崎)라는 대형 골프 스타가 등장하여 골프를 일본과 세계에 알렸다. 더불어 국내외대회가 개최되면서 골프가 인기 스포츠로 정착했다.

각 지역에 골프연맹이 조직되었으며, 현재 일본에는 남자골프 조직으로서 일본 프로골프 조직 JPGA(The Professional Golfers' Association of Japan)가, 여자골프 조직으로 JLPGA(The Ladies Professional Golfers' Association of Japan)가 설립되어 국내외대회를 개최하고 있다. 그리고 미국 남자프로 조직으로 PGA와 미국 여자프로골프 조직인 LPGA와 연계해서 세계대회를 유치하고 있다. 그리고 시니어 골프 선수를 위한 시니어선수대회도 개최하고 있다. 일본은 골프산업과 경기가 활성화되어 미국이나 유럽투어 못지않게 많은 대회가 개최되고 상금도 많아 인기가 높다.

경제가 성장하고 소득이 증대하여 사생활주의가 강조되면서 가족을 중시하는 현상이 발생하는 가운데 외식문화가 형성되었다. 외식이라는 용어는 전시하의 식료품 통제 일환으로 1941년 도입된 외식권제(外食券制)에 의해 배급된 외식권으로 식사할 수 있는 식당이 생기면서 확산되었다. 식사 공간을 제공하는 협의의 외식산업은 1907년 미쓰코시(三越)가 식당을 개업하면서 시작되었지만, 일반적으로는 1970년 일본 최초의 패밀리레스토랑 스카이라쿠(すかいらーく) 1호점이 개업하면서 본격적으로 시작되었다고 할 수 있다. 현재 외식산업은 식사 공간을 제공함과 동시에 식사를 제공하는 형태의 업종을 지칭하는 것으로 일반 식당, 대중식 레스토랑, 패밀리레스토랑, 고급레스토랑, 다방, 패스트푸드점, 야타이(屋台), 요정, 노미야(飮み屋), 스시점, 돈가스점, 우동점, 이자카야, 피아가든(ビアガーデン), 다치구이소바(立ち食いそば), 우동점 등으로 음식, 안주, 주류, 음료 등을 판매하는 업종을 의미한다.

일본의 외식산업 시장 규모는 1997년 약20조엔으로 최고를 기록했다. 시장 규모는 확대되지 않고 있는 데 비해 점포 수가 증가하고 있어 외식업계의 생존 경쟁이 치열하다. 외식업계의 도산 건수는 2000년대 들어서 상승하고 있다. 2007년 도산 건수는 매년 600건 전후였다. 2017년 호경기로 타 업종의 도산 건수는 줄어드는 데 비해 외식업계 도산 건수는 전년 대비 27% 증가하여 700건을 넘었다. 재료비 증가와 인재난 외에도 소규모 사업경영자의 고령화와 후계자 부재 등이 원인으로 분석되고 있다.[35]

〈표 5-7〉은 2015년 현재 일본에서 영업하고 있는 전통 있는 외식업체 현황을 메뉴별로 소개한 것이다.[36] 일본에서 외식문화는 가족, 친척, 동료, 지인 등이 함께 행사를 하며 식사를 하는 음식문화, 집단문화, 생활문화이다.

일본에서 외식산업은 패밀리레스토랑, 패스트푸드점, 국수와 같은 면요리점, 스시야, 야키니쿠와 같은 고기 식당, 샌드위치점, 도시락점, 도넛점, 오니기리(お握り)점, 오코노미야키(お好み焼き)점, 샤브샤브점, 디저트점, 빵점, 시푸드(シーフード)점, 이자카야점, 카레점 등이 있다. 그리고 각 국가의 이름을 딴 이탈리아 레스토랑, 한국 음식점, 프랑스 레스토랑, 몽골 식당, 중국 음식점 등도 들어와 있다. 외식문화는 일본 음식의 세계화와 보편화, 그리고 각국 음식의 보편화와 세계화를 촉진시키는 계기가 되었고 음식문화의 교류를 활성화하고 외식산업을 발전시키는 원동력으로 작용했다.

---

35 社団法人日本フードサービス協会 사이트 참조.

36 井尻昭夫·江藤 茂博, 『フードビジネスと地域: 食をめぐる文化·地域·情報·流通』(シリーズ·21世紀の地域 6), (ナカニシヤ出版, 2018); フードビジネス総合研究所, 『日本の外食チェーン50』(フードビジネス総合研究所, 2018).

〈표 5-7〉 메뉴별 외식전문업체 현황

구분	외식전문업체명
패밀리 레스토랑	すかいらーく、ロイヤルホスト、デニーズ、ガスト、バーミヤン、ジョナサン、アンナミラーズ、ココスジャパン、サンデーサン、トマトアンドアソシエイツ、ジョイフル、和食さと、とんでん、まるまつ、ばんどう太郎
패스트푸드	ザッツバーガーカフェ、マクドナルド、モスバーガー、ロッテリア、ファーストキッチン、DOMDOM、フレッシュネスバーガー、ウェンディーズ、デイリークイーン、バーガーキング、ラッキーピエロ、ベッカーズ、A&W、ジェフ沖縄、KUA AINA、熊本バーガー ドラゴンリッチ、サンテオレ、ウマミバーガー
면 요리	どさん子、どさん娘、熊っ子、満龍、壱鵠堂、らーめん山頭火、天下一品、九州じゃんがら、香月、寿がきや、本郷亭、グロービートジャパン、日高屋、幸楽苑、一風堂、桂花、むつみ屋、味の時計台、ラーメン二郎、元祖ニュータンタンメン本舗、味千ラーメン、こむらさき、古久家、秀穂、福しん、ちりめん亭、8番らーめん、びっくりラーメン一番、第一旭、サイカラーメン、神座、くるまやラーメン、ラーメンめん丸、東大、中華そば青葉、歌志軒、江川亭、富士そば、阪急そば、箱根そば、あじさい茶屋、梅もと、小竹林、かしわや、増田屋、家族亭、小諸そば、都そば、はなまるうどん、山田うどん、丸亀製麺、つるまる、味の民芸、杵屋、三笠うどん、すぎのや本陣, リンガーハット、ちゃんぽん亭総本家
중화요리	餃子の王将、大阪王将、ぎょうざの満洲、551蓬莱、東秀、天下一、紅虎餃子房、横濱一品香、一品香、東天紅 餃子 - みよしのさっぽろ、ホワイト餃子店
택배 피자	ドミノピザ、ピザーラ、ピザハット、ピザカリフォルニア、ストロベリーコーンズ、ナポリの窯、ピザポケット
양식	いきなり!ステーキ　　　ハンバーグ＆サラダバーけんどん、ハングリータイガー、ビッグボーイ、びっくりドンキー、三田屋、ステーキ宮、フライングガーデン、シャロン、フォルクス
샌드위치	サブウェイ、クイズノス、プレタマンジェ、ラヴァンデリ
빵	トランドール、サンエトワール、ヴィドフランス、ヴィディーエフサンロイヤル、ジャーマンベーカリー、ウィリーウィンキー、フジパンストアー、シュタイナー、九州フジパンストアー、リョーユーパン、ブーランジェリーボヌール、レサンクサンス、ボヌールコッペ、リトルマーメイド、パントーネ、ベーカリーレストラン バケット、ベーカリーレストラン サンマルク
프라이드 치킨	ケンタッキーフライドチキン
핫도그	ネイサンズ
도넛	ミスタードーナツ、　ダンキンドーナツ、クリスピークリームドーナツ、カリフォルニアドーナツ、ドーナッツプラント、ティムホートンズ、カフェデュモンド、はらドーナッツ
커피숍	ドトールコーヒー、スターバックス、ルノアール、コメダ珈琲店、イタリアント

구분	외식전문업체명
	マト、BECK'S COFFEE SHOP、プロント、丸福珈琲店、サンマルクカフェ、ムジカ、ヒロコーヒー、タリーズコーヒー、カフェベローチェ、シアトルズベストコーヒー、高倉町珈琲
카레	カレーハウスCoCo壱番屋、カレーショップC&C、ゴーゴーカレー、バルチックカレー、カレーの王様、リトルスプーン、みよしの、カレーのチャンピオン、カレキチ、タイム
이자카야	土風炉、つぼ八、養老乃瀧、白木屋、魚民、和民、村さ来、八百八町、酔虎伝、甘太郎、天狗、やぐら茶屋、庄や、日本海庄や、やるき茶屋、かっぽうぎ
고기	吉野家、松屋、すき家、なか卯、神戸らんぷ亭、牛丼太郎、どん亭、牛角、肉の万世、焼肉屋さかい、バリバリ、安楽亭、叙々苑、あみやき亭、食道園、はや、焼肉じゅうじゅうカルビ、ワンカルビ、焼肉酒家えびす、　秋吉、備長炭のこだわり串鳥七兵衛、MKレストラン - 小肥羊ジャパン、ハゲ天、てんや、えびのや、とんかつ＆サラダバー、よしかつとんかつ和幸、新宿とんかつさぼてん、浜勝、かつや、KYK, だるま、串家物語
시푸드	レッドロブスター
정식 체인	まいどおおきに食堂、大衆食堂半田屋、宮本むなし、大戸屋、やよい軒, カプリチョーザ、サイゼリヤ、馬車道、ブラボー、イタリアントマト、浜ん小浦、味処三笠、音羽茶屋、がんこ寿司、柿家鮨、すし処　おとわ、桃太郎すし
회전 스시	平禄寿司、アトムボーイ、かっぱ寿司、元気寿司、くら寿司、あきんどスシロー、函館市場、うず潮、マリンポリス、柿家鮨、回転江戸前すしとれとれ屋
디저트	サーティワン、ハーゲンダッツ、ブルーシール、ディッパーダン、シャトレーゼ、キハチ、レディーボーデン、コールドストーン・クリーマリー、ディッピンドッツ、ヴィト、レインボーハットアイスクリーム、お菓子の香梅、津の清、丹波清明堂、とよす、呼人堂、菓匠宗禅、坂角総本舗、源吉兆庵、鶴屋吉信、鶴屋八幡、菊屋、総本家駿河屋、長寿堂恵佳、鼓月、お三時屋、コージーコーナー、シャトレーゼ、不二家、モロゾフ、ユーハイム、レスポワール、ヨックモック、アンテノール、メリーチョコレート、本高砂屋、神戸風月堂、銀装、文明堂、シベール、ビアードパパの作りたて工房　オリジナルパンケーキハウス、エッグスンシングス, マリオンクレープ、コムクレープ、バオクレープミルク、口茶屋、会津屋、元祖たこ昌、たいやき本舗 藤家、築地銀だこ、たい夢
오코노미야키	千房、ぼてぢゅう、鶴橋風月
오니기리	ぱくだん焼本舗、多司, オレンジキッチン、ピーターパン、ポッポ、ピーコック
푸드코트	オレンジキッチン、ピーターパン、ポッポ、ピーコック
도시락	ほっともっと、ほっかほっか亭、本家かまどや、オリジン弁当、お弁当のヒライ、どんどん, 日本レストランエンタプライズ、崎陽軒, 空弁

자료: フードビジネス総合研究所 사이트에서 재구성.

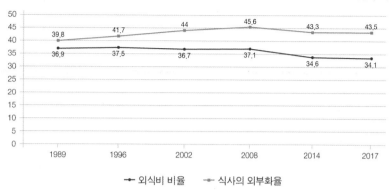

〈그림 5-6〉 일본인의 외식비 비율과 식사의 외부화율   (단위: %)

외식비 비율 — 식사의 외부화율

자료: 青山誠, 『統計でふりかえる平成日本の30年』(双葉社, 2018), p.77.

　현재 일본에서는 외식 열풍이 일고 있어 식당과 메뉴가 다양화되고 있다. 〈그림 5-6〉은 식사의 안심 및 안전재단 조사에 의거 1989년부터 2017년까지 일본인의 외식비 비율과 식사의 외부화율을 소개한 것이다. 외식비 비율은 가계소득에서 외식비가 차지하는 비율이고, 식사의 외부화율은 중식을 포함하여 외식을 하는 비율을 의미한다. 일본인은 총가계소득에서 약 35% 정도 외식비를 사용하고, 외식 비율이 40% 정도로 나타나고 있어 외식이 매우 중시되고 있다는 것을 알 수 있다.

　외식문화는 외식 인구가 증가하고 외식업체가 수요에 대응함으로써 외식산업이 발전하면서 형성되었다. 그 과정에서 메뉴가 개발되고, 전문요리사가 등장하고, 각 음식의 레시피, 음식서비스, 음식 예절, 요리 도구 등이 개발되었으며, 각 국가의 전통음식뿐 아니라 세계 각지의 음식이 교류함으로써 다양한 음식문화가 형성되었다. 특히 일본 사회에서 외식은 음식을 먹는 데 집착하는 차원에서 벗어나 하나의 여가생활로 자리 잡았고, 외식의 일상화로 1억총외식화 현상이 일어나 외식산업과 음식문화를 발전시키고 있다. 더욱이 음식문화가 여행문화, 놀이문화, 스포츠문화, 건강문화, 복지문화 등 각종 문화와 접맥하면서 문화 간 거대한 콜래보레이션 현상이 일어나고 있다.

9) 일본제 갸루문화

성장기 젊은이들이 만들어낸 새로운 가치관이 사회에 전파되고, 성장 결과물에 대한 향유 방법이나 표현이 개인·사생활 중심으로 되면서 개성시대가 도래했다. 동시에 일본 젊은 여성들은 자신만의 독특한 갸루문화(gal or gyaru culture)를 형성하여 성장기 문화 장르의 다양화에 영향을 주었다. 갸루는 젊은 여성을 지칭하는 'girl'를 의미하고, 영어 속어 'gal(ギャル)'의 발음을 그대로 사용한 용어이다. 일본어 갸루는 영어와 동의이며 일본어의 로마자 표기는 'gyaru'이다.[37]

갸루문화는 여성이나 남성이 만들어낸 독특한 패션, 라이프스타일, 사고와 행동 양식 등으로 구축된 젊은이문화이며, 동세대가 어느 정도 공유하고 있는 일본적인 청년문화이다. 문화적으로 독창적이며 신선함이 있어 해외에서는 최첨단 젊은이문화로 인식하여 일본어 로마자 표기 'gyaru culture'로 사용한다. 최근 갸루문화는 새로운 문화 장르를 형성하고 국내외로 전파되면서 문화 가치를 창출하고 있어 수출산업의 일환으로 활성화시키고 있다. 일본 외무성은 갸루문화를 활성화하기 위해 리얼 갸루 패션쇼(real gal fashion show)를 후원했다.

갸루라는 용어는 1972년 'Gals'라는 여성용 진즈(ジーンズ)가 발매된 시기에 확산되었다. 도쿄에서는 1973년 젊은이를 위한 시부야파르코(渋谷PARCO)가 개점하여 번성하는 가운데 신주쿠 대신 시부야가 젊은이 거리로 인정받아 최첨단 유행을 이끌어가게 되었다. 당시 갸루는 새롭고 파격적인 패션을 추구하고 특성 있는 옷이나 액세서리, 메이크업, 미용, 가방, 헤어스타일, 네일아트 등으로 아름다움과 개성을 추구하는 여성을 지칭하고, 그러한 여성용 최첨단 패션을 갸루패션이라고 했다. 갸루패션을 선두에서 이끌어간 주체는 시부야계 갸루(渋谷系ギャル)와 하라주쿠계 갸루(原宿系ギャル) 등으로 양분할 수 있다.[38]

---

37 植野メグル, 『はじめてのギャル (8)』(角川コミックス·エース), (KADOKAWA, 2019); アンソロジー, 『SHIBUYA ギャル百合アンソロジー(百合姫コミックス)』(一迅社, 2019); 植野メグル, 『はじめてのギャル コミック 1-7巻セット』(角川書店, 2018); 和央明, 『姫ギャル パラダイス(3)(ちゃおコミックス)』(小学館, 2014).

당초 갸루는 시부야를 무대로 전위적 패션을 추구하며 시부야계 패션을 창출한 여성들을 지칭했다. 여고생이나 여중생 등의 세대가 추종하면서 갸루 또는 마고갸루(マゴギャル) 등으로 불렀다. 시부야 패션을 하는 갸루를 109계(109系)라고 부르는 경우도 있고, 지방의 갸루 패션을 취급하는 신업시설을 그렇게 부르기도 한다. 109계로는 나고야시(愛知県名古屋市)에 있는 긴데쓰팟세(近鉄パッセ), 후쿠오카시(福岡県福岡市)에 있는 텐신코아(天神コア) 등이 있고, 지역 이름을 붙인 다양한 파루코(PARCO)계가 있다.[39]

하라주쿠계 패션은 10대 후반부터 20대 전반 젊은이들이 창조하여 이끌어가는 최첨단 패션 중 하나이다. 하라주쿠계 갸루는 원래 록계의 패션으로 록계 메이크업을 답습하여 갸루 메이크업을 만들어내면서 개성 있는 기법과 표현으로 갸루문화를 만들었다. 그녀들은 헤비메탈(heavy metal)이나 록 그룹이 연출하는 독특한 메이크업과 패션을 하고 하라주쿠를 무대로 활동했다. 그들의 패션은 자유분방한 측면이 있지만 일정한 형식과 기준을 갖고 표현하며 개성을 강조하기 때문에 항상 변화 가능성을 갖고 있다.

갸루문화가 번성하면서 ≪egg≫, ≪Popteen≫, ≪Ranzuki≫, ≪Cawaii!≫ 등과 같은 갸루패션 잡지가 간행되어 현직 갸루와 미래 갸루예비군에게 큰 영향을 주었다. 갸루 잡지는 갸루의 정체성이나 가치관을 알 수 있게 특징과 성향을 자세하게 소개했고, 잡지에 등장하는 모델은 다른 10대 잡지의 모델보다는 개방적이고 개성이 있는 갸루 특성을 가진 여성이었다. 잡지에서 영향을 받은 독자들은 갸루사(ギャルサー)라는 갸루 서클을 조직하여 활동하기도 했다. 갸루 잡지는 칼럼이나 정체성을 표현하기 위해 과도하게 성적 묘사를 하기도 했다.

---

38 アンソロジー, 『SHIBUYA ギャル百合アンソロジー(百合姫コミックス)』.

39 현재 젊은이 관련 사업을 하는 기업 파르코(PARCO)는 전국적으로 점포를 가지고 있다. 札幌 PARCO, 仙台PARCO, 池袋PARCO, 渋谷PARCO, PARCO_ya上野, 静岡PARCO, 名古屋PARCO, 広島PARCO, 福岡PARCO, 浦和PARCO, 錦糸町PARCO, 調布PARCO, 吉祥寺PARCO, ひばりが丘 PARCO, 新所沢PARCO, 津田沼PARCO, 宇都宮PARCO, 松本PARCO, 熊本PARCO, 大津PARCO, 心斎橋PARCO, 大分PARCO, 厚木PARCO, 岐阜PARCO, 千葉PARCO 등이 있다.

여성이 주도하는 갸루에 해당되는 남성의 갸루를 갸루오(ギャル男, ギャルお)라고 한다. 그들의 전문 패션 잡지 ≪men's egg≫는 갸루의 이상적인 남자친구로서 갸루오를 소개하고 특징을 리얼하게 표현했다. 현재는 갸루오라는 용어보다는 오니계(お兄系)라고 부르며, ≪MEN'S KNUCKLE≫에 등장하는 오니계 패션을 강한 오니(強めのお兄)라고 부른다. 여성을 중심으로 한 갸루와 남성을 중심으로 한 오니계가 일본의 독특한 갸루문화를 창조하고 발전시키고 있다.

〈표 5-8〉은 1970년대 발생하여 2000년대까지 성장한 일본의 새로운 패션, 메이크업, 액세서리, 가치관, 표현, 개성 등을 만들어가고 있는 갸루문화의 흐름을 소개한 것이다.[40]

1970년대 갸루가 탄생하고 구축된 갸루문화는 새롭고 독특한 젊은이문화로 인정받아 2000년대까지 전개되고 있다. 갸루문화는 다양한 개성을 추구하는 갸루가 만들어낸 스타일문화로 옷, 헤어스타일, 화장, 네일아트, 피부색, 액세서리, 가방, 속옷 등과 같은 물질적 변화를 추구하는 특징이 있다. 다른 한편으로는 자유주의, 탈조직주의, 탈전통주의, 일탈주의, 무규범주의, 성개방주의, 물질만능주의 등과 같은 가치관으로 구성된 문화이기도 하다. 갸루문화는 부정적인 측면도 있지만 갸루 패션, 갸루 스타일, 문화콘텐츠, 갸루 거리 등을 구축하여 다양한 갸루상업과 갸루산업을 촉진시킨 긍정적인 측면이 크다.

〈표 5-9〉는 2000년대 일본에서 활동하고 있는 다양한 갸루와 그들이 추구하는 패션과 행동의 특징을 소개한 것이다.[41]

---

40 アンソロジー,『SHIBUYA ギャル百合アンソロジー(百合姫コミックス)』; 植野メグル,『はじめてのギャル コミック 1-7巻セット』; 和央明,『姫ギャル パラダイス(3) (ちゃおコミックス)』. 太陽まりい,『ギャルごはん 4』(ヤングアニマルコミックス), (コミックス, 2018). 植野メグル,『はじめてのギャル (8)』(角川コミックス・エース), (コミックス, 2019); 奈湖もこ,『最新版"元ギャル"が資産8000万円の大家さんになったヒミツ!』(2018); ナオ・ヒナノ・セリナ・ルナ,『ギャルLOVE ノリが良すぎる黒ビッチ編 ギャルLOVE』, Kindle版(リが良すぎる黒ビッチ編, 2018).

41 植野メグル,『はじめてのギャル コミック 1-7巻セット』; 和央明,『姫ギャル パラダイス(3) (ちゃおコミックス)』; アンソロジー,『SHIBUYA ギャル百合アンソロジー(百合姫コミックス)』.

〈표 5-8〉 갸루문화의 변천

연도	특징
1970년대	- 세계적으로 패션계의 변혁이 일어난 시기로 진즈가 등장하여 패션의 자유화가 진행되었고, ≪anan≫, ≪non-no≫ 등과 같은 여성 패션 잡지가 발간되고, 고베를 중심으로 형성된 뉴패션을 뉴토라(ニュートラ, New Traditional)라고 칭함 - 1973년 시부야에 시부야 PARCO, 1979년 패션커뮤니티109(ファッションコミュニティ109, SHIBUYA-109)가 개업하면서 시부야가 젊은이문화의 중심지가 됨
1980년대	- 1980년대 후반 버블 절정기에 타이트하게 보디라인을 강조하는, 보디콘(ボディコン)이라 불리는 원피스와 슈츠(スーツ)가 등장하여 여대생이나 OL 등이 착용하면서 갸루라는 용어가 젊은이에게 퍼짐 - 시부야에 시부야로후토(渋谷ロフト)나 세이부시드관(モヴィータ館), 109-2 등 패션 빌딩과 백화점이 건설됨 - 하라주쿠에서는 1980년대 초 다케노코족(竹の子族) 중심으로 노상댄스컬처 붐이 일어났고, 다케시타 거리에 타렌토숍(タレントショップ)이 개업하여 독특한 유행을 발생시킴
1990년대	- 1990년에 갸루 용어가 일반적으로 사용되고, 추손지(中尊寺ゆつこ)의 만화 『스위트스폿트(スイートスポット)』가 등장하여 오야지갸루(オヤジギャル)가 크게 유행함. 오야지갸루는 OL를 풍자한 패션으로 1980년대 유행한 줄리아나족처럼 퇴근 시간이 되면 양복 대신 보디콘으로 갈아입고 거리를 거니는 중년 남성을 의미함 - 하라주쿠에서는 스트리트 패션이 유행하고, 1998년에는 유럽풍의 복장을 의미하는 고스로리 패션(ゴスロリファッション, Gothic & Lolita)이 발흥했으며, 1990년대 후반에는 갸루의 카리스마 아무로 나미에가 활약함 - 고갸루(コギャル)는 캐주얼을 키워드로 한 패션을 유행시키고, 아무로 나미에 패션과 자색 머리 염색의 영향을 받아 치장한 10대 여성을 아무라(アムラー)라고 불렀으며 아무로를 초대 갸루 카리스마라고 칭함 - 고갸루라는 용어는 1996년부터 사용되어 젊은이의 오락, 풍속 등을 추종하는 여고생과 여중생을 의미함. 고갸루는 멋은 있지만 아직 진짜 갸루가 아니라는 의미에서 갓코갸루(格好ギャル)라 칭하고, 축약해서 고갸루라고 했으며 특히 중학생 갸루를 마고갸루(孫ギャル)라 함 - 이들은 1990년대 말기에 정조 관념이나 도덕관이 결여되어 있다고 하여 사회문제가 되었고, 중고생이 고가의 패션 옷을 사는 등 부작용도 발생. 원조교제를 방지하기 위한 '아동매춘 아동포르노금지법'을 정비하여 대응함
2000년대	- 일본의 민화에 등장하는 야마우바가 백발이면서도 손을 대지 않은 잘발의 모습을 한 것에서 유래한 야마우바(山姥, やまんば)라는 용어가 유행했고, 야마우바는 금색이나 오렌지색으로 염색하는 머리스타일과 피부를 흑색으로 하는 간구로(ガングロ), 화장, 탈색, 부분 착색 등으로 현란한 머리카락을 하는 것이 특징임 - 검게 한 피부와 대조적으로 하얀색 아이라인을 하고, 목욕을 하지 않고 팬츠를 갈아 입지 않으며, 화장도 지우지 않는 불결한 갸루를 오갸루(汚ギャル)라고 지칭함

연도	특징
	- 갸루야만바(ギャルヤマンバ)는 가출하여 활동을 하기 때문에 푸치가출(プチ家出)이라고 했고, 푸치가출녀들은 시부야나 이케부쿠로에서 노숙하거나 독신 남성 방에 신세를 지면서 남녀 간의 교환 거래를 전제로 목욕이나 식사를 제공받아 생활함

    2000년대에는 아무로 나미에(安室奈美惠) 패션을 대신해서 갸루의 새로운 카리스마로 등장한 니시노 가나(西野カナ)나 가토 미리야(加藤ミリヤ) 등과 같은 가수가 갸루계 패션모델의 중심이 되었다. 그리고 분리되었던 시부야계 패션과 하라주쿠계 패션을 융합한 시부하라계(渋原系) 패션도 등장하여 정착했다. 그 결과 시부야계 패션에는 야만바갸루(ヤマンバギャル)와 같은 화려한 메이크업이 아니라 자연적인 메이크업이 유행했다. 이후에는 하라주쿠계 패션이 유행했다.

    최근 갸루문화는 시부야계나 하라주쿠계를 포함해 일본의 젊은이문화로 이해하여 공감하고 있지만 다른 한편으로는 젊은이문화 가운데 광적인 문화로 인식하기도 한다. 갸루문화는 머리카락을 금발로 물들이고, 학교 교복을 초미니스커트로 만들어 입고, 늘어진 양말을 신고, 얼굴을 태우며, 진한 메이크업을 하고, 입술을 백색으로 칠하는 등 독특한 특징이 있다. 노출이 심하고 정상적이지 않게 멋을 부린 패션이나 스타일은 섹시함을 강조하는 것처럼 보여 성적으로 개방되어 있다는 오해와 인식을 확산시켰으며, 극단적으로 마른 남성 갸루의 패션을 나약한 모습으로 보는 등 부정적인 이미지로 평가하는 측면이 있다.

    혹평을 받은 갸루문화가 지지받고 좋게 평가되는 이유는 신산업으로서 패션산업이나 관련 산업이 발전하고 있고, 동시에 일본제 문화를 확산시키려는 적극적인 일본 문화 찾기 정책이 추진되었기 때문이기도 하다. 경제산업성은 일본 패션 위크(Japan Fashion Week)를 지원하고 패션의 다양화를 위해 도쿄걸스 컬렉션(東京ガールズコレクション)을 개최하여 대외적으로 홍보하고 있다. 2009년에는 외무성과 관광청이 일본 엑스포(Japan Expo) 개최를 지원했다. 후지TV는 특집으로 시부야에서 활동하는 외국인 갸루 유행을 소개했고, NHK 총합비전에서는 일본에 상륙하는 외국인 갸루군단을 소개했다. 이처럼 외국인 젊은이도 일본

〈표 5-9〉 2000년대 갸루 종류와 특징

구분	특징
만바(マンバ)	- 2003년부터 현재까지 진행되고 있는 갸루 패션으로 검게 탄 피부, 하얀 립스틱과 아이라인, 눈에는 녹색 마스카라나 검고 진한 아이라인을 선호함 - 패션은 극단적으로 짧은 미니스커트, 원색계나 화려한 컬러를 사용, 바비인형과 같은 만바스타일(マンバスタイル), 지적이거나 부유한 패션을 하는 세레부(セレブ, celebrity)계의 패션을 도입한 만바(マンバ, Dendroaspis, 코부라)를 세렌바(セレンバ)라 부르고, 남성은 센타가이(センターGUY)라고 칭함
시로갸루(白ギャル)	- 2000년대 새로운 갸루 패션을 하는 시로갸루(白ギャル)가 등장했고, 초대 갸루 카리스마 아무로 나미에가 결혼해서 아이를 낳기 위해 자리를 비우자 그 사이에 하마자키 아유미(浜崎あゆみ)가 등장하여 제2의 갸루 카리스마가 되었음 - 그녀는 하얀 피부를 가져 하얀 붐이 일어났으며, 하얀 피부와 금발에 가까운 머리스타일이 유행했고, 아네계(姉系) 패션에 가까운 감각을 선호하여 구로 갸루보다 침착한 느낌을 주는 특징이 있음
오네갸루(お姉ギャル)	- ≪S Cawaii!≫ 창간과 함께 고교를 졸업한 갸루를 지칭하는 오네갸루는 1990년 말 발매된 아카모지 잡지(赤文字雑誌) 가운데 많은 발행 부수를 차지한 ≪JJ≫와 같이 품위 있는 패션 잡지를 선호하여 갸루에서 오네갸루로 이행하는 계기가 됨 - 오네갸루는 기존 갸루가 하는 메이크업을 선호하면서도 입술이나 눈 라인에 힘을 주고, 피부는 시로갸루에 가까우며 심플한 패션을 했으며 그 영향으로 2004년경 ≪CanCam≫, ≪ViVi≫ 등과 같은 오네 잡지가 등장함
스포갸루(スポギャル)	- 스포갸루는 스포티한 갸루(スポーティギャル)의 약어로 2000년경 등장하고 ONE*WAY, Jassie, 라바즈하우스(ラヴァーズハウス) 등과 같이 팝 인상이 강한 갸루계 브랜드를 선호함 - 여자중학생이나 갸루를 동경하는 소학생으로부터 강한 지지를 받았고, 어린 여자아이 패션으로 스포갸루 콘셉트가 정해져 중고생의 지지는 격감함
아루바가(アルバカ)	- 2003~2004년에 유행한 패션이며, 아루바가(アルバカ)의 어원은 패션 브랜드 ALBA ROSA 약어에서 유래하고, 아루바(アルバ)를 광적으로 좋아한다는 의미에서 바가(馬鹿)를 결합해 아루바가가 되었으며, 화려한 패션을 선호했음 - 갸루 브랜드보다 값이 비싸고, 남방의 꽃이나 나뭇잎을 토대로 한 패션 오가라하이비(大柄ハイビ)가 대유행하고, 전신을 ALBA ROSA로 두른 아루바가라는 패션이 풍미했으며, 거리패션을 주도하는 남성 센타가이가 착용하면서 급격하게 유행이 추락함
기구루민(キグルミン)	- 2004년에 한정된 지역에서 발생함. 기구루민(キグルミン)은 주로 구로 갸루가 선호하고 피카추(ピカチュウ), 케로로군조(ケロロ軍曹) 등의 옷(着ぐるみ)

구분	특징
	을 몸에 두르고 시가지를 배회했으며, 어원은 기구루미+민(着ぐるみ + 民)에서 유래함
사후계(サーフ系)	- 사후계 패션은 2005년경 유행하고, 갸루라기보다는 사후계(サーフ系, surf, 서핑)를 주장한 특징이 있고, 브랜드 COCOLULU가 유행하여 미니스커트나 진즈의 엉덩이에 같은 브랜드 로고가 프린트된 게쓰루루(ケツルル)가 한 시대를 풍미했음
아게조(age嬢)	- 패션 잡지 ≪고아쿠마ageha(小悪魔ageha)≫가 창간된 2006년부터 2011년 경까지 지속된 갸루패션이며, 아게조(age嬢)라는 언어는 메이크업이나 헤어스타일을 특화한 갸루를 지칭하고, 小悪魔ageha는 cabaret와 club의 합성어로 된 캬바쿠라(キャバレー와 クラブ) 등 밤에 일하는 캬바조(キャバ嬢)를 모델로 기용하는 잡지로, 지면에 등장한 일반 모델을 아게조(age嬢)라 불렀고, 이전에는 캬바조를 고아쿠마계(小悪魔系)라고 칭함 - 갸루 패션을 하는 여성은 일반 회사생활이 어려웠고, 갸루 패션을 고집하는 여성은 패션 계통의 아파레루 판매원(アパレル販売員)이 되든지 캬바쿠라(キャバクラ) 등 풍속 산업에 종사하든지 해야 했기 때문에 직업 선택이 어려웠으며, 밤에 일하는 사람의 메이크업이나 패션이 갸루 패션의 중요한 부분을 차지하여 아게조가 유행했음 - 아게조의 셀프 메이크업이나 사복이 여고생에게 인기를 얻었고, 헤어스타일은 뭉친 머리(盛り髪), 돌린 머리(巻き髪)이고, 자력을 강조하는 세련된 메이크업 기술로 아름다움을 추구함 - 한 조사에 의하면, 소학생의 장래 직업 1위에 캬바쿠라조가 랭크되었고, 소학생은 아게조 메이크업을 선호하여 매우 짙은 화장을 하고, 기모노(着物)나 유카타(浴衣) 등 와후쿠(和服)를 선호함
히메로리(姫ロリ)	- 2007~2012년경까지 유행했고, 과거 로맨틱계(ロマンティック系, 로마)라 불리는 패션에서 파생된 패션으로 히메갸루(姫ギャル)라 불리고, 패션은 리본(リボン)이나 레이스(レース), 자수(刺繡) 등의 소재, 그리고 폭신폭신함을 강조하는 로리타(Lolita)를 연상하게 하여 로리타 패션이라고도 함

의 갸류문화를 이해하고 수용하는 경향이 많아졌고, 갸루계 카페에 외국인 관광객이 급증하고 있어 일본의 젊은이문화로서 갸루문화가 수용되고 있다.

인터넷이나 SNS 보급으로 10대 및 20대의 젊은이문화가 크게 변화하고 있다. 인터넷 거래와 쇼핑 등이 추진되면서 시부야계 갸루 잡지가 철수하는 요인이 되기도 했다. 젊은이들은 SNS를 통해 메이크업이나 패션에 대한 정보를 빠르게 입수해 기존의 틀이나 형식을 벗어나 자기만의 패션을 만들어가고 있다.

메이크업이나 패션 정보를 친구, 잡지, 거리 등을 통해 얻기보다는 SNS를 통해 얻어 개성 있는 새로운 문화를 형성하고 있다. 앞으로 갸루문화는 메이크업이나 패션뿐 아니라 다양한 문화콘텐츠의 변화를 주도할 것으로 보이며 젊은이문화로서 변함없이 끼끼을 빌고 있어 일본제 문화로 성장할 가능성이 있다.

5. 맺는 글

도약기에 일본은 다양한 위기에 처했음에도 경제적으로 도약하여 안정적인 발전을 지속할 수 있는 토대를 구축했다. 일본을 위기로 몰아간 것은 두 차례에 걸친 오일쇼크, 미국 성장의 둔화, 발전에 따른 환경오염, 정신적 풍요와 사회적 안정을 요구하는 복지니즈, 불황으로 인한 구조 조정, 닉슨독트린(Nixon Doctrine)으로 인한 자생력 위기 등이었다. 그러나 일본은 제약 요인으로 작용한 다양한 위기를 일본적인 발전모델로 극복하여 일본이 만들어낸 성장 신화를 이어간 것은 매우 괄목할 만한 점이다.

일본이 위기로부터 탈출할 수 있었던 것은 다나카 가쿠에이 등이 전국의 균형적 발전을 실현하기 위해 추진한 도로 건설, 기간시설 확충과 정비, 건설업, 신칸센 확장 등 각종 건설 영역을 활성화하는 것을 골자로 내세운 일본 열도 개조론이 한몫했다고 볼 수 있다. 그것은 대대적인 개혁과 변혁을 통해 발전과 성장을 촉진시키는 역할을 했다. 다른 한편으로는 국제경제환경의 악화로 일본 기업과 노동자들은 위기를 맞았지만 기업과 경제 현장에서 전통적으로 계승되어 온 종신고용제, 연공서열, 기업별 노조 등과 같은 일본적 기업문화가 작동하여 위기를 극복하고 성장을 추진했기 때문이다.

사회적으로는 일본 국민이 중간층에 속한다고 하는 1억총중류사회를 선언하여 일본 발전과 성장에 자부심을 갖게 되었고, 경제와 사회를 안정시키는 중요한 원동력이 되었다. 그리고 경제도약과 더불어 부를 향유하려는 그룹이 생겨나 여행문화를 활성화시켰고, 경제성장에 걸맞는 생활을 보장하기 위해 국가에 의한 복지 정책이 추진되었다. 특히 일본, 일본인, 일본 국가 등이 문화적으로 우수하다는 '재팬 애즈 넘버원(Japan as number one)'이라는 유행어를 낳게 한 일본문화론과 일본민족우수론 등이 성장 이념으로 기능하면서 일본을 최고 국가로 인식하는 국민성과 문화정체성이 형성되어 국가, 기업, 국민 등을 안정시키는 힘으로 작용했다.

일본 성장과 위기는 그동안 잠재되어 있던 보수문화를 일깨워 급진적이며 혁명적인 사회운동을 잠재우는 역할을 했다. 일본 국가에 대해 이념적으로 도전하는 급진 노선이 사상적 전쟁을 추진하여 급진좌파문화를 형성했지만 사회적 보수화, 경제적 성장, 정치적 안정 등이 확보되면서 사회적 힘을 얻지 못하고 소멸되기 시작했다. 급진문화 대신에 극단적인 보수문화, 온건한 보수문화 등이 등장하면서 일본 사회는 보수 노선으로 진행되었다. 또한 개인은 가정, 기업, 사회, 국가 등을 위해 공헌하고 희생하는 위대한 전사로 위치하는 가운데 사생활주의를 적극적으로 수용했다.

전통적인 가치관과 현대적인 가치관이 잘 조화를 이룬 일본적 기업문화가 구축되었다. 기업 위기를 극복하고 기업 성장을 추구하는 데 책임과 의무를 다하는 문화이다. 전통적인 관계인 오야붕(親分)과 코붕(子分)의 관계이기도 하며, 기업운명공동체적 관계이기도 하다. 개인이나 가정보다는 집단이나 기업을 중시하는 이타적 문화가 자리를 잡게 되어 지속적인 성장을 추진하는 힘으로 작용했다. 따라서 기업 성장의 몫은 상여금, 위로금, 축하금, 장려금 등으로 사원에게 분배되는 성장분배문화가 정착했다. 그렇게 사원과 사장이 하나가 되는 성장적·위기돌파적인 기업문화를 가진 일본 기업에 대한 연구와 일본의 기업성장 신화에 대한 관심이 세계적으로 퍼져나갔다. 그동안 성장모델로 활용된 서구발전모델을 대체하는 일본형 발전모델이 구축되어 보편적 발전모델로의 가능성을 보였다.

대중문화 영역에서는 만화나 일본 애니메이션이 활성화되어 자리를 잡고 각

계층에 맞는 맞춤형 애니메이션이 제작되고 지구 보편적인 가치를 창출하는 애니메이션이 인기를 얻으며 아니메 왕국 일본을 구축하는 토대가 되었다. 그 과정에서 특정 영역의 문화에 집착하고 열중하는 젊은이 그룹이 생겨나 오타쿠문화를 형성하고 새로운 문화를 창출하는 리더로 활약하게 된다. 사회보수화와 경제적 성공은 신인류, 갸루, 오타쿠 등과 같은 신진 세대가 등장하는 기폭제가 되어 신인류문화, 갸루문화, 오타쿠문화 등 일본제 대중문화를 창조하고 구축했다.

특히 도약기에는 경제도약을 생활에 반영하는 새로운 문화로서 오락문화, 복지문화, 예술문화, 콜래보레이션 음식문화 등이 발전했다. 예술문화로서 음악감상과 악기 연주, 콘서트, 전시회 관람, 취미문화로서 바둑, 경마, 경륜, 장기, 마작, 카드 게임, 차도, 하나후다, 갬블, 낚시, 사진, 파친코, 가라오케, 디스코 등이 나타났다. 건강문화로서 드라이브, 산책, 공원 놀이, 등산, 하이킹, 골프, 볼링 등이 유행했고, 생활문화로서 외식문화, 수예, 원예, 회화, 서도 등이 활성화되었다. 그 외에도 미용, 자격취득학습, 지역활동, 사회봉사, 해외여행, 코인 수집, 종교활동 등이 활성화됨으로써 일본은 문화가 풍성한 문화대국으로 전환하는 계기를 맞이했다.

1. 머리글

대국화기(1980~1990)에는 일본 사회가 물질적 풍부함으로 경제적 부와 자부심의 부를 만끽하고 국제사회에서 자랑하는 대국 일본이 탄생한 시기라는 특징이 있다. 일본은 지속적인 고도 경제성장, 풍부한 사회, 개성을 지닌 개인과 사회, 지방시대와 문화시대, 생활대국 정책 등으로 성장국가의 면모를 갖추어 과시했다. 고도 경제성장은 이미 1960년대와 1970년대를 거치고 1980년대로 이어져 일본을 경제대국으로서 위상을 높이고 세계경제의 중심 국가로서 역할과 공헌을 했다. 일본 국가와 국민은 경제적으로 풍요로움과 여유를 가지고 생활을 즐겼다.

1980년대 후반 버블 경기로 발생한 경제성장으로 국제사회에서 경제대국의 면모를 갖춰 다양한 영역에서 힘을 발휘했다. 일본 정부는 국제기구의 운영 자금을 제공했고, 중동전쟁에서 군사적 공헌보다는 경제적 공헌이라는 명분으로 전쟁 자금을 지출했다. 일본 기업은 해외 기업 사냥과 문화 사냥을 하면서 일본의 부와 엔화의 위력을 보여주었다. 더불어 성장 결과를 실제 생활 속에서 향유할 수 있도록 생활대국이라는 새로운 슬로건과 목표를 내세워 국민생활 향상을 추구했다. 경제성장으로 인한 경제대국 구축, 소득 증대, 시간과 돈 소비형문화의 등장, 고학력사회 진행, 생활과 경제 안정, 사회복지 확충, 국제사회에서의 영향력 증가 등과 같은 대국화 현상이 일어나고 정치, 경제, 사회, 문화 등의 영역에서 대국적 욕구가 분출했다.

풍부한 사회가 도래하면서 국가와 국민은 지금까지 추구하던 물질적 향유와 더불어 정신적 향유를 동시에 만끽할 수 있기를 열망했다. 물질적 성장을 강조하는 과정에서 정신적 가치를 잃어버리고 있다는 반성이 부각되었다. 정신적 가치를 중시하는 현상은 그동안 발전 과정과 성장 과정에서 잃었던 인간성을 회복함으로써 사람답게 살 수 있는 일본 사회를 만들고자 하는 염원으로 발현되었다. 그리고 대량생산과 대량소비를 추구하던 대중화사회에서 벗어나 질적 생산과 소비를 향상시키려는 새로운 가치관과 사회 인식이 발생했다.

새로운 가치관과 인식은 개성을 가진 사람과 개성사회를 양산하는 데 중요한 역할을 했다. 개성을 가진 사람이 자신들만의 문화를 향유하는 전문 문화사회를 촉진시키는 변화가 일어났고, 개인이 적극적으로 개인적인 목표를 실현하는 움직임이 지배적인 개성시대가 점차 정착했다. 인간성 회복과 자기 개성의 실현 의지는 인간의 본원적인 욕구를 자극하여 자유로운 문화 창조와 활동을 강조하고 중시하는 동력이 되었다. 문화활동에 대한 참가, 문화 창출, 문화 개발, 문화 시설 개관 및 확충, 문화콘텐츠 개발 등과 같은 문화 인프라가 구축되면서 생활의 질이 향상되고 개성 풍부한 삶이 가능해졌다.

민속학자 우메사오 다다오(梅棹忠夫)는 교육과 문화의 역할을 분리하여 각각의 기능과 협력 체제를 강조했다. 교육은 실력을 배양하고 충전하여 창조하고 쌓는 것이며, 문화는 방전으로 표현하여 향유하는 것으로 인식했다. 양자의 방향은 서로 다르기 때문에 교육과 문화를 하나로 인식하기보다는 상호 보완적인 차원에서 각각이 기본적인 역할을 하여 교육문화와 문화교육을 달성하는 것이 중요하다고 보았다. 이러한 견해는 1980년대 문화시대, 지방시대 등의 표어 아래에 추진되었던 다양한 교육 정책과 문화 정책의 이념적 기반이 되었고, 진행 방향의 이정표가 되었다.

대국화기 문화 정책은 교육과 문화의 활성화를 강조하는 가운데 중앙정부가 문화적 향유를 할 수 있도록 제언한 문화시대(culture age)라는 슬로건과 지방정부가 지역 발전을 도모하기 위해 제시한 지방시대(local age)라는 슬로건에 기초하여 추진되었다. 중앙정부는 경제대국화로 인해 자부심을 갖게 되면서 일본 문화의 활성화와 국제화를 강조하는 문화 정책을 추진했다. 지방정부는 약화되어 가는 지방 도시의 발전을 위해 지역문화의 활성화와 지역 특성화를 강조했다. 문화 정책은 문화적 삶을 향상시키려는 의도가 있으면서 대도시와 지방 도시 간의 격차를 줄이는 데 최대 목적이 있다.

지방시대라는 개념은 대도시 도쿄도에 접해 있는 가나가와현(神奈川県)과 같이 혁신적인 지방자치단체장이 주창했다. 지방시대는 지역 발전과 성장을 도모하면서 개성 있는 지역을 만들고, 지역주민이 풍부하게 문화생활을 할 수 있도록 하자는 데서 출발하여 총합적인 문화 정책으로 구체화되었다. 그것은 경제성장과 문화 성장을 동일 선상에서 추진하는 움직임으로 나타나 경제가 성장한 만큼 문화를 향유하고 만끽할 수 있는 지방을 구축하는 데 목적을 두었다. 지방시대는 문화시대를 여는 데 중요한 동기부여가 되었다. 지역 발전을 추진하여 질적으로 성장하는 지역사회를 구축하려는 지방시대 슬로건에 자극받아 문화 성장을 통해 문화적으로 풍부한 삶을 만들자는 문화시대가 주창되었다.

문화시대라는 슬로건은 오히라 마사요시 총리대신의 위촉을 받은 정책연구회인 문화의 시대연구 그룹이 제언한 1980년 보고서에서 유래한다. 보고서는 문화시대를 일본 사회에 널리 알리는 한편 국가나 지방공공단체의 문화 정책을 전개하는 기본적인 이념이 되어야 한다는 점을 강조했다. 문화시대는 물질적·정신적인 여유로운 삶이 가능한 문화사회의 구축으로 완성되는 것이었다. 삶 속에서 문화의 양적·질적 향상을 통해 구현되는 문화생활, 유토리(ゆとり)와 삶의 가치를 실현하는 여가사회, 그와 동시에 지적이며 문화적인 새로운 삶을 유도하는 생애학습사회 등이 강조되면서 완전한 문화사회로의 이행을 시도했다.

문화시대는 당시 지방공공단체의 문화 행정이 예술문화와 문화재 보호를 중심으로 추진해 온 시책과 문화청 교육위원회의 문화 시책을 벗어나 지방자치단체장이 생활문화의 관점에서 종합문화 정책을 추진하는 움직임을 촉진시켰다. 문화시대를 표방하면서 예술문화뿐 아니라 생활문화, 대중문화, 지역문화재 등까지 시야에 넣는 폭넓은 문화 정책이 가능해졌고, 지역문화와 지역생활 환경을 정비하고 새롭게 구현하는 과정에서 지역개발이 활성화되었다. 문화시대라는 시대적 개념이 문화 정책의 방향과 내용을 규정하는 역할을 했다.

경제성장이 최고점에 달하고 열매 누리기로 추진된 문화 정책은 문화시대와 지방시대 두 가지 개념에 기초하면서 문화시대 구축을 위한 중앙문화 정책, 지방시대 구축을 위한 지방문화 정책 등으로 나타나고, 핵심적 실천 과제를 구체화했다. 중앙정부나 지방공공단체의 문화 정책은 전통문화 계승 및 보전, 포괄적인 문화예술 진흥, 문화법 정비, 문화인재 육성, 문화시설 정비, 문화콘텐츠 개발, 하드 및 소프트 측면의 문화인프라 구축 등을 중핵으로 하고 동시에 생활문화 수준을 폭넓게 향상시키는 방향에서 추진되었다.

중앙정부 문화 정책의 주도기관으로서 문화청은 예술의 사회적·경제적인 가치를 중시하고, 민간예술활동의 진흥을 위해 공적 지원과 민간 지원, 기업 메세나(mecenat) 등의 필요성을 강조했다. 민간예술활동의 진흥에 관한 검토 회의를 통해 1986년 「예술활동의 새로운 방도」라는 보고서에서 예술의 사회적·경제적 의의를 천명하고, 공적 지원과 민간 지원의 필요성을 강조했다. 1988년에는 문화진흥 마스터플랜을 계획하여 문화입국 구축이 국가 수준에서 실현되어야 할 과제이며, 관계성청, 지방자치단체, 민간 등이 각자의 역할 분담을 통해 일체화된 연계협력 체제를 확립하는 구상이 구체화되었다.[1] 1989년 문화청은 문화정책추진회의를 설치하여 문화 정책이 충실하게 이행하도록 다양한 전략과 방책을 제시했다.

지방정부는 1980년대 문화 행정하에서 생활문화 전반을 폭넓게 포괄하는 문

---

1   文化廳, 『新しい文化立国の創造をめざして』(ぎょうせい, 1999).

화 정책을 추진했다. 그것이 이른바 지역에 의한 총합문화 정책이다. 총합문화 정책은 문화인식 방법, 경관, 어메니티, 수변, 공원, 도로, 삼림, 녹지, 전원, 도시 등을 포함한 생활환경 전반을 시야에 넣었다. 그리고 문화 콘텐츠 개발과 교류 확대, 문화네트워크 구축, 문화 관련 법의 정비, 문화지원제도의 확충 등을 추진 하면서 지방공공단체의 문화 정책 대상으로서의 문화는 포괄적인 문화를 함의 하게 되었다. 대국화기의 문화적 과제는 새로운 문화 창조와 활성화, 일본 문화 정체성의 확립, 일본 문화의 세계문화화, 국제문화 창출을 위한 선도적인 역할 등을 통해 경제대국에 어울리는 문화대국을 완성하는 것이다.

2. 대국화기의 시대상

1) 대국화기의 사회현상

대국화기 일본은 정치와 경제, 사회와 문화 영역에서 자신감과 자부심을 갖 고 대국으로서의 위상을 유감없이 발휘했다. 대국화의 대표적 현상으로 표출된 것이 폭발적인 경제 부흥을 만든 버블경제, 미국의 레이건(Ronald Reagan) 대통 령, 영국의 대처(Margaret Hilda Thatcher) 수상, 일본의 나카소네 야스히로(中曾根 康弘) 수상 등이 협력하여 만들어낸 국제 질서로서 신자유주의 질서, 미국과 대 등한 관계에서 벌어진 일미경제마찰, 국제사회에서 중심 국가로서 국제기구분 담금 증가 등이었다. 국제사회에서 국가위상이 높아진 것은 일본이 대국이라는 사실을 증명하는 것이다.

사회현상으로는 버블 경기 활성화, 남녀평등 강화, 사생활주의와 개인주의 중시, 해외 유학생 유치 및 지원, 일본문화론 활용, 일본 기업문화 수출, 문화제 국주의와 문화민족주의 추진, 문화 행정화, 일본형 발전모델, 사회 영역 대국화, 신인류 등장, 일본 애니메이션으로서의 아니메 정착, 일본적 문화의 세계시장 진출, 오타쿠 및 신문화, 풍부한 사회 등장, 여행과 여가 영역 확대 등이 발생했다. 일본 사회에는 현실에 긍정적으로 대응하는 문화민족주의와 현실에 부정적으로 대응하는 개성적 이탈주의가 시대사상으로 기능하면서도 일본과 일본인은 성장하는 일본 신화에 자긍심을 가졌다.

다른 한편으로는 전통적 사회구조 및 가치 붕괴, 전통적인 가족관 및 구조 붕괴, 신(新)사회현상으로서 세쿠하라(sexual harassment), 가족 붕괴로 인한 핵가족화와 저출산으로 인한 소자화, 수명 연장으로 인한 초고령화사회, 단신부임으로 인한 기러기가족, 일본형 복지 위기, 생활환경 위기, 전통적 지역공동체 붕괴, 우익문화, 해외섹스여행, 명품브랜드 구매 여행, 풍속산업의 융성 등 부정적인 사회문화 현상이 나타났다. 당시 부정적인 사회문화 현상은 성장하는 사회에서 나타날 수 있는 증상이어서 역으로 일본이 풍부한 사회임을 증명하는 측면이 있다. 그러나 일본 사회와 국제사회에 부정적으로 기능할 수 있는 개연성이 있어 극복해야 할 과제로 부상했다.

〈표 6-1〉은 대국화기 일본에서 나타난 사회현상을 구체적으로 소개한 것이다. 경제적 자신감과 자부심을 배경으로 하여 나타났다는 점에서 역사상 가장 잘 나가는 일본을 대변하고 있다는 데 의의가 있다.

대국화기 일본은 경제대국을 유지하기 위해 국제사회에서의 정치력 강화, 경기부양 정책, 신자유주의 질서, 일본 경영의 삼종신기, 기업 우호적 노동 정책, 문화 정책, 국제사회 공헌 등을 추진했다. 그리고 경제대국에 어울리는 문화대국을 만들기 위해 일본 문화를 주제로 한 국제심포지엄, 국제문화교류와 자원 등을 추구하면서 일본 문화주의를 전면에 내세우는 움직임을 활성화했다. 반면에 일본 사회를 혼란에 빠트리는 사회문화 현상에 대응하기 위해 긍정적이며 적극적인 사회문화 정책을 전면에 내세웠다. 사회문화 정책은 경제대국 일본에 어울리는 사회문화 현상을 만들어내고 새롭게 창조하는 점을 강조했다.

1980년대 초기 스즈키 젠코 정부는 일본 전통과 근대를 중시하는 일본 문화주의를 문화 정책의 중요한 이념으로 인식하여 전략적으로 추진했다. 정부에 의한 문화 정책은 일본 문화 흐름과 각 지방의 문화 흐름에 직간접적 영향을 주었

연도	대국화기의 사회현상
1981 ~ 1990	1981년 핑크레이디 최종 공연, 국제교류기금, 국제문화교류의 이념과 정책 심포지엄, 닛산일본문제연구소 옥스퍼드대학교 내 개설, 암사인 1위, 캐릭터 완구 붐, 골드 붐, 노파 다방 유행, OA(Office Automation), 제1회 일본 문화를 생각하는 심포지엄, 자유민권100년 전국집회, 아시아·아프리카·라틴아메리카 문화회의, 제15회 팝뮤직 페스티벌, 세계경제 재생의 길 심포지엄, 일본상민문화연구소, 히로시마 영상문화라이브러리 발족, 1982년 교과서문제를 생각하는 시민회 우익 성향의 교과서에 항의 데모, 국공립대 외국인교원임용특별조치법 공포, 『겐지모노가타리(源氏物語)』 국제학술대회 개최, 목조문화재 보존 국제심포지엄, 국제교류기금 주최 영화제, 1983년 도쿄디즈니랜드 개원, 이마무라 쇼헤이(今村昌平) 감독의 〈나라야마부시코〉 칸영화제 그랑프리 수상, 독거노인 100만 명, 컴퓨터와 와프로 유행, 비타민 C·E 강조, 과학기술국제연구협력 도쿄회의, NHK 위성TV방송 개시, 국적법 및 호적법 개정(부모 양계주의 채택), 풍속영업 단속법 공포, 중국건국35주년기념 일중청년우호교류대회, 나카소네임시교육심의회 설치법안 공포, 컬러TV 생산 연 1500만 대, 비디오카세트 리스, 해외여행 상품 직송 배달, 마이클 잭슨 인기, 파는 물 붐, 단신부임, 고교중퇴자 2.4%, 박람회 쓰쿠바85 개최, 나카소네 국민에게 수입 촉진 1인100달러 외국제품 구입 요청, 한국 국적 이유로 교원 채용 취소된 양홍자 인권 구제로 비상근 강사로 채용, 현대음악전, 방송통신대학 개강, 이에나가 사부로 『전쟁 책임』 발간, 도쿄대 교수 야스쿠니(靖国)신사 참배 위헌 견해 발표, 초·중·고 컴퓨터 적극 도입 방침, NHK 텔레비전 다중언어 방송, '국민축일법' 개정 공포, 닌텐도 게임기 발매, CD플레이어 보급, VTR 보급 49%, 문부성 기미가요히로마루교육 실시, 평화구상 간담회, 귀국 아동생도 수 1만 명, 교사체벌징계처분 공포, '남녀고용기회균등법' 공포, 에이즈 환자 25명 발생, 신인류 용어 등장, 고교사회과 폐지, 세계사 필수 공표, 오바타리안(オバタリアン) 용어 등장, 미소라히바리 사망, 천황 차남 결혼, 프리터 유행, 세쿠하라(セクハラ) 용어 유행, 나가노우산 200년 만에 분화, 해외 도항자 1000만 명, 버블경제, 3K(きつい, 汚い, 危険) 용어 등장, 일본문화론, 일본 기업문화 정착, 문화제국주의, 전통적 가족공동체 붕괴, 일본형 복지 위기, 생활환경 위기, 소자고령화사회, 우익문화, 퇴폐문화, 문화의 상업화, 일본형 발전모델, 문화민족주의, 문화대국화, 신자유주의사상, 미일통상마찰 대두, 재팬배싱(Japan bashing)

자료: 安江良介, 『近代日本総合年表』(岩波書店, 1991); 神田文人, 『戦後史年表(1945-2005)』(小学館, 2005).

다. 그럼에도 의도한 문화 흐름과는 다르게 일본적인 색깔을 띠고 자유롭고 다양한 일본적 대중문화가 생성하여 활성화되었다. 일본 애니메이션을 의미하는 아니메(アニメ)는 일본이 창조한 대중문화로 성장하여 다양한 문화산업을 발생시키고 활성화하는 데 중요한 역할을 했고, 세계화의 가능성을 보여준 일본제 대중문화로 자리 잡았다.

2) 경제대국과 버블 경기

1980년대 일본을 대국이라고 칭하는 것은 실제로 경제대국 일본을 의미한다. 경제 영역에서 월등한 실적과 능력을 발휘하고, 일본 제품의 수출로 국제수지에서 막대한 흑자를 내어 경제적으로 크게 성장했다. 이후 일본은 세계 제조대국이라는 위상을 유감없이 발휘하여 세계시장을 일본 시장화했다. 대국화기 일본이 자랑하는 수출 품목 중 1위부터 5위까지의 순위를 연도별로 보면 〈표 6-2〉와 같다.

1970년대 도약기 일본의 수출품 순위는 철강, 선박, 승용차, 라디오, 합성섬유 등으로 중공업과 경공업 중심으로 수출이 이루어졌다. 1980년대 대국화기에는 승용차, 철강, 버스·트럭, 선박, 테이프 레코더 등으로 자동차산업이 수출을 주도했으며, 1993년에는 승용차, 컴퓨터, 철강, 집적회로, 버스·트럭 등으로 자동차산업과 IT산업의 수출이 활성화되었다. 일본의 수출 품목은 점차 고도의 과학과 기술 지향적 제품으로 전환되었다.

〈표 6-3〉은 1970년부터 1993년까지 일본의 수입 품목을 소개한 것이다. 일본은 제조업을 바탕으로 성장했기 때문에 완제품 수입보다는 가공이나 제품을 만드는 데 사용되는 원자재 중심으로 수입했다. 일반적으로 일본에 부존하거나 생

〈표 6-2〉일본의 수출 상품 베스트 5   (단위: 10억 엔)

구분	1970년		1980년		1993년	
	수출 품목	수출액	수출 품목	수출액	수출 품목	수출액
1위	철강	1024	승용차	3,675	승용차	5,191
2위	선박	507	철강	3,511	컴퓨터	1,874
3위	승용차	335	버스 트럭	1,051	철강	1,612
4위	라디오 수신기	250	선박	1,001	집적회로	1,454
5위	합성섬유 직물	225	테이프 레코더	742	버스 트럭	1,212

자료: PHP研究所編, 『戦後50年日本のあゆみ』(PHP研究所, 1995), p.68.

구분	1970년		1980년		1993년	
	수입 품목	수입액	수입 품목	수입액	수입 품목	수입액
1위	원유	805	원유	12,011	원유	3,107
2위	목재	801	목재	1,586	의복 재료	1,402
3위	철광석	435	석유 제품	1,166	목재	1,016
4위	석탄	364	천연가스	1,015	천연가스	792
5위	석유 제품	198	석탄	1,009	육류	759

자료: PHP研究所編, 『戦後50年日本のあゆみ』(PHP研究所, 1995), p.69.

산되지 않는 원유, 철광석, 목재, 가스, 육류 등이다. 1970년에는 원유, 목재, 철광석, 1980년에는 원유, 목재, 석유 제품, 1993년에는 원유, 의복 재료, 목재 등의 순으로 수입했다.

잘 나가는 일본 경제에 더욱 부채질하고 바람을 넣은 것이 버블 현상이다. 원래 버블이라는 용어는 'South Sea Bubble'에서 유래한 것으로 1720년 영국(Kingdom of Great Britain)에서 투기 붐으로 일어난 주가 폭등과 폭락 현상을 지칭한다. 경제학자 노구치 유키오(野口悠紀雄)는 1987년 「버블로 팽창된 지가(バブルで膨らんだ地価)」라는 논문을 ≪주간동양경제·근대경제학 시리즈≫에 게재하여 지가 폭등을 버블이라고 명명했다. 일본에서 발생한 1980년대 후반과 1990년대 초반의 경제 호황 또는 투기 현상을 버블이라고 했다. 버블 경기라는 용어는 1987년에 명명되었고 일반적으로 이 용어를 실감한 것은 버블경제가 붕괴한 후였다. 당시 버블 경기라는 용어는 신어 및 유행어 대상이 되었고 유행어 부문은 상을 수상자가 부재한 상태로 수상했다.

버블 경기는 급격한 호황으로 기존의 자산 가격이 크게 폭등하고, 그 후 급속도로 자산 가격이 하락하는 경제 현상이다. 공기로 채워진 물방울이 부풀어 터지는 현상과 닮아 붙여졌다. 일본 경기가 비이상적으로 상승한 시기를 버블 경기, 그 후 경기가 하강하기 시작하여 깨지는 시점까지 버블 경기 붕괴라고 할 수 있다. 버블 경기는 경기에 민감한 지표의 양적 움직임을 합성한 지표를 의

미하는 경기동향지수(Composite Index: CI)가 급속도로 상승한 것을 의미한다. 1986년부터 1991년 2월 1일까지 일본에서 자산 가격 상승과 주가 폭등으로 발생한 경기 호황을 지칭한다. 버블로 인해 경기동향지수가 부풀어진 의미에서 거품 경제라고도 하고 헤이세이(平成) 경기 또는 헤이세이 버블(平成バブル)이라고도 불린다.[2]

일본의 버블 경기는 1986년 12월부터 1991년 2월까지 약 5년간 주식이나 부동산을 중심으로 한 자산이 과도하게 폭등하여 경제가 성장하고 확장되는 호황 경기이다. 경기가 버블인지 아닌지를 판단하는 지표는 경기동향지수(CI·DI), 토지 가격(공시 가격, 6대 도시 조사 가격, 지방평균치), 주가, GDP, 소비자물가, 민간소비지출 등이다. 버블 경기 당시 도쿄도의 야마노데센(山手線) 내의 토지 가격으로 미국을 살 수 있다고 할 정도로 일본의 토지 가격이 폭등했고, 주가지수는 주식 가치의 상승으로 일본 주식 사상 최고로 올라가는 기록을 남겼다.

일본이 경제대국으로 국제사회에서 자리매김하고 경제적 부를 즐길 수 있는 버블 경기를 일으킨 요인은 매우 다양하다.[3] 〈표 6-4〉는 버블 경기를 발생시킨 직간접적인 배경과 요인을 소개한 것이다.

일본의 버블 경기는 국세지방세 인하, 법인세 인하, 1985년 프라자 합의(プラザ合意)에 의한 엔고 대응 정책, 공정보합 인하로 인한 저금리 정책 유지, 나카소네 경기부양 정책, 원유 가격 하락, 금융완화 정책, 수도개조계획, 대형 공공투자, 토지와 주가 투자 붐, 토지가와 주가 상승 등에 의해 발생했다. 1992년 ≪일본은행 조사월보≫ 9월호에서는 많은 금융기관이 토지담보 가치를 높게 책정하고, 금융 대출을 촉진시키기 위해 M2+CD(통화 공급량의 움직임을 보는 지표) 신장률을 높인 것이 버블 원인이라고 분석했다. 버블 경기가 발생하면서 엔고 불황,

---

2 永野健二, 『バブル:日本迷走の原点』(新潮社, 2016); 八木隆, 『80年代バブルの生成からアベノミクスまで―「景気対策」依存症が蝕む日本の経済と社会』(ブイツーソリューション, 2017).

3 昼間たかし, 『1985-1991 東京バブルの正体』(マイクロマガジン社, 2017); 村松岐夫·奥野正寛, 『平成バブルの研究〈上〉形成編―バブルの発生とその背景構造』(東洋経済新報社, 2002).

〈표 6-4〉 버블 경기의 요인

요인	버블 경기의 요인
버블 경기 배경	- 국제수지에서 지속적인 흑자, 미국 경제 악화로 인한 일본흑자경제조정 요구, 당시 경제가 좋았던 일본과 서독일에 대한 서방 국가의 공격 - 1985년 미국 주도로 선진 5개국이 환율 안정화를 위한 프라자 합의를 하여 일본에서 엔고 현상이 일어나고 일본 경제의 흑자구조를 수정하는 요구가 발생함 - 버블 이전 당시 달러강세로 무역적자를 기록한 미국은 G5(Group of Five, 프랑스, 미국, 영국, 독일, 일본)와 협의하여 1달러 240엔이던 환율을 1년 후 150엔대로 엔의 가치를 급격히 높여 엔고시대에 돌입함 - 1985~1988년에 경상수지 흑자, 경제성장, 물가 상승, 각국 협조에 의한 달러강세 조정 등으로 엔고가 가속화됨 - 엔고는 수출산업과 기업 위축, 도쿄나 오사카의 공장 도산, 제조업의 해외 유출 등을 촉진시켜, 일본 경제에 엔고 불황이라 불리는 심각한 불경기를 초래함 - 일본 정부는 엔고와 경기 불황을 타개하기 위해 파격적인 경기부양책을 추진함
국세·지방세 인하	- 내수 확대 장려와 불황 극복을 위해 국세 및 지방세를 합한 최고세율을 88%에서 75%로 인하하여 부유층을 중심으로 가용 수입이 최대 두 배 증가하여 버블 경기를 초래함
경기부양 정책	- 나카소네(中曾根) 내각은 프라자 합의 이행과 무역마찰 해소를 위해 국내 수요 확대를 국제 공약으로 내세우고 「마에카와 레포트(前川リポート)」에 기초하여 국내경제 확대 정책을 추진함 - 나카소네 내각은 미국 불황과 미일무역마찰 해소를 위해 자주적인 수출자제 정책을 실시하고 일본 국민에게 1인당 100달러씩 미국 상품 구매를 요청함 - 법인세를 42%에서 30%로 인하, 소득세 최고세율을 70%에서 40%로 인하, 물품세 폐지 등을 시행하여, 가처분소득이 늘어나 토지와 주식투자 붐이 일어남 - 대도시권의 토지 용량(용적률) 규제 완화, 도쿄만 아쿠아라인(도쿄만 횡단도로) 건설 프로젝트 실시, 스즈키 슌이치(鈴木俊一) 도쿄 지사의 제2차 도쿄도 장기 개발계획에 의한 도쿄도임해부도심 구상 등으로 부동산 거래가 활성화됨
금융완화 정책	- 5회에 걸친 이자율 인하, 대장성 대신 미야자와 기이치의 보정 예산에 의한 공공사업 확대, 일본은행의 공정보합 무변동과 함께 무담보 콜레이트(자금의 총량을 증감시켜 자금의 수요와 공급을 조정하고 금리를 통제하는 금융 정책)를 조정하는 정책을 추진함 - 저금리 유지 정책으로 명목금리가 인하되고 금융대출이 활성화되어 토지와 주가에 대한 투자가 증가함
원유 가격 하락	- 1986년 초 원유 가격이 급락하여 무역 여건이 개선되었으며 기업이익이 증가하여 경기를 자극함 - 경제학자 다나카 히데요시(田中秀臣)는 원유 가격 하락으로 일어난 일시적 상승 효과를 일본 경제의 잠재적 성장 능력이 향상된 것으로 오인하여 버블시대로 돌입했다고 과대평가함

요인	버블 경기의 요인
수도개조계획	- 국토청은 수도개조계획을 공표하고 도쿄에 사무실이 부족하다고 판단하여 2000년까지 5000헥타르 토지와 최고층빌딩 250동이 필요하다고 선언함 - 국토청은 공급 확대를 통해 지가와 건물 폭등을 억제하려는 정책이었지만, 부동산 회사는 사무실 공급계획이 국책이라고 인식하여 도시 용지를 확보하는 데 전력을 다하여 지가상승을 촉발시킴 - 국토청의 수도개조계획이 버블 경기를 촉발시키는 원인으로 작용함

경기 불황, 경기 침체 등의 용어가 사라졌다.

버블 경기가 시작되면서 지가 폭등, 주택 가격 폭등, 건설 붐, 주식 가격 상승, 이자율 감소로 은행융자 증폭, 과잉 투자 등의 현상이 벌어졌다. 일본인들은 1991년 2월 버블 붕괴 직전까지 버블 경기의 호황을 만끽했다. 〈표 6-5〉는 버블 경기로 발생한 버블경제 현상을 소개한 것이다. 버블경제 현상으로는 지가 폭등, 토지투자 경쟁, 토지 브로커 활동, 주택 가격 폭등, 버블산업 호황, 해외투자 확대, 주가 폭등, 취업 호황 등으로 나타났다.

버블 경기로 인한 지가나 주택 가격 상승은 지방자치단체의 공공사업을 추진하지 못하게 하는 장애 요인으로 작용하기도 했다. 주택 가격 상승으로 임대 가격도 올라 도심에서 주변으로 이사하여 통근시간이 길어지는 현상이 벌어졌다. 젊은이들은 지가와 주택 가격이 높아져 구입이 어려워지자 선호하는 취미생활에 투자를 하면서 외제 자동차, 해외여행 등 자신을 위해 투자하는 현상이 벌어졌다. 그리고 일자리가 많아 기업과 같은 조직 속에 들어가 일하기보다는 아르바이트를 통해 생계를 유지하는 새로운 리치 아르바이터가 생겨났고, 3K 노동을 회피하는 현상이 생겨 전통적인 일본 노동시장의 변화를 초래했다.

그러나 버블 경기로 위력을 발휘하던 일본 경제는 국내외적 경제 환경 변화로 점차 버블 붕괴라는 길로 달리고 있었다. 일본 화폐의 가치 상승을 의미하는 엔고로 인해 산업과 기업활동이 위축되어 국제수지가 악화되었고, 정부의 임시방편적 금융완화 정책이 은행의 과다융자로 이어져 불량채권을 증가시켰으며 각종 투자 손실이 가계와 기업의 부채가 되었다. 정부의 부동산 대책으로 실시

〈표 6-5〉 버블경제의 현상

구분	버블경제 현상
지가 폭등	- 이자율 인하와 담보 가치 상승, 대출 확대, 지가상승 현상 등으로 인컴 소득(토지 유용으로 얻는 소득)보다는 캐피털 소득(토지 가격 상승으로 얻은 소득)을 목적으로 토지구매 경쟁이 격화되었고 거액투자 현상이 발생함 - 내각부의 국민경제 분석에 의하면, 지가 폭등으로 일본의 토지자산은 버블 시기인 1990년 말 최고조인 약 2456조 엔으로 추정했고, 이는 1985년 말의 2.4배에 해당되며, 일본 전체 지가 합계는 미국의 네 배에 달하는 것으로 평가함 - 원활한 자금 조달을 배경으로 대도시 개발이 활성화되어 도심의 우량 지구와 불량 지구의 지가가 폭등했고, 토지해결사(地上げ屋)가 등장하여 토지 투기 붐을 조장함 - 1985년 일본개발은행은 토지 자산이 폭등하고 자금력이 풍부하여 도쿄가 세계 금융의 중심이 된다는 보고서를 발표함
주택 가격 폭등	- 일본 정부가 연소득 다섯 배로 주택 취득이라는 슬로건을 내세우자 융자를 통해 단독주택을 구매하려는 경쟁이 벌어져 도심 주택뿐 아니라 근교 주택 가격을 폭등시킴 - 1988년 도쿄도 주택지 가격은 69%, 상업지는 61% 상승했고, 1990년 오사카 주택지 가격은 56%, 상업지는 40% 상승함 - 주택 가격 상승으로 도쿄권의 맨션 가격은 샐러리맨 평균 연소득 8.9배에 달해 마이 홈의 꿈이 멀어졌고, 2세대론 주택 상품이 개발되어 자식 세대까지 상환 책임을 지도록 함 - 장기 대출을 통해 주택을 구입하고 절세나 상속세 절감을 위해 친족을 양자로 들이는 기현상이 발생함
버블 산업 호황	- 버블 3업종인 건설업와 부동산업의 부채 증가, 논뱅크(ノンバンク, 은행에서 융자를 받아 여신업을 하는 기업)의 대출 확대 현상이 발생함 - 1987년 리조트법이 제정되어 대기업의 리조트 개발이 활발해지고 부동산 개발, 호텔업, 홋카이도의 스키장 건설, 각 지역의 골프장 건설 등이 활성화됨 - 일본국유(JR), 일본전신전화공사(NTT), 일본전매공사(JT), 일본 항공 등과 같은 공공기업과 특수법인이 민영화되어 사회 전체에 활기를 불어넣었음
해외 투자 확대	- 금융시장의 활성화와 자산 증가로 일본 기업은 해외 부동산이나 기업을 매수함 - 미쓰비시(三菱)의 록펠러센터 구입(2200억 엔), 소니의 콜롬비아영화사 구입 등을 시작으로 해외 부동산, 리조트, 기업 투자, 고가 골동품 매수 등이 이루어짐 - 미국에 대한 투자 증가는 미국의 일본 때리기로 나타났고, 해외자산 매입으로 현지 가격을 상승시켜 비난을 받기도 했음
주가 폭등	- 주가가 상승하여 1989년 12월 29일 닛케이평균 가격(日経平均株価)은 사상최고치 3만 8957엔 44전을 기록하고, 주식보유자의 자산 가격 버블화를 촉발시킴 - 주가상승으로 주식 투자 붐이 일어나고 금융소득과 자산이 증가함
취업 호황	- 버블 당시 유효구인배율은 1991년 1.40, 버블 기간 유효구인배율 최고치는 2.86으로 나타났고, 대량으로 채용된 신규사원을 가리켜 버블취직 세대라고 함 - 노동시장의 활성화로 노동력이 부족하여 임금이 상승하고, 외국으로부터 귀국하는 일계인이 증가했으며, 외국 노동자가 증가함

한 부동산 총량제로 인해 주택 가격이 하락하고 거래 절벽 현상이 일어나 부동산시장의 기능이 마비되었다. 또한 경기 하락으로 주가가 폭락했으며, 버블로 인한 과잉소비 및 저축률 하락이 금융 탄력성을 떨어트려 금융시장 위기로 이어졌다. 국제사회로부터의 압박과 마찰 등이 증가하여 버블 경기에 부정적인 영향을 주기 시작했다.

3) 일미경제마찰

전후 일본은 안정적인 경제성장과 기술혁신으로 국제경쟁력을 높이고 수출지향적 경제구조를 튼튼하게 하여 일본 제품을 미국을 비롯한 세계 각국에 판매하여 경제대국을 만들어갔다. 1960년대 섬유 제품, 1970년대 철강 제품, 1980년 자동차와 가전제품, 1990년대 자동차와 IT 제품 등이 수출되어 무역에서 흑자를 기록했다. 1980년대는 지속적으로 성장하는 일본 경제의 호황과 국제무역에서 적자를 내는 미국의 불황으로 일미경제마찰이 극에 달하는 시기였다. 일미무역마찰은 제2차 세계대전 이후 일미관계에서 발생한 무역역조 현상으로 발생했다.

일미경제마찰로 나타난 현상은 미국이 일본을 노골적으로 비판하고 때리는 재팬배싱(Japan bashing)으로 나타났다.[4] 미국이 무역역조 개선과 시정을 요구한 경제적·정치적 일본 때리기였다. 더욱이 일본이 국제사회에서 경제대국으로 존재감을 갖게 되고, 일본과 미국의 경제 격차가 증가함으로써 표면화되었고, 1970년대부터 생긴 미국의 반일 감정에 동반된 현상이기도 하다. 재팬배싱은 일본의 대미무역흑자에 대한 미국의 비판과 반발이라는 측면이 있고, 일본 측에서 보면 국제경제질서에 대한 불공정하고 일방적인 비판과 비난이라고 생각하는 측면이 있다.[5]

---

4   島田克美, 『日米経済の摩擦と協調』(有斐閣, 1988).
5   船橋洋一, 『日米経済摩擦—その舞台裏』(岩波新書, 1987).

연대	일미경제마찰 내용
1960년대	- 일본은 고도 경제성장을 지속적으로 유지하면서 1965년 이후 일미 간 무역수지를 역전시켰고, 이후 미국은 일본과의 무역에서 적자를 기록하여 마찰의 가능성을 안고 있었음
1970년대	- 1972년 일미 간의 무역수지 역조를 개선하기 위해 열린 일미섬유교섭에서 통상장관 다나카 가쿠에이가 양보를 하지 않아 결렬됨 - 1977년 미국이 '대적통상법'으로 일본 제품의 수입을 제한하자 일본은 대미수출을 자주적으로 규제하는 안을 수용하고, 철강과 컬러텔레비전 수출을 자제함 - 1970년대 미국은 높은 인플레이션과 경기 후퇴로 불황을 겪고 있었고, 일본이 대미무역수출 흑자를 10년 이상 지속하여 세계 제2위 GDP를 자랑하는 경제대국으로 등장하자, 엔 가치가 너무 낮다고 인식하여 대일 감정이 악화됨 - 일본 경제성장을 찬양하는 『Japan as Number One』이 베스트셀러가 되면서 미국의 일본에 대한 견제가 심해짐
1980년대	- 1980년대 들어 일본 농산물과 자동차가 미국의 표적이 되었고, 자동차 시장을 둘러싼 마찰은 하이테크 마찰로 이어지면서 일미 간의 무역 마찰이 모든 분야로 확대됨 - 1985년 미국은 500억 달러의 대일무역 적자를 기록하여 반일 감정이 높아지는 가운데 시장 개방, 수입 확대, 환율 조정, 업계관행 수정, 관세 시정, 투자와 금융시장 개방, 서비스 시장 개방 등을 요구함 - 카터에서 레이건으로 정권이 이어지는 가운데 제너럴 모터스가 생산 규모를 대폭 줄여 자동차산업이 크게 위축되었고, 실업률이 10%를 넘어서면서 대일 감정이 악화되자 레이건은 레이거노믹스[1]를 제창함 - 일본은 1985년 프라자 합의를 통해 엔화 가치를 높이고, 무역흑자와 경상흑자를 개선하는 정책을 시행했으며, 1986년 「마에카와 레포트(前川レポート)」에서 공공투자를 위한 재정지출 확대, 민간투자 확대를 위한 규제 완화 등을 제시함[2] - 나카소네는 미국 제품 100달러 사주기 운동을 전개하여 미국과의 무역역조 개선 운동을 벌임
1990년대	- 일미 간 반도체, 컴퓨터, 항공우주 등의 분야를 둘러싼 하이테크 마찰이 시작되어 통상적 경제 마찰을 가중시킴 - 미국의 견제로 NEC와 후지쓰(富士通)의 슈퍼컴퓨터 수출이 위축되고, 우주항공산업에서 독자적인 인공위성 개발을 제한했으며, F-2지원전투기 공공 개발을 둘러싸고 하이테크에 대한 지적재산권 분쟁이 확대됨 - IBM 산업 스파이의 활동 혐의로 히다치 사원이 체포되어 감정이 악화됨
2000년대	- 2018년 트럼프 대통령은 미일 간의 경제적 밀월관계가 끝났다고 선언하고, '통상확대법' 231조를 일본과 중국에 적용하여 무역 적자를 해소하기 위한 미중, 미일 간의 무역전쟁을 시작함 - 트럼프는 국제안전보장을 이유로 철강과 알루미늄에 대한 수입제한조치를 발동

연대	일미경제마찰 내용
	하고, 하이테크를 둘러싼 기술이전 방지, 인재유출 방지, 외국인 유학생 제한, 미래기술 영역에서 중국의 독과점 저지, 지적재산권 강화, 외국 이민제한 등 대외 경제전쟁을 강화하고 있음

주 1: 레이거노믹스(Reaganomics)는 1980년에 미국 대통령 레이건이 시행한 일련의 자유주의 정책과 재정지출 확대 정책이다. 경제활동에 관한 규제 철폐와 완화로 자유경쟁 촉진, 사회보장지출 증대, 군사지출 증대, 감세 등을 추진하여 소비 의욕과 수요 증대를 촉진하는 경제 확대 정책이다. 이에 따라 M&A를 유행시켰고 경제 규모가 증가했다. 그러나 레이거노믹스는 무역 적자와 재정 적자를 해결하지 못했다.

주 2: 마에가와 레포트는 1986년 4월 7일 당시 나카소네 야스히로 총리의 사적 자문기관인 경제구조조정연구회의 좌장인 마에가와 하루오(前川春雄) 일본은행 총재가 제출한 국제협력보고서이다. 보고서는 일본의 대폭적인 경상수지 흑자가 위기를 초래하는 원인이라 판단하고, 일본 경제와 세계 경제의 조화로운 발전을 제언했다. 경제 정책으로는 경상수지 불균형 해소, 국민생활 질 향상, 내수 확대, 시장 개방, 금융 자유화, 미국의 요구에 부응하기 위해 10년간 430조 엔 공공투자를 통한 재정지출 확대, 민간투자 확대를 위한 규제 완화 등이 제시되었다.

일본과 미국 간의 경제를 둘러싼 마찰은 일본이 고도 경제성장을 한 1960년 대부터 지속적으로 경제성장을 유지하면서 1980년대에 폭발했다. 〈표 6-6〉은 일미 간 경제마찰을 일으킨 요인과 흐름을 각 시대별로 소개한 것이다.

일본과 미국 간의 경제마찰은 무역역조에 기초하고 있고, 모든 경제 영역으로 확대되어 미국의 재팬배싱으로 나타나 일본과 미국 간의 무역역조가 개선되기보다는 국민 감정을 악화시키는 계기가 되었다. 일본은 다양한 개선 방법을 동원하여 대응하는 가운데 버블 경기와 버블 붕괴가 발생하여 마이너스 성장과 저성장이라는 침체를 겪었다. 더욱이 지속적인 엔고와 디플레이션으로 잃어버린 10년 또는 잃어버린 20년이라고 불리는 불황기를 맞게 된다. 또한 국제사회에서는 1990년대 이후에 정치적·경제적으로 급격하게 성장한 중국과 미국, 일본, 한국 간의 경제 경쟁이 격화되었고, AIIB(Asian Infrastructure Investment Bank)나 APEC(Asia Pacific Economic Cooperation) 등과 같은 국제기구 설립과 역할을 둘러싼 마찰이 표면화되어 긴장감을 높이고 있다.

4) 신자유주의 경제

신자유주의(New Liberalism)는 1980년대 국제사회에서 적용된 이념으로 자유

방임주의나 고전적인 자유주의에 뿌리를 두고 있다. 사회적 정의를 중시하면서 자유로운 개인이나 시장을 위해 정부개입을 점차 축소하여 개인이 스스로 책임을 갖고 행동하는 점을 강조했다. 개인 영역과 시장 영역에서 정부의 역할을 최소화하고, 개인과 시장은 자유롭게 활동한 결과에 스스로 책임을 지는 한편 정부에 의존하지 않도록 하는 정책 기조를 바탕으로 하고 있다. 그리고 국가는 국방과 같은 질서를 유지하고 방어하는 데 힘을 기울이는 작은 정부를 주창했다.[6]

신자유주의는 1930년대 세계공황을 극복하기 위해 적용된 케인스주의에 대한 반향으로 일어났다. 세계경제가 공황에 빠지자 각 국가는 개인과 시장에 적극적으로 개입하여 국가의 역할을 증대시키는 가운데 개인과 시장은 국가에 의존하는 상황이 지속되었다. 불황 시 경기부양 정책을 적극적으로 추진하고, 개인 건강이 좋지 않으면 무료로 의료비를 제공하는 등 행정적·재정적으로 막대한 지출을 단행하여 국가 부채가 증가하고 만성적인 재정 적자가 지속되었다. 더욱이 각 사회 영역은 스스로 해결하는 능력과 힘을 잃어버렸다. 따라서 1930년대 사회적 시장경제에서 벗어나 개인의 자유나 시장 원리를 재평가하고 정부개입을 최소화하는 정책적 움직임이 미국, 영국, 일본 등 선진국을 중심으로 일어났다.[7] 그것이 1980년대 신자유주의가 발흥하게 된 원인이자 배경이다.

특히 미국에서는 1970년대 스태그플레이션(stagflation)을 계기로 물가 관련 금융경제 정책을 중시하는 현상이 발생하여 레이거노믹스(Regenomics, Regen과 Economics의 합성어)로 대표되는 시장 원리주의로의 회귀 현상이 일어났다. 시장 원리주의는 자기 책임, 작은 정부 추진, 균형 재정, 복지 및 공공서비스 축소, 공영사업의 민영화, 글로벌화를 전제로 한 경제 정책, 규제완화에 의한 경쟁 촉진, 노동자 보호 폐지 등을 추진하는 경제체제를 의미한다. 신자유주의의 주창으로 개인이 자신에 대해 책임져야 하는 극단적인 개인책임시대와 정부가 되도록 개

---

6   菊池英博, 『新自由主義の自滅 日本·アメリカ·韓国』(文藝春秋, 2015); 坂井素思·岩永雅也, 『格差社会と新自由主義』(放送大学教育振興会, 2011).

7   デヴィッド ハーヴェイ(Harvey, David), 『新自由主義―その歴史的展開と現在』(作品社, 2007).

인과 시장에 책임지지 않는 정부무책임시대가 도래했다.

신자유주의를 신봉하는 학자는 프리드먼(Jerome Isaac Friedman),[8] 하이에크 (Friedrich August von Hayek)[9] 등이며, 정치가로는 레이건, 대처, 나카소네 야스히로(中曽根康弘), 고이즈미 준이치로(小泉純一郎) 등이다. 그들이 주창한 신자유주의 경제체제는 고도 경제성장기의 경제체제인 포디즘(Fordism)을 이은 자본주

---

8 프리드먼(1912.7.31~2006.11.16)은 케인스와 함께 20세기 경제에 가장 크게 영향을 미친 경제학자이다. 그는 1930년대 공황이 연방준비은행의 서툰 통화 정책 때문에 발생했다고 진단하여 케인스와 반대 입장을 취했다. 1976년 소비 분석, 통화 이론과 역사, 안정화 정책의 복잡성 논증 등의 공로로 노벨경제학상을 수상했다. 1998년에는 국제통화기금(IMF) 정책이 실패하여 해체해야 한다고 주장했다. 그는 자유시장 원리를 설파하여 닉슨 행정부와 레이건 행정부의 정책에도 많은 영향을 주었다. 주요 저서로는 『자본주의와 자유』가 있다. 프리드먼은 흔들림 없는 자유주의자, 자유경쟁체제의 군건한 옹호자, 통화주의의 대부, 작은 정부론의 기수, 자유시장경제 옹호자, 정부 재정정책 반대론자, 반케인스학파의 창시자 등으로 불리는 미국의 통화주의 경제학자이다. 프리드먼은 개인의 자유와 복지를 증진시키는 데 있어 자유경쟁을 근간으로 하는 경쟁적 자본주의 체제가 인류가 고안해낸 가장 훌륭한 제도이며, 따라서 더 나은 사회를 건설함에 있어 가장 중요한 일은 모든 이에게 최대한의 경제적 자유를 보장해 주는 것이라고 주장한다. 이를 실현하기 위해 사유재산권을 존중하고 공평한 기회를 보장하며 공정하고도 치열한 경쟁이 이뤄지도록 정부의 역할을 최소화해야 한다고 주장했다.

9 하이에크(1899.5.8~1992.3.23)는 20세기를 대표하는 자유주의 사상가이다. 하이에크의 자유주의는 반합리주의이다. 인간의 이성은 한계가 있어 관습, 관행, 매너, 경험 등과 같은 인간이 습득한 규칙에 따를 것을 주장했다. 규칙에 따르지 않으면, 인간은 불완전한 이성밖에 갖지 못하기 때문에 제도나 정책을 설계할 수 없다는 것이다. 이성을 사용해서 국가나 사회 같은 복잡한 것을 합리적으로 설계할 수 있다는 마르크스주의나 전체주의는 오류라고 인식하고, 자신들의 이론에 따라 세계를 설계하고 다른 이론을 비판한다는 점을 지적했다. 하이에크에 따르면, 전체주의는 합리주의이고 반합리주의는 자유주의이며, 인간의 불완전한 이성에 의한 합리주의적 정책이나 제도는 불완전한 것으로 약점이 많다. 자유주의적 정책과 활동이 합리주의적 정책과 활동을 능가한다고 보았다. 하이에크는 경기순환에 대한 화폐의 영향을 분석한 화폐경기순환 이론을 구축한 공로로 1974년 노벨경제학상을 수상했다. 생산과 소비의 가격 비율로 정해지는 자연 이자율과 실제 이자율과의 관계가 생산량과 고용량을 결정한다는 이론이다. 실제 이자율이 자연 이자율보다 낮은 경우 과도한 투자가 발생하여 버블이 발생하고, 이윽고 생산이 투자와 소비에 대한 수요에 대응하지 못해 버블이 붕괴한다고 분석했다. 투자한 만큼의 생산이 이루어지지 않을 때 버블은 붕괴한다는 이론을 설파해서 각 시기에서 발생한 버블의 원인을 해명했다.

의경제체제이다.[10] 그리고 국가에 의한 부의 재분배를 주장하는 사회주의경제 정책과 국가가 자본주의경제를 직접 관리하는 관 주도적 경제 정책과는 대립하는 정책이다.

신지유주의리는 용이는 월터 리프만 국제회의(Walter Lippmann Colloquium)에서 처음으로 등장해 사용하면서 구체화되었다. 리프만 국제회의에서는 신자유주의 개념을 '가격 결정의 메커니즘, 자유로운 기업, 경쟁이 보다 강하고 공평한 국가체제의 우선'이라고 정의했다.[11] 〈표 6-7〉은 신자유주의 학파가 주장하는 신자유주의적 내용을 소개한 것이다.

신자유주의는 세계공황을 극복했던 케인스 경제 이론을 비판하고 자유시장과 시장경쟁, 개인주의와 개인경쟁 중시, 효율적인 소득 재분배와 지원 부정, 공평한 사회보장제도, 정부개입 축소, 정부재정지출 정책 축소 등을 통해 작고 강한 정부, 능력 있는 개인, 경쟁력 있는 기업 등을 추구한다는 강점이 있다.[12] 이

10　포디즘은 산업사회에서 대량생산이 대규모 시장을 필요로 한다는 미국의 실업가 포드가 주창한 대량생산체계 이론이다. 1913년 포드가 미시건주에 설립한 공장에서는 T형 포드자동차 한 종류만을 생산했다. 자동차를 생산하는 데 작업 속도와 정밀도를 높이기 위해 조작이 간편하고 전문화된 작업 용구와 기계를 사용했다. 포드 공장의 조립라인에서 각 노동자들은 차체가 라인을 따라 움직일 때 각기 특정한 업무를 맡았다. 그런 방법으로 생산효율성의 극대화가 이루어졌지만 결근율과 이직률을 급격하게 증가시켜 포드생산라인 작동이 원활하지 못했다.

11　デヴィッド ハーヴェイ(Harvey, David), 『新自由主義―その歴史的展開と現在』.

12　케인스(John Maynard Keynes, 1883.6.5~1946.4.21)는 20세기 세계경제에 영향을 준 영국의 경제학자이다. 그는 유효수요를 강조하는 케인스 서클을 주도하고 거시경제학을 확립했다. 『고용, 이자 및 화폐의 일반 이론(The General Theory of Employment, Interest and Money)』(1935~1936)에서 불완전고용 상태에서도 균형은 성립할 수 있고 완전고용을 제공하는 이론이라고 주장하여 공급이 스스로 수요를 창출한다는 세이법칙(Say's law)을 정면으로 반대했다. 재정투자로 소비(수요)를 늘리고 생산(공급)을 늘리면 고용이 늘어난다는 유효수요의 원리, 소비와 투자로 이루어지는 유효수요의 크기에 따라 소득 수준과 고용 수준이 결정된다는 케인스(J. M. Keynes)의 고용 이론 등을 확립했다. 1930년대 상품시장에는 재고가 쌓였고 노동시장에는 대규모 실업이 발생했다. 케인스는 공급할 능력이 충분한 데 비해 수요가 부족하기 때문에 재고와 실업이 증가한 것이라고 분석하고, 수요 증가를 통해 해결해야 한다고 주장했다. 이 이론을 가리켜 유효수요 원리라고 한다. 케인스는 세이 법칙과 정반

이론은 반시장주의를 후퇴시키고 세계경제가 성장하는 동력으로 작용했다. 다른 한편으로 신자유주의는 국가 간 격차와 계급 간 격차를 확대시키고, 부익부 빈익빈, 부의 불평등 분배, 국가 역할 부재, 시장경제 방임 등으로 세계 시스템을 위기로 몰아가고 있다고 비판받고 있다. 그리고 신자유주의에 기초한 자본주의는 세계경제의 글로벌화와 교류를 촉진시키는 장점이 있지만 인간 존중을 누락시키는 약점이 있다.[13]

특히 일본에서는 신자유주의가 추진·확장되어 국가, 기업, 개인 등이 다양한 위기에 빠졌고, 극복 전략으로 일본적 경영을 활용하여 큰 성과를 거두었다. 일본적 경영은 국가의 개입이라기보다는 기업과 사원 간 자율적으로 형성된 운명공동체적 관계를 통해 세계경제와 기업 환경 변화에 대응하여 위기를 극복하고 성장을 추진하는 새로운 방식의 일본적 경영 시스템이다. 일본이 경제위기에 봉착하고 신자유주의가 실시되는 과정에서도 일본적 경영 철학이 가동되어 성장을 지속시킬 수 있었다. 하이에크는 일본적 경영이 진정한 개인주의에 기초하여 자생적으로 발생한 경영 질서라는 점을 높게 평가했다.

대로 총수요의 크기가 총공급의 크기를 결정한다고 주장했다. 또한 불완전고용을 극복하기 위한 방법으로 유효수요의 창출을 주장했으며, 이를 위해 정부의 능동적인 개입, 과감한 적자 재정과 소득의 재분배, 이자율의 인하 등을 요구했다. 케인스는 총수요를 증대시키는 방법으로서 정부의 재정지출 정책을 중시했다. 그리고 정부의 공공투자 정책이나 투자확대 정책은 유효수요를 증대시키고 기업가의 마인드를 개선하여 경제 전체의 투자 수준을 올리는 데 목적이 있으며, 생산 수단의 국유화를 위한 것이 아니라고 했다. 이러한 이론을 총체적으로 케인스 경제학이라고 한다. 케인스의 생각은 경제학을 고전파 경제학자와 케인지안(Keynesian)으로 이분화시키는 계기가 되었다. 케인스는 대공황하에서 금융 정책이 매우 효과적이며, 소비를 직접적으로 증대시키는 재정지출 정책이 효과적이라고 주장했다. 케인스의 유효수요 창출 이론은 대공황(great depression)하에서 미국의 루스벨트(Franklin Roosevelt) 대통령에 의해 뉴딜(New Deal) 정책으로 구체화되었다.

13 菊池英博,『新自由主義の自滅 日本·アメリカ·韓国』; 坂井素思·岩永雅也,『格差社会と新自由主義』.

〈표 6-7〉 신자유주의 경제학파

학파	학파 주장 내용
오스트리아학파	- 오스트리아학파는 경제 현상의 기초를 개인의 의도적 행동으로 보고 방법론적인 개인주의를 제창함 - 오스트리아학파는 칼 멩거(Carl Menger)를 시작으로 19세기부터 20세기에 걸쳐 빈에서 활동했고, 경제 이론은 주관적 가치론, 한계효용 이론, 경제계산 논쟁의 계통적 논술 등의 특징이 있음[1]
월터 리프만 회의	- 1930년대 발생한 반자유주의가 개최하게 된 결정적인 동기가 됨 - 철학자 루이 로히르(Louis Rougier)의 제창으로 1938년 파리에서 월터 리프만 국제회의가 열렸고, 참가자들은 새로운 자유주의 연구의 필요성에 동의하여 네오 리버럴리즘(neo liberalism)을 주창함. 네오 리버럴리즘은 정부 규제를 배제한 자유로운 시장경제에 기초하고 자본주의와 사회주의와는 다른 제3의 길을 추구하는 흐름으로 규정함
시카고학파	- 프리드먼을 중심으로 한 시카고(Chicago)학파는 시카고대학교를 중심으로 형성된 신고전파 경제학이라고 불리고, 정부개입 비판, 중앙은행의 통화 공급 등 시장에 대한 규제를 반대함 - 1980년대 신고전학파의 가격 이론이나 자유주의(개인적 자유와 경제적 자유 중시)의 영향을 받고 케인스주의를 거부하며 자유주의적 금융주의를 지지함
미국의 신자유주의	- 1980년대 레이건은 케인스주의적 복지국가의 해체에 착수하고, 작고 강한 정부, 규제 완화, 감세, 예산 삭감, 노동조합 공격 등 신자유주의적 정책을 추진함 - 소수민족에 대한 대우조치 포기, '방송법' 개정 등을 실시하여 우파 성향의 FOX뉴스가 등장함
영국의 신자유주의	- 1979년 선거에서 승리한 대처는 국영기업의 민영화, 석탄 및 조선업의 민영화 등을 추진했고, 그 결과 젊은이들의 실업이 증가하여 지지율이 하락함 - 1982년 포클랜드전쟁에서 승리하여 지지율을 높여 장기 집권함
일본의 신자유주의	- 정부 주도의 경제계획과 부양 정책 추진, 개인과 시장 개입 등으로 행정 부담이 가중되고 막대한 재정 적자가 발생함 - 정부는 민간 주도의 경제활동을 강조하고, 일본형 복지를 개인책임 복지로 전환했으며, 국가 개입을 축소하여 재정 건전화를 추진하고, 공공기업의 민영화, 대학의 법인화, 기업 합병과 기업 간 협동체제 등을 추진함

주 1: 한계효용이란 어떤 재(財)에 대한 소비량의 추가단위분(追加單位分) 혹은 증분(增分)으로부터 얻는 효용을 말한다. 소비자가 재를 소비할 때 얻는 주관적인 충족의 정도를 효용이라 하고, 재의 소비량의 추가 1단위 재의 효용을 한계효용이라고 한다. 일반적으로 재의 소비량이 증가함에 따라 필요도는 점차 작아지므로, 한계효용은 감소해 가는 경향이 있다는 논리가 한계효용체감의 법칙이다. 한계효용체감하에서 몇 종류의 재를 소비할 경우, 각각의 재의 한계효용이 같지 않다면, 한계효용이 낮은 재의 소비를 그만두고 한계효용이 높은 재를 소비하여 효율을 더 크게 한다. 또한 소비자가 소비하여 획득하는 재화의 단위가 많아질수록 그 단위를 획득함으로써 느낄 수 있는 만족감의 크기는 점차 줄어든다.

3. 대국화기의 문화 정책

1) 문화 행정 정책

1980년대 들어서 문화시대와 지방시대를 구체화하기 위해 행정문화화가 추진되었다. 일본은 행정문화화를 통해 문화 발전과 지방 발전을 시야에 넣고 중요한 정책으로 인식했다. 중앙정부는 문화 발전을 적극적으로 지원하는 문화 정책과 행정문화를 강조했고, 지방자치단체는 지역 발전을 추진하면서 지역주민들의 문화생활에 관심을 갖고 향유할 수 있도록 행정문화에 중점을 두었다. 행정문화화가 진전되면서 현장에서는 시민문화활동이 활성화되고 지역 만들기를 겨냥한 문화 행정이 실시되었다.[14]

〈표 6-8〉은 중앙정부와 지방자치단체가 추진한 행정문화의 내용과 특징을 소개한 것이다. 일본은 시민문화활동을 위한 시민문화활동 여건 정비와 확대, 마을 만들기로 문화적 마을 만들기와 생활환경 정비, 문화 행정을 위한 문화적 시점에서 행정 개혁과 행정의 기술혁신 등을 행정문화화의 실천 전략으로 추진했다.

일본 정부는 1968년 문화 정책을 총괄하는 기관으로서 문화청을 신설한 이후 다양한 문화 행정을 추진했다. 문화생활이 가능하도록 생활문화를 정비하고 개발하여 제공하는 정책과 함께 행정을 꾸준히 확대했고, 공적으로 지원하기 위해 각종 문화예산을 조성하여 제공했다. 문화시대와 지방시대를 개관하고 발전시키는 정책으로 문화 정책이 중점적으로 추진되었다. 문화 정책은 단순하게 문화 진흥과 발전에 한정하지 않고 생활문화를 촉진시키기 위해 계획을 세워 실천하는 생활문화 정책으로 구체화되었다.

대국화기 문화시대와 지방시대를 구현하는 차원에서 추진한 생활문화 정책은 생활환경 정비와 개발, 시민문화자원 개발과 제공, 전통문화 보존과 개발, 지

---

14 구견서, 『일본의 지역문화정책』(신아사, 2018).

〈표 6-8〉 행정문화화의 특징

구분	목적	구체적 내용
시민문화 활동	시민문화활동 여건 정비	- 문화홀, 전문홀, 100명 단위 미니홀 건립 - 시민문화시설 네트워크 만들기, 시민문화정보 제공 - 시민 교류네트워크 만들기
	시민문화활동 확대	- 대형 전문시설 정비 - 시민의 설계 및 관리 운영 - 시민문화활동 장려 및 확대 추진
마을 만들기	문화마을 만들기	- 녹지 및 물 보존 - 도시 디자인 확립 - 경관행정 추진 - 역사, 전통, 풍토 등을 중시한 마을 만들기
	문화적 생활환경 정비	- 자연환경 보존 - 역사적 마을 보존, 공원, 녹지 도로, 광장, 가로수, 주거·교통 환경 정비, 상업 및 공업 적정 배치 - 지역 과제에 대응한 지역 프로젝트 추진
문화 행정	문화적 시점에서 행정 개혁	- 시책, 운영, 행정 시스템 등의 자기 혁신 - 시정활동, 문화활동 등 일상 업무 스타일의 문화화 - 행정 시스템의 문화화(성청 중심에서 지방자치단체 중심의 통합 행정) - 정책기술 발전, 정책연구 추진
	행정의 기술혁신	- 하드 및 소프트 양면의 적정 기술 개발 - 시민, 직원, 지역산업 등의 지식과 정보 결집 - 지역과 대학 협동 - 지방자치단체의 개성 만들기로서 문화 전략 구상

자료: 中川幾郎, 『分権時代の自治体文化政策』(勁草書房, 2008), p.14.

역풍토 보존과 개발, 지역 특화로 개성 있는 지역 만들기, 지역의 관광자원 개발과 진흥, 지장산업(地場産業)과 기업의 활성화를 통한 지역경제 활성화, 지역 자립 구축 등을 중요한 과업으로 상정했다. 지역이 안고 있는 다양한 과제를 문화적 시각에서 계획하고 실천하는 것이 문화시대와 지방시대를 완성하는 길이었고, 그 완성을 위해 중앙정부와 지방정부의 행정문화화가 추진되었다.

2) 예술문화진흥 정책

대국화기 문화 정책은 예술문화진흥 정책이라는 특징이 있다. 이 시기는 민간이 주도하는 예술단체에 대한 지원이 일시적으로 확충되었다. 무대예술에 대한 지원이 일관되게 문화 정책의 과제가 되었고, 예술활동의 장려 및 진흥을 위한 지원으로 무대예술과 국가의 관계가 긴밀해져 서로 협력했다. 그 외에도 예술활동의 기반 정비, 예술활동의 장 확보, 예술의 국제교류 등을 포함한 핵심 과제 중심으로 지원하고 활성화하는 정책이 추진되었다.

그리고 문화예술을 담당하는 인재의 양적·질적 향상을 위한 예술가 육성 정책이 추진되었다. 그 일환으로 1985년에는 예술가표창제도를 정비하고 적극적으로 활용하기 위해 예술제 참가 공연을 대상으로 한 각종 예술상이 구체화되어 시행되었다[15]. 특히 괄목할 만한 변화는 국제사회에서 경제대국으로 자리매김한 상황과 1980년대 후반 버블 경기의 활성화에 힘입어 문화예술을 위한 자금 지원과 문화시설을 포함한 문화 인프라 정비를 가속화하는 문화 정책이 강화되는 경향이 있었다.

〈표 6-9〉는 예술가 육성과 활성화를 위한 각종 예술가표창제도를 소개한 것으로 일본 정부가 선정하고 수여하는 문화훈장, 문화공로자, 일본예술원상, 문화청장 표창, 문부성이 선정하여 수여하는 지역문화공로자 표창, 문화선장, 문화청 미디어예술제상, 문화청 영화상 등 다양한 유형으로 추진하고 있어 예술가들에게 큰 힘이 되고 있다.

---

15 오오에 겐자부로(소설가)는 자유주의와 민주주의에 기초한 사회파주의 소설가로서 환경, 핵, 인간 등을 주제로 작품을 쓰면서 건전하고 자유롭고 평화로운 사회를 구축하기 위해 강한 메시지를 전달하는 작가이다. 1994년 노벨문학상을 수상한 후 관례대로 문화훈장 수여를 결정했지만, '민주주의에 승리하는 권위와 가치관을 인정할 수 없다'라고 하여 훈장 수여를 거부했다. 오오에는 사르트르가 노벨상을 거부한 것처럼 자기 소신을 갖고 수상 사퇴를 했다. 일각에서는 노벨상은 받으면서 문화훈장을 사퇴하는 것에 의문이 있고, 그는 단순한 좌익주의자에 불과하다고 비판하기도 했다. 오오에는 2002년 프랑스 정부의 레지옹 도뇌르 훈장을 받았다. 일본의 살아 있는 지성인으로 높게 평가받고 있다.

〈표 6-9〉 예술가표창제도 현황

명칭	내용	발족 연도
문화훈장	- 문화 발달에 관한 훈적이 탁월한 자, 원칙적으로 전 연도까지의 문화공로자 중에서 선발함	1936
문화공로자	- 문화 향성 빌틸에 대한 공로가 현저한 자에게 연금을 지급하고 표창함	1951
일본예술원상	- 우수한 예술가를 우대 표창하는 영예기관으로 1920년 제국미술원으로 창설되어 1947년 일본예술원으로 개칭하고, 예술, 문예, 음악, 연극, 무용 등 각 분야 120명으로 구성되어 있음 - 현저한 업적이 있는 자에게 은사상(恩賜賞)과 일본예술원상을 수여함	1920
문화청장 표창	- 오랜 기간 문화활동으로 우수한 업적을 지닌 예술가, 문화인에게 문화청장 표창을 수여함	1990
지역문화공로자 표창	- 전국 각 지역에서 예술문화 진흥, 문화재 보호 등에 진력하여 지역문화 진흥에 공적이 있는 개인이나 단체를 문부과학 대신이 표창함	1983
예술선장 (芸術選奬)	- 연극, 영화, 음악, 무용, 문학, 예술, 방송, 대중 예능, 예술진흥, 평론 등 미디어 예술 11분야에서 우수한 업적을 남기고 개척한 자에게 예술선장 문부과학 대신상 또는 예술선장 신인상을 수여함	1950
문화청 미디어예술제상	- 우수한 미디어 예술작품을 표창하고, 미디어 예술계에 공헌한 자에게 문부과학 대신이 공로상을 수여함	1999
문화청영화상	- 일본 영화 발전에 기여한 자, 우수한 문화기록영화 작품이나 현저한 업적을 남긴 자에게 표창함	2005

다른 한편으로 1980년대 일시적인 경기 악화로 일본 정부는 재정 건전화를 위한 재정긴축 정책을 추진하는 과정에서 정부지출을 제한하고 각종 보조금을 억제하는 조치를 단행했다. 긴축 정책이 추진되는 가운데서도 정부는 예술활동 지원이 삭감되는 사태를 타개하기 위해 정부의 예술진흥보조금 삭감을 보완하는 정책을 추진했다. 그리고 1986년 일미무대예술교류사업, 1987년 우수무대예술공연장려사업, 1988년 예술활동특별추진사업 등을 도입했다. 문화청은 무대예술을 중심으로 한 예술문화지원체제를 정비하고, 예술활동 장려 및 원조 등에 대한 정책을 지속적으로 유지하고 있다.

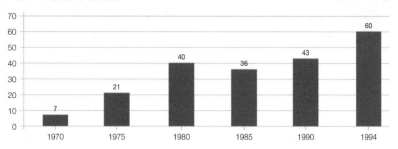

〈그림 6-1〉문화청의 예산 현황 (단위: 10억 엔)

자료: PHP研究所編,『戦後50年日本のあゆみ』(PHP研究所, 1995), p.338.

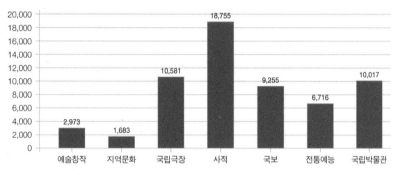

〈그림 6-2〉1994년 문화청 분야별 예산 현황 (단위: 10만 엔)

자료: PHP研究所編,『戦後50年日本のあゆみ』(PHP研究所, 1995), p.338.

〈그림 6-1〉은 1970년부터 1994년까지 문화예술진흥을 위한 문화청 예산 현황을 소개한 것이다. 문화청 예산은 1970년 70억 엔, 대국화기인 1980년 400억엔으로 약 여섯 배가 증가했고, 1985년에는 360억 엔으로 축소되었다. 1994년에는 다시 600억 엔으로 증가하여 문화예술진흥에 적극적으로 지원했을 알 수있다.

〈그림 6-2〉는 1994년 문화청이 각 문화예술 분야별로 지원하는 문화예산을소개한 것이다. 예술 창작 2억 9730만 엔, 지역문화 1억 6830만 엔, 국립극장 10억 5810만 엔, 사적 보호 18억 7550만 엔, 국보 보존 9억 2550만 엔, 전통예능 6

구분	보조금 지급 영역
예술 창조·보급 활동	- 현대 무대예술 창조·보급활동으로 음악, 무용, 연극 등 지원
	- 영화제작활동으로 극영화, 기록영화, 애니메이션 등 지원
	- 전통예능 공개활동 - 미술 창조·보급활동 - 선구적이며 실험적인 예술창조활동 - 다분야 공동예술 창조활동 - 국내 영화제 활동
지역문화진흥 활동	- 지역문화시설공연 전시활동으로 문화회관, 공연활동, 미술관 전시활동 지원
	- 역사적 집락, 마을, 문화적 경관 보존활동 - 민속문화재 보존 및 활용활동
문화진흥보급단체 활동	- 아마추어 문화단체활동 - 전통공예기술, 문화재 보존기술, 보존전승활동

억 7160만 엔, 국립박물관 10억 170만 엔 등의 예산을 배정했고, 사적 보호, 국립극장, 국립박물관 등에 많이 지원하고 있다.

기본적으로 국가가 개입하는 문화 정책은 예술문화진흥이나 문화시설 중심으로 추진되어 대중문화에 대한 시책과 지원이 제한적이다. 또한 경제가 성장하는 과정에서 활성화되지만, 경제위기가 도래하여 국가 예산이 축소되면 지원을 제한하는 경향이 있다. 정부의 문화 정책은 경제 사정에 의해 좌우되어 불안전한 정책이 되고 있다. 그런 관점에서 보면, 정부에 의한 문화예술 진흥을 위한 지원은 경제 상황에 따라 급격하게 변하는 고무줄 정책에서 벗어나 지속적이며 전폭적인 방향으로 전환할 필요가 있다.

〈표 6-10〉은 예술진흥활동보조금으로 지원되는 각 영역별 활동 내용을 소개한 것이다. 예술 창조·보급활동, 지역문화진흥활동, 문화진흥보급단체활동 등이 대표적이다.

정부에 의해 예술진흥활동보조금이 지원되는 예술 창조·보급활동으로는 음악, 무용, 연극 등이 있고, 영화제작활동으로는 극영화, 기록영화, 애니메이션 등이 있으며, 전통예능, 미술 창조, 실험적 예술 창조, 다분야 공동예술 창조, 국내영화제 등이 있다. 지역문화진흥활동으로는 지역문화시설 공연 및 전시, 문화회관 공연활동으로서 미술관 전시활동 등이 있고, 역사적 집락, 마을, 문화적 경관 보존, 민속문화재 보존 등이 포함되어 있다. 문화진흥보급단체활동으로는 아마추어문화단체, 전통공예 기술, 문화재 보존 기술, 보전전승활동 등이 있다. 일본 정부는 전통적인 무대예술 관련 활동과 지역문화진흥활동뿐 아니라 대중문화활동을 지원하고 있다.

3) 지역어메니티 정책

지역어메니티 정책은 혁신적인 지방자치단체가 주창한 지방시대와 오히라 수상이 주창한 문화를 중시하는 문화시대를 아우르는 형태로 확대되어 추진되었다. 특히 1980년대 오히라 마사요시 총리대신은 정책연구회의 하나인 문화시대연구 그룹(文化の時代研究グループ)을 신설했다. 문화시대연구 그룹은 새로운 문화 정책의 큰 그림을 그리기 위한 기본 이념으로 문화시대라는 표어를 설정했다.[16] 문화시대라는 슬로건이 정부의 문화 정책을 규정하는 기본 이념으로 설정되었고, 지방공공단체는 문화를 전면에 내세운 문화 정책과 생활문화를 정책 대상으로 폭넓게 해석하는 지방시대를 설정했다.

정부가 추진하는 문화 정책은 지방자치단체가 추진하는 생활문화 정책과 다양한 측면에서 상이한 점이 있다. 정부의 문화 정책은 국민을 대상으로 하기 때문에 포괄적이며 종합적인 내용과 범위를 설정하여 접근하고 있다. 그러나 지방공공단체의 문화 정책은 지역주민의 쾌적한 문화 환경의 실현이라는 차원에서 인식하여 생활문화의 활성화를 추진한다. 생활문화는 생활환경 전반으로 확대된 개념으로 정착되어 어메니티 문화 정책으로 실천되고 있다.[17]

---

16 內閣官房內閣審議室分室編, 「文化の時代研究グループ: 大平総理の政策研究会報告書」(內閣総理大臣補佐官室, 1980).

17 영국에서 환경공생도시의 기원이라고 할 수 있는 전원도시론(田園都市論)이 일본의 도시공원

어메니티는 영국에서 발생한 용어이다. 'Civil Amenities Act'에서는 어메니티를 'the right thing in the right place'로 정의하고 있다. 즉, 마땅히 있어야 할 것으로 주거, 빛, 공기, 서비스 등이 있어야 할 곳에 있는 것을 의미한다. 어메니티는 마음의 편함이니 쾌적함을 의미하는 용어이다. 현재는 점차 확대되어 쾌적하게 생활할 수 있는 모든 환경을 의미한다. 소음이 없는 조용한 곳, 공원이 있는 곳, 자연이 있는 곳, 공기가 맑은 곳, 즐거움과 쾌적함을 추구하는 도시계획과 거주 환경, 역사적 환경, 자연경관을 배려한 살기 좋은 곳, 생활을 쾌적하게 하는 시설 및 설비, 문화시설, 호텔 설비나 조도, 실내 비품 등 생활의 질을 중시하는 요소를 총칭한다.[18]

또한 어메니티는 시장 가격으로 평가할 수 없는 것을 포함한 생활환경으로 자연, 역사 문화재, 거리, 풍경, 지역문화, 공동체 연대, 인정, 지역공공서비스, 교육, 의료, 복지, 범죄 예방, 교통 편리성 등을 포함한 개념으로 확대되었다.[19] 일본에서 어메니티는 살기 좋은 쾌적한 거주 환경을 구성하는 복합적인 의미를 함의하고 있다. 기본적으로 거주 환경을 비롯해 주어진 자연환경이나 계승되고 전래되는 역사적 환경을 포함한 개념이 되었다.

그와 더불어 어메니티는 도시에 훌륭한 음악가와 같은 예술가가 거주하는 환

시책을 실시하는 데 크게 영향을 주었다. 1959년 어메니티는 미, 쾌적함, 품격, 풍부한 생활을 향유할 수 있는 기회, 1967년 도시의 아름다움, 역사적 건조물, 지구의 보존, 1970년 고향의 자연과 전원풍경 보호, 파괴된 자연회복운동, 1972년 수목 및 자연 보존, 1974년 부목 및 자연보전, 건조물 보존, 1980년 시민, 행정, 기업의 파트너십, 프린지 환경 개선, 1990년 교정의 환경 개선, 환경교육, 학습 지원 등으로 규정하고 있다.

18 植田和弘, 大西隆, 『持続可能な地域社会のデザイン―生存とアメニティの公共空間』(有斐閣, 2004); 吉永明弘, 『都市の環境倫理: 持続可能性, 都市における自然』(勁草書房, 2014).

19 영국의 경제학자 미샨(Ezra J. Mishan)은 『경제성장의 대가(経済成長の代価)』에서 재산권과 병행해서 어메니티권의 확립을 주장했다. 1970년대에 들어서 일본에서도 공해 대책이 진전되면서 어메니티를 요구하는 주민여론과 시민운동이 활발해졌다. 전후 일본에는 어메니티에 해딩되는 일본어가 없을 정도로 자연이나 기리의 환경이 파괴되었기 때문에 어메니티를 강조할 필요성이 증대했다.

경을 의미할 뿐 아니라 시민이 일상적으로 음악이나 미술 등 예술을 향유할 수 있는 환경도 포함된다. 기즈 카와케이(木津川計)에 의하면, 일류예술가가 구축한 일류문화(一輪文化)를 대중이 감상하고 향유하여 만들어내는 풀뿌리문화(草の根文化)가 어메니티이며, 양자가 결합할 수 있는 환경이 조성된 도시가 어메니티를 보유하고 있는 것이다. 그런 점에서 보면, 어메니티는 추상적인 자연이나 문화 개념이 아니라 실천적이며 실현 가능한 생활문화 개념이며 지역 활성화 개념이다.

또한 어메니티는 지역고유재(location-specific good)를 포함하고 있다. 지역의 전통적 환경은 지역에 살면서 향유할 수 있는 것이지 떠나서 향유할 있는 것이 아니다. 어메니티는 역사적 유산을 함의하고 있어 지역의 역사나 환경에 따라 차이가 있을 수 있다. 전통성을 가진 교토의 시라카와베리(京都の白川べり) 거리나 도쿄의 거리는 하루아침에 형성된 것이 아니다. 수요가 있다고 해서 공급할 수 있는 것도 아니다. 어메니티를 만들어내는 환경은 도서관, 학교, 전통 유적지, 관광지, 옛 수도 등과 같이 사회자본을 포함하기 때문에 단기적으로 공급하거나 재생산할 수 있는 것이 아니다.

어메니티는 비배제성과 집단 소비성을 가진 공공재이다. 예를 들면, 바다, 호수, 하천 풍경 등은 누구나 향유할 수 있고, 용이하게 각자의 입장에서 즐길 수 있다. 그러나 어느 환경을 기업이나 개인이 소유하여 이용을 독점하는 경우가 있어 어메니티를 향유하는 데 사회적 불평등이 생기게 된다. 어메니티의 공평성을 추구하기 위해서는 시장 원리를 규제하는 공공적 개입이 필요한 이유이다. 어메니티는 대중이 생활 속에서 즐겁게 향유한다는 데 공통점을 가지고 있다.

지역어메니티 만들기 정책으로 적극적으로 추진되는 것이 국민문화제(國民文化祭)로 1986년부터 문화청이 지원하는 지역문화 활성화 정책이다. 국민문화제는 전국 각지에서 일반 국민이 문화활동을 발표하고, 경연하고 교류하는 장소를 제공하여 국민의 문화활동 참가 기회를 높이고 새로운 예술문화 창조를 촉진시키는 데 목적이 있다. 국민문화제는 개시된 이래 현재까지 전국 단위로 추진되고 있는 문화진흥 정책이며 지역어메니티 만들기 정책으로 지역문화활동이 생활 속에서 정착하도록 추진되고 있다.

국민문화제는 아마추어 문화예술제전으로 정착되어 매년 문화청, 도도부현, 시정촌(市町村) 등이 공동으로 협력해 전국 각 도도부현을 순회하면서 개최하고 있다. 문화청, 개최하는 도도부현, 개최하는 시정촌 및 문화단체 등에 의해 실시되는 주최 사업과 국민문화제 취지에 찬동하는 지방공공단체가 실시하는 협찬 사업으로 구성되어 있다. 현재 국민문화제는 지역문화활동의 전국적인 발표의 장으로서 기능할 뿐 아니라 지역문화단체의 연대 강화, 지역문화활동의 활성화, 개인과 문화단체의 문화기술 향상, 문화정보 제공과 문화 인프라 구축 등에 크게 기여하고 있다. 오이타현(大分県)은 활기 넘치는 도로에 찬란한 현민 총 참가 축제, 새로운 만남, 새로운 발견, 전통문화와 현대 아트, 다른 분야 간 콜래보레이션, 지역 만들기와 사람 육성하기 등의 슬로건하에 제33회 국민문화제 오이타 2018을 개최했다.

4. 대국화기의 대중문화

1) 가미나리족·안논족문화

대국화기에는 젊은이들이 개성 있는 사고와 행동을 과감하게 밖으로 표현하는 특징이 있었다. 가미나리족(カミナリ族), 안논족(アンノン族) 등과 같이 특정한 사고와 행동 양식을 공유하는 젊은이들이 등장하여 새로운 패션과 신문화를 유행시켰다. 가미나리족은 큰 소음을 내도록 개조한 오토바이를 고속 주행하는 젊은이들을 지칭한다. 당시 전국에 수백 개 그룹이 존재했다. 그들은 도로에서 속도감을 즐기고 운전 기술을 연마하는 등 무모한 운전으로 교통사고나 소음문제를 야기했다.

특히 심야에 번화가를 초고속으로 달리거나 배회하여 이들을 사킷트족

(サーキット族, circurt), 가도레이서(街道レーサー)라고 불렀다. 가미나리족은 배기량 750cc 오토바이를 가장 좋아하고 즐겨 타기 때문에 나나한족(ナナハン族)이라고도 했다. 그들은 홍역과 같은 전파력을 가진 스피드 문화를 만들어 유행시켰으면서도 사회에서 관용적으로 수용되었다. 당시 오토바이는 고가여서 중산층 이상의 자녀가 구매해서 타고 즐기는 가미나리족으로 활동했다. 그 외에도 오토바이와 더불어 사륜차로 달리는 젊은이들도 출현했다. 그러나 때때로 야밤의 소음으로 민원이 발생하고 고속 주행으로 교통사고가 일어나 사회문제화 되었다.

시간이 흐르면서 점차 가미나리족은 과격해지고 속도를 즐기는 폭주족으로 발전했다. 고등학교를 졸업하면 이륜 운전면허를 취득할 수 있었기 때문에 고등학교를 졸업한 젊은이들이 오토바이를 구매하면서 일시적으로 수요가 확대되었다. 오토바이 브랜드는 이들을 대상으로 한 전용 오토바이를 출시하여 오토바이 산업이 활성화했고, 오토바이의 대중화와 저연령화를 촉진시켰다. 동시에 집단을 형성해서 오토바이를 과속으로 운전하는 폭주족이 증가했다. 오토바이와 더불어 자동차를 가진 젊은이가 폭발적으로 늘어나면서 불량 그룹도 발생했다. 그런 그룹을 무도하(武闘派)라고 했다.

그들은 오토바이와 자동차로 길거리나 전용도로에서 속도와 운전 기술을 연마하기도 했다. 다른 한편으로는 저속으로 뱀 행렬처럼 운전하거나 뒤에 사람을 태우고 달리거나 파이프를 흔들며 광란적으로 질주했고, 시민에게 상해를 입히기도 하고 절도 사건을 일으키기도 하여 사회적으로 비판을 받았다. 이후 오토바이나 자동차를 타고 다니는 불량 그룹이나 가미나리족을 포함해서 폭주족이라고 했다. 폭주족으로 인식되면서 경찰의 검열이 강화되었고, 젊은이들 사이에 면허 불취득, 오토바이 안 사기, 운전 안 하기 등 3무운동(三ない運動)이 일어났다.

경제대국으로 발전한 일본에서 청년들은 가미나리족을 탄생시켰고, 또한 기존의 가치관이나 행동에서 벗어나 자유롭게 사고하고 행동하는 새로운 여성문화를 탄생시켰다. 그중 대표적인 것이 여유로움과 젊음을 즐기는 여성들인 안논

족이다. 패션 잡지나 가이드북 등을 한 손에 들고 홀로 또는 소수로 여행하는 젊은 여성을 지칭했다. 그들은 1970년대부터 1980년대에 걸쳐 여성문화의 주체로서 활동하며 관광문화와 패션문화를 만들어내 유행시켰다. 젊은이들이 대형 가방을 메고 등산을 하거나 무전여행을 떠나는 가니족(カニ族)과 함께 한 시내를 풍미했지만 현재는 사용되고 있지 않다.

1970년대 창간된 젊은 여성용 잡지 ≪an·an≫과 1971년 창간된 ≪non-no≫는 다수의 컬러 사진으로 여행 특집을 게재했다. 아름다운 사진과 기사에 매료되어 패션 잡지를 손에 들고 특정한 지역에 몰려들어 활보하는 길거리문화를 만들어냈다. 패션 잡지를 선호하고 패션을 즐기는 가운데 길거리 패션문화를 창출하면서도 동시에 그들만이 즐기는 여행문화를 만들어냈다. 안논 잡지와 여행을 즐기는 안논족은 입사 5년차로 젊은 OL(18~25세)이고, 대학생들이었다.[20]

여행을 촉진시키는 국철 캠페인과 동시에 등장한 안논족 현상은 종래의 여행과 전혀 다른 여행 스타일이었다. 국철은 여성 여행객을 의식해 여행 스타일을 중시하고 분위기를 맞추기 위해 당시 인기 있던 가수 야마구치 모모에(山口百恵)의 「좋은 날 여행(いい日旅立ち)」(1978)을 홍보 송으로 사용했다. 여성들은 각지 이른바 소교토(小京都)로 대표되는 조용한 역사유적지와 같은 관광지가 아니라 흥이 있는 장소를 방문했다. 그리고 지역의 맛있는 향토 음식, 유명 과자 등을 먹고, 관광지에서 휴식을 취하는 힐링 관광이 중요한 여행 테마가 되었다.

당시 젊은 여성이 홀로 가는 여행문화는 이색적인 것이었다. 주로 국내 여행은 회사, 단체 등이 그룹을 형성해서 온천 등 관광지를 여행하는 것이 일반적이

---

20 OL(office lady)은 사무실에서 일하는 여성, 여성 회사원을 의미한다. 일하는 여성을 지칭하던 BG(business girl) 대신 사용했다. 1963년 새로운 시대에 일하는 여성을 나타내는 언어를 주간지 ≪여성자신(女性自身)≫이 공모하여 독자 투표로 선정된 조어이다. OL의 정의에 대해서는 사무를 포함한 보조 업무를 담당하는 일반직의 여성 사원이라는 의미로 사용하지만 실제로는 직업이나 나이에 관계없이 여성 회사원, 통근하는 여성 전반을 지칭한다. 2000년 이후 남녀공동 참가라는 관점에서 사용을 한정하는 지방자치단체도 있지만 직업이나 역할을 규정하는 개념이나 호칭은 아니다.

었기 때문이다. 그러나 OL과 대학생이 패션을 통해 개성을 살리면서 테마를 가지고 여행하는 문화가 발생하여 관광업계에 새로운 바람을 일으켰다. 그들은 패션 잡지나 가이드북 등을 한 손에 들고 홀로 여행하거나 소수로 여행을 했다. 온천이나 관광지 숙박업소는 젊은 여성을 위한 공간과 시설을 준비했다. 이를 계기로 여행의 주역이 단체 관광객에서 젊은 여성으로 전환되어 여성 관광객을 중시하는 경향이 생겼다.

2) 노판·해외 매춘·소프란드문화

경제대국으로서 풍부한 사회를 실현한 일본에는 다양한 성오락문화가 발생했다.[21] 성 상업과 성 수요가 맞아 떨어진 결과이기도 하고, 성에 대한 자유화와 규제가 어긋나서 생긴 현상으로 일본인의 성의식이나 성도덕에 대한 변화가 원인이 되었다. 도약기에 제기된 성 표현을 둘러싼 예술과 외설의 논쟁에서 성 표현의 자유성을 인정하는 법적 판단이 내려져 성 상업의 범위가 확대된 결과이기도 하고, 성 단속이나 법망을 피하고 상업적 이익을 챙기는 상업 전략에서 발생한 것이라고도 할 수 있다.

도쿄와 같은 대도시에서는 팬티를 입지 않고 서빙하는 노판문화(ノーパン文化, no panties culture)가 생겨났고, 센다이시(仙台市)에서는 남성누드 펍(pub)이 오픈했으며, 오사카시(大阪市)에서는 남녀교제클럽이 20여 개나 생겨났다. 또한 각 도시에는 성적으로 유혹하는 마사지점이 생기기 시작했고, 삿포로시(札幌市)에서는 노판, 노조키(覗き, 엿보기), 터키탕(トルコ風呂) 등이 혼합된 복합점이 대유행을 했다. 1980년대 전국에서 성 관련 소프란드(ソープランド)는 1542곳이 있었고, 그중 526곳이 부적절한 업소로 적발되었다. 당시 일본에는 경제성장과 함께 성 상업이 발생하고 활성화되었다.

---

21 現代風俗研究会編, 『現代風俗』(リブロポート版, 1990); 下川こう史, 『性風俗史年表(1945-1989)』(河出書房新社, 2007).

첫째, 노판문화이다. 대도시를 중심으로 비상식적인 성 상업의 일환으로 발생한 파격적인 성오락장으로 노판 다방(ノーバン喫茶店)이 일시적으로 유행했다. 이른바 퇴폐문화를 조장하는 변종적인 성 유희 다방이 등장했다. 노판 다방의 원조는 도쿄에서 처음으로 문을 연 자니(ジャーニー)이고, 이후 교토 금각사 부근에서 문을 연 몬로워크(モンローウォーク)가 있었다. 노판 다방의 유래에 대해서는 교토설, 오사카설, 후쿠오카설, 도쿄설 등이 있지만 대도시에 있는 다방을 중심으로 발생하여 성을 매개로 한 퇴폐적인 영업을 했다는 공통점이 있다.

노판 다방이 생기게 된 계기는 어느 날 갑자기 성을 접목시킨 다방으로 변질됨으로써 시작되었다. 비즈니스나 만남의 장소였던 다방에 노판 여성이 서비스를 하게 되었다. 신주쿠에 있는 노판 다방 USA를 시작으로 거리에 우후죽순처럼 생겨났다. 영업 방식은 주문을 하면 여성이 오고 그렇지 않으면 여성은 움직이지 않는 시스템이었다. 다방에 거울이 있어 주문하러 여성이 오면 거울을 통해 여성을 보는 것이다. 어떤 손님은 손거울을 가지고 와서 보는 변칙을 사용하기도 했다. 여성은 토플리스(topless)라는 상반신을 가리지 않은 옷을 입고, 머리에 나비넥타이, 노판의 미니스커트와 같은 옷차림을 했다. 당시 아르바이트 시급은 USA에서 2시간에 6000엔 정도였다.

원래 다방은 약속을 하거나 차를 마시며 휴식을 하도록 편의를 제공하는 장소로 기능했다. 그 후에는 음악을 들려주어 생기가 넘치는 문화향유 장소로 진화되었고, 어느 시점에서는 이념을 논하는 논쟁 장소로도 활용되었다. 휴식과 음악을 매개로 손님을 끌어오던 다방이 여성을 매개로 손님을 자극하여 끌어들이는 성 유희 장소로 변질된 것이다. 노판문화는 만남의 장소로 시작된 다방이 성을 매개로 한 노판 다방으로 전환되어 성립되었고 성 상업화가 활성화되는 계기가 되었다. 이후에는 성 단속의 대상이 되는 성매매에서 미묘하게 단속을 피하는 성노조키(性覗き)문화가 발생했다.

대중이 이용하는 다방이 성 유희 장소로 전환된 배경에는 경제성장으로 인해 부의 향유 방식이 다양화되는 과정에서 음료수 가격으로 여성의 성을 간접적으로 즐길 수 있게 하려는 상업적 전략이 주효했다고 볼 수 있다. 더불어 1970년대 성을 예술로 표현한 핑크 영화가 만들어져 사회 저변으로 확산되면서 성에 대한 도덕적 불감증이 팽배했고, 닛카쓰 포르노 영화를 중심으로 벌어진 외설 논쟁이 종지부를 찍어 성 표현을 자유롭게 하는 성 개방화와 성 대중화가 촉진되었기 때문이다. 다른 한편으로는 성 개방과 성 표현이 자유로워지면서 성문화가 무질서해진 가운데 개인들이 쉽게 다가갈 수 있는 대중 중심의 성 유희 환경이 조성되었기 때문이다.

둘째, 해외 매춘여행이다. 해외 매춘여행은 관광과 성 놀이를 목적으로 타국에 여행하는 것을 의미한다. 일본인의 매춘여행은 1965년 일본과 한국의 국교 정상화가 이루어지면서 한국이 주요 무대가 되었다. 1970년 후반에는 매년 65만 명 이상의 일본인 관광객이 한국을 방문했다. 한국 관광청에 의하면, 당시 남성 관광객의 80%가 이른바 기생파티를 즐길 목적으로 입국했다. 이후 해외 성매매는 일시적으로 한국에서 쇠퇴했지만 1972년 일중국교정상화로 인해 중국이 주요 무대가 되었다. 이어서 동남아 매춘여행은 1970년대 후반부터 태국과 필리핀이 주요 무대가 되었다.

일본에서 해외여행이 급증하는 과정에서 성과 관광을 결합한 획기적인 여행 상품이 기획되어 관광과 성을 구매하는 수요자들이 발생했다. 해외 성 매춘은 단순하게 호기심이 생겨 개인이 개별적으로 추진하기보다는 여행사가 관광을 목적으로 하면서 잠재적인 성 구매자를 모집하고 현지 영업 조직이 관광 코스와 매춘부를 제공하는 방식으로 이루어졌다. 항간에 떠도는 소문에 의하면, 폭력집단 관계자가 매춘여행에 관련하면서 더욱 음성적으로 이루어졌다. 여행 장소는 주로 후진국이나 중진국으로 발돋움하려는 동아시아와 동남아가 주 무대였고, 매춘 피해자는 주로 젊은 여성들이었다.

해외 매춘이 성행하면서 일본 사회나 매춘이 이루어지는 사회에서 문제를 제기했다. 매춘 대상이 된 국가에서는 일본인의 매춘여행에 대해 적극적으로 반대하는 항의행동이 일어났다. 1980년대 필리핀의 여성 단체와 그리스도 단체는 일본 대사관 앞에서 매춘여행을 반대하는 항의운동을 했다. 1981년 스즈키 젠코 수상은 동남아를 방문했을 때 자카르타에서 일본인의 여행이 매우 부도덕적이라는 사실을 인정했다. 일본 정부는 매춘 투어가 사회문제뿐 아니라 국가 간의 문제로 등장하게 되자 매춘여행에 대해 강력하게 재제를 가했다. 1981년 일본여행업협회는 매춘여행을 기획해 운수성으로부터 경고를 받은 여행 대리점을 제명하기로 하는 등 해외 매춘을 금지하는 조치를 취했다.

셋째, 소프란드문화이다. 소프란드(soap와 land의 합성어)는 목욕 시설이 있는 방에서 풍속 여성이 남성을 상대로 성 서비스를 하는 풍속 점포를 말한다.[22] 성교를 포함한 서비스를 제공하기 때문에 풍속왕(風俗の王様)이라고 불렸다. 개인실 욕탕에서 1980년대에 소프란드라 명명했고 이전에는 터키탕으로 불렸다. 여성이 마사지를 하는 터키탕이 생긴 것은 1951년 4월 개점한 도쿄온천이다. 처음에는 옷을 입은 여성이 마사지를 하는 형태로 시작했다. 이후 터키탕이 성 풍속 점포의 명칭이 되었다. 그러나 1984년 터키 출신 유학생이 노동후생성에 명칭을 바꿔줄 것을 요구하여 새로운 명칭을 공모한 결과 소프란드로 명명되었다.

당시 '매춘방지법'은 경영자가 손님과 여성에게 매춘 장소를 제공하는 것과 성매매를 하는 여성의 근무를 관리하는 것이 관리매춘에 해당되어 위법으로 규정했다. 입장료나 서비스 이용료는 별도로 하고, 로션이나 피임기구 같은 성교 기구를 관리하는 것을 여성의 재량에 맡기는 것은 일하는 여성의 개인 사업으로 간주하여 처벌하지 않았다. 그것은 점포의 관리매춘과 개인 사업을 명백하게 구분하기 위한 조치였다. 18~19세 젊은 여성 고용에 관해서는 법령상 금지조항이 없지만 일부 지역에서는 고용하지 않았다. 취로하는 여성의 신분증명서를 소속 관할서에 제시하거나 종업원 명부를 제출하도록 하고 보건소의 위생 상황에 대

---

22 《保存版ソープランド投稿の本》(No.1ムック Vol.1) フェンス 2008年 5月 10日; 門倉貴史, 『「夜のオンナ」はいくら稼ぐか?』(角川書店, 2006); 広岡敬一, 『戦後性風俗大系 わが女神たち』(朝日出版社, 2000); 広岡敬一, 『ちろりん村顛末記』, 《朝日新聞》(1984); 岩永文夫, 『ノーゾク儲けのからくり: 欲望産業の原価がわかる本』(ベストセラーズ, 2003).

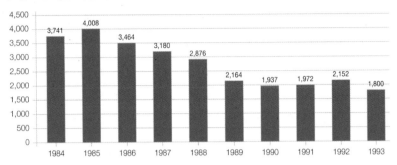

〈그림 6-3〉 '매춘방지법' 위반 검거 현황   (단위: 건)

자료: PHP研究所編, 『戦後50年日本のあゆみ』(PHP研究所, 1995), p.294.

해 지도·검사를 받도록 했다.

1980년대 유행하던 소프란드의 신규 점포는 점차 줄어들고 있고, 2004년에는 1304곳으로 줄어들었다. 2016년 『경찰백서』에 의하면, 소프란드 신고 점포 수는 2015년 기준 1219곳이다. 소프란드 점포 수가 줄어든 것은 1985년 행정 검열 강화, 에이즈 유행, 잃어버린 20년과 같은 경기 불황, 성 풍속 다양화, 풍속놀이 경계와 배척, 성도덕과 의식 변화 등이 작용한 것으로 보인다.

〈그림 6-3〉은 1984년부터 1993년까지 '매춘방지법' 위반 현황을 소개한 것이다. '매춘방지법' 위반 현황을 보면, 1985년 4008건, 1988년 2164건, 1990년 1937건, 1993년 1800건 등의 추이를 보여 1980년대가 매춘과 매춘산업이 성행한 시기라는 것을 알 수 있다.

매춘산업이 번성한 배경에는 고래로부터 전해오는 일본의 성 개방문화가 비이성적으로 표출된 것이라는 점을 들 수 있을 것이다. 그리고 현실적인 문제로 일본의 경제성장으로 인해 개인소득이 늘면서 시간소비형과 비용사용형의 유희문화가 발달했고, 부적절한 성 놀이와 해외여행을 할 수 있는 다양한 환경과 기반이 구축되었기 때문이다. 특히 일본에서 성 여행을 조직적으로 지원하고 부추기는 성 관련 여행사의 횡포, 성 유희를 할 수 있는 새로운 가치관의 형성, 개인주의와 사생활주의 팽배, 다양한 성 수요에 대응하는 성 상업의 개발 등이 작용했기 때문이다. 더불어 경제후진국 또는 중진국에 비해 경제` 상황이 좋은 일본인을 상대로 일시에 돈을 벌려는 한탕주의가 해외 성 수요자를 수용하는 원인 중 하나가 되었다고 할 수 있다.

3) 성장 아니메·사회파 영화문화

대국화기 일본에서 유행한 대중문화 중 하나는 일본 애니메이션을 의미하는 저패니메이션이다. 저패니메이션은 일본을 의미하는 'JAPAN'과 동화를 의미하는 'ANIMATION'의 합성어로 구성된 신조어이다.[23] 그리고 저패니메이션을 축약해서 일본적 장르로 정착한 개념이 아니메이다. 아니메는 국내외에서 일본 대중문화의 한 장르로 인정받고 있다. 만화로 출발하여 동화인 애니메이션으로 발전하는 가운데 일본적 특징을 가진 저패니메이션을 의미하는 아니메가 국제사회에서 통용되기 시작했다.[24]

아니메는 TV 만화영화, 극장 만화영화, OVA(Original Video Animation) 등으로 만들어져 나이, 시대, 국경, 가치관 등을 초월하여 대중화되어 일본 대중문화로 자리 잡았다. 일본 대중문화로 각광을 받은 아니메는 어린이용 오락이나 교양용뿐 아니라 청소년과 성인의 오락이자 지식용으로 애용되었다. 문화가나 문화 기업은 문화자본을 창출하는 자본재로 인식하여 적극적으로 활성화하여 성장하게 했다. 또한 아니메는 세계가 공유할 수 있는 보편적 가치에 기초한 시대적 메시지를 전파하여 공감을 획득하는 데 성공했다. 일본 아니메의 선구자 미야자키 하야오(宮﨑駿)의 작품세계가 국제화되고 높게 평가받은 이유이다.

일본에서는 미야자키 하야오가 설립한 스튜디오 지브리(スタジオジブリ)를 중심으로 생산된 일본제 아니메가 성행하여 아니메 제국을 구축했다. 미야자키 하야오가 설립한 스튜디오 지브리에서 제작한 작품으로는 〈바람계곡의 나우시카

---

23 이히 구건기, 『일본 애니메이션기 기상』(메이센키, 2011) 쮜고.
24 スタジオジブリ, 『スタジオジブリ作品関連資料集(1·2·3·4·5)』(徳間書店, 1996~1997).

〈風の谷ナウシカ〉〉, 〈천공의 성 라퓨타(天空の城ラピュタ)〉, 〈이웃집 토토로(となりの
トトロ, My Neighbor Totoro)〉(1988), 〈마녀의 택배(魔女の宅急便)〉(1989)[25] 등 매우
많다. 당시 이들 작품이 세계적으로 히트하면서 아니메계를 섭렵하여 아니메 왕
국을 건설했다. 스튜디오 지브리를 중심으로 아니메 왕국을 건설한 미야자키 하
야오는 만화의 신으로 불리는 데쓰카 오사무와 대등한 업적을 남겨 일본 아니메
의 신으로 자리매김되었고, 일본 아니메의 세계화에 크게 공헌했다.[26]

〈이웃집 토토로〉는 스튜디오 지브리 제작의 장편 애니메이션 영화이며 미야
자키 하야오 작품으로 1955년 일본을 무대로 한 판타지 아니메이다. 시골로 이
사한 일가(草壁一家) 사쓰키와 메이 자매가 어린이 시절에만 말할 수 있는 불가사
의한 동물 토토로와 교류하는 이야기를 담은 것으로 동심의 세계를 그리고 있
다. 그리고 〈마녀의 택배〉는 13세가 되면 여행을 해야 하는 마녀의 규칙이 있
어, 마녀인 키키(キキ)는 보름달이 뜨는 밤에 여행을 시작한다. 키키는 마녀와 보
통 인간 사이에 태어난 소녀이다. 키키는 마녀가 살고 있는 거리에 가기 위해 검
은 고양이 지지(黒猫ジジ)와 함께 여행을 시작한다. 처음에는 여유가 있었지만 도
착한 거리에서 키키를 대하는 반응이 매우 싸늘해 놀란다. 빵집에 머물기도 하
고 그곳에 정착해 마녀의 택배(魔女の宅急便)를 개업한다. 이후 다양한 경험을 하
면서 주어진 삶을 살아가야 하는 마녀 소녀로 성장해 간다.

일본 아니메와 함께 대중문화로서 자리 잡은 것이 사회파 일본 영화이다.[27]
대국화기 영화는 당시 일본 사회가 안고 있는 다양한 문제를 조명했다는 특징이
있다. 대표적인 작품이 1987년 이타미 주조(伊丹十三) 감독이 제작한 〈마루사의

25 한국에서는 〈마녀 배달부 키키〉라는 제목으로 개봉되었다.
26 미야자키 하야오(1941.1.5~)는 일본 영화감독, 애니메이터, 만화가 등으로 활동하고 있다.
   주식회가 스튜디오 지브리 대표, 공익재단법인 도쿄마기념 애니메이션 문화재단 이사장, 미
   타카 시립애니메이션 미술관(三鷹の森ジブリ美術館) 관장 등을 맡고 있다. 학습원대(学習院大
   学) 경제학부를 졸업하고 스튜디오 지브리 소속으로 작품활동을 했다. 스튜디오 지브리는
   2016년 합병 흡수되어 해산되었다.
27 이하 구겐서, 『일본 영화와 시대성』(제이엔씨, 2007) 참조.

여자(マルサの女)〉이다.[28] 이 작품에서 화두로 제시한 마루사는 통칭 국세국 사찰부를 의미한다. 국세국 사찰부에 근무하는 여성 사찰관과 탈세자 간의 싸움을 코믹하게 그린 영화로 제11회 일본아카데미에서 최우수작품상, 여우주연상, 남우주연상, 남우조연상, 감독상, 각본상 등을 수상했다. 이 작품은 대중의 인기를 끌면서 패밀리 컴퓨터용 게임으로도 만들어졌다.

세무사찰 영내에는 파친코 영업으로 획득한 소득을 숨기거나 노부부가 운영하는 식품점 슈퍼에서 매출을 숨기는 등 세금을 줄이기 위한 탈세 사건이 일상화되어 반복되고 있다. 어느 날 호텔 사장으로부터 버림받은 한 여성이 국제국 사찰부 부원 마루사에게 탈세를 밀고하는 전화를 한다. 마루사는 밀고 사건을 맡아 본격적으로 탐문 조사를 하여 사건의 전모를 밝힌다. 그것뿐만 아니라 마루사는 폭력단, 정치가, 은행 등이 연루된 대형 탈세 사건을 파헤치면서 그들과 치열하게 싸움을 벌인다. 이 영화는 경제성장을 달성한 경제대국에서 벌어지는 어두운 면과 인간의 경제적 심리를 그리고, 다른 한편으로는 일본 사회의 부정의를 파헤치고 고발한다는 점에서 사회과 영화라고 할 수 있다.

그리고 일본 가정의 시대상을 그린 영화 작품이 이마무라 쇼헤이(今村昌平) 감독의 〈나라야마부시코(楢山節考)〉이다.[29] 후쿠사와 싯페이(深沢七郎)의 단편소설

---

28 이타미 주조(1933.5.15~1997.12.20)는 일본 영화감독, 배우, 에세이스트, 상업 디자이너, 일러스트레이터, CM크리에이터, 다큐멘터리작가 등 다양한 영역에서 활동한 인물이다. 전전 영화감독으로 활동한 이타미 만사쿠(伊丹万作)가 아버지이며, 노벨문학상 수상 작가 오오에 겐자부로가 동생 유카리의 남편이다. 1984년 영화감독 데뷔작 〈장례식(お葬式)〉은 일본 내에서 좋은 평가를 받았다. 이 작품은 일본아카데미상, 예술선장 신인상 등 30여 개 상을 수상했다. 이 영화는 아내 노부코의 아버지 장례식이 소재가 되었고, 일주일간 시나리오를 써 완성한 작품으로 유명하다. 1997년 12월 이타미 프로덕션이 있는 도쿄 아자부(東京麻布) 맨션에서 이타미 감독의 시신이 발견되었고, 사건 경위에 대해서는 다양한 설이 있다.

29 이마무라 쇼헤이(1926~2006)는 일본 영화감독, 각본가, 영화 프로듀서, 일본 영화학교 창설자이다. 칸영화제에서 두 차례 그랑프리를 수상한 일본을 대표하는 영화감독이다. 쇼치쿠와 닛카쓰 등을 거쳐 독립영화를 제작하는 이마무라 프로덕션을 설립했다. 이마무라 감독의 작품은 중희극이라고 불리기도 하고, 각본 집필 시 철저하게 조사하여 영화를 제작하는 리얼리즘을 지향한 감독이다.

을 영화화한 작품으로 당시 일본은 고령화 사회로 진입하여 다양한 노인문제가 발생하는 시기였다. 고령화가 급속도로 진행되면서 인구 분포에서 차지하는 노인 인구 비율이 높아졌고, 노동활동이 가능한 경제 인구가 줄어들어 심각한 사회문제가 되었다. 그리고 노인 부양을 위한 다양한 사회 정책이나 사회복지 정책이 추진되면서 국가적으로는 재정적 부담이 늘어났고, 사회적으로는 가정의 부양 부담이 증가하는 상황이 벌어졌다. 국가재정과 노인복지 지출의 양립, 노인과 가정구성원 간의 공존, 노인의 사회적 역할 등이 표면화되어 다양한 갈등이 야기되었다.

이 영화는 당시 일본을 그리기보다는 현실적인 이슈로 등장한 고령화문제를 간접적으로 다루었다는 데 의의가 있다. 경제적으로 궁핍하여 나이가 든 노인을 산속에 버린다는 전설을 소재로 하여 당시 고령화사회를 맞은 일본에 많은 반향을 일으켰다. 일본에는 노인 수명이 연장되어 자식 부부와의 공존문제가 심각한 가정문제로 제기되었고, 가정으로부터 사라져 홀로된 독거노인의 부양문제가 이슈가 되어 사회 관심을 끌었다. 이야기는 다음과 같이 시작된다.

신주(信州)의 어느 산속에 빈곤하게 살고 있는 오린(おりん)은 나라야마(楢山) 입성을 알리는 노래를 듣게 된다. 70세가 된 노인은 나라야마에 가는 것이 부락의 인습이었다. 69세의 할머니가 된 오린은 나라야마에 갈 마음을 먹고 기다리는 가운데 아들의 신부도 골라 결혼시켰다. 오린은 가기 전에 식량을 절약하기 위해 멀쩡한 이를 돌에 부딪혀 깨버린다. 아들 신페이(辰平)가 결혼해 며느리가 임신 5개월이 되고 식량 부족으로 어려움에 처했기 때문이다. 오린은 손자가 태어나기 전에 나라야마에 갈 준비를 한다. 때가 되자 신페이는 엄동설한에 어머니를 등에 업고 나라야마로 출발한다. 나라야마에 가는 도중에 길바닥에 해골이 널려 있고 까마귀가 시체를 먹는 처참한 광경을 목격한다. 그러나 어쩔 수 없이 나라야마에 도착한 신페이는 어머니를 산에 놓고 돌아선다.

이 작품은 스스로 나라야마에 가는 날을 기다리는 어머니와 살가운 효자를 잇는 무언의 가족애가 비참한 상황에 맞닥트리는 순간을 그려 많은 여운을 남겼다. 특히 경제대국 일본이 앞으로 해결해야 할 노인문제, 노인과 젊은이 간의 공존문제, 고령화가 급속하게 진행되어 생긴 부양문제, 가족애가 사라져 가족의 해체가 진행되는 가족붕괴문제, 국가가 감당해야 할 사회적 책임문제, 가정과 사회 구성으로 해야 할 책임 등 다양한 사회문제를 안고 있는 일본과 일본인에게 많은 과제와 메시지를 준 영화이다.

대국화기 일본에서 자생하여 발전하면서 역사를 갖고 있는 대표적인 일류(日流) 대중문화는 보편적 가치를 폭넓게 그려 세계적 공감을 얻은 아니메, 그리고 국제영화제에서 신선함과 일본적 정서를 휴머니즘적으로 그린 일본 영화 등이다. 이후 아니메와 일본 영화는 영상문화를 전달하는 CD플레이어나 VTR(Video Tape Recorder) 등과 같은 영상매체의 발전으로 대중 속에 깊이 파고들어 발전하면서 영상 작품의 대중화를 촉진시켰다. 특히 일본 아니메는 각국에 수출되면서 많은 수요자를 확보했고, 국제사회에서 아니메의 흐름과 방향을 규정하여 일본이 대중문화 대국이며 아니메 대국이라는 찬사를 받을 수 있게 한 보편적인 대중문화가 되었다는 데 가치가 있다.

4) 에어로빅·게이트볼·여가·건강문화

경제대국이 되면서 개인이 윤택한 삶을 위해 취미를 즐기는 여가문화와, 건강을 챙기고 유지하는 스포츠형 건강문화가 확산되기 시작했다. 후생노동성은 경제대국과 소득에 어울리는 건강 만들기와 사회 만들기라는 슬로건을 내세워 일상생활에서 적극적으로 대응할 것을 1991년『후생백서』에서 밝혔다. 건강과 여가를 강조한 것은 일본인이 경제적·시간적 여유를 갖게 되고, 동시에 수명이 80세 이상까지 늘어남에 따라 사회 비용이 많이 드는데 사회노동력은 부족하여 노인 건강이 중요해졌기 때문이다.

〈표 6-11〉은 노동후생성이 80세까지 건강하게 삶을 유지하도록 하기 위해 계

〈표 6-11〉 액티브80 헬스플랜

구분	시책 목적	구체적인 대책
적절한 운동	운동 기회 증대	- 건강증진시설 정비, 근무시간 단축
	이용료 절감	- 이용비 보조
	정보 제공	- 운동시설과 정보 제공, 운동시간 증대
균형 있는 식사	영양정보 제공	- 식생활 지침, 외식조리 가공식품의 영양성분 표시, 칼로리 정보 제공
	영양 지도 추진	- 시정촌 보건소 영양 지도 추진
	조리 실천 응용	- 식생활 개선 추진과 활동 강화 - 조리사에 의한 생애건강밥상교육 추진
충분한 휴식	휴가 증대	- 건강 휴식에 관한 제도 정비, 휴가일수 증대 검토
	휴양 정보 제공	- 휴양 방식 연구와 정보 제공

자료: 厚生労働省, 『厚生白書』(厚生労働省, 平成2年).

획한 실천 프로젝트로서 액티브80 헬스플랜의 내용을 소개한 것이다. 이 계획에는 노인이 생활 속에서 실천해야 할 사항으로 적절한 운동, 균형 있는 식사, 충분한 휴식 등 구체적인 전략을 제시했다.

1980년대 문화시대가 강조되면서 일반 국민이 쉽게 접근하고 애용할 수 있는 건강 스포츠, 여가활동, 놀이활동, 국내외 여행, 전문 스포츠 등과 같은 여가문화가 활성화되었다. 일상생활 속에서 가능한 건강 스포츠로 활성화된 것이 에어로빅으로 간단하면서도 전문적으로 할 수 있는 유산소운동이라는 점에서 인기가 있었다. 유산소운동의 선구자 쿠퍼(Kenneth H. Cooper)는 유산소운동 프로그램으로 에어로빅을 고안하여 건강 증진에 공헌했다.

당시 일본인들은 경제성장과 소득 성장으로 개인 건강에 관심을 갖게 되었고 국가에서 유산소운동을 장려하는 가운데 실내에서도 가능한 역동적이며 활기찬 운동을 선호했다. 에어로빅은 바쁜 일상으로 실외운동이 어려운 사람들이 실내에서 할 수 있도록 한 대표적인 유산소운동으로 모든 연령층으로부터 각광을 받고 있다. 에어로빅은 전문 스포츠인, 젊은이, 주부, 노인 등이 사회생활과 가정생활을 영위하면서 건강을 챙기고 정신적 스트레스를 해소하기 위해 이용하고 있다.

다른 한편으로 노인의 취미생활이나 운동으로 인기를 얻은 스포츠가 게이트볼(ゲートボール)이다. 움직임을 과도하게 하지 않고 실외에서 가능한 게이트볼은 5인 1조의 2팀 대항으로 이루어지는 경기로 한자로 몬큐(門球)로 표기하며, 전형적인 일본 발상의 스포츠이다. 1947년 스즈키 에이치(鈴木栄治)가 홋카이도에서 유행한 크로케(クロッケー)에서 힌트를 얻어 고안했다.[30] 원래는 태평양전쟁 후 물자 부족으로 놀이기구가 없던 시절 어린이를 위해 만든 놀이였다.

현재는 소득 증대와 의료기술 발달, 영양 섭취, 건강 관심 증대 등으로 수명이 늘어남에 따라 고령자가 많아졌고, 고령자의 신체적·정신적 건강을 향상시키고 취미를 통해 공동체적 활동을 할 수 있는 스포츠로 정착했다. 게이트볼은 적절한 움직임과 공동체 게임을 할 수 있는 고령자용 스포츠로서 인기가 있어 유행하고 있으며 일본뿐 아니라 각국에도 보급되고 있어 노인 스포츠의 대명사가 되었다. 1984년 일본게이트볼연합이 발족했고, 1985년 도쿄에서 제1회 일본게이트볼선수권이 개최되어 우승팀에게는 문부과학성대신상이 수여되었다. 1986년 삿포로에서 제1회 세계게이트볼선수권이 개최되었다.

노인 중심으로 유행한 게이트볼을 포함해 다양한 스포츠가 일본에서 유행했다. 전문적이기보다는 누구나 접근할 수 있는 아마추어 스포츠가 인기가 있었고, 취미로도 가능한 스포츠가 대중화되었다. 현재 일본인들이 쉽게 접근할 수 있는 취미나 오락용 스포츠는 에어로빅과 게이트볼 이외에도 수영, 요가, 테니스, 골프, 요트, 낚시, 볼링, 당구, 축구, 야구, 조깅, 걷기 등 다양하다.

〈그림 6-4〉는 1976년부터 1993년까지 취미와 오락의 개념으로 애용되는 낚시, 테니스, 골프, 스키, 요트 등에 참가한 인원수를 소개한 것이다.

---

30 크로케(croquet)는 잔디 위에서 하는 영국 발상의 구기이다. 일본산인 게이트볼의 원형이다. 마렛토라는 기구로 목제나 플라스틱 볼을 타격하여 여섯 개 문을 통과해서 최종적으로 중앙에 서 있는 폐구(ペグ)에 먼저 맞추는 사람이 이긴다. 올림픽 경기로는 1900년 파리 올림픽에서 처음 실시했다. 1983년에는 일본 크로케협회가 발족했다.

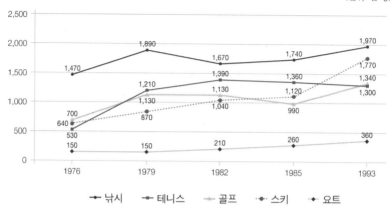

자료: PHP研究所編, 『戰後50年日本のあゆみ』(PHP研究所, 1995), p.355.

일본인들이 즐겨하는 스포츠형 취미 가운데 1976년에는 낚시, 골프, 스키, 테니스, 요트 순으로, 1982년에는 낚시, 테니스, 골프, 스키, 요트 순으로 선호했다. 1993년 버블 경기가 붕괴되는 시점에서는 낚시, 스키, 골프, 테니스, 요트 순으로 나타났다. 일반적으로 일본인들이 사회활동을 하면서 제일 즐기고 있는 스포츠가 낚시와 골프이다.

1980년대 가족 중심으로 문화를 즐기면서 문화사회의 도래를 알린 것이 도쿄 디즈니랜드(Tokyo Disneyland) 개원이다. 도쿄 디즈니랜드는 1983년 설립된 가족 단위 놀이터로 문화생활뿐 아니라 다양한 문화활동을 가능하게 했다는 데 의의가 있다. 치바현 우라야스시(千葉県浦安市)에 위치하고 있고 디즈니 놀이, 리조트, 디즈니파크, 워터월드 등을 포함하고 있다. 일본 기업 오리엔탈사는 미국 디즈니사에 처음 유치를 타진했을 때 직접 경영하는 문제에 대해 난색을 표했던 것으로 알려지고 있다. 오리엔탈사는 미국 디즈니사와 파크 설계, 운영 지도, 권리, 판권 등을 포함한 프랜차이즈 계약을 하고, 파크 건설비 및 운영비를 부담하기로 하고 아시아 최초로 도쿄에 디즈니랜드를 건설했다.

초기 건설지로는 나가노현(長野県), 시즈오카현(静岡県), 가나가와현, 치바현(千

葉県), 이바라키현(茨城県) 등이 후보지가 되었다. 시미즈시(清水市)가 유력 후보지가 되었지만 시미즈시에 건설하면 일본의 상징인 후지산(富士山)을 가릴 것을 염려해서 디즈니사는 최종적으로 치바현의 마이하마(舞浜)로 결정했다. 현재는 도쿄 디즈니랜드와 함께 도쿄 워터월드(Tokyo Water World)가 건설되어 문화사회의 여유로움을 상징하는 가족 놀이터로 애용되고 있다. 도쿄 디즈니랜드가 개원하고 도쿄 워터월드가 만들어진 것은 일본 사회가 문화사회가 되었다는 의미이기도 하다.

또한 스포츠 취미 중심의 문화사회를 상징하는 것이 실내에서 스포츠를 할 수 있는 돔형의 스포츠시설이다. 일본 도쿄도 분교구(東京都文京区)에 건설하여 1988년 개장한 도쿄돔은 요미우리자이언츠의 홈구장으로 사용되고 있다. 이곳에서는 요미우리자이언츠와의 야구 경기가 주로 열리고, 2015년 세계야구소프트볼(World Baseball Softball Confederation: WBSC)이 주최하는 프리미어세계대회가 열렸다. 야구 이외에도 격투기장, 프로레슬링 대회장, 콘서트, 상품 전시회장 등으로도 사용된다. 2002년부터 일본 야구장 사상 처음으로 인공잔디를 사용하고 있다. 돔 스포츠시설은 비가 내리거나 눈이 와도 경기가 가능한 시설로, 각종 전시회나 콘서트 등 자연현상의 제약을 받지 않고 문화활동이 가능하다는 점에서 선진국형 스포츠시설이라고 할 수 있다. 돔구장은 문화사회와 스포츠 선진국을 상징하는 의미가 함의되어 있다.

일본에서 경제성장을 촉진시킨 것 중 하나가 소비형 오락이다. 그것은 금전소비형과 시간소비형의 여가활동이다. 아무리 마음이 있어도 돈과 시간이 없으면 여가활동을 할 수 없다. 대국화기 일본인들은 시간과 돈이 생기면서 개성 있는 여가활동을 왕성하게 했다. 〈표 6-12〉는 1976년, 1985년, 1993년 각각 여가활동 종목, 참가 인원수, 참가 횟수 등을 소개한 것이다.

일본인들이 즐겨하는 여가활동은 외식, 드라이브, 국내 여행, 가라오케, 박물관, 비디오 감상, 음악 감상, 스낵바, 유원지, 볼링, 복권, 카드, 산행, 체조, 영화, TV 게임, 파친코, 박람회, 해수욕, 조깅, 수영, 음악회, 캐치볼, 게임, 원예 등이

(단위: 만 명)

구분	1976		1985		1993	
	참가 인원	횟수	참가 인원	횟수	참가 인원	횟수
외식	4,460	13.3	5,920	16.3	6,900	16.8
드라이브	3,070	9.2	5,560	10.4	6,150	12.8
국내 여행	-	-	5,100	3.0	6,080	58.4
가라오케	-	-	2,030	13.7	5,810	10.9
박물관	-	-	3,900	3.0	4,690	3.3
비디오 감상	-	-	-	-	4,610	21.8
스낵바	-	-	4,350	16.3	4,440	14.8
음악 감상	3,390	29.8	3,160	65.5	4,340	68.4
유원지	2,370	4.5	3,640	3.4	4,080	3.2
볼링	1,200	5.6	2,640	5.9	4,020	6.2
복권	-	-	2,900	6.6	4,010	5.0
카드	2,470	11.7	3,820	12.0	3,820	12.9
야외 산책	1,620	4.0	3,710	9.0	3,770	10.0
체조	860	28.3	3,600	59.0	3,290	50.7
영화	2,730	6.8	3,320	5.8	3,130	4.9
TV 게임	-	-	2,100	30.2	2,990	39.0
파친코	3,020	18.2	2,840	20.1	2,920	25.1
박람회	-	-	2,630	3.6	2,780	4.0
해수욕	3,160	2.9	3,840	3.0	2,700	2.8
조깅	580	16.3	2,590	36.2	2,690	37.9
수영	460	15.3	620	26.2	2,360	13.6
음악회	1,530	5.0	1,800	5.1	2,290	4.4
캐치볼	1,470	18.1	2,320	21.2	2,180	16.3
게임센터	1,130	7.1	1,250	14.1	2,410	12.3
원예	2,940	25.4	3,390	35.5	3,460	37.5

자료: PHP研究所編, 『戦後50年日本のあゆみ』(PHP研究所, 1995), p.351.

다. 여가활동으로 제일 많이 참가한 종목은 1976년 외식, 음악 감상, 해수욕, 드라이브, 파친코 등의 순이고, 1985년 외식, 드라이브, 국내 여행, 스낵바, 해수

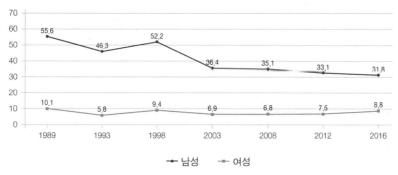

〈그림 6-5〉 습관적 음주자 추이　　　　　　　　　　　　　　　　(단위: %)

자료: 青山誠, 『統計でふりかえる平成日本の30年』(双葉社, 2018), p.35.

욕, 카드 순이며, 1993년 외식, 드라이브, 국내 여행, 가라오케, 박물관, 비디오 감상 순이다. 해가 거듭될수록 여가 참가 수와 횟수가 증가하고 있어 일본 사회는 여가생활을 즐기는 여가사회로 진행하고 있고, 생활 속에서 여가를 중시하고 있음을 알 수 있다.

〈그림 6-5〉는 국민영양조사에 의한 일본 남녀의 주 3회 이상 습관적인 음주 추이를 조사한 내용을 소개한 것이다. 여성 음주는 점차 증가하는 현상이고, 남성 음주는 점차 하향 추이에 있다는 것을 알 수 있다. 1989년 남성 음주는 55.6%, 여성 음주는 10.1%로 각각 최고를 기록했고, 남성 음주는 2016년 31.8%, 여성 음주는 2003년 6.9%로 각각 최저를 기록했다.

문화사회와 여가사회에 사는 사람들은 신체 건강을 유지하고 향상시키기 위해 건강식품을 선호한다. 일본은 건강을 증진시키고 시간과 돈을 들여 자신의 몸을 위해 투자하는 사회가 되었다. 스포츠와 함께 몸 건강을 위해 기간과 돈을 투자하는 것이 치료제가 아닌 건강증진식품이다. 건강식품은 법률상 정의는 없지만 건강증진에 가치가 있거나 도움이 되는 식품으로 판매되고 이용되는 것 전반을 지칭한다.

〈표 6-13〉은 건강식품의 종류와 특징을 소개한 것이다. 건강증진식품으로는 건강식품, 기능성 표시식품, 영양기능식품, 특정 건강식품 등 매우 다양하다. 건

구분	건강식품	기능성 표시식품	영양기능식품	특정 건강식품	의약품
인허가 방법	-	신고서 제출	자기인증제	개별허가제	의약품 외 포함
건강식품 분류	건강식품	건강식품	건강식품	건강식품	의약품
기능성 여부	-	기능성식품	기능성식품	기능성식품	-

강증진식품은 국가가 규정한 안전성이나 유효성에 관한 기준을 충족하도록 하고 있다.

건강식품은 영양분을 섭취하여 말 그대로 건강을 유지하거나 기능이 약화되는 것을 방지하는 역할을 한다. 치료약이나 특정한 효과가 있는 강화제와는 다른 의미를 함의한다. 그리고 정부가 규정한 보건기능식품제도는 신체 기능을 관리하거나 증강시키는 특정 목적이 기대되는 식품에 대해 일정하게 기준을 정하고 있다. 국가가 정한 영양성분의 기준을 충족하고 기능을 표시하도록 하는 제도로 헤이세이 27년부터 시행했다.[31]

일반적으로 생활식품은 일상생활에서 식사로 사용되는 음식이며 곡류, 채소류, 과일류, 고기류, 해산물 등과 같이 자연 속에서 자라는 식품 중심으로 구성되어 있다. 따라서 의도적으로 크게 변형시키기보다는 조리를 통해 식재료가 가지고 있는 영양을 섭취하는 특징이 있다. 생활식품과는 다르게 건강식품은 가공이나 화학적 합성과 같은 방법을 통해 특정한 효과를 낼 수 있도록 제조한 기능성 식품을 의미한다. 비타민, 기능성 음료, 인삼주, 보양식품 등 다양하게 존재한다. 경제가 발전하고 사회가 풍부하면 할수록 건강을 위한 기능성 식품산업은 성장한다.

31　厚生労働省, 『厚生白書』(厚生労動省, 昭和33年); 財団法人日本健康編, 『栄養表示と健康強調表示-世界的な制度の現状』(栄養食品協会, 2006).

5) 프리터·3K 노동문화

대국화기의 고용 상태는 버블 경기와 버블 경기 붕괴로 인해 매우 대조적인 변화를 보였다. 버블기에는 경기 호황으로 일자리가 많아지고 임금도 상승했다. 또한 실업률이 대폭 개선되고 신규 졸업자의 유효구인배율도 높아졌으며 노동시장이 유연성과 탄력성을 가졌다. 그러나 버블 붕괴기에는 경기 불황으로 일자리가 적어지고 임금도 낮아졌을 뿐 아니라 실업률이 높아졌으며, 신규 졸업자의 유효구인배율도 낮아지는 등 노동 한파가 도래하여 노동시장과 노동환경이 악화되어 많은 실업자와 실업 예비군을 양산했다.

〈그림 6-6〉은 1980년부터 1993년 사이의 유효구인배율을 소개한 것이다. 1980년 유효구인배율은 0.75, 1988년 1.01, 1990년 1.4, 1993년 0.76 등의 변화를 보이고 있어 버블기에는 높았지만 버블이 붕괴되는 1991년 이후는 점차 하락하는 추이를 보인다. 점차 노동시장이나 노동 환경이 악화되고 있는 것을 알 수 있다.

〈그림 6-7〉은 1960년대부터 1992년까지 버블 경기 시작과 버블 경기 붕괴 시점까지의 남녀 대졸자의 취업률을 소개한 것이다. 대체로 여성보다는 남성의 취업률이 10% 내지 20% 정도 상회하고 있으며, 점차 남성과 여성의 취업률의 차이가 축소되고 있다. 1960년 남녀 취업률 차이는 22.2%, 1970년 14%, 1980년 12.8%, 1990년 8.1% 등으로 축소되어 여성 취업률이 상승하고 있다. 버블기인

〈그림 6-6〉 유효구인배율　　　　　　　　　　　　　　　　　　　　　(단위: 명)

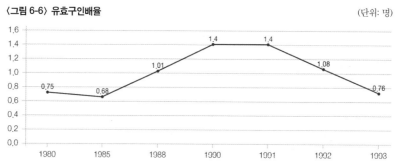

자료: PHP研究所編, 『戦後50年日本のあゆみ』(PHP研究所, 1995), p.98.

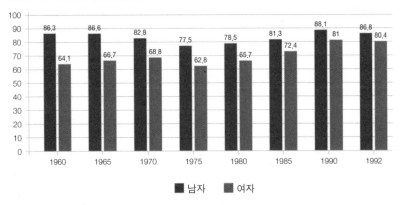

자료: PHP研究所編, 『戦後50年日本のあゆみ』(PHP研究所, 1995), p.351.

〈그림 6-8〉 실업률 추이　　　　　　　　　　　　　　　　　　　　　　　　(단위: %)

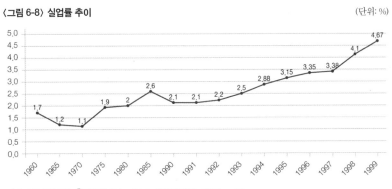

자료: PHP研究所編, 『戦後50年日本のあゆみ』(PHP研究所, 1995), p.97.

1990년 남성 취업률은 88.1%, 여성 취업률은 81%로 나타나고 있어 여성 취업률
이 최고치에 달한 것을 알 수 있다.

〈그림 6-8〉은 1960년대 고도 경제성장기, 1970년대 위기를 맞이하는 가운데
서도 성장을 한 경제도약기, 1980년대 경제대국기, 1990년대 버블 경기 붕괴 이
후 잃어버린 10년을 경험한 국제화기까지의 실업률 추이를 소개한 것이다.

전후 일본의 실업률은 1960년 1.7%, 1970년 1.1%, 1980년 2.0%, 1990년 2.1%,

1999년 4.67% 등으로 나타났다. 실업률이 제일 낮은 시기는 1970년 1.1%이고, 실업률이 제일 높은 시기는 1999년 4.67%이다. 일본의 실업률은 1960년대 1.2%에서 1.7%, 1970년대 1.1%에서 1.9%, 1980년대 2.1%에서 2.6% 등을 유지 히여 비교적 완전고용에 가까운 상황이었지만, 1990년대는 2.1%에서 4.6%로 급등하여 일본 경제가 불황이나 저성장에 빠져 있다는 것을 알 수 있다.

일본은 경제성장과 경제 불황을 겪으면서 노동시장의 변화를 가져와 정규직, 비정규직, 프리터(free arbeit, フリ―タ), 단신부임, 3K 등과 같은 독특한 노동문화를 만들어냈다. 그중에서 버블기와 버블 붕괴기에는 프리터를 중심으로 큰 변화가 일어났다. 프리터는 Free와 arbeiter가 합성된 신조어이다.[32] 프리터는 노동 인력 가운데 정사원 이외의 노동자를 의미하고 계약 사원, 파견 사원, 아르바이트생, 파트타이머 등과 같은 비정규직 사원을 지칭한다. 주로 중·고등학교와 같은 의무교육과정을 졸업하고 비정규직에 종사하는 15~34세 젊은이들이 많다.

1991년 노동후생성은 실태 조사를 위해 프리터를 정의했다. 즉, '프리터는 중·고등학교를 졸업한 15~34세 젊은이로서 현재 취업하고 있는 자로 근무지에서 아르바이트나 파트타임으로 고용된 자나 취업하고 있는 자, 그리고 정규직으로 통근하지 않고 아르바이트나 파트타임의 일을 희망하는 자'로 규정했다. 2003년 『국민생활백서』에서는 '젊은이 가운데 파트타임으로 아르바이트를 하고 있는 자와 일하고자 하는 의지가 있는 무직자'로 정의했다.[33] 일반적으로 임시 직원을 의미하는 프리터는 취로 형태를 지칭하는 용어이지 직업 구분을 의미하는 용어는 아니다.

---

32 이 용어는 1983년 CM 감독 사토 노리유키(佐藤典之)가 교토 시내의 펍에서 아르바이트를 하던 시기 손님으로부터 일에 대해 질문을 받자 '프리 아르바이터'라고 자기소개를 한데서 유래했다. 프리 아르바이터라는 용어는 1985년 6월 나카시마 미유키(中島みゆき, チャゲ&飛鳥) 등을 배출한 포푸콘(ポプコン)의 시부야 애피큐라 대회에서 나가구 보데쓰(長久保徹)가 자기 프로필을 소개할 때 공식적으로 사용했다. 1986년 3월 ≪아사히신문≫에서 프리 아르바이터라는 조이가 소개되어 전국적으로 전피되었고, 1991년 『코지엔(広辞苑)』 4편에 기재되었다.

33 内閣府, 『国民生活白書』(内閣府, 平成15年-18年版).

프리터는 매일, 매주, 매월 등과 같은 주기를 갖고 계절적으로 일하기도 하며, 명료한 주기를 갖고 있지 않지만 계속적으로 일하고 있으며, 하고 있는 일을 계속해서 할 의지와 가능성이 있는 특징이 있다. 일본에서는 버블 경기 시대에 프리터가 유행했다. 1980년대 버블 경기 시절에 편의점, 패스트푸드점 등 체인점이 늘고 건설 붐이 일어나 서비스업계와 건설업계에 일손이 부족하여 아르바이트 구인이 급증하기 시작했다. 아르바이트 잡지가 발행되고, 젊은이들 사이에 아르바이트가 익숙해졌다. 호경기가 지속되는 가운데 고급 아르바이트 구인이 급증하여 정규직으로 취직하지 않고서도 생계유지가 가능해졌다.

정규직으로 취업하고자 하는 의지가 있으면 비교적 간단하게 취직이 되었기 때문에 인생 설계를 하는 데 문제가 없었다. 프리터는 비정규직으로서 각자의 사정에 맞는 시간대에 노동할 수 있는 새로운 고용 형태로서 학생, 주부, 사회인 등에게 중시되었다. 1986년 7월 1일 '노동자파견법'이 시행되면서 하나의 회사에 소속하는 것이 아니라 불특정 다수의 회사와 계약을 체결해 일하는 프리 에이전트와 같은 생활을 하는 젊은이가 많아졌다. 프리터가 발생한 시기에는 불안정한 고용이 아니었고 어느 정도 일과 시간이 정해져 예측이 가능했으며 고용상태도 안정적으로 유지되었다. 프리터가 변하게 된 것은 아르바이트 임금이 급속하게 떨어진 버블경제 붕괴 이후이다.[34]

〈그림 6-9〉는 1960년대부터 1993년까지 여성 정규고용자 수와 여성 단기고용자 수를 소개한 것이다. 1960년대부터 여성 정규고용자 수와 여성 단기고용자 수는 점차 증가하는 추이에 있다. 그러나 버블기인 1985년부터 1990년까지의 여성 단기고용자 수는 현저하게 높아진다. 그것은 경기 호황으로 일자리가 많이 생겨 프리터로 일하는 고용자가 늘었기 때문이다. 그리고 1990년부터는 버블 경기 붕괴가 시작되어 여성 단기고용자 수는 크게 증가하지 못했다.

---

34 丸山俊, 『フリーター亡国論』(ダイヤモンド社, 2004); 太郎丸博, 『フリーターとニートの社会学』(世界思想社, 2006); 松宮健一, 『フリーター漂流』(旬報社, 2006); 水月昭道, 『高学歴ワーキングプア「フリーター生産工場」としての大学院』(光文社新書, 2007).

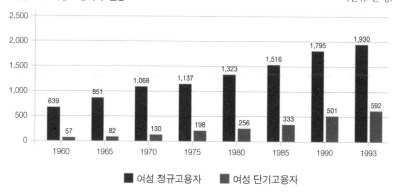

〈그림 6-9〉 여성 고용자 수 현황   (단위: 만 명)

자료: PHP研究所編, 『戦後50年日本のあゆみ』(PHP研究所, 1995), p.328.

버블 경기가 붕괴된 후 아르바이트 임금이 급락하고 동시에 대다수 기업이
정사원 고용 자체를 억제했다. 1993년 이후 기업 측은 신규 대졸자를 선택하지
않았고, 이 때문에 신규 대졸자 유효구인배율이 1.0 이하로 지속되어 취직이 어
려운 이른바 취업 빙하기가 시작되었다. 2000년부터 2005년까지 초빙하기라고
불리는 시기에는 신규 대졸자 과반수가 취업하지 못했다. 취업을 활성화하기 위
해 하로워크(ハローワーク, HELLO WORK)가 활동했지만 신규 채용과 중도 채용도
잘 되지 않았다.[35] 취업하지 못한 젊은이들은 노동 환경이 열악한 프리터를 선택
하지 않을 수 없었다. 이것이 빙하기에 프리터가 많이 발생하게 된 원인이다.

〈그림 6-10〉은 프리터로 활동하는 15~35세 노동자 수를 소개한 것이다.
1991년 버블 경기가 붕괴되는 시점부터 1999년 불황기까지 프리터 수는 급속하
게 증가하고 있다는 특징이 있다. 그것은 엔고와 디플레이션으로 인한 경기 불

---

35 공공직업안정소(公共職業安定所)는 직업안정 조직의 구성에 관한 조약(1954)에 기초해서 가
  맹국에 설치된 공적직업안정서비스 조직(Public employment service)으로 직업소개소이다.
  일본에서는 '후생노동성설치법' 제23조에 기초해 설치된 공공직업안정소(公共職業安定所, ハ
  ロ ワ ク, Public Employment Security Office)이다. 국민에게 고용 기회를 제공하기 위해
  후생노동성이 설치한 행정기관이다. 약칭은 직안이고 애칭은 하로워크이다.

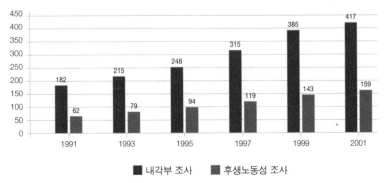

자료: 内閣府, 『国民生活白書』(内閣府, 1991~2001); 厚生労働省, 『労働白書』(厚生労働省, 1991~2001).

황이 지속되었기 때문이다.

내각부 조사에 기초해서 보면, 프리터 수는 1991년 182만 명, 1995년 248만 명, 1999년 385만 명, 2001년 417만 명 등으로 전체적으로 증가 추세인 것으로 나타난다. 그만큼 일본 경제가 불황기에 있고 노동시장도 불안한 상황에 있다는 것을 의미한다. 프리터는 편의점, 음식점, 주유소, 소매업, 외식업체 등에서 선호하고 증가 추세에 있다. 그리고 이직이나 재취업에 실패한 젊은이와 주부가 선택하고 있다. 그런 가운데 프리터에 대한 이미지가 문제를 일으키는 노동자, 사회적 적응력이 약한 자 등으로 인식되어 지속하기 어려운 상황이 발생하기도 했다. 2004년 후생노동성 조사에 따르면, 프리터 경험을 장점으로 생각하는 기업은 3.6%, 역으로 약점으로 평가하는 기업은 30.3%로 나타났다.

일반적으로 프리터는 다양한 모습으로 사회에 영향을 준다. 사용자 입장에서는 임금이 싼 노동자를 채용하여 인건비를 절감하거나 유연하게 노동자를 활용하는 긍정적인 측면도 있다. 다른 한편으로 사회라는 측면에서 보면, 프리터의 증가는 불안한 일자리와 저소득층이 증가하여 소자화를 촉진시키고 양육 방기를 초래하는 부정적인 측면이 있다. 소득이 높은 층은 결혼하여 어린이를 낳는 확률이 높은데 비해 소득이 적으면 미혼율이 높아져 소자화를 조장한다고 분석된다. 야마타 마사히로(山田昌弘)는 프리터 상태가 지속되면 일생동안 저소득자가 되거나 희망을 가질 수 없는 상태가 되어 사회 활력을 잃어버린다고 분석했다.[36] 중소기업청은 정사원과 비정규사원 간의 소득 격차가 생겨 사회 전반에 영향을 주는 것으로 평가했다.

따라서 정부는 일본이 겪고 있는 소자화 문제를 해결하고 출생률을 높이기 위한 전략으로서 프리터 감소 정책을 추진하고 있다. 구체적으로는 2010년까지 프리터 80%를 감소시키는 목표를 세웠다. 30세 이상의 프리터를 줄이는 정책을 광범위하게 실천하고 동시에 취업 지원책으로 직업 능력을 개발할 수 있는 직업교육과 기회를 제공하는 방식으로 대응하고 있다. 대부분의 프리터는 학습시간이 고정되어 있으며 통학시간을 확보하기 어렵고 현실적으로 경제적 여유가 없기 때문에 이러한 제도를 활용하지 못하는 것으로 나타나고 있어 프리터가 처해진 상황에 맞는 대책이 필요하다.

둘째는 3K 노동문화의 발생이다. 전문 기술이나 지식이 필요하지 않아 단순노동을 하거나 대우가 열악하여 나쁜 노동 환경이라고 생각되는 일자리가 늘고있다. 일본인은 노동 환경이 나쁜 일자리를 선택하지 않아서 노동력이 매우 부족해졌고 이 때문에 외국인을 채용하는 경향이 확대되고 있다. 이 현상은 경기 불황이나 호황에 관계없이 벌어지고 있다. 일본인들이 싫어하는 노동을 3K 노동이라고 하며 1990년경에 유행어가 되었다.

3K 노동은 힘들고, 더럽고, 위험한 노동을 의미한다. 블루칼라(blue coller) 노동을 의미하는 것으로 노동 환경과 작업이 힘들고(きつい, Kitsui), 더럽고(汚い, Kitanai), 위험한(危険, Kiken) 일이다. 영어로는 Dirty, Dangerous and Demeaning을 의미하여 3D라고 약칭한다. 최근 들어 등장한 신3K는 IT서비스 업종과 컴퓨터 업종에서 나타난 블루칼라 3K를 지칭한다. 신3K는 힘들고(きつい, Kitsui), 귀가가 어렵고(帰れない, Karenai), 급료가 싼(給料が安い, Kyuryogayasui) 일을 의미한다.[37]

---

36 山田昌弘著, 『新平等社会』(文藝春秋, 2006).

〈표 6-14〉 3K 노동 연령별 인구　　　　　　　　　　　　　　　　　　(단위: 만 명)

연도	15~19세	20~24세	25~29세	30~34세	계
1992	10.5	31.0	19.7	9.1	70.3
1996	13.7	46.1	28.1	12.4	100.3
2000	19.5	62.4	46.2	20.1	148.2
2004	25.5	88.6	62.7	37.2	214.0

자료: 厚生労働省, 『労働白書』(厚生労働省, 1992~2005).

　　일본 젊은이들이 3K 업종에 종사하지 않는 현상이 벌어지면서 관련 기업은 심각한 인력 부족으로 기업 운영이 어려운 상태에 빠졌다. 일본 정부는 인력 부족을 해소하기 위해 '출입국관리법'을 개정하여 일계인(日系人)과 외국인 노동자의 유입을 촉진시켜 3K 업종에 종사하도록 했다. 이후 일계인의 취업이 자유화되고 외국인 노동자가 급증했다. 노동 현장에서는 여전히 3K를 기피하는 현상이 벌어지고, 경기 회복과 함께 중소기업, 서비스업, 개호, 간호, 제조 등에서 인력 부족이 심각해지고 있다. 일본 정부는 외국인 노동자를 대체 인력으로 생각하여 다양한 유입 정책을 추진하고 있다.

　　〈표 6-14〉는 3K 노동 연령별 인구수를 소개한 것이다. 3K에 종사하는 연령별 인구는 늘어나고 있고, 20~29세 비율이 높은 것으로 나타난다. 3K 노동자 수는 1992년 70만 명, 1996년 100만 명, 2000년 148만 명, 2004년 214만 명으로 증가하는 추세에 있다.

　　〈그림 6-11〉은 1988년부터 1993년까지 일본에 체류한 외국인 총수를 소개한 것이다. 1988년 94만 명, 1990년 160만 명, 1993년 140만 명 등으로 나타나 버블 경기 전후로 일본에 외국인 노동자가 많이 유입된 것을 알 수 있다. 외국인

37　일본에서는 간호사의 일을 3K라고 지칭한다. 간호사 일은 휴가가 얻기 힘들다(休暇が取れない), 규칙이 엄하다(規則が厳しい), 화장이 잘 받지 않는다(化粧がのらない)고 평가되어 붙여졌다. 거기에 약에 의존해서 산다(薬に頼って生きている), 결혼이 늦어진다(婚期が遅い), 급료가 싸다(給料が安い) 등을 넣어 6K라고도 한다.

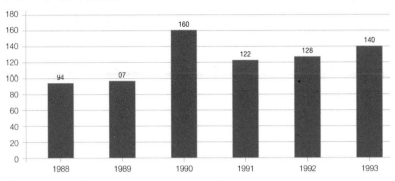

〈그림 6-11〉 재일 외국인 현황 　　　　　　　　　　　　　　 (단위: 만 명)

자료: PHP硏究所編, 『戰後50年日本のあゆみ』(PHP硏究所, 1995), p.217.

가운데 한국인 및 조선인 국적을 가진 사람은 약 60만 명으로 제일 많고 그다음이 중국인, 브라질, 필리핀 등으로 나타난다. 외국인이 증가한 것은 기존에 거주하는 한국인과 조선인 국적자를 제외하면, 일본인이 담당하지 않는 3K 노동을 하기 위해 일본으로 입국하는 외국인을 적극적으로 채용하는 경향이 있고, 외국인을 채용할 수 있는 노동 환경이 정비되어 일본에서 일하고자 하는 외국인이 많이 입국했기 때문이다.

　일본에서 일하는 외국인 노동자는 1990년 26만 명에서 2002년 76만 명으로 증가했다. 그 가운데 일계인이 23만 4000명이고 일본인 배우자가 있는 외국인이 다수를 차지하고 있으며 불법체류자도 22만 명이나 된다. 현재 일본은 초고령화로 인해 노인에게 복지서비스를 제공한 인력이 현실적으로 부족한 실정이어서 복지를 담당할 외국인 노동자가 필요하고, 소자화로 인해 현재와 장래에 노동 현장의 노동력이 부족해 더 많은 외국인 노동자를 들여와야 하는 상황이다. 인력 부족을 외국인으로 대체하는 문제가 신중하게 논의되어 추진되고 있지만 3K 직장의 급여, 노동 조건, 노동 환경 등을 개선해야 하는 과제를 안고 있다. 또한 일본 노동시장이 외국인을 수용하는 상황으로 바뀌고 있어 장기적인 차원에서 외국인 노동자에 대한 의식을 개선하고 일본에서 노동을 하며 인간다움을 유지할 수 있는 유연한 삶의 환경을 만들 필요가 있다.

6) 세쿠하라문화

일본에서 성희롱이나 성추행을 세쿠하라(sexual harassment, セクシュアルハラスメント, セクハラ)라고 한다. 세쿠하라는 성적 괴롭힘(性的嫌がらせの)을 의미한다.[38] 상대방 의사에 반하여 성적 언어나 행동으로 성적 불쾌감을 주거나 불이익을 주어 인권을 침해하는 일체의 행위를 포함한다. 성적 괴롭힘은 1970년대 미국의 여성 잡지 ≪MS≫ 편집주간인 급진적 페미니스트 글로리아 스타이넘(Gloria Steinem)이 사용한 용어이다. 미국에서는 1986년 최고재판소가 빈슨(ヴィンソン Vinson) 대 메리터 저축은행(Meritor Savings Bank) 재판에서 처음으로 세쿠하라 행위가 인권법에 위반하는 성차별이라고 인정했다.

일본에서는 1980년 중반 이후 세쿠하라라는 용어가 사용되었다. 1986년에 일어난 니시후나바시역(西船橋駅) 전락사 사건에서 기소된 여성을 지원하는 여성 단체가 처음으로 세쿠하라라는 용어를 사용했다. 이 사건은 술에 취한 사람과 연루된 여성 사이에 일어난 우발적 형사사건으로 시작되어 세간의 이목을 끌면서 세쿠하라라는 용어가 널리 알려졌다. 그러나 당시 사회는 상대방 의사에 반하는 성적 언동을 통해 이루어지는 이성 간의 성희롱이나 성추행을 암묵적으로 넘겨 문제시하지 않았기 때문에 파장이 일었다.

이어서 1989년 8월 후쿠오카(福岡) 출판사에 근무하는 여성이 상사를 상대로 세쿠하라로 민사소송을 제기했다. 이는 상사와 부하 간에 일어난 성 관련 사건이었다. 회사에서 발생하는 불미스러운 일이었지만 당시는 부적절한 성 관련 행위로 인식하지 않아 공론화하지 못했다. 따라서 이 사건은 일본 직장에서 세쿠하라라고 인식하지 않았기 때문에 의도와 의미 없이 일어난 여성에 대한 행위와 발언이 세쿠하라일까라는 논란을 일으키면서 텔레비전이나 잡지에서 취급되기 시작했다.

니시후나바시 사건과 후쿠오카 출판사 사건을 통해 일본 사회에 세쿠하라라

---

38 稲垣吉彦, 『平成・新語×流行語小辞典』(講談社, 1999).

는 용어가 관심을 끌면서 1989년 유행어 대상 후보에 올라 신어 부문 금상을 수상했다. 표창을 받은 이는 2년 전 1987년 재판이 끝난 니시후나바시역 전락사 사건의 변호사였다. 1989년 세쿠하라가 유행하는 계기가 된 후쿠오카 출판사의 세쿠하라 소송이 당시 계류 중이었고 결착을 보지 못했기 때문이었다. 후쿠오카 출판사 사건에 대한 민사재판은 1992년 원고의 전면승소로 일단락되었다.[39] 특히 이 재판은 일본 사회에서 벌어지고 있는 세쿠하라 방지 가이드라인이 완성되는 기폭제가 되었다. 이후 세쿠하라 사건은 계속 일어나 일본 사회에 세쿠하라라는 용어가 정착하면서 사회문제화 되었다.

1990년대 세쿠하라 용어의 정착과 동시에 세쿠하라에 대한 대책이 마련되기 시작했다. 일본 정부는 1997년 '남녀고용기회균등법'을 개정하여 성적 괴롭힘에 대해 적극적으로 대응했고, 2007년 개정으로 세쿠하라의 범위를 확대하고 여성에 대한 남성의 성적 괴롭힘을 엄격하게 규정했다. 2007년 4월 1일부터는 남성이 여성이나 남성을, 여성이 여성이나 남성을 대상으로 하는 것도 금지하고 있다. 고용관리 주체인 사업주는 필요한 조치를 취할 의무가 있고, 종래 배려 의무보다 엄격하게 적용하고 있으며, 시정 지도에 응하지 않는 경우 일정한 제재가 가해진다. 그리고 2014년부터 동성애나 트랜스젠더에 대한 차별적 언동도 세쿠하라에 해당되는 것으로 규정하여 조치를 취하도록 했다.

2018년 6월 국제노동기구는 직장에서 세쿠하라를 근절하기 위해 조약을 제정하기로 하고 2019년 총회에서 대책과 기준을 마련하기 위해 조사를 실시했다. 국제노동기구가 80여 개국의 세쿠하라 현상을 조사한 결과 일과 관련된 폭력이나 세쿠하라를 규제하는 국가는 60여 개국이고 일본은 규제가 없는 국가에 속했다. 그만큼 일본에는 남녀 간의 성적 언행이 용인되고 있었다. 관청, 정치가, 재판소 등에서 성적 괴롭힘을 성차별로 인식하지 않아 처벌이 이루어지지 않았다. 일본 사회는 남성 중심으로 구성된 상하 질서가 정착되고, 전통적으로

---

39 晴野まゆみ, 『さらば、原告A子—福岡セクシュアル·ハラスメント裁判手記』(海鳥社, 2001).

남녀 간에 암묵적으로 존재하는 불평등 구조가 작동하고 있기 때문이었다. 일본 정부는 세쿠하라에 관련된 대정부 질문에서 '현행법령으로 세쿠하라 죄는 존재하지 않는다'라고 답변하여 논란이 되기도 했다.

현재 세쿠하라의 정의는 추상적이다. 세쿠하라는 '상대방 의사에 반해서 성적으로 불쾌하거나 불안한 상태로 몰아가는 언어나 행위'라고 되어 있어 구체적인 언급을 피하고 있다. 또한 직장에 한정하지 않고 일정의 집단 내에서 성적으로 불쾌한 언동을 하거나 그와 같은 분위기를 만드는 것도 세쿠하라로 인정한다. 이성에 대해 성적으로 불쾌한 환경을 만드는 언동, 상대방이 성적으로 불쾌하다고 생각하게 하는 언행, 법령이나 계약 이행을 빌미로 접촉을 요구하는 행위 등도 해당된다. 그리고 남성과 여성, 남성과 남성, 여성과 여성 사이에 벌어지는 행위도 포함된다. 세쿠하라는 성별은 중요하지 않지만 주로 남성이 여성에게 하는 경우가 많은 것으로 나타나고 있다.

세쿠하라는 현실적으로 매우 미묘하고 교묘하게 이루어지는 경우가 많아 단정하기 어려워서 인식적으로도 법적으로도 논란이 되고 있다. 또한 업무상 상하관계처럼 갑과 을의 관계에서 발생하기 때문에 노출시키기 어렵고, 남녀 간의 애정관계인지 또는 외도관계인지 아니면 짝사랑인지 등 둘만이 알 수 있는 상황이 존재하여 명백하게 세쿠하라라고 단정하기 쉽지가 않다. 〈표 6-15〉는 세쿠하라의 유형을 소개한 것이다.

세쿠하라의 유형에는 불이익형, 인권오염형, 망상형, 유사연애형, 화풀이형, 파워형 등으로 구분할 수 있다. 현재 일본에서 세쿠하라가 일어나고 있는 장소는 직장, 학교, 사회단체, 요리점, 대학, 공공기관 등 다양한 곳에서 다양한 형태로 일어나고 있다. 특히 세쿠하라는 노동 환경과 관련해서 많이 발생하고 있다.[40] 세쿠하라는 '남녀고용기회균등법'에 위반하기 때문에 기업은 이를 해결하

---

40 野原蓉子, 『こうして解決する! 職場のパワーハラスメント—指導のつもりがなぜ?パワハラと言われるのか』(経団連出版, 2013).

〈표 6-15〉 세쿠하라 유형과 특징

구분	세쿠하라의 특징
불이익형	- 계급 상하관계에서 상위에 있는 자의 외설행위, 성행위, 성추행 등의 요구에 하위자가 거부하는 대가로 강등, 해고, 감봉, 갱신 거부, 전근 등 불이익을 받는 경우
인권 오염형	- 성적 언동으로 상대방의 인권을 침해하거나 악화시키는 경우 - 화장실, 휴게실, 공공장소 등에서 본인 및 타인을 포함한 이성 관계, 애인 관계 등에 대한 소문이나 이야기를 유포하는 행위 - 직장, 학교, 공공 및 사업시설 등에서 누드 달력, 수착 포스터, 포르노 잡지, 성인만화 등을 부탁하거나 진열하여 불쾌감을 주는 것, 성적 농담, 용태나 신체 등에 대한 이야기, 엉덩이나 성기 크기 등의 이야기, 연애 경험이나 정조에 대한 질문과 대답을 강요하는 경우 - 외설에 참가를 강요하거나 권유하는 것, 성적 네타(性的なネタ, 음담패설)에 강제적인 참가 유도, 여관이나 호텔에서 목욕 강요, 술 강제 권유, 성적 어필을 하는 복장이나 행위 요구, 풍속점으로의 유혹, 나체 춤 강요, 결혼 네타, 출산 등에 대한 이야기 강제, '남자인 주제에 근성이 없어'라는 말, '여자인 주제에 나마이키(生意気, 건방짐)'라는 말, 직장 등에서 남성이나 여성의 미모 순위를 정해 공개하는 것
망상형	- SNS 등을 이용하여 상대방에게 일방적으로 접근하고 몰입하는 행위 - 휴일임에도 업무 연락을 가장해 사생활에 접근하여 성적 발언을 하는 경우, 자신을 좋아하는 것으로 착각해 지속적으로 성적 발언을 하는 경우
유사 연애형	- 상대에게 호의가 있다고 오해를 하도록 하여 성적 언동을 하는 경우 - 부하가 상사에게 적극적으로 발언하여 상사가 오해하도록 성적 접근을 유도하는 행위 - 진실한 연애 관계가 파탄이 났음에도 상대방에게 교제를 계속적으로 요구하는 경우 - 상대방의 거절에도 불구하고 일방적이며 지속적으로 접근하여 괴롭히는 스토커 행위
화풀이형	- 부하가 상사를 유혹해 나중에 싫다고 올가미를 거는 허니 트랩(ハニートラップ)의 경우 - 사이가 좋을 때는 적극적인 언동을 수용하지만, 사이가 좋지 않으면 처음부터 싫었다거나 거절하기 어려웠다고 하여 폭로하는 경우 - 침소봉대하여 세쿠하라로 주장하는 경우, 합의로 성관계를 맺었음에도 관계의 변화로 합의가 아니었다고 주장하는 경우
파워형	- 권력이 강한 자가 권한을 이용해 약한 자를 성희롱과 같은 방법으로 괴롭히는 파워하라(パワーハラ)인 경우 - 직장 회식 자리에서 상사가 술을 강요하는 행위, 교사가 학생에게 하는 외설행위, 상위자의 성행위나 애인계약 강요, 구직자에게 대한 성행위나 외설행위, 상사가 부하에게 하는 외설행위, 상거래에서 우위에 있는 사람이 상대방에게 하는 외설행위나 성행위

기 위한 조치를 취해야 할 의무가 있다. 한편 형사법 규정이 없기 때문에 민법을 통해 손해배상을 청구하거나 각 조직이 징계처분을 내려야 한다. 심각한 피해가 발생한 경우 강제외설죄로 처벌을 요구할 수 있다.[41]

후생노동국에 따르면, '남녀고용기회균등법'에 기초한 세쿠하라 상담 건수는 2014년 1만 1289건으로 그중 여성 노동자 59.6%, 남성 노동자 5.5%, 사업주 16.4%, 기타 18.6% 등으로 나타났다. 일반 성범죄 신고율은 1% 정도로 낮은 편이고, 정사원의 경우 세쿠하라 경험률은 34.7%로 나타났다. 2016년 대학에서 외설행위나 세쿠하라로 징계처분을 받은 교직원이 226명이었고, 가해자 가운데 남성이 223명, 여성이 3명이다. 피해자는 아동이나 생도가 52.6%이고 교직원이 16.8%이다.

세쿠하라는 일본에서만 일어나고 있는 현상이 아니다. 세쿠하라는 성희롱 또는 성추행을 의미하는 것으로 상대방의 의사에 반하여 성적 불쾌감을 유발하는 언행을 지칭하여 매우 포괄적인 의미를 함의한다. 따라서 일반적으로 세쿠하라를 입증하기 위해서는 그에 관한 객관적인 증거가 있어야 한다. 의심되는 가해자나 피해자는 각각의 입장에서 대응하기가 매우 어렵다. 기본적으로 세쿠하라는 피해자에게 유리하게 법리를 적용하거나 해석하여 가해자에게 제재를 가한다.[42] 세쿠하라는 피해자의 주관이 중요하다고 하지만, 판례는 객관성을 중시하는 증거주의를 채택하고 있으며 동시에 일반 통상인의 판단이 중요한 기준이 된다. 현재 세쿠하라의 경우 2차 피해가 발생할 가능성이 높아 피해자를 지원하는 실효적인 제도와 시스템이 필요하다.

7) 과학박람회·캐릭터·파미콘 게임문화

대국화기 일본은 국제사회에서 인간을 중시하는 인류애, 과학기술 발전, 윤

---

41 落合惠子·吉武輝子, 『セクシャルハラスメントとどう向き合うか』(岩波書店, 2001).

42 村本邦子, 『暴力被害と女性-理解·脱出·回復』(昭和堂, 2001).

택한 거주와 환경 등을 주제로 과학박람회를 개최하여 선진국으로서의 위상을 알리는 데 집중했다. 그것이 바로 1985년 일본 쓰쿠바에서 열린 박람회 쓰쿠바 85(博覧会筑波85)로 국제과학기술박람회(国際科学技術博覧会, The International Exposition, Tsukuba, Japan, 1985, 약칭 Tsukuba Expo '85)이다. 1978년 과학기술청이 에너지문화를 중심으로 과학기술박람회를 구상하고, 1981년 국제박람회에 관한 조약(国際博覧会に関する条約)에 근거해서 특별박람회 형태로 연구 도시인 쓰쿠바에서 개최되었다.

쓰쿠바 박람회 쾌적한 삶과 환경, 인간을 위한 과학기술(Wellbeings and Surroundings, Science and Technology for Man at Home)을 주제로 하여 1985년에 개최되었다. 일본을 포함한 48개국과 37개 국제기구가 참가했다. 총 입장 인원수는 2033만 4727명으로 당시 특별박람회 사상 최고 입장 인원수를 기록했다. 상징 마크는 우주, 지구, 인간, 과학, 예술 등의 미래상을 이미지화해서 만들었다. 마스코트 캐릭터는 1981~1982년에 일본의 전국 소·중학생으로부터 공모하여 아이치현 중학1년생이 UFO(Unidentified Flying Object)를 이미지화한 코스모호시마루(コスモ星丸)가 추천되어 결정되었다.[43]

쓰쿠바 과학박람회는 말 그대로 일본 과학의 발전을 소개하고 세계 과학기술을 비교하는 자리인 동시에 경제 발전을 자랑하고 앞으로의 성장 가능성을 제시했다는 데 의의와 가치가 있다. 더욱이 경제가 발전하는 가운데 소외되어 가는 인간을 중시하고, 과학 발전을 인간 거주 및 환경을 개선하는 중요한 요소로 인식했으며, 인간과 자연의 조화를 이루는 환경을 강조했다. 그런 의미에서 쓰쿠바 과학박람회는 인간에게 도움을 주는 과학기술의 필요성을 제시하는 동시에 인간과 거주 환경 등을 중시하는 과학기술의 미래 방향성을 제시했다.

국제화기 일본에서 활성화된 대중문화 중 하나가 캐릭터문화이다.[44] 1980년

43　日本交通公社, 『科学万博の旅—つくば'85』(日本交通公社, 1985).

44　穂積保, 『コンテンツ商品化の法律と実務』(学陽書房, 2009); 円堂都司昭, 『ゼロ年代の論点 ウェブ・郊外・カルチャー』(ソフトバンククリエイティ, 2011); 相原博之, 『キャラクター大国ニッポ

대 일본과 국제사회에서 일어난 일본 애니메이션의 붐과 함께 애니메이션 주인 공을 각종 상품이나 산업과 연결시켜 가치를 창출하는 캐릭터산업이 유행했다. 캐릭터라는 언어가 등장한 것은 1959년 월트 디즈니가 일본에서 월트 디즈니 엔터테인먼트를 설립한 이후이다. 월트 디즈니의 만화나 작품은 일본 만화와 애 니메이션을 융성하게 하는 중요한 동기와 원동력이 되었을 뿐 아니라 캐릭터 비 즈니스라는 새로운 산업을 만들어냈다.

1963년 추프로덕션이 제작한 〈철완 아톰〉이 방영되면서 일본의 아니메산업, 캐릭터산업, 만화산업 등의 황금시대가 열리는 계기가 되었다. 초기 철완 아톰 을 제작한 데쓰카 오사무의 추프로덕션은 적자를 메우기 위해 디즈니로부터 캐 릭터(キャラクター) 마케팅을 도입하고, 저작권 사용에 대해 사용료를 받았다.[45] 이렇게 적자를 극복하는 방법으로서 일본의 캐릭터 비즈니스가 시작되었다. 캐 릭터산업은 미국을 중심으로 발전하면서 일본이 모방·실행하고, 일본 애니메이 션이 활성화되는 가운데 일본 캐릭터가 각광을 받게 되었다. 특히 1980년대 세 계적으로 히트한 일본제 아니메가 등장하면서 일본제 캐릭터가 완구, 문구, 가 구, 가방, 의복, 지역 마스코트, 과자류, 기업 이미지 등으로 확산되면서 일반화· 국제화되었다.[46]

1980년대 아니메 세계에서 히트한 〈기동전사 건담(機動戰士ガンダム)〉은 애니 메이션으로서뿐 아니라 인기를 바탕으로 건담 시리즈(ガンダムシリーズ)가 연속 적으로 만들어지면서 가공의 병기를 캐릭터로 이용한 모빌슈쓰(MOBILE SUIT: MS)나 모빌아마(MOBILE ARMOUR: MA)로 불리는 로봇이나 함선을 입체화한 프

ン: 日本人の90%がキャラクターを愛する理由とは?』(Sunny Side Books, 2017).

45 데쓰카 오사무(1928~1989)는 일본 만화가이며 애니메이터, 애니메이션 감독이다. 오사카제 국대학 의학부를 졸업하고 의사면허를 취득했다. 전후 일본의 스토리 만화 1인자이고, 만화 의 신으로 불린다. 1963년 일본 최초 30분짜리 TV 애니메이션 〈철완 아톰〉을 제작했다. 현 재까지 데쓰카 오사무는 일본 만화, TV 아니메 등에 영향을 미치고 있다. 만년에는 청년 만 화를 중심으로 걸작을 남겼다.

46 宮下真, 『キャラクタービジネス 知られざる戦略』(青春出版社, 2001).

라모델(プラモデル)이 만들어져 캐릭터 시장을 점령했다.[47] 이를 건담프라모델(ガンダムプラモデル)이라고 총칭하며 크기는 약 12.5cm이다. 약칭해서 부르는 간푸라(ガンプラ)는 일본 만화 캐릭터 모델 사상 최대 히트 상품 중 하나로 지금도 인기가 매우 높다.

1985년 건담 시리즈에 등장한 메카(メカ, mechanism, 기계 장치나 인물을 머리가 크고 수족은 짧게 표현한 캐릭터 건담)가 만들어졌다. 초기에는 건담 시리즈의 캐릭터를 그대로 상품화했지만 이후 가공의 전국시대를 무대로 〈SD 전국전(SD戦国伝)〉에서 무사건담(武者ガンダム)을 만들어냈다. 참가자에게 할당된 캐릭터를 조작하고 서로 협력하여 가공의 세계에서 모험이나 전투를 하는 롤플레잉게임(Role-playing game)풍의 판타지 세계를 무대로 〈SD건담 외전(ガンダム外伝)〉 등에서 새로운 주인공 기사건담(騎士ガンダム)이 만들어져 원래의 건담 세계를 초월하고, 캐릭터도 새롭게 변신했다.

완구 제품의 캐릭터로 사용된 만화가 1983년 제작된 〈킨니쿠망(キン肉マン)〉이다. 만화 〈킨니쿠망〉에 등장하는 초인 모형을 캐릭터로 해서 만든 상품이 킨니쿠망 고무지우개(キン肉マン消しゴム)이며 통칭은 킨지우개(キン消し)이다. TV 아니메 〈킨니쿠망〉이 히트함으로써 1983~1987년에 반다이 등 다양한 상품 브랜드가 캐릭터 상품을 만들었다. 킨지우개는 4cm 정도의 크기가 대부분이었고, 킨지우개 시리즈로 만들어진 데카킨지우개(でかキン消し), 그리고 치비지우개 시리즈(チビ消しシリーズ), SD 시리즈 등이 생산되었다.

그리고 1988년에는 〈드래곤볼(ドラゴンボール, DRAGON BALL)〉을 모방한 캐릭

---

47 〈기동전사 건담(MOBILE SUIT GUNDAM)〉은 일본 선라이즈(日本サンライズ)가 제작한 일본 로봇 아니메이다. TV 시리즈로 1979년 나고야 TV에서 방영되었고, 〈무적초인 잔봇트 3(無敵超人ザンボット3)〉과 〈무적철인 다이탄 3(無敵鋼人ダイターン3)〉은 시청 연령대를 올려 청년용으로 만든 아니메이다. 로봇 액션 주인공이 성장하는 이야기가 중심이며, 전쟁을 무대로 한 리얼리즘 인간 드라마이다. 완구 브랜드 쿠로바(クローバー)가 메인 스폰서로서 다양한 상품을 기획하고 제작했다. 노빌스쓰(モビルスーツ)라 불리는 로봇병기를 등장시켰다. 1980년대 리얼 로봇물을 만들어내 로봇 아니메의 변혁을 가져왔다.

터 히트 상품이 연속해서 나왔다. 〈드래곤볼〉은 BIRD STUDIO(鳥山明)에 의해 제작된 일본 만화 작품이다. 약칭은 〈DB〉이고, 세계에 산재해 있는 일곱 개의 볼을 모두 모으면, 많은 소원 가운에 하나만은 이루어진다는 드래곤볼과 주인공 손오공을 중심으로 전개되는 모험, 꿈, 우정 등을 그린 장편 만화이다. 작품이 히트하면서 다양한 캐릭터 상품이 만들어졌다.

캐나다의 윌슨(J. Tuzo Wilson)이 제안해서 등장한 트랜스포머(transformer)는 일본에서 인기를 얻어 다양한 캐릭터 상품으로 만들어졌다. 트랜스포머는 만화에서 출발해 애니메이션과 영화로도 제작되어 히트했다. 트랜스포머는 1987년 타카라토미(タカラトミー, 旧株式会社タカラ)에서 제작하여 발매한 변형 로봇완구 시리즈를 총칭한다. 타카라토미는 미국의 완구제조사 하스브로(Hasbro Inc)나 미국의 만화 출판사 마블 코믹(Marvel Comics)과 제휴하여 세계를 무대로 캐릭터 사업을 전개했다. 과학의 발달로 인간을 닮은 로봇에서 다양한 모형으로 변신하는 다목적형의 로봇을 창조하고, 미래 사회에서 형성될 수 있는 로봇세계와 로봇에 의한 전쟁을 리얼하게 표현하고 있어 시사하는 바가 크다.

〈안판만(アンパンマン, Anpanman)〉은 이 작품의 주인공 이름이다. 빵을 제조하는 과정에서 안판(アンパン)에 생명의 별이 들어가 탄생한 정의의 영웅이기도 하다. 원작은 1969년 ≪PHP≫에 어린이 그림책(こどもの絵本)으로 10회 연재된 「안판만」이다. 이 작품은 TV 아니메, 아니메 영화, 게임 소프트 등으로 제작되었다. TV 아니메 〈안판만〉은 장기간에 걸쳐 방영되었고 주제가가 일관되게 사용되어 인지도가 높다. 초기의 주인공은 보통의 인간으로 현재와는 다른 설정이었지만, 배고픈 사람에게 빵을 주는 내용은 동일하다. 그림책 「안판만」은 빈곤으로 어려움에 처한 사람들을 구하는 내용이지만 미취학 어린이가 이해하기 어렵다는 이유로 혹평을 받기도 했다.

독자를 어린이로 맞추고, 안판만 체형도 초기 8두신(8頭身)에서 3두신으로 바꾸고, 해가 거듭될수록 안판만의 동료나 적 캐릭터가 증가하고 있다. 안판만 캐릭터는 기네스북에 기록될 정도로 많다. 캐릭터는 완구, 문구 등으로 만들어져

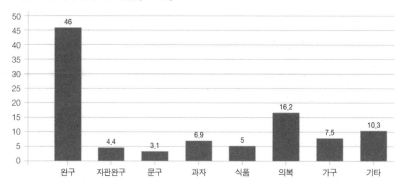

〈그림 6-12〉 캐릭터 비즈니스 현황(2013년)

자료: 間逸威, 『日本キャラクタビジネス産業の経営戦略』(親報社, 2005), p.70.

판매되고 있다. 안판만 캐릭터는 어린이들 사이에서 인기를 얻으며 유치원, 보육원 등 어린이들의 인기를 독차지했다. 2018년 현재 고치현 가미시립야나세타카시 기념관(高知県 香美市立やなせたかし記念館)을 비롯해 안판만 뮤지엄이 전국 다섯 곳에 세워졌다.

1980년대 수준 높고 보편적 가치를 지닌 아니메가 제작되고 활성화되면서 영상문화가 진보하는 한편 애니메이션 주인공이나 등장인물을 캐릭터로 하는 완구산업을 시작으로 다양한 캐릭터산업이 크게 발전했다. 당초 만화나 애니메이션은 어린용으로 제작되었지만 점차 청소년과 어른용으로 제작되면서 인기를 얻었고, 인기 있는 등장인물은 지방자치단체, 상품, 게임, 기업 등의 이미지 캐릭터로도 활용되고 있다. 월트디즈니의 캐릭터, 일본 아니메의 캐릭터 등이 활성화되는 가운데 캐릭터 비즈니스는 전 산업과 세계로 확산되고 있다.

〈그림 6-12〉는 2013년도 캐릭터를 이용한 캐릭터 상품을 소개한 것이다. 캐릭터는 다양한 상품으로 만들어져 가치를 창출하고 있어 중요한 비즈니스 대상이 되고 있다.

캐릭터산업 가운데 완구 상품이 46%를 차지해 가장 활성화되고 있고, 주로 어린이와 학생이 구매하는 캐릭터 상품이 인기를 끌고 있다. 이어서 문구 3.1%,

과자 6.9%, 식품 5%, 의복 16.2%, 가구 7.5% 등의 캐릭터로 만들어져 판매된다. 캐릭터는 영화나 연극, 예술 등과는 다르게 만화나 애니메이션에 등장하는 주인공이나 등장인물을 중심으로 선정하고, 캐릭터가 갖고 있는 인기도를 이용하여 상품과 연결시켜 많은 부가가치를 생산하여 캐릭터 비즈니스산업을 활성화하고 있다.

대국화기 일본의 과학기술과 게임을 결합해서 전자게임이라는 새로운 장르를 구축하는 데 공헌한 것이 게임용 컴퓨터를 의미하는 파미콘(ファミコン, Family Computer, 일본 조어 Famicon)이다. 패밀리 컴퓨터(Family Computer)는 닌텐도가 1983년 7월 15일에 발매한 가정용 컴퓨터이자 게임용 컴퓨터이다. 약어로는 파미콘 또는 FC라고 한다. 개발 당시 발매 가격은 1만 4800엔이며 NEC(Nintendo Entertainment System)라는 이름으로 발매했다. 휴대용 액정 게임과 워치(GAME&WATCH)사업을 성공시킨 닌텐도는 그 이익을 투자해서 가정용 게임기 파미콘을 개발했다.[48]

가정용 게임기 파미콘은 업무용 게임기 아케이드 게임(arcade game, アーケードゲーム)으로 인기를 얻은 〈돈키콩(Donkey Kong, ドンキーコング)〉을 가정에서 사용할 수 있는 정도의 성능과 기능을 갖춰 만들어졌다. 1981년 3월 샤프(シャープ)는 오븐레인지(オーブンレンジ)를 발매하고 1983년 파미콘을 민생용 전기기계기구(民生用電気機械器具, 家電)와 구분하여 오락 용구로 상표 등록을 했다. 이후 파미콘 상표를 오락 용구로 닌텐도에 양도했다.

파미콘이 발매된 1983년은 일본에서 가정용 게임기나 저가의 컴퓨터 시장이 아직 여명기였고, 복수의 브랜드가 경쟁하는 가운데 선두를 달린 것은 완구 브랜드 에폭사(エポック社, EPOCH. CO., LTD)의 카세트 비전(カセットビジョン)으로 40만 대를 판매했다. 닌텐도가 개발한 파미콘은 경합 제품과 같은 가격대였지만 특화된 설계로 높은 성능을 갖고 있어 게임기로 인기를 얻었다. 닌텐도는 우수한 소프트 개발 능력, 풍부한 인력과 인프라를 구축하여 타 회사를 압도했

---

48   山崎功, 『任天堂コンプリートガイド -コンピューターゲーム編』(主婦の友社, 2019).

〈표 6-16〉 일본의 컴퓨터게임 역사

구분	게임기, 게임 회사, 게임 프로그램의 변천
1960년대	- 1963년 일본에서 처음으로 게임 전시회 어뮤즈먼트 머신쇼(Japan Amusement machine, アミューズメントマシンショー)가 개최됨
1970년대	1973년 세가의 '폰트론(ポントロン)', 타이토의 '에레폰(エレポン)'이 일본 최초의 컴퓨터게임으로 발매됨 - 1977년 타이토가 'TT 블록(TTブロック)'으로 개발한 테이블 게임이 다방과 음식점에 설치되어 유행함 - 1977년 닌텐도는 최초의 가정용 게임기 텔레비전 게임15(テレビゲーム15)를 개발함 - 1977년 허드슨(ハドソン)이 컴퓨터용 패키지 게임 소프트 판매
1980년대	- 1980년 닌텐도 게임기 게임과 워치(ゲーム＆ウオッチ) 발매, 일본 최초 휴대용 LSI 게임(LSIゲーム)을 만들어 붐이 일어나고 이후 게임은 컴퓨터게임과 LSI 게임으로 이분됨 - 1983년 닌텐도 파미콘(ファミリーコンピュータ, ファミコン)을 개발함 - 1984년 닌텐도 '와일드 건맨(ワイルドガンマン)'이라는 파미콘의 최초 슈팅게임 개발, 일본소프트뱅크(日本ソフトバンク)가 컴퓨터게임 종합잡지 ≪Beep≫ 창간 - 1985년 닌텐도는 파미콘용 액션게임 소프트 '슈퍼마리오 브라더스'를 발매하여 세계 최고 판매를 기록하고, 도쿠마 서점의 '슈퍼마리오 브라더스 완전공략본(完全攻略本)〉은 120만 부를 판매하여 베스트셀러가 됨 - 1987년 에닉스(エニックス)는 '드래곤 퀘스트II 영혼의 신들(ドラゴンクエストII 悪霊の神々)'을 발매하여 인기몰이를 함 - 1988년 에닉스의 '드래곤 퀘스트 III 그리고 전설…(ドラゴンクエストIII そして伝説へ…)'은 어린이를 매료시킴
1990년대	- 1990년 닌텐도는 슈퍼 파미콘 개발, '슈퍼마리오 월드(スーパーマリオワールド)' 발매, 처음으로 플레이어 5인 대결이 가능한 허드슨의 '봄버맨(ボンバーマン)' 시리즈 배틀 게임 출시, '슈퍼마리오 카토(スーパーマリオカート)'를 출시하여 슈퍼 파미콘용 소프트의 최고 매출을 기록함 - 1996년 닌텐도는 '포켓몬스터 적록(ポケットモンスター 赤緑)'을 출시하여 게임보이 시장을 부활시킴 - 1998년 닌텐도는 '슈퍼 게임보이2(スーパーゲームボーイ2)'를 출시하여 포켓몬이 인기몰이 함
2000년대	- 2000년 에닉스는 '드래곤 퀘스트 VII 전사들(ドラゴンクエストVII エデンの戦士たち)'을 출시하여 400만본 판매, 소프트의 역대 최고판매를 기록함 - 2001년 NTT 도코모(NTTドコモ)가 Java 기능 i아프리(iアプリ)를 탑재한 휴대전화 503i 시리즈를 발매하여 휴대전화에서 작동하는 컴퓨터게임 시장이 탄생했고, 닌텐도는 '포켓몬스터 루비 사파이어(ポケットモンスター ルビー・サファイア)'를 발매하여 유행을 선도했으며, 닌텐도 '게임보이 어드밴스SP(ゲームボーイアドバンスSP)'를 발매하여 파미콘과 슈퍼 파미콘 생산을 종료함

구분	게임기, 게임 회사, 게임 프로그램의 변천
	- 2006년 국내 게임시장 규모가 6285억 엔으로 최고기록을 경신함
	- 2007년 닌텐도 시가총액이 10조 엔을 돌파하여 일본 재계 순위 3위를 차지함
	- 2008년 닌텐도는 '마리오 카트 Wii(マリオカートWii)'라는 세계 최초의 레이스 게임을 발매하고, 'New 슈퍼마리오 브라더스 Wii'를 발매하여 히트함
2010년대	- 2012년 닌텐도는 432억 엔 적자를 내어 1962년 이래 최초 손실을 기록함
	- 2014년 소니 컴퓨터엔터테인먼드가 PlayStation 4를 발매하고, 아마존은 셋톱박스 Fire TV를 발매했고, 마이크로소프트는 일본에서 Xbox One을 발매함
	- 2015년 국내 게임시장은 과거 이래 최고인 1조 3591억 엔을 기록함
	- 2016년 닌텐도는 닌텐도 2DS(ニンテンドー2DS)를 '포켓몬스터 적록(ポケットモンスター 赤緑)' 20주년 캠페인 작품으로 발매
	- 2017년 닌텐도는 New 닌텐도 2DS LL를 발매하고, 국내 게임시장 규모는 과거 이래 최고 1조 3801억 엔을 기록함

다. 닌텐도가 1985년 9월 게임소프트 〈슈퍼마리오 브라더스(スーパーマリオブラザーズ)〉를 발매하면서 파미콘의 인기는 절정에 달했다. 파격적인 인기에 힘입어 1985년 411만 대, 최종적으로 누계 1900만 대 이상의 판매를 기록했다. 닌텐도는 고성능의 파미콘을 게임 전용기기로 만드는 데 성공하여 게임기 시장을 독점하는 동시에 다양한 게임소프트를 발매하여 게임시장을 지배했다.

컴퓨터게임은 파미콘과 같은 게임기나 소프트를 구입해서 즐기는 오락이기 때문에 금전을 들이는 금전출자형 오락으로 자리 잡으면서 오락의 산업화·상업화가 촉진되었다. 한편 파미콘의 활성화는 게임을 좋아하는 학생이나 젊은 사용자에게 부정적인 영향을 주는 것으로 인식되어 사회문제화 되었다. 학생들이 게임에 몰두하여 공부를 하지 않는다는 비판이 나오면서 파미콘이나 컴퓨터게임 전반에 대한 반감과 혐오감을 나타내는 소비자와 교육자가 등장하기도 했다. 더욱이 규슈대학교는 파미콘을 사용하는 어린이가 폭력적인 경향이 있다는 연구결과를 발표하여 사회에 파장을 일으켰다.

일본에는 닌텐도를 중심으로 대형 게임사, 만화 및 애니메이션에 의한 콘텐츠, 대형 가전제품, 게임 수요자 등이 연결되면서 자타가 공인하는 게임 왕국이

구축되어 세계 게임시장을 압도해 왔다. 게임을 기기에 의해 분류하면 업무형 게임으로서 아케이드 게임, 휴대형 게임으로서 컨슈머 게임(コンシューマーゲーム, console game), 컴퓨터형 게임으로 컴퓨터 게임(パソコンゲーム), 게이타이 모바일 게임(携帯電話ゲーム) 등이 있다. 컴퓨터 게임의 장르는 액션, RPG(role-playing game), 퍼즐, 시뮬레이션, 어드벤처, 슈팅, 스포츠, 레이스, 음악, 연애(미소년 게임), 여성용, 어른, 캐릭터, 호러, 체감, 테이블, 파티, 더빙, 아케이드, 디스크, TV, 휴대전화, 컨슈머, 온라인, 소셜, 브라우저, 컴퓨터, 캐주얼, 다운로드, 레이저 등 매우 다양하게 형성되고 있다.

〈표 6-16〉은 1960년대부터 2010년대까지 일본에서 생산되어 유행한 게임기, 게임회사, 게임 프로그램, 컴퓨터 게임 등의 변천 과정을 소개한 것이다.[49]

2000년대 들어서 컴퓨터 관련 기술과 과학기술이 발달하고, 고성능의 방송기기, 통신시설과 장비 등이 개발되면서 게임업계뿐 아니라 방송업계에 대혁명이 일어난다. 그 결과 일본에서는 2011년 아날로그 방송에서 지상파 디지털방송으로 완전히 이행하면서 아날로그 튜너(アナログチューナー)를 부착한 텔레비전 모습이 사라졌다. 2007년 10월 닌텐도는 파미콘과 슈퍼 파미콘의 지원을 중단했다. 24년 동안 수리 의뢰는 받았지만 본체의 제작이나 부품 조달은 불가능해졌기 때문이다. 파미콘 누계판매 대수가 1935만 대로 히트한 상품이라는 기록을 남기면서 파미콘 시대는 막을 내렸다.

일본은 가전제품의 발전을 계기로 게임을 할 수 있는 게임 전용 파미콘이라는 초미니 게임기와 게임소프트를 만들어 게임을 손바닥에 올려 놓았고, 슈퍼 파미콘을 만들어 일반화하여 게임을 생활 속으로 끌어들이는 데 성공했다. 그

---

49 片山聖一, 『ファミコン・シンドローム』(任天堂 奇跡のニューメディア戦略), (洋泉社, 1986); 佐々木潤・レトロPCゲーム愛好会, 『レジェンドパソコンゲーム80年代記』(総合科学出版, 2014); パソコン美少女ゲーム研究会, 『パソコン美少女ゲーム歴史大全』(ぶんか社, 1982~2002); 山崎功, 『懐かしの電子ゲーム大博覧会』(主婦の友社, 2019); 山崎功, 『任天堂コンプリートガイド —玩具編—』(主婦の友社, 2014).

과정에서 게임 콘텐츠, 게임기기, 게임 수요자, 게임시장 등에서 변혁이 일어나
세계 게임시장을 주도해 왔다. 그러나 최근 게임을 이용하는 일본 유저는 4~5%
이어서 소규모 시장을 의미하는 니치 시장(ニッチ市場, niche market)에서 벗어나
지 못하고 있다. 또한 가정용 게임을 전제로 컴퓨터 콘솔 게임(console game)이
나 사무용 게임을 의미하는 아케이드 게임 시장이 쇠퇴하고 있다. 일본의 게임
산업은 축적된 게임 자산과 기술을 가지고 있어 발전할 것으로 예상되지만, 세
계 각국의 대형 게임사가 고도의 기술을 바탕으로 좋은 작품을 발매하고 있어
게임시장이 위기를 맞고 있다.

8) 유루캬라·지역캬라문화

일본에서는 문화 관련 콘텐츠가 개발되고 발전하면서 문화 관련 산업이 융성
해지고 문화적 가치를 창출하여 존재감을 높이고 있다. 일본 애니메이션에서 다
양하게 등장한 캐릭터들이 유명해지면서 만화 시장, 애니메이션 시장, 캐릭터
시장, 캐릭터산업 등이 활성화되는 가운데 상징성과 대표성을 표현하는 유루캬
라(ゆるキャラ)문화가 발생하여 정착했다. 유루캬라는 기본적으로 살아 있는 인
물을 대상으로 하지 않지만, 조형하고 각색하고 표현하여 인간성, 지역성, 상징
성, 대표성 등을 담았다는 특징이 있다.

유루캬라(ゆるキャラ)는 유루이 마스코트 캐릭터(ゆるいマスコットキャラクター)의
약칭이다. 유루캬라는 여유롭다는 의미의 일본어 유루이(ゆるい), 상징물이라는
마스코트(mascot), 특징을 의미하는 캐릭터(character) 등에 기초해서 만들어진
일본어이다. 유루캬라는 이벤트, 캠페인, 지역 부흥, 상품 소개, 기업 홍보 등과
같이 지역 전반의 PR, 기업 홍보, 단체의 정체성 상징 등으로 사용하는 마스코
트 캐릭터이다. 협의로는 국가나 지방공공단체, 그 외 공공기관 등이 마스코트
캐릭터로 기구루미화(着ぐるみ化, 인체착용 봉제인형)된 것을 의미한다. 광의로는
그것 이외에 기업의 이미지나 판매 촉진 캐릭터를 포함한다.

유루캬라라는 명칭은 만화가 미우라 준(みうらじゅん)이 고안하여 명명하고,

2004년 후쇼사(扶桑社)와 미우라 준에 의해 정식으로 상표 등록되어 사용되었으며 2008년 신어 및 유행어 대상으로 지명되었다. 2000년대에 발생한 유루캬라 문화가 성장하여 유루캬라에 대한 저작권을 관리하기 위한 제도적 장치도 마련했고, 유루캬라 그랑프리 실행위원회(ゆるキャラ®グランプリ実行委員会)와 주식회사 유루캬라가 상표 관리를 담당하고 있다.[50] 그리고 2013년 지역에 근거를 두고 만든 캐릭터를 총칭하는 지역캬라(ご当地キャラ)가 만들어졌다. 대표적인 것이 홋카이도의 메론구마(メロン熊)이고, 구마모토(熊本県)의 구마몬(くまモン)이다.[51]

〈표 6-17〉은 2000년대 활성화되어 발전하고 있는 유루캬라 및 지역캬라(当地キャラ)의 흐름을 소개한 것이다. 유루캬라와 지역캬라는 현재 진행형인 일본제 문화 중 하나라고 할 수 있다.

유루캬라를 명명한 미우라 준은 유루캬라로 인정받기 위한 조건으로 다음의 세 가지를 들었다. 하나는 향토애가 넘치며 강한 메시지성이 있을 것, 둘째는 모습과 행동이 불안정하고 특이하고 사랑스러움과 여유로움을 갖춘 것, 셋째는 원칙적으로 '옷을 입을 수 있는 모습(着ぐるみ化されていること)'이며 설명하지 않아도 의미를 알 수 있고, 행정이나 시민이 캐릭터를 만들 수 있어 여유로움이 담겨진 것 등이다. 현재 유루캬라는 각 지역에서 고향이나 지역을 대표할 만한 가치가 있는 상징물을 의인화된 인물로 만들어지는 경향이 있다.

유루캬라는 마을 부흥, 지역 진흥, 지역 홍보 등을 위한 향토애가 깃든 캐릭터이기 때문에 대기업의 이미지나 상품을 촉진시키기 위해 만들어진 유루캬라는 원칙적으로 포함되지 않는다. 그러나 2009년 유루캬라 마쓰리에서는 NTT

---

50 みうらじゅん, 『ゆるキャラ大図鑑』(扶桑社, 2004); みうらじゅん(監修), 『扶桑社ムック ゆるキャラグランプリ公式ランキングブック 2012-2013』(扶桑社, 2013); 犬山秋彦著, 『ゆるキャラ論: ゆるくない「ゆるキャラ」の実態』(電子書籍, 2015); みうらじゅん, 『ゆるキャラの本』(扶桑社サブカルPB, 2006).

51 三オブックス, 「みんないっしょに! ご当地キャラクターたいそう」, (CD+DVD) CD+DVD オムニバス(出演), ご当地キャラクターイメージソングDVD; ご当地キャラクター図鑑制作委員会, 『日本全国ご当地キャラクター図鑑2』(新紀元社, 2009).

<표 6-17> 유루카라와 지역카라의 역사

구분	특징
1980년대	- 지방박람회에서 만들어진 마스코트 캐릭터가 유루카라의 원조가 됨
2000년대	- 2000년 개최된 제15회 국민문화제·히로시마2000의 이미지 캐릭터가 된 세도나이 카이의 신선한 굴을 형상화한 분캇키(ブンカッキー)를 보고 미우라 준이 유루카라라는 개념을 구상함 - 2002년 11월 미우라 준은 제1회 미우라 준의 유루카라쇼를 개최하고, 2004년 미우라준 in 도쿄돔 향토애에서 전국에서 모인 유루카라 총 70본이 춤을 추는 유루카라 삼바가 공연됨 - 2007년경 국보 히코네성 축성 400년제(国宝彦根城築城400年祭)에서 히코네시(彦根市)의 캐릭터로 에도시대 히코네번(彦根藩) 2대 번주 이이나오 다카(井伊直孝)의 고양이를 모델로 히코냥(ひこにゃん)이 인기를 얻으며 유루카라 붐이 일어남 - 히코냥의 인기로 지역 캐릭터에 대한 부정적 이미지가 긍정적으로 바뀌면서 각 지역에 지역 카라가 탄생하기 시작함 - 2008년 10월 25~26일에는 히코네시에서 유루카라 마쓰리가 개최되었고, 2009년 제2회 유루카라 마쓰리가 개최되면서 유루카라 코시엔(甲子園)을 향한 방침을 밝힘
2010년대	- 2013년 사이타마하뉴시(埼玉県羽生市)에서 유류카라 376개가 모여 유루카라 서미트 IN 하뉴(ゆるキャラさみっとin羽生)가 개최되었고, 2014년 세계 캐릭터 서미트 IN 하뉴(世界キャラクターさみっとin羽生)로 개칭하여 개최됨 - 2013년 대기업 이벤트였던 유루카라 in 히코네에서는 유루카라라는 용어를 쓰지 않고 '여유롭지 않은 세계에서 지역을 열심히 PR하고 있다는 슬로건하에 지역 카라 박 IN 히코네(ご当地キャラ博in彦根)로 개칭함 - 2013년 1월 전국 각지의 지역 캐릭터(ご当地キャラクター) 100개가 5분간 댄스를 피력하여 최대 마스코트 댄스 세계기록으로 인정되었고, 2013년 12월 신어 유행어 대상에서 지역 카라가 탑10에 들어갔으며 수상자는 구마모토현의 구마몬이 선정됨

도코모(NTTドコモ)의 AI에이전트서비스 'my daiz'의 캐릭터 히쓰지노 히쓰지군(ひつじのしつじくん)과 같은 대기업의 캐릭터 참가를 인정하여 대상과 범위가 확대되고 있다. 유루카라 마쓰리 집행위원회는 기업 캐릭터의 참가를 인정했지만 이벤트 협찬 기업의 캐릭터로서 명확하게 구분해서 유루카라와 선을 그었다.

2010년에는 유루카라 그랑프리(ゆるキャラグランプリ: ゆる-1)가 개최되어 유루카라 선정을 위해 투표를 했다. 유루카라 그랑프리 투표에서 휴대전화 투표 부문 우승은 고향인 시가(滋賀) 관광대사를 맡았던 아티스트 니시카와 다카노리(西

〈표 6-18〉 지역 캬라 그랑프리 현황

순위	출전 지역	캬라명
휴대전화투표		
1위	시가현(滋賀県)	다보군(タボくん)
2위	사가현(佐賀県 唐津市)	도완군(唐ワンくん)
3위	기후현(岐阜県 岐阜市)	야나나(やなな)
4위	아이치현(愛知県 名古屋市)	하치마루(はち丸)
5위	후쿠이현(福井県 美浜町)	헤시코창(へしこちゃん)
6위	오사카후(大阪府 東大阪市)	이시키린(いしきりん)
7위	교토후(京都府京都市)	라이온군(鷲恩くん)
8위	치바현(千葉県 成田市)	우나리군(うなりくん)
9위	시가현(滋賀県彦根市)	히코냥(ひこにゃん)
기명투표		
순위	출전 지역	캬라명
1위	시가현(滋賀県彦根市)	히코냥(ひこにゃん)
2위	시가현(滋賀県彦根市)	긴냥(ぎんにゃん)
3위	기후현(岐阜県岐阜市)	야나나(やなな)
4위	시가현(滋賀県)	다보군(タボくん)
5위	교토후(京都府 京都市)	라이온군(鷲恩くん)
6위	아이치현(愛知県名古屋市)	하치마루(はち丸)
7위	효고현(兵庫県)	하바탄(はばタン)
8위	오사카후(大阪府大阪市)	붓톤군(ブットンくん)
9위	시가현(滋賀県守山市)	모리(もーりー)

川貴教)를 모델로 캐틱터 다보군(タボくん), 기명투표 부문 우승은 히코네시의 캐
릭터 히코냥(ひこにゃん)이 차지했다. 〈표 6-18〉은 2010년 유루캬라 그랑프리에
출전한 지역캬라와 순위를 소개한 것이다.

〈표 6-19〉는 2017년 미에현(三重県 桑名市)에서 개최한 유루캬라 그랑프리 현
황을 소개한 것이다. 시 부분 우승은 치바현(千葉県成田市)의 캐릭터로 우주에서
날아와 나리타공항(成田空港)에 착륙하여 나리타특별관광대사로 활동하고 있는

〈표 6-19〉 2017년 유루캬라 그랑프리 현황

시 부문		
순위	출전 지역	캬라명
1위	치바현(千葉県成田市)	우나리군(うなりくん)
2위	아이치현(愛知県知立市)	치룡피(ちりゅっぴ)
3위	오사카후(大阪府東大阪市)	토라이군(トライくん)
4위	미에현(三重県四日市市)	니뉴도우군(こにゅうどうくん)
5위	이바라키현(茨城県 稲敷市)	이나시키이나노스케(稲敷いなのすけ)
6위	후쿠오카현(福岡県大牟田市)	쟈보(ジャー坊)
7위	이바라키현(茨城県神栖市)	카미스코코군(カミスココくん)
8위	후쿠이현(福井県福井市)	아사쿠라유메마루(朝倉ゆめまる)
9위	오사카후(大阪府箕面市)	다키노미치유즈루(滝ノ道ゆずる)
10위	에히메현(愛媛県愛南町)	나시군(なーしくん)

기업 부문			
순위	출신	출전 기업	캬라명
1위	도쿄도(東京都)	리소나 그룹(りそなグループ)	리소냐(りそにゃ)
2위	오카사후(大阪府)	베라지오 코퍼레이션 (ベラジオコーポレーション)	에가온(えがおん)
3위	도쿄도(東京都)	마루한(マルハン)	냥마루(にゃんまる)
4위	사이타마(埼玉県)	이구루스타(イーグルスター)	아와부타(あわブタ)
5위	오사카후(大阪府)	칸사이전력(関西電力)	하피다이파미리(はぴ太ファミ リー)
6위	도쿄도(東京都)	도쿄도부동산감정사협회 (東京都不動産鑑定士協会)	아푸레인자루창과 콘사루군 (アプレイざるちゃんとコンさるく ん)
7위	도쿄도(東京都)	일본행정서사연합 (日本行政書士連合会)	유키마사군(ユキマサくん)
8위	이와테현(岩手県)	하나마키온천(花巻温泉)	후쿠로(フクロー)
9위	도쿄도(東京都)	전국농업공제협회 (全国農業共済協会)	노사이군(ノーサイくん)
10위	효고현(兵庫県)	아카이시고코로노호스피타루 (明石こころのホスピタル)	고코창(ココちゃん)

우나리군(うなりくん), 기업 부분 우승은 리소나은행(りそな銀行), 사이타마리소나은행(埼玉りそな銀行), 칸사이미라이은행(関西みらい銀行) 등의 리소나 그룹(りそなグループ)의 캐릭터로 두발로 보행하고 녹색의 양복과 넥타이를 맨 흰 고양이를 모델로 한 리소냐(りそにゃ)가 차지했다.

현재 일본에서 유루캬라는 국가, 지방자치단체, 지역, 기업 등 다양한 단체가 활용하고 있다. 따라서 유루캬라의 신선함과 좋은 영향이 약해졌다는 비판이 일고 있다. 한 개의 지방자치단체가 한 개의 유루캬라를 만들 수 있게 되어 있지만 유루캬라 그랑프리에서 상위에 입상하기 위해 많은 지역캬라를 만들어 지방자치단체마다 다수의 유루캬라가 존재하고, 각종 단체 이벤트나 부서 단위의 유루캬라가 다양하게 나타나고 있다. 유루캬라 그랑프리가 추진되면서 참가하는 유루캬라가 증가해 2015년에는 1727개로 역대 최다였고, 2018년에는 약 1000개로 줄어들고 있지만 여전히 다수의 유루캬라가 난립하고 있어 상징성과 대표성이 낮아 홍보 효과가 떨어지고 있다. 그러나 유루캬라는 각 단체를 가장 현실적이며 친밀하게 상징화한 홍보 수단으로 정착해 중요한 일본제 문화가 되고 있다.

5. 맺는 글

대국화기 일본은 국제사회에서 경제대국이라는 위상을 확립하고, 일본인은 경제적 부를 대외적으로 향유하는 즐거움을 만끽했다. 경제 영역에서 구축한 흑자 경제는 다양한 국제기구의 운영분담금을 내거나 제3세계에 경제적 지원을 하는 환경을 만들었다. 그 과정에서 일본은 정치력보다 경제력을 과시하고 영향력을 행사했다. 일본인은 개인소득 증대로 국내에서 소비재를 구입하여 생활 편의를 도모하고 국내외 여행과 오락을 통해 여가를 향유하는 문화 대국을 구축했다.

그리고 국제사회에서 경제대국으로 자리매김한 대가를 치르는 상황에 직면
했다. 미국의 강력한 경제적 견제로부터 벗어나지 못하고 프라자 합의를 통해
무역흑자 조정과 내수 중심적 경제 정책을 강제하지 않으면 안 되었다. 그것은
결국 무역흑자를 줄이고 내수를 진작하는 경기부양 정책을 적극적으로 추진하
게 하여 버블 경기를 촉발시켰고, 경제대국 일본의 위상을 높여 국제사회에서
힘을 발휘하게 했다. 그러나 1991년 국제화기에 들어서 일본 경제에 마이너스
부메랑 효과를 가져오는 독소로 작용했고, 버블 붕괴로 이어져 잃어버린 10년
또는 20년이라는 경제 불황을 만들어 일본 경제를 위기에 빠트렸다.

당시 시대상으로 자유주의와 자기책임주의가 등장했다. 성장기와 도약기에
걸쳐 경제성장을 하는 가운데 국가가 각 사회 영역에 깊숙이 개입하고 재정 적
자를 안게 되어 국가의 재정 건전화가 긴급 과제로 부상했다. 또한 거대해진 큰
정부에 대한 반성과 행정 의존적 행태에서 벗어나기 위해 새로운 시대 이념이
필요했기 때문에 선진국과 공조하여 신자유주의(neo liberalism)를 표방하고 실
천했다. 더불어 작은 정부, 개인 책임, 자유 경쟁 등을 통해 국가를 재건하겠다
는 국가무책임주의가 하나의 전략으로 실시되어 경제대국 일본의 위상을 무색
하게 했다.

한편 문화 영역에서는 전통적으로 전해오는 성문화가 새로운 형태로 진행되
어 일본 사회의 변화를 초래했다. 남성 중심의 성 개념이 고착화된 성사회로부
터 평등한 관계를 유지하려는 성 평등 및 성해방운동을 추구했고, 동시에 성 상
업의 활성화로 인한 비상식적인 성 유희와 성매매에 대한 비판이 일어났다. 소
프란드, 노판 등과 같은 성문화가 발생했고, 해외에서 성매매를 하는 해외 섹스
여행이 유행했다. 이 시기 성문화는 사회적 가치관과 개인의 도덕성을 무시하는
형태로 진행되어 많은 논란을 일으켰다.

또한 신체적·정신적 건강을 챙기는 흐름이 발생하여 유산소운동, 건강식품,
정신건강 등을 강조했다. 또한 도쿄 디즈니랜드나 도쿄돔과 같은 문화사회 구축
을 알리는 상징적인 문화시설과 건축물이 건설되어 부와 문화의 향유를 일치시

키는 힘과 능력을 발휘했다. 동시에 경제 환경의 변화로 인해 3K 노동이나 프리터 등과 같은 노동문화가 발생했고, 과학기술의 발달로 파미콘을 이용한 게임산업과 문화가 성장했다. 그리고 단체, 지역, 상품, 기업, 국가 등을 홍보하기 위한 캐릭터문화와 유루카라문화가 유행했다.

그러나 대국화기의 일본 대중문화는 문화사회를 구축하는 중요한 요소임에도 불구하고 대중이 비공식적으로 발생시키고 자생적이며 상업적으로 성장하는 문화로 인식하여 정책적으로 투자하거나 성장시키는 데 한계가 있었다. 대중문화는 정부가 주도하여 진흥하는 것이 아니라 민간이나 대중문화인, 전문가 등이 주도하여 발생시키는 문화로 인식했다. 따라서 대중문화는 국가사업이 아니라 기업이나 문화인이 자본을 창출하는 중요한 사업의 대상이 되어 문화산업과 문화상업을 발생·성장시켰다고 할 수 있다.

문화는 실제생활에서 매우 중요한 요소로 자리 잡고 있음에도 국가가 주도하는 문화와 비국가가 주도하는 문화가 불일치하는 현상이 일어나 문화 정책이 시대 변화에 대응하지 못하는 한계를 보였다. 이 때문에 국가문화는 도덕문화이며 겉치레 문화라고 할 수 있고, 대중문화는 생활문화인 동시에 문화 소비자에 대응하는 비즈니스문화이며 그 과정에서 문화산업과 상업문화로 성장했다. 당시 대중문화는 다양한 시대성을 담은 문화, 형식이나 표현이 현실적이며 실리적인 문화, 이성과 감성을 폭넓게 수용되는 문화, 가정생활과 사회생활에 파고들어 애용되고 생존하는 문화 등의 성격을 띠게 되었다. 거기에 머물지 않고 확대되고 발전하면서 삶이 대중문화가 되고 대중문화가 삶이 되는 새로운 대중문화공유시대가 도래했다.

제7장

국제화기의 대중문화

1. 머리글

국제화기(1990~2010)에는 베를린 장벽의 붕괴를 계기로 공산주의와 사회주의가 무너지고 동서냉전이 종식을 고하면서 새로운 시대를 맞이했다. 1990년대 초기 냉전체제 붕괴로 인해 정치 영역에서 이념에 기초했던 국제 질서와 냉전관계는 허물어지고 긴밀한 상호 의존적 관계를 강조하는 국제화시대가 열렸다. 경제 영역에서는 국익을 추구하는 경제 경쟁이 치열하게 전개되면서 경제민족주의가 발흥하는 가운데 국경을 넘어가는 인구 이동, 상품 이동, 문화 이동, 가치 이동, 기술 이동 등의 현상이 폭발적으로 발생했다.

한편 성장 일변도에 있던 일본 경제가 버블 붕괴를 계기로 불경기와 저성장이라는 이전에 경험하지 못한 대위기를 맞게 된 시기이다. 버블 붕괴 기간은 일반적으로 1991년 3월부터 1993년 1월까지의 경기후퇴기를 의미한다. 1973년 12월부터 지속적으로 안정된 성장을 해왔던 시기가 버블 붕괴로 인해 끝나고, 잃어버린 10년, 잃어버린 20년이라 불리는 경기 불황과 저성장시대에 돌입했다. 버블 붕괴는 엔고와 디플레이션과 같은 경제적 악재가 작용하여 경기가 후퇴하는 측면뿐 아니라 국가 및 기업의 위상, 개인의 신용, 고가를 유지해 온 토지나 주택 가격, 주식 가격 등이 급격하게 추락하는 현상으로 나타났다. 그리고 전반적으로 투자 의욕, 생산 의욕, 소비 의욕 등이 급격히 감퇴했으며 더불어 경제 정책이 시행착오를 겪으면서 경제구조가 서로 얽혀 소통하지 못하는 경기부전 현상이 발생했다.

1980년 후반부터 시작된 버블 경기 기간에 매스미디어는 부동산 투자와 경기 상승 현상을 보도하는 가운데 투기가 일어나 지가가 비정상적으로 높아졌다. 그러나 1990년 초반부터 경기 둔화가 시작되어, 버블시기 융자 담보로 제공된 토지는 지각 하락으로 담보 가치가 융자액에 턱없이 못 미치는 깡통담보 상태가되었다. 각종 회사의 수익은 불경기로 저하되었다. 은행이 안고 있는 불량채권은 은행 경영을 악화시켜 도산을 촉발시켰다. 증권회사는 주식 거래로 손실을 입은 일부 고객에게 보전을 하는 등 부실을 은폐하는 경영을 하여 증권거래감시위원회를 설립하는 계기가 되었다. 1989년 소비세 도입으로 금융 확대 정책의 효과가 미미해졌고 소비 위축을 가져와 경기는 더욱 악화되었다.

일본은 지금까지 누렸던 경제적·사회적·문화적 풍요로부터 벗어나는 시기에 접어들어 많은 어려움을 겪었다. 노동시장에 취업빙하시대가 도래하여 유연성이 떨어지는 노동문화를 낳았고, 워킹푸어가 등장하고 사회활동과 생활이 불안정해진 부양청년(浮揚靑年 floating man)이 나타나 일본과 일본인 위기로 전화되었다. 각 사회 영역에서는 국제화가 진전되고 일본 위기가 도래하는 상황에 대응할 수 있는 새로운 위기극복 모델 및 발전 모델 개발에 대한 압력이 점점 높아졌다. 다행히도 버블 붕괴 이후 첨단산업 중심으로 경기를 회복했지만 여전히 저성장이 지속되는 가운데 국제화로 인해 국가 간의 관계가 다양한 영역에서 더욱 밀접하게 협력하고 경쟁하는 협경(協競, The Cooperation and Competition)시대가 되었다.

다른 한편으로는 국내외적으로 일본 사회, 일본 경제 등에 관심이 문화적 관심으로 확대되어 문화 개방이 촉진되는 계기가 된다. 1990년대는 문화 개방과 정책이 적극적으로 추진된 시기이다. 예술문화 관계자의 염원이었던 예술문화 진흥기금이 창설되어 무대예술에 대한 지원이 활성화되었다. 주무부서인 문화청은 종래와 같이 중핵적인 예술 단체의 사업을 대상으로 지원했다. 1989년 문화청은 문화정책추진회의를 설치하여 새로운 문화 정책을 충실하게 이행하는 계기를 마련했다. 이 회의는 1998년 「문화진흥 마스터플랜: 문화 입국의 실현을 향해서」를 제안하고 문화청은 이를 수용해 문화 입국 실현을 위한 기본 방침과 정책을 책정했다. 또한 그동안 기업이 해오던 문화지원활동을 공식화한 사단법인 기업메세나협의회가 발족되어 다양하게 문화활동을 지원하고 전개했다.

그리고 문화청 예산이 증가하여 지원을 전제로 한 국가 수준에서의 문화 정책이 시행되었다. 1996년 예술문화 지원을 중점적으로 추진하기 위한 문화예술 창조 플랜이 시작되었다. 총무성이 1995년 제출한 「예술문화진흥에 관한 행정 감찰 결과보고서(芸術文化の振興に関する行政監察結果報告書)」에서는 정책 이념, 목표, 기본 방침, 예술문화에 대한 행정적 지원, 국가와 지방공공단체 그리고 민간의 역할 분담 등이 종합적 관점에서 검토되었다. 문화정책추진회의가 문화진흥 마스터플랜을 실천하기 위해 제시한 '문화예술진흥기본법'이 2001년 의원 입법으로 제정되어 문화 정책의 법적 틀이 확립되었다. '문화예술진흥기본법'에 기초해서 '문화예술진흥에 관한 기본적 방침'이 각의 결정되었다. 2001년 제2차 기본 방침에서는 문화예술 계승과 발전, 창조를 위한 인재 육성, 일본 문화 발신 및 국제문화교육 추진, 문화예술활동의 전략적 지원, 지역문화 진흥, 어린이 문화예술활동 충실, 문화재의 보존 및 활용 충실 등을 결정했다.

그리고 국제화기에 어울리는 문화 정책을 추진하기 위해 주무부서인 문화청, 지방자치단체, 예술 단체 등이 파트너십을 발휘하여 국내뿐 아니라 국제사회에서 문화활동을 적극적으로 지원하고 활성화했다. 특히 사회 전체가 생활의 질적 향상을 추구하게 되면서, 이를 충족시키기 위해 각 성청은 문화 관련 시책과 협력사업을 구상하기 시작했다. 다른 한편으로는 지역문화 진흥의 핵심 과제로 지역 만들기를 설정하는 가운데 문화를 상위 개념으로 하는 각종 정책이 문화 정책으로 수렴되는 경향이 있었다. 즉, 지역의 문화 정책이 지역 만들기와 지역 부흥의 종합 정책으로 자리매김되었다.

이 시기는 행정 정책이 문화 정책으로 전환되면서 문화 정책사에 큰 이정표를 남겼다는 데 의의가 있다. 문화 정책은 행정 정책에 함의된 단순한 문화 행정을 초월해서 사회, 경제, 정치와의 관계를 통해 좀 더 다차원적이며 고차원적인 정책으로 구체화되는 계기가 되었고 필요불가결한 정책이 되었다. 문화 영역에서는 예술문화단체, 국가 및 지방공립단체, 민간 예술인 3자가 파트너십을 발휘하여 문화예술을 지원하는 새로운 틀을 만들어 활동했다. 국가문화 정책의 책임성청으로서 문화청은 문화 행정과 문화 정책을 일치시켜 사회적 요청에 대응하고 21세기 문화공유시대에 대응하기 위해 중추적인 문화 정책을 개발하는 한편 타 성청이 추진하는 문화 관련 시책을 포괄하는 종합문화 정책을 추진하기에 이르렀다.

국제화기는 문화 간의 교류와 공유를 강조하고 실천한다는 의미에서 문화 국제화시대라고 할 수 있다. 일본의 문화국제화는 국제사회에서 강한 경쟁력으로 우위를 차지한 일본이 국제사회로의 문화 발신과 문화 수용에 적극 참여하여 문화국가의 역할을 확대해 가는 것을 의미한다. 특히 일본 문화에 대한 관심은 전통문화뿐 아니라 대중문화까지 확대되었고 문화 소비자, 문화시장, 문화 창출자 등의 활동 반경을 넓혔다. 그것은 일본 문화의 발전과 국제화를 촉진시키고, 국제사회에서 일본의 문화적 역할과 교류가 중요한 시대적 조류로 기능하는 계기가 되었다.

2. 국제화기의 시대상

1) 국제화기의 사회현상

이 시기에는 국제화의 전진으로 인해 지구 사회와의 공존이 강조되었고, 개인의 국제화와 경쟁력 강화, 국가관으로부터 이탈 세대 등장, 일본 영화 및 애니메이션의 국제시장 진출, 일본 전통문화와 일본어의 국제화, 문화 공유 및 교류 등이 활발하게 이루어졌다. 더불어 IT 혁명으로 인한 첨단산업과 기술 진보, 노벨상 수상자 증가, 사회공동체와 가치관 변화, 문화생활 중시 현상, 아이돌문화로서 X-JAPAN 활동, 개인주의 팽배, 소자노령화에 대한 대책, 기업메세나 활동, 지역문화 진흥과 지역 만들기, 일본문화론의 가능성과 한계, 일본적 경영의 삼종신기 전환 등이 발생했다.

또한 21세기에 대응 가능한 신일본형발전모델 개발, 사회성장 모델 등장, 생활대국론, 소비자 및 생활자 중시 사회, 특색 있는 생활공간, 신일본주의, 도전형 인간, 탈일초미(脫日越米), 새로운 문화 패러다임 등과 같은 과제가 등장했다. 더욱이 국제사회와의 관계에서 발생한 과거 식민지에 대한 청산, 신세대의 현실 도피적 오컬트 종교 현상, 경제 발전에 대한 부산물로서 사회문제 및 환경문제 등이 발생했다. 지역의 핵심 과제인 지역 만들기를 추진하는 과정에서 각종 정책이 문화 정책으로 전환되는 경향이 있었고, 지역의 문화 정책이 지역 부흥의 종합 정책으로 자리매김되었다.

〈표 7-1〉은 국제화기에 나타난 사회현상을 소개한 것이다. 이 시대의 불안과 불황을 상징하는 위기 아이콘으로 등장한 버블 붕괴가 진행되면서 일본 경제뿐 아니라 일본 사회가 위기에 직면했다.

대국화기는 쇼와천황이 작고함으로써 파란 많던 쇼와시대를 마감하고, 헤이세이라는 새로운 시대를 시작하는 시점이었다. 1989년 히로히토(裕仁) 쇼와천황이 서거하고, 1990년 124대 아키히토천황이 즉위하면서 새로운 평화시대를 열었다. 그리고 황태자 나루히토(德仁)와 황태자비 마사코(雅子)는 1993년 6월 9일 일본 황실의 궁중(宮中三殿)에서 국가 행사의 일환으로 황실의식(結婚の儀)에 따라 결혼하여 일본 열도에 새로운 기운을 불어넣었다. 일본은 새로운 헤이세이천황을 맞이하고 국가 간의 교류와 협력을 강조하는 국제화기에 접어들었다.

국제화기는 일본의 위기시대이기도 하고 개혁과 변혁의 시대이기도 하다. 국내외적 환경의 변화로 경제 영역을 비롯해 다른 사회 영역이 위기에 빠지게 된다. 제87대부터 89대까지 내각총리대신을 지낸 고이즈미 준이치로는 위기극복

연도	국제화기의 사회현상
2001 ~ 2010	나루히토(德仁) 황태자 결혼, 운산 지진 분화로 대토사 발생, BC 전범에게 1억 3600만 엔 요구하는 국가배상소송 제기, 태평양전쟁희생자유족회 1인 2000만 엔 보상 제소, 문부과학성 초등학교 교과서 검정결과 발표, 미야자와리에(宮沢リエ)『SANTAFE 사진집』발행, 대학생 수 200만 돌파, 다카노하나(貴ノ花) 최연소 스모 우승, 다카노하나와 미야와리에 약혼 소동, 폭력단 비판 영화를 만든 이타미주조 감독 피습, 국공립 초·중·고 제2토요일 휴교, 영윤관리위원회 털(헤어) 관련 심사기준 명문화, 성악가 후지야마 이치로(藤山一郎)국민영예상 결정, JR 야마노테센(山手線) 전역 종일 금연, 영화사 닛카쓰 도산, 프로축구 J리그 개막, 일본 여성우주비행사우주 비행, 오오에 겐자부로 노벨문학상 수상, 한신 대지진 발생, 옴진리교에 의한 살인사건 발생과 시설 강제 조사, 공안조사청의 옴진리교 해산 청구, 전후 50년 과거 식민지 비판파와 옹호파 간의 대립 격화, 학교 일지매 총점검으로 1만 8000건의 관련 사건 판명, 에이즈피해자문제 발생, O-157 집단식중독 발생, 휴대전화 가입 5000만 대, 기타노 다케시(北野タケシ) 감독의 영화 〈하나비〉 베네치아국제영화제상 수상, 문부과학성 등교거부 학생 1만 1000명 발표, 애니메이션 〈모노노케히메〉 배급 수익 〈ET〉 능가, 동계올림픽 나가노(長野) 개최, 아카이시해협 대교 개통, '지구온난화대책추진법' 공포, 교토대학원 조선대학교졸업생 입시 합격 인정, 고령 인구가 어린이 인구를 초월, 도쿄23구 홈리스 급증, 환경호르몬문제 발생, 영화 〈철도원〉 캐나다영화제 남우주연상, 로봇강아지 아이보(アイボ) 발표, '스토커규제법' 공포, 유키지루시유업 집단식중독 발생, 개정'소년법' 공포, 시라카와 히데키(白川英樹) 노벨상 수상, 병원 의료 미스 다발, IT혁명, 일본문화론의 가능성 한계, 신일본형발전모델, 생활대국론, 지구 사회와의 공존, 개인존중사회, 소비자 및 생활자 중시 사회, 개인 경쟁력 강화, 특색 있는 생활공간, 신일본주의, 도전형 인간, 탈일초미, 새로운 사회문화 패러다임, 해외 여행자 1000만 명 돌파, 취직 빙하기, 가격 파괴, 2002년 월드컵 한일공동 개최 결정, 원조교제 유행, 아이돌문화로서 X-JAPAN과 SMAP 활동

자료: 神田文人,『戦後史年表(1945-2005)』(小学館, 2005); 文芸春秋,『文芸春秋 論点100』(文芸春秋, 2010~ 2018); 成美堂出版編集部,『今わかる 最新時事用語』(成美堂出版, 2011~2018); 青山誠,『統計でふりかえる 平成日本の30年』(双葉社, 2018).

을 위해 성역 없는 구조개혁 정책을 추진하여 자민당 내 의원, 공무원, 우정성 관련 단체, 야당, 매스미디어 등으로부터 비난을 받고 반대에 부딪혔다. 그는 2005년 8월 8일 우정성의 민영화를 둘러싸고 일어난 우정해산(郵政解散)이라고 불리는 중의원 해산을 단행하는 등 개혁의 기치를 높이 내세워 국민이 이자택일을 하게 하는 정치 수완을 발휘했다. 특히 버블 경기 붕괴로 인해 일본 사회에서는 가치와 시스템, 정책 등의 개혁을 둘러싸고 다양한 갈등이 야기되었다.

일본 내에서 위기극복과 개혁이 추진되고 그동안 이념을 전제로 고착화되었던 냉전질서가 깨지고 새로운 이념과 질서를 모색하는 움직임이 국내외적으로 활발하게 움직였다. 그러나 모두가 바라는 새로운 이념과 질서가 아니라 경제민족주의에 기초한 새로운 갈등과 경쟁 구도가 만들어져 다양한 문제를 발생시켰다. 한편 국제화가 진전되어 지구와 개인이 강조되고, 인류 공통 과제를 해결하고 개인 자유를 극대화하는 정책이 국내외적으로 관심을 끌게 되면서 중요한 이슈로 등장했다. 당시 일본은 국제화, 버블 붕괴, 경제성장, 국가 만들기 등과 같은 과제를 해결하기 위해 다양한 정책을 추진함과 동시에 국론 결집에 집중했다.

2) 버블 경기 붕괴

국제화기 일본을 크게 변화시킨 요인 중의 하나가 버블 경기 붕괴이다. 이른바 버블 붕괴는 버블 경기 후퇴기인 1991년 3월부터 1993년 10월까지 일어난 경제 불황을 의미한다. 일본은 버블 경기 붕괴로 인해 지속적이며 안정적인 성장이 종언을 고하고, 엔고와 디플레이션이 지속되어 생산력 저하, 구매력 저하, 경쟁력 저하, 노동시장 경직, 무역흑자 감소, 국내경기 침체, 실업률 증가, 제자리 성장 등으로 고전했고, 더욱이 소비세 증가 등으로 전례 없는 불황기와 저성장기에 돌입했다.[1]

〈그림 7-1〉은 전후 일본의 무역수지를 시대별로 소개한 것이다. 일본의 무역수지는 1950년 -0.05조 엔, 1965년 수출과 수입이 균형을 이뤄 0엔, 1970년에는 0.15조 엔, 1980년 -2.6조 엔, 1985년 8.6조 엔, 1990년 7.6조 엔, 1995년 10.0조 엔, 2000년 10.8조 엔 등을 기록했다. 일반적으로 국제무역수지가 적자보다는

---

1   구건서, 『21세기 일본: 대국일본 만들기 프로젝트의 실태』(신아사, 2016); 苅谷剛彦·栗原彬, 『バブル崩壊―1990年代』(ひとびとの精神史 第8巻), (岩波書店, 2016).

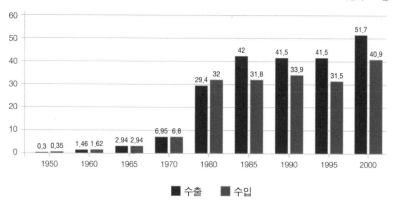

자료: 神田文人, 『戰後史年表(1945-2005)』(小学館, 2005).

흑자를 기록하여 일본 경제는 안정적인 성장 기조를 꾸준히 유지했다.

국제화기 불황의 잠재적 신호탄이 된 1985년 프라자합의로 엔고 현상이 초래되어 경쟁력이 약화되면서 기업이익이 감소해 도산하는 경향이 있었고, 더불어 국제수지가 악화되는 등 불황이 감지되었다. 일본 정부는 적극적인 부양 정책으로 발생한 버블 경기로 위기를 극복하는 데 성공했다. 그러나 버블 경기는 오래 가지 못하고 1990년대 들어 깨지고, 중동에서는 만안전쟁이 일어나 경제적 타격을 입었으며, 1995년 4월에는 1달러당 엔화가 79.5엔까지 치솟는 사상 최고치의 엔고를 기록하여 위기가 가속화되었다. 국내외적 경제 환경 변화는 일본 경제를 위기로 몰아넣고 성장을 방해하는 요인으로 작용했다.

〈표 7-2〉는 1994년부터 1999년까지의 명목GDP, 명목GDP성장률, 실업자 수, 취업자 수, 실업률 등을 소개한 것이다. 당시 일본 경제 상황을 보면, 명목GDP는 증가 추세에 있지만 1998년과 1999년에 연속적으로 감소했고, 명목GDP성장률은 1998년과 1999년 연속으로 마이너스를 기록했다. 실업자 수는 계속해서 증가하고 실업률은 3~4%대를 기록했으며 1998년과 1999년에는 실업률이 4%대를 넘었고, 취업자 수는 약간씩 증가했다. 각종 경제 수치가 보여준 것처럼

연도	명목GDP (10억 엔)	명목GDP 성장률 (%)	실업자 수 (1000명)	취업자 수 (1000명)	실업률 (%)
1994	486,526.3	1.19	1,920	66,450	2.88
1995	493,271.7	1.38	2,100	66,660	3.15
1996	502,608.9	1.89	2,250	67,110	3.35
1997	512,248.9	1.91	2,300	67,870	3.38
1998	502,972.8	-1.81	2,790	67,930	4.10
1999	495,226.9	-1.54	3,170	67,790	4.67

자료: 神田文人, 『戦後史年表(1945-2005)』(小学館, 2005), pp.156~157; 内閣府, 『経済白書』, 内閣府(1994~2000)
에서 재구성함.

일본 경제는 저성장과 불황이라는 혹독한 위기에 빠지고 있었다.

버블 경기 붕괴는 국내 기업실적 감소뿐 아니라 급격한 신용도 추락, 고가의 토지와 주가의 하락, 투자의욕 감퇴, 버블 붕괴에 대한 정부의 경제 정책 착오, 엔고와 디플레이션, 경제 불확실성, 국가 간 경제 경쟁 등이 복합적으로 작용하여 만들어낸 경기파탄 현상이었다. 또한 현실 경제 측면에서는 각 회사의 수익성 하락, 담보 가치가 융자액 이하로 하락하면서 생긴 가계부채 증가, 은행의 불량채권 증가와 경영 악화, 정부부채 증가, 기업부채 증가, 금융권 불황 등으로 나타났다. 특히 노무라증권(野村證券), 야마이치증권(山一証券), 닛코증권(日興証券), 다이와증권(大和証券) 등 4대 증권사의 주가 하락은 주식투자 위축을 가져왔고, 주식 거래로 손실을 입은 고객에 대해 손실보전을 하는 등 증권회사의 존립이 위태로운 상황에 봉착했다.[2]

1990년대는 국제사회에서 냉전이 붕괴되어 군사동맹에 의한 군사협력보다는 경제 이익을 강조하는 풍조가 팽배하여 국가 간 경제 경쟁이 치열해졌고, 더불

2　藤駿介, 『1989年 12月 29日、日経平均3万8915円: 元野村投信のファンドマネージャーが明かすバブル崩壊の真実』(河出書房新社, 2018).

<표 7-3> 버블 경기 붕괴의 원인

구분	버블 붕괴 원인
과도한 긴축경제 정책	- 일본은행의 공정보합(公定步合)의 급격한 인상, 부동산 총량 규제, 지가세 신설, 고정자산세 과세 강화, 토지거래신고제, 특별토지보유세 수정, 양도소득세 과세 강화, 토지취득금리분의 손익통산(土地取得金利分の損益通算) 산입 불인정 등의 정책이 인위적으로 추진되어 경기가 급속도록 냉각됨
정치 불안	- 1992년 도쿄사가와큐빙(佐川急便) 사건을 발단으로 가네마루 신(金丸信) 의원 오직으로 인한 사직, 경세회(経世會) 분열, 오자와 이치로(小沢一郎)의 신생당 창당 등으로 인한 정계 개편으로 55체제 붕괴 - 호소카와 모리히로(細川護熙) 정권 탄생과 호소카와 수상의 총리 전격 사임, 하다 쓰도무(羽田孜) 내각의 단명, 연립정권에 의한 사회당 무라야마 도미이치(村山富市) 정권 탄생 등과 같이 정치 불안이 일어나 버블 붕괴 후의 경제 상황에 대응하지 못함
엔고	- 버블 경기가 진행되는 가운데 엔고가 지속되어 국내외 수출 및 수입 환경을 악화시켜 경제 전반이 위축됨 - 1993년 달러당 100엔대, 1995년 80엔대로 올라가 저성장 기조가 유지되면서 경기 회복을 지연시킴
불량채권 및 부채 증가	- 저금리 정책으로 금융기관은 담보평가액의 70% 융자 규정을 위반하고 과다 융자를 실시했고, 홋카이도척식(北海道拓植)은행은 담보평가액의 120%를 융자하여 불량채권을 조장함 - 과다한 토지담보융자는 지가 하락과 함께 불량채권을 증가시켜 금융기관의 위기를 초래함 - 융자를 이용해 작은 맨션을 구입하고 이후 가격이 오르면 큰 맨션을 다시 구입한 후 가격이 오르면 팔아 선호하는 단독주택을 구입하는 투자릴레이 현상이 가계부채 증가를 촉진함 - 국철청산사업단은 버블 붕괴 후 지가가 폭락하여 부채 증가로 1998년 해산했음
지가 및 주택 가격 하락	- 1980년대 말 부동산 버블로 가격 상승이 일어나 거품소득과 거품자산이 팽배하자 오쿠라쇼는 부동산 융자의 총량 규제[1]를 발동하여 버블기에 구매했던 주택이나 토지 가치가 급격하게 하락함 - 금융기관은 융자 활성화를 위해 투자 수요자와 자회사에 과도하게 융자하는 방만 경영을 하고, 주택과 토지 가치 하락으로 깡통토지와 주택이 발생하여 상환이 불가능한 불량채권이 급증하여 위기에 빠짐 - 대도시의 경우 공시지가는 1991년 가을부터, 지방은 1992년부터 하락하기 시작했고 2005년까지 지속적으로 하락하여 전국 상업지 지가는 전년 대비 10% 하락하여 전체자산 가치가 축소됨 - 고가로 구입한 주택과 토지 가격이 하락하고 이자율과 고정자산세가 높아져 가치가 하락했고, 고금리 정책과 담보 가치 하락으로 토지나 주택의 매매절벽이 발생하여 더욱 하락함

구분	버블 붕괴 원인
주식 가격 하락	- 닛케이(日經) 평균주가가 1989년 12월 29일 최고치 3만 8915엔 87전으로 정점을 찍은 후 폭락함 - 1991년 2월 이전에 폭등해 오던 주가는 경기 불황으로 급격히 하락하여 투자 손실을 박생시켜 주식시장뿐 아니라 경기 전반에 걸쳐 악영향을 줌 - 중동의 만안전쟁과 원유가 급등, 공정보합 인상 등으로 1990년 10월 1일 주가가 2만 엔대로 떨어져 1993년 말 일본의 주식 가치 총액은 1989년 말 가치의 59%에 불과했으며, 1992년 8월 도쿄(東証)에 상장된 주식의 시가 총액은 1989년 말 611조 엔의 반 이하로 하락함 - 주가 가치 하락으로 투자 손실이 발생하고 주식시장의 불황으로 증권회사가 위기에 봉착함
과잉소비와 저축률 하락	- 주택 가격이 너무 높아 주택 구입을 포기하는 체념리치(あきらめリッチ)라 불리는 사람이 등장하여 수입을 저축하지 않고 고급차나 내구소비재를 구입하고 해외여행을 즐기는 과소비문화를 촉진시킴 - 과잉소비문화는 저축률 저하를 촉진시켜 경제탄력성을 상쇄시키는 요인으로 작용함

주 1: 부동산대출총량규제는 부동산투기 과열을 막기 위해 은행의 대출 규제를 강화하는 금융긴축 정책 중 하나이다. 부동산 투기가 우려되는 상황에서 금융감독 당국이 주택담보대출의 한도를 금융회사별로 규제하는 제도이다. 정부가 주택담보대출 증가분을 전체 대출의 일정 비율로 제한해 금융회사별로 대출 증가분을 할당하면 신규 대출이 억제되기 때문에 주택 구입자들이 융자로 집을 사기 어려워진다. 주택 담보대출 비율은 은행들이 주택을 담보로 대출해 줄 때 적용하는 담보 가치에 대비한 최대 대출한도를 말한다. 예를 들어 주택담보대출 비율이 60%라면 시가 2억 원짜리 아파트의 경우 최대 1억 2000만 원까지 대출해 주는 방식이다.

어 버블 붕괴로 인해 일본은 국가 위기를 맞이했다.[3] 〈표 7-3〉은 버블 경기를 붕괴시킨 원인을 소개한 것이다.

일본에서 벌어진 버블 경기 붕괴의 원인을 보면, 국제경제 환경이 악화되고, 일본 경제의 경쟁력 하락, 부적절한 경제 정책과 정치적 대응, 세계경제 동향에 대한 부적응 등이 빚어낸 것이다. 일본 정치와 경제 측면에서 보면, 무분별한 경기 부양과 과도한 긴축 정책, 자민당 정치가의 오직(汚職) 사건과 정권의 붕괴로

---

3 八木隆, 『80年代バブルの生成からアベノミクスまで―「景気対策」依存症が蝕む日本の経済と社会』(ブイツーソリューション, 2017).

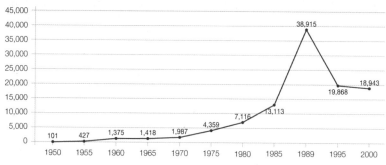

〈그림 7-2〉 일본 평균주가 추이

(단위: 엔)

자료: 神田文人, 『戦後史年表(1945-2005)』(小学館, 2005), pp.152~153.

인한 정치권 혼란, 버블로 인해 상승 했던 지가 및 주택 가격 하락, 기업수지 악화로 인한 주식 가격 하락, 금융권의 과도한 대출, 토지와 주택 소비자의 과욕, 과잉소비와 저축률 하락, 그 외 일본 기업의 현실 안주와 정부 의존 경향 등이 작용한 결과라고 할 수 있다.

버블 경기 붕괴 여파로 경기동향지수(CI)는 1990년 최고점이었다가 이후부터 1993년 12월까지 지속적으로 하락했다.[4] 일본 경기가 깊은 불황에 빠졌고 다양한 영역에서 경제활동이 경직되었다. 〈그림 7-2〉는 1950년부터 2000년까지의 평균주가 추이를 소개한 것이다. 평균주가의 고저는 일본 경제의 흐름을 암시한다는 점에서 경기 상황을 분석하는 중요한 기준이 된다.

1950년부터 2000년까지 평균주가의 흐름을 보면, 전반적으로 우상향으로 진행되기 때문에 경제는 성장 일변도에 있었다고 할 수 있다. 자립기 1950년대는

---

[4]   경기동향지수는 경제통계지표 간의 상호 관계를 고려하지 않고, 변화 방향만을 종합적으로 지수화하여 경기동향을 판단하는 방법이다. 계절 변동과 불규칙 변동이 제거된 구성 지표 중 증가 방향으로 움직이는 지표 수가 전체 지표 수에서 차지하는 비율을 백분율로 나타낸 것이다. 예컨대 20개의 구성 지표 중 10개의 지표가 증가하는 방향으로 움직였다면 경기동향지수는 50%로 표시된다. 경기동향지수가 기준선인 50%를 넘으면 경기는 확장 국면에 있는 것을 의미하고, 50%보다 낮으면 수축 국면에 있고, 50%이면 경기 전환점에 있는 것으로 판단한다.

약 100엔에서 400엔대, 고도성장기 1960년대는 1400엔대 전후, 도약기 1970년대는 2000엔에서 4000엔대 전반, 대국화기 1980년대는 7000엔에서 3만 8000엔대, 국제화기 1990년대는 1만 9000엔대를 기록하고 있다. 일본 주가가 1980년대 폭등한 것은 버블 경기 덕분이며 반대로 1990년대 폭락한 것은 버블 경기 붕괴가 원인이었다. 버블 붕괴로 일본이 잃어버린 자산은 토지와 주식만 약 1400조 엔에 달했다.

일본은 경제정책 실패로 버블 붕괴가 일어나 다양한 부정적인 경제 현상으로 연계되는 상황에 직면했다. 국내 금융시장, 수출입시장, 주택시장, 주식시장, 고용시장 등의 영역에서 부전 현상이 일어나 제대로 작동하지 못해 잃어버린 일본을 만들어냈다. 〈표 7-4〉는 버블 붕괴가 만들어낸 경제 붕괴 현상을 소개한 것이다.

버블 경기 붕괴는 현실적으로 다양한 부문에서 부작용으로 나타났다. 저금리와 과다 대출로 인한 금융권의 불량채권 증가, 가계부채 증가로 인한 파산 증가, 대기업 금융기관의 연쇄적 도산, 엔고와 기업이익 상승으로 투자한 해외 자산 가치 축소, 기업투자 손실, 기업구조 조정, 정규직 채용 축소로 인한 비정규직 증가, 신규 대졸자 취업 축소와 즉전력(即戰力) 경력자 채용, 고용 빙하기 도래, 위험이 큰 기업보다는 안정적인 공무원 선호, 인건비와 사무비용 절감을 위한 아웃소싱과 노동자 파견 등으로 나타났다.

일본 정부는 버블 경기로 인해 긴축 정책을 시도했다. 부동산 총량 규제, 지가세 창설, 고정재산세 부과 강화, 토지거래신고제, 특별토지보유세 수정, 양도소득세 부과 강화, 토지취득금리분 손액통산 계산 등과 같은 과도한 정책을 추진하여 버블 경기 붕괴의 원인이 되었다. 이후 버블 붕괴 대책으로 1992년 미야자와 기이치(宮沢喜一)는 공적자금을 투입해 불량채권을 처리하려고 했다. 그러나 정부기관, 매스미디어, 경제 단체, 금융기관 등의 반대로 실행하지 못했다. 일본 정부는 1995년 시장에서 퇴출될 기업을 퇴출시키는 방향으로 방침을 정하고 불량기업 퇴출 정책을 실시했다. 그리고 가계와 금융기관의 도산을 최소화하

구분	버블 경기 붕괴의 구체적 내용
금융권의 불량채권 처분 손실	- 기업실적 저하로 변제 능력이 약화되어 금융기관에 변제 불가능한 불량채권이 발생함 - 지가 및 주가 하락, 기업실적 약화 등으로 변제 장애가 발생하자 변제기간 조정, 불량채권을 정상 채권으로 전환, 금융 운영과 상태 조작, 대외신용도 추락 등으로 금융기관의 경영 파탄을 초래함 - 불량채권 분으로 인한 은행 손실은 1992년부터 2000년 말에 94조 엔이었고, 2002년 전국 은행의 불량채권 처분 손실은 81조 5000억 엔이었으며, 일본의 불량채권 처분 손실 총액은 200조 엔에 달함 - 국제금융계는 일본 금융기관의 불량채권 은폐, 부가회계(簿價會計)에 의한 실제 자산 조작, 금융기관 불신 등으로 일본 금융기관의 경영 상황 공개 요구
대기업 금융기관 파산	- 과다 융자, 불량채권 증가, 손실 보전, 거액 손실, 방만 경영 등으로 금융기관이 파산함 - 1995년 8월 효고은행(兵庫銀行), 홋카이도척식은행, 일본장기신용은행, 일본채권신용은행, 야마이치증권, 산요증권 등 대형 금융회사가 불량채권의 증가와 주가 하락으로 도산함 - 일본장기신용은행을 인수한 투자조합은 거래 대상 기업을 파탄으로 몰아 이익을 창출하는 전략으로 대응하는 가운데 라이프(ライフ), 소고(そごう), 제일호텔(第一ホテル) 등이 파산함 - 주택자금 수요에 대응하기 위해 설립한 주택금융전문회사(住專)는 과다 융자와 토지 가격 하락으로 융자 회수가 불가능한 불량채권이 증가하여 주전 일곱 개 회사 중 여섯 개가 파산함
해외 진출 기업 손실	- 해외 부동산이나 자산, 기업 등을 매입한 일본 기업이 실적 악화로 철수했고, 경매시장에서 고가로 구입한 예술품의 가격 하락으로 손실 발생 - 미쓰비시는 록펠러센터를 매수 가격 이하의 가격으로 되팔아 손실을 봄
구조 조정	- 기업실적 악화, 주가 하락, 경제 불확실성 증가 등으로 기업은 긴축 경영, 인원 조정과 명퇴 유도, 투자 조정, 기업구조 개혁, 예산 삭감 등과 같은 구조 조정을 단행함 - 엔고와 버블 경기로 노동 비용이 증가하고 고용이 촉진되어 일본적 경영을 유지했지만 버블 붕괴 시점에서 유지할 수 없는 상황이 되어 임금 삭감, 채용 순연, 일본적 경영 재고 등의 정책을 추진함
노동시장 악화	- 노동분배율은 1990년 60%에서 70%로 상승하여 매출이 줄어도 임금이 오르는 현상이 벌어져 기업의 부담을 증가시켰고, 자본분배율의 저하로 투자를 제한하고 일자리를 만들지 못해 고용을 막는 원인으로 작용함 - 기업은 약간 명 채용, 채용 제로 등으로 일관하여 실업률이 4% 넘어 전후 최악을 기록했고, 대졸자에 대한 유효구인배율은 1991년에 최고점이었다가 1999년 0.5 이하로 떨어지고, 고교졸업자의 유효구인배율은 1992년 3.34배

구분	버블 경기 붕괴의 구체적 내용
	를 기록한 후 감소함 - 대학을 졸업하면 대학 수준에 맞는 취직을 할 수 있다는 대학 신화가 붕괴되고 극단적인 채용 억제로 대졸난민 발생, 신규 졸업자 대신에 즉전력을 갖춘 경력자 채용 풍조가 확산됨
일본 경영의 삼종신기 붕괴	- 1991년 버블 경기 붕괴로 연공서열과 성과주의를 기초로 일본 경영의 삼종의 신기는 기업 위기를 극복하는 데 한계를 노출하여 사라질 위기에 봉착함 - 연공서열제도, 종신고용제도 등은 기업을 안정화시키는 일본 기업 경영의 골자로 기능했지만, 근무연수 외 연령에 기초한 급여를 정하기 때문에 연수를 거듭할수록 임금이 높아지고 불경기와 기업 업적이 악화되어 높은 인건비를 해결하기 위해 중고년자를 구조 조정하고 젊은 사원을 대신 고용하면서 점차 사라지게 됨
대기업 및 공무원 인기	- 대학 수가 증가하고 신졸자의 경쟁이 치열해지며 대기업을 희망하여 중소기업 희망자가 줄어드는 현상이 일어나 기업 간 우수한 인재를 확보하려는 경쟁이 치열해짐 - 민간기업의 도산이나 구조 조정, 신규채용 억제, 강제적 중도 퇴사 등이 벌어져 경기에 좌우되지 않는 공무원을 선호함 - 불경기로 인한 세수 감소와 재정난 가중, 공무원 개혁 등으로 신규 공무원 채용이 축소되어 공무원 문이 좁아짐
아웃소싱과 노동자파견의 활성화	- 기업에서는 불황기의 경비와 고정비 절감을 위해 기업 업무를 외부 기관에서 의뢰하는 아웃소싱(업무청부, 외주)을 이용함 - 자회사에 본사의 잉여 노동력을 파견하거나 인재파견 회사에서 인원을 조달받아 기업 업무를 담당하게 함

기 위해 공적자금을 투입하는 공적자금 투자 정책도 병행했다.

일본 기업은 버블 경기 붕괴를 극복하기 위해 구조 조정을 실시하고 투자를 줄이며 고용을 제한하는 정책을 추진했다. 당시 일본 기업에는 전통적으로 계승되어 온 종신고용을 중시하는 경향이 있어 재직 사원을 감축하지 못하고 신규 채용을 제한하는 전략을 사용했다. 고용을 제한함으로써 기업은 보험이나 연금 등을 절감할 수 있었고, 정년고용 의무가 없으며 연금 부담이 없어 인건비를 절감할 수 있었다. 더욱이 개인 능력에 따라 임금을 조정하거나 연공서열을 감안할 필요가 없으며, 고정비용을 절감할 수 있는 장점이 있었다. 이후 기업이 실시한 불채용 정책은 취업 세대에게 취업 빙하기를 촉발시키고, 비정규직과 저임금

〈표 7-5〉 취직 빙하기의 고용시장

구분	고용시장의 변화 내용
경력자 및 프리터 채용	- 기업은 즉전력을 요구하여 기술이나 경험이 있는 경력자를 선호하여 채용함 - 신규대졸자의 정사원 채용이 축소되어 비정규직이나 프리터로 취직했고, 이직자 중에서 충분히 기술을 축적하지 못한 자는 재취직이 곤란했음 - 취업활동 자체를 단념하는 비희망형 니트(Not in Education, Employment or Training: NEET)라 불리는 니트족이 발생하여 생활과 고용 불안, 사회보장 부담 등에 대응하지 못하고 열악한 생활환경에 봉착하여 사회문제화됨 - 기업은 인건비 삭감을 위해 파견 사원을 비정규직으로 고용하면서 대졸자, 젊은이, 고령자, 여성 등을 중심으로 비정규직이 증가함 - 노동력이 부족한 농업, 복지서비스업, 각종 서비스업 등은 즉전력으로서 기술을 갖지 못한 빙하기 세대를 프리터로 고용함
취직유년 (就職留年)	- 기업은 즉전력자를 채용하는 대신에 사전 업무교육이 필요한 신규졸업자 채용을 줄이거나 배제하여 취직유년(졸업유예)생이 급증함 - 취직유년은 취직활동을 했지만 실패한 신규 대학생의 선택지로 2010년 졸업자 가운데 7명당 1명꼴임 - 취직유년이 발생한 배경에는 기대졸자가 정사원으로 가는 입구가 좁고, 유년으로 취직활동을 하는 것이 유리했기 때문임 - 후생노동성은 대학 졸업 후 3년 이내 학생은 신규 대졸자로 취급하는 지침을 내놓았으나 2015년 신규 대졸자를 채용한 기업 66.0% 가운데 실제 기신규 대졸자를 내정한 기업은 14.2%에 불과하여 여전히 기졸업자를 기피하는 경향이 있음
신일본적 경영 도입	- 1999년 오부치 게이조(小渕惠三) 내각은 제조업을 제외하고 파견노동을 원칙적으로 자유화했고, 기업이 인원을 삭감하는 정도만큼 법인세를 면제하는 '산업재생법'을 제정함 - 1995년 일본경제단체엽합회가 발표한 신시대의 일본적 경영을 도입하면서 '산업재생법' 제정을 이끌었고, 신시대의 일본적 경영으로 노동자를 장기 축적 능력 활용형 그룹, 고도 전문능력 활용형 그룹, 고용 유연형 그룹(파견 노동자, 프리터)으로 구분하는 차등적 노동 시스템을 도입하여 실시함 - 신시대 일본적 경영의 정치사상은 오자와 이치로의 보통국가, 고이즈미 준이치의 성역 없는 구조 개혁 등이 기초가 되었음 - 이 노선은 미국형 사회의 모방, 강자가 주도권을 잡고 다수의 약자가 빈곤과 죽음에 스스로 대비하는 사회가 되는 노동 시스템으로 인식하여 비판받음
해외 노동자 채용	- 해외 신흥국가에 진출한 기업은 글로벌 전략으로 외국인 노동자 채용을 확대하여 대응함 - 국내 노동 환경이 열악한 제조업이나 서비스업을 중심으로 비용 절감 차원에서 외국인 노동자를 고용함
신빙하기 도래	- 신빙하기 세대는 일시적으로 취업이 잘 되는 시기도 있었지만 신빙하기가 찾아와 취업난에 봉착하고, 리먼쇼크 세대라고도 불림

구분	고용시장의 변화 내용
	- 신빙하기 세대는 버블 붕괴 후의 빙하기 세대를 보고 학습하여 취업 안정을 지향하는 경향이 있어 대기업을 선호했음 - 신빙하기 세대는 중소기업이 구인을 해도 지원하지 않고, 대기업도 인기가 없는 업종에는 지원하지 않아 인재 확보가 어려워짐

을 양산하여 빈곤 세대가 등장하는 원인이 되었다.

〈표 7-5〉는 취직 빙하기 고용시장의 특징을 소개한 것이다. 일본 고용시장은 일본적 경영 3종의 신기 붕괴, 경력자 채용, 프리터 채용, 대기업 선호, 신일본적 경영 도입, 해외 노동자 채용 확대, 취직유년(就職留年), 신빙하기 도래 등과 같은 특징으로 인해 유연성이 크게 떨어졌다.[5]

대도시와 지방의 취직 현황을 보면, 대도시보다는 지방의 유효구인배율이 낮았기 때문에 지방보다는 대도시의 취업률이 높은 것으로 나타났다. 그리고 버블 경기 붕괴나 취직 빙하기가 일시적으로 종결되었을 때도 홋카이도나 규슈의 유효구인배율은 1.0을 넘지 못했다. 〈표 7-6〉은 1985년부터 2009년까지 지역별 유효구인배율을 소개한 것이다.

일본의 지역별 유효구인배율을 보면, 1985년 도카이 1.27, 1990년 기타칸토 2.33, 1995년 호쿠리쿠 1.04, 2000년 추고쿠 1.72, 2005년 도카이 1.41, 2009년 추고쿠 0.58 등으로 각각 최고를 기록하고 있다. 연도별로 보면, 1990년이 전국 평균 1.14로 가장 좋았고, 2009년이 0.47로 가장 낮았다. 국제화기 일본 경제는 1990년이 호황이었고, 2009년이 가장 어려운 시기였다고 할 수 있다.

버블 경기는 버블 붕괴를 내포하고 있는 경제구조로 성장 경제를 한계 상황에 몰아넣었다. 결국 버블 경기는 버블 붕괴로 이어져 경제 환경이 악화되었을

---

5 취직 빙하기는 1993년부터 2005년까지 취업이 어려운 시기를 의미한다. 취직 빙하기라는 용어는 리쿠르트사의 취직 잡지 ≪취직저널(就職ジャーナル)≫이 1992년 11월호에서 사용했나. 일본은 경기 빈화에 따라 고용 환경이 변화하는 경험을 하게 되고, 취직 빙하기(1993~2005)에 이어 신(新)취직 빙하기(2010~2013)가 도래했다.

(단위: 배)

구분	1985	1990	1995	2000	2005	2009
전국	0.68	1.40	0.63	0.59	0.95	0.47
홋카이도	0.39	0.65	0.54	0.46	0.57	0.37
도호쿠	0.46	1.22	0.73	0.59	0.68	0.35
미나미칸토	0.80	1.57	0.48	0.55	1.11	0.53
기타칸토	1.26	2.33	0.91	0.86	1.09	0.45
호쿠리쿠	0.84	1.92	1.04	0.70	1.06	0.50
도카이	1.27	2.27	0.78	0.77	1.41	0.50
킨키	0.59	1.20	0.49	0.48	0.92	0.49
추고쿠	0.75	1.74	0.88	1.72	1.10	0.58
시코쿠	0.58	1.28	0.82	0.66	0.84	0.57
규슈	0.35	0.93	0.54	0.46	0.67	0.40

자료: 總務省, 『勞働力調査』(總務省, 1985~2009); 總務省, 『就業構造基本調査』(總務省, 1986~2009)에서 재구성함.

뿐 아니라 호황을 누리도록 기능하던 다양한 경제적 요소들이 붕괴되었다. 일자리가 줄고 해고가 늘었으며, 대출이 어려워지고 수출이 감소하고 흑자가 축소되어 기업은 도산하고, 워킹푸어가 등장했다. 이후 일본 경제는 잃어버린 10년이라는 저성장과 불황기를 맞이한다. 국제화기 일본 경제는 총체적 부실이 발생하여 일본과 일본인의 미래를 어둡게 했다.

일본은 경제대국을 구축하면서 경제마찰이 일어나 국제사회로부터 경제성장을 억제하는 압력을 받았고 그 과정에서 과발전·과성장의 버블 경기를 맞이했지만 말 그대로 물거품 경기가 되어 타격을 받게 되었다. 잘못된 경기부양 정책은 잘못된 버블 경기를 만들어냈고, 잘못된 버블 경기 억제 정책은 잘못된 버블 경기 붕괴로 이어져 일본 경제는 성장시대를 마감하고 경제성장 빙하시대를 맞이하는 상황에 직면했다. 이 시기에는 다양하게 구축한 일본 신화가 붕괴되는 현상을 경험하면서 일본인의 가치관, 국가관, 경제관, 기업관 등이 크게 변했다.

그렇게 해서 일본은 1960년대부터 안정적으로 성장했던 성장기를 마감하고

20년이 넘은 장기불황시기로 진입하게 되었다. 버블 붕괴 이후 일본 경제는 성장둔화, 엔고, 디플레이션 등으로 경기 불황이 지속되어 그동안 구축해 온 성장 신화와 일본 기적에 대한 자부심을 점차 상실하는 상황이 되었다. IT 버블을 시작으로 경기기 활성화되면서 저성장이지만 성장 기조를 회복하고 유지하는 이자나미 경기(いざなみ景気)를 맞이하게 된다. 2002년 2월부터 2008년 9월 19일까지 약 6년간 지속된 장기간 호경기를 이자나미 경기 또는 가게로 경기(かげろう景気, 아지랑이 경기)라고 칭했다.

3) 이자나미 경기

국제화기 일본 경제는 호황과 불황을 여러 번 경험했다.[6] 버블 경기와 이자나미 경기는 일본 경기를 활성화시켰지만 버블 경기는 과잉 경기라는 비판을 받았고, 이자나미 경기는 저성장이라는 오명을 벗지 못했다. 이후 리먼쇼크에 의한 금융위기는 일본 경제를 다시 수렁에 빠트렸다. 일본 경제 순환 가운데 이자나미 경기는 제14순환(第14循環)에 해당되는 것으로 내각부가 정의한 경기이다. 경기 순환이 지속적으로 확대된 기간이 2002년 2월부터 2008년 2월까지로 73개월의 장기간에 걸친 호황이었다. 경기 호황을 지칭하는 명칭은 일본 신화에 등장하는 이자나기와 이자나미에 의한 국가탄생 신화에 기초해서 이자나미라고 칭했다.

이 시기 실적을 보면, GDP가 21조 엔 증가하는 등 경기지수는 대체로 상승했다. 이자나미 경기 기간에는 제6순환 기간인 이자나기 경기 57개월의 성장 기간을 능가했다는 점에서 이자나미 경기라고 칭했다. 그러나 경제학자들은 이 시기의 경기를 디지털(デジタル) 경기, 데지마(出島) 경기, 구조개혁(構造改革) 경기, 무실감(無実感) 경기, 리스토라(リストラ) 경기, 격차형(格差型) 경기 등으로 부른다.

---

6 中西聡, 『日本経済の歴史 列島経済史入門 』(名古屋大学出版, 2013); 野口悠紀雄, 『戦後経済史』(東洋経済新報, 2015).

그 이유는 이자나미 경기에 대해 다양한 해석과 평가를 할 수 있는 논란의 여지가 있고, 기대한 만큼의 효과가 나지 않았기 때문이다.

이자나미 경기라는 호황은 일본이 2001년부터 시작한 제로금리 정책으로 대표되는 금융완화 정책이 주요한 원인이었다. 제로금리라는 저금리 유지 정책을 통해 투자를 촉진시키는 전략을 구사했다. 그리고 2004년에는 환율 개입으로 실질 환율을 내려가게 하여 엔저를 통해 대외경쟁력을 높이고 수출을 확대하는 가운데 신흥국이나 북미 수요가 증가하여 일본 경제의 활성화를 견인했다. 과감한 금융 정책을 통해 수출 관련 산업과 기업은 과거 이래 최고의 매상고와 수익을 올리는 기록을 남겼다. 당시 수출에 의한 경제성장 기여도는 약 60% 정도를 차지했고, 1960년대 고도성장기인 이자나기 경기보다 약 8% 정도 확대된 성과였다.

또한 해외에 진출했던 일본 대기업의 국내 회귀로 인해 적극적인 설비 투자가 이루어지면서 고용이 확대되고 생산과 소비가 촉진되었다. 경기 호황으로 기업은 상여금을 최대로 지급했다. 기업의 적극적인 투자는 내수 기업이나 하청 기업의 업적을 크게 늘렸고, 저금리 정책과 맞물려 도산 기업 건수는 2002년부터 2007년간 약 5000건으로 크게 감소했고 1996년 이후 최저 수준이었다. 외자계(外資系) 기업의 적극적인 투자로 대도시의 부동산시장을 활성화했고, 부동산이나 건설업과 같은 비수출 관련 기업은 과거 이래 최고 수익률을 기록했다. 증권시장도 활성화되고, 기업 합병이나 매수 등과 같은 M&A(Merger and Acquisition)가 행해지고 주주총회를 통해 주주들의 배당금을 높였다.

그러나 실질GDP는 이자나기 경기나 버블 경기보다도 낮았다. 2009년 1월 30일 각의 후 기자회견에서 요사노 가오루(与謝野馨) 경제재정 담당 대신이 아자나미경기를 다라다라장염(ダラダラ陽炎, かげろう) 경기라고 칭했던 것처럼 호황이지만 만족하지 못하거나 실감하지 못하는 경기였다. 장기적인 호경기임에도 불구하고 성장률이 2% 전후이었고, 노동자의 임금 상승률도 하강 국면이었으며, 생활 속에서 호경기를 실감하지 못했다. 2002년부터 2007년까지 정규직은 48만

명 축소되었고, 비정규직은 281만 명 증가했다. 대기업은 신규 채용보다는 단카이(団塊) 세대 퇴직으로 인해 그들을 대체하기 위해 신규자 채용보다는 경력자 채용을 선호하여 젊은이 실업이 증가하는 부정적인 측면이 있었다.

중부 동해 지역이나 기타규슈 산업 집적지에서는 고용 환경이 악화되어 파견이나 하청 노동자 그리고 외국인 노동자를 타 지역으로부터 수용하는 상황이었으며 임금도 하락했다. 제조업이나 수출을 담당해 오던 대기업의 매출이 축소되었고, 건설업을 시작으로 기존 산업의 내수가 감소했으며 성장 정체가 지속되었다. 수도권 도심부의 서비스업에서 노동 공급이 극단적으로 부족하여 오히려 임금이 상승하는 기현상도 벌어졌다. 수도권이나 근간 도시의 중심부의 지가는 상승했지만 지방과 주변부에서는 정체되거나 하락하는 상황이 이어졌다. 생활 속에서 실감하지 못하는 호경기와 부작용이 동반되면서도 전체적으로 성장을 이어가는 특징이 있었다.

잘 나가던 이자나미 경기는 일본 내에서 IT 버블 붕괴가 시작되고, 미국발 서브프라임 문제가 발단이 되면서 세계금융위기의 영향으로 2008년 3월부터 위축되었다.[7] 특히 2008년 9월 5월부터 발생한 금융위기인 리먼쇼크 이후 급속도로 경기가 악화되어 2009년 3월까지 경기후퇴기를 맞이하는 리먼 불황(リーマン不況期)이 발생하면서 이자나미 경기는 사라졌다. 리먼쇼크는 세계금융 위기, 세계 금융 붕괴, 세계 동시 불황, 글로벌 공황, 신용버블 붕괴 등으로 불리는 금융에 의한 경제위기이고 경기 불황이었다.

2008년 금융위기는 미국에서 시작되어 일본과 세계 각국에 악영향을 주었다. 저금리 정책으로 융자를 통해 주택 구입에 투자해 오면서 경기 호황을 맞이했지만 2006년 주택 가격이 하락하고 서브프라임론(subprime mortgage, subprime lending) 문제가 발생하여 금융시장을 불안하게 했다.[8] 서브프라임 쇼크로 금융

---

7   翁邦雄・田口博雄, 『ポスト・バブルの金融政策—1990年代調整期の政策対応とその検証』(ダイヤモンド社, 2001); 翁邦雄, 『ポスト・マネタリズムの金融政策』(日本経済新聞出版, 2011).

8   서브프라임은 미국에서 대출우량 고객인 프라임층보다는 하위인 서브프라임층을 위한 대출

시장이 요동을 쳐 100년에 한 번 올 수 있다는 거대한 금융위기가 도래했다.[9] 더욱이 2007년부터 원유 가격과 자원 가격 상승으로 원자재가 올라 기업이익을 악화시켰고, 엔고(円高), 소득 감소, 소비 위축 등이 일어나 경기를 전체적으로 침체시켰다. 또한 '건축기본법' 개정으로 건설업계에 악영향을 주었다. 2009년 9월 이후 세계금융위기와 세계경제 악화가 세계 불황을 초래했고, 일본도 피해가지 못하고 잃어버린 일본을 지속시키는 상황에 처했다.

미국과 중국 사이에 낀 일본의 경제 환경이 더욱 어려워지면서 경기는 회복하지 못했다. 이자나미 경기 이후 중요 경제동향을 보면, 저금리와 엔고로 인해 엔화를 빌려 이율이 높은 외화로 바꾸는 엔 캐리 트레이드(yen-carry trade)가 행해졌다. 고용 악화, 원자재 가격 상승, 금융 도산, 투자 손실, 수출 확대, 취업 불황, 비정규직 고용과 격차사회, 워킹 푸어 등이 발생했다. 기업실적 악화, 엔고, 판매 부진, 내정 취소, 조업시간 단축, 부업 장려, 정사원 삭감, 무급휴일, 경력 채용 확대, 투자활동 위축 등 다양한 부정적인 현상이 벌어졌다. 2008년 1월 다보스 회의 한 섹션의 제목이 「Japan: A Forgotten Power」이었던 것에서 유래해 당시 일본이 경험한 장기간 불황을 '잃어버린 일본(forgotten japan)'이라고 칭하며 시대적 용어와 불황의 아이콘으로 유행했다.

상품을 말한다. 서브프라임론은 증권화되었고, 지속된 주택 가격 상승으로 세계 각국의 투자가에게 인기가 있어 판매되었다. 그러나 2007년 여름부터 주택 가격 하락으로 서브프라임론이 불량채권화되고, 서브프라임론을 이용한 고객들도 주택 가격 하락으로 변제 능력이 떨어지면서 금융위기로 진전되어 세계금융위기를 촉발시키는 계기가 되었다.

9 2008년 9월 15일 미국의 투자은행 리먼 브러더스(Lehman Brothers) 홀딩스의 경영 파탄이 발단이 되어 연쇄적으로 세계 규모의 금융위기가 발생했다. 2007년 미국의 주택버블을 계기로 서브프라임 주택론 위기가 시작되었고, 프라임론, 카드론 등 관련 채권의 자산 가치가 폭락하는 상황이 일어났다. 리먼 브러더스는 다액의 손실을 보고 2008년 9월 15일 '연방도산법'에 근거해 도산 신청을 했다. 그로 인해 동사가 발행한 기업채권을 보유하고 있던 기업이 연쇄적으로 악영향을 받았고 미국 경제를 흔드는 금융위기를 촉발시켰다.

4) 노벨상 수상 황금시대

일본의 경제성장은 과학의 발전과 과학자의 실력으로 달성되었다는 사실을 많은 일본 과학자가 노벨상을 수상하면서 증명했다. 국제화기에는 어느 시기보다 노벨상 수상자가 많이 탄생했다.[10] 그동안 기업, 대학, 연구소 등에서 연구자들이 소리 없이 연구에 몰두하고, 정책적으로 지원한 결과가 나타난 것이다. 일본은 독특한 연구 시스템인 도제제도가 순기능으로 작용해 학문, 연구자, 기술 등이 전수되고, 이공계 출신을 우대하는 인재 정책이 노벨상 수상자를 배출했다. 기초과학의 강화를 통해 첨단 기술을 개척하고 발달시켜 제조과학과 산업, 그리고 미래과학의 길을 열고 있다.

〈표 7-7〉은 국제화기 일본이 배출한 노벨 수상자와 수상 내용을 소개한 것이다.[11] 노벨 수상자 11명 중에서 비과학 분야는 문학에서 오오에 겐자부로 한 명이고, 나머지 10명은 과학 분야의 수상자이다. 일본의 과학이 세계를 압도하고 있고 선진적인 첨단과학이라는 것을 증명하고 있다.

전후 일본이 추구하여 달성한 경제성장의 원동력, 기업의 능력, 국가경쟁력 등은 기초과학과 제조과학에 의해 구축된 것이라고 할 수 있다. 기초과학과 제조과학이 일본의 경제력을 키워 경제대국을 구축하는 데 공헌했다고 평가해도 과언은 아닐 것이다. 기초과학은 21세기 새롭게 등장한 4차 산업혁명으로 연결되어 새로운 첨단산업대국으로 성장시킬 수 있는 힘으로 작용할 것으로 보인다.

---

10 1980년대 이전 노벨상 수상자와 수상 분야를 보면 다음과 같다. 1949년 유카와 히데키(湯川秀樹) 물리학상(양자와 중성자 간에 작용하는 핵력을 매개하는 것으로 중성자의 존재 예언), 1965년 도모나가 신이치로 물리학상(양자전자역학 분야의 기초적 연구), 1968년 가와바타 야스나리 문학상(인간 애환의 환상과 미를 표현), 1973년 에사키 레오나(江崎玲於奈) 물리학상(반도체, 초전도체 터널 효과에 대한 연구), 1974년 사토 에사쿠(佐藤榮作) 평화상(핵병기 보유에 대한 반대 선언), 1981년 후쿠이 켄이치(福井謙一) 화학상(프론티어 전자궤도 이론 연구), 1987년 도네가와 스스무(利根川進) 의학생리학상(다양한 항체 유전자가 체내에서 재구성되는 이론을 실증) 등이다.

11 竹内薫, 『ノーベル賞受賞日本人科学者21人 こころに響く言葉』(悟空出版, 2019).

〈표 7-7〉 국제화기 일본의 노벨상 수상자 현황

연도	성명	수상 분야	수상 내용
1994	오오에 겐자부로(大江健三郎)	문학상	개인 체험을 통한 현대 인간의 양상 묘사
2000	시라카와 히데키(白川英樹)	화학상	전도성 고분자의 발견과 개발
2001	노요리 료지(野依良治)	화학상	유기화합물의 합성법 발전에 공헌
2002	고시바 마사토시(小柴昌俊)	물리학상	소립자 뉴토리노의 관측에 의한 새로운 천문학 개척
2002	다나카 코이치(田中耕一)	화학상	생체고분자의 동정 및 구조 해석을 위한 수법 개발
2008	난부 요이치로(南部陽一郎)	물리학상	물리학계 공헌
2008	고바야시 마코토(小林誠)	물리학상	고바야시 마스카와 이론과 CP 대칭성의 붕괴 기원 발견에 의한 소립자 물리학의 공헌
2008	마스카와 도시히데(益川敏英)	물리학상	고바야시 마스카와 이론과 CP 대칭성의 붕괴 기원 발견에 의한 소립자물리학의 공헌
2008	시모무라 오사무(下村脩)	화학상	녹색형광단백질(GFP) 발견과 생명과학의 공헌
2010	스즈키 아키라(鈴木章)	화학상	크로스커플링의 개발
2010	네기시 에이이치(根岸英一)	화학상	크로스커플링의 개발

일본 과학자가 노벨상을 탈 수 있는 데에는 국가기관, 대학, 기업연구기관 등이 미래 먹거리와 미래산업 창출을 위해 집중적이며 장기적으로 투자한 열정이 있었고, 연구 인력이 지속적으로 보완되고 승계되며, 연구 테마와 기술, 과학 노하우 등이 연구자에게 계승되어 실력이 향상되면서 연구 완성도를 높였기 때문이라고 할 수 있다. 또한 연구 지원, 연구기관, 연구자 육성, 과학자 대우, 연구 인프라, 연구 자금, 연구 환경 등을 지속적으로 개선하는 과학 우선 정책이 실시되고 있기 때문이라고 할 수 있다.

3. 국제화기의 문화 정책

1) 예술문화 정책

국제화기에는 정부의 예술문화 관계자의 염원이었던 '예술문화진흥기본법'이 제정되었고, 예술문화진흥기금이 설립되었으며, 기업메세나 협의회가 발족했다.[12] 이 시기 문화 정책의 최대 목표는 문화 입국을 구축하는 것이었다. 사회 전체가 생활문화의 질적 향상을 추구하게 되면서, 이를 충족시키기 위해 문화 관련 성청은 문화 시책을 구상하여 추진했다. 특히 문화를 중핵으로 하는 지역문화진흥 정책, 소프트 측면을 중시하는 문화콘텐츠 개발 정책, 생활문화 정책 등이 주류를 이루었다고 할 수 있다.[13]

예술문화 정책은 예술 단체에 대한 지원, 문화 관련 법 제정과 기금 조성 등과 같이 구체적으로 시행되어 예술문화사 관점에서 큰 진전이 있었다. 그동안 예술 관계자가 요구했던 예술문화진흥기금이 1990년에 창설되었고, 정부 및 문화예술 관련 기관은 문화예술진흥을 위한 기금을 거출하여 지원할 수 있게 되었다. 초기에 형성된 예술문화지원기금은 정부출자금 500억 엔, 민간 기부금 112억 등 총계 612억 엔으로 조성되었다. 기금의 운영 모체인 일본예술문화진흥회는 1990년부터 기금 지원을 개시하고 다양한 문화예술활동사업에 폭넓게 지원하여 무대예술 발전에 기여했다.

문화예술 지원 대상 분야는 예술창조·보급활동, 지역문화진흥활동, 문화진흥보급단체활동 등으로 구분할 수 있다. 1999년 조성 총액은 13억 1900만 엔으로 예술창조·보급활동에 지원한 74.5% 중 현대무대예술 창조·보급활동이

---

12 河村建夫·伊藤信太郎, 『文化芸術基本法の成立と文化政策 真の文化芸術立国に向けて』(水曜社, 2018); 根木昭, 『文化政策の展開: 芸術文化の振興と文化財の保護』(放送大学教育振興会, 2007); 文化庁, 『文化藝術立国の實現をめざして』(ぎょうせい, 2009).

13 구견서, 「일본에 있어서 지역문화정책의 기본 방향」, 한국일본학회, ≪일본학보≫, 제98집 (2014).

〈표 7-8〉 예술문화사업 현황

구분		예술사업 및 정책 내용
아트플랜21		- 문화청은 1996년부터 종래의 예술창조활동에 대한 지원, 즉 민간예술진흥 보조금, 일미무대예술교류사업, 우수무대예술공연장려사업, 예술활동 특별추진사업 등을 기본 축으로 하는 아트플랜21(アーツプラン21)을 재편성하여 지원함 - 아트플랜21은 중핵적인 예술단체활동에 대한 지원을 중심으로 하고, 예술문화의 기반 정비와 수준 향상을 위한 사업, 그리고 예술창조활성화사업, 무대예술진흥사업 등을 세부 사업으로 추진함
무대예술활력사업		- 무대예술활력사업(舞臺藝術あふれる事業)은 1997년 실시된 사업으로 중학교 예술감상 교실을 확대하고, '마음의 교실'을 추진하기 위해 소학교, 중학교 및 고교 등 학교 현장에서 우수한 예술에 접할 수 있는 기회를 확대하고 동시에 어린이들이 예술활동에 직접 참여할 수 있는 기회를 제공하는 데 목적이 있음
미디어 예술사업	미디어 예술제	- 미디어예술제는 예술활동 장을 마련하고 활성화할 목적으로 1997년부터 실시됨 - 최근 멀티미디어 발전이 문화 진흥과 보급 수단의 진전을 촉진시키고, 콘텐츠가 되는 컴퓨터그래픽, 애니메이션, 영화 등 미디어 예술이 21세기 예술문화 전체의 활성화를 견인할 것으로 기대되어 추진함 - 응모작품대회를 개최하여 미디어예술제 대상, 우수상 등을 수여함
	미디어 정보제공 사업	- 미디어예술에 관한 정보를 제공하는 화상정보교육진흥협회가 주관하는 미디어예술 플라자사업, 전국공립문화시설협회가 주관하는 문화회관사업과 예술 관계자를 연결하는 예술정보 플라자사업을 실시함 - 2000년부터는 무대예술공연에 최첨단 디지털기술을 활용하고, 동시에 보존 및 집적하여 활용할 수 있도록 문화디지털 라이브어리를 구축함
예술표창사업		- 예술가 표창제도는 문화 훈장, 일본 예술원의 은사상(恩賜賞), 일본예술원상, 문화 관계자 문부과학 대신 표창, 문화관계 공로자 표창, 지역문화 공로자 표창, 예술선장, 예술작품상, 우수영화작품상, 창작장려상, 우수미술품 대상, 예술제상, 미디어예술제상 등을 실시하여 장려함 - 국가나 지방공공단체에 공로가 있는 예술가에게 상을 주는 서훈제도가 있고, 포장(褒章)제도, 자수(紫綬) 포장 등이 있음

49.8%를 차지하여 무대예술 창조에 중점적으로 지원했다. 그리고 지역문화진흥활동에는 13.6% 지원했고, 문화진흥보급단체활동에 11.9%를 지원했다. 문화청은 종래처럼 중핵적인 예술 단체의 기간사업을 중점 지원 대상으로 규정하여

기금 확충과 조성금 지원을 확대했고, 예술문화진흥기금은 예술활동 가운데 전통적인 무대예술에 대한 지원을 증가시켰다.

문화청이나 지방공공단체는 국내 문화예술 활성화를 통해 문화 입국을 실현한다는 전략으로 문화예술사업과 지역문화 정책을 적극적으로 지원하는 동시에 문화의 국제화를 강조했다. 〈표 7-8〉은 예술문화사업 현황을 소개한 것이다. 예술문화사업은 아트플랜21(アーツプラン21), 무대예술활력사업, 미디어예술사업, 예술표창사업 등으로 편성되어 있다.

다양한 사업 중에서 아트플랜21의 일환으로 실시되는 예술창조활성화사업은 일본의 예술 수준을 향상시키는 데 직접적인 역할을 하고, 왕성한 공연활동이 기대되는 예술 단체에 중점적으로 지원하는 것을 목적으로 했다. 그것은 예술창조특별지원사업, 국제예술교류추진사업, 예술창조기반정비사업 등으로 구성되었다. 사업을 추진하기 위해 아트플랜21은 1999년 지원 예산을 45억 8300만 엔으로 책정하여 지원 대상과 내용을 구체화했다.

지금까지 예술문화 정책은 예술문화 발전과 교류를 중심으로 추진되어 왔다. 문화예술의 국제교류는 예술가 및 예술 단체 중심으로 상호 간 전통예술 교류와 현대 예술 공연, 예술가나 전문가의 파견 및 초빙 등 예술 및 인적 교류를 주로 해왔다. 무대예술의 국제교류는 예술의 국제적 수준 유지 및 확보, 발신 등을 목적으로 했지만 현재 문화예술 교류는 문화예술 전반의 발전과 문화 예술면에서 세계에 공헌하는 방향으로 진행되고 있다. 해외의 우수한 문화인재를 초빙하여 배우고, 국내의 문화인과 자산을 해외에 소개하고 교류하는 가운데 세계문화예술 발전에 공헌할 수 있도록 유도하고 있다.

2) 기업메세나 정책

일본에서 기업메세나 활동은 1980년대 후반부터 시작되었다. 당초 기업은 기업 이미지 개선과 세 절감의 일환으로 문화활동을 했다. 기업 창업주의 호나 이름을 따서 만든 "○○아트"의 이름으로 아트센터나 문화재단을 설립하여, 유명

작가의 역사적인 작품을 수집하거나 수집한 작품을 전시하여 일반인에게 공개하는 방식으로 활동해 왔다. 문화활동을 기업 홍보나 기업 이미지 만들기와 같은 차원에서 추진하고, 가끔 기부 형태로 문화활동을 지원했기 때문에 기업 중심적 문화활동의 성격이 강했다.[14]

그러나 서구 선진국의 기업문화활동과 경제대국의 중심에 있는 일본의 기업문화활동에 대해 형식적이며 홍보 목적의 소극적인 문화활동에서 벗어나 좀 더 적극적인 문화적·사회적 공헌을 요구하는 목소리가 국내외적으로 높아졌다. 일본 기업은 기업문화활동의 필요성과 요구에 대응하고 버블 경기의 호황으로 문화재단을 설립하여 순수한 예술 분야에 지원하는 사업을 추진했다. 이러한 움직임은 1990년대 기업에 의한 기업메세나 설립과 활동으로 이어졌다.

기업메세나 활동과 같은 민간에 의한 활동은 예술 지원에 대한 방법을 새롭게 하는 계기가 되었다. 종래의 국가 또는 지방자치단체와 예술단체 간 2자 관계에서 민간 기업이 추가되어 3자 간 지원체제로 전환되면서 공사 역할 분담의 명확한 구분과 상호 협력을 통한 예술활동하에 지원 기반이 탄탄해졌다. 또한 예술활동이나 예술단체의 운영 및 활성화가 중요한 사회적·문화적 과제가 되어 1990년에 들어서 아트 매니지먼트 담당자 양성의 필요성을 인식하여 새롭게 지원했다.

1990년대 들어 기업에 의한 예술문화 지원과 지역문화예술 지원을 위한 메세나 활동이 활성화되었다.[15] 기업메세나 활동은 재단 설립, 예술단체 지원, 예술문화의 직접 투자, 예술문화기금 조성, 전시회 초청, 문화예술단 초청공연, 가치 있는 문화재 구입, 지역문화활동 지원 등 매우 다양하게 이루어지고 있다. 활성화된 메세나 활동 중의 하나는 기업이 재단을 직접 설립해서 예술문화진흥의 주체자로 활동하는 것이다. 1999년 문화청이 관리하는 기업에 의한 예술문화조성

---

14 加藤種男, 『芸術文化の投資効果 メセナと創造経済』(水曜社, 2018); 菅家正瑞·岡部勉, 『企業メセナの理論と実践 なぜ企業はアートを支援するのか』(水曜社, 2010).

15 社団法人企業メセナ協議会, 『いま、地域メセナがおもしろい』(ダイヤモンド社, 2005).

재단은 23개이고, 예술문화 지원 조성금은 11억 4000만 엔이었다. 이들 재단은 예술문화조성재단협의회를 설립하여 상호 연대해 예술문화활동을 지원했다.

3) 국제교류문화 정책

문화의 국제교류는 주로 정부 산하기관으로서 외무성과 문화청 등의 주도하에 외교 정책의 일환으로 일본과 관계 국가의 이해, 국가 간 인적·제도적 교류, 예술문화단체 간 교류 등 국익을 전제로 국가 간 문화를 교류하거나 지원하는 경우가 많았다. 따라서 국가의 정책과 전략에 의해 문화가 교류되는 상황이어서 국가 간의 관계와 국민 간의 감정에 교류가 영향을 받는 경향이 있다.

그러나 국제화시대에 들어서면서 외교 정책과 함께 순수 문화 교류를 강조하는 경향이 있어 새로운 시대에 어울리는 국제문화교류가 추진되고 있다. 국가 간의 문화 교류는 외국과의 이해와 협력을 강화시키고 다자간 교류를 활성화하여 국가 간 선린관계를 맺는 상승효과를 거둘 수 있어 중요하다. 또한 우호적인 국제관계를 통해 각 사회 영역의 건설적인 협력을 끌어낼 수 있고, 비정치적인 활동으로 보편적 가치와 이익을 창출할 수 있는 효과를 낼 수 있다. 문화 교류는 국제관계를 더욱 활성화하고, 국가 간 정체성의 교류를 촉진시키고 있어 중요성이 높아지고 있다.

타국의 문화를 자국과 국민이 이해하고 자국의 문화를 상대국과 국민이 이해하기 위해서는 비정치적인 문화적 접근이 매우 유용하고 유효하다는 것이 역사관계에서 증명되고 있다. 국제문화교류는 국가 간 외교 정책의 중요한 실천 과정이며, 국가의 국제문화 정책의 핵심이 되고 있다. 문화는 독점하는 것이 아니라 교류와 공유하는 자유재이며 협력재로서 기능하기 때문이고, 문화로 존재하고 기능하여 국가 간, 민족 간의 벽을 자유롭게 넘을 수 있는 개성과 자유를 포함한 중재재이기 때문이다.

일본은 국제문화교류를 활성화화기 위해 2001년 각의 결정한 '문화예술진흥에 관한 기본적 방침'에서 국제교류문화 정책의 근간을 제시했다. 〈표 7-9〉는

<표 7-9> 국제교류문화 정책

구분	국제교류문화 정책 내용
문화교류 목적	예술문화 교류를 통해 국제 교류 및 국제사회에 공헌하고, 일본의 문화예술 발전과 세계의 문화예술 발전에 기여하는 데 있음
문화교류 방법	전통문화부터 현대문화에 이르기까지 매력 있는 일본 문화를 총합적·계획적으로 발신하고, 관민에 의한 국제문화교류의 추진 이념과 방책을 명확히 하며, 관계 부서나 국제교류 기금, 그 외 관계기관 간의 밀착된 연대와 협력하에 국제문화교류를 추진함
국제 인적 네트워크	문화예술에 관한 상호 교류 및 의견 교환을 추진함과 동시에, 일본의 문화인, 예술가 등과 해외 관계기관 및 문화인과의 교류를 활성화하여 국제적인 인적 네트워크를 강화함
문화 교류 네트워크	문화 교류의 국내 거점인 국립문화시설, 문화교류기관 등에서 상대 국가의 대응기관과 전문 교류 및 각종 사업을 공동으로 추진하여 문화교류의 네트워크 구축
문화 발신	관계기관 연대 및 네트워크 활동을 통해 예술가 및 문화예술단체의 상호 교류, 각 분야의 문화예술 국제 교류, 국제 페스티벌 개최, 일본의 문화작품 번역에 의한 해외 발신 추진
인류문화유산 보호	2국 간 또는 국제기관을 통해 인류 공통의 재산인 세계적인 문화유산 보존 및 수리를 위한 협력, 인재 교육, 공동연구 등을 적극적으로 추진함과 동시에, 문화재의 불법 수입이나 수출, 소유권 이전 등을 금지하고 방지하는 조약을 준수함

자료: 根本昭, 『文化政策の法的基盤』(水曜社, 2003), p.253.

일본이 추구하는 국제교류문화 정책의 내용을 정리한 것이다. 국제교류문화 정책은 문화교류 목적, 문화교류 방법, 국제 인적네트워크, 문화교류 네트워크, 문화 발신, 인류문화유산 보호 등으로 추진되고 있다.

일본 정부는 국제문화교류를 외교 정책의 중요한 수단으로 활용해 온 것도 사실이다. 외교는 협상이고 교섭이지만, 문화외교는 상대를 알고 이해하고 공유 및 교류하는 차원에서 출발하고, 사회 영역 중에서 가장 위화감을 줄이며 자연스럽게 교류할 수 있는 비정치적이며 비영리적인 수단이다. 진정한 국제화시대를 발흥시키고 진전시켜 공통 이익을 창출하기 위해서는 비정치적인 문화외교를 적극적으로 추진할 수 있도록 문화외교 인력을 양성하고 문화외교 콘텐츠를 개발할 필요가 있다.

〈표 7-10〉 일본의 문화예술 국제교류 현황   (단위: 건)

구분	연도	연극	발레	오페라	춤	기타	계
해외 공연	1995	29	3	1	24	7	64
	1997	63	0	1	39	10	113
일본 방문 공연	1995	58	15	7	40	9	129
	1997	33	24	10	51	19	159
공동 제작	1995	33	6	6	10	1	56
	1997	33	11	10	20	7	81

자료: 国際舞台芸術交流センター, 『舞台芸術交流年鑑』(国際舞台芸術交流センター, 1999).

〈표 7-10〉은 1990년대 일본의 문화예술 국제교류 현황을 나타낸 것으로 해외 공연, 일본 방문 공연, 공동 제작 등의 형태로 국제문화교류가 추진되고 있다. 해외 공연으로는 1997년 연극 63건과 춤 39건, 일본 방문 공연은 연극 33건, 춤 51건, 발레 24건, 공동 제작은 연극 33건, 춤 20건 등이 추진되었다.

일본은 일본 문화의 해외문화시장 진출, 일본 문화시장 개방, 국내외에서 일본 문화의 개방과 교류 등을 추진하고 일본 문화의 일반화·국제화·다양화 등을 강화하고 있다. 그리고 일본 문화의 국제적 교류는 중앙정부, 문화 관련 정부기관, 지방자치단체, 개인, 문화 소비자, 문화 기업 등 다양한 수준에서 추진되고 있다. 국제문화교류 정책은 일본 문화의 발전과 국제문화 발전에 순기능하고 공헌하는 데 목적을 두고 추진하고 있다. 그 과정에서 일본 문화로서 일본전통문화의 대중문화화·국제문화화, 그리고 일본 대중문화의 국제화 등이 이루어져 편협하거나 고정된 문화정체성에서 벗어나 위화감을 없애줄 뿐 아니라 국제문화로 성장할 수 있기를 기대하고 있다.

4) 생애학습 정책

일본에서 생애학습 정책은 국민 개개인이 전 생애에 걸쳐 자주적으로 학습하고, 문화 창조에 참가할 수 있도록 문화활동 및 교육활동을 시야에 넣어 진행하고 있다. 전 국민과 개개인을 대상으로 하고 있다는 점과 학교교육 연장선에서 추진되고 있다는 점에서 사회교육의 획기적인 변화라고 할 수 있다. 또한 개인이 전 생애를 통해 교육 대상과 학습 대상으로서 능력을 개발하고, 다양한 사회적 생산성을 높이며 삶의 질을 향상시키고 있어 매우 유용한 교육 정책이라고 할 수 있다.[16]

생애학습은 정규교육으로서 학교교육, 비정규교육 서비스를 제공하는 사회교육, 가족 성원 간 다양한 지식을 교류하며 얻는 가정교육 등으로 구성되어 있다.[17] 지금까지 생애학습은 주로 사회교육기관에서 행해져왔다. '사회교육법'은 국민의 문화적 교양을 높이기 위해 음악, 연극, 미술 등의 예술발표회를 개최하도록 장려하고 있다. 사회교육은 시민이나 주민이 주거 지역 주변에 설립한 공민관이 개설한 사회교육 관련 문화활동 프로그램, 문화 감상, 문화제 개최, 문화교육, 문화 세미나 등에 참가하는 형태로 이루어지고 있다. 그런 점에서 전문적인 예술문화 창작, 직업으로서의 교육이나 활동 등은 소극적이며 제한적이다. 따라서 생애학습 정책은 다양한 교육 프로그램과 문화 프로그램을 통해 전문지식을 습득하여 활용할 수 있는 학습 정책으로 추진되어야 할 필요가 있다.

1990년에 제정된 생애학습 진흥을 위한 시책의 추진체제 정비에 관한 법률은 학교교육과 사회교육을 병행하는 문화활동을 중요한 분야로 인식하고 문화 관

---

16 생애학습(生涯学習, lifelong learning)은 사람이 일생을 통해 학습활동을 계속하는 것을 의미한다. 일본에서는 자기 삶 충실, 계발, 생활 향상 등을 위해 자발적 의지로 하는 원칙에 기초하고 필요에 따라 자기에게 적합한 수단과 방법을 스스로 선택해서 행하는 학습이라고 정의한다. 현재 각국에서 시행하는 생애학습은 유네스코의 폴 렝그란드(Paul Lengrand)가 1965년 처음으로 제창한 생애교육(life-long integrated education)을 의미한다. 일본에서는 심리학자 하타노 간지(波多野完治)가 이 개념을 도입했다. 당시 생애교육 개념은 종래 사회교육의 한 종류로 인식하여 문부과학성 내에 사회교육과와 지방교육위원회 내에 사회교육과가 담당했다. 그리고 임시교육심의회 제4차 답신이 생애학습체계로의 이행을 제창한 후 생애교육보다는 생애학습이라는 용어로 사용되었다. 생애학습은 비공식적인 교육을 의미하는 개념으로 사용되어 학교교육에 한하지 않고 사회교육이나 직장교육, 가정교육 등에서 모두가 자신의 커리어를 새롭게 하거나 취미나 오락, 라이프워크 등을 배우고 학습하는 것이다.

17 生涯学習·社会教育行政研究会, 『生涯学習·社会教育行政必携』(第一法規株式会社, 2017); 関口礼子·西岡正子, 『新しい時代の生涯学習』(有斐閣, 2018).

런 기관 및 단체와의 제휴, 문화활동 기회와 정보 제공 등을 구체적으로 규정했다. 생애학습은 일반적으로 정규교육과정인 학교교육과 접목시켜 추진되어야 하고, 사회인으로 다양한 전문지식을 학습하는 사회교육과정이 필요하며, 삶의 질을 높이고 정신적 풍요를 학습할 수 있는 문화교육과정이 요구된다.

현재 생애학습교육은 고등교육기관에서 활발하게 이루어진다. 대학은 소자고령화시대에 생애교육을 위해 적극적으로 대응하고 있고, 대학전입시대(大学全入時代)를 지향하는 교육 인프라를 구축하고 있다. 대학은 사회인 입학제도를 도입해 커리어나 학력을 상승시키기 위해 입학하거나 편입하여 교육받는 사람이 많다. 여성이나 고령자가 스스로 학력을 높이기 위한 목적으로도 이용할 수 있다. 또한 사회활동을 하고 있어 시간적으로 용이하고 비용 측면에서도 저렴한 방송대학 등과 같은 통신대학을 많이 이용한다. 문부과학성은 야간 강좌 개설제도나 야간대학원 제도를 도입해서 사회인으로 첨단교육을 받을 수 있는 커리큘럼 편성을 하도록 하여 실질적인 교육이 되도록 방향을 유도하고 있다.

특히 생애교육으로서 대학교육은 학위 취득을 위한 형식적인 교육이나 교육과정이 되어서는 안 된다. 대학에서의 생애교육은 지식의 재충전과 활동 영역의 새로운 창조를 위한 지식을 획득하는 데 도움이 되어야 하고, 타 영역의 지식과 융합할 수 있는 새로운 지식을 학습하는 측면이 있어야 한다. 그러나 여전히 생애교육으로서 대학교육은 교수가 작성한 학습 커리큘럼을 수강생이 듣는 경향이 있어 학생 주도로 작성한 커리큘럼에 기초해서 학습하는 것이 어려운 실정이다. 학습은 스스로 디자인하고 배우는 것이며 자신이 스스로 계획해서 교육하는 것도 포함하는 개념이다.

일본에서는 커리어를 늘리고 전문지식을 습득하기 위해 생애학습제도를 적극적으로 이용하는 사회인들이 많아졌고, 다시 대학으로 돌아오는 사람도 있다. 전문적인 생애학습이 가능해지면, 다양한 직업에 새롭게 도전할 수 있고 또한 현재의 일터에서 전문지식을 활용하여 노동자로서의 가치를 높이는 한편 소속기관의 발전에도 공헌할 수 있는 장점이 있다. 더욱이 지위와 역할을 높이는 기회가 될 수 있다. 따라서 현실적으로 직업이 있는 사람이 휴직이나 퇴직을 하지 않으면서 생애학습이 가능하도록 제도적 장치와 성숙한 학습문화를 조성할 필요가 있다.

생애학습의 효과를 극대화하고 효율화하기 위해서는 생애학습 기본구상을 구체적으로 체계화하여야 한다. 생애학습의 총본산인 문부과학성과 생애교육 담당기관은 생애학습자를 위한 생애학습 행정과 정책을 좀 더 구체화하고 생애학습의 정체성을 확립할 필요가 있다.[18] 그리고 다양한 국책기관과 협력해서 생애교육을 추진할 필요가 있다. 그런 차원에서 경제기획청의 여가와 생활문화 행정의 제시, 노동후생성과 통산성의 여유사회 구상, 자치성의 자유기간 활용··이용 연구, 노동후생성의 건강 휴가와 볼런티어(volunteer) 휴가의 보급 촉진, 국토청의 리조트 정비, 농부성의 그린 투어리즘(green tourism) 구상 등은 매우 중요한 의미가 있어 적극적으로 추진할 필요가 있다.

생애학습 정책은 문화에 대한 교육과 학습 정책이고, 전문적인 지식에 대한 교육과 학습 정책이라는 특징이 있다. 생애학습은 일방적인 교육이나 학습이 되어서는 안 되고, 이론과 실습이 병행하는 실용적인 교육과 학습이 필요하다. 현재 일본에서 생애학습은 국가와 지방공공단체가 추진해야 하는 교육으로 공식화하여 생활인이나 사회인이 용이하게 접근하고, 교육과정에서 취미를 중심으로 문화활동을 하며, 새로운 지식을 터득하여 제2의 직업, 제3의 직업으로도 승화시킬 수 있는 기회가 되도록 하고 있다는 점에서 가치가 매우 크며 새로운 교육문화로 활성화되고 있다.

5) 문화시설 정책

문화 정책 중에서 가장 중요하고 현실적인 효과를 낼 수 있는 것이 문화시설

---

18 新海英行·松田武雄, 『世界の生涯学習-現状と課題』(大学教育出版, 2016); 立田慶裕, 『生涯学習の新たな動向と課題』(放送大学教育振興会, 2018).

을 건립하여 문화활동을 촉진시키는 문화시설 정책이다. 문화시설을 통해 각종 문화재를 집중적으로 수집하고 전시하여 대중이 감상하고 즐길 수 있는 장소이기 때문이다. 또한 공개적인 공연이나 공적 공간을 만들어 지역주민이나 대중이 필요에 따라 문화활동을 할 수 있기 때문이다. 문화시설은 국민이나 주민이 문화를 향유하고 학습하기 위한 시설이기 때문에 그에 필요한 다양한 문화 인프라를 구비하고 있다.

문화시설로서 중요한 것은 박물관, 미술관, 국립극장, 공민관, 기념관, 역사관, 도서관, 오락관 등 다양하다. 문화청은 국립극장, 신국립극장, 미술관, 박물관 등을 설치하여 예술문화활동의 거점으로 활용하고 있다. 국립극장은 아악, 가부키, 분가쿠, 일본 음악(邦樂), 일본 무용(邦舞) 등 전통예술 보존과 진흥을 꾀하기 위해 1966년 설치되었다. 전체 구성은 대극장과 소극장으로 구성된 본관이 있고, 도쿄도에 연예자료관, 시부야구에 노악관, 오카사에 분가쿠 극장 등이 있다. 국립극장은 1990년 예술문화진흥기금의 발족과 함께 설치된 특수법인 일본예술문화진흥회 산하의 시설로 되어 명칭도 그대로 사용하고 있다.

제2국립극장은 1997년 10월 신국립극장이라는 명칭으로 개장했다. 신국립극장이 설립되어 현대무대예술의 거점이 완성되었고, 전통예능을 위한 국립극장과 함께 일본무대예술을 발전시키는 중요한 계기가 되었다. 신국립극장은 오페라, 발레, 뮤지컬, 현대무용 등 현대무대예술 진흥을 위한 전용 극장으로 시부야에서 개장했다. 무대는 대극장, 중극장, 오픈 스테이지의 소극장 등으로 구성되었고, 무대 시설과 설비는 세계 최고 수준으로 알려졌다. 신국립극장은 일본예술문화진흥회 위탁으로 재단법인 신국립극장운영재단이 운영하고 있다.

미술관은 도쿄국립근대미술관, 교토(京都)국립근대미술관, 국립미술관, 국립국제미술관 등 4개 관이 있고 근현대 미술품과 명작을 수집하여 전시한다. 박물관으로는 도쿄국립박물관, 교토국립박물관, 나라국립박물관 등 3개 관이 있다. 각각의 미술관과 박물관은 역할을 분담하여 회화, 서적, 조각, 미술 작품, 공예품, 영화 필름, 고고자료 수집, 보관, 전시 등을 한다. 도쿄국립문화재연구소 및 나라국립문화연구소는 미술 작품, 문화재 보존 등에 대한 과학적 조사연구, 아스카후지와라(飛鳥藤原) 지역의 유적 발굴 조사 등을 하고 있다. 또한 규슈국립박물관, 신국립미술전시 시설(내셔널 갤러리), 오키나와의 국립무용극장 등의 설립이 계획되고 있다. 그리고 행정 개혁의 일환으로 국립박물관, 국립미술관, 문화재연구소 등은 법률 제정으로 2001년 4월부터 독립법인이 되었다. 한편 공립 문화회관은 다목적 홀과 전문 홀이 설치되었고, 1990년대에 들어서 본격적인 무대예술공연이 가능한 극장이나 홀로 활용되고 있다. 이를 위해 종래의 공립문화시설 보조금을 1995년에 폐지하여 새롭게 지원하고 있다.

문화청은 문화재와 각종 예술작품을 보호하기 위해 문화재정보 시스템 및 미술정보 시스템을 구축했다. 국립박물관 및 미술관, 국립문화재연구소 등이 소유한 소장품 및 문화재에 관한 정보를 데이터베이스화하고, 인터넷을 이용해서 정보를 국내외로 제공하고 있다. 그리고 현대무대예술정보 시스템 및 전통예술정보 시스템은 국립극장과 신국립극장이 필요로 하는 무대예술 전반에 관한 정보와 자료를 수집 및 보존하고, 폭넓게 제공할 목적으로 구축되었다.

4. 국제화기의 대중문화

1) 민족·세계유산문화

일본은 전통문화재를 발굴하여 보호하고 계승하는 문화재 보호 정책을 적극적으로 추진하여 제도적 정비와 문화재 정비를 해왔다. 국제화기에 들어서 일본은 1994년 문화재 보호를 위해 문화재보호재심의회 산하에 신설된 문화재보호기획특별위원회의 제언, 그리고 1996년 「근대의 문화유산 보존 활용에 관한 조사연구협력자회의의 보고」등에 의해 근대문화유산에 대한 문화재 지정을 가속화했다. 1996년에는 '문화재보호법'을 개정하여 건조물에 대한 등록제도를 규정했다. 근대 건조물이 취급되는 과정에서 파괴될 위험이 빈번히 있어 긴급하게

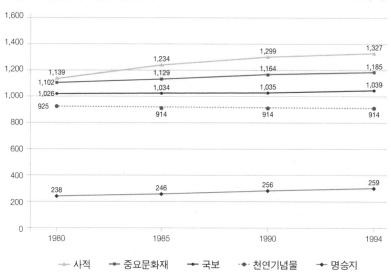

자료: PHP研究所編, 『戰後50年日本のあゆみ』(PHP研究所, 1995), p.339.

보호할 필요가 생겼기 때문이다.

건조물에 대한 등록제도가 성립되어 가치 있는 근대 건조물에 대한 신고·지도·조언·권고 등을 기본으로 하는 보호 조치를 취했고, 지정제도를 보완하도록 다양한 정책을 추진했다. 그리고 행정 개혁으로 인해 발생한 지방분권에 대응하기 위해 1999년에 '문화재보호법'을 개정하여 국가 권한을 도도부현 교육위원회 등에 이양하도록 했다. 문화 관련 정부기관과 지방공공단체는 일본 문화 가운데 세계문화유산으로 가치가 있는 문화재를 등록하기 위해 문화재를 발굴 및 보호하고 있다. 현재 문화청에 등록되어 있는 일본의 국보, 중요문화재, 사적, 천연기념물, 명승지 등의 숫자는 점차 증가하고 있어 계속 발견되고 개발하고 있다는 것을 알 수 있다.

〈그림 7-3〉은 문화청에 등록된 일본의 국보 및 중요문화재 현황이다. 1994년 문화재 등록 건수는 역사적으로 만들어진 사적 1327건, 중요문화재 1185건, 국보 1039건, 천연기념물 914건, 명승지 259건 등이었고 점차 증가하고 있다.

특히 국제화기에 들어서 일본은 민족문화를 보존 및 계승하는 동시에 세계화하려는 의도에서 세계문화유산 정책을 적극적으로 수용하여 대응하고 있다. 1992년 세계문화유산조약에 가맹하고 세계문화유산 등록을 위한 활동을 지속적으로 추진하여 많은 민족문화를 세계문화유산으로 등록했다.[19] 세계문화유산제도는 1972년 유네스코 총회에서 채택한 세계문화유산 및 자연유산 보호에 관한 조약에 근거해서 인류가 공유해야 할 보편적 가치를 가진 유적, 경관, 자연 등에 대해 일정한 심사를 통해 승인하여 문화유산으로 등록하고 보호하는 것이다.

일본은 1993년 12월 나라현(奈良県) 호류지 지역의 불교 건조물과 효고현 히메지로성(姫路城)을 처음 세계문화유산으로 등록했다. 2019년 현재 메이지일본 산업혁명유산(明治日本の産業革命遺産, 福岡県)을 포함해 총 16건이 등록되었다. 세계자연유산은 1993년 오쿠지마(屋久島, 鹿児島県), 시라카미산지(白神山地, 青森・秋田県), 시레도코(知床, 北海道), 오가사하라제도 등 4건이 등록되었다. 일본은 총 16건의 세계문화유산이 있고, 4건의 세계자연유산이 있어 총 20건을 등록하고 있다. 〈표 7-11〉은 유네스코에 등록된 일본의 세계문화유산 및 세계자연유산 현황을 소개한 것이다.

일본 문화재로서 유네스코에 등록된 세계문화유산 및 자연유산은 일본 본토를 중심으로 분포되어 있다. 일본이 등록한 세계문화유산과 세계자연유산이 있는 지역은 나라현, 히로시마현, 도치기현, 오키나와, 미에현, 시마네현, 이와테현, 시즈오카현, 군마현, 가고시마현, 아오모리현, 아키다현, 홋카이도, 도쿄도 등이다.

특히 국제적으로 문제가 되었던 곳이 메이지 일본의 산업혁명유산이다. 메이지일본 산업혁명유산은 일본 근대화의 상징이라고 할 수 있다. 규슈와 야마구치

19　藤本強, 『日本の世界文化遺産を歩く』(同成社, 2010); カルチャーランド, 『日本の世界遺産 ビジュアル版 オールガイド』(メイツ出版, 2018).

〈표 7-11〉 일본의 유네스코 세계문화유산 및 세계자연유산 현황

구분	등록 자산명	등록 시기
세계 문화 유산	호류지 지역 불교건축물(法隆寺地域の仏教建造物, 奈良県)	1993년 12월
	히메지로성(姫路城, 兵庫県)	1993년 12월
	고도 교토(古都京都の文化財, 京都府, 滋賀県)	1994년 12월
	시라카와고 5개소 합장 집락(白川郷・五箇山の合掌造り集落, 岐阜県, 富山県)	1995년 12월
	원폭돔(原爆ドーム, 広島県)	1996년 12월
	이쓰쿠시마 신사(厳島神社, 広島県)	1996년 12월
	고도 나라(古都奈良の文化財, 奈良県)	1998년 12월
	닛코의 사사(日光の社寺, 栃木県)	1999년 12월
	류큐왕국(琉球王国のグスクおよび関連遺産群, 沖縄県)	2000년 12월
	기이산지(紀伊山地の霊場と参詣道, 奈良県, 和歌山県, 三重県)	2004년 07월
	이와미긴산 유적(石見銀山遺跡とその文化的景観, 島根県)	2007년 06월
	히라이즈미 불국토(平泉―仏国土(浄土)を表す建築・庭園及び考古学的遺跡群, 岩手県)	2011년 06월
	후지산(富士山―信仰の対象と芸術の源泉, 山梨県, 静岡県)	2013년 06월
	도미오카제사장과 견산업유산군(富岡製糸場と絹産業遺産群, 群馬県)	2014년 06월
	메이지 일본 산업혁명유산(明治日本の産業革命遺産　製鉄, 製鋼, 造船, 石炭産業, 福岡県, 佐賀県, 長崎県, 熊本県, 鹿児島県, 山口県, 岩手県, 静岡県)	2015년 07월
	르 코르뷔지에 건축 작품(ル・コルビュジエの建築作品―近代建築への顕著な貢献―, 国立西洋美術館, 東京都)	2016년 07월
세계 자연 유산	오쿠지마(屋久島, 鹿児島県)	1993년 12월
	시라카미 산지(白神山地, 青森県, 秋田県)	1993년 12월
	시레도코(知床, 北海道)	2005년 07월
	오가사하라제도	2011년 06월

자료: 藤本強, 『日本の世界文化遺産を歩く』(同成社, 2010); カルチャーランド, 『日本の世界遺産 ビジュアル版 オールガイド』(メイツ出版, 2018)에서 재구성.

를 중심으로 진행된 일본 근대화는 서양제국으로부터 학문과 기술을 적극적으로 도입하여 실천하고 서구 국가와 문명교류를 활발하게 하는 과정에서 달성했다. 쇄국 상태에 있던 일본이 약 50년이라는 단시간 내에 비약적으로 경제적 발전을 달성한 산업혁명유산군은 역사상 중요한 사적임을 대변해 주는 건축물의

집합체라고 평가받고 있다.

일본은 2015년 경제 발전에 공헌한 점을 높게 평가하고 세계에 알리기 위해 군함도(軍艦島)를 구성하고 있는 자산을 포함해 메이지 일본이 산업혁명을 일으킨 제철, 철강, 조선, 석탄 산업을 세계문화유산으로 등록했다. 막말 1850년부터 메이지 말기 1910년까지 이와테현부터 가고시마현(鹿児島県)에 걸쳐 있는 여덟 개 지역 23개 자산이다. 그중 군함도로 불리는 섬은 나가사키현 나가사키시(長崎県長崎市)의 하시마 탄광(端島炭抗)으로 메이지시대부터 쇼와에 걸쳐 해저 탄광으로 번영한 곳으로 1974년 폐광되어 주민이 없는 무인도이다. 그러나 군함도는 식민지시대 착취의 상징이라고 하여 세계문화유산 등록을 둘러싸고 한국과 중국이 강력하게 이의를 제기한 곳이다.

국제연합교육과학문화기관인 유네스코는 2016년 7월 17일 터키 이스탄불에서 개최된 세계문화유산위원회에서 프랑스와 일본이 공동 추천한 르 코르뷔지에 건축 작품(ル・コルビュジエの建築作品)을 세계문화유산으로 등록했다(〈표 7-12〉참조).[20] 대상이 된 구성 자산에 7개국 17개 시설이 포함되고 일본의 국립서양미술관도 포함되었다. 도쿄도 내에 있는 문화재로서는 처음 세계문화유산으로 등록되었다.

일본을 넘어 세계적으로 가치가 있는 문화재는 세계문화유산으로 등록하여 엄격하게 보호·관리하고 있다. 세계적인 문화유산 이외에도 다양한 문화재가

---

20 르 코르뷔지에(Le Corbusier, 1887.10.6~1965.8.27)는 스위스에서 태어나 프랑스에서 활약한 건축가이다. 프랑크 로이드 라이트, 미스판델 로엘과 함께 근대 건축가 3대 거장으로 평가받는 인물이다. 그는 건축가로서 철근 콘크리트를 이용해서 장식이 없는 평골의 벽면을 처리하는 기법을 이용하여 전통 건축으로부터 벗어나 합리성을 신조로 모던 건축을 제창했다. 건축 양식은 당대 보편적 건축 공법이었던 벽돌을 쌓아올리는 조적식 구조에서 철근 콘크리트 구조로 전환했다. 그는 1층을 비워두는 필로티 양식을 제창하고, 그로 인해 손실된 면적 대체용으로 옥상 정원을 휴식 공간화했으며, 수평으로 길게 연속 창을 내어 자연광의 유입을 극대화했다. 또한 인간 신체의 척도와 비율을 계산하여 건축학적으로 수치화한 표준 모듈러 이론을 설계에 적용했다. 세계문화유산으로 등록된 17개의 등재 건축물 중 프랑스에 10개가 있고, 나머지 일곱 개 건축물 중 1개가 일본에 있다.

〈표 7-12〉 르 코르뷔지에 건축 작품 대상 17 건축물 현황

구분	건물 명칭
프랑스	① 파리의 라 로슈와 잔느레 저택(Maisons La Roche et Jeanneret, 1923), 현재 르코르뷔지에박물관 ② 노동자 숲수로 지은 페삭(Pessac)의 프루게스 주거단지(Cité Frugès, 1924) ③ 푸아시(Poissy)에 있는 사부아 저택과 정원사 숙소(Villa Savoye et loge du jardinier, 1928) ④ 파리16구의 몰리토 임대아파트(Immeuble locatif à la Porte Molitor, 1931) ⑤ 상디에 공장(La Manufacture à Saint-Dié, 1946) ⑥ 마르세유의 위니테 다비타시옹(Unité d'habitation, 1952) ⑦ 롱샹의 노트르담두요 성당(Chapelle Notre-Dame-du-Haut de Ronchamp, 1950) ⑧ 그가 생을 마감한 르코르뷔지에의 4평 오두막(Cabanon de Le Corbusier, 1951) ⑨ 상마리들라투레트 수도원(Couvent Sainte-Marie-de-la-Tourette, 1953) ⑩ 피르미니-베르트 문화센터(La maison de la culture au Firminy-Vert, 1953)
프랑스 이외	① 스위스 레만 호숫가의 작은 집(Petite villa au bord du lac Léman, 1923) ② 제네바의 클라르테 공동주택(L'immeuble Clarté à Genève, 1930) ③ 벨기에의 화가 르네기에트(René Guiette)의 작업실 공간인 메종 기에트(Maison Guiette, 1926) ④ 독일 슈투트가르트의 바이센호프 주택개발단지(Weissenhof-Siedlung, 1929) ⑤ 아르헨티나 외과의사 크루트쳇 박사의 저택(La maison du Dicteur Curutchet, 1949) ⑥ 인도 찬디가르의 청사 복합단지(Complexe du Capitole, 1952) ⑦ 일본의 국립서양미술관 본관(1955)

존재한다. 문화재는 문화청이 각종 문화 관련 법을 제정하여 보호 및 계승하고, 각 지방자치단체는 지역에 분포하고 있는 문화재를 개발하여 보호하고 계승 및 보존할 의무와 책임이 있다. 특히 지방문화재는 지방의 가치와 문화관광지로 각광을 받고 있어 지역을 활성화할 수 있는 문화 자산으로서 중요성이 더해가고 있다.

2) 공감 아니메·감성 영화·엔카·J-POP·줄리아나 도쿄·일류문화

대중문화 가운데 일류문화로 자리매김하고 있는 일본 문화는 일본 애니메이

선과 일본 만화, 엔카(演歌), 일본 영화, J-POP 등이 대표적이라고 할 수 있다. 일류문화를 둘러싸고 다양한 사회문화 현상이 발생했다. 즉, 일본 사회의 풍부함, 경제 발전에 대한 부산물로서 사회문제 및 환경문제, 국제화의 전진으로 인한 문화국제화, 일본 사회의 비인간화, 일탈 세대 등장, 전통적 가치관 변화, 지구 사회와의 공존, 인간과 자연의 공존, 개인생활 중시 사회, 문화공유시대, 아이돌 문화 융성, 상업 및 산업문화의 발달, 일본 전통문화의 수출, 지역문화의 부흥, 일본인의 문화 중시 현상, 신문화 창조자로서 오타쿠의 등장, 일본 영화 및 일본 애니메이션의 국제화, 일본 문화의 국제시장 진출 등과 같은 사회문화 현상이 있었다.

일류문화로서 대표적인 애니메이션 작품이라고 할 수 있는 〈모노노케 히메 (もののけ姫)〉는 스튜디오 지브리가 제작한 장편 애니메이션으로 미야자키 하야오(宮崎駿) 감독이 1997년 7월 12일 공개했다. 이 작품은 미야자키 감독이 16년 간 구상하고 3년에 걸쳐 제작했으며, 당시 일본 애니메이션으로서 수입 193억 엔을 올려 최고 흥행을 기록했다. 일본 애니메이션은 일본 만화를 바탕으로 하지만 어린이가 좋아하는 이야기에 한정하지 않고 세계와 인류가 공통으로 공유할 수 있는 주제와 가치를 다루어 동일한 정체성을 이끌어낸 공감 예술이라는 특징이 있다.[21] 이 작품은 중세 무로마치시대의 일본을 그린다.

에민(エミシ)마을에 살고 있는 소년 아시타카(アシタカ)는 마을을 습격한 다타리 신(タタリ神)이라 불리는 도깨비(化け物)를 퇴치하지만, 악마(悪あがき)에 의해 오른 팔에 죽음의 주술이 걸리게 된다. 그 정체는 어떤 물체에 맞아 인간에게 한을 가진 다타리신으로 변한 거대한 이노시시신(イノシシの神)이었다. 아시타카 의 주술로 인해 마을이 습격당하자 주술을 풀기 위해 아시타카는 이노시시신이 오는 서쪽으로 여행을 떠나 모험을 한다.

---

21 구건서, 『일본 애니메이션과 사상』(제이엔씨, 2011).

이 작품은 산림이라는 생사의 터전에서 신과 인류가 교차하는 신비로운 세계를 상정하고 정의를 구현하는 과정을 그린다. 이 작품이 만들어진 배경에는 미야자키가 과거 자신의 작품을 철저하게 부정하지 않으면 진심을 말할 수 없다는 생각이 작용했다. 스튜디오 지브리 작품에 대한 세상이 기대에 대응하기 위한 작품이었다. 미야자키는 자연보호에 대한 스튜디오 지브리의 열정과 심정을 이 작품에서 표현하여 공감을 얻었다. 작품에서 그려낸 세계관은 조엽수림문화론(照葉樹林文化論)에 기초한 자연주의와 인간주의이다. 참고가 된 책은 나카오 사스케(中尾佐助)의 『재배 식물과 농경 기원(栽培植物と農耕の起源)』이다. 일본 문화의 기층이 벼와 벼 농민이 아니라는 것을 명백히 밝힌 책의 내용이 영향을 주었다.[22] 이 작품에서는 도작 농민으로 대표되는 평지의 정주민과는 전혀 다른 생활권을 가진 산민, 해민, 예능인 등을 다룬다. 또한 작품의 무대 모델은 세계자연유산으로 지정된 오쿠지마(屋久島) 산림으로 일본의 자연과 정서를 잘 묘사했다.

일류문화로 당시 영화계를 강타한 대표적인 작품이 젊은이의 못 다한 사랑이야기를 주제로 하고 일본의 자연을 배경으로 일본적 정서를 담아낸 〈러브레터(Love Letter, ラヴレター)〉이다. 1995년 개봉된 영화로 나카야마 미호(中山美穂)와 토요카와 에쓰시(とよかわえつし, 豊川悦司)가 주연한 작품이다. TV 드라마나 CM 등에서 활약하고 있는 이와이 슌지(た岩井俊二)의 극장용 장편영화 제1작이다. 이야기는 잘못 배송된 사랑의 편지로부터 시작된다. 눈이 많은 오타루(小樽)와 고베(神戸)를 무대로 젊은 청춘들의 러브스토리이다.[23]

고베에 사는 와타나베(渡辺博子)는 산에서 조난당해 죽은 약혼자 후지이(藤井樹)의 3주기를 마치고 돌아오는 길에 그녀의 어머니 야스요(安代)의 권유로 남자친구의 중학시절 졸업앨범을 봤다. 잊을 수 없는 남자친구에 대한 미련 때문에 앨범에 기록되어 있는, 남자친구가 살던 오타루 주소로 편지를 보낸다. 그러자

---

22 中尾佐助, 『栽培植物と農耕の起源』(岩波書店, 1966).

23 구견서, 『일본 영화와 시대성』(제이엔씨, 2007).

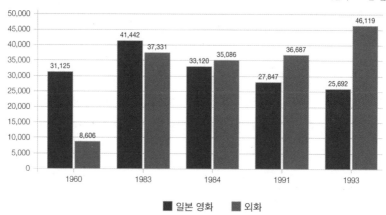

〈그림 7-4〉 일본 영화와 외국 영화의 매출액 　　　　　　　　　　　　(단위: 100만 엔)

자료: PHP硏究所編, 『戰後50年日本のあゆみ』(PHP硏究所, 1995), p.344.

수일 후 오지 않아야 할 답장이 왔다. 편지의 주인은 죽은 약혼자 후지이와 동명이인의 여성 동급생이었다. 이후 와타나베와 기묘한 문통(文通)이 시작된다. 이 작품은 청춘이 살아가면서 열정을 다해도 다하지 못한 사랑에 대한 안타까움과 열애를 그린다. 1999년 한국에서도 공개되어 인기를 얻었고, 영화 속에서 깊이 숨어 있는 그리움을 담아 외치는 주인공의 인사 "お元気ですか(안녕하신가요?)"는 관객의 심금을 울려 유행어가 되었다. 무대가 된 오타루는 자연의 아름다움이 넘치는 곳으로 알려져 한국인의 관광 명소가 되었다.

〈그림 7-4〉는 1960년대부터 1993년까지 일본 영화의 매출과 수입된 외국 영화의 매출 현황을 소개한 것이다. 1960년대는 일본 영화의 황금기로 일본 영화 매출이 월등하게 우세했고 1983년까지 우위를 유지했지만, 1984년 이후로는 외국 영화 매출의 비율이 높아져 1993년에는 일본 영화가 위축되었다. 1960년 일본 영화 매출은 311억 2500만 엔이었고, 1983년 414억 4200만 엔으로 최고를 기록했다. 외국 영화는 1960년 86억 600만 엔이었고, 1993년 461억 1900만 엔으로 일본 영화 사상 최고의 매출을 기록했다.

〈그림 7-5〉는 1958년부터 1993년까지 영화 관객 수와 영화관 수를 소개한 것

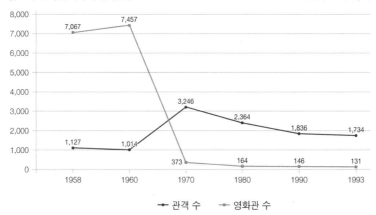

〈그림 7-5〉 영화 관객 수와 영화관 수 　　　　　　　　（단위: 10만 명, 개소）

자료: PHP研究所編, 『戦後50年日本のあゆみ』(PHP研究所, 1995), p.344.

으로 영화관 수는 1960년 7457개소로 최고를 기록했고, 이후 점차 줄어들어 1993년에는 131개소로 급격하게 줄어들었다. 영화관 수가 줄어든 것은 TV영화가 생겨나고 비디오나 DVD 기기, 영화 대여점 등이 활성화되어 가정에서도 영화를 감상할 수 있는 환경이 되었기 때문이다. 그리고 이러한 현상은 영화 관객 수에도 영향을 주었다. 영화 관객 수는 일본 영화 붐이 이어지면서 증가하여 1970년 3억 2460만 명으로 최고를 기록했지만 이후 점차 줄어들어 1993년에는 1억 7340만 명이었다.

음악계에서 일류문화로 인정되고 있는 것이 일본의 전통적 가요인 엔카이다.[24] 일본 가요 엔카가 대중문화로 자리 잡았지만 해외에서는 일반화되지 못했다. 엔카는 젊은 세대보다는 기성세대가 좋아하는 일본 가요이다. 매년 정월초하루에 개최되는 홍백전에서 엔카는 많은 인기가 있다. 홍백전은 일본 TV NHK에서 방송된다. 엔카는 메이지시대에 자유민권운동가들이 정부를 비판하는 음

---

[24]　藍川由美, 『「演歌」のススメ』(文春新書, 2002); 高護, 『歌謡曲-時代を彩った歌たち』(岩波新書, 2011).

악 엔제츠카(演説歌)에서 유래한다. 1960년대 후반 일본 가요에서 파생된 장르로
일본인의 독특한 감각이나 감성에 기초한 일본적 정서를 노래하는 가곡의 한 종
류이다. 초기에는 동일 음률을 가진 염가(艷歌) 또는 원가(怨歌)와 유사한 것이었
다.[25] 1970년대 초기부터 일본 빅터사(Victor Company of Japan)에 의해 활성화되
어 엔카가 정착했다.

엔카 가수로는 미소라 히바리, 미나토 하루미(都はるみ), 오카와 에이사쿠(大川
栄策), 요시 이쿠조(吉幾三), 후지 케이코(藤圭子) 등이 유명하고, 한국 출신 가수로
는 계은숙과 김연자 등이 유명하다. 엔카 가수와 노래는 미소라 히바리의 〈슬픈
술(悲しい酒)〉, 미나토 하루미의 〈오사카 가랑비(大阪しぐれ)〉, 오카와 에이사쿠의
〈산잔카의 여관(さざんかの宿)〉, 요시 이쿠조의 〈설국(雪國)〉, 〈술이여(酒よ)〉 등
이 있다. 가사 내용은 주로 바다, 술, 눈물, 여자, 비, 기타구니(北国), 눈, 이별, 사
랑, 정 등과 같이 서정적·자연적·인간적인 감성을 표현한 것이 많다.[26]

그리고 인간의 감성과 오감을 자극하는 가사와 리듬, 남녀 간의 끊을 수 없는
애정이나 비애 등을 담은 노래도 많다. 호소카와 타카시(細川たかし)의 〈기타사
케바(北酒場)〉, 후지 케이코의 〈신주쿠의 여자(新宿の女)〉 등은 술장수 여성이 손
님을 사랑하는 내용을 담고 있어 남성들의 지지를 받았다. 엔카는 인간의 심성
과 아픔, 자연의 아름다움과 비애 등을 가장 자연스럽게 있는 그대로 전달하기
위해 복잡하고 현란한 리듬보다는 단조로운 리듬으로 표현한 곡이 많다.[27]

일류문화 가운데 대표적인 대중음악으로 자리 잡은 장르가 J-POP이며 그중
에서도 비주얼 중심의 록밴드가 활성화되었다.[28] 록밴드는 아이돌의 의미를 함

---

25 横沢千秋他, ㅋ(1960-1994)』(社会思想社, 1995); 見田宗介, 『近代日本の心情の歴史-流行歌の社会
    心理史』(講談社, 1967); 見田宗介, 『現代日本の心情と論理』(筑摩書房, 1971).

26 奥山弘, 『「艶歌の竜」と歌謡群像』(三一書房, 1995); 輪島裕介, 『創られた「日本の心」神話「演歌」
    をめぐる戦後大衆音楽史』(光文社新書, 2010).

27 菊池清麿, 『さすらいのメロディー鳥取春陽伝』(郁朋社, 1998); 烏賀陽, 『Jポップとは何か』(岩波新
    書, 2005); 田家秀樹, 『読むJ-POP 1945-2004』(朝日新聞社, 2004).

28 菊池清麿, 『日本流行歌変遷史─歌謡曲の誕生からJ·ポップの時代へ』(論創社, 2008).

의하고 있고 동시에 비주얼과 음악적 개성을 갖춘 젊은이들이 구성하는 음악 그룹이라고 할 수 있다. 이들은 기성세대가 추구해 온 대중성에 기초하여 예술성을 표현하기보다는 당시 시대성을 만들어가는 과정에서 발산되는 개성과 사상을 저돌적이며 돌발적으로 과감하게 노래로 표현하는 특징이 있다. 소수가 향유하는 음악·음악인으로 출발하여 다수의 젊은이와 함께 시대를 이끌면서 대중문화의 한 흐름을 형성했다.

일본에서 J-POP의 선구자는 고무로 데쓰야(小室哲哉, 1958)라고 할 수 있고, 그는 일본뮤지션이며 음악프로듀서로서 활동했다. 그가 활동하는 가운데 고무로 붐(小室ブーム)을 일으켰다. 1994년까지 미즈키 아리사(観月ありさ), 시노하라 료코(篠原涼子), trf, hitomi, 우치다 유키(内田有紀), H Jungle with t, dos, globe, 카하라 도모미(華原朋美), 아무로 나미에 등을 성장시켰다. 그는 작사, 작곡, 편곡 등을 통해 많은 곡을 만들어냈고, 일본을 대표하는 J-POP 가수를 길러내 J-POP 장르를 구축한 장본인이다. 1994년부터 1999년까지 많은 밀리언셀러 히트곡을 생산하여 각 미디어에서는 고무로 사단을 고무로 패밀리(小室ファミリー), 고무로 사운드(小室サウンド), 고무로 케이(小室系) 등으로 지칭하며 고무로 붐을 일으켰다.

1980년대부터 팝계에서는 댄스와 뮤직을 동시에 공연하는 프로듀서 기법이 유행하여 세계적으로 많은 히트곡과 아티스트를 양산했다. 고무로 데쓰야는 J-POP의 특징으로 댄스와 뮤직을 기본 축으로 하면서 명확한 후렴구가 있는 노래를 주로 시도했고, 음악에 깊은 지식이 없는 일반인이 쉽게 이해할 수 있는 음악을 추구하는 특징이 있다. 들었을 때 순간적으로 귀에 남는 알기 쉬운 프레임을 우선시했고, 그 연장선에서 뮤지션으로서 다양한 실험적 연출을 했다.[29] 고무로 데쓰야의 시도는 적중하여 일본에서 J-POP이라는 새로운 음악세계를 열고 세계화하는 데 공헌했다.

---

29 烏賀陽弘道, 『Jポップの心象風景』(文春新書, 2005); 田家秀樹 『J·pops—CDで聴く名盤·名曲716』(日本文芸社, 1995); 中村とうよう, 『ポピュラー音楽の世紀』(岩波新書, 1999).

연도	작품명
1980년대	I'LL KILL YOU(1985), オルガスム(1986), 紅(1989), ENDLESS RAIN(1989)
1990년대	WEEK END(1990), Silent Jealousy(1991), Standing Sex/Joker(1991), Say Anything (1991), Tears(1993), Rusty Nail s(1994), Longing ~跡切れたmelody~ (1995), Longing ~切望の夜~(1994), DAHLIA(1996), Forever Love(1996), CRUCIFY MY LOVE(1996), SCARS(1996), Forever Love(1997), THE LAST SONG(1998)
2000년대	Forever Love 재발매(2001), I.V.(2008), Scarlet Love Song -BUDDHA Mix-(2011), JADE (2011), BORN TO BE FREE(2015)

J-POP의 대표적인 그룹 X JAPAN은 일본 비주얼계 록 그룹이다.[30] 1982년 치바현에서 태어났고, 고교생이었던 요시키(YOSHIKI)가 결성하여 1989년 X라 는 그룹명으로 데뷔했으며, 1992년 X JAPAN으로 개명했다. 멤버는 리더 요시 키, 토시(Toshl), 히데(HIDE), 히스(HEATH), 파타(PATA), 스기조(SUGIZO), 타이 지(TAIJI) 등이다. X를 무한한 가능성을 가진 의미로 인식해 그룹명으로 결정 했다고 한다. 그들은 비주얼 록그룹으로 이후 록그룹의 비주얼에 많은 영향을 주었다.

X JAPAN은 1997년 해산을 발표했지만 2007년 재결성되어 활동하면서 2010 년부터 세계 투어를 시작했다. 2010년 로스앤젤레스에서 뮤직비디오를 촬영하 고 할리우드에서 라이브 공개 촬영을 했다. 2012년 미국의 HR/HM 주최 제4회 골든 록어워드에서 아시아 밴드로는 처음으로 베스트 인터내셔널 밴드상을 수 상했다. 2015년 18년 만에 NHK 홍백합전에 출연했다. 〈표 7-13〉은 X JAPAN의 싱글 앨범을 소개한 것이다.

1990년대는 J-POP이라는 일본적 록음악이 한 시대를 풍미하는 가운데 젊은 이 중심으로 노래에 맞춰 격렬하게 춤을 추는 디스코가 유행했다. 대표적인 디 스코의 아이콘으로, 디스코 메카로 등장한 것이 줄리아나 도쿄이다. 줄리아나

---

30 田家秀樹, 『読むJ-POP—1945-1999 私的全史 あの時を忘れない』(徳間書店, 1999).

도쿄는 1991년 5월 15일에 도쿄도 시바우라(東京都港区芝浦)에 개장하여 1994년 8월 31일까지 영업하며 줄리아나 도쿄 붐을 일으킨 전설적인 디스코장으로, 젊은이들이 애정을 가졌던 장소이다. 정식 명칭은 'JULIANA'S TOKYO British discotheque in 芝浦'이다. 줄리아나 도쿄는 종합상사 닛쇼이와이(日商岩井)와 영국의 레저기업 웸블리(Wembley)가 공동으로 출자했고 총면적 1200m²이며 최대 수용 인수는 2000여 명이었다.

줄리아나 도쿄를 상징하고 대표하는 것이 격렬한 율동과 고성의 노래, 매력적으로 제작된 무대이다. 디스코 전용 무대를 총칭해서 오다치다이(お立ち台)라고 하는데 댄스홀의 양옆에 설치한 높이 130cm의 스테이지이다. 몸의 선(線)이 돋보이도록 디자인한 옷 완렌 보디콘(ワンレン・ボディコン, body와 conscious합성어)을 입은 여성이 모여 오다치다이에서 날개 달린 부채(羽付き扇子)를 흔들며 춤을 추는 광경이 한 시대를 풍미했다. 당시에는 DJ가 외치는 줄리아나스 도키오(ジュリアナス~トキオ~!)라는 구호가 명물이 되었고, 거대한 자동문, 버라이어티한 불빛 등이 분위기를 만들었으며, 중후한 사운드, 최첨단 레이저 빔 등이 관객을 열광하게 만들었다.

젊은이를 끌어들이고 열광하게 한 줄리아나 도쿄 개점 콘셉트는 보통의 OL이 품위 있는 장소에서 노래와 춤을 즐길 수 있도록 하는 것이다. 젊은이에 맞춰 설비한 최첨단 장비는 버블 경기로 소득이 증가한 일본 젊은이들을 매료시켜 구름 관중을 만들었다. 줄리아나 도쿄 붐으로 보디콘의 인지도가 높아지고 그 광경을 구경하기 위한 남성 손님이 많았다. 줄리아나 도쿄가 디스코 붐을 일으키면서 근접한 JR역에서 줄리아나 도쿄까지의 거리에는 도보로 걷는 보디콘 여성들이 보였고, 오피스가의 OL 복장뿐 아니라 화려하고 개성 있는 복장을 한 젊은이들이 거리를 활보했다. 버블 경기가 최고조에 달한 시기의 시바우라는 워터프런트(Waterfront) 지구라고 불리며 기존 시설이나 창고를 개조한 시바골드(芝浦ゴールド), 오바2218(オーバー2218) 등과 같은 유명한 디스코장이 개설·운영되면서 디스코문화의 발상지가 되었다.

당시 젊은이들의 열정을 불러일으키면서 시대적 아이콘으로 등장한 줄리아나 도쿄는 젊은이의 디스코문화를 만들었다. 그러나 기성 가치로부터의 일탈, 파격적인 의상과 개성, 무질서와 향락적 춤 등으로 인식하는 경향이 있어 경계와 검열의 대상이 되었다. 1993년 경시청은 무질서와 현란함을 일으키는 원인으로 지목된 오다치다이를 철거하기에 이르렀고 이후 관객은 줄었다. 버블 경기가 붕괴되고 젊은이들이 방황하는 가운데 디스코문화를 만들어 유행시켰던 줄리아나 도쿄는 1994년 8월 31일 폐점하여 역사 속으로 사라졌다.

3) 지역 만들기·지역 아트·복지문화

국제화기에 추진된 문화 정책 중에서 강조한 것이 지역문화 정책이다. 지역문화 정책은 지역 만들기의 일환으로 지역 부흥, 지역문화 진흥과 발전을 중핵적인 과제로 하여 추진했다.[31] 지역이 구상하는 각종 정책이 지역문화 정책으로 수렴되는 계기가 되었고, 지역 정책의 최상위 개념으로 자리를 잡게 되었다. 각 지방공공단체는 지역문화 정책의 이름하에 지역 부흥, 지역 특화, 지역 복지, 지역경제 활성화, 지역관광, 지역인구 확보, 지역인재 육성, 지역개발, 지역문화 발전 등을 추진하게 되었다.

문화청은 지역 만들기 흐름에 맞춰 지역문화진흥을 위해 지역문화시설 정비사업, 문화지역만들기사업, 아티스트인레지던스사업(artist in residence program), 지역문화정보 시스템 구축, 지역예술발신사업, 국민문화제, 지역문화를 담당할 인재 육성 정책으로 지역 어린이문화 플랜, 지역이 가진 특징이나 앞으로 추진할 특화 사업을 중심으로 새롭게 구성하는 지역 특성화 등 하드웨어 부문에서부터 소프트웨어 부문까지 총망라한 시책을 추진했다.

지역 만들기는 중앙정부, 지방자치단체, 각종 문화단체, 지역만들기협의회와

---

31 구견서, 『일본의 지역문화정책』(신아사, 2018); 太田和子, 『地域時代の文化論』(東京大学出版社, 1981).

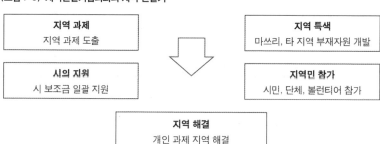

〈그림 7-6〉 지역만들기협의회의 지역 만들기

지역 과제
지역 과제 도출

시의 지원
시 보조금 일괄 지원

지역 특색
마쓰리, 타 지역 부재자원 개발

지역민 참가
시민, 단체, 볼런티어 참가

지역 해결
개인 과제 지역 해결
지역 문제 지역 해결
지역공동체 활성화 지역 특화

같은 관민협동기관 등 다양한 주체의 협력과 공조로 추진되었다. 〈그림 7-6〉은 지역만들기협의회에 의한 지역 만들기 구성 내용을 소개한 것이다.

지역 만들기는 지역 과제를 도출하고, 시가 전폭적으로 행·재정적 지원을 하며, 지역이 보유한 전통적이며 근대적인 문화유산과 자원 개발을 통해 특색 있는 지역을 만들고, 지역주민이 현장에서 직접 참가하며, 지역이 개인이나 지역의 문제를 직접 해결하는 한편 지역공동체를 살리고 지역 특화를 완성하는 방식으로 추진된다.

첫째, 각종 박물관 등을 세워 지역문화를 보호하고 전승하기 위한 지역문화 시설사업이다. 지역문화를 활성화하고 지역주민이 주거 지역에서 문화활동을 집중적으로 할 수 있는 문화시설이기 때문이다. 〈표 7-14〉는 각 지역에 분포된 대표적인 문화시설 현황을 소개한 것이다.

전국 각지에 설립된 문화시설로서는 종합박물관 109곳, 과학박물관 89곳, 역사박물관 274곳, 미술박물관 281곳, 야외 박물관 9곳, 동물원 31곳, 식물원 22곳, 동·식물원 9곳, 수족관 37곳이 분포되어 있다. 미술박물관이 281곳으로 가장 많은 것으로 나타났다. 그중 종합박물관 현황을 보면, 1971년 56곳에서 1987년 100곳로 늘어나 44곳이 증설되었고, 1993년에는 109곳으로 1980년대보다 9곳이 증설되었다. 각 지역에 문화시설이 점차 많아지고 있어 문화 관람이나 활

<표 7-14> 지역의 문화시설 현황 　　　　　　　　　　　　　　　　　　　(단위: 개소)

구분	1971	1975	1981	1987	1993
종합박물관	56	62	80	100	109
과학박물관	48	52	67	83	89
역사박물관	97	113	174	224	274
미술박물관	85	101	160	223	281
야외 박물관	4	3	4	8	9
동물원	26	28	30	35	31
식물원	18	19	23	20	22
동·식물원	6	6	10	8	9
수족관	35	25	30	36	37
계	375	409	578	737	861

자료: PHP研究所編, 『戦後50年日本のあゆみ』(PHP研究所, 1995), p.343.

동이 활성화되고 있음을 알 수 있다.

둘째, 문화청이 1996년부터 개시한 문화지역만들기사업(文化のまちづくり事業)이다. 지금까지 문화청은 1990년 지역문화진흥특별추진사업, 1992년 신문화거점추진사업, 1993년 지방거점도시문화추진사업 등과 같이 일정하게 연한을 두고 소프트 측면에 대한 지원 사업을 추진했다. 문화 지역 만들기 사업은 진행 중이던 신문화거점추진사업과 지방거점도시문화추진사업을 총합적으로 재편성 및 구축해 본격적으로 실천하는 사업이다. 그 사업은 지역에서 열악한 소프트 개발과 정비가 필요한 하드 구조를 지원할 목적으로 시작되었다. 지역문화 수요자들의 문화시설 운영에 대한 비판 증가, 매니지먼트의 지역문화 진흥 역할의 중요성 인식, 지역으로부터의 문화 발신과 소프트 기능 중요성 인식, 지역문화 콘텐츠 개발과 프로그램 개발 필요성 등이 제기되면서 추진하게 되었다.

문화 지역 만들기는 지역의 국제화를 추구하는 동시에 어메니티를 충실히 할 수 있는 하드웨어와 소프트웨어 측면을 강조하고 개선하는 방향으로 진행되는 특징이 있다. 도시, 농촌, 하천 등의 경관을 정비·개선하기 위한 건설 정책, 도시 정책, 농촌 정책, 국토 정책 등의 이름으로 적극적으로 추진했다. 또한 역사적·문화적·인문적 경관을 조성하기 위해 문화시설 정책을 실시했다. 문화 지역 만들기는 총합적인 지역 만들기를 의미하며 지역 발전을 최고 가치로 설정해서 추진하고, 지역문제는 중앙정부의 지원을 받는 동시에 지역이 주체성을 갖고 적극적으로 풀어내는 방식으로 해결했다.

문화적인 측면에서는 문화유산, 풍토, 자연환경 등을 활성화하고 지역에 뿌리를 둔 특색 있는 예술문화를 개발하고 창조하는 한편, 우수한 예술문화를 지역에서 감상할 수 있는 문화거리를 추진하는 것이다. 또한 문화 발신과 수신이 가능한 문화기지로 지역을 구축하고 문화정보와 네트워크를 통한 지역문화 인프라를 구축하는 것이 주요 사업이다. 지원 대상 사업으로는 새로운 예술문화의 창조활동, 지역의 문화시설을 활동 거점으로 하는 우수한 예술단체 육성, 예술문화의 지역 간 교류, 지역 미술관의 기획전 및 공모전 충실, 특색 있는 예술문화활동 지원 등이다. 1999년에는 49개 지역이 대상으로 선정되어 다양하게 지원받았다.

셋째, 아티스트인레지던스사업이다. 문화활동과 창조활동을 실용적·실질적·직접적으로 충실하게 지원하기 위해 1997년 개시했다. 국내외 예술가들이 어떤 지역에 일정 기간 체재하여 창작활동이나 문화교류활동을 하도록 지원해서 지역예술문화를 진흥·향상시키는 데 목적이 있다. 또한 일본 지역문화가 세계문화 창조에 적극적으로 기여하고, 미국과 같은 첨단예술활동 국가의 예술가를 초빙해 고도의 문화창조활동에 접하게 하여 일본에서도 예술문화 창조가 가능하도록 하는 데 있다.

이 사업은 국내외로부터 초빙된 예술가에 의한 창작활동 및 발표활동을 지원하고 초빙 예술가 중심이 되어 지역주민 워크숍을 실시하는 활동을 지원했다. 대상 분야로는 음악, 무용, 연극, 영화, 무대예술, 회화, 도예, 조각, 사진, 문예 등이다. 1990년대에 들어서 몇몇 지방공공단체는 예술가가 지역에 체재하여 활동하게 하는 방향으로 추진하고 있다. 1999년에는 15개 지역이 지원 대상으로 선정되었다. 예술가가 모여 있는 마을을 개이주쓰무라(芸術村)라 불렸다. 예술촌은 숙박시설, 소규모 홀, 제작 공방 등을 통해 예술 거리로 조성되고, 지역에 예술문화를 정착시키는 방법으로 매우 유효하게 활용된다.

넷째, 지역문화정보 시스템 구축과 지역예술문화발신사업이다. 지역문화정보 시스템은 전국의 국공립문화시설, 예술가, 예술단체, 예술문화 프로그램, 지방공공단체의 문화 행정 등에 대한 정보를 데이터베이스화하는 것이다. 그리고 대도시와 지역의 문화정보 시스템 구축을 지원하고 일본의 지역문화예술정보를 국제사회에 발신하여 문화정보의 국제화를 추구하는 데 목적이 있다. 특히 문화청과 지방공공단체 간의 문화정보네트워크를 구축하여 다양한 문화예술 정보를 교류하는 것이다.

지역예술문화발신사업은 2000년에 들어 도입된 것이다. 지역이 갖고 있는 자랑거리와 고도의 창작활동으로 특화된 지역 이미지를 전국적으로 발신하여 타 지역과의 상호 교류를 활성화하고 지역문화활동의 고도화를 추진할 목적으로 실시하고 있다. 지금까지 문화정보 발신은 중앙정부나 각 문화예술단체가 주도하여 한정적이며 제한적이었다. 기존의 발신 방법에 안주하는 매너리즘에서 탈피해 지역문화의 주인인 지역이 주도적으로 지역문화정보를 타 지역, 타 국가, 국제사회 등에 직접 발신하고 공유하는 것이다.

다섯째, 지역문화활동진흥사업이다. 지역문화활동진흥사업은 기본적으로 문화 기반 정비, 장려 및 원조, 활동의 장 확보, 인재 육성, 국제교류, 지역 어린이 문화 진흥 등을 기본 축으로 한다. 특히 1997년 구체화된 지역 어린이문화 플랜(地域こども文化プラン)은 문화진흥 마스터플랜의 일환으로 추진되어 지역 어린이 문화활동을 지원하고 있다. 지역이 문화도시가 되고 문화적으로 풍부한 환경을 만들기 위해 미래문화 담당 세대인 어린이에 대한 문화교육과 체험을 강화하고, 장차 지역에서 문화활동을 주도할 미래 문화 인력을 육성할 필요성이 제기되어 강력하게 추진했다.

여섯째, 지역특성 만들기이다. 쇠퇴하는 지역을 일으키고 재생하는 활동으로

〈표 7-15〉 지역 특성화 현황

구분	지역 특성 만들기 내용
지역 만들기 과제 해결	- 상점, 가옥, 도로 노화 개선, 고층 건축물의 일조량 보장, 교통량 증가로 인한 공해나 환경 개선, 장애자나 고령자를 위한 교통시설이나 건축물 배려, 방범 대책 - 기업 통폐합, 공원이나 병원 등 시설 정비, 예술 및 유적 문화 보호, 거주 지역, 상업 지역, 공장 지역, 문화 지역, 녹화 지역 등의 개선, 건축물이나 광고 규제, 경관 보호
구 알기 (知る区ロード)	- 스미다구(杉並区)는 주민에게 살고 있는 지역의 특성과 계획 등을 알리는 정보제공활동 실시
복지마을 만들기	- 장애물 자유화(Barrier free), 유니버설 디자인(ユニバーサルデザイン), 볼런티어 육성, 주민과 특정층이 살기 좋은 거리 정비
지역 만들기 조례	- 고층맨션 계획이나 자연환경을 파괴하는 개발 계획에 반대하고 지방자치단체의 독자적인 자연보호 조례나 경과 조례를 통해 개발을 제한하는 지역 만들기 조례(まちづくり条例, 自治基本条例, まちづくり基本条例, 行政基本条例)제정 - 조례 내용은 시민참가 규정, 경관 규제, 지구계획 만들기 지원, 개발허가에 시민 관여, 지방자치단체의 개발 및 건축 제한 등 규정
지역재생	- 지역 거주자의 권리와 책임의식 강화 및 참여 유도, 지역주민의 협동, 지속 가능한 발전 추구, 쇠퇴로부터 탈피하는 지역재생, 지역 활성화, 지역 진흥 등 추진
도시계획	- 역사적 건조물 보존 및 보호, 전통적 관광거리 만들기, 전통·예능 활성화, 개성 있는 거리 만들기, 주민이나 시민 참여에 의한 도시계획

지역 부흥(地域おこし) 또는 마을 부흥(まちおこし) 등의 이름으로 추진되고 있지만 명확한 정의는 없다. 도시 개발이나 지역사회의 활성화 등으로 인식하고 있으며, 거리 만들기(街づく)나 지역 만들기로 주창되고 있다. 일반적으로 지역 만들기는 지역 부흥과 재생을 위한 합의 형성을 중시한다. 지역이 안고 있는 과제를 논의하기 위한 워크숍을 통해 주민의 합의를 끌어내 사업 방향을 정하는 방식으로 시작되었다. 지역주민의 의견을 반영해 계획하고 실천하는 것이 중요하기 때문에 주민 의견 청취를 위해 인터넷 논의 등 다양한 방법을 동원한다.

〈표 7-15〉는 현재 지역 중심으로 추진되고 있는 지역 특성화 현황을 소개한

〈그림 7-7〉 복지마을 만들기 구조

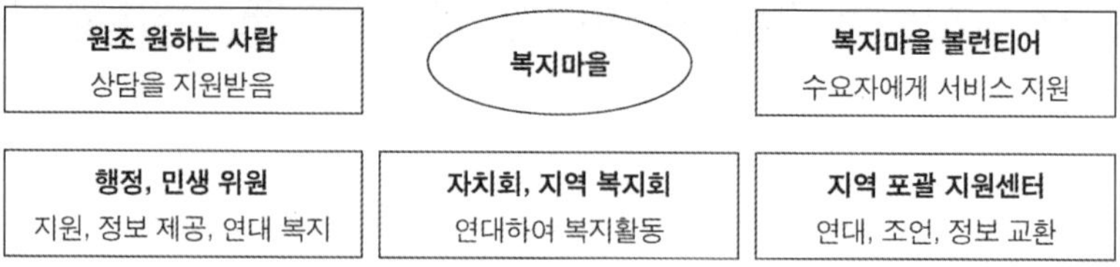

원조 원하는 사람 상담을 지원받음	복지마을	복지마을 볼런티어 수요자에게 서비스 지원
행정, 민생 위원 지원, 정보 제공, 연대 복지	자치회, 지역 복지회 연대하여 복지활동	지역 포괄 지원센터 연대, 조언, 정보 교환

것이다. 일본 정부는 21세기 지역 활성화를 위해 지역 특성화를 적극적으로 추진하도록 지원하고 격려하는 한편 지방자치단체와 협력하고 있다.

일본에서 지역 특성화는 각 지역이 갖고 있는 자연적·역사적·현실적 자원을 반영해서 구축하는 경향이 있다. 특성화를 위해 추진되고 있는 내용을 보면, 지역이 안고 있는 과제를 해결하는 방식으로 특성화 내용을 구축하고 있다. 대표적으로 추진된 특성화사업이 지역재생사업, 구알기(知る区ロード)사업, 복지마을 만들기 등이다. 그리고 사업을 법적으로 지원하기 위해 지역 만들기 조례를 지역이 직접 제정하고, 지역재생과 도시계획에 지역주민이 참가할 수 있도록 규정하고 있다.

지역 특성화 중 대표적인 것이 복지마을 만들기(福祉村づくり)이다. 사회적 약자인 노인과 장애인의 복지를 중심으로 하면서도 일반인 모두가 혜택을 받을 수 있도록 추진하고 있다. 원조를 원하는 사람에게 상담하고 지원하는 활동, 복지마을 볼런티어 활동 지원, 그리고 지역복지 관련 기관 지원과 정보 제공, 연대활동, 지역포괄지원센터를 통한 다양한 서비스 제공 등을 하고 있다. 〈그림 7-7〉은 추진되고 있는 복지마을 만들기 구조를 소개한 것이다.

최근 일본에서는 소자고령화사회가 진전되어 지역이 소멸되고 기능이 약화되어 심각한 지역문제로 등장했다. 또한 대도시 중심적 경제성장과 발전은 지역민을 도시민으로 끌어들이는 힘으로 작용하여 지역생활공동체를 해체하거나 지역산업을 고사시키는 기능을 하고 있다. 더욱이 지역인구 구조가 노인인구 중심으로 구성되어 있기 때문에 관련 산업이 약화되고 있으며, 비노인사업이나 관런 기관은 축소 및 병합되거나 사라지고 있다. 복지마을 만들기는 지역 활성화를 위해 주민을 유치하는 사업으로 추진하고 있다. 도시 거주자를 지역 거주자로 전입시켜 새로운 삶을 살도록 유도하여 지역 활성화와 연계시키는 사업이다. 현재 각 지방자치단체는 지역 발전과 활성화를 위해 지역 이주자를 모집해 파격적인 혜택을 주는 지역 이주 정책을 장기 계획으로 추진하고 있다.

4) 생활·해외여행·여가문화

고도 경제성장과 경제도약을 실현하여 경제대국의 길을 걸어오는 과정에서 일본인이 추구하는 삶의 가치와 생활 가치는 다양하게 변했다. 경제적 부를 누리는 방법은 가치관에 따라 다르지만 일반적으로 생활에 역점을 둔 부분을 충족시키는 방향으로 진행된다. 생활 속에서 추구하는 각종 욕구와 활동은 생활문화를 형성하는 중요한 동기가 되었다. 경제적으로 성장하여 소득이 안정되면 일상생활을 구성하는 요소 중에 기초생활 이외의 부분에 대한 지출이 증가하는 경향이 있다.

〈그림 7-8〉은 총리부가 1980년대부터 1997년까지 일본인이 생활하는 데 중시하는 요소와 추이를 조사한 것이다. 조사에 의하면, 1980년에 중시하는 생활 역점을 순위별로 보면, 여가생활 28.1%, 주거생활 19.9%, 식생활 17.3%, 내구소비재 7.4%, 의복생활 2.2% 등으로 여가생활을 가장 중시하는 것으로 나타났다. 여가생활 추이가 1983년을 기점으로 상승 곡선을 그리는 것은 일본인이 여가생활을 점점 더 소중하게 생각하고 있다는 증거이다. 1997년 생활 역점 순위는 여가생활 36.2%, 주거생활 25.1%, 식생활 16.3%, 내구소비재 3.1%, 의복생활 1.2% 등으로 나타나 여가생활을 중시하는 비율은 1980년과 비교해서 8.1% 증가했다.

일본인이 중시하는 생활 역점 순위에서 내구소비재, 의복생활, 식생활 등이 낮게 나타난 것은 이미 절대적·물질적 빈곤에서 탈출하여 정신적 만족을 추구하고 있다는 증거이다. 일본인이 여가생활을 가장 중시하는 것은 생활 속에서

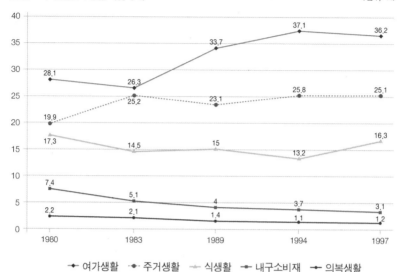

〈그림 7-8〉 일본인의 생활 역점 추이 (단위: %)

자료: 総理府, 『国民生活に関する世論調査』 (総理府, 平成7年).

발생하는 정신적이며 정서적인 욕구가 문화를 통해 충족되는 생활문화화가 이루어지고 있다는 의미이다. 시대적 가치관을 반영이라도 하듯 이 시기는 문화 정책이 문화 행정에 함의된 단순한 행정 정책을 초월해 사회, 경제, 정치 등의 영역에서 여유로움을 즐기는 고차원적인 여가 정책으로 구체화되는 계기가 되었다.

국제화기 일본인들은 여가생활 중 여행을 선호했다.[32] 여행은 기존의 회사나 조직을 중심으로 유행했던 패키지여행(package tour)에서 자유로운 개인 여행이나 가족 여행으로 활성화되었다. 〈그림 7-9〉는 일본인의 해외여행객 수를 소개한 것이다. 일본인의 해외여행객 수는 1964년 해외여행 자유화 이래 지속적으

32 日本交通公社, 『旅行年報2015』(PDF), (日本交通公社, 2015年); ヴィンフリート・レシュブルク, 『旅行の進化論』(ヴィンフリート・レシュブルク, 1999).

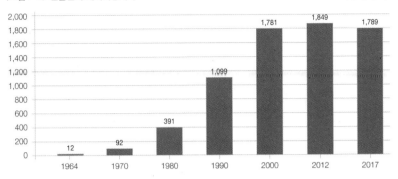

〈그림 7-9〉 일본인의 해외여행객 수 　　　　　　　　　　(단위: 만 명)

자료: PHP硏究所, 『戰後50年の日本のあゆみ』(PHP硏究所, 1995).

로 증가하는 경향을 보인다. 각 연도별 해외여행객 수를 보면, 1964년 12만 명, 1970년 92만 명, 1980년 391만 명, 1990년 1099만 명, 2000년 1781만 명, 2017년 1789만 명 등으로 나타났다. 해외여행이 자유화 되고 1990년에 1000만 명을 넘었다.

　2001년은 국제사회에서 발생한 테러의 영향으로 해외여행이 위축되었고, 2003년에는 중동에서 벌어진 이라크전쟁으로 해외여행객 수가 크게 감소했다. 2011년 동일본 대지진으로 줄어들 것으로 예상했지만 연속적으로 증가했고, 2012년은 1849만 명으로 최고를 기록했다. 이후 해외여행객 수는 점차 감소하는 추세인 반면, 일본을 방문하는 해외여행객 수는 폭발적으로 증가하고 있다. 일본 정부와 지방자치단체는 경제 부흥 정책과 지역 부흥 정책을 강력하게 추진하여 외국 관광객을 유치한 결과 일본인의 해외 방문객 수를 능가하게 되었다.[33]

　일본의 여행업자가 개발한 패키지여행은 일본인의 해외여행을 가속화시켰다. 여행사는 기획한 여행 상품을 토대로 참가자를 모집한 후 여행하는 데 필요한 운송, 숙박, 관광 요금, 안내 등을 일괄적으로 모아서 처리하고 귀국까지 책

33　観光庁, 『訪日外国人消費動向調査(平成25年1-3月期)』(PDF), (観光庁, 2013年).

임을 지는 것이다. 여행자 입장에서 보면, 출발지에서부터 도착지까지 전 과정을 관리해 주는 여행 상품을 이용하는 것이 편리하다. 일본 여행업법상에는 모집형 기획 여행이라는 용어를 사용하며 여행 계약서를 쓰도록 한다. 여행업자가 팸플릿이나 인터넷 사이트 등에서 광고하여 여행자를 모집하기 때문에 이를 본 일반인이 대리점에 가서 설명을 듣고 계약서에 서명한 뒤 대금을 지불하면 계약은 성립된다.

패키지여행은 지정된 일시에 해당 장소에 집합해서 집단으로 움직이고, 여행자 수, 여행 코스, 숙식 장소 등이 예정되어 있는 등 미리 정해진 스케줄에 따라 가이드의 안내를 받아 여행한다. 해외 패키지여행은 현지에 거주하는 안내원이 담당하는 경우가 많은데 여행업자가 경비를 절감하기 위한 전략 차원에서 추진된다. 최근에는 여행자에게 자유 시간을 주거나 여행지에서의 편의시설이용이나 추가 비용이 드는 이벤트를 선택 관광으로 추가 경향이 있다. 그리고 여행자가 탑승 수속을 하고 숙박시설까지 도착하는 여행 상품이 많아지고 있다. 또한 경제적으로 여유가 있는 단카이 세대나 고령자를 대상으로 고가의 패키지여행 상품이 등장했다. 이 경우 안내원이 출국부터 귀국까지 동행하고 고급 호텔이나 고급 음식점을 이용한다.

패키지여행의 장점은 불안감을 해소하고 비교적 많은 관광 명소를 단시간에 효율적으로 방문할 수 있는 장점이 있다. 그리고 여행업자의 여정관리 책임, 여정보증 책임, 특별보장 책임 등을 법률로 정하고 있어 안심하고 여행할 수 있다. 단점은 스케줄이 극단적으로 세밀하게 되어 있어 방문하는 장소마다 즐길 수 있는 시간이나 기회가 적다. 감상 시간이 짧고 피곤하여 만족감이 떨어진다는 점이다. 단체행동을 하기 때문에 다른 사람과 트러블이 생길 경우 영향을 받는다. 또한 현지의 지정된 선물 점포를 의무적으로 몇 번씩 들러 상품을 강매당하는 경유도 있다.

현재 일본에는 패키지여행의 단점을 보완하는 새로운 여행 상품이 개발되고 있다. 자유여행, 지정여행, 혼자여행 등과 같이 다양한 여행 상품이 있다. 자유

여행과 대행여행(手配旅行, 여행업자가 여행자를 대신해서 예약 등 스케줄을 대신 관리하는 여행)도 비교적 저렴한 가격으로 여행할 수 있다. 1990년대부터는 여행업자의 가이드 없이 소정의 왕복 교통이나 숙박만으로 구성된 프리 플랜이 증가하고 있다. 프리 플랜은 다양한 옵션 투어로 구성되어 있어 여행자는 기초에 따라 요금이나 체험 코스의 선택이 가능하다. 여행 상품에는 기상 조건, 교통체증, 노면 동결 등과 같은 상황이 발생하는 경우 일정 변경 내용, 투어 플랜이 도중이 바뀔 수 있다는 내용, 가이드가 동승하는 경우와 아닌 경우의 조건, 비용에 따른 입장 가능 여부, 현지 식사 내용 변경 가능성, 도중에 선물 점포를 몇 번 들른다는 내용, 방문 장소에 따른 비용 차이 내용, 가이드 비용 여부, 운전기사 비용 등이 있으며 여행자에게 미리 자세하게 고지한다.

패키지여행과 더불어 개인 여행을 하는 일본인은 유럽, 북아메리카, 남미, 동북아시아, 동남아, 아프리카, 오지 등 유명 관광지뿐 아니라 지역적 특성을 찾아 방문하는 취미 여행을 즐기고 있다. 이는 경제성장으로 개인소득이 증가하고 여가시간이 생겨 개인을 위해 투자하는 현상이 작용한 결과이다. 또한 여행에 대한 정보와 여행지에 대한 정보를 얻을 수 있어 개인 여행이 유행하고 있다. 해외 여행 활성화는 여가문화의 활성화로 연결되고, 부유한 국가 일본과 부유한 삶을 살아가는 일본인의 이미지를 세계 곳곳에 정착시키는 중요한 계기가 되었다.

연간 일본인 1명이 사용하는 교통비 및 숙박비를 포함한 여행비를 보면 〈그림 7-10〉과 같다. 일본인은 1963년 5만 5800엔, 1975년 10만 7000엔, 1985년 11만 6900엔, 1993년 14만 7800엔을 사용하는 것으로 나타났다. 경제성장과 소득 증대로 여행비는 지속적으로 증가하고 있다.

〈표 7-16〉은 1990년부터 1993년까지 일본의 여가시장 규모를 소개한 것이다. 여가는 스포츠, 취미 창작, 오락, 여행 관광 등으로 구성되어 있고, 이 시기의 여가시장 규모는 오락 부분이 가장 큰 것으로 나타났다.

스포츠는 1991~1992년 신장률이 5.3%, 취미창작 신장률은 -0.2%, 오락 신장률은 4.7%, 여행 관광 신장률은 -3.7% 등으로 나타나 스포츠와 오락에서 증가

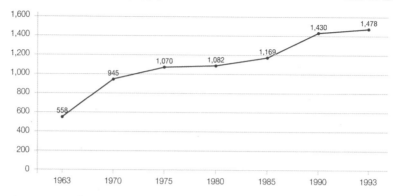

〈그림 7-10〉 일본인의 연간 1인당 여행비 (단위: 100엔)

자료: PHP研究所編, 『戦後50年日本のあゆみ』(PHP研究所, 1995), p.358.

〈표 7-16〉 일본의 여가시장 규모 (단위: 억 엔)

구분	1990	1991	1992	1993	신장률(%)	
					1992/1991년	1993/1992년
스포츠	52,360	57,570	60,630	61,360	5.3	1.2
취미 창작	105,360	106,130	107,970	107,970	-0.2	1.9
오락	424,420	459,010	480,750	484,240	4.7	0.7
여행 관광	120,154	125,806	121,210	115,800	-3.7	-4.5
여가 총지출	702,284	748,516	768,510	769,370	2.7	0.1
여가 총지출의 국민총지출 비율	16.1%	16.3%	16.3%	16.3%	-	-

자료: PHP研究所編, 『戦後50年日本のあゆみ』(PHP研究所, 1995), p.350.

했다. 1992~1993년에는 여행 관광 신장률이 -4.5%로 나타나 버블 경기 붕괴의 영향이 미쳤음을 알 수 있다. 그리고 1990년대 여가 총지출이 국민 총지출에서 차지하는 비율은 약 16% 전후로 나타났다. 여가시장 규모가 지속적으로 증가하는 것에서 알 수 있듯이 여가는 취사 선택의 개념에서 벗어나 일상생활을 유지하고 윤택하게 하는 데 필요한 것으로 인식되고 있다.

5) 원조교제·역원조교제문화

1990년대 일본에서 이성 간의 만남으로 유행한 것이 원조교제(援助交際)이다. 원조교제라는 용어는 1996년 일본 젊은이가 사용하는 매춘 은어로 일반화되어 유행어 대상에 입상하기도 했다. 현재는 원조교제와 관련된 별도의 은어가 존재하지 않지만, 원조교제를 엔코(援交, 円光, 원조), 엔(¥), 사포(サポ, サポート, support), 엔(○, 円 = 援助), 성행위를 동반하는 원조교제를 우리(ウリ: 売り)라고 구분하는 경우도 있다. 그 외에도 호별3(ホ別3, 호텔비 3만 엔), 유키치5(ゆきち5, 5만 엔 의미) 등으로 표현한다. 일반적으로 남성이 값을 지불하고 여성이 성을 제공하지만 최근에는 여성이 값을 지불하고 남성이 성을 제공하는 역원조교제가 생겨나, 역원(逆援), 역사포(逆サポ) 등으로 불린다. 원조교제에서 성을 사는 사람은 부유한 중년 남성이나 여성이, 성을 제공하는 상대는 젊은 남녀가 많은 것으로 알려졌다.[34]

원조교제라는 용어에서 원조는 금전으로 지원하고 이를 받은 사람은 데이트를 해주는 것을 의미하고, 교제는 돈과 데이트의 상호 교환으로 맺어지는 일시적인 관계를 의미한다. 원조교제 내용을 보면, 여성이 금전을 목적으로 교제 상대를 모집하고 성을 상품화하는 매춘의 일종이다. 광의의 의미로는 일시적인 교제 대가로 금전 원조를 받는 행위를 의미하고 반드시 성행위를 동반하는 것은 아니다. 협의의 의미로는 상대방에게 성행위를 해주는 대가로 금전을 받는 매춘행위를 지칭한다.

원조교제는 상호 정하기에 따라 다양한 형태로 이루어진다. 성을 사고파는 성매매행위, 교제하는 여성이 착용했던 팬츠를 매매하는 경우, 일시적 교제로 가라오케나 식사를 하는 행위 등 합의 조건에 대한 대가를 지불하고 행동으로 옮기면 성립된다. 원조교제는 성행위를 동반하지 않으면 외행조례(淫行条例)에 위반되지 않으며 매춘행위에 해당되지 않는다. 그러나 과도한 교제행위에 대해

---

34 坂爪真吾, 『パパ活の社会学 援助交際、愛人契約と何が違う?』(光文社新書, 2018).

서는 청소년보호 육성 조례나 '아동복지법'에 의거 성매매로 판단하는 사례가 있다. 일본에서 원조교제가 발생할 당시에는 고교생을 대상으로 확산되었고, 18세 미만 여성과 성관계하는 아동매춘이 발생하여 사회문제화되었다.

원조교제는 다양한 방법을 통해 이루어진다. 1985년 여성과의 대화를 전화로 알선하는 점포를 의미하는 테레쿠라(テレクラ, テレフォンクラブ, telephone club)가 신주쿠에 등장하여 전국으로 퍼졌다. 익명성이 보장되어 미성년자의 이용도 가능해짐에 따라 금전적 도움이 필요한 미성년자들이 원조교제 수단으로 많이 이용했다. 당시 18세 미만 청소년의 테레쿠라 이용이 가능했고 현실적으로 제재할 방법도 없어 사회문제로 등장했다. 1990년대 포켓 벨(pocket bell)이나 휴대전화가 청소년에게 보급되면서 알지 못하는 상대방과 커뮤니케이션이 가능해져 18세 미만의 원조교제가 유행했다.

1994년에는 다이얼 Q2를 이용하는 원조교제 클럽(援助交際クラブ, デートクラブ)이 생겨 청소년이나 아동을 이용해 매춘을 하던 원조교제업자가 적발되었고, 이후 원조교제라는 용어가 매스미디어를 통해 급속하게 퍼졌다. 1996년에 간행된 구로누마 가쓰시(黒沼克史)의 『원조교제(援助交際-女子中高生の危険な放課後)』가 히트했고, 이후 원조교제가 본격적으로 사회문제로 노출되었다.[35] 1999년에는 NTT 도코모(NTTドコモのiモードサービス)가 개시한 I모드(Iモード)용의 익명 게시판이나 만남 사이트가 출현하여 만날 수 있는 인터넷 공간으로 활용되었다.

당시 18세 미만 청소년은 만남 사이트를 이용할 수 있었다. 2004년 SNS가 유행하면서 은밀하게 만나는 만남 사이트는 적었지만 가벼운 접촉이 가능한 만남 사이트는 많아졌다.[36] 이어서 2006년에는 새로운 형태의 교제가 가능한 만남 다방이 생겨났다. 만남 다방은 법 규제가 명확하지 않은 영업 유형이기 때문에 새로운 원조교제의 온상이 되었다. 2008년에는 여고생(Josi Koukousei: JK)이 밀착

---

35 黒沼克史, 『援助交際―女子中高生の危険な放課後』(文藝春秋, 1996).

36 圓田浩二, 『誰が誰に何を売るのか?―援助交際にみる性・愛・コミュニケーション』(関西学院大学出版会, 2001).

하여 마사지 등의 서비스를 제공하는 JK 리후레(JKリフレ, JK reflation)라는 만남 점포가 확대되어 원조교제가 활성화되었다. 원조교제는 수요자가 다양한 매체를 통해 접촉하기 때문에 밝혀내기가 현실적으로 매우 어렵다.

원조교제에서 금전 목적으로 미성년 여성이 성을 매개로 중년 남성에게 접근하여 성을 상품화한다는 의미에서 기존의 매춘행위에 해당되어 사회적으로 지탄의 대상이 되었다. 원조교제가 사회문제로 노출되면서 법적 조치로서 원조교제를 제지하기 위해 1995년 지방자치단체는 조례를 제정하여 대응했다. 오사카부 경찰은 1997년 '원조교제가 매춘이다'라는 포스터를 제작하여 일반인에게 경각심을 갖도록 홍보했다. 그리고 1999년 11월 아동매춘을 제재하기 위한 '아동포르노처벌법'을 시행하여 법적으로 금지했다. '아동포르노처벌법'에서는 아동이 성교 대상이 되는 상대를 유인하고, 아동이 금전을 대가로 성적 행위를 하는 경우 아동매춘으로 본다. 아동과의 성행위나 외설행위는 금전수수 여부에 관계없이 처벌받는다. 성인이 13세 미만의 성적 동의 연령에 달하지 않은 청소년을 상대로 성행위를 한 경우, 합의 유무에 관계없이 강간죄나 외설죄가 적용된다. 그리고 스토커 행위 규제에 관한 법률은 2000년에 시행되었으며 통칭 스토커법률이라고 불리며 남녀관계에서 생기는 다양한 갈등에 대응하고 있다. 2002년에는 '풍속영업법'을 개정하여 성행위에 대한 법적 규제가 강화되었다. 2003년 9월 '만남계사이트규제법'이 시행되어 아동도 처벌 대상으로 규정했다. 2008년에는 지방자치단체가 성 관련 조례를 개정하고, 2011년 '풍속영업법' 관련 법령을 개정하여 법적 제재를 엄격하게 적용했다.

그 외에도 일본에서는 원조교제를 근절하기 위해 아동이 타인과 용이하게 접촉할 수 있는 수단으로부터 격리하는 관점에서의 대책이 추진되었지만, 익명성 높은 커뮤니케이션 수단이 만들어지고 있어 그와 관련된 법적 장치가 필요하다. 더불어 아동이 소지한 휴대전화로 인터넷에 접근하는 경우 필터링하는 조치나 소·중학생의 휴대전화 소지를 제한하는 등 다양한 논의가 진행되고 있다. 청소년이나 아동을 대상으로 하는 원조교제는 시대성을 반영하면서 변형되고 있어 지속적으로 존재할 것으로 보인다. 현재 일본 사회에는 점차 결혼하지 않는 세대가 많아짐으로써 원조교제뿐 아니라 다른 유형의 성 관련 상업이 개발되어 성 수요자를 유혹할 것으로 보인다.

6) AIBO·ASIMO·로봇문화

국제화기에는 IT를 중심으로 로봇산업이 중요한 테마가 되었고, 그것에 기초해서 새로운 IT를 접목한 로봇문화가 형성되는 시기였다.[37] 일본에서 로봇문화를 대표적으로 상징하여 등장한 것이 로봇 아이보(AIBO)이다. AIBO는 소니가 1999년 발매한 펫로봇 시리즈 중 하나이다. 1999년부터 2006년까지 판매된 제품은 대문자 AIBO였다. AIBO라는 명칭은 'Artificial Intelligence roBOT'의 약자로 AI(인공지능), EYE(눈, 시각), 일본어의 상봉(相棒, aibou, aibō) 등에서 유래했다.[38] 이것은 자율형 엔터테인먼트 로봇이라고 하며, 일반적으로 로봇견(ロボット犬) 또는 견형 로봇(犬型ロボット)이라고 불린다.

소니사는 처음에 AIBO와 같은 완구형 엔터테인먼트 로봇을 개발하는 데 위화감을 가지고 접근했지만 AIBO를 개발하면서 로봇세계에 새로운 바람을 불어넣었다. AIBO는 전장 약 30cm의 동물형 로봇이다. 4족 보행이 가능하고 강아지를 닮은 동작을 하며 유저와 커뮤니케이션을 통해 성장하도록 설계되었다. 전용 메모리 스틱을 매개로 유저 스스로 프로그래밍을 할 수 있도록 했다. 기능을 분담하기 위해서가 아니라 거동을 즐겁게 하기 위해 만든 로봇이기 때문이다. 이 제품의 성공으로 엔터테인먼트 로봇이라 불리는 IT로봇시장이 형성되어 완구 브랜드나 가전 브랜드가 다양한 용도의 제품을 개발하여 발매하는 계기가 되

---

37 月本洋, 『ロボットのこころ 想像力をもつロボットをめざして』(森北出版, 2002); 下山勲ほか, 『ロボットフロンティア』(岩波書店, 2005); 安西祐一郎ほか, 『ロボットインフォマティクス』(岩波書店, 2005); 内山勝·中村仁彦, 『ロボットモーション』(岩波書店, 2004); 井上博允ほか, 『ロボット学創成』(岩波書店, 2004); 瀬名秀明, 『ロボット21世紀』(文春新書, 2001); 長田正, 『ロボットは人間になれるか』(PHP新書, 2005).

38 若野桂, 『AIBO BOOK』(ソニーマガジンズ, 2001).

었다.[39]

그런 와중에 2004년 이데이 노부유키(出井伸之) 소니 회장은 미래산업으로 인식하는 데 한계를 느껴 로봇사업의 철수를 명령했다. 그리고 2005년 취임한 스트링거(Stringer) CEO는 전자 부문의 구조 조정으로 그동안 소니사의 대표적인 효자 상품이었던 멀티미디어 기능의 CLIE(Communication Linkage for Information & Entertainment)와 전자사전의 생산을 종료했다. 그리고 2016년 소니는 로봇산업에서 사업을 철수한 지 10년 만에 엔터테인먼트 로봇사업을 재개한다고 선언했다. 기존에 개발된 AIBO 로봇은 너무 커서 강아지처럼 보이지 않는다는 의견이 많아, 외견이 강아지 모양을 하도록 하고 두 다리로 보행이 가능한 로봇 QRIO(Quest for Curiosity)을 개발했다. 2017년 소니 빌딩에서 개최된 It's a Sony전에서 QRIO가 전시되고 2017년 나고야 세계대회와 도쿄에서 AIBO와 QRIO가 전시되었다.

2018년 AIBO의 디자인을 새롭게 변경해서 소문자 aibo를 만들었다. 2018년 1월 인공지능 어시스턴트를 탑재한 로봇 aibo를 발매한다고 발표했다. aibo는 두부에 시리얼 번호가 표시되어 있고, 2018년 1월 미국의 가전 IT전시회 CES(Consumer Electronics Show) 2018에 전시했다. 2018년 19만 8000엔에 발매한 aibo는 펫로봇으로서 위치를 점한 AIBO 시리즈를 계승했다. 소니사는 눈으로 디스플레이를 이용하고, 허리와 얼굴을 흔드는 움직임이 가능하며, 친근함이 있는 록, 시선을 맞추는 눈, 사랑스러운 모습, 다양한 움직임과 상대방에 대한 귀여운 반응 등을 중요한 특징이라고 강조하여 홍보했다.

AIBO 시리즈의 출현은 펫로봇 유저들이 모임을 만들어 활동하게 만들었고, 펫로봇이라는 새로운 로봇 장르를 구축했다는 데 의의가 있다. 특히 자율 가동이 가능한 개체로서 가정에 들어온 펫로봇이라는 점에서 혁명적이었다. 펫로봇

---

[39] 소니사는 1999년 5월 제품 제1호 ERS-110을 발매한다고 발표하고 소니 웹사이트에서 25만 원에 한정 판매했다. 그리고 오사카에서 개최된 제9회 세계대회에서 제1호 제품 ERS-110 대신 고기능화하여 업그레이드한 ERS-31L 모델을 저가에 발매했다.

은 가전대국 일본이나 로봇대국 일본의 이미지를 세계에 강하게 발신하는 공적을 남겼다. 살아 있는 강아지를 대체하는 인공로봇 aibo가 생산됨으로써 로봇세계는 가장 강아지다운 로봇을 만들뿐 아니라 스스로 생각하여 반응하는 로봇을 구현하려 노력하고 있다. AI가 탑재된 펫로봇이 생산된다면, 강아지나 고양이와 같은 생물로서의 펫이 가족구성원으로 이미 정착한 펫패밀리에 큰 변화가 일어날 것으로 보인다.

소니에 이어서 로봇을 연구해 온 혼다는 2000년 11월 인간형 로봇세계를 개관하는 계기가 된 로봇 아시모(ASIMO)를 개발했다.[40] ASIMO는 인간형 로봇으로 인간을 닮은 휴머노이드(Humanoid; human과 -oid의 합성어) 로봇이라는 새로운 로봇세계를 열었다는 데 의의와 가치가 있다. 2004년 KAIST가 한국 최초로 두 발로 걸을 수 있는 인간형 로봇 HUBO(Humanoid와 Robot의 합성어)를 만들어 공개했다. 그리고 2013년 미국의 보스턴 다이나믹스는 인간이 접근하기 불가능한 곳의 수색이나 구조용으로 2족 보행 로봇 ATLAS를 만들었다.

혼다연구소에 의하면 ASIMO는 Advanced Step in Innovative Mobility의 약칭이다. 혼다연구소는 초기에 데쓰카 오사무의 만화영화 〈철완 아톰〉에서 휴머노이드 로봇에 대한 아이디어를 얻었다. ASIMO는 혼다엔지니어링이 개발한 세계 최초의 2족 보행 로봇이다. 키 120cm, 몸무게 53kg이고, 예측운동제어 시스템이 부착되어 있어 중심이나 모션을 제어하며 스스로 걸을 수 있고, 계단을 오르거나 선회하며 댄스도 가능하다. 휴머노이드 로봇이 만들어지면서 인간의 행동을 흉내 내는 차원에서 벗어나 스스로 사고하여 행동하는 AI를 부착한 로봇을 만드는 시도가 세계적으로 추진되고 있다.

최신형 ASIMO는 신장 130cm와 질량 48kg로 인간이 행동하는 것처럼 움직이는 로봇으로 만들고 있다. 사람의 움직임 감지, 자율행동, 사람에 맞춰 움직이는 보행, 사람과의 악수, 장애물 넘기, 음원 인식, 계단 보행, 발음 등의 특징을

---

40 瀬尾央·道田宣和, 『HONDA 明日への挑戦: ASIMOから小型ジェット機まで』(二玄社, 2011).

가지고 있다. 2011년 신형 ASIMO는 3인이 동시에 말하는 언어를 인식하고 발음도 가능하다. 공간 센서를 이용해 사람의 걷는 방향을 예측하고 충돌을 피할수 있으며, 한쪽 발 뛰기, 양발 점프, 뚜껑 열기, 종이컵에 물 담기 등이 가능하다. 혼다는 ASIMO를 응용해서 원자력 재해 로봇을 개발했다. 2018년 6월 일부보도에 의하면, 혼다는 ASIMO를 판매하고 있지 않고 있으며 개발을 중지했다고 알려지고 있지만 혼다는 이를 부인했다.

현재 IT문화의 중심에 있는 산업 로봇은 인간적인 행동을 하도록 만들어져생산 공정에 참여해 많은 활약을 하고 있어 앞으로 더 유용하게 이용될 것으로보인다. 현재 휴머노이드 로봇은 인간의 행동을 닮은 행위를 하고 내장된 프로그램에 의해 움직이지만 인간을 완전하게 대체할 수 있는 유용한 로봇에 대한호기심과 필요성에 의해 지속적으로 연구·개발되고 있다. 앞으로 휴머노이드로봇은 인간이 갖고 있는 사고 능력, 학습 능력, 창조 능력, 감성 능력 등을 갖는새로운 개념의 로봇으로 개발될 가능성과 가치생산성이 높아 로봇시장과 로봇산업은 활성화될 것이다. 그러나 로봇이 인간을 위해 어떻게 순기능과 역할을하게 할 것인가, 인간과 휴머노이드 로봇이 어떻게 공존할 것인가 하는 등의 개념과 방향이 명확하지 않다. IT산업은 기계와 인간의 합체에 의해 그리고 인간대체성과 유용성에 의해 발전될 가능성이 있어 미래산업으로 각광을 받고 있다.

7) J리그·격투기문화

일본에는 다양한 스포츠가 생겨나고 재생산되어 발전하고 있다. 전통스포츠인 스모가 있고 서구 스포츠로 유입된 레슬링, 격투기, 야구 등이 활성화되고 있다. 특히 국제화기에는 일본 축구를 발전시키고 활성화하기 위해 일본프로축구리그(Japan Professional Football League)인 J리그(Jリーグ)가 탄생했다.[41] J리그 탄

---

41 Jリーグ法務委員会,『Jリーグ、プロ制度構築への軌跡』(自由国民社, 1993); 生方幸夫,『Jリーグの
    経済学』(朝日新聞社, 1994); 大住良之,『Jリーグ群像 夢の礎』(アストロ教育システムあすとろ出版
    部, 1995); 日本サッカー協会75年史編集委員会,『日本サッカー協会75年史』(ベースボール・マガ

생은 국제축구연맹과 일본축구연맹의 노력으로 성사되었다. 1986년 6월 멕시코월드컵 개최 중에 브라질 출신 FIFA(Fédération Internationale de Football Association) 제7대회장 아벤젤라는 2002년 FIFA 월드컵 개최지로 일본을 염두에 두고 있다는 의견을 암시하는 발언을 했다. 1989년 FIFA는 정식으로 2002년 FIFA 월드컵을 일본에 개최하고 싶다는 의사를 전달하여 일본 축구계를 긴장시켰다.

FIFA 월드컵을 개최하기 위해서는 경기장 준비, 일본 대표팀의 실력 향상, 제반 인프라의 정비 등이 필요했고, 일본의 축구 실력을 키우고 대회를 유치할 만한 축구 리그가 절실했기 때문에 많은 논란에도 불구하고 1993년 프로축구리그로서 J리그가 탄생하게 되었다. 초기 J리그 각 팀의 명칭은 지역 명칭이나 애칭으로 했기 때문에 기업 명칭을 붙이는 것은 배제되었다. 그러나 1992년 J리그 출범에 즈음하여 프로팀으로 이행하는 데 필요한 홍보와 기업 사정 등을 고려하여 일부 클럽은 기업명을 넣었다. 요미우리 베르디(読売ヴェルディ: ヴェルディ川崎), 미쓰비시 우라와 렛드 다이아몬드(三菱浦和レッドダイヤモンズ:浦和レッドダイヤモンズ) 등이 그 예이다.

J리그는 1993년 10개 클럽으로 출발하여 1998년 1부 리그를 J리그로 한정하고 18클럽으로 구성하여 개최했다. 1999년 J1리그와 J2리그, 2014년에는 J3리그가 생겼다. 일본 국내 38개 도도부현에 본거지를 두고 있는 54개 클럽이 참가하고 있다. J리그 시합은 기본적으로 매주 토요일 또는 일요일에 개최한다. 2008년 이후 일본 대표팀 시합이 있으면 J리그는 시합을 하지 않는다. J리그의 운동 이념으로 일본 축구의 수준 향상 및 축구의 보급 촉진, 풍부한 스포츠문화 진흥 및 국민의 심신건강 발달 기여, 국제사회와의 교류 및 친선 도모 등을 규정했다. 활동 지침으로는 공정하고 매력적인 시합 개최, 스타지엄 환경 조성, 지역교류 추진, 축구 보급, 축구 이외 스포츠 추진, 장애인 스포츠 추진 등을 포함한다. 일본은 J1리그를 출범시킨 후 2002년 한일월드컵대회를 성공적으로 마무리하고,

ジン社, 1996).

축구를 지속적으로 발전시키고 있다.

J리그의 성장과 함께 일본 대표팀의 실력이 향상되고 있으며, 세계적인 감독을 영입하여 전술력을 높이고 월드컵에도 출전하여 좋은 성적을 거두었다. FIFA 랭킹에서도 상위권에 속해 있어 각종 국제축구회에서 유리한 시드 배정을 받고 있다. 특히 일본 축구는 지역 스포츠 브랜드로 자리 잡아 지역경제 발전과 스포츠 환경 조성에 크게 공헌하고 있을 뿐 아니라 흥행과 실적에서도 성공했다.

일본에서 유행하는 운동 경기 중 하나가 격투기이다. 그중 초기에 인기몰이를 한 것이 이종격투기이다. 서로 다른 영역에서 활동하는 스포츠 선수가 각자의 특기를 이용해 승부를 내는 방식으로 진행되었다. 이종격투기 경기는 현역 프로레슬링 선수였던 안토니오 이노키(猪木寛至, Antonio Inoki)가 1976년부터 추진하여 타 운동 경기자와 겨루면서 시작되었다. 이후에는 서로 다른 격투기 선수나 무도가가 공통의 규칙을 정해서 경기하는 방식으로 진행했다. 특히 세기의 주목을 받은 빅 이벤트 경기는 레슬링 선수 안토니오 이노키와 복싱선수 무하마드 알리와의 경기, 이노키 선수와 김일 선수의 한일 간 대전이었다.

이종격투기에 이어 흥행몰이를 하고 있는 것이 미국의 종합격투기단체인 UFC(Ultimate Fighting Championship)가 주최하는 격투기 경기이다. 초창기 UFC는 유술(柔術), 가라테(空手), 유도, 태권도, 복싱, 프로레슬링, 역도, 무에타이 등이 규칙 없이 경기하여 챔피언을 뽑는 방식으로 진행되었다. 그 시점에서는 어느 격투기가 강한가를 가리는 싸움대회였고, 세계 각국에서 종합격투기대회가 열리면서 크게 흥행했다. 이후 반칙 규정이나 체급 분류를 도입하고 정비하면서 페어플레이를 유도하는 경기로 정착되었다. 현재에는 세계 21개국에서 대회를 개최하고 있으며, 51개국 이상의 선수가 참가하여 156개국 11억 명이 시청하는 격투기대회로 성장했다.

일본에서 격투기는 1993년 설립된 일본 종합격투기단체 판쿠라스(PANCRASE, パンクラス)가 주최하는 대회가 정기적으로 열리고 있고, 격투기 잡지나 프로레

슬링 잡지가 UFC에 대한 정보를 제공·전달하고 있다. 초기에는 UFC가 경기 규칙 없이 대회를 개최하여 과격한 경기 내용이 팬뿐 아니라 텔레비전방송 시청자에게 그대로 전달되어 큰 충격을 주었다. 타격계 격투기 K-1(KING-NUMBER ONE)이 1994년 종합격투기 시합에 포함되었고, UFC 이전에 존재했던 종합격투기단체 판쿠라스는 규칙을 정비하고 개정하여 격투기대회를 개최했으며, PRIDE나 DEEP 등과 같은 새로운 프로모션이 등장하여 격투기가 활성화되고 있다.[42]

1997년 처음으로 일본에서 UFC Japan, 1999년 UFC 23, 2000년 UFC 25, 2000년 UFC 29 등 네 번에 걸쳐 대회가 개최되었다. 미국의 종합격투기 프로모선사 주파(ズッファ, Zuffa, LLC)가 주관하는 체제가 된 후 복싱의 제권 프로모션(帝拳プロモーション)을 파트너로 텔레비전방송을 하는 일본 대회 개최를 모색했다. 2007년 소멸된 PRIDE에서 유력선수가 UFC로 이적함으로써 일본에서 주목을 받았다. 2012년 주파체제(ズッファ体制)하에서 일본대회 UFC 144를 개최했고, 2013년 UFC on Fuel TV 8, 2014년 UFC Fight Night, 2015년 UFC Fight Night, 2017년 UFC Fight Night 등이 개최되었다.

일본인이 참가하는 대회는 세계 최고의 혼합격투기를 의미하는 MMA(Mixed Martial Arts) 무대라고 할 수 있다. UFC에는 다수의 일본인 선수가 참전하고 있지만 승리하는 데 많은 어려움을 겪고 있다. 일본인 선수로서 타이틀매치 도전권을 가진 격투기 선수는 오카미 유신(岡見勇信)과 호리구치 교지(堀口恭司) 두 사람으로 둘 다 도전하여 패배했다. 일본인 선수의 최장 출전 횟수는 20회이며 최다 승리는 14승을 이룩한 오카미이고, 미즈가키 다케야(水垣偉弥)는 최다 연승 5회를 기록했다. 특히 한국과 일본에서 유도 선수였던 추성훈 선수는 격투기 선수로 데뷔하여 한국과 일본 격투기 팬들에게 인기를 얻었다.

42 西田健, 『K-1&格闘技の"真実"』(本の森出版センター, 1997); UFC公式サイト.

8) 오컬트 종교문화

일본에는 경제성장을 거치면서 일본 사회와 일본인에게 충격을 주는 사건이 다양하게 발생하고 있다. 경제성장에 따른 가치관 변화, 경기 침체와 저성장에 따른 조직사회로의 진입 불가능성, 사회활동에서 지켜야 하는 차갑고 매서운 규칙에 대한 부적응, 가치관의 결여와 미래 전망에 대한 불신, 정신적 안정과 편안한 안식처 갈구 등과 같이 일본 사회가 안고 있는 다양한 문제로부터 탈출하거나 도피하기 위해 오컬트(occult) 현상에 의존하는 경향이 있다. 오컬트 현상을 일으켜 한 시대를 경악하게 한 단체가 옴진리교(オーム眞理教, AUM Shinrikyo)이다.[43]

옴진리교는 일본의 신흥종교단체로 많은 젊은 신자를 보유하여 세간의 관심을 끌었다. 매스미디어에서는 옴진리교 출가자 대부분이 이공계 출신의 고학력자인 것처럼 보도되어 지식인 집단으로 이미지화되었다. 교조 아사하라 쇼코(麻原彰晃, 본명 松本智津夫)는 히말라야에서 해탈하고 일본에서 유일하게 공중부양을 할 수 있는 초능력자로 행세하면서 알려졌다. 그의 지시에 따라 수행하면 초능력을 익힐 수 있다고 하여 많은 젊은이를 신자로 끌어들였다.

옴진리교 교의는 힌두교나 불교와 같은 기존 종교에 맞춰 이질감을 해소하려 했고, 노스트라다무스(Michel Nostradamus)의 예언이나 초자연적인 요술이나 주술에 의존하는 독특한 교리를 갖고 있는 것으로 알려졌다. 당초에는 요가 서클에 불과했지만 차츰 일상으로부터 이탈하는 행동을 보이고 출가한 신자에게 재산을 보시하도록 유도·강요하고, 교단의 재정을 해결하고 세력을 키우기 위해 출가한 자나 고액의 보시를 요구한 신자의 친족과 지인을 신자로 회유하는 교단으로 알려져 사회문제로 대두했다.

교단의 기괴한 행동강령이나 교리 때문에 신자로 있다간 탈출한 사람으로 구

---

43 江川紹子, 『「オウム真理教」追跡2200日』(文藝春秋, 1995); 東京キララ社編集部, 『オウム真理教大辞典』(二一書房, 2003); 大田俊寛, 『オウム真理教の精神史 ロマン主義・全体主義・原理主義』(春秋社, 2011).

성된 옴진리교피해자회가 발족되어 교단의 사업, 기행, 불법행위 등을 관계 관청에 신고했다. 교단 내부에서는 교리와 행동에 회의를 품고 도망을 시도한 신자를 구속하거나 살해하는 등 1988년부터 1994년까지 6년간 다섯 명이 살해되고, 살해된 자와 행방불명된 자가 약 30명이나 되는 것으로 알려졌다. 교단은 공포와 협박으로 신자를 통제하고 지배했으며, 교조에 대해 절대적 복종을 강요하고, 자동소총, 화학병기, 생물병기, 마약, 폭탄류 등 병기를 준비하고 위법 약물을 생산하기도 하여 세상과의 전쟁을 벌인 것으로 보도되었다.

옴진리교는 사카모토 변호사 일가 살해 사건, 마쓰모토사린 사건, 지하철 사린(地下鉄サリン) 사건 등과 관련되면서 반사회적 활동이나 테러를 감행하는 단체로 세상에 알려졌다. 그 사건 후 대중에 대한 테러 집단으로 규정되어 교조와 교단을 운영하던 지도층이 체포되고 재판을 통해 사형과 같은 처벌을 받았으며, 1996년 1월 종교 법인으로서 법인격을 상실한 이후에도 활동을 계속했지만 2000년 2월에 파산하여 소멸되었다. 이후 새로운 종교단체 아레후(宗教団体アレフ)가 설립되어 교의 및 신자 일부가 승계되었다. 아레후는 'Aleph'(히브리어로 무한 집합의 농도를 나타내는 기호, 자연수 전체의 농도를 ℵ0로 표기함)로 개칭하고 별도의 종교단체 히카리의 와(宗教団体ひかりの輪)로 분파한 것으로 알려졌다.

〈그림 7-11〉은 일본 문부과학성에 등록된 교파별 종교법인 수를 나타낸 것으로 그중에서 제파 계열의 신흥종교단체가 제일 많이 생겨난 것으로 나타나고 있다. 일본에서 새롭게 생성된 많은 신흥종교집단이 있지만 일부 신흥종교집단에는 사회에서 보통으로 살아가는 것에 의문을 가지거나 사회에서 적응하지 못하는 사람들, 이상적인 사회를 갈구하는 사람, 기성세대에 저항하는 젊은이, DV(Domestic Violence) 피해자, 피학대자, 정신질환자, 발달장애자, 개성상해자 등과 같은 사회적 약자가 많이 참가하고 몰입하는 경향이 있다. 일부 교단은 사회적 약자를 구성원으로 하여 종교적 쇠뇌를 통해 종교적 사고와 행동을 하게 할 뿐 아니라 인생을 지배하는 현상으로까지 확대하는 경우도 있다. 이른바 오컬트 종교가 사회적 약자를 상대로 종교 장사를 하고 있을 뿐 아니라 오히려 사

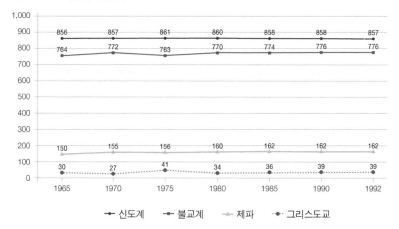

〈그림 7-11〉 교파별 종교법인 수　　　　　　　　　　　　　　　　　　(단위: 100)

	1965	1970	1975	1980	1985	1990	1992
신도계	856	857	861	860	858	858	857
불교계	764	772	763	770	774	776	776
제파	150	155	156	160	162	162	162
그리스도교	30	27	41	34	36	39	39

━◆━ 신도계　　━■━ 불교계　　─▲─ 제파　　∙∙●∙∙ 그리스도교

자료: PHP研究所編,『戦後50年日本のあゆみ』(PHP研究所, 1995), p.347.

회 낙오자를 양산하는 역기능을 하고 있다. 일부 신흥 종교가 믿음과 미래적 희
망을 내세워 종교적 퇴폐문화를 양산하는 상황이 종종 발생하고 있다.

9) 가격 파괴·대중소비문화

일본에서 소비시장을 뒤흔들어 새로운 가격 질서를 구축한 것이 1990년대 활
성화된 이른바 가격파괴운동이다. 가격 파괴는 시장 질서의 교란인가 아니면 혁
명인가 하는 논란이 있지만 지속적으로 시행되어 왔다. 일본에서 가격 파괴라
는 용어가 등장한 것은 1969년 시로야마 사부로(城山三郎)의 경제 소설로 유명
한 『가격 파괴』가 간행되면서부터이다.[44] 이 소설에서 가격 파괴는 기업 간에

44　야구치(矢口)는 당시 할인 판매가 제한되어 있는 일반용 의약품을 대폭 할인 판매하여 소비
　　자로부터 지지를 받았다. 제약회사의 압력에도 굴하지 않고 전국적으로 할인 판매를 확대했
　　다. 그 후 슈퍼마켓 아로(アロー)로 발전시키고 관동 지방에 체인점까지 열었다. 그는 생선
　　식료품, 가전제품, 생활용품 등도 취급하여 종합슈퍼로 규모를 확대한다. 그 과정에서 다른
　　라이벌 슈퍼나 할인 판매하는 회사와 경쟁하게 된다. 그는 아로의 브랜드 상품을 개발하여
　　소매업의 왕자가 된다. 城山三郎,『価格破壊 プライス・ダウン 長編小説』(光文社, 1979).

벌어지는 치열한 경쟁에서 살아남기 위해 상품 가격을 크게 낮추거나 급락시키는 것을 의미한다. 이 소설은 쇼핑업체 다이에 창업자 나카우치 이사오(中内功)를 모델로 했다.[45] 1969년 ≪주간요미우리(週刊読売)≫에 게재되었고 1981년 11월 7일부터 1981년 11월 21일까지 NHK 토요 드라마로도 방영되었다.

일본에서 가격파괴운동은 1970년부터 시작되었다. 브랜드의 이중 가격 철폐를 요구하는 소비자 단체는 강경 자세를 굽히지 않는 마쓰시타(松下)에 대해 마쓰시타 제품 불매운동을 결의했다. 이때 공정거래위원회는 이중 가격 문제에 대해 마쓰시타 브랜드가 부당표시 의혹이 있다는 결론을 내렸다. 당시 다이에는 BUBU라는 브랜드의 13형 컬러텔레비전을 파격적인 가격 5만 9800엔에 판매했기 때문에 마쓰시타와의 대결이 격화되었다. 마쓰시타 고노스케(松下幸之助)는 1975년 나카우치를 교토에 초대하여 '패도는 그만두고 왕도의 길을 걷는 것은 어떤가'라고 제언했지만 나카우치는 응하지 않았다.[46] 이 대립은 마쓰시타 고노스케가 죽은 후 1994년 마쓰시타 전기(松下電器)가 물러서는 형태로 화해하여 끝이 났다. 그들이 벌인 대결을 30년 전쟁이라고 했다.

가전제품에 이어 가격 파괴는 전체 쇼핑몰로 번졌고, 대상 품종도 식료품과 같은 생활용품으로까지 확산되었다. 다이에 기업은 '소비자를 위해 좀 더 좋은 상품을 점점 싸게 제공한다(For the Customers よい品をどんどん安く消費者に提供する)'라는 슬로건을 내세웠고, 이를 위해 기존 가격을 파괴하는 것이 다이에의 존재 가치라고 했다. 예를 들면, 쇠고기의 경우, 보통 상점에서는 100그램당 100엔에 판매하면, 그것을 좀 더 싸게 하여 70엔으로 인하하고, 다시 39엔으로 가격을 내려 판매하는 방식이다. 가격 파괴로 인해 주부들이 쇄도하여 품절 현상이 속출했다. 다이에는 품절 상태를 보충하기 위해 살아 있는 소를 매입하여 쇠고기로 가공하기도 했으며, 더욱이 오키나와에 수입관세가 없는 것을 이용하여 호

---

45 小榑雅章, 『闘う商人 中内功—ダイエーは何を目指したのか』(岩波書店, 2018); 佐野眞一, 『完本 カリスマ—中内功とダイエーの「戦後」〈上〉』(筑摩書房, 2009).

46 小榑雅章, 『闘う商人 中内功—ダイエーは何を目指したのか』(岩波書店, 2018).

주의 소를 오키나와로 수입해서 사육한 후 국내로 들이는 새로운 유통 방법을 고안하여 가격 파괴를 이어갔다.

나카우치는 가격 파괴를 통해 기업이익을 확대하면서 재벌기업으로 성장했다. 다이에는 질징기인 1988년 퍼시픽 리그 남해혹스(パシフィック·リーグの南海ホークス) 주식을 남해전기철도로부터 매수하고 프로야구업계에도 참가하여 후쿠오카 다이에 혹스(福岡ダイエーホークス, Fukuoka Daiei Hawks)를 탄생시켰다. 더욱이 도쿄돔을 능가하는 후쿠오카돔 건설에 착수하는 등 그룹을 급격하게 확장했다. 1988년 4월에는 고베 학원 도시에 오랜 염원이었던 유통과학대학(流通科学大学)을 개교했다. 대학 직원은 당시 다이에에서 전원을 채용하고 동시에 이사장으로 취임했다. 그리고 고향인 고베의 신고베역(新神戶駅) 주변에 호텔, 극장, 전문상가 등을 일체화한 상업시설 신고베 오리엔탈시티(新神戶オリエンタルシティ)를 탄생시켰다. 그렇게 해서 나카우치는 다이에 왕국을 건설하고 1991년에는 비제조업 출신으로서 경단련 부회장에 발탁되었다.

승승장구하던 나카우치는 다이에를 자식들에게 승계하고자 했고 타사로부터 스카우트한 인재나 부하들이 사직하는 현상이 벌어져 독재경영체제의 병폐가 드러났다. 그리고 1990년대 버블 붕괴로 인해 지가가 하락하면서 지가상승을 전제로 점포 수를 급격하게 늘렸던 다이에는 위기에 직면했다. 점포 입지가 시대에 맞지 않았고 업적도 저하되었다. 특히 전략적으로 추진하던 미국형 할인점 하이파마트(ハイパーマート)가 실패했다. 당시 소비자 의식은 싼 가격에서 품질로 변했고, 가전판매에서도 전문점이 등장하기 시작했다. 이런 상황에 대응하지 못한 다이에는 시대의 흐름에 뒤처지기 시작했다.

1990년대 후반에 쇼핑업계는 자스코(ジャスコ)를 경영해 온 이온(イォン)과, 로손(ローソン)의 라이벌 세븐일레븐(セブン-イレブン)의 모회사 이토요카당이 주도하게 되었다. 당시 세간에는 다이에는 아무것도 아니며 바라는 제품이 없다는 인식이 퍼졌고, 나카우치 자신도 만년이 되어 다양화되고 변화무쌍한 시장과 소비자의 변화를 잘 읽어내지 못했다. 나카우치는 컴퓨터에 의한 소비자 대응과 판

매 전략을 구상했고, 사원을 그룹의 산하기업으로 이동시키는 처방을 내렸지만 인심은 다이에를 떠나고 있었다.

나카우치의 다이에신화는 이렇게 사라져 갔지만 다이에의 판매 전략은 생산 시장, 유통시장, 소비시장의 혁명을 가져왔다. 대량생산으로 가격을 줄이고, 대량유통으로 최소 마진을 이어가며 대중소비가 가능한 가격으로 제품을 합리화했다. 특히 파격적으로 새롭게 구축한 유통 시스템과 소비 시스템을 통해 가격 인하, 마진 인하, 소비 촉진 등으로 각 단계의 전문화를 극대화하는 새로운 대중소비문화를 구축하는 데 크게 공헌했다.

이후 일본에서는 상품유통 과정에서 변화가 급격하게 일어났다. 직영 또는 전문적인 대형 판매점이 들어서며 새로운 가격 파괴가 시작되었다. 유통 과정을 줄이고 서비스를 생략하고, 다량의 대형 제품포장을 통해 가격을 줄이는 창고형 매장이 가격 파괴를 주도했다. 소매시장에서는 큐엔(9円)표시할인제도가 정착해 소비시장을 변화시켰다. 100엔보다는 99엔, 300엔보다는 299엔, 1000엔보다는 999엔 등으로 가격을 매겨 할인을 표시하는 새로운 판매법이 유행했다. 그리고 SNS를 통한 국내외 사이버 시장이 확대되어 유통 혁명과 소비 혁명을 일으키고 있다.

가격 파괴는 기업 스스로 소비자에게 가성비 좋은 제품을 제공하는 것이 장기적인 차원에서 보면 긍정적일 수 있다. 유통 단계에서 가격을 통제하는 수단으로 대량구입과 대량판매로 인한 과생산과 과소비, 기업이나 상점 파산에 따른 폐점 판매, 우위를 점한 측의 가격 후려치기 등 변칙적인 방법은 시장 질서를 교란하는 측면이 있어 한계가 있다. 앞으로는 과학기술 혁명으로 인해 기업 혁명, 생산 혁명, 유통 혁명 등이 동반되어 새로운 합리적인 소비시장과 소비 형태가 나타나 새로운 가격파괴혁명이 일어날 것으로 보인다.

5. 맺는 글

국제화기에는 경기 불황을 가져온 버블 경기 붕괴와 경기 회복을 촉발시킨 이자나미 경기, 자민당 55년 체제 붕괴와 사회당 약진, 출생률 하락과 고령화 사회로 인한 소자고령화, 극단적인 개인주의, 개인화와 국제화로 인한 집단문화 붕괴와 새로운 대중문화 등이 발생했다. 일반적으로 붕괴를 긍정적인 측면에서 보면, 일시적 파괴를 통해 불량한 요소를 축출하거나 소멸시키고 새로운 것을 창출할 수 있는 기회가 된다는 점에서 의의가 있다. 그러나 당시 일본은 새로운 돌파구를 찾지 못하고 일본 재생과 부흥에 초점을 맞춰 일시적으로 해결할 수 있는 정책을 구사하여 정확한 답을 내지 못하는 한계를 보였다.

버블 경기 붕괴는 잃어버린 일본을 만들어낸 원인이 되었고 경제대국 일본의 자부심에 심하게 상처를 입힌 대사건이었다. 성장 한계에 따른 일자리 부족과 실업률 증가, 노동시장에서의 고용 한계로 인해 아르바이트 등을 포함한 비정규직의 증가, 열악한 생활환경, 노동 현장에서 배척되는 3K 노동 등과 같은 노동과 노동자 차별, 기업 도산과 개인 파산 등이 연쇄적으로 발생했다. 그리고 저성장으로 인해 일본 경제가 유지해 오던 성장 흐름이 멈추어 방향성과 행로를 잃었다. 일본은 기존의 경제 시스템과 연동된 각종 위기를 극복하고 새로운 성장 동력을 찾아야 하는 절박한 상황에 몰렸고, 버블 경기 붕괴를 극복할 수 있는 새로운 경제성장 패러다임을 찾아야 하는 과제를 안게 되었다.

사회문화적으로는 고령자의 증가, 출산율 저하로 인한 어린이 수 감소 등으로 소자고령화가 정착하여 지역공동체와 사회공동체가 붕괴되었다. 가족공동체와 사회공동체의 붕괴위기를 돌파하기 위해 지역만들기운동과 지역공동체 만들기를 실천하고, 지역문화 진흥과 지역 발전을 본격적으로 추진했다. 특히 저성장과 경제 침체로 개인 간 그리고 세대 간 격차가 확대되어 소비문화와 생활문화에서 격차를 가져왔고, 개인주의가 극단적으로 추구되는 가운데 원조교제와 같은 일탈적인 성문화가 발생하여 사회문제화되었다. 개인의 생활과 삶을 중시하는 가운데 여가문화가 발생하고 여유로운 문화생활을 향유할 수 있는 각종 문화 정책이 시도되었다.

국제화가 강조되면서 대중문화는 국제적으로 공유하고 이해하는 매체로 인식되었을 뿐 아니라 성장산업으로서의 가능성과 문화가치를 생산하는 문화재로 인식하여 성장형문화로 전환되었다. 대중문화가 문화시장에 의해 생사가 갈리고 지역 발전의 기능 여부에 의해 존폐가 결정되는 상황이 되었다. 문화시장에서 잘 팔리는 문화는 계승되어 생존하지만, 잘 팔리지 않은 문화는 생존을 장담하기 어렵다. 특히 전통문화나 국제문화보다는 대중문화가 시장에 민감하게 작용했다. 전통문화는 돈과 정성을 들여 보존하는 문화인 데 비해 대중문화는 돈과 정성을 투자하여 이익을 창출하는 문화로 정착했기 때문이다. 일본의 대중문화는 다양한 사회경제적 요인에 의해 발생하고 유행하는 가운데 일본적인 특징과 색깔을 띠고 활성화되었다.

또한 문화는 지역을 부흥시키는 문화 자산으로서의 기능과 역할을 했다. 문화적 발전은 경제적 발전과 사회적 발전, 지역 발전 등을 의미하게 되었고, 동시에 문화적 낙후는 발전의 낙후를 의미했다. 따라서 문화가 성장과 발전의 중요한 척도가 되고 발전 목표가 되었다. 특히 문화는 소유하여 즐기는 존재이기도 하고 향유하는 생활필수품이 되었을 뿐 아니라 생활에서나 지역 발전에서 없어서는 안 되는 발전 지향적 아이콘이 되었다. 문화적 발전과 낙후는 결국 대도시와 중소 도시 간의 문화적 격차를 줄이고, 상호 협력해서 발전하는 문화발전모델을 구축하는 중요한 동기가 되었다.

대중문화는 존재, 창조, 활용 등의 방식에 의해 선의 가치를 창출하기도 하지만, 잘못하면 사회적 부작용을 일으켜 다양한 사회적 악을 창출하기도 했다. 전통문화는 보존적 가치는 크지만 시장적 사치는 적고, 악의 기능보다는 선의 기능을 하는 경향이 있다. 대중문화는 보존적 가치보다는 시장적 가치가 상대적으로 매우 크기 때문에 시장적 가치의 고저에 따라 존부가 결정되고, 선이나 악을 생산하는 양면성을 가지고 있다. 그런 의미에서 대중문화는 발전 가치와 생산적 가치가 높은 문화라고 할 수 있고, 동시에 선과 악의 기능을 할 수 있는 개연성이 높다고 할 수 있다.

현재 대중문화는 보호하고 발전시켜야 할 대상이다. 대중문화가 선적 가치를 많이 창출하고 대중에게 사랑을 받아 존재 가치를 높일 수 있도록 정책적으로 보호되고 활성화되어야 한다. 앞으로는 대중문화가 기존처럼 시대성이나 가치관을 오도하는 문화로 인식되어 제재와 금지, 견제와 봉쇄의 대상이 되어서는 안 된다. 대중문화는 산업으로서 그리고 자본재로서 기능하고 선을 창출하는 긍정적인 측면이 있어 활성화할 필요가 있다. 대중문화가 생산하는 결과물을 선과 악으로 구분할 수 있는 절대선이나 기준은 없다. 대중문화의 역기능과 순기능에 의해 판단되고 있을 뿐이다. 대중문화는 대중의 선과 악에 의해 선이나 악을 생산하는 속성을 갖고 있기 때문에 대중이 살리고 죽이는 존재이다.

제 **8** 장

네오 국제화기의 대중문화

1. 머리글

네오 국제화기(2011~현재)까지 일본이 발전하고 성장하여 국제사회에서 위상을 높일 수 있었던 것은 일본이 갖고 있는 정신적 가치와 물질적 가치가 융합해 만들어낸 일본제에 대한 신뢰와 자신감이었다. 그러나 고도 경제성장을 달성하고 경제위기를 극복한 일본 발전의 원동력이며 자부심으로 여겨졌던 일본제의 특성과 장점이 사라지는 현상이 일어났다. 특히 100년간 일본적 근대화를 실현하면서 전승되어 온 일본만이 갖고 있는 가치문화와 성공 신화가 무너지고 있는 것이다.

일본과 일본인의 인식과 행동이 경쟁사회에 대응하지 못하거나 굴복하면서 급격하게 변하고 붕괴되어 일어난 결과였다. 탈국가화, 개인화, 국제화 등이 진행되는 가운데 일본인은 일본, 기업, 사회 등의 공동체적 집단 구성원으로서가 아니라 개인으로서 존립 가능한 생존 방식을 찾았다. 국제화의 진전, 다양성 강조, 원자화시대 도래, 개인 중시 현상, 생존 우선형 자본주의 팽창 등과 같은 시대적 가치가 일본적 특질과 진정성을 버리고 이탈하게 만든 것이다. 각 사회 영역에서 모두가 경쟁하는 무한경쟁사회가 도래하고, 집단과 이웃의 존재에 무감각해지는 무정한 개인주의가 침투하여 정신적 가치를 무너뜨리고 일본제 가치를 하락시켜 사회 기능을 마비시키고 있다.

이 시기 국가 정책은 무너져 가는 일본 정신을 세우고, 국가 일본을 새롭게 재생하고 구축하기 위해 강한 일본 만들기(日本づくり)에 집중했다. 일본이 자랑하던 전통적인 문화적 가치와 구조를 회복하여 새롭게 창조하고, 일본 국가가 가지고 있던 성공 정신과 가치를 찾아 지속적으로 성장하는 국제국가 일본을 만드는 것이 최대 과제가 되었다. 국제사회와 경쟁할 수 있는 개인 능력, 경제 능력, 정치 능력, 문화 능력 등의 향상을 통해 국가 능력을 신장시키는 것이다. 특히 해체되어 가는 공동체를 새롭게 구축하고, 무너져 가는 지방을 살리고 활성화하며, 감소되는 인구를 증가시키고, 축소되는 사회력을 향상시켜 국가 성장동력을 회복하는 정책에 역점을 두고 있다.

그런 가운데 문화향유 주체로서 인간의 존재 방식과 삶의 방식, 지역과 국가의 문화 창출 방식과 지원 방식 등 문화향유자와 지원자의 문화적 기능과 역할에 대한 관심이 높아졌다. 문화적 존재로서 일본인과 일본의 위상을 높이고, 어떻게 문화적으로 존재하게 하고, 지역과 국가는 어떻게 문화를 창조하고 지원할 것인가 하는 문화 정책에 관한 과제가 전면에 등장했다. 일본 정부는 문화예술입국(文化藝術立國)으로 규정하여 새로운 국가문화 정책과 지역문화 정책을 추진하고 있다.[1] 문화예술입국은 국가보다는 인간으로서 문화를 향유하는 일본인이 되고 그것을 통해 정신적·물질적 풍요를 만끽하도록 하는 데 궁극적인 목적이 있다.

네오 국제화기에는 국제화기에 추진했던 문화입국(文化立國)이라는 목표 대신에 문화예술입국을 추진하고 있다.[2] 정부는 일본 전통문화를 강조하는 전통문화재 보호 및 계승 중심의 문화 정책을 통해 구축하려고 했던 문화입국의 한계를 극복하고 대중적이며 개별적인 예술문화, 대중문화, 생활문화 등으로 구축되

---

1   文化庁, 『文化芸術立国の実現をめざして』(ぎょうせい, 2009).

2   文化庁, 『新しい文化立国の創造をめざして』(ぎょうせい, 1999).

는 문화예술입국을 실현하기 위해 기존의 목표와 전략을 전환시켰다. 이것은 일본 국가 정책이 포괄적인 문화 정책에서 구체적인 문화 정책으로 전환된 것을 의미하고, 문화 정책이 일본 만들기 정책의 핵심으로 추진되고 있다는 것을 함의한다.

문화를 강조한 것은 문화가 인간을 인간답게 살아가게 하는 원동력이며, 문화적 삶을 영위하는 가운데 인간의 현실적 욕구가 충족되어 삶의 보람을 찾게 하는 힘이기 때문이다. 더욱이 문화 간 교류를 통해 상호 이해하고 존중하는 문화사회를 구축하고, 마음 풍부한 문화공동체를 형성하여 사회 전체의 기능과 소통을 원활하게 하며, 개인의 삶을 윤택하게 하는 기폭제로 인식하기 때문이다. 일본 사회에서 문화는 그 자체로서 고유한 의의와 가치를 갖는 동시에 국민성을 특징짓고 국민 공통점을 끌어내어 국가정체성을 갖도록 기능하고 있어 문화예술입국이 국가와 지방공공단체의 목표가 되었던 것이다. 것이다

국내에서 일본 문화가 강조되고 국제사회에서 급속하게 전파되고 약진하는 가운데 일본 문화의 세계화가 중요한 과제로 등장했다. 네오 국제화시대에는 문화가 한 국가의 국민 공통성과 정체성을 형성하는 요소로 기능하는 점이 있으면서도 점차 개인 공통성과 정체성을 발현하여 문화 공유와 교류를 통해 국제 공통성과 정체성을 만들어내는 수단으로 각광을 받고 있다. 국제적 문화 공유와 교류는 대외적인 자기주장인 동시에 상호 이해 촉진과 우호친선 증진에 크게 기여하고, 우수한 공통 문화를 창조하고 육성하여 세계인과 세계 국가가 상호 발신하고 수신하는 역할을 하고 있다는 점에서 중요해지고 있다. 더욱이 개인문화의 국제사회로의 발신과 수신, 국제문화의 개인으로의 발신과 수신이 중요한 문화적 커뮤니케이션 통로로 자리 잡고 있다.

네오 국제화시대는 국경을 초월해서 문화 발신과 수신이 쌍방으로 이루어지는 국제문화교류시대이다. 또한 개인과 국가, 세계 등은 국제문화사회를 구축하기 위해 국제공통문화 창출, 국제문화협력사업, 국제문화교류활동 등을 폭넓게 추진하고 있다. 더욱이 누구나 공유하고 향유 가능한 국제문화가 생산되고, 민

족문화가 국제적인 공통 문화로 인식되고 전환되는 새로운 현상이 일어나고 있다. 한일이 협력하여 국제 수준에서 문화 공유 및 교류로 추진한 대표적인 문화 프로젝트가 한일 월드컵 공동 개최이다. 한국과 일본이 협력하여 국제행사로서 월드컵을 성공적으로 개최하고 마무리하여 한일 간의 친밀함과 자긍심을 높이는 계기가 되었다.

네오 국제화시대의 문화는 독점하고 독식하는 것이 아니라 발신하고 수신하면서 교류하고 공유하는 것이다. 발신과 수신의 개방성이 진정한 문화 교류를 촉진시키고 국제문화를 구축하는 원동력이라고 할 수 있다. 문화 교류는 하나가 되는 것이 중요한 것이 아니라 다양하면서도 이해와 공유가 가능하여 갈등과 오해를 풀어내는 것이 생명이다. 특히 21세기에 들어서 국제문화로서 대중문화는 다양한 형태로 생산되고 재생산되어 문화 소비자를 만들어 확산시키는 가운데 문화 산업, 문화 기업, 문화 생산 시스템, 문화 콘텐츠, 문화 기술, 문화 매체 등과 같은 문화 인프라를 촉진시키고 있어 가장 잘 통용되는 국제문화가 되고 있다.

2. 네오 국제화기의 시대상

1) 네오 국제화기의 사회현상

네오 국제화기 일본에는 심각하고 해결하기 어려운 국가 과제로 소자고령화 사회가 진행되고, 엔고와 디플레이션으로 인한 국가경제위기가 도래했으며, 동일본 대지진과 구마모토(熊本) 지진 등과 같은 자연재해가 발생하여 일본과 일본인을 어둡게 하고 다양한 딜레마에 빠트렸다. 소자고령화를 극복하기 위해 지방창생 정책이 추진되고 있고, 경제위기를 극복하기 위해 아베노믹스(アベノミクス)와 신아베노믹스가 추진되고 있으며, 자연재해를 극복하기 위해 각종 제도와 위기극복 시스템을 구축하고 있다.

네오 국제화기의 시대적 사회현상은 각 사회 영역에서 발생하여 일본을 부정적으로 이미지화하기도 하고 때로는 긍정적으로 이끄는 힘으로 작용한다. 특히 이 시기 추진되고 있는 강한 일본 만들기는 일본 국민의 결속과 단결을 요구하고 대외강경 정책으로 진행되어 국제사회와의 갈등과 경쟁을 격화시키는 요인으로 태풍의 눈이 되고 있다. 〈표 8-1〉은 네오 국제화기의 사회현상을 소개한 것이다.

사회현상으로는 격차사회 고착화, 지역문화 활성화, 우경화 진행, 학력 저하, 단카이 세대 대량퇴직, 니트족 탄생, 지구온난화, 신인플루엔자 유행, 일본제의 안정성 신화 붕괴, 의료체계 붕괴, 개인정보 유출, 인터넷범죄 증가, 숙년 이혼, 아동학대, 가정폭력, 대리 출산, 다양한 여성상, 동아시아 국가를 둘러싼 혐오현상 등으로 나타났다. 특히 첨단과학과 기술 발전으로 AI문화, 스마트폰문화, IT문화 등이 확산되고, 아이돌문화가 진행되어 새로운 젊은이문화가 양산되고 있다. 아이돌은 캐릭터성을 전면에 내세워 노래, 춤, 연기, 웃음 등 폭넓은 장르에서 활약하고, 국제사회에 진출하면서 국제 아이돌과 문화가 발생하여 새로운 아이돌 비즈니스로 떠오르고 있다.

네오 국제화기는 동일본 대지진이나 구마모토 지진 등과 같은 대규모 자연재해가 많이 발생하여 일본 사회를 불안하게 했다. 동일본 대지진은 2011년 3월 11일 금요일 14시 46분 18초 미야기현(宮城県牡鹿半島, 동남동 바다 130km 지점, 북위38도 06.2분, 동경142도 51.6분, 깊이 24km)을 원진으로 발생했다. 그것은 진도 9.0으로 일본에서 발생한 지진 중 관측 이래 최대 규모의 지진이었다. 이 지진은 일본의 태평양 연안 지역을 초토화시켰을 뿐 아니라 후쿠시마 원전 폭발로 이어지는 대재앙을 일으켰다.

2016년 4월 14일 21시 26분 구마모토 지진이 일어났다. 구마모토현과 오이타현을 강타한 지진으로 진도는 7.0으로 관측되었고, 이후 진도 6.0 전후의 여진이 5회 발생했다. 현재까지 지진으로 인한 인명 피해와 재산 피해를 극복하고 재기하는 데 많은 어려움을 겪고 있다. 자연재해는 분명히 인재는 아니다. 그러

〈표 8-1〉 네오 국제화기의 사회현상

구분	네오 국제화기의 사회현상
2011 ~ 현재	아키히토천황 생전 퇴위에 대한 입장 발표, 나루히토 황태자 천황 즉위, 연호 레이와(令和) 공표, 광우병 발견, 황태자비 마사코 아이코(愛子) 출산, 새로운 교과서 만드는 모임의 중학교용 역사교과서 검정 합격, 인터넷박람회, 인류학자 나카네 치에(中根千枝)문화훈장, 포켓몬스터 히트, 유키지루시 수입 쇠고기를 국산으로 위장, 다스킨니쿠망 금지첨가물 발각, 모치 과자 제조일자 위장, 네기시 에이이치(根岸英一・鈴木章) 노벨화학상 수상, 신도 가네토 문화훈장, 〈센과 치히로의 행방불명〉 베를린영화제 최고상 수상 및 아카데미상 수상, 샐러리맨 의료비 3할 부담, 국립대학법인화법, 지상디지털방송 개시, 미나마타병 국가책임 확정, 니가타 지진 6.8 발생, 문화청 서울에서 〈시간을 달리는 소녀(時をかける少女)〉 포함 44개 일본 영화 상영, 소비자물가 5년 연속 하락, 아이치(愛知)박람회 개최, 미야자키 하야오 베네치아영화제에서 명예황금사자상 수상, 정부의 소자고령화 대책, 사회보험청 연금 기록누락 5000만 건 발생, 일본 인구 1억 2777만 명, 외국인 출입자 지문날인 및 사진촬영법 실시, 75세 이상 후기 고령자 의료제도 실시, 후생노동성 특수출산율 1.34 발표, 격차사회, 지역문화 활성화, 우경화 진행, 초소자고령화사회 등장, 학력 저하, 단카이 세대 대량퇴직, 니트(NEET)족 탄생, 지구온난화, 신인플루엔자 유행, 일본제의 안정성 신화 붕괴, 의료체제 붕괴, 개인정보 유출, 인터넷범죄 증가, 숙년 이혼, 아동학대, 가정폭력, 대리출산, 신형우울증, 2012 도쿄 스카이트리 준공, 2010년 중국의 실질GDP 일본 추월, 센카쿠(尖閣)열도 중국 어선 충돌, 2011년 동일본 대지진 발생, 후쿠시마(福島)원전 사고, 2013년 후생연금 지급연령 65세, 2014년 초고층빌딩 아베의 하루카스(あべのハルカス) 지상 60층 개업, 2016년 구마모토 지진, 아이돌 그룹 SMAP 해산, 2017년 국민연금보험료 월액 1만 6900엔으로 인상, 스마트폰 증가로 파미콘 발매 저하, 일본·중국·한국 기업 간 경쟁 격화, 젊은이 소득 저하로 자동차 구매 부진, 유니섹스 현상, 여성을 지칭하는 언어 유행, 가푸여자(カープ女子), 이공계 여자(理系女子, リケジョ), 토목계 여자(土木系女子, ドボジョ), 야마카부(山ガール), 고지라세 여자(こじらせ女子), 서부칼계 여자(サブカル系女子), 동물계 여자(動物系女子), 초식계 남자, 아이돌 그룹(AKB48, 嵐)전성시대, K-POP(빅뱅, 동방신기)일본 상륙, 소셜게임, 스마트폰게임 인기, 아베노믹스, 관광청 발족, 슈퍼컴퓨터 개발, 유토리(ゆとり) 교육, 탈유토리 교육, 전국 학력테스트, 전기자동차, 전자 서적, 집단적 자위권, '스토커규제법' 개정, 엔고디플레이션 현상, IoT, 빅데이터, 핀테크, AI, 자율자동차, 혐한류문화, 혐일류문화, 혐중류문화, 와쇼쿠(和食)문화

자료: 文芸春秋, 『文芸春秋 論点100』(文芸春秋, 2010~2018); 成美堂出版編集部, 『今わかる 最新時事用語』(成美堂出版, 2011~2018); 青山誠, 『統計でふりかえる平成日本の30年』(双葉社, 2018).

나 자연재해로 인해 지속적으로 동일한 재해를 입고 있다면 그것은 인재에 속하는 부분이다. 미연에 방지할 수 있는 재해를 막지 못했기 때문이다. 일본에서 일어나고 있는 재해는 자연재해와 인재의 양 측면이 있어 세심하게 장기 계획을 세워 대응할 필요가 있다.

2) 소자고령화사회

일본에서는 1997년 이후 소자화로 인해 급속하게 어린이 인구가 감소하고 있고 고령화가 급속도로 진행되어 고령화사회가 촉진되어 이는 국가의 중요한 과제가 되었다. 결혼을 안 하거나 결혼을 해도 적게 출산하기 때문에 어린이가 감소하는 소자화(少子化) 현상이 일어나고 있다. 그리고 의학 발전과 건강 증진, 영양 상태 호전 등으로 수명이 늘어나면서 65세 이상의 고령인구가 증가하는 고령화(高齡化) 현상이 동반되고 있다.[3] 소자화와 고령화를 합해서 소자고령화(少子高齡化)라고 한다. 소자고령화는 인구분포 측면에만 영향을 주는 것이 아니라 정치, 경제, 사회 등에 부정적인 영향을 주는 한편 일본 국력을 약화시키는 요인으로 작용하고 있어 매우 심각한 문제로 받아들여지고 있다.[4]

후생노동성 발표에 의하면, 평균 초혼연령은 1975년 여성 24.7세이고 남성 27.0세이었지만, 2015년 여성 29.4세이고 남성 31.1세로 나타나 여성과 남성 모두 만혼화가 진행되고 있다. 또한 초혼자의 연령별 분포 추이를 보면, 남녀 모두 20세 후반을 최고점으로 역 U자 커브모형을 형성하고 있어 높은 연령대 초혼자가 많아지는 흐름으로 변하고 있다. 초혼자의 연령이 높아지는 것은 출산 가능성이 적어지고, 저출산으로 이어질 가능성이 높아 어린이인구 점유율이 낮아지고 고령자 인구 점유율을 높이는 원인이 되고 있다.[5]

일본에서 소자화의 원인은 결혼을 하지 않는 미혼화, 결혼을 늦게 하는 만혼화, 거기에 동반하여 아이를 늦게 낳는 만산화, 결혼을 해도 어린이를 낳지 않는

---

3   経済財政諮問会議 専門調査会, 『選択する未来 委員会: 未来への選択ー人口急減・超高齢社会を超えて、日本発 成長・発展モデルを構築ー』(経済財政諮問会議, 2014).

4   구견서, 『21세기 일본: 대국일본 만들기 프로젝트의 실태』(신아사, 2016)

5   松田茂樹, 『少子化論ーなぜまだ結婚、出産しやすい国にならないのか』(勁草書房, 2013); 内閣府, 『平成30年版 少子化社会対策白書』(内閣府, 2018).

(단위: %)

연령	99만 엔 이하	100만~199만 엔	200만~299만 엔	300만~399만 엔	500만~699만 엔	700만 엔 이상
20~24세	0.7	2.3	4.2	7.7	8.2	10.3
25~29세	0.6	7.9	11.4	18.9	28.9	27.1
30~34세	10.8	19.1	25.2	37.8	50.5	52.0
35~39세	12.8	30.0	37.9	51.1	62.7	70.7

무산화 등이 작용하고 있기 때문이다. 또한 남녀의 경제적 환경이 초혼자의 고령 출산에 결정적으로 영향을 주는 것으로 나타났다. 저소득이 고령 초혼을 양산하고 고령 초혼자는 아이를 적게 낳거나 낳지 않는 경우가 많은 것이다.

〈표 8-2〉는 초혼자의 소득과 연령의 관계를 소개한 것으로 소득과 연령이 어린이출산에 영향을 미치고 있음을 보여준다. 연령과 소득 측면에서 초혼율을 보면, 초혼율이 가장 낮은 층은 연령 25~29세와 소득 99만 엔 이하 세대로 0.6%를 기록하고 있다. 초혼율이 가장 높은 층은 연령 35~39세와 소득 700만 엔 이상 세대로 70.7%를 기록하고 있다. 초혼율은 소득이 높아질수록 높아지고, 나이가 많아질수록 높아지는 것으로 나타나고 있다. 비교적 나이가 있는 연령대와 소득이 높은 연령대가 초혼의 가능성이 높은 것으로 나타났다.

초혼자가 젊은 연령대라고 해서 어린이를 많이 낳는 것은 아니다. 또한 높은 연령대의 초혼자가 어린이를 적게 낳는 것도 아니다. 중소기업청에 의하면, 기혼자 중 어린이가 있는 비율은 소득이 높은 층이 많고, 소득이 낮음에 따라 미혼율과 미출산율이 높아지는 경향이 있다. 프리터 증가는 결혼율과 출생률의 저하를 초래하는 것으로 나타났다. 30대의 경우 남성 정규 취업자의 미혼율은 30.7%인데 비해 비정규직자는 75.6%로 나타나고 있다. 일반적으로 결혼율이 높으면 출생률이 높아질 가능성이 높다는 점에서 정비례 관계에 있지만 소득이나 가치관에 의해 출생률이 영향을 받는다.

전후 베이비 붐이 시작된 시기에 일본의 출산율은 매우 높아 인구 1억 명을 만드는 데 크게 공헌했고, 사회경제 영역에서 긍정적인 역할을 했다. 1947년부터 1949년까지 3년간 전지(戰地)나 군대에서 가정으로 돌아온 남성 때문에 어린이 출산율이 높아졌고, 이들 남성과 결혼한 여성의 출산율도 높아지는 매우 특수한 시기였다. 단카이 세대라 불리는 제1차 베이비 붐 시기의 특수합계 출생률은 4.32명이었다. 그 후 점차 감소하여 1961년에는 1.97명이었고, 1963년 이후 1974년까지는 약 2.0명이었다. 1975년에는 1.91명을 기록한 후 현재까지 1.0명대를 지속적으로 유지하고 있다.

일본 정부는 2004년 『소자화사회 백서』에서 특수합계출생률이 인구 유지 수준에 미치지 못하고 있어 어린이 인구가 65세 이상 고령자 인구보다 적어지는 사회를 소자화사회라고 정의했다. 일본은 이미 1997년 소자화사회가 되었다. 일본이 인구를 유지하기 위한 특수합계출산율은 2.08명이지만 1974년 2.08 이하로 떨어진 후 2005년 전후 최초로 총인구가 자연 감소했다. 소자화 방지를 위해서는 육아휴가제도 확충, 출산 후 재취업 지원, 보육시설 확충, 출산과 육아를 지원하는 각종 급부금 제도 확충, 고령자의 재고용제도 정비, 외국인 노동자 수용 등 출산율을 향상시킬 수 있는 다양한 지원 정책을 추진할 필요가 있다.[6]

현재 소자화가 문제되는 것은 다양한 사회 영역에서 많은 악영향을 끼치기 때문이다. 우선 생산연령인구의 축소로 고용 확보가 어려워지고 있다. 일본의 생산연령인구는 1995년 8717만 명이 된 이후 감소하고 있고, 1998년 노동인구는 6793만 명으로 나타났다. 어린이 인구가 감소하면 생산연령인구나 노동인구가 감소하는 현상으로 이어져 경제활동과 성장을 저해하고, 사회보장체제의 유지를 어렵게 하여 사회복지서비스의 악화를 초래할 수 있다. 더욱이 대도시 일극 중심화를 촉진시키고, 과소화 도시를 만들어 도시의 황폐화를 야기하며, 가족공동체나 사회공동체의 붕괴를 초래하여 사회 기능의 마비를 가져오는 원인

---

6   内閣府, 『少子化社会対策白書』〈平成30年版〉, (日経印刷, 2018).

이 되고 있다.

일본은 소자화사회가 진행되면서 동시에 고령화 사회가 급격하게 진행되고 있다. 소자화가 일본 사회에 악영향을 끼치고 있고, 고령화도 다양하게 각 사회 영역에 부정적인 영향을 미치는 것으로 나타난다.[7] 특히 일본 가정공동체가 변화하고 있다. 일본 가정에서 3세대 가족은 1975년 54.5%에서 2010년 16.2%로 낮아졌고, 부부 세대는 각각 13.1%에서 29.9%로, 단독 세대는 8.6%에서 24.2%로, 부모와 미혼 자식 세대는 9.6%에서 18.5%로 상승했다. 소자화와 고령화는 연금, 의료, 복지 등의 영역에서 다양한 문제를 발생시키고 있다. 인구 분포 측면에서 보면, 소자화는 고령화의 비율을 높이고 어린이들이 사회 부양을 많이 하게 하는 원인이 된다. 고령화는 소자화의 비율을 낮추고 사회 부담을 많이 주는 원인이 된다.

고령화의 원인은 사망률 저하, 수명 연장, 영양 상태 개선, 공중위생 발달, 의학적 처방 발달, 소득 증대, 생활환경 정비, 건강 관심 증대 등이다. 노인인구 비율이 7~14%인 경우는 고령화사회라 하고, 14% 이상은 고령사회, 21% 이상을 초고령사회라고 한다. 고령화사회는 총인구에서 점하는 65세 이상의 노년인구가 증대하는 사회를 의미한다. 국제연합은 2050년 세계 인구의 18%가 65세 이상이 될 것으로 보고, OECD 국가에서는 1인의 노인을 3인 이하의 출생 인구로 지탱해야 하는 초고령화 사회가 될 것으로 예측한다.

일본 국세조사에 의하면, 1970년 노인인구 비율이 7.1%를 차지하고 있어 고령화사회가 되었고, 1995년 14.5%를 점유하여 고령사회가 되었으며, 2007년에는 21.5%를 차지하여 초고령화 사회가 되었다. 2016년 9월 65세 인구는 3514만 명으로 총인구의 27.7%를 점하고 있고, 비노인 4명이 노인 1명을 부양하는 초고령화 사회가 되었다. 2016년은 1947~1949년에 출생한 단카이 세대가 65세 이상이 된 해이기 때문이다. 그리고 제2차 베이비 붐 기간인 1971~1974년 출생

---

7   内閣府(編集), 『高齡社会白書』〈平成30年版〉, (日経印刷, 2018).

자는 2036~2039년에 65세 이상이 되어 고령자는 최고조에 달할 것으로 보인다. 2020년에는 29.1%, 2035년에는 33.4%가 될 것으로 예측되고 있다.[8]

고령화사회는 사회보장제도 확충, 노인 고용, 부양 증가, 단독 세대 증가, 고독사, 사회구매력 저하, 치매 환자 증가, 의료부담 증가 등 다양한 영역에서 문제를 발생시키고 있다. 정치권에서는 고령자가 스스로 책임을 지는 실버 민주주의라는 이름으로 고령사회에 대한 대책을 마련하고 있다. 도시와 지방 사이에 고령화의 격차가 생기고 있는데 이는 고도 경제성장으로 지방 젊은이가 도시로 이동하여 도시에 거주하는 젊은이 비율이 높아진 데 비해, 지방은 젊은이가 줄어들고 정주하는 고령자가 많기 때문에 벌어지는 현상이다. 현재 소자고령화는 일본 국가나 지방, 경제와 정치, 사회와 문화 등의 변화에 크게 영향을 줄 것으로 예상된다. 일본에서는 소자고령화가 국가와 사회를 무너트리는 재앙으로 작용할 것으로 예측하고 있음에도 명확하게 해결할 수 있는 방법이나 대책을 내놓지 못하는 실정이어서 종합적이고 정확한 인구 정책을 세워 실천할 필요가 있다.

3) 아베노믹스와 신아베노믹스

네오 국제화기 일본은 잃어버린 10년이나 잃어버린 20년에서 벗어나기 위해 대대적이고 파격적인 경제 확대 정책을 추진하고 있다. 일본의 저성장과 한계성장을 극복하기 위해 아베 총리는 아베노믹스와 신아베노믹스라는 과감한 경기부양 정책을 추진했다. 아베노믹스(Abenomics)는 아베 신조(安倍晋三) 총리가 제2차 아베 내각을 조직하고 내세운 경제 정책의 총칭이며 경기부양 이론이라고 할 수 있다. 아베노믹스는 아베(Abe)와 이코노믹스(Economics)가 결합한 신조어이다.[9] 아베 총리를 비롯한 당시 경제 담당자들은 엔고와 디플레이션을 경기

---

8   内閣府(編集), 『高齢社会白書』〈平成30年版〉.

9   相沢幸悦, 『「アベノミクス」の正体』(日本経済評論社, 2017); 伊東光晴, 『アベノミクス批判 四本の矢を折る』(岩波書店, 2014).

불황의 원인으로 진단하고 이를 극복하기 위해 강력한 금융확장 정책을 추진했다.

아베노믹스라는 용어는 2006년 정치가로 활동한 나카가와 히데나오(中川秀直)가 사용한 조어이다. 아베노믹스는 아베 내각의 경제 정책을 총칭하는 것으로 재정지출 삭감, 공공투자 축소, 규제 완화 등을 추진한 고이즈미 준이치로의 긴축 정책과는 정반대인 금융 및 재정 확대를 통해 경제를 활성화하는 정책이라는 점에서 파격적이다. 2012년 제2차 아베 내각은 디플레이션 불황을 극복하기 위해 인플레이션 정책을 추진하고, '일본은행법' 개정을 시야에 넣고 금융완화조치를 취하는 대담한 금융 확대 정책을 발표했다. 일련의 경제 정책은 1980년대 레이건의 경제 정책을 레이거노믹스라 칭했기 때문에 그에 빗대어 아베가 추구하는 경제 정책이라는 의미로 아베노믹스라고 했다.

〈표 8-3〉은 아베노믹스의 구체적인 정책 목표와 실천 내용을 소개한 것이다. 아베노믹스는 기본적으로 세 개의 화살로 구성되었고, 과감한 경기부양 정책이기 때문에 장점과 단점을 모두 내포한 정부 주도형 경기부양 정책이다.[10] 세 개의 화살은 대담한 금융 정책, 기동적인 재정 정책, 민간 투자를 활성화하는 성장 전략이고, 그와 더불어 재정 건전화를 병행하기 위해 소비세 인상 정책을 동시에 구사하고 있다.

아베노믹스의 효과는 다양한 측면에서 나타나고 있다. 명목국내총생산은 2012년에 494조 엔이었지만 아베노믹스가 실시된 후 2017년 549조 엔으로 약 54조 엔 증가했다. 취업자 수는 270만 명 증가하고 실업자는 110만 명 감소했으며 실업률은 2.8%로 낮아졌다. 해외에 공장을 둔 일본 기업은 2000년대부터 본국으로 복귀했고, 2015년 1년간 724개의 제조사가 일본으로 회귀하여 생산, 고용, 수출, 소비 등을 활성화했다. 2017년 제조업에 의한 고용은 1000만 명을 넘었다.[11] 취업자 수는 버블 경기 당시의 상황에 근접해 있고, 여성과 고령자 일자

10　이하 내용은 구건서, 『21세기 일본: 대국일본 만들기 프로젝트의 실태』를 참조.

〈표 8-3〉 아베노믹스

구분		구체적 내용
제1화살	대담한 금융 정책 (大胆な金融政策)	- 무제한 금융 양적완화 - 엔고의 시정과 그를 위한 엔 유동화 - '일본은행법' 개정
제2화살	기동적인 재정 정책 (機動的な財政政策)	- 대규모 공공투자 - 일본은행 구매 기능을 통한 건설국채 매입 및 장기 보유 - 국채 유동화
제3화살	민간투자를 환기하는 성장 전략 (民間投資を喚起する成長戦略)	- 민간투자 활성화를 통한 경제성장 - 장수사회에서 창조하는 성장산업 - 전원 참가의 성장 전략 - 세계에서 승리하는 젊은이 - 여성의 힘이 발휘되는 일본
제4화살	재정건전화 (財政健全化)	- 경제성장과 소비세 인상 병행

자료: 구견서, 『21세기 일본: 대국일본 만들기 프로젝트의 실태』(신아사, 2016).

리가 늘고 개인소득이 증가하고 있다. 현재 일본은 아베노믹스의 효과로 경제 호황기를 맞이하고 있다. 경제재정재생상 모테기 도시미쓰(茂木敏充)는 2012년 12월부터 2019년 1월 현재 74개월간 경기가 연속적으로 성장하고 있어 전후 최장기간의 성장 가능성이 있다고 말했다. 아베노믹스의 호황은 사상 최고 수준을 기록하고 있는 기업실적이 뒷받침하고 있다.

그러나 아베노믹스는 경제 이론을 무시한 정치경제학이라는 비판 속에서 출발했고, 완전하게 성공해도 결과적으로는 나쁜 영향을 미칠 것이라고 예견했다. 그만큼 아베노믹스는 추진하는 데 많은 위험 요소를 안고 있는 정책이다. 성장 일변도에 있다고는 하지만 다양한 부정적인 증거가 노출되고 있다. 연평균 실질 국내총생산(GDP) 성장률은 1.2%에 불과하고, 2008년 1.6%와 1960년대 11.5%

11 佐々木彦・飯田泰之, 『アベノミクスの成否』(日本経済政策学会叢書), (勁草書房, 2019); 福田慎 ,
    『検証 アベノミクス「新三本の矢」: 成長戦略による構造改革への期待と課題』(東京大学出版, 2018).

〈표 8-4〉 신아베노믹스

구분	정책	구체적 내용
제1화살	희망을 낳는 강한 경제(希望を生み出す強い経済)	- 국민총생산을 늘리는 것 - 600조 엔 목표
제2화살	꿈을 갖는 양육 지원(夢を紡ぐ子育て支援)	- 어린이 출산을 장려하는 것 - 합계특수출산 1.8명 목표
제3화살	안심사회 보장(安心につながる社会保障)	- 개호 이직을 제로로 하는 것 - 개호 이직률 0 목표

자료: 구견서, 『21세기 일본: 대국일본 만들기 프로젝트의 실태』(신아사, 2016).

등과 비교해도 그렇게 좋은 것이 아니다.[12] 성장 혜택은 수출 위주의 대기업이고 일반 서민은 배제되어 있다는 약점이 있다. 더욱이 2019년 10월 소비세가 8%에서 10%로 인상될 것으로 보여 경제를 위축시킬 가능성이 있고, 아베노믹스는 한계에 도달할 것이라는 전망이 다수 존재한다.

아베 총리는 2015년 아베노믹스에 이어 신(新)3개 화살에 기초한 신아베노믹스를 내놓았다.[13] 2015년 자민당 총재에 재선되면서 아베노믹스 제2스테이지를 의미하는 신아베노믹스를 주창하고 그와 동반해서 1억총활약사회(一億総活躍社会)를 내세웠다. 〈표 8-4〉는 신아베노믹스의 내용을 소개한 것이다. 신아베노믹스는 총생산 600조 엔을 목표로 희망을 낳는 강한 경제, 어린이 출산을 장려하고 합계출산율을 1.8명으로 늘리는 꿈을 갖는 양육 지원, 개호이직률을 0으로 하는 안심사회보장 등으로 구성되어 있어 아베노믹스의 확대 정책을 보완하는 사회 보호 정책의 의미를 담고 있다.

아베노믹스는 기본적으로 경제성장을 통해 위기를 극복하고 지속적으로 성장하는 강한 일본형 경제체제를 구축하는 데 목적이 있다. 일본 정부가 저돌적

---

12 伊東光晴, 『アベノミクス批判-四本の矢を折る』.

13 구견서, 『21세기 일본: 대국일본 만들기 프로젝트의 실태』; 福田慎一, 『検証 アベノミクス「新三本の矢」: 成長戦略による構造改革への期待と課題』.

이며 파격적인 아베노믹스를 추진하는 이유는 저성장과 한계성장을 극복하고 경제성장과 지역 발전을 달성하기 위함이다. 후속 조치로 등장시킨 신아베노믹스는 경제성장과 함께 추진될 지역경제 및 지역 활성화, 인구 증가, 안정적인 사회복지 등을 충실하게 하는 데 목저이 있다. 그리고 그것과 병행해서 지역 살리기에 역점을 둔 지역창생 프로젝트와 1억총활약사회를 동시에 추진하고 있다. 현재 아베노믹스와 신아메노믹스는 아베 신조 총리의 역사관과 국가관, 정권 유지와 일본 성장, 대외 정책과 국내 결속 정책 등에 기초한 강한 일본 만들기의 이데올로기 기능을 하고 있는 부국강병 프로젝트라는 특징이 있다.

4) 지역문화창생

아베노믹스는 경제를 살리는 경제성장 정책이고, 신아베노믹스는 경제성장과 함께 사회 안정을 꾀하는 사회성장 정책이다. 그와 동시에 추진하는 지역창생 프로젝트와 1억총활약사회는 지역 살리기와 일본 살리기 정책이다. 일본 정부는 지역 활성화를 위해 지역 장점을 찾아내고 새롭게 만들어내는 지역창생을 중요한 목표로 설정하여 국가 부흥과 지역 부흥을 동시에 시도하고 있다.[14] 2017년 지역창생을 담당하는 지역문화창생 본부가 발족하면서 지역창생, 지역문화 진흥, 마을 만들기 등을 추진하기 위한 법적 제도적 장치를 마련하여 시행하고 있다.

아베정부가 지방 활성화를 위해 내세운 지방창생의 총합 전략은 지역의 일, 마을, 사람 등을 새롭게 창생하는 데 맞춰져 있다.[15] 대부분의 지방자치단체는 중앙정부의 지방창생 정책에 동조하여 구체적인 정책을 실천하기 위해 다양한 전략을 구상하고 있다. 〈그림 8-1〉은 지방창생을 실천하기 위한 총합 전략을 소

---

14 木下斉, 『地方創生大全』(東洋経済新報社, 2016); 小磯修二·村上裕一, 『地方創生を超えて-これからの地域政策』(岩波書店, 2018).

15 内閣官房 まち·ひと·しごと創生本部事務局, 平成26, 「まち·ひと·しごと創生 長期ビジョン」, 「総合戦略」パンフレット, 内閣官房 まち·ひと·しごと創生本部事務局에서 재구성함.

<그림 8-1> 지방창생총합 전략

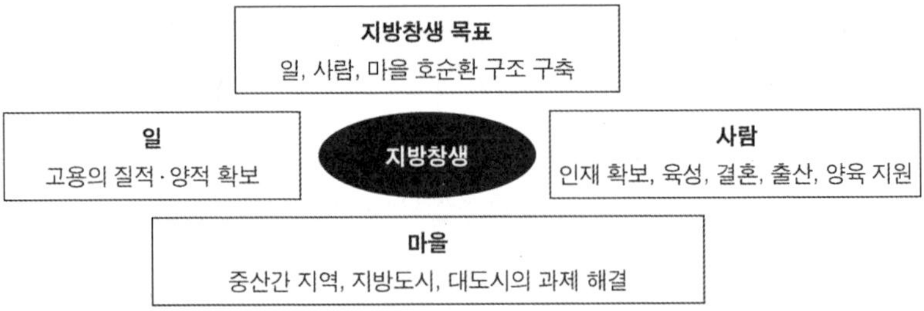

지방창생 목표
일, 사람, 마을 호순환 구조 구축

일	지방창생	사람
고용의 질적·양적 확보		인재 확보, 육성, 결혼, 출산, 양육 지원

마을
중산간 지역, 지방도시, 대도시의 과제 해결

개한 것이다[16]. 지방창생총합 전략은 지방창생 목표를 일, 사람, 마을 등이 순환하는 구조를 구축하여 지방을 새롭게 만드는 것이다.

국가의 지방창생총합 전략에서 규정한 목표는 일을 창출하여 안심하고 일할 수 있도록 하는 것, 사람의 흐름을 원활하게 하는 것, 젊은 세대의 결혼, 출산, 양육 등의 희망을 실현하는 것, 시대에 맞는 지역을 만들어 편안한 생활을 유지함과 동시에 지역과 지역을 연대하는 것 등이다. 지방창생실천 전략은 좋은 일자리와 좋은 인재가 상호 순환하는 가운데 그것이 마을을 활성화하고 지탱하는 힘으로 연결되는 구조를 만들어 지방을 발전시키는 데 목적이 있다. 지역주민이 양질의 일자리에 접할 수 있고, 지역에서 태어나고 자라는 어린이를 유용한 지역 인재로 육성하는 시스템을 구축하며, 좋은 일자리와 좋은 인재가 지역에 거주하여 마을을 활성화하여 각 지방공공단체가 안고 있는 과제를 장기적인 차원에서 해결하는 것이다.

지방창생이 추구하는 정책과 전략에 기초해서 각 도도부현은 인구 추계 및 각종 조사를 통해 인구 비전을 제시하는 가운데 총합 전략의 기본 목표를 설정하고, 행해야 할 시책에 관한 기본 방향 설정, 구체적 시책과 객관적 지표 설정, 효과 검증방법 확립 등을 구체화하여 실적을 높이기 위해 전력투구하고 있다.

---

16 구견서, 『21세기 일본: 대국일본 만들기 프로젝트의 실태』; 구견서, 『일본의 지역문화정책』
    (신아사, 2018).

여기에서 중요한 것은 지방창생이 지향하는 정책 분야에 대한 구체적인 제안이다. 중앙정부가 제시하는 정책과 전략뿐 아니라 각 지방공공단체가 구상하는 정책과 실천 전략에 따라 결과에서 많은 차이를 보이기 때문이다. 2018년 지방창생 전략이 실시되고 있지만 구상하고 실천한 만큼 좋은 결과를 내는 데 한계를 보이고 있어 정책에 대한 찬반이 갈리고 있다.

아베 수상은 지방창생에 대해 중요한 것은 지방이 스스로 생각해 행동하고 변혁을 일으키는 것이라고 강조했다. 국가가 입안하고 추진하는 전형적인 국가 주도적 지방창생 정책이 한계를 보이고 있기 때문이다. 앞으로 지방창생 정책은 지방자치단체나 지역의 역량을 시험하는 방향으로 진행하고 성과에 따라 차등적으로 지원할 가능성이 높기 때문에 지방자치단체 간 무리한 경쟁을 촉발시킬 것이라는 우려도 나오고 있다. 이를 계기로 고도 경제성장기로부터 버블 경기와 버블 붕괴기에 걸쳐 진행된 획일적인 개혁 정책이나 전국의 킨타로아메형(金太郎飴型, 동일한 유형의 발전) 지역 개발은 종언을 고하게 될 것으로 보인다.

국가 수준에서 책정한 「장기 비전(長期ビジョン)」과 「마을・사람・일 창생종합전략(まち・ひと・しごと創生総合戦略)」에서는 2060년에 1억 명 정도의 인구 유지, 과도한 도쿄도 집중 시정, 기업이나 사람의 지방 이동 촉진 등을 착실하게 실천하도록 하고 있다. 장기 비전과 창생총합 전략은 도시 간 형성된 먹이사슬을 깨는 전략으로 수렴된다. 또한 국가기관이나 중앙정부는 지방자치단체가 필요로 하는 다양한 상황을 파악할 수 있는 각종 빅데이터(big data)를 제공하는 정보 지원, 국가공무원을 소규모 지방자치단체에 파견하는 인적 지원, 새로운 교부금을 통한 재정 지원 등을 적극적으로 제공해야 한다. 각 지방자치단체는 거주하는 사람, 일하는 사람, 유입되는 사람 등 사람 중심의 행복 환경을 만들기 위해 국가 지원과 지역의 능력을 극대화하여 활용할 필요가 있다.

지방창생은 다양한 목적을 함의한다. 지방창생은 지방문화 진흥이기도 하다. 문화청은 2017년 4월 선행 지역의 조직으로서 교토부, 교토시, 교토상공회의소, 관서광역연합, 관서경제연합회 등의 협력으로 30여 명 체제의 지역문화창생본

〈표 8-5〉 지역문화진흥활동 보조금 지원 현황　　　　　(단위: 100만 엔, 교부 건수)

구분		2011	2012	2013	2014	2015	2016	2017	계
지역문화 시설 전시 지원	문화회관 공연	162 (138)	214 (128)	115 (104)	115 (114)	106 (106)	94 (88)	102 (101)	908 (779)
	미술관 전시	156 (86)	148 (74)	135 (79)	146 (70)	108 (68)	119 (76)	109 (71)	921 (524)
역사적집락경관 보존		11 (12)	10 (9)	7 (9)	10 (12)	8 (10)	6 (8)	6 (7)	58 (67)
민속문화재 보존		17 (23)	19 (27)	12 (20)	18 (23)	14 (20)	15 (21)	8 (14)	103 (148)
계		346 (259)	391 (238)	269 (212)	289 (219)	236 (204)	234 (193)	215 (193)	1990 (1518)

자료: 日本藝術文化振興會, https://www.ntj.jac.go.jp에서 재구성함.

부를 설치했다. 지역문화창생본부에서는 문화청이 기대하는 새로운 정책 니즈에 대응한 사무와 사업을 지역에서 추진하기 위해 지식과 노하우를 새롭게 동원하여 실시하고 있다. 구체적으로는 문화에 관한 정책조사 연구, 국제문화교류, 지역의 폭넓은 문화예술자원 활용에 의한 지방창생, 경제 활성화, 인재 육성, 문화재를 활용한 광역문화 관광, 마을 만들기 추진, 그것들과 관련된 성장모델 개발, 지역문화 행정의 장점과 단점 검증 등이 추진되고 있다.[17]

2011년부터 2017년까지 중앙정부에 의한 지역문화 진흥을 위한 보조금 지급 현황을 보면 〈표 8-5〉와 같다. 지역문화 진흥을 위한 보조금은 지역문화시설 전시 지원, 역사적 집락경관 보존, 민속문화재 보존 등에 지급되었다.

또한 지방창생은 마을 만들기와도 깊이 관련되어 있다. 지역창생의 일환으로 관광 지역 만들기(観光まちづくり)가 지역에서 활성화되고 있다. 그것은 고도 경제성장기에 발생했던 관광의 대중화·대량화로 대표되는 매스 투어리즘(mass tourism)과는 다른 형태로 추진된다. 지금까지 추진되었던 단체 관광이나 조직

17　文化庁長官官房政策課, 『わが国の文化政策』(文化庁, 平成29), p. 2.

중심의 집단 관광에서 벗어나 개인이나 소수가 지역에서 조용히 여행하거나 체험하는 퍼스널 투어리즘(personal tourism)으로 전환되고 있다. 지역에 잠자고 있는 보물을 견학하거나 지역이 갖고 있는 매력을 즐기는 여행을 활성화하고 있다. 현재 관광 지역 만들기는 지역 활성화, 지역 브랜드화, 지역관광 인프라, 관광할 수 있는 지역관광 자원, 개인 니즈에 맞는 관광 상품과 시장, 지역에서 관광객이 향유할 수 있는 프로그램, 비즈니스 모델 등을 구축하는 방향에서 추진되고 있다.

3. 네오 국제화기의 문화 정책

1) 총합문화 정책

일본 문화 정책의 컨트롤타워인 문화청(文化庁, Agency for Cultural Affairs: ACA)은 문부과학성 외국의 하나로 문화 정책, 문화예술, 문화교류, 문화재 보호, 생활문화, 지역문화 등의 진흥을 추진하는 동시에 종교에 관한 행정사무를 담당하는 임무를 하고 있다. '문화과학성설치법'에서 문화청은 문화창작활동 진흥, 문화재 보호, 저작권 보호, 국어 개선 및 보급 시책, 국제문화교류 진흥, 종교에 관한 사무 등을 관장하도록 법적으로 규정하고 있다.[18] 그리고 일본의 문화 정책을 총괄적으로 추진하고 동시에 문화외교와 문화행정을 담당한다.

〈그림 8-2〉는 '문화과학성설치법'에 기초해서 설립된 문화청 담당 부서의 조직을 소개한 것이다. 문화청은 문화청 장관과 차장, 내부부국, 문화부, 문화재부, 심의회, 일본예술원 등으로 구성되어 있다.

문화청이 담당하는 업무는 문화예술 진흥에 관한 기본 이념을 정하고, 국가 및 지방공공단체의 문화적 책무를 명백히 구분하며, 문화예술 진흥에 관한 시책

---

18 구견서, 『일본의 지역문화정책』.

〈그림 8-2〉 문화청 조직도

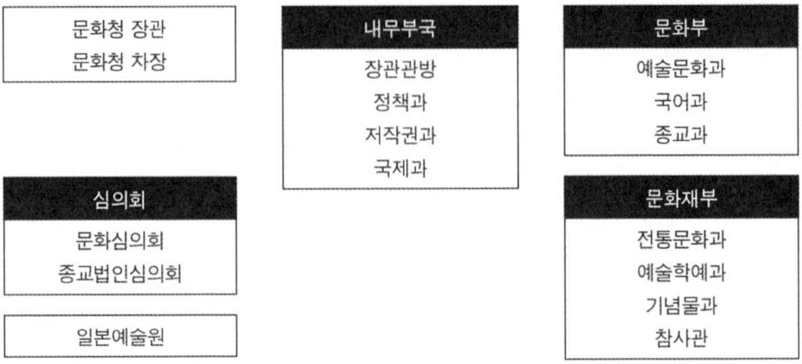

| 문화청 장관
문화청 차장 | 내무부국
장관관방
정책과
저작권과
국제과 | 문화부
예술문화과
국어과
종교과 |

| 심의회
문화심의회
종교법인심의회 | 문화재부
전통문화과
예술학예과
기념물과
참사관 |

| 일본예술원 |

의 기본을 규정하는 문화예술 관련 법 제정 및 개정 제언, 문화보조금 설립, 지원제도 등 문화 정책과 문화법제에 직접적으로 관여한다. 정기간행 광고지로서 ≪문화청월보(文化庁月報)≫, ≪월간문화재(月刊文化財)≫ 등을 발행한다. 종교행정 담당 기관인 문화부종교과는 ≪종교시보(宗務時報)≫를 발행하고, 국내 종교 조사보고서『종교연감(宗教年鑑)』을 발행한다.

〈표 8-6〉은 문화청의 고유 업무를 소개한 것이다. 문화청의 고유 업무는 소관 사무, 국어 시책, 일본어 교육 등으로 구분되고, 국가기관과 지방공공단체의 협력을 통해 국가문화 정책과 지역문화 정책을 담당한다.

문화청은 소관사무로서 지방교육행정, 문교시설, 문화 진흥, 저작권 보호, 종교시설, 국제문화교류 등을 해야 하고, 국어 시책으로 국어교육 충실과 일본어 연구, 일본어 교육으로 외국인에 대한 일본어 교육과 보급 충실, 일본어 교육 종사자 교육 등을 담당한다. 그리고 문화청은 국가를 구성하고 있는 각 성청과의 업무 분장 및 연계, 지방공공단체와의 업무 분장 및 협력 등을 통해 문화 정책과 문화 행정을 총괄적으로 추진하고 있다는 점에서 매우 중요한 위치를 점한다.

〈표 8-7〉은 문화청이 추진하는 각종 문화 정책을 소개한 것이다. 문화청은 문화 행정에서부터 국가와 지방의 문화 행정 기반을 구축하고 문화시설 정책,

〈표 8-6〉 문화청의 업무

구분	고유 업무 내용
소관 사무	- 지방교육행정제도 기획 및 입안, 지방교육행정의 조직 및 일반적 운영 지도·조언·권고 - 교육 관련 지방공무원 임면, 급여, 신분취급 등에 관한 제도 기획 및 입안, 교육제도 운영 지도·조언·권고 - 문교시설 정비, 지도 및 조언, 공립문교시설 정비 - 문화진흥기획 및 입안·원조·조언, 문화진흥 조성 - 극장, 음악당, 미술관 기타 문화시설 설치 - 문화전시회, 강습회, 기타 문화행사 - 국어 개선 및 보급 - 저작권의 권리, 출판권 및 저작 인접권의 보호 - 문화재 보호 및 활동, 아이누문화 진흥 - 종교법인 규칙, 규칙 변경, 합병, 임의해산, 종교에 관한 정보자료 수집, 종교단체와의 연락 - 국제문화교류 및 진흥, 유네스코 활동 진흥 - 지방공공단체, 대학, 고등전문학교, 연구기관, 그 외 관계기관에 대한 문화 및 종교 관련 사항 지도·조언 - 교육 관련 직원, 연구자, 사회교육단체, 시회교육 지도자, 이외 관계자에게 문화에 관한 지도 및 조언
국어 시책	- 국어가 문화예술의 기반이 된다는 것을 인식하고 국어를 올바로 이해하도록 국어 교육 충실, 국어에 관한 조사연구 및 지식 보급, 그 외 필요 시책을 강구함 - 국어 개선 및 보급, 일본어 조사 연구를 위해 국어문제연구협의회 및 국어 시책 간담회를 운영하며, 국어에 관한 여론조사를 사단법인 중앙조사단에 위탁하여 실시하고 결과를 공표함 - 국어에 관한 여론조사는 1995년부터 매년 실시하고 매스미디어를 통해 조사 내용을 공개함
일본어 교육	- 외국인의 일본 문화예술에 관한 이해를 높이도록 외국인에게 일본어 교육을 충실하게 하고, 일본어 교육에 종사하는 자의 양성 및 연수체제 정비, 일본어 교육에 관한 교재 개발, 그 외 필요한 시책을 강구함 - 외국인에 대한 일본어 교육, 일본어 교원 양성, 외국에서의 일본어 교육, 일본어의 세계화 등에 관한 업무를 담당함

문화콘텐츠 정책, 문화인 육성 정책, 문화기금 조성 정책 등을 기획하여 실천한다.

문화청이 추진하는 문화 정책은 문화행정 일반, 예술문화활동 추진, 미디어 예술 진흥, 어린이 문화예술 진흥, 지역문화 진흥, 문화재 보호, 저작권 보호, 국

〈표 8-7〉 문화청의 문화 정책

구분	문화청의 문화 정책 내용
문화 행정 기반	소관법령, 문화청 관련 예산, 문화예술창조도시, 문화 프로그램, 지역문화 창생본부(교토), 문화청 조직, 문화 홍보
예술문화활동 추진	문화청 주관 예술제 개최, 문화예술 창조, 예술문화진흥기금 조성, 신진 예술가 인재 육성, 신진예술가 해외연수제도, 현대미술 해외 발신, 미디어예술 데이터베이스
미디어예술 진흥	미디어예술 활성화, 일본 영화 진흥
어린이 문화예술 진흥	어린이 문화 진흥, 어린이 문화 체험, 어린이 문화활동 강화
지역문화 진흥	문화재 총합 활용 전략, 문화예술창조 활용 플랫폼, 국민의 예술문화활동 참여 유도, 지역문화 예술인재 육성, 극장 및 음악당 활용, 문화예술 창조 도시 추진, 문화 프로젝트
문화재	'문화재보호법' 개정 제안, 지방교육행정의 조직 및 운영에 관한 법률 개정안 제안, 문화재 소개, 일본 문화유산 관리, 고미술품 수출 감사 증명
저작권	'저작권법' 개정 제안, 해적판 대책, 저작권제도에 관한 정보, 문화심의회 저작권분과회, 재정실적 일괄 검색 데이터베이스
국제문화 교류 및 국제 공헌	국제교류문화 협력과 추진, 문화예술 국제교류 및 협력, 문화재 국제교류 및 협력 추진, 문화청 문화교류사업, 아티스트인레지던스사업
아이누문화 진흥	아이누(アイヌ)민속문화재 보호 및 보전
국어 시책	일본어 교육, 일본어 표기 기준, 자체 자형에 관한 지침, 생활자로서 외국인의 일본어 교육, 일본어 교원 양성 및 연수
종교법인과 종무행정	종교법인의 관리 운영, 종교법인실무연수회, 종교연감 발행
미술관과 역사박물관	미술관과 박물관 지원, 미술관 및 역사박물관에 관한 연수, 미술품보상제도, 등록미술품제도
재해지역 문화 진흥	동일본 대지진으로 피해 입은 동북 지역 문화 활성화 및 지원, 구마모토 지역 문화 활성화 및 지원

자료: 文化庁長官官房政策課, 『わが国の文化政策』(文化庁, 平成29).

제문화교류와 국제 공헌, 아이누문화 진흥, 국어 시책 및 보급, 일본어 교육, 외국인에 대한 일본어 교육, 일본어 교원 양성, 종교법인과 종무행정, 미술관 및 역사박물관 지원, 재해 지역 문화 진흥 등이다. 그중 특징적인 것은 지진이나 쓰나미(津波)로 인해 자연재해를 입은 동북 지역과 구마모트의 문화 진흥을 국책사업으로 추진하고 있다는 점이다.

<표 8-8> 헤이세이 29년 문화청 문화예산 분배 현황 (단위: 100만 엔)

구분	구체적 사업	예산
문화예술 창조 및 활용, 인재 육성	문화예술자원 창조 및 활용에 의한 지방창생과 경제 활성화	5,906
	문화예술창조활동에 대한 지원	6,269
	예술가 등 인재 육성	8,634
문화재 보존·활용·계승	문화재총합 활용, 관광진흥 전략 및 플랜	10,421
	문화재 적절 수리 및 활용	32,248
	문화재 공개 및 활용, 전승자 육성, 감상 기회 충실	4,251
문화예술입국 실현	문화예술입국 실현을 위한 문화 프로그램 추진	32,857
	문화청 기능 강화와 교토로의 이전	1,000
문화 발신과 국제문화교류	일본 문화 발신 및 교류 추진	1,859
	문화유산 보호와 국제협력 추진	375
	외국인에 대한 일본어 교육 추진	211
문화 발신 기반 정비	국립문화시설의 역할 및 활용 강화	25,862
	국립문화시설 정비	3,971
	문화발신 기반 정비충실	952
계		104,272

자료: 文化庁長官官房政策課, 『わが国の文化政策』(文化庁, 平成29).

<표 8-8>은 헤이세이 29년 문화청이 문화활동을 할 수 있도록 책정한 문화예산 현황을 소개한 것이다. 문화예산은 문화예술 창조, 문화재 보호, 문화예술입국 실현, 문화 발신과 국제문화교류, 문화발신 기반 정비 등에 지원되었다.

헤이세이 28년 문화청 예산은 1039억 6500만 엔이었고, 헤이세이 29년 문화청 예산은 1042억 7200만 엔으로 책정되어 약 0.3% 증가된 3억 700만 엔 증액되었다. 문화청 예산은 문화재를 적절하게 수리하는 데 322억 4800만 엔, 문화예술입국 실현을 위한 문화 프로그램을 추진하는 데 328억 5700만 엔, 국립문화시설의 역할과 활용을 강화하는 데 258억 6200만 엔을 각각 지원하여 편중되고 있는 측면이 있다. 문화청 예산 가운데 두드러진 것은 문화재와 문화예술 진흥에 투여되고 있다는 점이고, 다른 한편으로 대중문화를 지정하여 지원하지 않는

다는 점이다. 그것은 여전히 국가문화 정책이 전통적인 문화재, 문화시설, 지역
문화 진흥 등에 집중적으로 지원하기 때문이다. 대중문화시대가 도래한 현시점
에서 보면, 국가 차원에서 대중문화 진흥을 위한 구체적인 정책과 지원이 절실
하다.

2) 대중문화예술 정책

일본에서 대중문화예술을 정책 대상으로 인식하여 법적으로 규정한 것이
2001년 제정한 '문화예술진흥기본법'이다. 그것은 2017년 '문화예술기본법(文化
芸術基本法)'으로 명칭을 개정하여 진흥이라는 용어를 삭제했다. '문화예술기본
법'은 문화예술을 진흥하고, 지역관광, 마을 만들기, 국제문화교류, 복지 활성화,
문화산업 등 문화예술 전반에 대한 정책을 추진하도록 규정하고 있다. 그리고
문화예술이 창출하는 가치를 극대화하고, 문화예술을 계승 및 보호하며, 문화
창조를 적극적으로 지원할 뿐 아니라 대중문화를 일관적·지속적으로 추진하도
록 하는 대중문화진흥 정책을 포함한다.

〈표 8-9〉는 새롭게 개정된 '문화예술기본법'에서 제시한 대중문화예술 정책
의 내용을 소개한 것이다. 대중문화예술 정책은 대중문화예술 창작과 진흥, 미
디어예술 창작 진흥, 대중문화예술제, 대중문화예술 표창 등으로 구성된다.

문화청은 '문화예술기본법'의 개칭과 내용 확대로 인해 대중문화의 가치 및
역할을 새롭게 인식하고 대중문화 정책을 적극적으로 추진하며, 진흥 분야와 지
원 내용, 표창 등을 구체화하여 실행하고 있다. '문화예술기본법'은 대중문화를
문학, 음악, 미술, 사진, 무용, 영화, 만화, 애니메이션, 컴퓨터 및 전자기기 등을
이용한 예술, 연극, 대중예능, TV 드라마, TV 다큐멘터리, 라디오, 레코드, 아트,
엔터테인먼트 등으로 규정한다. 현재의 대중문화 정책은 대중문화의 내용을 구
체적으로 규정하여 실천하고 있어 대중문화의 활성화와 대중화, 대중문화의 창
조와 발전에 크게 공헌할 것으로 보인다.

〈표 8-9〉 대중문화예술 정책

구분	대중문화예술 정책 내용
대중문화예술 창작 신흥	- 문학, 음악, 미술, 사진, 무용, 그 외 예술 진흥을 꾀하기 위한 예술 공연 및 전시 지원 - 예술 창작에 관련된 작품 보존 지원 - 예술에 관련된 지식 및 기능의 계승 지원 - 예술제 등의 개최에 필요한 시책 강구
미디어예술 창작진흥	- 영화, 만화, 애니메이션 등의 제작, 컴퓨터 및 전자기기를 이용한 예술 제작 지원 - 미디어예술 제작, 상영, 전시 등에 대한 지원 - 미디어예술작품 보존 지원 - 미디어예술 관련 지식 및 기능 계승 지원 - 예술제 개최, 그 외 필요 시책 강구
대중문화 예술제	- 문화청 문화부 예술문화과 및 문화청 예술집행위원회가 예술제를 기획하여 개최하고 우수한 예술 감상 기회로 활용함 - 주최 공연, 협찬 공연, 참가 공연 및 참가 작품 등은 참가를 희망하는 공연과 작품 가운데 집행위원회가 예술제에 어울리는 내용으로 선정함 - 예술제 참가 공연은 연극, 음악, 무용, 대중예능 4부문, 참가 작품은 TV 드라마, TV 다큐멘터리, 라디오, 레코드 등 4부문 등이 가능하고, 각 부문에서 심사위원회 심사를 통해 우수한 작품을 선정하여 문부과학대신상을 수여함 - 문화청 미디어예술제는 1997년부터 시작된 미디어예술작품 표창과 감상 기회 제공을 목적으로 한 예술제이며, 아트 부문, 엔터테인먼트 부문, 애니메이션 부문, 만화 부문 등으로 구분하여 2007년부터 신국립미술관에서 실시하고 2002년부터 지방전도 개최하고 있음
대중문화예술 표창	- 문화청은 예술제, 국민문화제, 전국고등학교 총합문화제, 문화청 미디어 예술제, 영화 주간 등을 주최하고 예술선장, 문화청영화상 등과 같은 표창을 주도함 - 예술선장은 각 예술 분야에서 우구한 업적을 남긴 예술인에게 문부과학대신상이 수여하고 예술선장 문부과학대신상 및 예술선장 신인상 2종류가 있음

자료: 根本昭, 『文化政策の法的基盤』(水曜社, 2003).

3) 국제문화교류 정책

일본의 국제문화교류 진흥 관련 사무는 '문부과학성설치법'상의 규정에 의해 문화청이 담당하도록 하고 있다. 문화청은 국제문화예술 교류의 일환으로 국제문화 포럼, 문화청 문화교류제도의 운용, 국제교류사업, 국제예술교류지원사업 등을 추진한다. 그리고 네오 국제화기에 새롭게 개정된 '문화예술기본법'은 국제문화교류에 대한 일본의 역할을 명확히 규정한다. 즉, "문화예술에 관련된 국제교류 및 공헌을 꾀함으로써 일본의 문화예술 발전과 세계문화예술 발전에 기여하고, 문화예술 활동가의 국제교류, 문화예술국제행사 개최 및 참가를 지원하며, 해외 문화유산의 수복과 관련된 협력이 필요한 시책을 고려"할 것을 규정하고 있다.[19]

일본이 국제문화교류를 추진하는 목적은 다양하지만 다음 세 가지로 요약할 수 있다. 첫째, 일본 문화유산을 국제사회에 널리 발신하여 일본과 일본 문화의 가치와 이해를 높이는 것이다. 일본은 국제 공조와 협조를 위해 국제문화교류를 중요한 수단으로 인식하여 실천해 왔다. 그리고 유네스코에 등재된 일본의 세계 문화유산과 자연유산을 보호하고 발신하는 한편 세계적 가치가 있는 문화재를 적극적으로 발굴하여 문화유산으로 등재하는 활동을 추진하고 있다. 더불어 각 국이 보유한 유형 및 무형의 세계적인 문화유산을 인류 공통의 재산으로 인식하고 보존·수복·진흥 등을 위해 필요한 정보와 기술을 공유하고 계승과 보존에 적극적으로 협력하고 있다.

둘째, 국제사회와 교류하는 것이다. 국제사회와의 문화 교류를 통해 '얼굴이 보이는 일본'을 각인하는 것이다. 외국과의 문화적 관계를 적극적으로 추진하여 일본 및 일본인의 특성과 정보를 제공하여 이해의 폭을 넓히는 것이다. 국제사회에서 일본 문화를 통해 일본 정신과 가치관이 긍정적으로 이해되고 평가받는 것이 중요하다고 인식했기 때문이다. 지금까지 일본은 문화적 교류나 정치적 교류보다는 경제대국이라는 이름으로 경제적 교류를 추진하여 국제사회에서 경제적 동물로서의 위상을 높여왔다. 따라서 정치적·경제적인 위상뿐 아니라 국제사회와의 문화 교류를 활성화하고 공헌하여 문화적 위상을 높이기 위해 노력할 필요가 있다.

셋째, 국제사회의 문화 발전에 기여하는 것이다. 일본이 추구하는 국제문화예술교류는 다양한 문화를 가진 세계인들이 서로 이해할 수 있도록 역할하는 데

---

19 根本昭, 『文化政策の法的基盤』(水曜社, 2003).

목적이 있다. 일본은 아시아 국가뿐 아니라 타 국가와 문화교류 네트워크를 구축하여 외국의 예술가와 협력하고 공동 작업으로 새로운 문화를 창출하기 위해 협동하고 있다. 그 과정을 통해 세계문화 발전에 적극적으로 공헌하기를 기대한다. 예술문화교류를 추진하기 위해 일본의 예술문화활동을 진흥하고 해외 예술가와 함께 문화 창조를 할 수 있는 문화 환경을 정비함과 동시에 각종 문화 영역의 교류를 확대하고 있다.

일본이 정부 수준에서 추진하고 있는 국제문화교류사업은 일본산 문학작품을 각국의 언어로 출판하여 제공하고, 국제문화회의에 정부 고위 관계자가 참석하여 새로운 정보를 제공하거나 수집하고 정책에 반영하여 실천하는 방식으로 추진한다. 2002년부터 일본은 메이지시대 이후 발표한 우수한 문학작품을 영어, 프랑스어, 독일어 등으로 번역하고, 각국에서 출판하여 일본 문학작품을 보급하는 사업을 하고 있다. 2009년 4월부터는 볼록판(凸版印刷)주식회사가 문화청의 위탁사업으로 추진하고 있다. 2010년에는 약 121개 작품을 번역 대상으로 선정하여 그 가운데 86개 작품이 출판되었다.

그리고 문화 관련 국제회의에 참가할 뿐 아니라 주최하는 역할을 통해 문화의 국제교류를 활성화하고 있다. 한·일·중 문화 담당대신이 참여하는 한·일·중 문화대신회의, 아세안 문화 담당대신과 한·일·중 문화 담당 대신이 모이는 ASEAN(Association of South-East Asian Nations)+3국 문화대신회의, ASEM(Asia-Europe Meeting, 아시아구주회의) 문화대신이 참가하는 ASEM 문화대신회의, 유네스코의 각종 국제문화회의 등과 같은 국제적인 회의에 문화 담당 대신이 참가해 활동하고 있다. 2016년 제주특별자치도에서 열린 제8회 한·일·중 문화대신회의에서는 3개국의 문화교류와 협력체계를 평가하는 '2016 제주 선언'이 채택되었다.

〈표 8-10〉은 한국, 일본, 중국 그리고 세계 각국이 문화교류와 협력을 위해 추진한 국제회의 내용을 소개한 것이다. 일본은 동아시아 국가뿐 아니라 동남아시아, 프랑스 등 유럽 국가와도 문화교류협력을 하고 있다.

〈표 8-10〉 문화대신회의 현황

한·일·중 문화대신회의		ASEAN + 3개국 문화대신회의		ASEM 문화대신회의	
연도	개최국	연도	개최국	연도	개최국
제1회 2007	중국	제1회 2003	말레이시아	제1회 2003	중국
제2회 2008	한국	제2회 2005	타이	제2회 2005	프랑스
제3회 2011	일본	제3회 2008	미얀마	제3회 2008	말레시아
제4회 2012	중국	제4회 2010	필리핀	제4회 2010	폴란드
제5회 2013	한국	제5회 2012	싱가포르	제5회 2012	인도네시아
제6회 2014	일본	제6회 2014	베트남	제6회 2014	네덜란드
제7회 2015	중국	제7회 2016	보르네오	제7회 2016	한국
제8회 2016	한국	제8회 2018	인도네시아		
제9회 2017	일본	-			

자료: 文化庁長官官房政策課, 『わが国の文化政策』(文化庁, 平成29).

문화대신회의는 2007년 제1회가 중국에서 개최된 이래 2017년 일본에서 제9회가 개최되었고, ASEAN+3개국 문화대신회의는 2003년 제1회가 말레이시아에서 개최되고, 2018년 제8회가 인도네시아에서 개최되었다. ASEM 문화대신회의는 2003년 중국에서 제1회가 개최되고, 2016년 한국에서 제7회가 개최되었다. 문화대신회의는 각 국가의 문화 정책 최고 책임자가 참석하여 다양한 정보를 제공하고 공통 과제를 토의하며 해결하고 있어 국제문화교류의 활성화에 크게 기여한다.

〈표 8-11〉은 일본 정부가 추진하는 국제문화교류사업의 내용을 소개한 것으로 인적교류사업부터 문화예술협력사업까지 매우 다양하게 추진되고 있으며 좋은 성과를 거두고 있다.

일본 정부가 추진하는 국제문화교류사업은 인적교류사업, 국제예술문화제협력지원사업 등으로 대별할 수 있다. 인적교류사업은 문화인과 예술인 파견, 국내외 예술가 교류, 인재 육성을 위한 예술가 해외연수, 문화전문가 초빙 및 파견 등으로 추진된다. 국제예술문화제협력지원사업은 문화기관에 의한 문화예술

<표 8-11> 국제문화교류사업

구분	사업명	사업 내용
인적 교류 사업	문화청문화교류사업	제 일선에서 활약하는 문화예술인 파견
	아티스트인레지던스 활동 지원을 위한 국제문화교류촉진사업	국내외 예술가의 교류, 창작활동 지원
	신진예술가해외연수	인재 육성을 위해 예술가해외연수 지원
	외국인예술가 및 문화재전문가초빙사업	전문 지식을 가진 문화전문가 초빙 지원
	아시아태평양지역문화재건조물 보존수 복협력사업	문화재 복구를 위해 문화재전문가 초빙 및 파견
	아시아태평양지역세계문화유산문화재 보호협력추진사업	세계적 가치를 가진 세계문화유산 보호를 위한 문화재전문가 초빙 및 파견
	독립행정법인 국립문화재기구에 관한 국제협력사업	문화재전문가의 국제협력 강화
국제예술 문화제 협력 및 지원사업	국제문화교류 및 협력추진사업	국가에 의한 국제문화 교류와 협력 지원
	국제문화예술페스티벌지원사업	국제 수준의 문화예술페스티벌 개최 지원
	우수한 현대미술의 해외발신촉진사업	일본의 우수한 현대미술 작품을 해외에 알 리는 활동
	예술단체의 해외 공연	일본예술단체의 해외 공연 지원과 해외 공 연단체 초빙 공연 지원
	해외미디어예술참가사업	해외미디어예술제 등에 대한 참가 지원
	아시아일본영화특집상영사업	해외 일본문화원의 일본영화 상영 지원
	해외영화출품지원사업	국제영화제에 일본영화 출품 지원
	영화국제교류사업	영화네트워크 구축, 영화 공동제작 등 지원

자료: 文化庁長官官房政策課,『わが国の文化政策』(文化庁, 平成29).

발신, 국제문화예술 페스티벌 개최 지원, 해외 미디어예술제 참가 지원, 영화제 참가 지원 등으로 추진되어 문화예술인의 활동 반경을 넓히고 동시에 새로운 문화예술을 창작할 수 있는 기회가 되고 있다.

4) 문화예술입국 정책

일본은 추진해 오던 문화 입국을 문화예술입국으로 목표를 변경했다.[20] 문화

〈표 8-12〉 일본 국민의 문화인식 여론조사

구분	일상생활에서 문화는 어느 정도 중요한가?		문화 진흥은 국가와 지역의 기본 과제인가?	
정도	매우 중요	33.3%	그렇게 생각	36.0%
	어느 정도 중요	58.7%	역시 그렇게 생각	43.3%
	중요하지 않음	4.3%	그렇지 않음	6.1%
	전혀 중요하지 않음	0.3%	역시 그렇지 않음	2.4%
	잘 모름	3.4%	잘 모름	12.%

자료: 総理府, 『文化に関する世論調査』(総理府, 1996).

예술입국을 주창하게 된 동기는 문화예술이 국민생활에서 가장 중요한 요소가 되었다는 점과 경제성장으로 물적 풍요와 함께 정신적 풍요를 국민이 요구하고 있기 때문이다. 그리고 국제사회에서 정치·경제·사회 경쟁이 치열해지는 가운데서도 문화예술이 국가의 능력과 국민의 삶을 평가하는 중요한 요소로 등장했다는 점과 국제사회가 비경쟁적인 부문인 문화예술 영역의 교류와 협력을 요구하고 있다는 점이 작용한 결과라고 할 수 있다.

〈표 8-12〉는 일본 국민의 문화인식에 대한 중요도와 국가 및 지역의 문화진흥 책임에 대해 조사한 것이다. 문화가 일상생활에서 어느 정도 중요한가에 대한 질문과, 국가와 지역의 문화진흥에 대한 의무 정도를 조사한 것이다.

일본 국민 가운데 일상생활에서 문화가 매우 중요하다고 생각하는 비율이 33.3%이고, 어느 정도 중요하다고 생각하는 비율이 58.7%로 약 92%가 중요하다고 생각한다. 문화가 전혀 중요하지 않다는 비율이 0.3%로 생활에서 문화는 절대적으로 존재해야 하고 향유되어야 하는 것으로 생각하고 있다. 그리고 문화진흥을 국가와 지역이 담당해야 한다고 생각하는 비율이 79.3%로 나타나고 있어 문화진흥은 국가나 지역의 책임이며 책무라고 인식하고 있다. 조사 결과를 보면, 일본인은 문화 속에서 생활하고 생활 속에서 문화를 향유하는 데 가치를

---

20 文化庁, 『文化芸術立国の実現をめざして』.

두고 있다는 것을 알 수 있다.

일본은 '문화예술진흥에 관한 기본적 방침'에서 문화예술자원을 통해 미래사회를 만들자는 슬로건을 내걸고 적극적인 문화예술진흥 정책을 추진하고 있다. 2007년 개정된 내용에서는 2020년까지 6년간 활동계획을 정했다. 그리고 2017년까지 국제사회 및 국내 환경에 적응하기 위해 제도를 정비하고, 동시에 지방창생, 2020년 도쿄올림픽, 동일본 대지진 복구 등에 범국가적으로 대응하기 위한 전략을 제시했다. 이러한 계획과 활동은 일본이 상정하고 있는 문화예술입국을 구축하기 위한 실천이라는 데 의의가 있다.

〈표 8-13〉은 '문화예술진흥에 관한 기본적 방침'에서 규정하고 있는 문화예술입국을 위한 구체적인 계획과 전략, 내용 등을 소개한 것이다. 문화예술입국은 문화예술입국의 실천 전략, 문화예술입국 목표와 성과, 사회문화예술진흥, 문화예술진흥 중점, 문화예술진흥 기본 시책 등으로 구성되어 있다.

일본은 문화예술입국을 구축하기 위해 전국을 문화 발신 및 수신 장소화, 전 국민의 문화활동 참여, 전 지역의 문화활동 장소화, 전 국민의 문화예술인화, 일본문화예술 진흥과 창조, 지역문화예술 진흥과 지역 만들기 진흥 등을 실시하고 있다. 일본 국민이 국가와 지역이 발전하는 가운데 생활 속에서 풍요로운 문화를 향유하는 문화대국을 구상하고 있다.

〈표 8-14〉는 문화예술입국을 위해 추진하고 있는 문화예술진흥 정책을 소개한 것으로 여섯 가지 목표와 27가지 실천 내용으로 구성되어 있다. 문화는 창조하는 것, 계승 및 보호하는 것, 지역·국가·국제 사회와 교류하고 공헌하는 것, 모두가 향유하는 것, 생활 속에서 존재하는 것, 문화예술가와 문화예술 대중이 리드하는 것 등으로 인식하는 특징이 있다.

문화예술입국을 위한 문화예술진흥 정책은 문화예술활동 활성화, 전통문화 보존과 계승 활성화, 지역문화 및 생활문화 활성화, 문화예술인재 양성 활성화, 문화예술의 국제 공헌 활성화, 문화발신 기반구축 활성화 등으로 구성된다. 일본이 추진하는 문화예술입국은 전통문화, 예술문화, 대중문화 등이 생활과 삶

〈표 8-13〉 문화예술입국의 구상

구분	문화예술입국의 구체적 내용
문화예술입국의 실천 전략	- 모든 사람이 다양한 장소에서 창작활동에 참가하고 감상 체험이 가능하도록 기회를 제공 - 2020년 도쿄올림픽을 계기로 문화 프로그램을 전국적으로 전개 - 피해지의 문화 부흥을 구체화하고 지역문화예술의 매력을 국내외로 발신 - 문화예술 관련 분야에서 새로운 고용이나 산업을 현재보다 대폭적으로 창출하고 확충할 것
문화예술입국 목표와 성과	- 일본의 자부심으로 문화예술을 내세우는 국민 비율을 2014년 50.5%에서 2020년 60%로 상승 - 지역문화 환경에 만족하는 국민 비율을 2009년 52.1%에서 2020년 60%로 상승 - 기부활동하는 국민 비율을 2009년 9.1%에서 2020년 배로 증가 - 감상활동을 하는 국민 비율을 2009년 62.8%에서 2020년 80%로 증가 - 문화예술활동을 하는 국민 비율을 2009년 23.7%에서 2020년 40%로 증가 - 방일 외국여행자 수를 2014년 1341만 명에서 2020년 2000만 명으로 증가
사회문화예술 진흥	- 지방창생을 문화예술의 기폭제로 활용 - 2020년 도쿄올림픽의 활성화를 위해 전국 각지의 문화 프로그램 전개 - 동일본 대지진 부흥의 일환으로 새로운 동북 지역 만들기를 추진하고 문화예술 진흥을 위해 중점적으로 지원
문화예술진흥 중점	- 문화예술활동에 대한 효과적인 지원 - 문화예술 창조, 인재양성 충실, 어린이 및 젊은이 대상의 문화예술진흥 충실 - 문화예술의 차세대로 계승, 지역진흥 활용 - 국내외 문화적 다양성과 상호 이해 촉진 - 문화예술 진흥을 위한 체제 정비
문화예술진흥 기본 시책	- 각 문화예술 분야 진흥 - 지역문화예술 진흥 - 국제교류 촉진 - 예술가 양성 및 확보 - 일본어의 올바른 이해 - 일본어 교육 보급 및 충실 - 저작권 보호 및 이용 - 국민문화예술활동 충실 - 문화예술 거점 충실 - 기타문화예술 기반 정비

자료: 文化庁長官官房政策課, 『わが国の文化政策』(文化庁, 平成29), pp.5~6.

〈표 8-14〉 문화예술입국을 위한 문화예술진흥 정책

구분	문화예술진흥 정책 내용
예술창조활동 활성화	- 예술창조활동 지원 - 미디어예술진흥(미디어예술21 추진) - 메세나활동 활성화 - 활자문화 진흥과 보급
전통문화 계승 및 발전	- 문화재 보호 및 수리 등의 충실 - 문화재보전 전승 기반 충실 - 문화재 공개 및 활용 - 문화재 보호 대상 확대 및 역사적 문화환경 보호
지역문화 및 생활문화 진흥	- 어린이 문화활동과 감상 기회 충실 - 개성 풍부한 지역문화 창조 - 문화시설과 문화단체 활성화 - 전통적 생활문화 계승과 진흥
문화를 지탱하는 인재양성 및 확보	- 젊은 예술가 양성을 위한 연수 - 예술문화활동을 지탱하는 인재 양성 - 문화재 관련 인재 양성
문화의 국제 공헌과 문화 발신	- 예술가와 예술단체의 상호 교류 기회 충실 - 영화 교류 - 전통문화의 국제교류 추진 - 박물관, 미술관, 문화재연구소 등의 상호 교류 촉진 - 문화재 보호에 관한 국제협력 추진 - 국내외 일본어나 일본 문화의 학습자에 대한 지원
문화 발신 기반 정비	- 미술관 및 박물관의 활성화 - 미술관, 박물관, 문화재연구소 등의 정비 충실 - 국립문화시설 정비 - 문화정보총합 시스템 구축 - 문화연구 기능 충실 - 국제 동향에 대응한 저작권 시책 전개

자료: 文化庁, 『文化藝術立国の實現をめざして』(ぎょうせい, 2009), p.23.

속에서 살아 움직이는 문화예술의 생활화를 목표로 한다. 더욱이 일본이 보유한 전통문화뿐 아니라 대중문화가 국제사회와의 교류를 통해 활성화하고, 국제문화교류에 공헌하는 한편 새로운 국제문화 창조에 적극적으로 참가하는 정책을 중시한다.

4. 네오 국제화기의 대중문화

1) 유토리·사토리·유니섹스문화

네오 국제화기에는 여유라는 의미를 함의한 유토리(ゆとり)와 관련된 유토리 세대와 유토리문화라는 용어가 유행했다. 이는 시대상을 상징하는 유토리 교육을 받은 세대와 교육문화이다. 당시에는 지식 편중으로부터 벗어나 사고력을 강조한 학습지도 요령이 2002년부터 소·중학교, 2003년부터 고등학교 1학년부터 실시되었다. 매스미디어는 개정된 학습지도 요령을 유토리 교육이라 칭하고 처음 유토리 교육을 받은 1987년 4월 2일부터 1988년 4월 1일 사이에 출생한 당시 중학생이 된 세대를 유토리 제1세대라고 불렀다.[21]

유토리 세대는 학교생활과 일상생활, 사회생활 등에서 여유를 가질 수 있도록 설계된 교육 내용을 학습한 세대를 의미한다. 문부과학성이 출판한 『학제 20년사』에 의하면, 유토리 세대는 전면적으로 개정한 학습지도 요령에 의해 학교 교육의 학습량과 수업시간을 대폭적으로 감축하면서 등장했다. 일본 정부는 이전까지 추진해 오던 주입식 교육이라는 지식 편중에서 탈각하고 스스로 생각하는 사고력과 새로운 것을 구상하는 창조력을 중시하는 유토리 교육을 추진하는 교육 개혁을 단행했다. 그리고 1995년부터 주5일제 교육과 새로운 교육 프로그램을 추진했다.

유토리 세대는 냉정한 인간관계, 무욕에 가까운 니힐리즘(nihilism), 자기중심주의 등으로 대표되는 철학을 몸에 지녔다.[22] 그들은 정보화 사회가 급속하게 발전하는 가운데 유년기를 보내고 포켓 벨과 소형의 전화기를 휴대하고 장거리 전화가 가능한 시스템 PHS(Personal Handyphone System)가 등장하는 가운데 성장했다. 학령기에는 휴대전화 보급률이 높아지고 인터넷이 폭발적으로 확산되어

---

21 柘植智幸, 『「ゆとり教育世代」の恐怖』(PHP研究所, 2008); 日本経済新聞社·産業地域研究所, 『ゆとり世代の消費実態』(日本経済新聞出版社, 2011).

22 蔡星慧·長慎也, 『ゆとり世代の哲学』(Kindle版, 2015).

메일을 시작으로 믹시(mixi), 트위터(twitter), 페이스북(Facebook), 라인(line) 등으로 대표되는 SNS나 소셜네트워크가 커뮤니케이션 수단으로 정착했다. 통신 단말기 소지가 필수불가결한 세대이고, 대중문화로서 다양한 장르의 음악을 취미로 하면서 인터넷 발달로 다운로드 받은 음악에 심취했다. 그들은 인터넷이나 컴퓨터가 있는 환경에서 자랐기 때문에 디지털 네이티브 세대(digital native generation)라고도 한다.

그들은 1990년대 전후에 태어나 유토리 교육을 받고, 경기 불황으로 사회 진출에 많은 어려움을 겪었던 세대이다. 버블 붕괴가 시작되어 일본 경제의 불황과 저성장을 직간접적으로 경험하는 가운데 취직 환경이 매우 어려운 상황이어서 기업 선택의 시야가 넓어졌고, 여성은 전업주부를 희망하는 사람이 많았다. 버블경제 붕괴 이후 장기간에 걸친 경제 정체의 영향으로 전후 경제성장기 세대와 비교하면 견실하고 안정된 생활을 추구하는 경향이 있고, 유행에 좌우되지 않으며, 자부심보다는 현실성을 강조하는 선택을 하거나 소비하는 특징이 있다. 사고력과 개성을 강조하는 측면이 있어 기성세대의 가치관, 국가관, 기업관, 직업관, 생활관, 미래관 등과는 현저하게 다른 세대라고 할 수 있다.[23]

그들은 결과를 깨우치고 높은 야망을 추구하지 않아 이 세대를 특정하여 사토리(さとり)라고 불렀다. 사토리라는 용어는 마케팅 전문가로 활동한 하라다 요헤이(原田曜平)가 2013년 발간한 『사토리 세대(さとり世代)』에서 유래했다.[24] 사토리 세대는 삶이나 인생을 달관하고 있다는 의미에서 해탈 세대라고 할 수 있다. 일반적으로 욕구가 없는 세대이며 물욕으로부터 해탈하고 각성한 젊은이라는 의미가 있다. 2013년 신어 유행어 대상으로 지명된 용어이다.

23 牛窪恵, 『大人が知らない「さとり世代」の消費とホンネ　不思議な若者マーケットのナゾを解く!』 (PHP研究所, 2013); 原田曜平, 『さとり世代;盗んだバイクで走り出さない若者たち』(KADOKAWA, 2013); 古田真梨子, 「さとり世代、浸透中 車乗らない、恋愛は淡泊 … 若者気質、ネットが造語」 (朝日新聞デジタル, 2013); 松田久一, 『「嫌消費」世代の研究 経済を揺るがす「欲しがらない」若者たち』(東洋経済新報社, 2009); 山岡拓, 『欲しがらない若者たち』(日本経済新聞出版社, 2009).

24 原田曜平, 『ゆとり世代 盗んだバイクで走り出さない若者たち』(角川書店, 2013).

사토리 세대는 욕구가 없고, 소비를 하지 않으며, 상향 지향성이 없고, 연애에 관심이 없으며, 여행을 하지 않고, 현실을 냉정하게 수용하는 것 등이 전형적인 특징이다. 휴일에 자택에서 지내는 경우가 많고, 과소비를 하지 않으며, 뜻이 맞지 않는 사람과 만나지 않는 경우가 많다. 인터넷 세대여서 정보가 풍부하고, 무모한 노력이나 충돌은 피하며, 큰 꿈이나 야망이 없고, 욕구에 대해 합리적으로 대응하는 세대이다. 질이 좋고 가격이 저렴한 가성비 좋은 상품을 좋아하는 생활양식을 중시한다. 볼런티어에 대한 의욕이 높고, 소비나 소유에 집착하지 않는다. 소비를 중시하는 사회임에도 불구하고 정신적 풍요로움을 행복으로 인식하는 인생관과 가치관을 모색하는 세대이기도 하다.

하라다는 이들 세대의 특징을 경제가 성숙한 국가에서 발생하는 기질이고 국내에 한정된 것은 아니라고 본다. 2013년 대학생 조사에서는 사토리 세대라는 단어의 인지도가 25.3%이고 잘 이해하고 있다는 대답이 5%였다. 그들의 자아의식은 해외여행에 흥미가 없다고 하지만 낭비하는 성향을 자각하고 있는 사람이 많고 각별히 소비를 지양한다. 이들은 인터넷, 휴대전화, 컴퓨터, 신용카드, 웹서비스 등과 같은 정보 기술과 관련된 상품에 흥미가 있다. 사토리 세대라 불리는 유명인으로는 배우활동을 하는 사토 타케루(佐藤健), 기타노 키이(北乃きい), 가수활동을 하는 시미즈 쇼타(清水翔太), 니시노 가나, 미와(miwa), 스포츠선수로 활동하는 나카다 쇼(中田翔), 아사다 마오(浅田真央), 아이돌로 활동하는 AKB48, 모모이로 클로버 Z(ももいろクローバーZ), 하로 프로젝트(ハロー!プロジェクト) 등이다.

사회적으로는 기존의 도덕이나 집단적 가치보다는 새로운 도덕률에 기초해서 개인의 가치를 표현하고 피력하는 세대이며 신문화인 사토리문화를 창조했다. 그들은 이른바 유니섹스를 즐기는 젊은이를 의미한다. 탈전통성, 개성 지향성, 취미정체성, 감성 지향성, 남녀구분 없이 공유하는 유니섹스 생활양식과 같은 가치관을 가진 젊은이들이다. 그들은 개인 지향적인 생활양식을 추구하는 가운데 단순한 성격, 자기만의 패션, 삶의 방식, 취미, 삶의 가치 등을 추구한다.

남녀구분에 의한 일, 의복, 역할, 패션, 성역, 취미, 연애, 생활 패턴, 가치관, 치장 등을 구분하지 않고 공유하는 새로운 유니섹스문화를 창출했다.

일본에서 대표적인 유니섹스 현상은 남성을 상징하는 특징을 여성이 취미 또는 목표로 히는 경우이다. 예를 들면, 가푸 여자(カーブ女子), 이공계 여자, 서브컬처(sub culture) 여자, 고양이(猫)계 여자, 동물계 여자 등이다. 카프 여자는 일본 야구팀 중 히로시마 카프 팀을 열렬하게 응원하는 서포터로서 카프의 유니폼을 입고 활동하는 여성을 말한다. 이공계 여자는 남성이 주로 진학하는 이공계 영역에 여성이 진출하여 전문가로서 활동하고, 여성성을 상징하거나 여성 고유의 행동보다는 남성과 동등한 사고와 행동을 하는 남성형의 여성을 의미한다. 서브컬처 여자는 여성스러운 패션이 아니라 자신의 생각과 표현을 담아 자유롭게 치장하고 사회활동을 하는 여성을 의미한다. 네코계 여성은 좋아하는 동물을 자신의 패션과 어울리게 표현하는 여성을 의미한다.

다른 한편으로는 남성이 여성의 상징으로 인식되는 취미나 행동을 표현하는 여성형의 초식계 남자(草食系男子)가 등장했다. 초식계 남자는 기존에 남성으로 규정짓는 데 익숙한 전통적인 남자상으로부터 벗어나 여성성을 가미한 행동을 하는 특징이 있다. 초식계 이미지는 맥주로 건배하기보다는 좋아하는 음료를 선택하여 건배하고, 날씬하고 소식을 하며, 단 것을 좋아하고, 멋 부리는 데 관심이 있으며, 친환경적이고, 부모와 좋은 관계를 유지하며, 휴대전화를 가지고 있고, 호텔비를 분담하는 특징이 있다.

2000년대에 들어서 새롭게 등장한 유토리 세대, 디지털 네이티브 세대, 사토리 세대, 유니섹스 세대 등은 동시대를 살아가면서 기성세대와 가치관이 다르고, 남성과 여성이라는 기존의 구분법을 초월하며, 남을 의식하기보다는 자신이 좋아하는 대로 사고하고 활동하는 특징이 있다. 그들만의 문화를 만들어내고, 그들 사이에서 통하는 정보와 네트워크, 디지털을 이용한 커뮤니케이션과 버추얼(virtual)공동체, 직업의식, 가치관, 개성, 사회생활, 생활양식 등을 가지고 있다. 그런 점에서 사고력과 창조력을 강조하는 교육을 받은 유토리 세대, 기존의 가치관으로부터 벗어나 기성세대가 추구하는 물욕으로부터 해탈한 사토리 세대, SNS를 자유자재로 사용하는 디지털 네이티브 세대, 남녀구분 없이 사고하고 행동하는 유니섹스 세대 등은 동시대를 살아가면서 독특한 그들만의 문화를 구축하여 일본 사회를 변화시키고 있다.

2) 향수 드라마·감성 드라마·보편 아니메문화

네오 국제화기에는 현실적 삶을 통해 미래 야망을 그리며 일본적 정서와 향수를 느끼게 하는 일본 드라마를 의미하는 일드문화, 그리고 청춘남녀의 한국적 정서와 사랑을 그리며 감성을 자극한 한국 드라마를 의미하는 한드문화가 활성화된 시기이다. 그리고 보편적 가치와 휴머니즘을 그리는 가운데 삶의 환경을 지각하게 하여 일본 아니메계와 세계 아니메계를 평정할 듯이 위력을 발휘한 스튜디오 지브리 아니메문화가 대표적이다. 이 시기는 대중문화의 국적이 무너지고 국경을 초월하는 문화 소비자가 나타났다. 민족성을 갖게 하던 전통문화와 현대문화에 기초한 문화적 편견을 극복하고 서로 교통하고 교류하며 인정하는 문화공유시대가 열렸다.

2013년 TV를 통해 방영되어 일드를 구축한 대표적인 작품으로는 어머니 고향의 향수를 물신 풍기게 한 〈아마짱(あまちゃん)〉(2013), 저돌적으로 사회생활을 하면서 정의를 찾아가는 사회파 성향의 〈한자와 나오키(半沢直樹)〉(2014), 전후의 사회상을 그린 〈하나코와 안(花子とアン)〉, 가족과 친구, 지역 사람들을 위해 열심히 살아가는 우메코(梅子)를 그린 〈우메짱 선생(梅ちゃん先生)〉, 먹는 것에 대해 열정을 가진 여주인공이 격동의 다이쇼와 쇼와를 살아가면서 오사카의 어머니(大阪の母)가 되는 과정을 그린 〈고치소상(ごちそうさん)〉 등이 있다. 그리고 일본에서 선풍적인 인기몰이를 한 한국의 대표적인 작품으로는 남녀 간의 사랑을 진하게 그려 감성을 자극한 〈겨울연가(冬のソナタ)〉, 한국 전통요리와 정신의 진수를 보여준 〈장금이(チャングム)〉 등이 있다. 한국 드라마는 일본 TV를 통해 방영되면서 한국의 정서와 풍경, 배우의 매력, 이야기, 아름다움 등을 피력하여 한

드 붐을 일으켰다.[25]

TV 드라마로 히트한 〈아마짱〉은 2013년 NHK에서 제작하여 총합텔레비전과 BS프리미엄에서 방송된 텔레비전 연속 드라마이다. 전체 이야기는 88편으로 구성된 전형적인 TV 드라마로 많은 인기를 얻었다. 주인공은 아마노 아키(天野ア キ)이다. 제1부를 구성하는 1~12주의 이야기는 동북 지방에 있는 가공 마을을 무대로 도쿄 여고생 아키가 여름 휴가로 어머니의 고향 기타산리쿠에 가서 할머니 뒤를 이어 해녀(海女さん)가 된다는 이야기이다. 이후 그곳에 정착한 주인공은 그 지역의 대표적인 아이돌이 되어 활동한다.

제2부는 13~22주로 구성되어 있다. 여주인공 아키는 고향 출신의 아이돌을 모아 구성한 아이돌 그룹의 멤버로 스카우트되어 고향을 떠나 도쿄로 다시 돌아오고, 이아이돌이 되기 위해 분투하며 성장해 간다. 제3부 23주부터 마지막까지는 현실세계에서 발생한 동일본 대지진을 연속극의 주제로 다룬다. 이 과정에서 아키는 기타산리쿠에 돌아와 고향 아이돌로 활동하며 지역이 재해에서 탈출하고 부흥할 수 있도록 다양한 사회활동에 관여한다. 이 드라마는 해녀와 어리광 소녀 아마짱(甘ちゃん)을 히로인으로 하여 성장하는 모습을 그리는 동시에 고향에서만 느낄 수 있는 향수를 자극하여 전국적인 반향과 인기를 얻었다.

그리고 〈하나코와 안〉은 2014년 방송된 NHK 연속멜로 TV 소설로 전체 90편으로 구성되었다. 2014년 3월 31일부터 9월 27일까지 방영되었다. 이 드라마는 메이지부터 쇼와의 혼란기에 번역가로서 활동하고 몽고메리(Lucy Maud Montgomery)의 아동문학작품 『붉은 털의 안(赤毛のアン)』을 번역한 번역가 무라오카 하나코(村岡花子)의 일생을 원안으로 한 픽션이다. 그녀는 아동문학가로서 아동문학작품을 주로 번역했다. 이 작품은 평균 22.0%의 시청률을 기록한 일본 드라마이다. 번역을 하는 번역사를 장인으로 승화시키는 계기가 되었고, 각자의 영역에서 묵묵히 일하는 대다수 일본인의 마음과 정서를 잘 그려내어 공감을 일

---

25 毛利嘉孝, 『日式韓流―〈冬のソナタ〉と日韓大衆文化の現在』(せりか書房, 2004).

으켰다.

주인공 번역가 무라오카 하나코는 생명만큼이나 번역을 소중하게 생각한다. 1945년 4월 어느 날 도쿄 대공습이 있자 번역하던『Anne of Green Gables』원서를 가슴에 안고 어린이들을 데리고 전화 속을 빠져나온다. 52세의 하나코가 생명을 걸고 지키려고 한 원서는 나중에『붉은 털의 안』으로 번역하여 인기몰이를 하게 된다. 이 작품은 시대적 어려움과 아픔을 극복하면서 문학을 사랑하고 문학가에 가까운 삶을 살며, 번역가라는 직업인으로서 생명보다 소중하게 여기는 번역 일에 자부심을 갖고 일생을 바친 실존 인물의 삶을 그리고 있다는 데 가치가 있다.

현재 일본에서 벌어지고 있는 사회현상을 담은 〈한자와 나오키〉는 이케이 도준(池井戸潤)의 소설『한자와 나오키 시리즈(半沢直樹シリーズ)』를 TV 드라마화한 작품으로 제목이 주인공의 이름이다. TV 드라마는 2013년 7월 7일부터 9월 22일까지 TBS계 일요극장에서 방송되었다. 이 작품은 〈우리들 버블 은행입사팀(オレたちバブル入行組)〉을 기본으로 한 제1부 오사카 서지점편(大阪西支店編)과 〈우리 들꽃의 버블팀(オレたち花のバブル組)〉을 기초로 한 제2부 도쿄 본점편(東京本店編) 등 2부로 구성되어 방영되었다.

이 작품은 은행 내부에서 일어나는 불의를 취급한 픽션이고 시청률을 얻기 어려운 경제 드라마라는 장르였지만 의외로 인기를 얻었다. 남성이 주도적으로 활동하고 활약하는 은행 세계를 무대로 하고, 시청률을 얻을 수 있는 캐릭터도 적으며, 여성 등장인물이 적고, 이렇다 할 만한 연애신도 없으며, 주제가나 주입곡도 없는 등 많은 약점을 가진 드라마였지만 기존의 TV 드라마 구성과 방법을 극복하고 흥행몰이를 했다. 30대 이상의 남성을 시청자로 상정하고 방영하면서 평균시청률 15% 정도 얻으면 좋다고 예상했던 작품이다. 처음에는 12~13% 시청률에서 점차 높아져 최종회에서는 20%를 기록했다.

제1부에서는 위를 향해 저돌적으로 달려가는 유능한 은행원이 등장한다. 한자와(半沢)는 은행의 평사원이지만 은행의 대표가 되겠다는 희망과 기대를 갖고

앞으로 돌진한다. 은행 대표라는 목표를 설정한 것에는 그럴 만한 이유가 있다. 옛날 부모님이 경영하던 공장이 기울어져 산업중앙은행에 융자를 받았지만, 반제하지 못하는 상황에서 은행으로부터 변제추궁 압력을 강하게 받은 아버지가 자살한 뼈아픈 과거가 있다. 한자와는 죽은 아버지를 위해 대표가 되어 은행을 바꾸겠다는 신념을 갖고 있다. 한자와가 근무하는 산업중앙은행은 2002년 도쿄제일은행과 합병해서 세계 제3위로 랭크된 도쿄중앙은행이 되었다. 은행상층부에서는 구(舊) 산업중앙파와 구(舊) 도쿄제일파 간의 처절한 주도권 싸움이 펼쳐지는 가운데 한자와는 목표를 향해 갈등하면서 전진해 간다.

〈겨울연가〉는 젊은이의 사랑을 그린 한국 드라마로 일본에 방영되면서 잠재되어 있던 일본인의 감성을 일깨우는 계기가 되었고, 일본인의 감성과 마음을 움직인 작품이다. 그것은 한국 드라마가 일본 사회와 일본인을 사로잡은 사건으로 한국대중문화가 일본에 입성하여 성공했다는 의미에서 가치가 있다. 겨울연가는 KBS 제2TV에서 전체 20화로 구성된 연애를 주제로 한 연속드라마이다. 일본에서는 2004년 방송되어 후유소나타 현상(冬ソナタ現象)을 일으켰고, 일본에서 한류 드라마가 인정받는 계기가 되었다. 2009년에는 전체 26화로 구성된 한일합작의 TV 아니메로 만들어져 한국과 일본에서 방송되었다. 2015년에는 속편 제작이 발표되었다. 이 드라마는 일본뿐 아니라 아시아와 세계에 한류 붐을 일으키는 계기가 되었다.

〈겨울연가〉는 아름다운 음악이 흐르고, 그림처럼 정감 넘치는 자연을 배경으로 한 명장면을 연출했고, 첫사랑이라는 많은 사람이 공감하고 동경하는 감성과 과거로 돌아가 다시 한 번 깊숙이 빠져보고 싶은 첫사랑 회귀본능을 자연스럽게 느끼게 했다. 리얼한 사랑이 표현되면서도 깊이 있는 사랑을 쌓아가 성장하는 심리적 과정이 전체 20편을 통해 잘 그려내어 공감을 일으켰다. 이 드라마는 한국의 전통적인 부권이나 성적 규범의 구속으로부터 벗어나 전근대적인 사회적 장벽을 걷어버린 작품이라는 특징이 있다. 또한 매력 넘치는 한국 배우와 풍부한 한국 정서를 유감없이 발휘하여 일본에서 한류를 알리는 출발점이 되었고,

한일문화교류를 활성화하는 동기를 부여했다.

일본제 대중문화 중에 자리를 잡은 것이 세상의 보편적 가치를 지각하게 한 지브리의 아니메문화이다. 네오 국제화기에 무너져 가는 일본제 문화나 상품의 위상을 여전히 높이고 있는 것은 일본 아니메이며 그중에서도 지브리 애니메이션 작품이 대표적이다. 일본제 아니메는 제한적이며 부정적인 정체성과 가치를 찾기보다는 보편적이며 공유하는 정체성과 가치를 부단히 찾는 작업으로 대중으로부터 각광을 받았다. 내용적인 측면에서는 환경보호, 지구평화 등과 같이 휴머니즘과 세계정의를 구현하는 내용을 담아내는 한편, 일본에서만 작동하는 원리와 행동이 아니라 국제사회에서 작동하는 원리와 행동을 표출시키면서 보편적 가치에 기초한 미래세계와 목표를 창조했다. 또한 사상의 보편화와 국제화를 추구하는 형태로 만들어졌다는 특징이 있다.

보편적 가치와 사상을 담은 일본 아니메는 국내시장뿐 아니라 국제시장에서도 문화적 가치를 창출하는 중요한 문화산업이며 문화자본을 생산하는 자본재로 인식했다. 일본 아니메는 다양하고 복잡하게 얽혀 있는 시대에 매몰되기보다는 정치, 경제, 사회, 문화 등의 영역에 숨어 있는 가치를 선두에서 들춰내어 집요하게 끌어가는 특징이 있다. 문화시장에서 경제적이며 교육적 가치를 창출하는 독보적인 존재로 평가받았고, 아니메 제작기술과 이야기, 사상, 지향성, 목표, 제반 환경 등이 중요한 연구 대상이 되어 세계 애니메이션 시장과 환경을 바꾸는 데 공헌했다.

그중에서 일본 아니메의 메카로서 세계 애니메이션의 본거지로 활동한 곳이 미야자키 하야오가 설립한 스튜디오 지브리라고 할 수 있다. 스튜디오 지브리라는 명칭은 사하라사막에서 부는 열풍(ghibli)과 제2차 세계대전 당시 이탈리아 카푸로니사의 폭격기(CAPRONI Ca309 GHIBLI)의 이름에서 유래한 것이다. 미야자키 하야오는 본인의 만화왕국을 지브리라고 칭했다. 스튜디오 지브리는 스튜디오 지브리의 작품 〈이웃집 토토로〉에 등장하는 캐릭터 토토로(トトロ)를 디자인하여 대표적인 상징마크로 사용했다.

스튜디오 지브리는 장편 애니메이션 중심으로 제작했지만 1990년 중반 이후 단편 작품이나 실사 작품을 기획하여 제작했다. 풍부한 아니메 제작 환경을 구축하기 위해 그리고 지브리의 생존을 위해 미타카모리(三鷹森)의 지브리박물관에서 애니메이션 공개, DVD 발매, ≪열풍(熱風)≫과 같은 소책자 발행, 캐릭터 전시회, 다양한 작품 제작, 아니메 관객 유치 등과 같은 아니메 관련 사업을 확대했다. 그리고 타사 텔레비전 작품을 하청받아 제작하기도 했다. 그러나 일본 아니메 메카로서 인기를 차지했던 스튜디오 지브리는 경영난에 빠져 많은 변화를 겪게 된다. 1997년 경영 악화로 도쿠마서점에 매각되어 주식회사 스튜디오 지브리는 해산했다. 같은 해 〈모노케 히메〉를 완성한 후 미야자키는 퇴사했다.

2001년 스튜디오 지브리의 대표적인 작품 〈센과 치히로의 행방불명(千と千尋の神隠し)〉이 히트를 쳐 스튜지오 지브리와 미야자키 감독의 명성을 높였고, 아니메의 가치를 높게 평가받으면서 아카데미상, 베네치아 금사자상 등을 수상했다. 미야자키는 2015년 국제부산영화제에서 아시아영화인상을 수상했다. 2017년 5월 미야자키는 새로운 장편 애니메이션영화를 제작하기 위해 활동을 재개하고 새로운 스태프를 모집했다. 이후 미야자키는 신작 장편 아니메로 휴머니즘을 그린 〈너희들은 어떻게 살아가는가(君たちはどう生きるか)〉를 발표하고, 자신의 뒤를 이은 아들 미야자키 고로(宮崎吾朗)는 CG(Computer Graphics) 아니메 2편을 제작 발표했다.[26]

〈표 8-15〉는 미야자키 하야오가 설립한 스튜디오 지브리를 통해 세상에 나온 작품을 소개한 것이다. 이 작품을 통해 미야자키의 스튜지오 지브리는 일본 아니메의 왕국뿐 아니라 세계 애니메이션의 왕국이라는 평가를 받았다.

그중 〈시간을 달리는 소녀(時をかける少女)〉는 2006년 애니메이션으로 만들어져 2010년 영화로 제작되었다. 이 작품은 1967년 쓰쓰이 야스타카(筒井康隆)의 SF소설에 기초하고 있다. 시간을 도약하는 불가사의한 능력을 갖게 된 소녀가

---

26 吉野源三郎, 『君たちはどう生きるか』(マガジンハウス, 2017).

연도	작품명	비고
1986	천공의 성 라퓨타 (天空の城ラピュタ)	하늘에 떠 있는 전설의 섬 라퓨타와 반중력작용을 하는 비행석이라는 환상적인 세계에서의 모험을 그림
1988	이웃집 토토로 (となりのトトロ)	시골로 이사온 사쓰키와 메이 자매가 어린 시절에만 만날 수 있는 불가사의한 생물 토토로와 교류하는 동심의 세계를 표현
1989	마녀 택배 (魔女の宅急便)	마녀세계에서 작은 마녀 소녀의 성장 과정을 그림
1992	붉은 돼지 (紅の豚)	1920년대 제1차 세계대전시대를 그린 아니메로 프랑스 아누시 국제애니메이션영화제에서 수상
1995	귀를 기울이면 (耳をすませば)	하늘에서 떨어진 깃털을 주워 본체인 날개를 조사하기 위해 고양이 도서관에 들어가 분투하는 소녀를 그림
1997	모노노케 히메 (もののけ姫)	미야자키 은퇴 작품으로 무로마치시대 일본을 그림
2001	센과 치히로의 행방불명 (千と千尋の神隠し)	치히로가 신의 세계에 들어가서 겪는 그린 아니메로 아카데미상 수상, 아니메 홍행 1위를 기록함
2004	하울의 움직이는 성 (ハウルの動く城)	마법사 하우루에게 위기로부터 구출되는 모자점의 소녀 소피는 마녀의 주술로 90세 노파로 변신하여 하울의 움직이는 성에서 모험을 함, 아니메 사상 제2위의 홍행작
2006	시간을 달리는 소녀 (時をかける少女)	시간을 도약하는 소녀가 겪는 에피소드를 그린 SF아니메 영화
2008	벼랑위의 포뇨 (崖の上のポニョ)	해안가를 무대로 인간이 되고 싶은 포뇨와 5세 소년과의 이야기를 그림
2013	바람이 분다 (風立ちぬ)	비행기의 설계사가 되기 위해 분투하는 이야기를 그림
2017	너희들은 어떻게 살아가는가 (君たちはどう生きるか)	군국주의로 살벌해진 1930년대를 살아가는 소년·소녀의 삶을 그림

미래에서 온 청년과 만나 다양한 경험을 하는 이야기로 청춘, 연애, 학교 등을 소재로 한 정통 소년소녀용 아니메이다. 쓰쓰이는 라이트노벨(ライトノベル)이 유행하면서 라이트노벨 작품을 쓰기 시작했고, TBS의 〈오토나노!(オトナの!)〉에 출연해 자신이 쓴 최초의 라이트노벨이 〈시간을 달리는 소녀〉라고 주장했다.

SF 아니메로 시공간을 초월하면서도 현실에서 벌어지는 사랑에 대해 그리는 〈시간을 달리는 소녀〉의 이야기는 다음과 같이 전개된다.

어느 날 중학교 3학년 소녀 요시야마 가즈코(芳山和子)는 동급생 후카미치 가즈오(深町一夫)와 아사쿠라 고로(浅倉吾朗)와 함께 이과실 청소를 하다 실험실에서 라벤다 향을 맡고 의식을 잃게 된다. 3일후 가즈코 주위에서 몇 건의 사건이 더 발생한다. 심야에 일어났던 지진으로 아사쿠라의 집이 불타버리고, 다음 날 요시야마는 아사쿠라과 함께 교통사고에 휘말리게 된다. 요시야마는 시간을 역행하여 전날 아침으로 돌아간다. 전날로 돌아가 이미 경험한 일을 반복하는 기묘한 체험을 한다. 처음에는 요시야마의 이야기를 믿지 않았던 동급생들은 지진과 화재를 예견한 요시야마의 이야기를 듣고 인정하게 된다. 이 이야기를 들은 이과 담임 후쿠시마 선생은 요시야마의 능력이 순간 이동(teleportation)과 시간 도약(time leap)라는 것으로 설명하고, 사건의 진상을 알기 위해 4일 전 이과실로 돌아가야 한다고 말한다. 요시야마는 자신의 의지대로 시간 도약을 통해 4일 전으로 돌아간다. 당시 이과 실험실에는 정체불명의 방문자가 기다리고 있었다. 거기에 방문한 사람은 동급생 후카마치였다. 후카마치는 자신이 서역 2660년 미래에 살고 있는 미래인이라고 말한다. 미래에는 라벤다를 가질 수 없어 그것을 얻기 위해 이 시대에 온 것이라고 설명한다. 요시야마와 후카마치는 1개월 동안 같이 지내게 된다. 그 사이에 후카마치는 요시야마에게 호감을 갖는다. 시간 도약을 위한 약품을 완성한 후카마치는 다시 미래로 귀환하지만 그 직전에 요시야마 앞에서 다시 별개의 사람으로 나타날 것을 약속한다. 시간 도약의 비밀을 지키기 위해 요시야마는 후카마치에 대한 기억을 지우려고 하지만 지워지지 않는다. 요시야마는 다시 나타날 것이라는 후카마치의 약속이 실현되기를 간절히 바란다.

네오 국제화기에 들어서 일본에는 영상문화가 활성화되고 성장했다. 향수를 그리는 각종 일본 드라마, 새로운 시대성을 일깨워주는 지각 아니메, 청춘남녀의 감성과 행동을 아름답게 표현한 한국 드라마 등이 국경을 넘어 소통하고 교류하는 국제적인 대중문화시대가 도래했다. 대중문화의 주제, 주인공, 가치, 시대성, 시대 환경, 문화 소비자 등이 한정되지 않고 국경을 초월해서 넘나들고 있다. 대중문화의 작가나 감독은 국적을 갖고 있지만 그들이 만들어내는 대중문화는 국적을 초월해서 소비되고 향유되는 국제문화가 되어 성장하고 있다. 세계 각지에 존재하는 대중이 대중문화를 끌어가는 시대가 된 것이다.

3) 스마트폰·핀테크·가상화폐문화

정보 기술과 과학의 발달은 개인, 기업, 국가, 국제사회 등을 완전하게 바꿔 놓았고, 기업 경영과 구조, 상품 생산과 유통 거래, 상품 소비와 서비스 등의 영역에서 혁명적인 변화를 촉진시켜 신세계를 만들어내고 있다. 정보과학기술(Information Technology: IT)은 펫 로봇 AIBO와 인간 로봇 ASIMO와 같이 인간을 닮은 휴머노이드 로봇, 스스로 작동하여 달리는 자율주행자동차, 많은 정보와 네트워크의 플랫폼으로 등장한 스마트폰, 사물과 인간을 연결시키는 사물인터넷(Internet of Things: IoT), 금융서비스 혁명을 일으키고 있는 핀테크(Fintech), 블록체인(ブロックチェーン, block chain), 비트코인 등 새로운 기술세계를 만들어내고 있다.

첫째, 스마트폰문화이다. 일본 사회뿐 아니라 지구 사회를 변혁시키고 IT기술과 산업의 광속적인 발전으로 만들어낸 것이 스마트폰이다. 일본에서 휴대전화는 어디에서나 통신이 가능한 이동통신 시스템을 이용하는 단말기를 휴대한다는 의미에서 게타이(ケータイ)라고 총칭했다. 휴대전화는 게타이(携帯, ケータイ, ケイタイ)라고 표기한다. NTT 도코모나 전전패밀리(電電ファミリー)가 제작한 기술문서에는 이동기라고 기재되어 있다. 게타이는 장소에 구애받지 않고 가정, 사무실, 자동차 등에서 사용하던 전화기가 개인 손으로 이동한 것을 의미하고 콤팩트하게 만들어져 많은 정보를 집적하고 다양한 기능을 탑재하는 방향으로 진보하고 있다.

휴대전화의 역사를 보면, 1946년 미국의 벨 시스템(AT&T의 자회사)은 무선의 전화회선서비스 MTS를 개시했다. 이것을 통해 차대 전화기가 보급되면서 소형화가 최대 관심으로 떠올랐다. 1960년대와 1970년대에는 단말기 소형화에 대한 노력의 결과 손으로 들어 통화가 가능한 정도가 되었다. 일본에서는 1970년대 오사카부에서 개최된 일본 만국박람회(日本万国博覧会)에서 줄이 없는 전화기가 출품되었다. 1979년에는 제1세대 이동통신 시스템(1st generation: 1G)을 채택한 서비스가 세계 최초로 실용화되었다. 1980년대에는 전전공사(電電公社, NTT)가 휴대전화 연구에 돌입했다. 미국에서는 1981년 AT&T(The American Telephone & Telegraph Company)과 모토로라(Motorola)가 개발하여 실용화했다. 1985년 일본에서는 NTT가 중량 3kg 정도의 쇼루다혼(ショルダーホン)을 발매하기 시작했다.

1990년대는 디지털화가 추진되고, 단말기 보급이 확대되어 본체에 액정 디스플레이를 탑재한 게타이가 개발되었다. 1990년 중반 제2세대 이동통신 시스템(2G) 서비스가 개시되어 아날로그에서 디지털 시대로 이행했다. 1999년에는 I 모드(Iモード)로 인터넷 접속이 가능해져 통신 속도가 향상되어 화상이나 자바(Java)를 사용한 게임도 할 수 있게 되었다. 2000년대에는 3G(3Ggeneration)를 상용 서비스화하면서 휴대전화는 스마트폰(smartphone)시대로 전환되었다. 스마트폰은 휴대기용 OS를 탑재한 휴대전화의 일종으로 2000년대 후반 보급되던 종래의 고기능 휴대전화(feature phone)보다 현저하게 진보하여 PC에 가까운 기능을 탑재했다.

2007년 이후에는 본격적인 스마트폰(スマートフォン)시대에 돌입했다.[27] 스마트폰은 깔끔함을 의미하는 'smart'와 전화를 의미하는 'phone'의 합성어로 용어에 대한 정의는 없다. 일본에서는 스마트폰을 줄여서 스마호(スマホ)라고 칭한다. 스마트폰은 2007년 애플사가 발매한 아이폰(iPhone)이 주목을 받았고 일

27 原バトラ, 『兎塚エイジ, 異世界はスマートフォンとともに』(ホビージャパン, 2019); standards, 『Androidスマートフォン完全マニュアル』(standards, 2018).

본에서는 2008년 아이폰 3G가 처음 발매되어 새로운 시대를 열었다.[28] 현재는 아이폰처럼 독자적인 iOS를 탑재한 것, 구글과 OHA(Open Handset Alliance)가 개발한 안드로이드(Android), 마이크로소프트가 개발한 OS를 탑재한 윈도우폰 (Windows Phone) 등이 사용되고 있다. 2010년에는 제4세대 이동통신 시스템을 이용한 스마트폰 서비스가 시작되었고, 이후 LTE(Long Term Evolution) 방식이 이용되고 있으며 한국은 2019년 세계 최초 5G(5Ggeneration)시대를 열었다.

스마트폰은 SNS 기능, 인터넷 열람, 메일, 달력, 사진 촬영, 소통, GPS(Global Positioning Satellite), 음악 청취, 영화 관람, 지불 및 대출, 현금 대체 등 다양한 기능이 있다. 고속통신 LTE와 5G, AI을 이용한 음성 인식, 홍채 인식 등 버추얼 어시스턴트 기능도 탑재하고 있다. 현대사회에서 스마트폰은 사람과 생활구성 요소를 연결하는 IoT 플랫폼, 사람과 정보를 가장 스마트하게 연결하고 안내하는 정보 플랫폼, 현실생활을 유지하고 삶을 영위하고 발전시키는 데 필요한 상식, 기술, 오락, 교육, 학습 등을 제공하는 지식 플랫폼 등으로 기능한다.

최근 스마트폰 시장은 무한한 가치를 창출하기 때문에 미래사회와 산업을 점유하기 위한 스마트폰 전쟁이 일어나고 있다. 더 좋은 기능, 서비스, 능력, 사고력, 적응력, 정보, AI 등을 탑재한 스마트폰을 소비자가 요구하고 있기 때문이다. 더욱이 인간과 물건을 연결하고 스스로 생각하고 판단하는 휴머노이드 스마트폰을 기대한다. 현재 스마트폰은 화면이 작은 폰, 화면이 큰 태블릿(tablet, タ ブレット)폰, 그것을 응용한 스마트워치, 접고 펼 수 있는 폴더폰 등이 동시에 출시되고 있다. 2016년 일본의 스마트폰 보급률은 71.3%(전 세대)이고, 20대는 96.8%에 달하고 있어 스마트폰 시대가 도래했다.

〈표 8-16〉는 세계 각국의 스마트폰 보급 대수와 순위를 조사한 것으로 일본은 1998년 국제 순위 3위, 2017년은 7위였다. 2000년 순위는 미국, 중국, 일본, 독일, 영국 등이며, 2017년 순위는 중국, 인도, 인도네시아, 미국, 브라질, 러시

---

28 standards, 『Androidスマートフォン完全マニュアル』.

연도	국제 순위	대수(1000)	신장률(%)	연도	국제 순위	대수(1000)	신장률(%)
2000	3	66,784	100	2010	7	123,287	184.6
2002	3	81,118	129.8	2012	7	141,129	211.3
2004	3	91,474	137.0	2014	7	157,857	236.3
2006	6	99,826	149.5	2016	7	160,853	240.6
2008	7	110,395	165.3	2017	7	170,128	254.7

자료: 青山誠, 『統計でふりかえる平成日本の30年』(双葉社, 2018), p.101.

아, 일본 등이다. 2017년 일본의 스마트폰 보급률은 2000년 기준 254.7% 신장했다.

스마트폰이 등장하면서 생활에 필요한 정보, 연결, 지식, 도구, 서비스, 커뮤니케이션 등이 스마트폰으로 집적되어 편리한 일상생활이 가능해졌다. 스마트폰으로 구축된 문화를 스마트폰문화라고 할 수 있다. 일본에서 스마트폰은 새로운 메시지문화와 연결문화를 창출하고 있다. 편지, 카드, 메일, 전화 등을 대신하는 메시지 매체로 트위터, 라인, 페이스북 등이 구축되어 메시지의 송신과 수신이 가능한 SNS 소통문화가 발생했다. 스마트폰을 사용함으로써 누구나 신속한 정보와 빠른 대답이 가능한 패스트(fast)문화를 만들어내고 있다. 기다리는 것이 미덕이 아니라 악으로 간주되는 시대가 된 것이다.

스마트폰을 이용한 각종 금융서비스가 제공되고 있다. 세계적으로 보급되고 있는 핀테크, 결제와 송금 등을 편리하게 하는 다양한 금융 인프라나 빅데이터 시스템이 구축되었고, 인공지능을 이용한 금융서비스가 이루어지고 있다. 스마트폰에 의한 금융 거래, 비트코인과 같은 가상화폐, 네트를 통해 대중으로부터 자금을 조달하는 크라우드펀딩(crowdfunding) 등 응용 분야도 증가하고 있다. 일본의 스마트폰 결제서비스 기관은 라인 페이(LINE PAY), 야후(YAHOO), 라쿠텐 페이(樂天PAY), 오리가미 페이(Origami Pay) 등이 운영되고 있다. 송금서비스 기관은 캐시(Kyash), 애니페이(AnyPay), 회계소프트는 프리(Freee), 야요이(弥生),

가계관리 기관은 NTT 커뮤니케이션, 쿠팡(Coupang)의 브레인셀(Braincel), 자임(Zaim), 머니트리(Moneytree), 베어테일(Beartail), 자산 운영은 테오(THEO), 웰스내비(WealthNavi) 등이 있다.[29]

스마트폰이 생기면서 소통 수단으로 새로운 언어문화가 등장하고 있다. 언어 대신에 제모티콘(Jemoticons)으로 인간의 감정과 정보를 표현하고 전달한다. 일본에서 발생한 것 중에서 대표적인 언어가 갸루문자(ギャル文字, gal文字)이다. 스마트폰이나 메일에 사용되는 문자를 분해 또는 축소 등 변형시킨 갸루문자를 통해 메시지를 표현하고 전달하는 소통문화가 형성되고 있다. 2002~2003년에 젊은이들 사이에 보급되기 시작한 새로운 소통언어를 이시카와 마쓰네(石川正尚)는 갸루문자라고 명명했다. 매스미디어가 그것을 사용하면서 확산되었고, 2005년 경에는 유행이 잦아들었다. 갸루문자를 사용하는 층은 여중생이나 여고생이고, 여고생의 80% 정도가 갸루문자가 입력된 것을 읽을 수 있다. 남자는 점차 사용하지 않고 있다.[30]

일본에서 갸루문자가 발생하게 된 동기는 스마트폰으로 메시지를 전송할 때 문자를 함축적으로 입력해 타인과 다른 소통을 할 수 있도록 하는 소통의 개성화에서 비롯되었다. 전달 내용을 타인이나 어른들이 알지 못하게 하고 친구(仲間) 사이에서만 통용되도록 하는 의도가 있다. 갸루문자는 하나의 문자놀이이며 창작문화의 성격을 띤다. 갸루문자에 의한 메일이 시간이 걸리는 데도 불구하고 보내는 것은 그만큼 상대방을 소중하게 생각한다는 메타메시지(metamessage, 본래 의미를 초월해 별도의 의미를 전함)로서 효과를 기대하는 경우도 있다. 2010년 마이니치 커뮤니케이션즈(每日コミュニケーションズ)가 20대를 대상으로 한 조사에

---

29 日本経済新聞社, 『日経 業界地図』(日本経済新聞出版社, 2019), p. 28.

30 갸루문자는 일부 가라오케기기의 가사를 표시하는 경우도 있다. 예를 들면 'きょうは、1人で行かせて下さい'는 갸루문자로 'きょゎ、1囚τ"ｧｧﾃｶ ㄝτ㊦±ぃ'으로 표현하고 있다. 그리고 'おはようございます'는 'ぉレ£϶ぅ⊇"±"ﾚ ｍａ£', '大きなのっぽの古時計 おじいさんの時計'는 '尢(≠ﾅょσっ(ぉ。σ古日寺言十 よ、し〃ぃ±ωσ日寺言十' 등으로 표현한다.

서는 갸루문화가 좋다고 답한 사람이 2%, 좋지 않다고 답한 사람이 61%로 일반적으로 비호의적인 것으로 나타났다.

갸루문자는 히라가나, 가타카나, 한자를 몇 개 부분으로 분해해서 필요하면 닮은 형태의 문자나 기호로 전환해서 만든다. 예를 들면 한자를 편(偏)과 방(旁)으로 분리해서 사용한다. 또한 히라가나의 'い'를 좌우 분리해서 좌측을 'レ', 우측을 'ゝ'로 각각 전환해서 'ゝ'를 만든 것이 갸루문자이다. 한자의 경우 '終'을 '糸 冬'으로 분리하여 사용한다. 분리가 불가능한 경우의 문자는 분해하지 않고 문자 자체를 닮은 별도의 글자나 기호로 전환해서 사용한다. 예를 들면 'へ'을 '∧'로 한다. 필요하면 알파벳이나 그리스문자도 사용한다.

스마트폰이 보급되면서 스마트폰과 아니메가 연결되어 새로운 아니메 게임문화를 만들어냈다. 일본에서는 스마트폰과 애니메이션 콘텐츠를 이용해 새로운 콜래보레이션문화를 만들어냈다. 애니메이션과 스마트폰을 연결해 새로운 사회현상을 일으킨 작품이 〈포켓몬고(ポケモンGO)〉이다. 스마트폰을 통해 현실공간과 포켓몬스터를 연결하는 닌텐도사의 작품으로 〈포켓몬스터(ポケットモンスター)〉에 등장하는 캐릭터 150종류의 포켓몬(ポケモン)이 출현하는 것을 포획해서 수집하는 스마트폰 게임이다. 이 작품은 미국의 나이안틱사(Niantic, Inc.)가 제작한 것으로 지구 전역을 커버하는 지도 정보 데이터와 포켓몬이라는 캐릭터 포켓몬을 연결해 글로벌 시너지 효과로 모바일게임 시장을 새롭게 열어 한 시대를 풍미했다.

현재 스마트폰은 커뮤니케이션, 가전제품과의 연결, 컴퓨터 능력, 거래 및 결재, 인터넷상거래, 광고, 운동 정보 및 체험, 여론조사, 홈워크, 이모티콘 메시지, 함축 언어, 다양한 비주얼 공동체, 밴드, 동아리, 필기 기능, 기억 기능, 사진 촬영, 유튜브(You-Tube), 오락, 내비게이션, 부동산 매매, 지식, 검색, 뉴스, 스포츠 관람, TV 기능, 새해 인사, 게임, 화투, 카드, 청첩장, 학습 기능, 교육 기능, 부고장, 영화 감상, 음악 감상, 상품 정보, 그림 그리기, 데이터 정보, 여행 정보, 각종 물품 정보, 기관 및 기업 정보 등의 기능으로 새로운 스마트폰문화를 형성하고 있다. 스마트폰은 초(超)시간, 초(超)장소, 초(超)대중, 초(超)개인 등을 통해 인간과 인간 연결, 인간과 사물 연결, 사물과 사물 연결, 인공지능화 등을 가능하게 하는 방향으로 추진되고 있어 예측이 불가능한 새로운 세계를 만들 것으로 보인다.

또한 스마트폰의 예절문화가 생겨나고 있다. 공공장소에서 전화를 수신하는 경우 전화벨로 인한 소음 때문에 공공장소에서의 매너가 문제시되고 있다. 열차, 비행기, 회의, 대중교통 등에서 매너모드를 설정하거나 전원을 끄는 등 새로운 스마트폰 예절문화가 생겨나고 있다. 스마트폰 보급이 확대되면서 자동차나 오토바이를 운전하거나 거리를 거닐면서 스마트폰을 사용하여 많은 사고가 일어나 다양한 제재 방안이 강구되고 있다. 1999년 '도로교통법'에서는 자동차나 오토바이 운전 중에 스마트폰 사용으로 사고를 일으키는 경우 벌칙을 가하는 조항이 추가되었다. 핸즈프리(handsfree) 장치를 이용한 통화 외에는 금지하고 있다. 자전거를 타고 사용하는 것도 2011년 각 도도부현 공안위원회 규칙으로 벌칙을 규정하고, 도쿄도의 경우 5만 엔 이하의 벌금을 부과한다.

둘째, 금융계를 중심으로 일어난 핀테크문화이다. 첨단과학이 발전하면서 일본에는 금융계에 핀테크(フィンテック, Fintech, financial technology)라는 새로운 금융서비스가 시행되고 있다. 핀테크(Fintech)는 Finance(金融)과 Technology(技術)의 합성어로 금융과 기술이 결합한 금융서비스를 의미한다. 기존의 금융질서를 파괴하여 새로운 정보통신기술 ICT(Information Communication Technology)를 구사한 혁명적이며 파격적인 금융상품 및 서비스를 의미한다. 기존의 금융기관이 가진 총합적 금융서비스 가운데 고객이 필요로 하는 일부 기능을 특화하여 저비용으로 서비스를 받도록 하는 금융 시스템이다.

IT와 금융의 융합은 크게 네 가지 영역으로 나뉘어 진행된다. 그것은 지급 결제, 금융데이터 분석, 금융 소프트웨어, 플랫폼 등이다. 2014년 말부터 금융계에서는 핀테크라는 단어가 사용되기 시작했다. 핀테크를 통해 인터넷 전문은행, 간편 결제, 공인인증서, 액티브X, 스타트업 등과 같은 금융이용서비스 관련 용어들이 등장했다. 핀테크라는 이름이 나오기 전에는 인터넷뱅킹과 모바일뱅킹을 주로 사용해 왔다. 은행은 거래 대부분을 전산으로 처리하고, 은행에서 서비스를 제공하거나 현금 수송 차량으로 옮겨 현금인출기를 통한 금융서비스가 이루어진다. 따라서 은행에 의한 금융서비스는 많은 비용을 발생시키고 서비스가 제한적이었다.

이러한 불편을 해소하기 위해 미국 금융업계는 새로운 금융서비스로 핀테크를 도입했다. 2003년 미국의 금융업계지 ≪미국은행(American Bank)≫에서 'Fintech 100'이라는 과제를 발표했다. 이후 세계 각국 금융기관은 금융서비스로서 핀테크를 적용하고 응용하기 시작했고, 2008년 세계에 봉착한 금융위기 이후부터 본격화되었다. 핀테크는 모바일, SNS, 빅데이터 등 새로운 IT 기술을 활용하여 기존 금융 기법과 차별화된 금융서비스를 제공하는 것으로 대표적인 것이 미국의 애플사가 개발한 애플페이(apple pay)가 있고, 2004년 출시된 중국의 알리바바 그룹이 개발한 온라인 금융·결제 서비스 알리페이(Alipay)가 있다. 소비자가 은행 계좌를 연동한 뒤 QR(Quick Response)코드를 스캔하면 결제뿐 아니라 송금·휴대전화 충전·기차표 구매 등의 서비스를 이용할 수 있다. 한국의 삼성페이, 페이팔(Paypal), 페이이지(Payeasy), 라인페이(Linepay), 구글페이(Google pay), R페이(R pay), 카카오페이, 아마존페이(amazon pay), 니폰 플랫폼(NIPPON Platform) 등이 출시되어 모바일 간편 결제서비스와 앱 기반 간편 결제 서비스를 제공한다. 지급결제서비스는 은행 이용객에게 합리적이고 편리한 서비스를 제공해 이용 고객을 넓히고, 결제서비스가 필요한 사업자에게는 수수료를 받는 새로운 개념의 서비스와 이익 창출 구조를 가지고 있다.

핀테크는 IoT(Internet of Things)가 빅데이터를 생성하여 등장한 새로운 금융서비스이며 금융 시스템이다.[31] 핀테크는 미국에서 시작하여 급속하게 전파되

---

31 IoT(Internet of Things, 사물인터넷)는 초연결기술에 기반한 차세대 인터넷으로 사물 간 인터넷 혹은 개체 간 인터넷(Internet of Objects)이라 할 수 있고, 고유 식별이 가능한 사물이 만들어낸 정보를 인터넷으로 공유하는 환경을 의미한다. 이것은 기존의 USN(Ubiquitous

면서 다양한 효과를 내고 있다. 2016년 국제결제은행은 핀테크를 각 중앙은행의 금융 정책에 반영하도록 유도하고 있다. 2017년 핀테크의 도입으로 미국 내에서 전자상거래 10%, 디지털미디어 40%의 비율을 점하고 있다. 또한 은행에서 개시한 핀테크서비스는 다른 금융권으로 확대되고 있다. 뉴욕증권거래소(NYSE)에는 전산 거래를 도입한 뒤 객장을 가득 메웠던 증권 중개인이 사라지고 있어 새로운 핀테크 붐과 문화를 구축하고 있다. 현재 세계금융서비스업계에서 핀테크 이용 비율은 1% 미만에 머물지만 곧 도입하여 시행될 것으로 전망된다.

Sensor Network), M2M(Machine to Machine) 등에서 발전된 개념으로 사물지능통신, 만물인터넷(Internet of Everything: IoE)으로도 확장되고 있다. M2M은 기계 중심의 연결을 의미하고, 사물인터넷은 환경 중심의 연결을 의미한다. 협의의 사물인터넷 산업은 사물인터넷 그 자체를 위한 산업으로 사물인터넷 구현을 위한 기반 산업이다. 이것은 플랫폼, 디바이스, 인프라 산업과 같이 사물인터넷 자체로 구성된 산업만을 사물인터넷 산업으로 인식한다. 광의의 사물인터넷 산업은 사물인터넷을 통해 가치를 창출할 수 있는 산업으로 가치가 추가된(Value-added) 산업 전체를 의미한다. 새로운 시대에는 사람보다 더 많은 수의 사물 또는 개체가 인터넷으로 연결되고 시간, 장소, 사물 등이 제약 없이 모두 연결되는 환경이 만들어지며, 모든 사물에 인터넷 주소를 부여하고 모바일로 각각의 정보를 인터넷을 통해 공유하고 통신이 가능한 사물인터넷 환경이 구축될 것이다. 2020년에 세계 인구수는 76억 명으로 증가하고 연결된 장치의 수는 500억 개로 인구 한 명당 연결된 장치의 수는 6.58개가 될 것으로 분석하여 사물인터넷의 성장 가능성을 예견했다. 2020년 사물인터넷 시장에서는 가전(Customer Electronics) 분야가 36%, 인텔리전스 빌딩(Intelligence Buildings) 분야가 27%, 유틸리티(Utility) 분야가 12% 등을 차지할 것으로 전망한다. GSMA(Global System for Mobile Communications Association)에 따르면, 사물인터넷 관련 디바이스의 개수가 2011년 20억 개 정도였으나, 2020년에는 여섯 배 증가한 120억 개 이상으로 증가할 것이며, 사물인터넷(IoT) 관련 매출 중 디바이스 매출이 가장 큰 비중을 차지할 것으로 전망된다. 또한 센서의 기술 발전과 폭발적인 수요 증가가 예상되고 있다. 사물인터넷의 핵심 기술은 센서(sensor)이다. 센서는 빛, 소리, 화학물질, 온도 등 내·외부에서 발생한 신호들을 수집하여 과학적인 방법으로 분석하고 각종 상태를 파악하는 장치이다. 일본에서 IoT(Internet of Things)는 가전제품 중심으로 활성화되고 있다. 도시바 라이프스타일(東芝ライフスタイル)은 세탁기와 냉장고, 도시바 캐리어(東芝化キャリア)는 에어컨, 파나소닉(パナソニック)은 에코나비 탑재 미용가전, 하다치 어플라이언스(日立アプライアンス)는 고기능 가전과 소프트웨어 탑재 가전 등의 개발에 돌입했다. 그리고 다이킨공업(ダイキン工業), 미쓰비시전기, 샤프, 후지쓰제네랄(富士通ゼネラル) 등은 IoT 가전제품 개발과 생산에 돌입하여 많은 성과를 거두고 있다.

일본의 경우, 2015년 해커톤(ハッカソン, hackathon) 소프트웨어가 개발되어 대기업의 금융기관이 새로운 금융서비스 시장에 참가하고 있다. 후지쓰(富士通), 미쓰이스미토모은행(三井住友銀行), 미쓰비시도쿄UFJ은행(三菱東京UFJ銀行) 등은 핀테크 서비스를 실시하면서 관련 시장을 확장하고 있다. 2016년 지방은행이나 도시은행은 적극적으로 클라우드합계소프트(クラウド会計ソフト)를 활용하는 등 핀테크를 도입하기 시작했다. 더욱이 금융시장을 활성화하기 위해 비즈니스 콘테스트를 개최하고 있다.

2017년 미국 코인베이스와 자본 제휴를 하고 있는 미쓰비시UFJ금융 그룹은 블록체인 기술을 이용해서 독자적인 가상통화 MUFG코인(MUFGコイン)을 발행한다고 발표하고, 가까운 장래에 개인금융서비스로 활용한다고 천명했다.[32] 그

---

32 블록체인은 자전거 체인처럼 고리가 톱니바퀴의 이와 맞물려 돌아가는 사슬을 의미한다. 그것은 금융 거래에서 누구나 열람할 수 있는 장부에 거래 내역을 투명하게 공개하여 기록하고, 여러 대의 컴퓨터에 이를 복제해 저장하는 분산형 데이터 저장 기술로 공공거래 장부라고도 부른다. 중앙집중형 서버에 거래 기록을 보관하지 않고 거래에 참여하는 모든 사용자에게 거래 내역을 보내주며, 거래 때마다 모든 거래 참여자들이 정보를 공유하고 이를 대조해 데이터 위조나 변조를 할 수 없도록 하고 있다. 사토시 나카모토는 2007년 글로벌 금융위기 사태를 통해 중앙집권적 금융 시스템의 위험성을 인지하고 개인 간 거래가 가능한 블록체인 기술을 고안했고, 2009년 블록체인 기술을 적용한 암호화폐 비트코인을 개발했다. 블록체인에 저장하는 정보는 다양하기 때문에 블록체인을 활용할 수 있는 분야도 매우 광범위하다. 대표적으로 가상통화에 사용되는데, 이때는 블록에 금전거래 내역을 저장해 거래에 참여하는 모든 사용자에게 거래 내역을 보내주며 거래 때마다 이를 대조해 데이터 위조를 막고 있다. 이 밖에도 전자결제나 디지털 인증뿐만 아니라 화물추적 시스템, P2P 대출, 원산지부터 유통까지의 전 과정 추적, 예술품의 진품 감정, 위조화폐 방지, 전자투표, 전자시민권 발급, 차량 공유, 부동산 등기부, 병원 간 의료기록 공유 및 관리 등 신뢰성이 요구되는 다양한 분야에 활용할 수 있다. 블록체인은 크게 퍼블릭 블록체인과 프라이빗 블록체인으로 나뉜다. 퍼블릭 블록체인은 모두에게 개방되어 누구나 참여할 수 있는 형태로 비트코인, 이더리움 등의 거래가 대표적이다. 프라이빗 블록체인은 사전에 허가를 받은 사람만이 참여할 수 있다. 참여자 수가 제한되어 있어 상대적으로 속도가 빠르다. 블록(block)은 데이터를 저장하는 단위로, 바디(body)와 헤더(header)로 구분된다. 바디에는 거래 내용이, 헤더에는 암호코드가 담겨 있다. 블록은 약 10분 주기로 생성되며, 거래 기록을 끌어 모아 블록을 만들어 신뢰성을 검증하면서 이전 블록에 연결하여 블록체인 형태가 된다. 여기서 처음 시작된 블록을 제네시스 블록이라고 부른다. 제네시스 블록은 그 앞에 어떤 블록도 생성되지 않은 최초의 블록을

것은 당초 은행 내 거래 관련 비용을 삭감할 목적으로 시도하고, 해외 송금이나 결제와 같은 인프라 코스트 삭감 효과를 점검하기 위한 실험이었다. 2018년 5월 미쓰비시UFJ 그룹은 아카마이 테크놀로지(アカマイ·テクノロジーズ)와 협력하여 매초 100만 건 거래가 가능한 초고속 결제 시스템인 신형 블록체인(ブロックチェーン)을 개발했다고 발표했다.

미쓰이스미토모 파이낸셜 그룹은 핀테크 기업과 협력하여 공동 법인을 설립하고 생체인증서비스나 스마트폰의 전자바코드로 편의점에서 공공요금의 수납대행(コンビニ収納代行)이 가능하도록 했다. 2017년 9월 미즈호은행(みずほ銀行)과 소프트뱅크가 설립한 J스코어(J.Score) 핀테크를 활용한 개인용 융자서비스가 가능한 AI스코어랜딩(AI Score Lending)을 개설했다. SBI홀딩스는 블록체인을 이용한 저비용 국제송금서비스나 외환 교환이 용이하도록 한 국제 프리페이드카드(国際Prepaid Card)사업을 위해 공동지주회사를 설립했다. 오릭스(オリックス)는 P2P금융을 기초로 중국의 상하이금융(上海点荣金融信息服務)에 6000만 달러를 출자했고, 2018년 6월 1일 야후와 금융기관 인프라를 기획·개발하고 데이터를 분석하는 핀테크 출자회사를 설립했다.

현재 금융업계는 핀테크의 활용으로 많은 변화를 경험하고 있다. 가까운 장래에 은행, 증권회사, 융자회사 등에서는 중앙집권적 서비스나 노동집약적 서비스를 제공하는 형식에서 벗어나 사용자가 직접 거래하는 저렴하고 편리한 금융서비스가 제공될 것이다. 눈에 보이지 않고 돈이 들지 않는 금융서비스가 추진되면서 기존의 금융 관련 회사는 기업구조, 영업 방법, 노동구조와 근무체계, 서비스, 경영 방법, 수익구조 등에서 기존의 틀을 벗어나 새로운 금융체계와 서비

말한다. 노드(node)는 블록체인에서 중앙집중형 서버에 거래 기록을 보관하거나 관리하지 않고 거래에 참여하는 개개인의 서버들이 모여 네트워크를 유지하고 관리한다. 이 개개인의 서버, 즉 참여자를 노드라고 한다. 중앙 관리자가 없기 때문에 블록을 배포하는 노드의 역할이 중요하며, 참여하는 노드들 가운데 절반 이상의 동의가 있어야 새 블록이 생성된다. 노드들은 블록체인을 컴퓨터에 저장해 놓고, 일부 노드가 해킹을 당해 기존 내용이 틀어져도 다수의 노드에게 데이터가 남아 있어 계속적으로 데이터를 보존할 수 있다.

스를 추진하는 IT금융회사로 전환될 것으로 보인다.

셋째, 블록체인으로 발달로 가상화폐문화가 발생했다.[33] 인류 최초의 가상화폐인 비트코인은 2008년 금융위기를 계기로 발명되었다. 정부나 중앙은행, 금융회사 등의 개입 없이 온라인상에서 개인과 개인이 직접 돈을 주고받을 수 있는 암호화된 가상화폐이다. 비트코인은 컴퓨터에서 정보의 기본 단위인 비트(bit)와 동전(coin)의 합성어로, 2009년 1월 사토시 나카모토(サトシ ナカモト, Satoshi Nakamoto)라는 필명의 프로그래머가 개발한 것이다. 개발자 사토시 나카모토는 비트코인의 초석을 구축하고 세계 최초로 아이디어를 인터넷을 통해 발표했다. 그는 일본인을 연상하는 이름을 사용한다. 2009년 비트코인 구조인 프로트콜(protoco), 거래 방식, 채굴(mining) 등을 할 수 있는 소프트웨어 비트코인-Qt(Bitcoin-Qt)를 완성하여 비트코인이 유통하기 시작했다. 다량의 비트코인을 소유한 인물로 알려져 있고 소프트웨어 개발 후 관리 권한을 다른 개발자에게 넘기고 표면에서 사라졌다.

사토시 나카모토의 국적이 알려지지 않고 있으며 이름이 본명인지도 불분명하다.[34] 한자로 표기하지는 않지만 일부에서는 '中本哲史'로 표기하기도 한다. 나카모토는 일본 미디어에서 수수께끼 인물로 통하는데, 영어가 유창하고 비트코인 논문에 일본어를 사용하지 않아 일본인설에 의문이 제기되고 있다. 최초 비트코인은 공동으로 개발한 것으로 알려져 개인이 아니라 그룹명이라는 추측도

---

33 伊能早苗・山本章子訳, 『「仮想通貨」の衝撃』(中経出版, 2014); 岡田仁志・高橋郁夫・山崎重一郎, 『仮想通貨』(東洋経済新報社, 2015); 仮想通貨総研, 『新聞が報じない仮想通貨のホントの正体がわかる本』(秀和システム, 2104); 斉藤賢爾, 『これでわかったビットコイン 生きのこる通貨の条件』(太郎次郎社エディタス, 2014); 高城泰, 『ヤバイお金 ビットコインから始まる真のIT革命』(扶桑社, 2014); 野口悠紀雄, 『仮想通貨革命 = The Virtual Currency Revolution ビットコインは始まりにすぎない』(ダイヤモンド社, 2014); ビットコイン研究所, 『はじめてのビットコイン』(ATパブリケーション, 2014); 吉本佳生・西田宗千佳, 『暗号が通貨(カネ)になる「ビットコイン」のからくり 「良貨」になりうる3つの理由』(講談社, 2014).

34 Phil Champagne, 『ビットコイン バイブル: ナカモトサトシとは何者か?』(株式会社アットメディア, 2017).

있다. 나카모토가 비트코인 논문 500여 편을 투고할 당시 그리니치 표준시로 오전 5시부터 11시, 일본 시간 14시부터 20시 사이에 투고하지 않아 이 시간대에 잠자는 지역에 거주하고 있는 것으로 판단하여 북미, 중부 미국, 남미 등에 거주하는 것으로 추측하고 있다. 2014년 ≪뉴스위크(Newsweek)≫는 비트코인 창시자의 사진과 자택을 공개하고, 그가 정부시설에서 근무한 경력이 있는 도리안 프렌티스 사토시 나카모토(Dorian Prentice Satoshi Nakamoto)라고 했지만 본인은 부정했다.

그는 2008년 전자통화 비트코인에 관한 논문을 발표하기 시작했다. 2009년 비트코인 소프트웨어를 인터넷을 통해 발표하고 최초로 비트코인을 채굴하여 운용을 개시했다. 2010년까지는 비트코인 소프트웨어 보급에 공헌했지만 이후 팀과 커뮤니티와의 접촉을 피하고 개빈 안드레센(Gavin Andresen)에게 관리를 맡겼다. 그 시기 Bitcoin.org 도메인 관리를 비트코인 커뮤니티 멤버에게 이전했다. 2013년 나카모토가 보유한 비트코인은 약 100만 BTC(Bitcoin)라고 추측되며 유통되고 있는 전체 비트코인의 약 6.6%에 해당된다고 비트코인 개발자 러너(Sergio Demian Lerner)는 밝혔다. 그것은 2017년 12월 기준 약 1조 9000억 엔에 해당되는 것으로 추측된다.

비트코인은 실제 생활에서 쓰이는 화폐가 아니라 온라인 거래에서 쓰이는 가상화폐이다. 비트코인을 만드는 과정은 광산업에 빗대어 '채굴한다(mining)'고 하며, 비트코인을 만드는 사람을 마이너(miner), 즉 광부라고 부른다. 비트코인 세계에서는 컴퓨터 프로그램으로 수학문제를 풀어 직접 비트코인을 채굴하거나 채굴된 비트코인을 거래하는 시장에서 구입할 수 있다.[35] 비트코인은 완전히

---

35 斉枕悖弘, 『ビットコインファン・アーカイブ01』(創刊号~第14号まで収録), (Bitcoin Fun Archives Kindle版, 2017); Marco Oliveira, 『BITCOIN Digital World』(Kindle版, 2017); ライドレックス, 『ビットコインの増やし方: アルトコイントレード攻略法』(Kindle版, 2018); 山田徹, 『今さら聞けない ビットコイン: 最近よく耳にする 仮想通貨 ビットコイン を誰でも解るように わかりやすく解説』(Kindle版, 2017).

익명으로 거래되며, 컴퓨터와 인터넷만 있으면 누구나 계좌를 개설하여 거래할 수 있다. 이 때문에 범죄, 탈세 등에 악용되기도 한다. 통화 공급량이 엄격히 제한되어 총 발행량은 2100만 개로 정해져 있다. 유통량이 일정 기준을 넘으면 한 빈에 재굴힐 수 있는 양이 줄이들고 문제도 이려워져 회소성이 높아진다. 비트코인 거래는 블록체인을 통해 이루어진다. 블록체인은 대표적인 온라인 가상 화폐인 비트코인에 적용되는데, 비트코인은 누구나 열람할 수 있는 장부에 거래 내역을 투명하게 기록하며, 비트코인을 사용하는 여러 컴퓨터가 10분에 한 번씩 이 기록을 검증하여 해킹을 막는다.

비트코인은 발행 주체가 없는 가상화폐이며 가상화폐가 작동하는 방식을 말한다. 기존의 싸이월드 도토리나 네이버 캐시와 같이 실제 돈은 아니지만 물건을 사거나 서비스 이용료를 결제할 수 있는 돈이다. 인터넷 서비스마다 자기만의 가상화폐를 만들고 있다. 싸이월드는 도토리를, 네이버는 네이버 캐시, 페이스북은 페이스북 크레디트, 카카오는 초코라는 가상화폐를 만들었다. 그 외에도 자기 서비스 이름 뒤에 캐시라는 이름을 붙인 가상화폐를 만든 곳이 많이 생겼다. 이렇게 가상화폐가 많은데도 비트코인이 특별히 주목을 받는 것은 작동 방식이 특이하기 때문이다.

비트코인은 주인이 없고, 특정 개인이나 회사가 운영하는 캐시도 아니다. 작동하는 시스템은 P2P 방식으로 여러 이용자의 컴퓨터에 분산되어 있고, 비트코인을 만들고 거래하고 비트코인을 현금으로 바꾸는 사람 모두가 비트코인 발행 주이다. 비트코인용 계좌를 만들 때도 신분증 검사와 같은 절차는 생략되며 계좌를 지갑이라고 부른다. 지갑마다 고유한 번호가 있는 데 숫자와 영어 알파벳 소문자, 대문자 등을 조합해 약 30자 정도로 이루어진다. 한 사람이 지갑을 여러 개 만들 수 있고 개수에 제한은 없다. 다만 지갑을 만들 수 있는 별도 프로그램이나 웹사이트를 이용해야 한다.

2017년 8월부터 비트코인은 비트코인(BTC)과 비트코인 캐시(BCC)로 나눠졌다. 비트코인의 분열은 비트코인이 거래되는 블록체인의 용량 문제를 두고 개발자와 채굴업자의 입장이 달랐기 때문이다. 블록체인은 10분당 블록 1메가바이트(MB) 용량을 생성하고 거래할 수 있어 1초에 7건의 거래가 가능하다. 그러나 거래량 급증으로 빠른 시간 내에 거래를 처리하지 못해 문제가 생겼다. 이에 개발자는 블록에서 복잡한 서명을 분리해 처리 용량을 늘리는 세그윗(segwit) 도입을 제시했다. 그러나 채굴업자들은 세그윗이 기존 방식의 채굴을 어렵게 할 것이라고 판단해 도입을 반대했고 결국 새 가상화폐 비트코인 캐시를 만들어 대응했다. 이후 비트코인 골드(BCG), 비트코인 다이아몬드, 슈퍼비트코인, 비트코인 우라늄, 비트코인 프라이빗 등이 잇따라 비트코인에서 분리되어 나왔다.

〈표 8-17〉은 비트코인을 포함한 알트코인(Alternative coin)으로 불리는 종류를 소개한 것으로 비트코인, 대시, 라이트코인, 이더리움 클래식, 리플, 제트캐시 등의 특징을 분석한 것이다.

다양한 가상화폐 가운데 비트코인을 제외한 나머지 가상화폐를 통칭하여 알트코인이라고 부른다. 알트코인 가격대는 광범위하게 형성되어 있다. 눈에 보이지 않는 암호화된 코인들의 총 가치는 약 9200억 달러로 알려진다. 2009년 등장한 비트코인이 대표적이지만 종류가 점차 증가하여 1000개 이상 존재하고 있다. 그중 2018년 6월 현재 성황리에 거래되고 있는 코인의 가치를 보면, 비트코인의 총액은 1151억 달러, 이더리움 526억 달러, 리플 224억 달러, 비트코인 캐시 158억 달러 등으로 나타났다. 최근에 핫 이슈로 등장한 비트코인과 알트코인은 많은 발전 가능성을 예견하면서도 2018년에 비트코인 가치가 80% 하락했고, 2018년 시가 총액 8000억 달러로 시작한 비트코인은 2019년 초 1200억 달러로 추락했다.

일본에서 활동하고 있는 가상화폐 교환업자는 비트플라이어(bitFlyer), 도쿄에 본사를 두고 있는 머니파트너스 그룹(MONEY PARTNERS GROUP CO., LTD), SBI 버추얼커렌시스(SBI Virtual Currencies), 코인(coin), 비트뱅크(bitbank), 비트아르고(bitARG.com), 코인체크(Coincheck), LINE 파이낸셜(LINE Financial Corporation) 등이 있다.[36] 현재 비트코인에 대한 정책은 각 국가마다 서로 다르다. 그것

〈표 8-17〉 비트코인의 종류와 특징

구분	특징
비트코인 (Bit Coin)	- 2009년 1월 사토시 나카모토가 개발함 - 2017년 8월부터 비트코인은 비트코인과 비트코인 캐시(BCC)로 나뉘고, 이후 비트코인 골드(BCG), 비트코인 다이아몬드, 슈퍼비트코인, 비트코인 우라늄, 비트코인 프라이빗 등이 비트코인에서 분리되어 다양화됨
대시 (Dash)	- 2014년 2월 14일에 상장되었고, 즉각적인 거래가 가능하고 익명성과 보안성이 보장됨 - 블록체인을 사용하지만 거래 기록이 남는 비트코인과 달리, 대시코인은 익명성 보호 기술을 사용하기 때문에 제3자가 거래 내용, 잔고 등을 확인할 수 없음 - 2014년 엑스코인(XCOIN)에서 다크코인(Darkcoin)으로 변경했고, 2015년 대시로 변경하고, 프라이빗 송금 및 인스턴트 송금이 가능하며, 1초 만에 거래 처리를 할 수 있어 즉시 결제가 가능함
라이트코인 (LTC)	- MIT를 졸업한 구글 출신 개발자 찰리 리 (Charlie Lee)가 2011년 개발했고, 라이트코인(Litecoin)은 비트코인보다 채굴이 좀 더 쉽다는 장점이 있으며, 찰리가 비트코인의 창시자 사토시 나카모토라는 설도 있음 - 비트코인이 10분마다 블록을 형성하는 반면 라이트코인은 2분 30초마다 블록을 형성하기 때문에 거래 속도가 빠르고, 라이트코인의 최대 채굴량은 8만 4000개로 비트코인에 네 배에 달하며, 통화량이 훨씬 많아서 비트코인에 비해 유통성이 증가함
이더리움 클래식 (Ethereum classic)	- 이더리움 클래식은 2016년 6월 17일 이더리움 거래 및 운용을 주관하는 인공지능 자율서버(DAO)가 해킹되면서 이더리움 전체의 10%에 해당하는 360만 개가 도난당한 사건이 발생한 후 가치가 하락함 - 이 사건으로 이더리움 클래식에서 이더리움으로 바뀜
리플 (Ripple)	- 2012년에 개발된 리플코인은 블록체인기술을 은행서비스에 적용하여 금융 거래 및 지불을 할 수 있도록 만들어진 코인으로, 리플의 솔루션은 전 세계 다양한 곳에서 결제가 가능한 중립적인 프로토콜에 기반하고 있음 - 대량 결제에 필요한 속도 및 안정성을 보장해 준다는 특징이 있음
제트 캐시 (ZEC)	- 제로코인(Zerocoin)에서 발전된 제로캐시(Zerocash)가 2016년 제트캐시(Zcash)로 이름을 바꾼 코인으로 익명성 보장 코인으로, 암호기술을 사용하여 개인 간의 거래 정보를 보호하며, 결제가 퍼블릭 블록체인에서 이루어지지만 발신자와 수신자의 거래 금액이 비공개됨

36 日本経済新聞社, 『日経 業界地図』, p.29.

은 비트코인을 화폐로 인정하고 유통을 법으로 보호할 것인가에 대한 정책이 다르기 때문에 생기는 현상이다. 독일은 2013년 비트코인을 지급결제 수단으로 인정했고, 일본은 2017년 5월 '자금결제법' 개정으로 비트코인을 지급결제 수단으로 인정했다. 반면 한국은 '전자금융거래법'에서 가상화폐가 공식적인 지급결제 수단으로 인정받지 못했다.

현대사회에서 IT기술 발달로 개발된 스마트폰은 정보, 기능, 역할 등을 포괄하는 플랫폼으로 기능하고 있다. 더불어 블록체인 기법이 개발되면서 핀테크라는 편리한 금융서비스가 탄생했고, 금융위기를 기점으로 비트코인과 알트코인이라는 가상화폐가 만들어져 세상을 변화시키고 있다. 새로운 과학과 기존의 산업이 융합하여 다양한 가치를 창출하게 된 것이다. 그러나 과학기술산업은 예측하기 어려운 여러 상황을 만들어 종종 대성공과 대실패라는 경계선에 있는 경우가 많다. 인간은 더욱 편리한 사회와 서비스를 요구하고, 그에 대응한 과학기술은 새로운 화폐문화, 금융서비스문화, 기업문화, 유통문화, 소비문화, 신용문화, 상품문화, 서비스문화, 스마트폰문화, 핀테크문화 등을 창출한다. 앞으로의 시대는 IT기술과 타 영역 간의 융합으로 인한 산업이 더욱 활성화되고 다양한 가능성을 찾는 IT콜래보레이션이 이루어질 것으로 예상된다.

4) AI·자율주행자동차문화

현재 세계는 과학기술경쟁을 바탕으로 최첨단산업과 상품을 독점하기 위해 치열하게 경쟁하고 있다. 인간의 사고와 능력을 초월하는 최고의 과학성을 지닌 상품을 개발하고, 국가, 기업, 국민, 개인 등을 살리는 미래 먹거리를 만들어낼 것이라고 기대하는 AI 개발에 집중하고 있다. 각 국가와 대기업은 AI에 바탕을 둔 미래 산업을 차지하기 위해 매진하고, 과학과 타 학문의 융합과 협력, 과학자와 과학자 간의 협력, 국가와 국가 간의 협력, 기업과 기업 간의 협력, 대학과 기업의 협력 등을 통해 대응하고 있다. 첨단 과학기술 경쟁은 모든 물체에 생명성을 불어넣는 AI, AI과 IoT의 결정판으로 꿈의 자동차라 불리는 자율주행자동차 등의 개발에 도전하고 있다.

첫째, AI(인공지능, 人工知能, artificial intelligence)문화이다. AI는 계산(compu-tation)과 컴퓨터(computer)라는 도구를 이용해 지능을 연구하는 컴퓨터 과학(computer science)을 지칭한다. AI는 언어 이해나 추론, 문제 해결, 계산, 해답 도출, 자율사고에 의한 행동 등의 영역에서 인간의 능력을 능가할 수 있는 인공지능을 의미한다. 자체 프로그램에 의한 사고력과 행동력을 가진 기계 지성(machine intelligence)에 관한 연구 분야를 함의한다.[37] AI연구는 지금까지 인간만이 할 수 있었던 지적 행위 인식, 추론, 언어 운용, 창조, 사고, 합리적 행동 등을 수순(algorithm)과 데이터를 통해 인간의 지능에 가깝게 하는 연구로 귀착되고 있다.

2005년 미국의 발명가이며 인공지능 권위자 레이 커즈와일(Ray Kurzweil)은 저서에서 인공지능이 지식과 지능 관점에서 압도적으로 인간을 초월하는 과학기술의 진보가 도래하는 기술적 특이점(singularity)이 2045년에 도래한다고 발표했다.[38] 기술적 특이점은 지수관계적으로 고도화되는 인공지능을 가진 범용 인공지능 또는 포스트휴먼이 기계적으로 강화되지 않는 인류를 대신해서 문명 진보의 주역이 되는 시점을 의미한다. 인간의 두뇌보다 문제 해결 능력이 탁월한 인공지능이 인간과 인간이 구축한 세계를 지배할 것이라는 예견에 기초한 판단이다.

세계 각국에서는 군사 관련 기업, 민간과학자, 대학연구기관, 첨단기업 등이 각 영역에서 AI의 실용화를 위해 연구하고 있다. 군사 분야에서는 이미 무인전투기 UCAV를 개발하고 있고, P-1(초계기)에 전투지휘 시스템을 탑재하여 사용

---

37 レイ・カーツワイル, 『ポスト・ヒューマン誕生 コンピュータが人類の知性を超えるとき』(NHK出版, 2007); 佐藤理史, 『日本大百科全書』(小学館, 2018); 高橋ミレイ, 「人工知能が禅の悟を聞く日が訪れるのか?」, 『WIRED』(WIRED, 2019).

38 レイ・カーツワイル(Ray Kurzweil), 『シンギュラリティは近い[エッセンス版] 人類が生命を超越するとき』(NHK出版, 2016).

하고 있다. 산업 분야에서는 무인자동차 개발이 진행되고 있다. CSAIL의 로봇 연구가 로드니 부룩스(Rodney Allen Brooks)는 로봇공학의 기원과 인공지능의 개념이 된 포섭 아키텍쳐(Subsumption Architecture)라는 이론을 주장하여 로봇 혁명을 일으켰다.[39] 신AI 이론은 완전자율형 인공생명체 개발을 전제로 한다. 그것은 인간이 생각하기 때문에 존재한다는 대명제를 초월하는 현상으로 진행 되고, 신체의 신경 네트워크만을 이용해 학습하는 행동형 시스템 방식을 도입했 다. 그것에 기초해서 MIT 로봇공학 교수 로드니 부룩스가 1991년 개발한 신체 35cm, 중량 1.2kg, 초속 15cm의 6족 로봇 징기스(Genghis)는 뇌가 없지만 마치 살아 있는 것처럼 행동하는 특징이 있다.

2000년에 들어서 각 산업에서 AI 붐이 급속하게 일어났다. 그것은 범용 인공 지능(artificial general intelligence: AGI)의 활성화를 의미한다. 2006년 딥러닝 (deep learning)의 개발과 빅테이터 수집 환경 정비로 기술적 특이점이라는 개 념은 급속하게 식자들의 관심을 끌었고 현실화에 박차를 가했다. 영국의 인 공지능학자이며 두뇌학자인 데미스 하사비스(Demis Hassabis)가 이끄는 딥마 인드를 필두로, 바이커리어스(Vicarious), IBM 피질학습센터(Cortical Learning Center), 전뇌 아키텍처(全脳アーキテクチャ), 페지 컴퓨팅(PEZY Computing), 오픈 코그(OpenCog), 굿AI(GoodAI), 나이센스(nnaisense), IBM 시냅스(SyNAPSE) 등은 범용인공지능(AGI) 개발을 위한 연구 프로젝트를 수행하고 있다.

그리고 뇌를 역행공학(Reverse engineering)으로서 구축한 신경과학과 기계 학습을 조합한 접근 방법이 개발되었다. 역행공학은 기계를 분해해서 제품의 동작을 관찰하거나 소프트웨어 동작을 분석하여 제품의 구조를 분석하고 거 기에서 제조 방법이나 동작 원리 설계도 등의 구조나 소스 코드(source cord)를 조사하는 것을 지칭한다. 그 결과 HTM(Hierarchical Temporal Memory) 이론,

---

[39] ロドニー ブルックス(Rodney Allen Brooks), 『ブルックスの知能ロボット論—なぜMITのロ ボットは前進し続けるのか?』(オーム社, 2006).

CLS(Complementary Learning Systems) 이론 등 단일 태스크(task, 컴퓨터가 처리하는 일의 최소단위)만을 취급하는 딥러닝에서 더욱 진보한 복수의 태스크를 동시에 취급하는 이론이 제창되기 시작했다.

2011년 디-웨이브 시스템(D-Wave Systems)에 의한 양자 어닐링 방식(quantum annealing, 量子アニーリング方式)의 제품화를 효시로 양자컴퓨터(量子コンピュータ)라는 병렬 처리가 가능한 최초의 차세대 IT 인프라가 실용화를 앞두고 있다.[40] 2019년 중국은 이미 양자컴퓨터를 개발했다고 발표하여 상당한 진전이 있는 것으로 추측된다. 인공지능이 고도 리얼타임으로 해결할 수 있는 환경과 시대가 오고 있다. 2015년 10월 미국 구글의 자회사 딥마인드가 제작한 알파고가 한국의 이세돌 프로바둑기사에게 승리한 후 딥러닝이라는 수법이 주목을 받고 인공지능에 대한 연구가 탄력을 받았다. 2016년 딥마인드가 입력된 정보의 관련성을 도출하고 가설에 가까운 차세대 인공지능기술 DNC(Differentiable Neural Computers: DNC) 개발을 발표했다. 그리고 2016년 6월 신시내티대학교 연구팀이 개발한 알파(ALPHA)는 전 미국 파일럿과 모의공전에서 압도적으로 승리했다고 발표했다.

2017년에는 대량의 데이터가 필요하지 않은 원숏 학습(the one-shot learning)이 가능한 심층학습 시스템이 개발되었다. 원숏학습은 유아의 학습 기능을 지칭하는 인지과학의 언어로 어린이가 한눈에 알 수 있는 기린의 특징이 무엇인가를 파악해서 그 특징으로 다른 동물과 구별하도록 하는 학습 시스템이다. 심층학습 알고리즘을 교묘하게 조정하여 화상 내의 물체를 하나의 샘플만으로 인식하는 방법이다. 그리고 2017년 8월에는 기호접지문제(記号接地問題, symbol-grounding-problem)를 해결했다. 기호접지문제는 시스템 내의 상징이 어떻게 현실세계의 의미와 연결되는가하는 문제이다. 2017년 실업가이자 스페이스X 공동 창업자 머스크(Elon Reeve Musk)는 진화되는 인공지능에 대해 인간이 늦어지지 않도

---

40 神崎洋治, 『図解入門 最新人工知能がよ~くわかる本』(秀和システム, 2016).

록 인간의 뇌를 기계에 접속하는 BMI(Brain-machine Interface)를 개발하는 뉴럴
링크(neuralink)사를 설립하여 뇌와 컴퓨터의 인터페이스(Interface)를 찾는 연구
를 시작했다. 인터페이스는 접점 부분, 접촉면, 이질적인 것 간의 접점, 중간 위
치, 연결점, 매개점, 연결 매체 등을 의미한다. 그리고 MIT 링컨연구소는 종래
의 블랙박스였던 뇌 기능에 보이는 몇 개의 특성에 유사한 수리적 모델을 의
미하는 뉴럴 네트워크(Neural Network) 추론을 식별할 수 있는 아키텍처를 개
발했다.

AI에 대한 연구는 신체지(身体知)를 재현하기 위한 인체 시뮬레이션에 대한 연
구, 좀 더 생물에 가까운 행동을 보이는 AL(Artificial Life, 인공생명) 제작에 도전
하는 연구, 지능과 밀접한 관계에 있는 의식의 디지털적 재현에 도전하는 연구
등 다양한 접근이 시도되고 있다. 또한 대량의 계산 자료를 수집한 빅데이터 기
술이 출현하여 방대한 데이터를 인공지능 개발에 활용하고 있다. 현재 AI연구
를 국가와 기업의 성장산업으로 규정하여 국가 간 그리고 각 기업 간 경쟁이 치
열해져 견제하고 있으며 연구 노하우와 기술 유출을 극도로 꺼리는 실정이다.

〈표 8-18〉은 일본, 미국, 중국, 프랑스, EU, 한국 등의 AI연구 현황을 소개한
것이다. ≪닛케이신문(日経新聞)≫에 의하면, 국가별 AI 논문 수는 1위 미국, 2위
중국, 3위 인도, 일본 7위 등으로 나타났다.[41]

각 국가 간의 AI 경쟁이 치열한 가운데 미국과 중국의 대결이 심각한 수준까
지 진행되고 있다. 중국의 AI 감시기술이 중동, 아시아, 남미, 아프리카 등을 지
배하고 있고, 세계 딥러닝용 서버의 4분의 3을 점하고 있다. 미국 정부 조사에 의
하면, 딥러닝 논문 수는 중국이 미국을 추월했고, 특허출원 수와 자금 조달도 미
국을 앞서고 있다. 또한 미국의 AI 대기업 구글, 마이크로소프트, 애플 등을 넘어
중국의 화웨이 등이 AI 패권을 잡을 것이라는 주장도 나오고 있다. 중국은 IT 로
봇, 반도체, IT 장비 등 다양한 영역에서 막대한 자금력, 권력, 기술력 등을 이용

---

[41] "人工知能の論文数、米中印の3強に", ≪日本経済新聞≫, 2018年 2月 7日.

<표 8-18> 각국의 AI 개발 현황

구분	특징
일본	- 2010년부터 일본의 인공지능학자 사이토 모토아키는 자동화로 생산 비용이 제로에 가까울 것이라는 프리 싱귤래러티(Pre Singularity)라는 개념을 제창하고 2016년 인피니트 큐레이션(Infinite Curation)을 설립하여 AI 연구를 하고 있음 - 2010년 질문응답 시스템이며 의사결정지원 시스템 왓슨(Watson)이 퀴즈방송에서 인간에게 승리하여 큰 뉴스가 됨 - 2013년 국립정보학연구소와 후지쓰연구팀이 개발한 히가시로보군(東ロボくん)이 도쿄대학 입시 모의시험에 도전하고, 수식 계산이나 단어 해석에 해당되는 전용 프로그램을 사용해 대학입시센터 시험과 도쿄대학 2차 시험문제를 해독했으며 도쿄대학 합격은 어렵지만 사립대학에는 합격할 수 있는 수준이었다고 보도됨 - 2015년 7월 나가사키시 헨나(変な) 호텔은 로봇 직원 243개를 배치하여 세계 최초로 무인호텔을 운영했으나 2019년 로봇의 잦은 실수로 절반 정도 해고함 - 2019년 207cm 농구로봇이 개발되어 3점 슛 여덟 개 중 다섯 개를 성공함 - 문진(MUNJIN)은 산업용 로봇에 AI를 활용한 제어장치를 개발, 라인(LINE)은 대화가 가능한 가정용 스피커 글로벌 시리즈를 제품화하고 외부의 웹서비스나 가전연대 추진, 소프트뱅크 그룹은 AI 탑재 사람형 로봇 펫파(ペッパ)의 상품화, KDDI는 대화형 AI, 자동차 운전 AI, 교통의료 분야 AI 개발, 프리파는 도쿄대학, 도요타와 파나소닉 등과 연계한 자동차 운전 AI, AI탑재산업기계와 산업용 로봇 등의 개발, 파나소닉은 일미싱가포르와 연대하여 AI 가전, AI 주택, AI 자동차 등의 개발, 학습하는 산업용 로봇과 공작기계 개발, 소니는 AI 관련 상품과 서비스 개발, 히다치제작소는 전자산업 예측에 AI를 활용하는 연구, NEC는 AI를 활용한 얼굴인증 기술, 감시카메라 영상 인식 등의 개발, 후지쓰는 AI를 활용한 품질 검사, 대화 시스템, 정보시큐러티 등 개발
미국	- 2013년 오바마 대통령이 뇌연구 프로젝트 「BRAIN Initiative」을 발표함 - 구글은 아렌노과학연구소(アレン脳科学研究所)와 연결해서 뇌 스캔으로 대량의 데이터를 처리하는 소프트웨어를 개발하고, 독일의 막스프랭크(Max Plank)연구소와 함께 뇌의 전자현미경 사진으로 신경회로를 재구성하는 연구를 하고 있음
중국	- 2016년 제13차 5개년 계획에서 AI를 국가 프로젝트로 설정하고 관민일체로 AI 연구 개발을 추진하며 18세 이하 천재아를 모아 AI 인재로 육성함 - 헬멧이나 모자에 부착한 AI센서로 국민 뇌파나 감정을 관리하고 인터넷 검열이 가능한 정부 지원 프로젝트를 시도하고 있음
프랑스	- 마크롱 대통령은 AI 개발 지원을 위해 5년간 15억 달러 지원을 선언하고, AI연구소를 위해 페이스북, 구글, 삼성, 딥마인드, 후지쓰 등과 협력을 강조함
EU	- 프랑스와 AI연구에서 장기적 연대 결성, EU는 Horizon 2020계획을 통해 215

구분	특징
	억 유로 투입 예정
한국	- 2022년까지 AI 분야 세계 톱4위 진입을 위해 20억 달러를 투자하고, 여섯 개 AI 개발기관을 설립하여 포상제도 구축을 선언

자료: "人工知能が東大模擬 挑戦 「私大合格の水準」", ≪日本経済新聞≫, 2017년 7月 28日; 總務省, 『情報通信白書』(總務省, 平成28); "仏マクロン大統領が '立国' 宣言 無人自動車解禁へ", ≪Forbes JAPAN≫, 2018년 3월 30일; 齊藤元章, 『エクサスケールの衝撃: 抜粋版 プレ・シンギュラリティ 人工知能とスパコンによる社会的特異点が迫る』(PHP研究所, 2016); 日本経済新聞社, 『日経 業界地図』(日本経済新聞出版社, 2019), pp.22~23.

해서 발전을 독려하고 있다. 만약 중국이 IT 경쟁에서 성공하면 국력의 우위가 바뀔 가능성이 있다. 일본에서 슈퍼컴퓨터 연구 개발을 추진하고 있는 사이토 모토아키(齊藤元章)는 중국이 IT세계를 리드할 가능성이 있다고 보았다.[42]

AI는 21세기 희망산업으로 떠오르고 있지만 현실에서는 많은 논란이 일어나고 있다. IT로봇이 각종 영역에서 인간의 일자리를 빼앗아 인간을 무능력하게 할 것이라는 예견이다. IT와 빅데이터 활용이 사회계층 간의 격차를 넓혀 고정화하기 때문에 인공지능과 빅데이터를 활용하는 것이 적절한가라는 문제가 제기된다. 이미 구글, 페이스북, 아마존, 삼성, 화웨이, 소프트뱅크 등과 같은 IT 공룡기업이 세계의 부를 독차지하고 있다. 유럽에서는 2018년 인공지능의 빅데이터 분석으로 고용이나 융자에서 차별이 생기는 현상을 방지하는 EU 일반데이터보호 규칙이 시행되고 있다.

미국이나 이스라엘 등 군사기술 선진국이 AI나 빅데이터를 군사용으로 사용하는 경우가 있어 일부 과학자나 하이테크 기업가는 AI의 군사 사용이 세계의 불안을 가속화할 것으로 본다. 앞으로 국가 간의 갈등은 인간 대신에 IT 무기 간의 싸움으로 해결될 수 있어 인간의 통제를 벗어날 가능성이 매우 높다. 2015년 부에노스아이레스에서 개최된 인공지능국제합동회의에서 미국 우주벤처기업

---

42 齊藤元章, 『エクサスケールの衝撃: 抜粋版 プレ・シンギュラリティ 人工知能とスパコンによる社会的特異点が迫る』(PHP研究所, 2016).

의 스페이스X(スペースX) 창업자 머스크와 애플 공동창업자이며 컴퓨터 엔지니어 워즈니악(Stephen Gary Wozniak) 등은 공개 서한을 통해 자동조정 무인폭격기, 총화기 등의 실용화에 대한 위험성을 경고했다.

둘째, AI기술을 이용한 자율주행자동차 개발이다.[43] 자율주행자동차는 인간이 운전 조작을 하지 않고 자동으로 일반도로, 고속도로 등을 주행하는 무인운전 자동차를 의미한다. 현재는 자동차뿐 아니라 영업용 택시에도 적용하고 있다. 영어로는 autonomous car, UGV(unmanned ground vehicle), selfdriving car 등으로 표기된다. 자율주행자동차는 목적지를 지정하면 레이더, 라이더(Light Detection and Ranging: LIDAR), 센서, 카메라 등이 주위 환경을 인식하고 자율적으로 주행하는 구조로 되어 있다. 세계 굴지의 자동차회사뿐 아니라 인공지능 기술을 가지고 있는 기업까지 뛰어들어 경쟁 중이다.

지금까지 자동차 기술은 자동차를 만드는 제조업체가 주도했지만, 자율주행자동차 기술은 고도 과학기술과 정보기술을 소유한 IT 기업이 주도한다. 정보검색으로 출발한 IT 기업 구글과 그래픽기술 전문업체 엔비디아(NVIDIA)가 대표적인 사례이다. 이들은 주변 사물을 인식할 수 있도록 돕는 첨단 센서와 고성능 그래픽 처리 장치(Graphics Processing Unit, GPU)를 이용한 자율주행자동차를 개발하고 있다. 그리고 기존 자동차 제조업체는 자동차를 배터리나 수소에너지를 이용해 움직이는 기술을 개발하고 있고, IT기술업체가 보유한 각종 스마트 기능을 자동차에 적용하는 중이다. 스마트폰이나 스마트워치 같은 모바일 기기와 자동차를 연결하는 연구가 진행되고 있다. 2019년 한국의 자동차 회사 현대는 스마트폰으로 열고 시동을 걸 수 있는 장치를 탑재한 자동차를 출시했다.

〈표 8-19〉는 세계 각국의 첨단 기술을 보유한 AI기업과 자동차를 생산하는 유명 회사가 추진하고 있는 자율주행자동차 연구 현황을 소개한 것이다. 미국은 2011년 자율주행자동차가 합법적으로 도로를 달릴 수 있게 했고, 2012년 5월

43　飯塚昭三, 『サーキット走行入門』(グランプリ出版, 2011).

〈표 8-19〉 세계의 자율주행자동차 연구 현황

구분		자율자동차 기술 수준
미국	구글	- 웨이모(Waymo)로 알려진 구글 자율주행차 프로젝트를 실시하여 개발하고 있고, 자율주행자동차 지붕에 탑재된 원격 레이저 시스템 라이더(LIDAR)를 개발하고, 음파 장비와 3D 카메라, 레이더 장비 등도 개발하고 있음[1] - GPS와 구글 지도 등 다양한 장비와 기술이 탑재되어 있고, 각종 첨단센서 장비를 목적과 기능에 맞게 활용해 자동차가 감지할 수 없는 사각을 줄이는 것이 자율주행자동차 기술의 핵심임 - 구글은 2014년 12월 자율주행자동차의 시제품을 공개하고 시제품을 실제 제품에 가까운 자율주행자동차라고 설명함
	GM	- 2016년 아리조나에서 시보레볼트 EV의 시험 차량을 사용한 주행 시험을 개시하고, 2017년 1163명을 신규 채용하여 자동운전기술 개발에 전념하고 있으며, 2017년 6월 130대 양산에 성공하여 세계 최초로 양산 가능한 자동운전차 시보레 볼트 EV베스 차량을 제작함 - 2018년 자동운전사업에 20억 달러를 투자하고, 3사가 협력하여 GM은 차량플랫폼, GM 크루즈(GM Cruise Holdings LLC)는 센서와 소프트웨어, 혼다는 내·외장 디자인 등을 담당하여 개발하고 있음 - 2019년 조건부로 자동운전 자동차 생산을 허가함
	엔비디아	- 그래픽 처리장치(GPU)기술 전문업체인 미국 엔비디아가 독일의 자동차 제조업체 아우디와 협력함 - 그래픽 처리기술을 이용해서 차량에 12대의 카메라를 부착해 자동차가 어떤 환경에 놓여 있는지 파악하고, 자동차 내부에 초소형 이미지 프로세서를 탑재해 이미지를 분석하는 기술을 적용함
독일	BMW	- 2021년에 완전자율운전 자동차를 발매할 예정이고, 5단계 개발계획으로 1단계 운전 지원, 2단계 부분적 자동운전, 3단계 고도의 자동운전, 4단계 완전한 자동운전, 5단계 자율운전 등으로 추진하는 BMW 로드맵을 실천하고 있음 - 전기차 'i3'에 자동주차기술을 탑재하고, 차량에 장착된 네 개의 레이저 스캐너가 주변 환경을 탐지하여 자동차가 장애물과 충돌하지 않도록 함 - 스마트워치를 착용한 운전자가 스마트워치로 자동차를 부르면 i3 자동차가 달려오고 장애물이 있어도 스스로 운전대를 조작해 피할 수 있으며, 운전자 가까이 오면 스마트워치를 이용해 잠긴 문을 여는 등 스마트워치와 스마트카가 유기적으로 연동하는 자동차를 개발함 - 2021년까지 자동운전 자동차 생산을 목표로 인텔(Intel), 카메라와 센서를 담당할 이스라엘기업 모빌아이(Mobileye) 등과 제휴를 발표하고, 아이넥스트(iNEXT) 모델을 개발하고 있음
	벤츠	- 2015년 자율주행자동차 F015를 소개하고, 자동차 안에서도 편히 쉴 수 있다는 점을 강조하는 기술과 철학을 적용해 2020년까지 고속도로에서 자동으로 주행하는 자동차를 개발할 예정

구분		자율자동차 기술 수준
		- 차체를 교환하여 트럭, 승용차 등에 적용하는 완전자동운전의 전기자동차를 개발하고 있음
일본	도요타	- 도요타는 인텔, 에릭슨(Ericsson), NTT 등의 기업과 함께 컨소시엄을 구성하여 클라우드 컴퓨팅 네트워크에 연결된 데이터를 통해 실시간 지도, 운전 및 기타 부가서비스를 지원하는 방식을 구현하는 데 중점을 두고 있음 - 2018년 도요타는 아마존, 우버(Uber), 피자헛 등과 제휴하여 택배, 소매, 자동차 공유 등에 사용할 수 있는 자율주행자동차 개발을 발표함 - 2018년 1월 개막한 세계 최대 가전박람회 컨슈머 일렉트로닉 쇼(Consumer Electronic 2018)에서 도요타 아키오(豊田章男) 사장은 차세대 EV자율주행차 e-팔레트(e-Palette)의 콘셉트 모델을 발표함
	닛산	- 2013년 8월 미국 캘리포니아에서 개최한 이벤트 닛산360에서 리후(リーフ)를 개조한 자동운전 모델을 공개하고 도쿄 올림픽이 개최되는 2020년까지 복수의 차종에 자동운전기술을 탑재할 예정 - 2020년까지 자율주행자동차 발매 계획을 발표하고, 도로를 달리는 데 필요한 법과 규칙을 정비한 국가 순으로 판매할 예정이며, 2018년 고속도로에서 완전 자동운전, 2020년 일반도로에서 자동운전을 하는 자율운전자동차 구현을 시도하고 있음
	수바루	- 2014년 아이사이트(EyeSight) 발표, 2020년 아이사이트의 기능을 더욱 발전시켜 자동운전 실용화 구현 예정 - 2018년 아이사이트 기술을 이용한 무인비행기를 일본 마쿠와리멧세(幕張メッセ) LBJ 2018에서 전시함
	혼다	- 2016년 아프리카에서부터 남미까지 7종류의 자율주행자동차로 순회하는 장대한 구상인 혼다 그레이트 저니(Honda Great Journey)를 발표하고 사막, 수상 위, 눈, 얼음, 고산지 등을 최첨단기술로 제작한 자동차를 주행 시험함 - 2020년까지 고속도로에서 운전자가 운전 조작을 하지 않고 주행할 수 있는 자동운전차를 발매하는 것을 목표로 함

주 1: 구글의 기술인 라이더는 사람처럼 사물과 사물의 거리를 측정하고 위험을 감지할 수 있도록 돕는 기술이고, 레이저 장비는 사물과 충돌해 반사되는 원리를 이용해 거리를 측정하여 360도 감지할 수 있도록 설계되었고, 1초에 160만 번이나 정보를 읽을 수 있으며, 전방을 주시하기 위해 탑재된 3D 카메라는 차량이 도로 상황을 실시간으로 파악하기 위해 탑재한 기술로 30m 거리까지 탐지하도록 설계되어 있다.
자료: 泉田良輔, 『Google vs トヨタ「自動運転車」は始まりにすぎない』(KADOKAW, 2014); 日本経済新聞社, 『日経 業界地図』(日本経済新聞出版社, 2019), pp.24~25.

처음으로 시험면허를 획득했다. 구글과 미국 정부의 적극적인 협력으로 자율운전이 네바다주와 플로리다주에서 시범적으로 운행되었다. 일본에서는 1980년대 차선을 인식하고 주행하는 시스템을 시연했지만 실용화하지 못했다. 2013년 일본 정부는 성장 전략으로 자동운전 시스템의 상용화를 목표로 지원을 결정하여 도요타 등 일본 자동차 제조사는 박차를 가하고 있지만, 2017년 10월 국토교통성은 자동운전이 65초까지 가능하고 65초 이후에는 수동운전으로 전환하는 규정을 2019년 10월 이후 의무화하여 완전자율주행자동차 개발에 필수적인 시험운전에 제동을 걸고 있는 상황이다.

현재 자율주행자동차는 세계 굴지의 자동차 제조사가 인간이 운전하는 것과 같은 기능을 가질 수 있도록 고도의 기술을 접목시키고 융합하여 개발하고 있다. 자율주행자동차는 사람처럼 면허가 필요하고, 그에 따른 다양한 법적 조치가 뒤따라야 하는 과제를 안고 있다. 동력을 이용하는 자동차는 사람의 안전과 직결되기 때문에 자율주행을 위한 각종 법적 제도를 정비해야 한다. 그리고 자동차 사고가 발생할 때 책임 소재 유무, 보험 문제, 자동차 회사의 책임 정도, 소유주와 자동차의 책임 등을 합리적으로 해결할 기준을 마련해야 한다. 자율주행자동차가 완성되면, 자동차를 소유하기보다는 이용할 가능성이 높아 자동차 소유는 약 80%에서 90% 줄어들 것으로 전망하므로 자율주행자동차 출현이 자동차업계의 잠재적 수요자를 감소시킬 것이라는 부정적인 전망이 나온다.

현대사회에서 IT기술은 다양한 영역에서의 변화를 예고하고 있다. 앞으로 직업군 중 IT 관련 직업군의 등장으로 IT와 융합 영역 직업은 활성화되고, 단순 로봇이나 기계, 생산 인력, 단순 사무, 영업이나 배달 등은 쇠퇴할 것으로 보여 노동력과 노동시장에 변화가 일어날 것으로 보인다. IT 관련 문화로서 사무실 출근문화는 재택근무문화로, 직접적인 대인서비스문화는 IT매체를 통한 서비스문화로 변할 것으로 보인다. IT부착 로봇이 생산라인과 근무라인에 투입되면서 세금을 내지 않는 기업이 등장하고, 근로소득인구가 축소되어 가계와 국가 재정에 부정적인 영향을 줄 것이다. IT산업은 인간이 필요로 하는 과학적 산물을 생산하지만 역으로 그것이 인간의 생존을 위협하거나 경쟁하는 시대의 도래를 촉진시킬 가능성이 있다.

5) 멀티 아이돌·비즈니스문화

일본 연예계는 1912년에 설립하여 관서 지방을 중심으로 활동한 요시모토흥업(吉本興業)이 다양한 영역에서 활동하는 연예인을 육성하고 관리하는 기획사로 많은 역할을 해왔다. 오랫동안 많은 연예인을 배출하여 연예계 전반을 이끌어왔고, 다양한 육성 프로그램을 가동하고 인력 네트워크를 구축했다. 일본에서 초기 아이돌은 요시모토흥업에서 탄생했다고 할 수 있다. 그 이후에는 좀 더 많은 전문적인 기획사가 설립되어 아이돌을 양성·관리하여 아이돌 산업이 활성화되었다.

아이돌은 우상, 숭배되는 사람 또는 인물, 동경하는 열광적인 팬을 가진 사람 등을 의미하는 영어 'idol'에서 유래한다. 일본 예능계에서 아이돌은 성장 과정을 팬과 공유하고 존재 자체의 매력으로 활약하는 인물을 지칭한다. 캐릭터성을 전면에 내세워 노래, 춤, 연기, 웃음, MC, 모델, 배우 등 폭넓은 장르에서 활약하고 있다. 존재 자체의 매력보다도 음악적인 기술이 있는 경우 아이돌보다는 아티스트나 뮤지션으로 불렸다. 그러나 2000년대에 들어서 아티스트라고 하더라도 아이돌이라고 불리게 되었다. 현재는 젊은 인기인이라고 할 수 있다.[44]

미국에서 아이돌은 1927년 〈마이 블루 헤븐(My Blue Heaven)〉을 히트시킨 가수 진 오스틴(Gene Austin), 1940년대 여학생의 아이돌(bobby-soxer's idol)이라 불린 프랭크 시나트라(Frank Sinatra) 등이다. 시나트라는 가수 겸 배우로 1940년대부터 부드러운 크루닝(crooning) 창법을 내세운 스탠더드 팝 음악을 구현했고, 20세기 미국 대중음악을 대표하는 아티스트 중 한 명으로 꼽힌다. 〈송스 포 스윙인 러버스!(Songs For Swingin' Lovers!)〉(1956), 〈셉템버 오브 마이 이어스(September Of My Years)〉(1965) 등이 히트했다. 음악, 영화, 연극 등의 영역에서 활동하는 아이돌은 전후 미국, 영국, 일본 등에서 활동하기 시작했다.

---

44 青木一郎, 『絶対アイドル主義』(靑心社, 1990); 青木一郎, 『炎のアイドルファン 絶対アイドル主義2』(靑心社, 1990年 12月); 稲増龍夫, 『アイドル工学』(ちくま文庫, 1993).

최초 일본형 아이돌은 1960년대 배우, 일본 무용가, 그리고 쇼와 초기부터 전후에 걸쳐 물랑루즈 신주쿠좌(ムーランルージュ新宿座)의 간판스타로 활동한 아시타 마쓰코(明日待子)가 원조 라이브 아이돌이라고 할 수 있고, 하라 세쓰코(原節子)와 함께 활동했다. 텔레비전이 보급되기 전 주력산업은 영화였기 때문에 스타라 불리는 사람들은 대부분 영화배우였다. 1960년대 산업으로서 영화는 쇠퇴하고 텔레비전이 보급되어 텔레비전시대가 열리면서 그룹사운드가 탄생하기 시작했고 아티스트 스타로서 다양한 능력을 가지고 연예활동을 하는 젊은 연예인을 아이돌로 칭하게 되었다.

1970년대는 미성숙하면서도 귀엽거나 친숙한 인물상을 일본적인 미의식으로 내세운 독자적인 아이돌상이 창조되었다. 1968년 설립된 CBS 소니사는 악곡 제작을 자사의 전속 작가에게 맡기던 관행을 깨고 능력이나 개성 있는 무소속 작가에게 개방하여 가요를 부르는 아이돌을 탄생시켰다. 그 후 가요 아이돌과 아이돌 비즈니스가 융성하기 시작했다. 일본에서 아이돌과 아이돌 비즈니스가 융성한 1980년대는 많은 스타가 탄생하여 아이돌 황금시대가 개막해 활성화되는 가운데 2000년대 들어서서 아이돌 전국시대가 형성되었다.

〈표 8-20〉은 1970년대 이후부터 2000년대까지 일본에서 활동한 아이돌, 아이돌 비즈니스, 아이돌문화 등의 변천 과정을 소개한 것이다.[45] 1970년대는 여성 아이돌로서 신3인 여성의 한 사람으로 고야나기 루미코(小柳ルミ子)가 가수로 활동했고, 이후 섹시함을 강조하는 구라비아(グラビア) 모델로 고이즈미 교코(小泉今日子)가 활약하여 인기를 얻어 멀티 아이돌 비즈니스가 발생하면서 1980년대 제1차 아이돌 황금기를 맞이했다. 1990년대는 텔레비전방송이 줄어들면서 아이돌 빙하기를 맞게 되었지만, 음악계의 대표적인 프로듀서로서 활동한 고무로 데쓰야가 등장하여 고무로 패밀리를 구축하고 아티스트 아이돌을 양성하여

45 境真良, 『アイドル国富論: 聖子・明菜の時代からAKB・ももクロ時代までを解く』(東洋経済新報社, 2014); 西兼志, 『アイドル/メディア論講義』(東京大学出版会, 2017); 宝島社 編, 『80年代アイドル collection』(別冊宝島 2611), (宝島社, 2017).

〈표 8-20〉 일본의 아이돌문화 변천

구분	아이돌문화 특징
1970년대	- 1971년 데뷔한 신3인 여성 고야나기 루미코(小柳ルミ子, 南沙織, 天地真理)와 같이 노래하는 아이돌이 활동하고, 대규모 오디션이 추진되면서 마쓰다 세이코(松田聖子) 등이 구성한 꽃의 중삽트리오(花の中三トリオ) 아이돌이 나타남 - 1970년 후반부터 아이돌은 사진을 게재하는 구라비아(gurabia, グラビア) 잡지 모델로 활동하여 구라비아 아이돌이 탄생함
1980년대	- 1980년대 마쓰다 세이코(松田聖子, 小泉今日子, 中森明菜)와 같은 젊은 가수가 활약하기 시작하여 아이돌이라는 시민권을 갖게 되었고, 1982년에는 고이즈미 교코(小泉今日子, 中森明菜) 등이 데뷔하고 여성 아이돌 황금시대가 열림 - 1980년대 후반에는 여성 아이돌 4천왕이라 불리는 구도 시즈카(工藤静香, 中山美穂, 南野陽子, 浅香唯), 그리고 높은 가창력을 가진 혼다 미나코(本田美奈子や森川美穂) 등 실력파 아이돌이 등장하고, 라이징 프로덕션 출신의 오기노메 요코(荻野目洋子)는 가창력과 춤을 보여주는 공연으로 아이돌로서 인기를 얻음 - 아이돌은 일본레코드상을 수상하여 인기몰이를 하고, 버라이어티쇼, 광고 모델, 패션 모델, 여배우 등으로 활동하여 아이돌 비즈니스가 활성화되고, 아이돌의 콘서트나 이벤트에서 친위대라 불리는 광팬들이 생겨나면서 아이돌을 전략적으로 육성하는 전문 기획사가 많이 발족함 - 1980년대 후반에는 레코드 판매가 부진한 가운데 아이돌의 활약은 약해지기 시작하고 아이돌은 가수, 배우, 구라비아 사진 모델 등의 분야에서 존재 자체와 인간적인 매력으로 활약하며 팬과 공감하는 예능인을 지향함 - 버라이어티 아이돌로서 섹시함이나 비주얼을 중시하는 구라비아 아이돌의 출현으로 인간적 매력을 추구하는 아이돌이라는 개념은 붕괴됨
1990년대	- 1990년대는 1980년대 유행했던 춤과 노래를 겸하는 댄스 보컬로 활약한 아이돌 윙크(Wink, CoCo, 高橋由美子, 東京パフォーマンスドール) 등이 활약했지만 텔레비전 방송의 감소로 아이돌 겨울시대가 도래함 - 모리다카 치사토(森高千里, 渡瀬マキ, 森川美穂, 松田樹利亜, 山口由子) 등과 같은 걸팝 그룹이나 밴드들이 아티스트 노선으로 이행하여 히트함 - 1990년대 종반 고무로 데쓰야라는 걸출한 프로듀서가 시노하라 료코(篠原涼子), 아무로 나미에, SPEED 등을 육성하여 밀레니엄 셀러를 만들어 고무로 패밀리를 구성하고, 이를 계기로 아이돌이 다시 빛을 보게 되면서 아티스트적 요소를 강하게 표출함
2000년대	- 2000년대 전반에는 스즈키 아미(鈴木あみ, 松浦亜弥) 등이 대두하여 아이돌이 부흥하는 조짐이 보였고 프로듀서에 의한 프로젝트 힘으로 아이돌이 탄생함 - 하로 프로젝트(ハロー!プロジェクト)에서 ℃-ute, Berryz 공방(Berryz工房) 등이 등장하고, 멤버가 그룹으로부터 졸업하는 현상이 일어나 각 아이돌 그룹은 멤버를 바꿔가면서 유지하는 새로운 방식이 도입됨 - 프로듀서 아키모토 야스시가 2005년 아이돌 그룹으로 구성하여 아키하바라를 거점으로 활동한 AKB48, 나카가와 쇼코(中川翔子, リア・ディゾン) 등이 등장하여 아키바

구분	아이돌문화 특징
	계 아이돌(アキバ系アイドル)이 출현함 - 2006년 후지TV 아이돌링그(アイドリング!!!) 프로그램을 통해 탄생한 아이돌링그, 2008년 스타다스 프로모션 소속 모모이로 쿠로바Z(ももいろクローバーZ), 덴파쿠미(でんぱ組), 2009년 S/mileage, 파스포☆ 등이 활약했고, 아이돌은 솔로보다는 그룹으로 활동하는 경향이 두드러짐 - 2007년 테크노팝으로 활동한 퍼퓸(Perfume)이 인기를 얻어 해외로 진출하고, 한국의 카라, 소녀시대, 동방신기, 빅뱅 등 K-POP 아이돌이 일본에 상륙하여 국경을 넘는 국제 아이돌이 탄생함
2010년대	- 아이돌을 자칭하는 탤런트 수가 일본의 예능 사상 최대를 이루어 아이돌 전국시대(アイドル戦国時代)라 불렸고, SUPER☆, GiRLS, 도쿄여자류(東京女子流), 베이비메탈(BABYMETAL), 모모이로 쿠로바Z(ももいろクローバーZ) 그룹이 활동하며 국립경기장 등에서 라이브를 개최함 - 아키모토 야스시(秋元康)는 AKB 48 이외에도 사카미치 시리즈(坂道シリーズ) 프로젝트를 추진하여 노기사카(乃木坂 46, 欅坂 46, 吉本坂 46, 日向坂 46) 등과 같은 아이돌 그룹을 탄생시키고, 모모이로 쿠로바Z(ももいろクローバーZ)의 자매 그룹으로 스타더스트 플래닛(STARDUST PLANET)을 만들었으며, 여성 아이돌의 대규모 페스티벌 TIF(フェスTOKYO IDOL FESTIVAL)에 200개 아이돌 그룹이 출연함 - 니가타의 네기꼬(Negicco), 미야기(宮城)의 도로시 리틀 해피(Dorothy Little Happy), 에히메(愛媛)의 히메큔후루쓰칸(ひめキュンフルーツ缶), 후쿠오카(福岡)의 린큐(LinQ)와 같은 로컬 아이돌이 등장하고, 지역에 밀착하여 활동하면서 전국으로 활동 영역을 확대함 - 2017년 아이돌은 도쿄를 거점으로 500개 그룹, 전국 46개 도도부현을 거점으로 942개 그룹이 활동하고 있음

새로운 아이돌시대를 열었다. 특히 아무로 나미에 등 전문 댄스가수 겸 탤런트를 육성하여 아이돌 제조사이자 아이돌 비즈니스의 선구자 역할을 했다.

2000년대는 아이돌이 예능 관련 기획사의 프로듀서 능력에 의해 탄생되는 시기가 되었고, J-POP이라 부르는 장르에서 그룹으로 활동했다. 그리고 한일 간의 대중문화가 개방되면서 한국의 K-POP 그룹이 일본에 상륙해 활동하면서 국제적 아이돌이 탄생했다. 2010년대는 아이돌 겸 탤런트 수가 역대 최고를 기록하여 아이돌 전국시대를 맞이하면서 광적인 팬이 생겨났고, 도쿄와 같은 대도시뿐아니라 지방을 중심으로 활동하는 지방 아이돌(ご当地アイドル)이 탄생하여 제2의

〈표 8-21〉 여자아이돌 현황

구분	여자아이돌 현황
1990 년대	高橋由美子、桜井幸子、裕木奈江、かとうれいこ、岡本夏生、宍戸留美、和久井映見、千堂あきほ、田中陽子、寺尾友美、西野妙子、早坂好恵、駒村多恵、中野理恵、杉本理恵、薬師寺容子、中嶋朋子、東京パフォーマンスドール、BABY'S、Lip's、乙女塾からソロで花島優子、観月ありさ、牧瀬里穂、C.C.ガールズ、Mi-Ke、中江有里、横山知枝、諸岡なほ子、江崎まり、KEY WEST CLUB、三浦理恵子、瀬能あづさ、羽田惠理香、中嶋美智代、堀川早苗、Qlair、穴井夕子、市井由理、井上晴美、中條かな子、胡桃沢ひろ子、SUPER MONKEY'S、小田茜、水野美紀、細川ふみえ、飯島愛、新島弥生、貴島サリオ、遠藤舞子、鈴木ユカリ、MANISH、W-NAO、桜っ子クラブさくら組、大野幹代、加藤紀子、持田香織、坂井真紀、酒井美紀、安達祐実、梨花、柳原愛子、藤原久美、木内美歩、電波子、山崎亜弥子、山口リエ、KaNNa、ブカブカ、Melody、永作博美、持田真樹、中谷美紀、松田樹利亜、内田有紀、辺見えみり、葉月里緒菜、宝生舞、千葉麗子、笹峯愛、大橋利恵、水野あおい、神田うの、安室奈美恵、MAX、華原朋美、相川七瀬、篠原ともえ、雛形あきこ、奥菜恵、菅野美穂、鈴木蘭々、瀬戸朝香、松雪泰子、村田和美ら、SPEED、PUFFY、知念里奈、ともさかりえ、仲間由紀恵、上原さくら、矢部美穂、中山エミリ、D&D、モーニング娘、広末涼子、鈴木紗理奈、Folder、吉川ひなの、平家みちよ、松田純、山田まりや、吹石一恵、野村佑香、浜丘麻矢、ABYSS、浜崎あゆみ、鈴木あみ、八反安未果、遠藤久美子、山口紗弥加、木村由姫、吉野紗香、柳明日香、未来玲可、大森玲子、小畑由香里、パイレーツ、チェキッ娘、中澤ゆうこ、倉木麻衣、小柳ゆき、島谷ひとみ、深田恭子、前田亜季、釈由美子、須藤温子、希良梨、shela、y'z factory、太陽とシスコムーン、hiro、HITOE、上原多香子、下川みくに
2000 년대	倖田來未、愛内里菜、水樹奈々、桃井はるこ、安めぐみ、山本麻里安、今井絵理子、BoA、松浦亜弥、星野真里、あびる優、安藤希、椛田早紀、上原あずみ、松橋未樹、藤真希、奈良沙緒理、柴咲コウ、上戸彩、藤本美貴、小倉優子、SAYAKA、片瀬那奈、榎本加奈子、高島彩、菅崎茜、北原愛子、AKINA、ソニン、玉置成実、北出菜奈、樋井明日香、上木彩矢、滴草由実、岸本早未、MEGUMI、優木まおみ、加藤夏希、和希沙也、安倍麻美、安倍なつみ、木村カエラ、BENI、小野真弓、竹井詩織里、喜多村英梨、みひろ、飯田圭織、福田沙紀、磯山さやか、ほしのあき、佐藤寛子、ゴールデン小雪、茅原実里、舞、Sister Q、沢尻エリカ、中川翔子、平野綾、土屋アンナ、misono、熊田曜子、蒼井そら、山田優、リアディゾン、谷村奈南、高畑充希、Aira Mitsuki、飯田里穂、光岡昌美、西野カナ、新垣結衣、岡本玲、戸松遥、MiChi、吉木りさ、麻美ゆま、黒木メイサ、真野恵里菜、豊崎愛生、ICONIQ、西野名菜、AKB48
2010년 이후	栗山千明、北乃きい、IMALU、Kylee、佐咲紗花、高垣彩陽、寿美菜子、石田未来、きゃりーぱみゅぱみゅ、芦田愛菜、吉川友、藍井エイル、板野友美、前田敦子、シシドカフカ、春奈るな、竹達彩奈、花澤香菜、明日花キララ、丸山夏鈴、指原莉乃、渡辺麻友、岩佐美咲、小野恵令奈、力彩芽、武井咲、武藤彩未、西恵利香、安田レイ、日笠陽子、横山ルリカ、西内まりや、大原櫻子、新田恵海、山崎エリイ、ぱいぱいでか美、寺嶋由芙、伊藤萌々香、MICHI、花岡なつみ、Dream Ami、橋本環奈、上白石萌音、脇田もなり、小林麻耶、山本彩、有安杏果・佐々木彩夏、宇野実彩子、乃木坂46、欅坂46、吉本坂46、日向坂46、少女時代、KARA

아이돌 황금시대를 열었다.

〈표 8-21〉은 1990년대부터 2010년대까지 각종 영역에서 활동하는 여자 아이돌을 시대별로 소개한 것이다. 아이돌은 개인 또는 그룹으로 활동하고 가수, 연기, MC, 모델 등 다양한 영역에서 활동하고 있다.

초기 아이돌 비즈니스는 여성 아이돌을 중심으로 추진되었다. 각 기획사는 아이돌 그룹의 가치와 인지도를 높이고 비즈니스를 활성화하기 위해 귀엽고 친숙한 이미지를 내세우고, 아이돌과 아이돌 팬의 관계를 밀접하게 하는 다양한 이벤트를 추진했으며, 능력에 따라 다양한 영역에서 활동하는 전략을 구사했다.[46] 한 예로 아이돌 팬이 아이돌 그룹 내 구성원의 인기를 평가하는 등 아이돌 그룹의 성장을 함께 하도록 했다. 또한 아이돌 그룹을 직접 만날 수 있는 팬미팅을 준비하여 팬과의 거리를 좁혀 광팬을 만들었다. 여성 아이돌과 팬의 관계를 끈끈하게 하여 지역이나 전국음악 투어에 참가할 수 있는 고정팬을 확보하는 전략이었다. 인기를 얻은 아이돌은 가수, 댄서, 배우, 모델, MC 등과 같은 다양한 영역에서 활동하여 아이돌 비즈니스를 촉진시키고 있다.

1950년대 영화 전성기에는 노래와 배우로 활약한 이시하라 유지로가 도호나 닛카쓰의 뉴페이스가 되어 이른바 남성 아이돌의 원조로 활동했다. 1960년대는 어3가(어삼가: 橋幸夫, 舟木一夫, 西郷輝彦), 중반에는 가수 겸 배우로 활약한 미타 아키라(三田明)가 등장하면서 어3가와 미타 아키라를 포함해 4천황이라고 했다. 그들은 연예계에서 젊은 연기자로 인정받으며 아이돌 분위기를 이어갔다. 1970년대는 신어삼가(新御三家)가 등장하고, 연예인을 배출시키기 위해 자니스 사무소(ジャニーズ)가 설립되어 아이돌 스타를 배출했으며, 아오이 데루히코(あおい輝彦)가 배우, 가수, 성우 등으로 활약했다.

〈표 8-22〉은 1990년대부터 2010년대까지 일본에서 활동하는 남자 아이돌 현

---

46 境真良, 『アイドル国富論: 聖子・明菜の時代からAKB・ももクロ時代までを解く』(東洋経済新報社, 2014).

구분	남자 아이돌 현황
1990 년대	忍者、菊池健一郎、福山雅治、SMAP、葛山信吾、高橋克典、原田龍二、保阪尚希、TOKIO、いしだ壱成、藤重政孝、オナペッツ、B☆KOOL、E.M.U、V6、武田真治、グレートチキンパワーズ、LAZY KNACK、T.M.Revolution、Iceman、KinKi Kids、DA PUMP、反町隆史、pool bit boys、柏原崇、RED、嵐、藤木直人、初代J Soul Brothers
2000 년대	氷川きよし、藤井隆、コタニキンヤ、DOGGYBAG、オダギリジョー、EXILE、CHEMISTRY、w-inds、INSPi、FLAME、RUN&GUN、The Seeker、WEST SIDE、山内惠介、タッキー&翼、押尾学、RAG FAIR、Lead、松田悟志、堂本剛、NEWS、ORANGE RANGE、DAIGO、関ジャニ∞、玉木宏、ゴリエ、修二と彰、トラジ・ハイジ、WaT、AAA、GRANRODEO、永井大、三浦大知、KAT-TUN、山下智久テゴマス、橘慶太、Hey! Say! JUMP、宮野真守、Club Prince、HotchPotchi、PureBoys、ウエンツ瑛士、小池徹平、ゴールデンボンバー、羞恥心、悲愴感、矢島美容室、小野大輔、二代目J Soul Brothers、新選組リアン、入野自由、神谷浩史、スノープリンス合唱団、つるの剛士、遊助
2010년 이후	三代目J Soul Brothers、純烈、サーターアンダギー、50TA、Kis-My-Ft2、Sexy Zone、斎藤工、赤西仁、GENERATIONS、中山優馬、鈴木福、BOYS AND MEN、はやぶさ、超特急、星屑スキャット、桐谷健太、ディーン・フジオカ、PrizmaX、Hey! Say! 山田涼介、舞祭組、ジャニーズWEST、A.B.C-Z、ブレイク☆スルー、Da-iCE、SOLIDEMO、Nissy、アルスマグナ、さくらしめじ、MAG!C☆PRINCE、M!LK、RADIO FISH、X4、菅田将暉、THE RAMPAGE、King & Prince、東方神起、BIGBANG、SHINee

황을 소개한 것이다. 1990년대 활동한 SMAP(Sports Music Assemble People)와 히카리겐지(光GENJI)는 이후 남성 아이돌의 탄생과 활동을 촉진시키는 역할을 했다.

일본에서 남자 아이돌로 왕성하게 활동한 그룹이 히카리겐지이다. 1990년대 는 자니스 사무소가 배출한 아이돌이 지배하는 시대였지만 자니스 사무소에 소 속된 탤런트가 불의를 폭로하여 아이돌계에 악영향을 주면서 남자 아이돌이 빙 하기에 돌입한다. 1990년대 중반부터는 버라이어티 분야에서 활약한 SMAP가 인기를 얻었고, KinKi Kids, TOKIO, V6 등과 같은 그룹이 나타나 아이돌 그룹 의 인기를 이어갔다. 당시 최고 인기를 누린 대표적인 아이돌로 SMAP 그룹에서 활동하고 여가수 구도 시즈카(工藤静香)와 결혼한 기무라 타쿠야(木村拓哉)는 가

수, 배우, 모델 등으로 활약했고, 나카이 마사히로(中居正広)는 가수, 버라이어티 쇼의 진행자로 활약했다.

다양한 영역에서 활약하여 아이돌 비즈니스가 확대되고 동시에 자리를 잡았으며, 텔레비전 등에서 30~40대가 되어도 아이돌로 활약하여 남자 아이돌의 생명을 연장시켰다. 당시에는 자니스 사무소 소속 아이돌이 독점하여 다양성을 잃는 가운데 자니스 사무소 아이돌 전성기에 대항하기 위해 새롭게 설립된 기획사 라이징구 프로덕션(ライジングプロダクション)이 DA PUMP, w-inds 등과 같은 아이돌 그룹을 출현시켜 대중 인기를 얻어 새로운 아이돌세계를 만들어갔다. 그런 가운데 2000년대 후반 들어 자니스 사무소와 소속 출신 아이돌의 활동이 약화되었다.

1990년대와 2000년대에 걸쳐서 다양한 캐릭터의 여성 아이돌과 함께 남성 아이돌이 활약했다. D-BOYS, 고이케 텟페이(小池徹平), 미조바타 준페이(溝端淳平) 등이 있고, 울트라 시리즈 출신으로 스기우라 타이요(杉浦太陽), 배우인 오다 기리조(オダギリジョー), 가나메 준(要潤), 미즈시마 히로(水嶋ヒロ), 사토 타케루, 슈퍼전대 시리즈(スーパー戦隊シリーズ) 출신의 마쓰자카 토리(松坂桃李) 등이 활약했다. 그리고 1990년대 HIRO을 중심으로 결성한 EXIL, 남녀혼성 그룹 avex와 AAA 등이 활동하고 있다. 2000년대 일본 엔카 가수로 데뷔하여 활동하고 있는 히카와 키요시(氷川きよし) 노래가 히트하여 숙년 여성의 인기를 모았고 팬클럽 기요토모(きよ友)가 결성되어 열광적인 팬들을 끌어 모으고 있다.

2010년대는 NEWS, KAT-TUN, Hey! Say! JUMP 등이 데뷔하여 아이돌계의 판도를 바꾸었고, 남자 아이돌로 아라시(嵐), 삼다이메(三代目 J Soul Brothers), 관서 지방에서 남성 아이돌로 결성되어 록밴드로 활동하고 있는 간쟈니∞(関ジャニ∞), Kis-My-Ft2, Sexy Zone, 초특급(超特急), DISH, BOYS AND MEN 등이 활동하고 있다. 그리고 배우, 성우로 활동하는 미야노 마모루(宮野真守), 카미야 히로시(神谷浩史), Kiramune 등과 같은 성우 아이돌도 인기를 모으고 있고, 엔카 아이돌 가수(演歌アイドル)로서 야마우치 게이스케(山内惠介), 준레쓰(純烈) 등이 인기를 얻어 활동하고 있다. 한편 라이징구 프로덕션 출신 남성 아이돌의 활약이 저하되고, 스타다스트 프로덕션(スターダストプロモーション)이 남성 아이돌을 데뷔시켜 아이돌계를 이어가고 있다.

특히 이 시기에는 일본에서 활동한 한국 아이돌이 돌풍을 일으켜 새로운 대중문화의 교류 가능성을 확인시켜주었다. 2004년부터 한국 드라마 〈겨울연가〉가 방영되면서 출연 배우 배용준과 최지우가 인기를 얻으며 한류 붐이 형성되어 중고년과 젊은 청년을 중심으로 광팬이 생겼고, 다양한 장르의 한국 아이돌이 일본에 진출하여 새로운 아이돌세계를 구축했다. 한국 드라마와 배우들이 한류 붐을 일으키는 가운데 한국의 K-POP 출신의 한류 아이돌 동방신기(東方神起), 카라(KARA), 소녀시대, 빅뱅(BIGBANG), 샤이니(SHINee), 슈퍼주니어 등이 인기를 얻으며 한류 붐을 이어갔다. 그러나 2010년 후반 들어서 한일 간의 정치적 영향으로 한국 아이돌의 활동이 위축되고 한류 붐이 약화되고 있다.

현재 일본은 대중문화로서 아이돌문화가 활성화되어 1억총아이돌시대와 아이돌 전국시대를 맞이하고 있다. 도쿄, 오사카, 나고야 등 대도시권에서 활동하는 아이돌이 있고, 자신의 고향에서 활동하는 지방 아이돌, 라이브 중심으로 활동하는 지하 아이돌(地下アイドル), 지방에서 소·중학생이 수영복이나 샤워하는 사진을 동화나 사진집으로 판매하는 주니어 아이돌(ジュニアアイドル) 등 다양하게 활동하고 있다.[47] 아이돌에 대한 다양한 연령대의 팬들이 생기면서 사인회, 생일파티, 팬미팅, 악수회, 리사이틀, 전국순회공연 등의 이벤트로 아이돌 비즈니스가 활성화되고 있다.

6) 역사교육·유토리 교육·탈유토리 교육문화

일본에는 역사교육을 둘러싸고 다양한 논의와 반향이 일어나고 있다.[48] 일본

---

47 姬乃たま, 『職業としての地下アイドル』(朝日新聞出版, 2017).

48 文芸春秋, 『文芸春秋 論点100』(文芸春秋, 2010~2018); 成美堂出版編集部, 『今わかる 最新時事用語』 (成美堂出版, 2011~2018).

역사가를 중심으로 재해석되는 역사 내용과 교육에 대한 논쟁으로 벌어지는 불협화음이다. 그리고 기존의 교육 내용과 시스템을 개혁하는 차원에서 유토리 교육이 등장했다. 초등학교, 중등학교에서 기존의 암기식 교육에서 벗어나 자유롭게 사고력을 키우고 많은 학습량보다는 질적 교육과 학습을 주창한 유토리 교육이 실시되어 새로운 교육문화를 구축했다. 그리고 유토리 교육의 반성에서 출발한 탈유토리 교육이 새롭게 시작되어 일본 교육문화를 완전하게 변화시키고 있다.

첫째, 역사교육문화이다. 네오 국제화기에 들어서 일본 정부와 우익 성향의 역사가나 교육자는 일본 중심적인 역사교육을 강조했다. 친일본적인 역사가 후지오카 노부카쓰(藤岡信勝)는 냉전 후 새로운 일본근대사관 확립의 필요성을 인식하여 보수논객으로 전향하고 독자적인 자유주의사관을 주장했다.[49] 새로운 역사교과서를 만들기 위해 1996년 12월 니시오 칸지(西尾幹二) 등이 결성한 새로운 역사교과서를 만드는 모임(新しい歴史教科書をつくる会)은 일본 우호적인 역사를 주장하고 확산시키는 교육운동을 전개했다.[50] 그들은 기존의 역사교과서가 필요 이상으로 일본을 자학사관으로 몰아간다고 비판하고 도쿄재판사관이나 사회주의 환상사관을 극복할 것을 주장했다. 특히 전쟁 패배나 식민지 반성과 같은 주술로부터 해방된 자유주의사관과 근대사를 교육할 수 있는 새로운 역사교과서를 편찬하고 보급하기 위해 모임을 결성하여 활동하고 있다.

일본 역사가와 지지자가 결성한 새로운 역사교과서를 만드는 모임은 그들의 신념과 운동을 구체화하기 위해 새로운 역사관에 입각한 중학교 교육용 역사교과서를 제작했다. 2001년 일본사와 근대사를 일본적 입장에서 제작한 『새로운 역사교과서(新しい歴史教科書)』는 종래의 자학사관으로부터 탈피하여 대동아전쟁 긍정사관, 도쿄재판불인정사관 등에 기초해서 만들어진 교육용 역사교과서로

---

49 岡信勝, 『国難の日本史』(ビジネス社, 2015).

50 西尾幹二, 『歴史教科書問題』(国書刊行会, 2018).

문부과학성의 교과용 도서 검증에 합격했다. 이러한 운동에 힘입어 자유주의사관연구회가 네 권으로 편찬한『교과서가 가르칠 수 없는 역사(教科書が教えない歷史)』는 120만 부 팔렸다. 그들은 2005년, 2009년, 2011년에도 새로운 역사교과서를 출판하여 보급했다.

일본 중심적인 논의와 주장을 이어가는 새로운 역사교과서를 만드는 모임은 보수정치가, 보수논객, 보수 역사가, 일본 우익, 일반 블로거(blogger) 등의 지원을 받아 활동한다. 그들의 일본근대사 사관은 사회적으로 많은 반향을 일으키면서 다양한 측면에 영향을 주고 있다. 또한 일본에서 극우 역사가, 극우 정치가, 극우 시민운동가, 극우 예술가 및 문화인 등이 자유롭게 활동할 수 있는 환경을 만들어 주었다. 극우파들의 활동이 이루어지는 가운데 야마노 샤린(山野車輪)과 그의 작품『만화 혐한류(マンガ 嫌韓流)』와 같은 배외적인 활동가와 작품이 등장하여 국내외의 갈등을 일으키는 원인이 되었다.

일본 내에서도 새로운 역사교과서에 대해 반대하는 목소리가 퍼졌다. 교육현장에서 역사를 가르치는 교사, PTA(Parent-Teacher Association), 아시아여성자료센터, 인간과 성교육연구협의회 등 시민단체는 새로운 역사교과서를 역사수정주의교과서, 전전의 군국주의 일본 긍정 등이라고 하여 반대운동을 펼치고 있다. 채택 가능성이 있는 학교 주위에서 반대운동을 하고 있으며, 채택이 예상되는 학교기관이나 채택권유운동단체에 대해 강하게 저항하는 운동을 전개하고 있다. 새로운 역사교과서는 다양한 국내외의 반대운동에도 불구하고 일부 학교에서 채택하고 있다.

새로운 역사교과서 채택반대운동은 일본 각 지방으로 확산되고 있다. 에히메현 이마바리시(愛媛県今治市)에서『새로운 역사교과서』를 채택한 것에 대해 반대하는 시민단체, 재일한국인, 한국인 등이 원고가 되어 사용 정지를 요구하는 행정소송을 제기했다. 2010년 7월 재판의 구두변론을 위해 일본에 온 한국인 역사연구가는 이마바리시교육위원회 사무국을 방문하고『새로운 역사교과서』채택을 재검토하도록 시교육장에게 요구했다. 교육장은 사실을 사실로서 가르치고 있으며, 평화를 바라지 않는 사람은 없고, 전쟁의 비참함을 전하는 데 노력하고 있다고 항변했다.

일본 우익논자들이 만들어낸 역사교과서는 역사를 왜곡하고 잘못된 역사를 교육하여 이후 세대에게 잘못된 역사관을 주입할 것이라는 점, 그리고 일본의 자성이 부족하다는 점 등을 들어 세계 곳곳으로부터 비판받고 있다. 일본 정부는 미국 하원이 종군위안부에 대해 사죄를 요구한 미국 하원 121호 결의에 대해 반발하며 항의했다. 오키나와 지상전에 관한 역사교과서문제에 대해서도 비판적인 시각이 등장하고 있다. 그리고 일본과 근대사를 공유하고 있는 한국과 중국은 편찬된 새로운 역사교과서가 역사를 편향되게 왜곡하고 있다고 판단하여 수정을 요구하고 비판했다. 일본근대사를 둘러싼 진위 논쟁과 사후 처리에 대한 논의는 일본 국내뿐 아니라 해외에서도 일어나고 있다.

둘째, 유토리 교육문화이다. 미래교육으로 구상했던 유토리 교육은 일본 정부가 여유 있는 교육과 학습을 목적으로 시작했다. 1980년부터 2010년 초기까지 유토리 있는 학교를 목표로 실시한 교육 개혁이다. 유토리 교육은 주입식 교육을 중핵으로 하는 지식량 편중형의 교육 방침을 시정하고, 사고력을 기르는 경험 중시형의 교육 방침에 근거하고, 학습시간과 내용을 줄여 유토리가 있는 학교를 목적으로 실시한 학습지도 요령에 따른 교육이다.

일본 정부 교육 관계자와 교육자들은 지금까지 추진해 온 과다한 학습량을 중시하여 가르쳐온 학교 교육을 주입식 교육이라고 비판하고, 지식 암기를 중시하는 것에 대한 의문과 창조력 결여를 문제시했다. 그리고 주입식 학습 방법은 테스트가 끝나면 잃어버리는 학력(剥落学力)이라고 비판했다. 주입식 교육의 질곡으로부터 벗어나 사고력을 키우는 학습에 중점을 두는 경험 중시형과 과정 중시형의 유토리 교육을 강조했다.[51] 일본 정부가 추구하는 유토리 교육은 1980년

---

51 文部科学省, 『現行学習指導要領·生きる力』, リーフレット(PDF); 文部科学省, 『新学習指導要領·生きる力』, 保護者用リーフレット(PDF), (2008~2009), PDF; http://www.mext.go.jp.

대 개정한 학습지도 요령에 의한 교육 방침, 1992년부터 실시된 새로운 학력관에 기초한 교육 방침, 2002년부터 실시된 '사는 힘(生きる力)'을 강조한 교육 방침에 근거한 교육이라고 정의할 수 있다.

1980년대에 개정된 새로운 학습지도 요령은 과열된 수험 경쟁으로 학교 교육에서 학력 차이를 전제로 하는 현상을 시정했다. 1992년에 공립중학교에서 학력 편차에 의한 진학 지도가 금지되고 1993년 중학교 교내에서 실시하는 사설 시험도 금지되었다. 과다 경쟁으로 자유를 박탈하는 학교의 존재 방식은 어린이에게 스트레스를 주고 비행하게 하는 원인이 된다고 인식했기 때문이다. 2002년 학습지도 요령에서는 '사는 힘'을 중시하는 통합적 학습시간을 운영하고 각교과에서 조사학습(調べ学習)을 통해 사고력을 키우는 교육을 실시했다. 교과서에서는 실험, 관찰, 조사, 연구, 발표, 토론 등이 다수 수용되고 수동형 학습에서 능동형 학습과 발신형 학습으로 전환을 시도했다. 또한 강제로 교육하지 않고, 일주일 중 토요일은 쉬는 주 5일제 학습을 하며, 교육시간을 줄이고 암기식 강제학습에서 자율적으로 사고하고 경험과 실습을 중시하는 교육을 추진했다. 그리고 그에 따른 다양한 교육 프로그램과 남은 시간을 활용하는 방안이 강구되었다.

유토리 교육이 처음 실시되었을 때 학력 저하가 나타날 것이라는 걱정과 비판이 사회에 퍼졌다. 이후 유토리 교육은 실패했다는 평가가 나오고, 개선을 요구하는 목소리가 정부, 시민단체, 교육기관, 학부모, 기업가 등으로부터 쇄도했다. 2004년도 조사에 의하면, 사회, 수학, 이과 등의 영역에서 정답률이 떨어지는 결과를 낳았다. 그리고 국제학력경시대회에서 일본 학생들의 성적이 현저하게 떨어져 경쟁력이 약화되었다. 유토리 교육은 OECD가 주관하는 학생 학습달성도 조사(Programme for International Student Assessment: PISA)에서 순위가 떨어진다는 사실에 기초해서 학력 저하를 초래한다는 지적과 함께 각 방면에서 강하게 비판을 받았다.[52] 사회 영역에서 유토리 교육을 받은 세대에 대한 문제 제기가 이어졌고, 개정 학습지도 요령은 실패작이라고 인식했다. 유토리 교육을

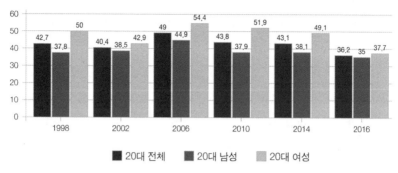

〈그림 8-3〉 20대의 일 선호도   (단위: %)

자료: 青山誠, 『統計でふりかえる平成日本の30年』(双葉社, 2018), p.88.

받은 세대는 기성세대와 결정적으로 다르며, 학력 저하 세대이고, 온실 성장으로 정신력이 약한 특징이 있는 것으로 평가했다. 특히 기업의 인사 담당자나 중간관리자로부터 한탄하는 목소리가 높아졌다.

〈그림 8-3〉은 1998년부터 2016년까지 일본 젊은이 20대 남녀의 일에 대한 선호도를 조사한 것이다. 20대 청년들의 약 50%가 일을 선호하며, 남성보다는 여성이 일을 선호하는 것으로 나타난다. 여성의 최고 선호 비율은 2006년 54.4%, 최저 선호 비율은 2016년 37.7%이며, 남성의 최고 선호 비율은 2006년 44.9%, 최저 선호 비율은 2016년 35%이다. 일 선호 비율이 점차 하향하는 추세에 있어 대부분의 젊은이들은 일로부터 해방되고 싶다는 마음이 있다는 것을 알 수 있다.

개정 학습지도 요령에 의해 교육받은 유토리 교육 세대에 대한 비판과 함께 두둔하는 목소리도 등장했다. 나카야마 나리아키(中山成彬) 문부과학성 장관은 학력 저하를 인정하지만 '사는 힘'의 이념과 목표가 타당하고, 그 목적이 충분히 달성되지 않고 있는 것이 아니라고 발언했다. 기성세대는 다양한 스테레오타입

---

52 神永正博, 『学力低下は錯覚である』(森北出版, 2008); 後藤和智, 『おまえが若者を語るな!』(角川書店, 2008); 広田照幸・伊藤茂樹, 『どう考える? ニッポンの教育問題 教育問題はなぜまちがって語られるのか? 「わかったつもり」からの脱却』(日本図書センター, 2010).

(stereotype)으로 보지만 유토리 세대는 나름대로 현실 사회를 능동적으로 살아가고 있고, 부용기(不器用)이면서도 가족, 친구, 다음 세대 등을 위해 사회를 만들어가고 있다고 항변했다. 또한 절망적인 현실, 미래에 대한 불안을 안고 있으면서도 현시대를 살고 있으며 그들 나름대로 희망을 갖고 있다는 주장이다. 더욱이 지금까지의 사회 시스템은 사회보장, 기업 조직 등이 기성세대를 위한 조직이기 때문에 바꾸어야 하고, 유토리 세대가 아니라 기성세대가 그들의 사고와 행동을 전환해야 한다고 본다.[53]

그러나 유토리 교육은 실패한 교육으로 평가되면서 유토리 교육에 대한 전반적인 검토와 개혁이 추진되면서 이른바 탈유토리 교육이 제창되었다. 매스미디어는 유토리 교육에 빗대어 새로운 학습지도 요령을 탈(脱)유토리 교육이라 명명했다. 일본 정치가, 교육자, 학부모 등을 중심으로 탈유토리 교육을 강하게 요구하면서 교육 개혁에 영향을 주었다. 고이즈미 준이치로 내각은 중앙교육심의회에 학습지도 요령의 수정을 요청하고, 아베 신조 내각은 교육 재생이라는 명분으로 유토리 교육의 수정에 착수했다. 문부과학성은 탈유토리 교육이 유토리 교육이나 주입식 교육에도 없는 삶의 힘을 키우는 교육이라고 규정했다.

탈유토리 교육은 유토리 교육이 주창한 학습량 삭감 교육에서 전환되어 학습량 증가 교육으로 전환하는 것을 의미한다. 교육과 학습시간을 늘려 충실하게 하고 교육 능력이 향상되는 실습과 경험을 강조했다.[54] 2007년 6월 아베 내각하에서 활동하고 있는 교육재생회의는 현재 수업시간 수의 1할을 증가하도록 제언했다. 2008년 새로운 학습지도 요령이 개정되어 유토리 교육으로부터 탈각하는 탈유토리 교육이 본격적으로 추진되었다. 초등학교는 2011년, 중학교는 2012년, 고등학교는 2013년부터 완전하게 실시했다. 2015년에는 그동안 시행되었던 학습지도 요령을 개정하여 새로운 교육을 시도했다. 소학교 2020년, 중

---

53 柘植智幸, 『「ゆとり教育世代」の恐怖』; 蔡星慧・長慎也, 『ゆとり世代の哲学』.

54 文部科学省, 『新学習指導要領・生きる力』.

학교 2021년, 고등학교 2022년부터 새로운 학습지도 요령에 따르고 탈유토리 교육에서 새로운 교육으로의 전환을 추진할 계획이다.

7) 반한류·반중류·반일류문화

국제화기에 들어서 한국과 일본 간에 대중문화가 개방되어 본격적인 한일 간 문화교류가 형성되었고, 문화의 공유 영역과 활동 반경이 확대되어 바람직한 한일문화시대를 개관했다.[55] 일본 영화와 아니메가 한국에 유입되어 상영되고, 한국 영화와 드라마 등이 일본으로 수출되어 대중 속으로 파고들어갔다.[56] 한일 간의 대중문화 교류, 올바른 근대사 교류, 문화 및 비문화 영역의 인적 교류, 제도 교류, 정치가를 중심으로 정치 교류, 경제 교류, 한일월드컵을 시작으로 스포츠 교류 등 다양한 형태로 바람직하게 진행되어 국제화에 어울리는 한일화합시대가 활짝 열렸다.

한일 간의 대중문화 개방은 일본 영화, 일본 아니메, 일본 문학, 일본 드라마 등 다양한 영역에서 절대 우위를 점할 것으로 예상되어 한국에서는 강한 경계심을 가졌고 부정적인 영향을 줄 것이라는 견해가 지배적이었다. 다른 한편으로는 그동안 대중문화에 대한 호기심으로 진행된 암묵적인 교류에서 벗어나 양국의 문화를 인정하고 교류하는 분위기가 조성되고 활성화될 것이라는 긍정적인 견해도 있었다. 개방 초기 한국 정부와 일본 정부는 일본 문화의 개방 정도와 영향에 관심을 가졌다. 문화 개방이 이루어지면서 일본 대중문화는 영화와 아니메를 중심으로 물밀 듯이 들어왔고, 더불어 일본인의 여행으로 일본인 음식, 일본 제품 등이 동시에 상륙하여 선풍을 일으켰다. 일본인이 많이 거주하는 서울 이태원 지역을 중심으로 일본인 거리와 문화가 형성되었다.

일본 문화와 일본인의 유입으로 일본인 거리와 문화 거리가 조성되면서 일본

55　文芸春秋, 『文芸春秋 論点100』; 成美堂出版編集部, 『今わかる 最新時事用語』.
56　毛利嘉孝, 『日式韓流—〈冬のソナタ〉と日韓大衆文化の現在』.

에 대한 정보가 전파되었고 일본인에 대한 편견과 오해가 해소되기 시작했다. 일본 문화 유입에 대한 반향으로 한국의 대중문화가 일본으로 진출했다. 한국인의 일본여행이 폭증했고, 일본 대학에 한국유학생이 증가했으며, 한국 아이돌, 한국 드라미, 한국 제품 등이 일본의 신주쿠 지역에 자리를 잡으며 한류 거리와 상점, 한류문화 등이 정착했다. 그리고 일본인과 한국인의 국제결혼과 같은 인적 교류가 활발해졌다. 바야흐로 2000년대에 들어서 일본 대중문화가 한국 젊은이에게 이식되어 한국의 일본화가 진행되고 있고, 한국대중문화가 일본 젊은이에게 이식되어 일본의 한국화가 진행되는 듯했다.

그러나 한일 간에 벌어진 근대사 인식, 역사 인식, 독도를 둘러싼 영유권 갈등, 일본의 한국화, 종군위안부, 강제징용, 역사교과서, 식민지 보상 및 배상, 일본의 위축과 경제위기, 국제사회에서의 한국 위상 제고, 한국 경쟁력 증강, 비문화적인 영역에서의 갈등, 그리고 문화적 영역에서의 편견과 인식 차이 등으로 인해 한일은 새로운 냉전시대로 접어들게 되었다. 정치적 대립을 비롯한 각종 불협화음은 문화에 대한 비판으로 이어졌고, 시민이나 시민단체를 중심으로 한류를 혐오하는 혐한류가 일본에서 발생하고, 일류를 좋아하지 않은 반일류가 등장하여 긴장감을 높였다.

일본 사회에서 한국의 대중문화가 뿌리 깊게 정착되지 않았지만 확산되는 가운데 대중문화에 대해 정치적 색채를 가미한 반한류를 주장하는 우익 세력을 중심으로 혐한류문화가 발생했다. 혐한류는 일본에서 유행하는 한국 드라마, 한국 영화, 한국 아이돌 등 한류문화와 한류문화 활동가를 혐오하여 거부하는 문제에서부터 일본에서 거주하는 재일동포에 대한 권리를 박탈하려는 운동으로까지 확대되었고, 재일한국인을 미워하는 인종차별과 한국 상품 불매운동으로도 연결되었다. 또한 극우적인 역사가로 활동하고 있는 니시오 칸지, 니시무라 코유(西村幸祐), 오쓰키 타카히로(大月隆寛), 시모조 마사오(下條正男) 등 보수계 논객들은 한국을 비판하는 칼럼을 기고했다.

특히 만화를 중심으로 출판문화 영역에서 혐한류가 폭발했다. 일본에서 만화

가로 활동하면서 본명을 공개하지 않는 야마노 샤린은 2005년『만화 혐한류』를 발표하여 충격을 주었다. 그는 속편으로 2006년『만화 혐한류 2』, 2007년『만화 혐한류 3』, 2009년『만화 혐한류 4』, 2015년『만화 대혐한류』등을 출판했다.[57] 또한 2010년『외국인 참정권은 필요 없어(外国人参政権は, 要らない)』,『한국 가운데 일본 시리즈(韓国のなかの日本シリーズ)』,『만화 혐중국류(マンガ 嫌中国流)』등을 출판하여 일본, 한국, 중국 등에 대한 혐오감을 부추기고 있다.[58] 그는 작품에서 한일 간에 문제가 되고 있는 독도, 한국 병합, 역사교과서문제 등과 관련해 한국을 비판한다. 야마노가 쓴 역사만화책은 아마존에서 판매랭킹 1위를 차지하고, 2015년 기준 혐한류 관련 시리즈 총판매부수는 100만 부를 기록했다.

일본에서 혐한류와 혐중류의 동기가 된 작품이 고바야시 요시노리(小林よしのり)의 역사만화라고 할 수 있다. 이 작품은 고바야시 요시노리의 역사만화『고마니즘 선언(ゴーマニズム宣言)』으로 일본, 한국, 중국 등에 부정적인 영향을 주었다.[59] 고바야시는『고마니즘 선언』이 결코 단순히 그림을 해석하는 만화가 아니며, 이 영향을 받아 정치를 소재로 만화가 증가해야 한다고 주장했다. 고마니즘 선언에서는 일본 중심적으로 근대사와 식민지사를 해석하고 두둔하는 특징이 있고, 한국이 주장하는 강제징용, 종군위안부, 식민지 부당성 등을 정면에서 거부하며, 새로운 역사교과서를 만들어 일본적인 근대사를 교육하자고 주장한다.

---

57 山野車輪,『マンガ嫌韓流』(晋遊舎, 2005); 山野車輪,『マンガ嫌韓流 2』(晋遊舎, 2006); 山野車輪, 『マンガ嫌韓流 3』(晋遊舎, 2007); 山野車輪,『マンガ嫌韓流 4』(晋遊舎, 2009); 山野車輪,『マンガ 大嫌韓流』(晋遊舎, 2015).

58 ジョージ秋山,『マンガ中国入門 やっかいな隣人の研究』(飛鳥新社, 2005); 太田修・朴一 ほか, 『『マンガ嫌韓流』のここがデタラメ』(コモンズ, 2006); 大月隆寛ほか,『マンガ嫌韓流の真実! 〈韓国/半島タブー〉超入門』(宝島社〈別冊宝島〉, 2005~2007); 北岡俊明,『嫌韓流ディベート 反日国家・韓国に反駁する』(総合法令出版, 2006); 桜井誠,『嫌韓流反日妄言撃退マニュアル 実践ハンドブック』(晋遊舎, 2009); 桜井誠,『嫌韓流実践ハンドブック 2(反日妄言半島炎上編)』(晋遊舎, 2006); 野村旗守ほか,『ザ・在日特権』(宝島社, 2007).

59 小林よしのり,『新コマニズム宣言』(小学舘, 1997); 小林よしのり,『戦争論;新コマニズム宣言』(幻冬舎, 1998).

역사만화로 그려진 고마니즘 선언은 중학생이나 고교생에게 인기를 얻어 젊은 학생들의 역사관 형성에 영향을 주고 있다.

그러나 일본에서는 식자와 시민을 중심으로 혐한류와 자학사관 탈피에 대해 비판하는 목소리가 나오고 있다. 혐한류 민화가 석긴지나 스포츠 신문에 광고되는 가운데 ≪아사히신문≫, ≪요미우리신문≫, ≪산케이(産経)신문≫ 등은 광고를 거부한 것으로 알려졌다. 다른 한편으로는 일부 시민운동가, 일반 시민, 양식 지식인 등이 혐한류 흐름에 대해 부정적이다. 경제학자로 활동하는 조부대학(上武大学)의 다나카 히데요시(田中秀臣) 교수는 『만화 혐한류』와 같이 적의를 갖고 〈겨울연가〉와 같은 좋은 영향을 준 문화에 대해 의혹을 갖도록 하는 것이 화제 만들기에 불과하다고 비판했다.

반한류가 추진되면서 혐일류와 혐중류가 발생하고 있다. 반일류는 일본 문화와 일본인을 혐오하는 것을 의미하고 반중류는 중국문화와 중국인을 혐오하는 현상이다.[60] 특히 일본에서 일부 시민과 지식인, 문화가, 역사가 등이 주창한 혐한류문화는 역으로 한국에서 반일류문화를 동반한 혐일류를 발생시키는 계기가 되었다. 한국인 만화가 김성모는 야마노 샤린의 『만화 혐한류』에 대한 반론으로 반일·혐일을 주제로 만화 『만화 혐일류(マンガ 嫌日流)』를 출판했다. 『만화 혐일류』에서는 『만화 혐한류』에 대해 반론을 제기하고 독도와 한류 붐에 대한 정당성을 주장한다. 그리고 야스쿠니신사(靖国神社의 遊就館)를 방문했을 때의 민족주의적 상황을 묘사하고 있다. 일본에서 『만화 혐일류』가 발행되어 2만 부가 팔렸다. 한편 일본에서 혐한류는 혐중류로 번졌다. 중국의 경제성장과 강력한 군사대국화 움직임, 동아시아에서의 격화된 패권 경쟁, 역사 인식의 차이, 각 사회 영역에서 치열해진 중국과의 경쟁 등은 혐중류를 확산시키는 계기가 되었다.

현재 일본, 한국, 중국 등에서는 혐한류, 혐일류, 혐중류 등이 발생하여 국가

---

60 金城模, 『マンガ嫌日流—アジアの妄想家日本に告ぐ!』(晋遊舍, 2007); ヤンビョンソル・トラッシュ, 『嫌日流』(有学書林, 2006); 山野車輪, 『マンガ嫌中国流』(晋遊舍, 2008); ジョージ秋山, 『マンガ中国入門 やっかいな隣人の研究』(飛鳥新社, 2005).

와 시민 사이에 갈등을 야기하고 있다. 그것은 여전히 근대사에 대한 갈등과 인식 차이가 해결되지 않고 있고, 미래사회에 대한 경쟁에서 유발되고 있다는 점에서 암시하는 바가 크다. 특히 네오 국제화기에 교류와 협력을 서로 강조하여 새로운 돌파구를 찾고 있지만 한·중·일에 내재된 민족주의가 기능하고 있어 우호적인 관계를 저지하며 방해하고 있다. 현재 진행되고 있는 혐일류, 혐한류, 혐중류 등은 3국이 만들어낸 역사적 오점으로 한·중·일이 협력해 해소해야 할 과제라고 인식하고 있어 해결하기 위한 방안을 적극적으로 모색할 필요가 있다.

8) 1인 생활·숙년 이혼·탈가족문화

현재 일본은 소자고령화로 심각한 상황에 처해 있고 동시에 탈가족화(脫家族化)가 급속도로 진행되어 가족공동체가 해체되고 새로운 개념의 가족이 생겨나고 있다.[61] 가족과 가정공동체의 변화 요인은 매우 다양하다. 부부중심 가족, 1인 생활자(一人暮らし), 독거노인, 미혼, 숙년 이혼, 니트족(neet族), 소자고령화 증가 등이 주요 원인이라고 할 수 있다. 가족공동체 붕괴는 사회공동체 해체를 촉진시키고 가족과 사회의 공동체 능력을 저하시키고 기능을 축소시킨다는 점에서 매우 심각하게 받아들여진다.

첫째는 1인생활문화이다. 혼밥, 혼술, 혼잠, 혼생활, 혼놀 등으로 대표되는 1인 생활자가 늘고 있다. 홀로 생활하고 있는 독거노인도 포함하는 개념이다. 1인 생활자는 정년퇴직으로 홀로 생활하거나 지역사회와 접점이 없거나, 이유가 있어 공동체에 속하지 않고 혼자 생활하는 사람을 지칭한다. 또한 가족으로부터 독립하여 홀로 사는 젊은이, 결혼하지 않고 홀로 사는 중년 등을 포함한다. 이들은 혼자 생활하고 삶을 유지하기 때문에 빈곤과 위기 상황에 빠질 가능성이 매우 높다.

〈그림 8-4〉은 국민생활기초조사에 의한 1992~2016년 일본의 1인 가족 빈곤

---

61 文芸春秋, 『文芸春秋 論点100』; 成美堂出版編集部, 『今わかる 最新時事用語』.

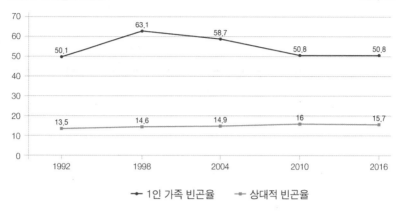

〈그림 8-4〉 일본의 빈곤율 (단위: %)

자료: 青山誠, 『統計でふりかえる平成日本の30年』(双葉社, 2018), p.80.

율과 상대적 빈곤율을 소개한 것이다. 1인 가족의 빈곤율이 50% 이상으로 매우 높고, 1998년 63.1%로 나타나 최고를 기록했다. 상대적 빈곤율은 1992년 13.5%로 최저를 기록했고, 2016년 16%로 최고를 기록했다.

1인 생활자가 증가하는 것은 사별하거나 사정이 있어 홀로 생활하는 노인인 구가 증가하여 1인 생활자로 전환하고 있기 때문이다. 일본 사회에서는 부부로 사는 고령자 가운데 배우자의 사망이 늘어나 혼자 생활하는 노인이 많아지고 있 다. 2004년 후생노동성의 국민생활기초조사에 의하면, 전 세대수의 약 8%가 65 세 이상의 독거자로 구성된 1인 가구이다. 그중 친족과의 연계가 없는 사람도 많다. 지방자치단체 복지사무소는 기본적인 인권 차원에서 생활 보호를 하고 생 존과 생활 상황을 파악하여 민생아동위원이나 홈헬퍼를 통해 도움을 주고 있다.

독거노인은 다양한 사회문제를 안고 있다. 홀로 사는 노인에게 고독사, 아사, 병사 등이 종종 발생하고 있다. 악덕 상인이나 사기 등으로 피해를 보는 노인이 많다. 그 외에도 자주방재나 지방방재 등과 같은 주민참가형 활동에 노인이 참 가하기 어려워 기능이 마비되고 있다. 주민참가의 사회서비스 조직과 내용이 소 멸되고 기간시설이나 쇼핑 등 기본적인 생활네트워크가 붕괴되어 지역사회가 황폐해지고 있다. 또한 관계자 연락처를 몰라 가재도구를 포함한 재산을 제3자가 처분하는 경우가 발생한다.

최근에 1인 생활자가 증가하는 요인 중 하나는 정년 전후에 부부가 이혼하는 숙년 이혼의 증가이다. 이혼해서 홀로 생활하는 중년이 늘고 있다.[62] 일본에서는 2005년 유행한 드라마 〈숙년 이혼(熟年離婚)〉이 인기를 얻었다. 매주 목요일 오후 9시 텔레비전 아사히계가 방영한 작품이다. 전체 9회로 편성된 이 드라마의 평균시청률은 관동 지방 19.2%, 관서 지방 23.3%를 기록했다. 단카이(団塊)세대의 정년문제에 초점을 둔 이야기로 정년 이후 부부의 존재 방식을 다양한 각도에서 다루었다. 높은 시청률을 기록하면서 숙년 이혼이 유행어가 되었고 사회 관심 사항이 되었다. 내용은 일만 하던 고타로(幸太郎)가 정년으로 퇴직한 날 저녁에 오랜 기간 같이 동행해 온 부인이 이혼 서류를 내밀면서 시작된다. 이 작품이 인기를 얻은 것은 그와 비슷한 상황에 처해 있는 숙년 부부들이 공감했기 때문이다.

오랜 기간 결혼생활을 해온 사람들이 이혼하는 이유는 매우 다양하다.[63] 그중 하나는 정년퇴직한 남편이 가정에 머무는 시간이 많아 자유로운 행동 패턴이 제한받는 데서 오는 불만이 폭증하여 숙년 이혼을 결정하는 경우이다. 후생노동성의 통계에 따르면, 50세 이상 부부의 이혼 건수는 1970년 5416건, 1990년 약 2만 건, 2000년 5만 7000건으로 20년간 2.5배 증가했다. 2013년 5만 7573건으로 매년 증가하는 추세에 있다. 최근 숙년 이혼 증가는 연금분할제도의 정비로 이혼 후 연금을 받을 수 있게 된 것이 영향을 주고 있다.[64]

62 主婦と生活社(編集), 『ひとり暮らし完全サポートBOOK』(主婦と生活社, 2014); 主婦の友社(編集), 『これが正解! ひとり暮らしスタートブック』(主婦の友社, 2013).

63 第一東京弁護士会人権擁護委員会(編集), 『離婚をめぐる相談100問100答』(ぎょうせい, 2016); 加藤司, 『離婚の心理学—パートナーを失う原因とその対処』(ナカニシヤ, 2009); 飯野たから, 『有利に解決!離婚調停』(自由國民社, 2018).

64 三村正夫, 『熟年離婚と年金分割-熟年夫のあなた、思い違いをしていませんか』(セルバ出版, 2013).

숙년 이혼 사유	내용
배우자가 집에 있어 스트레스를 받음	남편이 정년 후 매일 집에 있어 지금까지 유지해 오던 생활습관이 붕괴되고, 낮에 혼자 있고 싶지만 여의치 않아 스트레스를 받는 원인이 됨
가치관 차이	가치관의 차이가 있음에도 지금까지 참고 살아왔지만 정년 후끼지 참지 못하는 경향이 있음
성격 불일치	차이를 알고 있었지만 결혼 기간 중 어떤 계기로 상대를 존중하지 못하게 되고 중년이 된 후 상대의 결함을 허용하지 않게 됨
정신적·육체적 학대	정신적 폭력, 바보(バカ、アホ) 등과 같은 언어폭력, 남편의 육체적 폭력, 알코올 중독과 같은 습관 등으로 이혼함
배우자 불륜	젊은 시절에는 배우자의 불륜을 참았지만 숙년이 되어 참지 않음
좋아하는 사람이 생김	배우자보다 좋아하는 사람이 생기는 경우로 최근 인터넷 발달로 종종 발생함
시어머니와의 불화	시어머니의 뜻이 맞지 않는 경우
배우자 부모 개호	부부가 50세 이상이 되면 부모 개호가 발생하고, 자신의 부모 개호와 시부모 개호에 대한 책임이 너무 무거워 부부 사이를 포기하는 경우가 발생함
대화 없음	대화가 없어도 행복하다는 부부도 있지만 결혼 이후 점차 대화가 없어지면서 고독함을 느껴 이혼을 결심함
낭비 및 빚	파치스로(パチスロ), 경륜 등으로 돈을 낭비하고 빚을 지는 경우, 생활비 압박, 고급 브랜드 사재기 등 사치로 인해 이혼함
가사를 분담하지 않음	정년 후 남편이 가사를 전혀 돕지 않는 경우
배우자 개호에 싫증	배우자 개호가 필요해질 경우 개호할 수 있는 상황을 피하기 위해 이혼
연금분할제도 정비	남편의 연금 일부를 받을 수 있게 되어 정년 후 경제적 부담 없이 혼자 살 수 있음
자식 자립	자식이 어린 경우 양육의 어려움 때문에 참고 살아왔지만 자식이 독립하여 자유로워짐

〈표 8-23〉은 일본에서 발생하고 있는 숙년 이혼의 사유와 구체적인 내용을 소개한 것이다. 오랜 기간 부부로 살다가 황혼기에 접어들어 각자의 길을 선택하는 이유이기도 하다.

숙년 이혼 사유로는 주로 여성이 남성에 대한 불만으로 일어나는 경우가 많다. 집에 머무는 남편으로 인한 스트레스, 가치관 차이, 성격 불일치, 배우자의

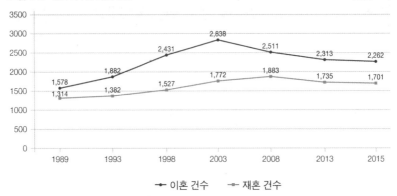

자료: 青山誠, 『統計でふりかえる平成日本の30年』(双葉社, 2018), p.27.

정신적·육체적 학대, 배우자의 불륜, 좋아하는 사람이 생김, 시어머니와의 불화, 배우자 부모 개호, 대화 없음, 낭비와 빚, 가사를 분담하지 않음, 배우자 개호 싫증, 연금분할제도 정비, 자식 자립 등이다. 숙년 이혼을 방지하기 위해 각 지방자치단체에서는 정년 후 남성이 가사를 할 수 있도록 하는 교육 프로그램을 개설하여 참여시키고 있다.

〈그림 8-5〉은 1989년부터 2015년까지 이혼 건수와 재혼 건수를 소개한 것이다. 대체로 이혼 건수와 재혼 건수는 꾸준히 증가하는 것으로 나타났다. 특히 2003년 이혼 건수는 28만 3800건이고 재혼 건수는 17만 7200건으로 정점을 기록한 이후 약간 줄고 있다. 이혼 건수의 증가는 1인 생활자를 증가시키는 요인으로 작용할 가능성이 높다.

일본에서는 1인 생활자가 증가하는 요인 중의 하나가 결혼하지 않는 미혼족이 많이 생겨나기 때문이다. 결혼을 하지 않는 남녀의 미혼화가 증가하고 있고, 동시에 일생 동안 결혼을 할 생각이 없는 비혼화도 증가하고 있다. 미혼 세대의 경우 이성 간의 교제를 하지 않고, 성을 편의점에서 용품을 사듯이 인식하며, 결혼을 코스프레(costume play)처럼 여기는 경향이 많아지고 있다. 내각부는 젊은 세대의 고용이 불안정하고 소득이 낮아 결혼을 하지 않는 사람이 증가하는 것으로 분석한다.

1980년부터 약 30년간 남성의 생애미혼율은 약 7.7배 증가했다. 35세 미혼 남성이 5년 후 결혼할 확률은 10% 정도이다. 생애미혼율은 인구학적으로 50세에 달한 시점에서도 결혼하지 않는 사람을 미혼율 통계의 대상으로 규정한다. 2010년 국세조사에 의하면, 남성의 20대 전반 세대는 미혼율이 94%였고, 생애 미혼율은 남성 20.14%, 여성은 10.61%로 나타났다. 20대 전반이었던 세대가 50세에 도달한 25년 후 미혼율은 더욱 증가할 것으로 보인다. 2020년 이후 생애미혼율 남성은 35%, 여성은 27%로 증가할 것으로 예상되어 결혼율이나 인구 증가에 대한 희망은 절망적이라고 할 수 있다.

1인 생활자 문제를 해결하기 위해서는 젊은이가 결혼을 통해 가정을 갖고 상호 보호하는 가정공동체를 복원하는 것이며, 경제적인 안정성을 확보하고, 가족을 구성하여 가족애를 갖고 살 수 있는 환경 정비가 중요하다. 다양한 네트워크를 구성하고 유사가족공동체를 활성화해야 할 것이다. 그리고 노인을 위한 새로운 삶의 환경을 정비할 필요가 있다. 지역사회와의 접점을 찾게 하고, 독거노인 주택을 마련하며, 유연한 노인사회 구축, 고령자공동체에 대한 참여 독려, 고령자 간의 결혼 또는 재혼 유도 등을 추진해야 한다. 그들이 취약한 경제 사정, 건강 위기, 범죄 등에 연루되지 않도록 하고, 방문개호서비스, 취미 서클, 볼런티어 활동 등을 위한 사회복지공동체를 구축할 필요가 있다.

9) 와쇼쿠문화

일본 요리나 음식을 일반적으로 와쇼쿠(和食)라고 한다. 와쇼쿠는 문명개화시대에 일본에 들어온 서양 요리나 양식에 대응하는 형태로 생긴 단어이다. 와쇼쿠는 자연 풍토와 재료에 기초해서 일본적인 맛을 내는 요리로 식품 본래 맛을 이용하며 각 계절에 생산되는 식재료를 통해 맛을 구현하는 특징이 이다.[65] 광의

---

[65] 梅棹忠夫, 『日本』(講談社, 1987).

로는 일본에서 유래하여 일상생활 속에서 만들어 먹는 식사를 포함한다. 협의로는 역사성이 있는 정진 요리(精進料理), 가이세키 요리(懷石料理), 고세쓰 요리(御節料理), 히안오보다모치(彼岸のぼたもち), 하나미(花見)나 쓰기미단시(月見における団子), 동지에 먹는 가보차(冬至のカボチャ) 등 전통적인 행사에서 먹는 요리를 포함한다. 와쇼쿠는 2014년 무형문화유산으로 등록되었다.

일본 요리 기원은 『고사기(古事記)』, 『일본서기(日本書紀)』에서 호노스소리노미고토(火闌降命)의 신화 및 그 후 짐무천황기(神武天皇紀)에 근거하고 있다고 본다.[66] 『세계대백과사전』에 의하면, 일본 요리는 쌀을 중심으로 수육(獣肉)과 기름(油脂)을 사용하는 특징이 있고, 무로마치 이후 일본 요리의 기초가 만들어져 에도시대에 완성되었다. 일본 요리는 1881년 ≪아사노신문(朝野新聞)≫에서 처음 소개되었고, 이시이 타이지로(石井泰次郎)에 의하면, 1898년 일본요리법대회(日本料理法大全)에서 일반화되었으며, 와쇼쿠는 그 이후에 나타났다. 1903년 무라이 겐사이(村井弦斎)의 『식도락(食道楽)』에는 일본 요리와 서양 요리를 구분해 설명했다.[67] 1904년 『화양 가정요리법(和洋 家庭料理法)』에서 일본 요리는 가정 요리를 지칭한다. 일본 요리를 소개한 『식도락 가을편(食道楽 秋の巻)』에서는 쌀 요리 100종을 주제로 아부라아게고항(油揚飯), 다이콘고항(大根飯), 구리고항(栗飯) 등 50종의 밥을 소개한다.

일본은 아시아 동단에 위치해 있고, 온화한 기후, 4면의 바다를 끼고 있으며, 4계절이 뚜렷하고 강수량이 많다. 이 때문에 야채, 과일, 어류, 조개류, 해조류 등과 같은 식자재가 풍부하며 음식의 맛과 종류가 다양하다. 대체로 요리는 밥의 반찬으로 쓰이고 쌀과 술 등과 잘 어울린다. 일본에서는 역사적으로 육식을

66 余田弘実,「書名から見た近世料理書と近代料理書: 日本料理, 西洋料理, 支那料理」, ≪國文學論叢≫, 第61号(2016); 熊倉功夫, 『和食: 日本人の伝統的な食文化』(日本食文化テキスト作成共同研究会, 2012); 熊倉功夫·江原絢子, 『和食とは何か』(思文閣出版, 2015); 原田信男, 『和食とはなにか 旨みの文化をさぐる』(KADOKAWA, 2014).

67 川上行蔵, 『日本料理事物起源』(岩波書房, 2006).

구분	와쇼쿠의 특징

전통
요리
	- 어절요리(御節料理): 절기요리, 정월요리
	
	- 유식요리(有職料理): 연회에 올리는 의식요리
	
	  본선요리(本膳料理): 손님 앞에 상으로 내놓는 요리, 흔 젠(本膳), 니 젠(二の膳), 산 젠
	  (三の膳)요리
	
	- 정진요리(精進料理): 중국 사원에서 전해진 요리로 식물성 식품
	
	- 회석요리(懷石料理): 따뜻한 차를 곁들인 식사
	
	- 회석요리(会席料理): 연회나 회식을 위한 코스요리
	
	- 보차요리(普茶料理): 중국에서 전해진 정진요리
	
	- 탁보요리(卓袱料理): 나가사키에서 발달한 요리

계절 요리	- 1월: 御節料理, 雑煮, 七草粥, 小豆粥 - 2월: 炒り大豆, イワシ - 3월: 草餅, ぼたもち - 4월: 団子, 甘茶 - 5월: ちまき, 柏餅 - 6월: 豆ごはん, 味噌田楽, カツオ, アユ - 7월: 素麺 - 8월: すいとん - 9월: 団子, サトイモ, 菊酒 - 10월: 団子, クリ, 豆 - 11월: 千歳飴, サツマイモ - 12월: カボチャ, 年越しそば

일품
요리
	- 곡물요리: 飯, 赤飯, おこわ, 玄米, 麦飯, おにぎり
	
	- 초밥(寿司): にぎり寿司(江戸前寿司, 生寿司), 巻寿司, ちらし寿司, 稲荷寿司, 押し寿司,
	  なれずし, 酢飯
	
	- 밥(飯): 粥, 雑炊, おじや, 茶漬け, 炊き込みご飯, 栗飯, 深川飯, 鯛飯, 五目飯, 松茸飯, 山
	  菜飯, 芋飯, 混ぜご飯
	
	- 돈부리(丼物): 鰻丼, 天丼, 親子丼, 鉄火丼, 木の葉丼, しらす丼, 麦とろ, 冷汁, 卵かけ
	  ご飯
	
	- 떡(餅): 団子, 煎餅
	
	- 면류: うどん, 蕎麦(そば), 素麺(そうめん), 冷麦(ひやむぎ)
	
	- 국(汁物): 味噌汁, 粕汁, けんちん汁, 潮汁, 擂り流し, 呉汁, 吸物, 雑煮, すいとん
	
	- 회(刺身): たたき, づけ, ルイベ, 馬刺し, 鶏刺し
	
	- 절임(漬物): 沢庵漬け, 梅干し, 柴漬, 味噌漬け, 粕漬け, 糠漬け
	
	- 냄비요리(鍋料理): おでん, 寄せ鍋, ちり鍋
	
	- 튀김(揚げ物): 天ぷら, 掻き揚げ, から揚げ, 薩摩揚げ, 油揚げ, がんもどき
	
	- 굽기 요리(焼き物): 焼き魚, 照り焼き, 焼き鳥, 蒲焼, 塩焼き, 幽庵焼き, 八幡焼き, 味噌田

구분	와쇼쿠의 특징
	楽, 奉書焼き, ホイル焼き, 塩釜, 卵焼き(だし巻き卵, 薄焼き卵)
	- 끓이기 요리(煮物): 煮魚, 煮しめ, 甘露煮, 佃煮, 大和煮, 風呂吹き, 炊き合せ, 若竹煮, 昆布巻き, 煮びたし
	- 볶기 요리(炒め物): 金平, チャンプルー
	- 찜 요리(蒸し物): 茶碗蒸し, 玉子豆腐, 飯蒸し
	- 반죽요리(練り物): 魚肉練り製品, 蒲鉾, 竹輪, はんぺん, つくね
	- 무침요리(和え物・おひたし): 膾(なます), 酢みそ和え(ぬた), ワサビ和え, カラシ和え, 胡麻和え, 梅和え, 白和え

자료: 第一出版センター, 『四季 日本の料理』(講談社, 1998); 石毛直道, 『日本の食文化史』(岩波書房, 2015); 石毛直道・熊倉功夫, 『日本の食事文化』(講座 食の文化), (味の素食の文化センター, 1998).

금지하여 오랜 기간 유제품이 보급되지 않았다. 식용유의 사용도 발달하지 않았고, 남방 요리에서 유래한 덴푸라(天ぷら)가 생기면서 기름이 보급되었다. 따라서 고기나 기름보다는 맛을 내는 다시(だし)가 발달했고 담백한 맛이 유행했다. 강한 향료는 거의 사용하지 않고 손맛, 소재 맛을 강조하는 특징이 있다. 된장이나 낫토(納豆) 등과 같은 발효식품, 미즈아메(水飴, 물엿), 미린(みりん) 등을 사용한다.

〈표 8-24〉는 와쇼쿠의 종류와 각 요리를 소개한 것이다. 크게 분류하면, 와쇼쿠는 역사적으로 승계되어 내려오는 전통이 있으며 격식 있게 차리는 전통 요리, 일생을 살아가면서 축하 등 가정에서 행사를 할 때 내놓는 관혼상제 요리, 간단하게 먹을 수 있지만 전문성을 띤 일품(一品)요리 등으로 구분할 수 있다.

와쇼쿠에는 연중 행사나 관혼상제 행사와 관련된 것이 많다. 모치(餅), 아카고한(赤飯), 단고(団子), 스시(寿司) 등은 계절에 관계없이 전국에 넓게 퍼져 있어 모두가 먹는 공통된 요리이다. 색이나 모형을 내기 위해 도미(タイ)나 새우(海老) 등이 사용된다. 일상생활에서는 국물 요리로 두부, 곤야쿠(コンニャク), 미역(ワカメ) 등을 사용한다. 계절 요리로는 봄에 미소(味噌), 니신(ニシン), 여름에 보리밥(麦飯)이나 핫다이고나(はったい粉), 가을에 즈이키(芋茎, 토란), 호시가키(干柿), 겨울에 니고고리(煮こごり), 얼린 두부(凍豆腐), 신년에 가가미모치(鏡餅), 모치바나(餅花)

메뉴	1992년	2018년	메뉴	1992년	2018년
스시	44.2	38.9	스키야키	8.3	7.1
야키니쿠	22.2	27.5	햄버거	4.1	7.0
라면	10.3	17.9	돈가스	4.9	7.0
카레라이스	11.9	16.8	덴푸라	13.2	6.8
사시미	24.1	15.3	냄비요리	11.4	6.3
만두	4.5	12.2	샤브샤브	7.0	5.5
스테이크	11.0	11.8	낫토	4.3	5.3
파스타	4.5	9.3	미소시루	7.9	5.2
우동, 소바	13.9	8.4	오코노미	5.1	4.6
사라다	4.6	7.6	생선구이	11.5	4.3

자료: 青山誠,『統計でふりかえる平成日本の30年』(双葉社, 2018), p.74.

등이 있다. 그리고 가테고항(かて飯)이나 가테모노(かてもの) 등과 같이 비상식품으로 사용되는 구황식품도 있다.

〈표 8-25〉는 1992년과 2018년 일본인이 일상생활 속에서 선호하는 메뉴를 조사한 것이다. 가장 좋아하는 음식은 1992년 스시 44.2%, 2018년 스시 38.9% 등으로 나타났고, 두 번째 음식은 각각 사시미 22.1%, 야키니쿠 27.5%, 세 번째 음식은 각각 야키니쿠 22.2%, 라면 17.9% 등으로 나타났다.

일본무역진흥기구(Japan External Trade Organization: JETRO)는 일본 요리 레스토랑의 세계화를 위해 2007년 정통일본식 요리점을 인증하는 일본레스토랑 추장제도(日本食レストラン推奨制度)를 프랑스에서 처음 시작했다. 목적은 도표 제공(道標提供), 일본식문화의 인지도 향상과 보급, 정통 일본 레스토랑 진출 기회 제공, 일본 식품을 포함한 재팬 브랜드 수출 촉진 등에 있다. 2007년 발행된 고급레스토랑 가이드『미슐랭』도쿄판에 150점이 게재되었고 그중 일본 요리점이 60%를 차지했다.[68] 일본 요리 레스토랑에는 가이세키(懐石), 스시(寿司), 덴푸라, 우나기(うなぎ), 야키도리(焼き鳥), 소바(そば), 우동(うどん), 돈부리(丼物) 등을

포함해 다양한 전통 일본식을 취급한다.

2017년 현재 농림수산성이나 외무성 조사에 의하면, 해외에서 일본 요리를 제공하는 레스토랑 수는 약 11만 8000곳, 2013년에 비해 두 배 증가했고 일본 요리뿐만 아니라 라멘(ラーメン)이나 일본풍 카레점도 포함되어 있다. 일본 요리 레스토랑이 활성화되면서 세계 곳곳에 일본 요리와 식재료가 유행하고 있다. 2013년부터 일본산 농림수산물, 식품 수출도 증가하고 있으며, 2016년 7502억 엔, 2017년 8000억 엔 수출을 했고, 일본 정부는 1조 엔을 목표로 지원하고 있다. 일본 정부는 일본식 레스토랑 증가와 함께 전략적으로 일본식 재료 수출을 추진하여 일본 요리의 세계화가 속도를 내고 있다.

와쇼쿠로서 전통요리, 근현대 요리, 가정 요리 등이 유행하고 있고, 일본인의 식 예절, 레시피와 요리법, 음식 장식, 이타(板)문화, 요리사도제제도, 이자카야, 다코야키(たこ焼き), 술, 미즈와리(水割り), 천연음료 등과 같은 식문화가 각국에 파고들어 와쇼쿠산업이 번창하고 있다. 또한 일본을 여행하는 관광객이 점차 많아지면서 일본뿐 아니라 일본 식문화 전반에 대한 관심이 높아져 와쇼쿠문화 붐이 일고 있다. 전통적인 일본 요리로 알려진 초밥점을 시작으로 다양한 일본 요리와 요리점이 선진국에서 성황리에 운영되고 있고, 일류(日流) 인기와 맞물려 한국과 중국, 동남아시아 등에서 선호하는 식문화로 자리를 잡았다.

5. 맺는 글

네오 국제화기 시대사상으로 정착한 민족주의가 발흥하여 추진되는 과정에서 국제사회에서는 국익을 둘러싸고 상충하면서도 협조하는 모순적인 국제관

---

68 日販アイ・ピー・エス, 『ミシュランガイド東京』(日販アイ・ピー・エス, 2008); 日本ミシュランタイ
    ヤ, 『ミシュランガイド東京』(日本ミシュランタイヤ, 2019).

계가 유지되고 있다. 모든 국가가 경제적·정치적 국익을 전제로 상호 이익적인 측면에서 협조하고 상대적인 측면에서 경쟁하는 구도를 구축하고 있기 때문이다. 따라서 이익이 상반되는 경우에는 과감하게 제재와 보복이라는 수단을 동원한다. 이익이 되면 이념이나 정책에 상관없이 서로 협조하는 국익 민족주의가 국제관계를 규정하고 국제 질서를 형성한다.

일본은 동아시아에서 촉발되는 불협화음에 대응하고, 국내 사회에서 발생되는 위기를 극복하기 위해 일본적인 해법을 동원하고 있다. 특히 아베 정부는 국제관계에서 균형이 깨지고 갈등이 커지는 상황에도 불구하고 강한 국가 만들기라는 명분을 내세워 대외강경 정책과 일본 국익 우선적인 선택을 강력하게 추진하고 있어 문제를 해결하기보다는 악화시키는 경향이 있다. 동아시아 3국은 군사 확대 경쟁, 해양권 경쟁, 경제선점 경쟁 등을 하고, 영토, 역사, 문화 등 다양한 영역에서 경쟁을 도모하고 있어 어느 때보다도 심각한 대결 구도에 매몰되고 있다.

네오 국제화기에 들어서 출범한 아베 정부는 국내 힘을 결속시켜 국가의 힘을 키우는 전략을 구사하고 있다. 전형적인 예로 미일친선관계 강화 정책, 아베노믹스와 신아메노믹스, 지방창생 정책, 헌법개정운동, 자위대 강화 등이 대표적이다. 특히 동아시아에서 군사적·경제적인 주도권을 잡고 일본 패싱을 견제하기 위해 다각적인 강경 정책과 수단을 동원하고 있다. 또한 소자고령화사회를 최대 난제로 인식하여 부정적 기능을 해소하고 새로운 일본과 지역을 만들기 위해 국력을 모으고 있다. 국가와 대도시는 커지고 번영하고 있지만 상대적으로 지방 도시, 중소 도시, 소도시 등은 소자고령화로 인해 기능이 마비되어 소멸 도시로 전락하고 있기 때문이다.

일본은 국제적이며 국내적인 위기를 돌파하기 위해 그리고 일본 만들기를 활성화하기 위해 문화적 융성을 추진하고 있다. 일본은 문화입국에서 문화예술입국이라는 새로운 목표를 세워 문화예술의 부흥과 발전에 박차를 가하고 있다. 문화재 중심의 전통문화에 대한 계승 및 보호를 강화하고, 새로운 문화예술진흥을 위해 다양한 지역문화 정책과 대중문화 정책을 추진하고 있다. 문화예술입국은 전통문화뿐 아니라 대중문화, 지역문화, 생활문화 등으로 구축되는 문화국가를 완성하는 차원에서 제시한 슬로건으로 일본 문화 만들기이며 일본 문화의 세계화 전략이다.

네오 국제화기 일본 대중문화는 소자화 현상과 고령화 현상을 극복하기 위한 복지문화, 일생을 통해 문화적 접근과 향유가 가능한 생활문화, 젊은이 중심의 아이돌문화, 일본 역사와 교육을 연결시키려는 역사교육문화, 여유와 정신적인 풍요를 추진하려는 사토리문화, 과학기술과의 접맥을 통해 확산되고 있는 스마트폰문화 등이 활성화되고 있다. 또한 젊은이의 새로운 가치관 생성으로 구축되고 있는 유니섹스문화, 이공계 여성문화, 초식계 남성문화, 일본적 드라마의 활성화로 형성된 일드문화, 일본 음식을 중심으로 확산되고 있는 와쇼쿠문화, AI문화, 핀테크문화, 로봇문화, 자율주행자동차문화 등으로 확산되고 있어 새로운 첨단문화시대를 맞이하고 있다.

문화 정책이라는 측면에서 괄목한 만한 변화는 대중문화가 정책의 중요한 대상이 되고 있다는 점이다. 그동안 전통문화나 문화재 보호 정책에 밀려 자생적·임의적으로 발생해서 성장해 온 대중문화가 국내외적으로 교류하거나 공유할 수 있는 교류문화로서, 부가가치를 창출하는 문화경제재로서 시대적 정체성을 담아낼 뿐 아니라 이질성을 공유하게 하는 소통문화로서, 삶에서 빠져서는 생활이 안 되는 중요한 요소로 상승된 생활문화로서, 국가, 도시, 지역, 개인의 발전에 영향을 주는 발전문화로서 기능하여 문화적 가치를 인정받게 된 것이다. 그런 점에서 일본은 현재 대중문화 전성시대를 맞이하고 있다고 할 수 있다.

참고문헌

구견서. 1999. 『현대일본사회론』. 지문당.

_____. 2000. 『현대 일본문화론』. 시사일본어사.

_____. 2001. 『현대일본사회의 이해』. 한울.

_____. 2001. 『일본知識人의 사상』. 현대미학사.

_____. 2004. 『일본민족주의사』. 논형.

_____. 2007. 『일본 영화와 시대성』. 제이엔씨.

_____. 2011. 『일본 애니메이션과 사상』. 제이엔씨.

_____. 2016. 『21세기 일본: 대국일본 만들기 프로젝트의 실태』. 신아사.

_____. 2018. 『일본의 지역문화정책』. 신아사.

相原博之. 2017. 『キャラクター大国ニッポン: 日本人の90％がキャラクターを愛する理由とは？』. Sunny Side Books.

相沢幸悦. 2017. 『「アベノミクス」の正体』. 日本経済評論社.

青木一郎. 1990. 『絶対アイドル主義』. 青心社.

_____. 1990. 『炎のアイドルファン-絶対アイドル主義2』. 青心社.

青木保. 1990. 『日本文化論の変容』. 中央公論社.

_____. 1999. 『近代日本文化論: 大衆文化とマスメディア』. 岩波書店.

青木やよい編著. 1987. 『シングル　カルチャー』. 有斐閣.

青山誠. 2018. 『統計でふりかえる平成日本の30年』. 双葉社.

青山道夫訳. 1970. 『未開社会における犯罪と慣習・文化論』. 新泉社.

赤松啓介. 1986. 『非常民の民俗文化』. 明石書店.

芥川龍之介. 2000. 『ザ・龍之介; 芥川龍之介全一冊』. 第三舘.

≪朝日新聞≫. 2017. 『みんな「中流」で幸せだった憧れは団地・カローラ・三種の神器』. 朝日新聞社.

アンソロジー. 2019. 『SHIBUYA ギャル百合アンソロジー (百合姫コミックス)』. 一迅社.

淡路まもる編. 昭和56年. 『花札の遊び方』. 文進堂.

井伊玄太郎訳. 1983. 『アメリカの民主政治』. 講談社.

井尻昭夫・江藤茂博. 2018. 『フードビジネスと地域: 食をめぐる文化・地域・情報・流通』. ナカニシヤ出版.

泉田良輔. 2014. 『Google vs トヨタ「自動運転車」は始まりにすぎない』. KADOKAW.

石浦外喜義. 2017. 『弱くても勝てる 強くても負ける』. 幻冬舎.

石原慎太郎. 1957. 『太陽の季節』. 新潮社.

稲垣吉彦. 1999. 『平成・新語×流行語小辞典』. 講談社.

稲増龍夫. 1982. 『大衆文化の神話』. 東京創元社.

_____. 1993. 『アイドル工学』. ちくま文庫.

犬山秋彦著. 2015. 『ゆるキャラ論: ゆるくない「ゆるキャラ」の実態』. 電子書籍.

飯野たから. 2018. 『有利に解決!離婚調停』. 自由國民社.

岩永文夫. 2003. 『フーゾク儲けのからくり: 欲望産業の原価がわかる本』. ベストセラーズ.

網野善彦. 1986. 『日本文化の諸層を考える』. 日本エディタースクール.

荒敬・内海愛子・林博史編. 2005. 『国立国会図書館所蔵GHQ/SCAP文書目録』. 蒼天社出版.

伊東光晴. 2014. 『アベノミクス批判-四本の矢を折る』. 岩波書店.

伊藤敬一. 1994. 『昭和囲碁名勝負物語』. 全2巻. 三一書房.

伊能早苗・山本章子訳. 2014. 『「仮想通貨」の衝撃』. 中経出版.

井上純. 1986. 『文化と意識:合理性の文化社会学』. 晃洋書房.

井上紀子. 1984. 『文化の表層と深層』. 創元社.

井上俊. 1981. 『遊びと文化』. アカデミア出版社.

井上博允ほか. 2004. 『ロボット学創成』(岩波講座ロボット学 1). 岩波書店.

石井健一. 2001. 『東アジアの日本大衆文化』. 蒼蒼社.

石子順造. 1972. 『通俗の構造―日本型大衆文化』. 太平出版.

石川弘義(編集). 1994. 『大衆文化事典』. 弘文堂.

石田あゆう. 2006. 『ミッチー・ブーム』. 文藝春秋.

石毛直道. 2015. 『日本の食文化史』. 岩波書房.

石毛直道・熊倉功夫. 1998. 『日本の食事文化』(講座 食の文化). 味の素食の文化センター.

石丸整. 2012年06月14日. 「全学連:「東大教養学部自治会」が脱退決議」. ≪毎日新聞≫.

臼井吉見・木南健二. 1956. 『太陽族映画の決算』. 朝日新聞社.

牛窪恵. 2013. 『大人が知らない「さとり世代」の消費とホンネ 不思議な若者マーケットのナゾを解く!』. PHP研究所.

植田和弘・大西隆. 2004. 『持続可能な地域社会のデザイン―生存とアメニティの公共空間』. 有斐閣.

植野メグル. 2018. 『はじめてのギャル コミック 1-7巻セット』. 角川書店.

_____. 2019. 『はじめてのギャル』. KADOKAWA.

生方幸夫. 1994. 『Jリーグの経済学』. 朝日新聞社.

鵜飼正樹・藤本憲一. 2000. 『戦後日本の大衆文化』. 昭和堂.

鵜飼正樹・永井良和. 1999. 『戦後大衆文化論』. 京都造形芸術大学通信教育部.

内田公三. 1996 『経団連と日本経済の50年―もうひとつの産業政策史』. 日本経済新聞社.

内山勝・中村仁彦. 2004. 『ロボットモーション』(岩波講座ロボット学2). 岩波書店.

梅棹忠夫. 1987. 『日本』. 講談社.

ヴィンフリート・レシュブルク. 1999. 『旅行の進化論』. ヴィンフリート・レシュブルク.

江川紹子. 1995. 『「オウム真理教」追跡2200日』. 文藝春秋.

榎本秋. 2009. 『オタクのことが面白いほどわかる本: 日本の消費をけん引する人々』. 中経出版.

圓田浩二. 2001. 『誰が誰に何を売るのか?―援助交際にみる性・愛・コミュニケーション』. 関西学院大学出版会.

江橋崇著. 2014. 『花札-ものと人間の文化史-』. 法政大学出版局.

円堂都司昭. 2011. 『ゼロ年代の論点 ウェブ・郊外・カルチャー』. ソフトバンククリエイティブ.

尾佐竹猛. 1925. 『賭博と掏摸の研究』. 総葉社書店.

岡田仁志・高橋郁夫・山崎重一郎. 2015. 『仮想通貨』. 東洋経済新報社.

奥山弘. 1995. 『「艶歌の竜」と歌謡群像』. 三一書房.

翁邦雄・田口博雄. 2001. 『ポスト・バブルの金融政-1990年代調整期の政策対応とその検証』. ダイヤモンド社.

翁邦雄. 2011. 『ポスト・マネタリズムの金融政策』. 日本経済新聞出版.

尾崎秀樹. 1966. 『大衆文化論』. 大和書房.

落合恵子・吉武輝子. 2001. 『セクシャルハラスメントとどう向き合うか』. 岩波書店.

大住良之. 1995. 『Jリーグ群像 夢の礎』. あすとろ出版部.

大田俊寛. 2011. 『オウム真理教の精神史 ロマン主義・全体主義・原理主義』. 春秋社.

大泉康夫. 1998. 『氷の城 連合赤軍事件・吉野雅邦ノート』. 新潮社.

大内悟史. 2009. 『石原裕次郎現る/神武景気/砂川闘争』. 朝日新聞出版.

大月隆寛ほか. 2005-2007. 『マンガ嫌韓流の真実!〈韓国/半島タブー〉超入門』. 宝島社.

太田和子. 1981. 『地域時代の文化論』. 東京大学出版社.

大塚敬. 2017. 『地方公共団体における行政評価の最新動向: 地方創生で役割が拡大するＰＤＣＡの仕組みの現状と課題』. 三菱UFJリサーチ＆コンサルティング株式会社.

大平正芳著・福永文夫 監修. 2011. 『大平正芳全著作集5』. 講談社.

大森実. 1975. 『戦後秘史』. 講談社.

大宅壮一. 2017. 『大宅壮一のことば「一億総白痴化」を予言した男』. KADOKAWA.

岡田斗司夫. 2000. 『オタク学入門』. 新潮社.

_____. 2008. 『オタクはすでに死んでいる』. 新潮社.

織田直文. 2009. 『文化政策の臨地まちづくり』. 水曜社.

烏賀陽弘道. 2005. 『Jポップの心象風景』. 文春新書.

_____. 2005. 『Jポップとは何か』. 岩波新書.

_____. 2008. 『カラオケ秘史―創意工夫の世界革命―』. 新潮社.

児島襄. 2018. 『昭和天皇・戦後1「人間宣言」』. 小学館.

仮想通貨総研. 2104. 『新聞が報じない仮想通貨のホントの正体がわかる本』. 秀和システム.

風さよし. 2012. 『風俗散歩 歩いて知る日本の大衆文化史』. トランスワールドジャパン.

片岡信訳. 1993. 『文化帝国主義』. 青土社.

片山聖一. 1986. 『ファミコン・シンドローム』(任天堂 奇跡のニューメディア戦略). 洋泉社.

加藤種男. 2018. 『芸術文化の投資効果 メセナと創造経済』. 水曜社.

加藤秀俊. 1971. 『昭和世相史 1945-1970』. 社会思想史.

加藤司. 2009. 『離婚の心理学―パートナーを失う原因とその対処』. ナカニシヤ.

鹿目凛. 2017. 『アイドルとヲタク大研究読本』. ぺろりん先生.

神崎洋治. 2016. 『図解入門 最新人工知能がよ～くわかる本』. 秀和システム.

神永正博. 2008. 『学力低下は錯覚である』. 森北出版.

神吉敬三訳. 1995. 『大衆の反逆』. 筑摩書房.

神野由紀. 2015. 『百貨店で〈趣味〉を買う: 大衆消費文化の近代』. 吉川弘文館.

神田文人. 1983. 『昭和の歴史第8券 占領と民主主義』. 小学館.

_____. 1989. 『占領と民主主義』. 小学館.

_____. 2005. 『戦後史年表: 1945-2005』. 小学館.

苅谷剛彦・栗原彬. 2016. 『バブル崩壊―1990年代』(ひとびとの精神史 第8巻). 岩波書店.

カルチャーランド. 2018. 『日本の世界遺産 ビジュアル版 オールガイド』. メイツ出版.

川上行蔵. 2006. 『日本料理事物起源』. 岩波書房.

菅孝行. 1982. 『For Beginners 全学連』. 現代書館.

菅家正瑞・岡部勉. 2010. 『企業メセナの理論と実践 なぜ企業はアートを支援するのか』. 水曜社.

観光庁. 2013. 『訪日外国人消費動向調査(平成25年1-3月期)』(PDF). 観光庁.

河村建夫・伊藤信太郎. 2018. 『文化芸術基本法の成立と文化政策 真の文化芸術立国に向けて』. 水曜社.

金城模. 2007. 『マンガ嫌日流―アジアの妄想家日本に告ぐ!』. 晋遊舎.

菊池英博. 2015. 『新自由主義の自滅 日本・アメリカ・韓国』. 文藝春秋.

菊池清麿. 1998. 『さすらいのメロディー鳥取春陽伝』. 郁朋社.

_____. 2008. 『日本流行歌変遷史-歌謡曲の誕生からJ・ポップの時代へ』. 論創社.

木下斉. 2016. 『地方創生大全』. 東洋経済新報社.

企業メセナ協議会. 1999. 『メセナ白書1999』. 企業メセナ協議会.

北岡俊明. 2006. 『嫌韓流ディベート 反日国家・韓国に反駁する』. 総合法令出版.

君塚正臣. 2011. 『ベーシックテキスト憲法』. 法律文化社.

北田耕也. 1986. 『大衆文化を超えて―民衆文化の創造と社会教育』. 国土社.

草野厚. 2012. 『歴代首相の経済政策 全データ』. 角川書店.

御厨貴. 2013. 『増補新版 歴代首相物語』. 新書館.

久保春三. 1987. 『天皇のみいくさ―人間宣言の裏面史』. 展転社.

熊倉功夫. 2012. 『和食: 日本人の伝統的な食文化』. 日本食文化テキスト作成共同研究会.

熊倉功夫・江原絢子. 2015. 『和食とは何か』. 思文閣出版.

栗本慎一郎. 1985. 『大衆文化論―若者よ、目ざめるな』. 光文社文庫.

黒崎貴. 2016. 『自動販売機入門』. 日本食糧新聞社.

黒沼克史. 1996. 『援助交際―女子中高生の危険な放課後』. 文藝春秋.

経済財政諮問会議専門調査会. 2014. 『未来への選択―人口急減・超高齢社会を超えて、 日本発成長・発展
    モデルを構築―』. 経済財政諮問会議.

経済企画庁総合計画局(編集). 1960. 『図説所得倍増計画』. 至誠堂.

現代風俗研究会編. 1990. 『現代風俗』. リブロポート版.

小磯修二・村上裕一. 2018. 『地方創生を超えて-これからの地域政策』. 岩波書店.

後藤和智. 2008. 『おまえが若者を語るな!』. 角川書店.

古流協会. 1990. 『古流生花百瓶集』. 角川(主婦の友).

合田道人. 2004. 『怪物番組紅白歌合戦の真實』. 幻冬舎.

_____. 2012. 『紅白歌合戦の舞台裏』. 全音楽譜出版社.

輪島裕介. 2010. 『創られた「日本の心」神話「演歌」をめぐる戦後大衆音楽史』. 光文社新書.

高護. 2011. 『歌謡曲-時代を彩った歌たち』. 岩波新書.

高城泰. 2014. 『ヤバイお金 ビットコインから始まる真のIT革命』. 扶桑社.

厚生労働省. 昭和33年. 『厚生白書』. 厚生労働省.

_____. 1991~2001. 『労働白書』. 厚生労働省.

_____. 平成1~29年版. 『厚生労働白書』. 日経印刷.

ご当地キャラクター図鑑制作委員会. 2009. 『日本全国ご当地キャラクター図鑑2』. 新紀元社.

五島勉. 1985. 『黒い春―米軍 パンパン 女たちの戦後』. 倒語社.

国立社会保障・人口問題研究所. 平成24年 1月. 『日本の地域別将来推計人口推計』. 国立社会保障・人口問題研究所.

小椋雅章. 2018. 『闘う商人 中内功-ダイエーは何を目指したのか』. 岩波書店.

小島恒久. 1987. 『日本の労働運動』. 河出書房新社.

小林正幸. 2011. 『力道山をめぐる体験―プロレスから見るメディアと社会』. 風塵社.

小林よしのり. 1997. 『新コマニズ宣言』. 小学館.

_____. 1998. 『戦争論;新コマニズ宣言』. 幻冬舎.

近藤駿介. 2018. 『1989年12月29日、日経平均3万8915円: 元野村投信のファンドマネージャーが明かすバブル崩壊の真実』. 河出書房新社.

猿橋真. 2001. 『日本労働運動史』. 学習の友社.

斎藤一郎. 2005. 『戦後日本労働運動史(上)』. あかね図書.

齊藤元章. 2016. 『エクサスケールの衝撃; 抜粋版 プレ・シンギュラリティ人工知能とスパコンによる社会的特異点が迫る』. PHP研究所.

斉藤賢爾. 2014. 『これでわかったビットコイン 生きのこる通貨の条件』. 太郎次郎社エディタス.

佐々木潤・レトロPCゲーム愛好会. 2014. 『レジェンドパソコンゲーム80年代記』. 総合科学出版.

佐竹光彦・飯田泰之. 2019. 『アベノミクスの成否』(日本経済政策学会叢書). 勁草書房.

坂井素思・岩永雅也. 2011. 『格差社会と新自由主義』. 放送大学教育振興会.

坂爪真吾. 2018. 『パパ活の社会学 援助交際、愛人契約と何が違う?』. 光文社新書.

境真良. 2014. 『アイドル国富論: 聖子・明菜の時代からAKB・ももクロ時代までを解く』. 東洋経済新報社.

社団法人企業メセナ協議会. 2005. 『いま、地域メセナがおもしろい』. ダイヤモンド社.

佐藤浩一. 1977. 『戦後労働運動史(下) 1955-1977』. 社会評論社.

_____. 2002. 『地方自治要論』. 成文堂.

佐藤忠男. 1993. 『大衆文化の原像』. 岩波書店.

_____. 1995. 『日本映画史』. 岩波書店.

佐藤和夫翻訳. 1994. 『マンガの国ニッポン―日本の大衆文化・視覚文化の可能性』. 花伝社.

佐藤理史. 2018. 『日本大百科全書』. 小学館.

坂口弘. 1993. 『あさま山荘1972(上・下)』. 彩流社.

酒井忠正. 1956. 『日本相撲史 上巻』. ベースボール・マガジン社.

桜井誠. 2006. 『嫌韓流実践ハンドブック 2(反日妄言半島炎上編)』. 晋遊舎.

＿＿＿＿＿. 2009. 『嫌韓流反日妄言撃退マニュアル 実践ハンドブック』. 晋遊舎.

財務省財務総合政策研究所(編集). 2006. 『安定成長期の財政金融政策―オイル・ショックからバブルまで』. 日本経済評論社.

佐野眞一. 2009. 『完本 カリスマ―中内功とダイエーの「戦後」〈上〉』. 筑摩書房.

生涯学習・社会教育行政研究会. 2017. 『生涯学習・社会教育行政必携』. 第一法規株式会社.

自治省. 1978. 『地方自治の動向』. 第一法規.

塩澤実信. 2011. 『昭和の流行歌物語―佐藤千夜子から笠置シズ子、美空ひばりへ』. 展望社.

塩田潮. 2015. 『内閣総理大臣の日本経済』. 日本経済新聞出版社.

下川こう史. 2007. 『性風俗史年表』(1945-1989). 河出書房新社.

下山勲ほか. 2005. 『ロボットフロンティア』(『岩波講座ロボット学6』). 岩波書店.

島田克美. 1988. 『日米経済の摩擦と協調』. 有斐閣.

新田均. 2003. 『「現人神」「国家神道」という幻想―近代日本を歪めた俗説を糺す』. PHP研究所.

城山三郎. 1979. 『価格破壊 プライス・ダウン 長編小説』. 光文社.

ジョージ秋山. 2005. 『マンガ中国入門 やっかいな隣人の研究』. 飛鳥新社.

藍川由美. 2002. 『「演歌」のススメ』. 文春新書.

嶋田豊. 2000. 『嶋田豊著作集〈第2巻〉大衆文化の思想』. 萌文社.

主婦と生活社(編集). 2014. 『ひとり暮らし完全サポートBOOK』. 主婦と生活社.

主婦の友社(編集). 2013. 『これが正解! ひとり暮らしスタートブック』. 主婦の友社.

スタジオジブリ. 1996~1997. 『スタジオジブリ作品関連資料集(1・2・3・4・5)』. 徳間書店.

住本利男. 1965. 『占領秘録』. 毎日新聞社.

鈴木笑子. 2001. 『天の釘 現代パチンコをつくった男 正村竹一』. 晩聲社.

鈴木英之. 2012. 『よみがえれ! 昭和40年代 高度成長期、少年少女たちの宝箱』. 小学館.

総合研究開発機構戦後経済政策資料研究会. 2000. 『国民所得倍増計画資料(第22巻)』. 日本経済評論社.

総理府. 1996. 『文化に関する世論調査』. 総理府.

総務省. 1985~2009. 『労働力調査』. 総務省.

＿＿＿＿＿. 1986~2009. 『就業構造基本調査』. 総務省.

＿＿＿＿＿. 平成24. 「地域におけるICT利活用の現状及び経済効果に関する調査研究」. 総務省.

＿＿＿＿＿. 平成28. 『情報通信白書』. 総務省.

総務省統計局. 平成29年. 『人口統計』. 総務省統計局.

總務省 地方制度調査会・第31次地方制度調査会. 平成28年. 「人口減少社会に的確に対応する地方行政体制及びガバナンスのあり方に関する答申」. 總務省 地方制度調査会.

瀬尾央・道田宣和. 2011. 『HONDA 明日への挑戦: ASIMOから小型ジェット機まで』. 二玄社.

瀬名秀明. 2001. 『ロボット21世紀』. 文春新書.

関口進. 2001. 『大衆娯楽と文化』. 学文社.

関口礼子・西岡正子. 2018. 『新しい時代の生涯学習』. 有斐閣.

成蹊大学文学部学会. 2008. 『明治・大正・昭和の大衆文化―「伝統の再創造」はいかにおこなわれたか』.
　　　彩流社.

成美堂出版編集部. 2011~2018. 『今わかる 最新時事用語』. 成美堂出版.

戦後史開封取材班. 平成8年. 『戦後史開封1・2・3』. 戦後史開封取材.

占領史研究会編著. 2005. 『GHQに没収された本 総目録』. サワズ出版.

全国カラオケ事業者協会. 2000. 『カラオケ歴史年表』. 全国カラオケ事業者協会.

全労連労働総研. 2011~2018. 『国民春闘白書』. 学習の友社.

Jリーグ法務委員会. 1993. 『Jリーグ、プロ制度構築への軌跡』. 自由国民社.

第一東京弁護士会人権擁護委員会. 2016. 『離婚をめぐる相談100問100答』. ぎょうせい.

第五福竜丸平和協会. 2014. 『第五福竜丸は航海中: ビキニ水爆被災事件と被ばく漁船60年の記録』. 第五
　　　福竜丸平和協会.

太田修・朴一. 2006. 『『マンガ嫌韓流』のここがデタラメ』. コモンズ.

太郎丸博. 2006. 『フリーターとニートの社会学』. 世界思想社.

宝島社編. 2017. 『80年代アイドルcollection』(別冊宝島 2611). 宝島社.

高橋和之・芦部信喜. 2011. 『憲法』. 岩波書店.

高橋紘編. 1989. 『昭和天皇發言錄: 大正9年-昭和64년 の真実』. 小學館.

竹内薫. 2019. 『ノーベル賞受賞日本人科学者21人 こころに響く言葉』. 悟空出版.

田家秀樹. 1995. 『J・pops―CDで聴く名盤・名曲716』. 日本文芸社.

_____. 1999. 『読むJ-POP―1945-1999私的全史 あの時を忘れない』. 徳間書店.

_____. 2004. 『読むJ-POP 1945-2004』. 朝日新聞社.

田中角栄. 1972. 『日本列島改造論』. 日刊工業新聞社.

田中貴美子. 1957. 『女の防波堤』. 第二書房.

田宮武. 1983. 『放送文化論』. ミネルヴァ書房.

田村竜騎兵. 2005. 『物語り囲碁英傑伝』. 毎日コミュニケーションズ.

立田慶裕. 2018. 『生涯学習の新たな動向と課題』. 放送大学教育振興会.

谷川建司(編集). 2016. 『大衆文化とナショナリズム』. 森話社.

谷岡一郎. 1998. 『現代パチンコ文化考』. 筑摩書房.

竹前栄治. 1982. 『戦後労働改革 GHQ労働政策史』. 東京大学出版会.

_____. 1983. 『GHQ』. 岩波新書.

竹前栄治・中村隆英 監修. 1996~2000. 『GHQ日本占領史』全55巻・別巻1. 日本図書センター.

千田夏光. 1988. 『従軍慰安婦』. 三一書房.

中小企業廳委託. 2013. 『中小企業者, 小規模企業者の經營實態及び事業承繼に関するアンケート調査』. 帝國データバンク.

月本洋. 2002. 『ロボットのこころ 想像力をもつロボットをめざして』. 森北出版.

鶴見俊輔. 1984. 『戦後日本の大衆文化史』. 筑摩書店.

_____. 1991. 『戦後史大事典』. 三省堂.

デイヴィッド・バーガミニ(いいだもも翻訳). 1988. 『ポツダム宣言と天皇人間宣言』(決定版・天皇の陰謀―隠された昭和史). NRK出版部.

デヴィッド・ハーヴェイ. 2007. 『新自由主義-その歴史的展開と現在』. 作品社.

柘植智幸. 2008. 『「ゆとり教育世代」の恐怖』. PHP研究所.

蔡星慧・長慎也. 2015. 『ゆとり世代の哲学』. Kindle版.

土屋礼子. 2002. 『日本大衆文化と日韓関係―韓国若者の日本イメージ』. 三元社.

ドウス昌代. 1995. 『敗者の贈物―特殊慰安施設RAAをめぐる占領史の側面』. 講談社.

東京タワー. 2018. 『東京タワー60周年記念 タワー大神宮オリジナル御朱印帳』. 主婦の友社.

東京キララ社編集部. 2003. 『オウム真理教大辞典』. 三一書房.

東映. 1983. 『神武景気のなかで』. 東映.

豊田祐基子. 2009. 『共犯の同盟史; 日米密約と自民党政権』. 岩波書店.

特許庁資料室. 2007. 『パチンコ・パチスロ年表: 1948年-2006年』. 特許庁資料室.

NHK服務中心. 2000年 1月. 『紅白50回~光榮與感動的全記錄~』(雑誌). (臨時増刊).

長田正. 2005. 『ロボットは人間になれるか』. PHP新書.

永田洋子. 1993. 『獄中からの手紙』. 彩流社.

内閣府. 2018. 『平成30年版 少子化社会対策白書』. 内閣府.

内閣官房まち・ひと・しごと創生本部事務局. 平成26年. 「まち・ひと・しごと創生 長期ビジョン」. 内閣官房 まち・ひと・しごと創生本部事務局.

内閣官房まち・ひと・しごと創生本部事務局. 平成26年. 「総合戦略」 パンフレット. 内閣官房 まち・ひと・しごと創生本部事務局.

内閣官房まちひとしごと創生本部事務局. 平成29年. 『平成30年度予算政府案におけるまちひとしごと創生関連事業』. 内閣官房まちひとしごと創生本部事務局.

内閣官房内閣審議室分室. 1982. 「文化の時代研究グループ: 大平総理の政策研究会報告書」. 内閣総理大臣補佐官室.

内閣官房国家戦略室. 2012. 『日本再生戦略: フロンティアを拓き、「共創の国へ」』. 内閣官房国家戦略室.

内閣府. 1991~2001. 『国民生活白書』. 内閣府.

_____. 1994~2000. 『経済白書』. 内閣府.

_____. 平成15年版. 『国民生活白書』. 内閣府.

_____. 平成15年-18年版. 『国民生活白書』. 内閣府.

_____. 2000~2015. 『少子化社会白書』. 内閣府.

_____. 2000~2015. 『高齢社会白書』. 内閣府.

_____. 2018. 『少子化社会対策白書』. 日経印刷.

_____. 2018. 『高齢社会白書』. 〈平成30年版〉. 日経印刷.

内閣議決定. 平成26年 12月 27. 「まち・ひと・しごと創生長期ビジョン」. 内閣府.

_____. 平成26年 12月 27. 「まち・ひと・しごと創生総合戦略」. 内閣府.

内閣府男女共同参画局. 2000~2015. 『女共同参画白書』. 内閣府男女共同参画局.

難波功士. 2005. 「戦後ユース・サブカルチャーズをめぐって(4): おたく族と渋谷系」. 『関西学院大学社会学部紀要』. 第99巻. 関西学院大学.

中尾佐助. 1966. 『栽培植物と農耕の起源』. 岩波書店.

中西聡. 2013. 『日本経済の歴史―列島経済史入門―』. 名古屋大学出版.

中野収. 1985. 『若者文化の記号論』. PHP研究所.

永野健二. 2016. 『バブル: 日本迷走の原点』. 新潮社.

中村祥一・中野収. 1985. 『大衆の文化―日常生活の心情をさぐる』. 有斐閣.

中村とうよう. 1999. 『ポピュラー音楽の世紀』. 岩波新書.

中村祥一. 1985. 『大衆の文化』. 有斐閣選書.

_____. 1985. 『生きられる文化の社会学』. 世界思想史.

中山典之. 2003. 『囲碁の世界』. 岩波新書.

西田健. 1997. 『K-1&格闘技の"真実"』. 本の森出版センター.

西田庄. 1994. 『異文化と人間行動の分析』. 多賀出版株式会社.

西兼志. 2017. 『アイドル/メディア論講義』. 東京大学出版会.

西尾幹二. 2018. 『歴史教科書問題』. 国書刊行会.

新海英行・松田武雄. 2016. 『世界の生涯学習-現状と課題』. 大学教育出版.

似田貝香門. 2017. 『日本大百科全書』. JapanKnowledge.

日販アイ・ピー・エス. 2008.『ミシュランガイド東京』. 日販アイピー・エス.

日本ミシュランタイヤ. 2019.『ミシュランガイド東京』. 日本ミシュランタイヤ.

日本生産性本部. 2010.『レジャー白書』. 公益財団法人日本生産性本部.

日本サッカー協会75年史編集委員会. 1996.『日本サッカー協会75年史』. ベースボール・マガジン社.

日本交通公社. 1985.『科学万博の旅―つくば'85』. 日本交通公社.

_____. 2015.『旅行年報2015』(PDF). 日本交通公社.

日本学術振興会編. 1972.『日本占領文献目録』. 日本学術振興会.

日本経済新聞社・産業地域研究所. 2011.『ゆとり世代の消費実態』. 日本経済新聞出版社.

日本経済新聞社. 2019.『日経 業界地図』. 日本経済新聞出版社.

日本大学精神文化研究所. 1995.『日本文化への接近』. 創文社.

日本都市センター. 1979.『新しい都市経営の方向』. ぎょうせい.

日本自動販売機工業会. 1983.『自動販売機20年史』. 日本自動販売機工業会.

日本健康編. 2006.『栄養表示と健康強調表示-世界的な制度の現状』. 栄養食品協会.

根岸豊明. 2015.『誰も知らない東京スカイツリー選定・交渉・開業・放送開始 … 10年間の全記録』. ポプラ社.

根木昭. 1996.『文化政策概論』. 晃洋書房.

_____. 2001.『日本の文化政策: 文化政策學の構築に向けて』. 勁草書房.

_____. 2003.『文化政策の法的基盤』. 水曜社.

_____. 2005.『文化行政法の展開』. 水曜社.

_____. 2007.『文化政策の展開: 芸術文化の振興と文化財の保護』. 放送大学教育振興会.

野口恒. 2005.『カラオケ文化産業論』. PHP研究所.

野口悠紀雄. 2014.『仮想通貨革命: The Virtual Currency Revolution ビットコインは始まりにすぎない』. ダイヤモンド社.

野口悠紀雄. 2015.『戦後経済史』. 東洋経済新報.

野中俊彦・中村睦男・高橋和之・高見勝利. 2006.『憲法 II』. 有斐閣.

野村旗守ほか. 2007.『ザ在日特権』. 宝島社.

野原蓉子. 2013.『こうして解決する! 職場のパワーハラスメント―指導のつもりがなぜ?パワハラと言われるのか』. 経団連出版.

長谷川卓也. 1969.『「カストリ文化」考』. 三一書房.

花部英雄. 2016.『西行はどのように作られたのか: 伝承から探る大衆文化』. 笠間書院.

速水健朗. 2011.『ラーメンと愛国』. 講談社.

原田曜平. 2013. 『さとり世代　盗んだバイクで走り出さない若者たち』. KADOKAWA.

_____. 2015. 『新・オタク経済 3兆円市場の地殻大変動』. 朝日新書.

原田信男. 2014. 『和食とはなにか 旨みの文化をさぐる』. KADOKAWA.

原克. 2010. 『美女と機械-健康と美の大衆文化史』. 河出書房新社.

_____. 2011. 『図説 20世紀テクノロジーと大衆文化〈2〉』. 柏書房.

原武史. 2003. 『昭和天皇』. 岩波書店.

原よし久. 1995. 『岸信介: 権勢の政治家』. 岩波新書.

晴野まゆみ. 2001. 『さらば、原告A子―福岡セクシュアル・ハラスメント裁判手記』. 海鳥社.

バカチャン. 2016. 『だからオタクはやめられない』. kadokawa.

パソコン美少女ゲーム研究会. 1982~2002. 『パソコン美少女ゲーム歴史大全』. ぶんか社.

東谷護. 2005. 『進駐軍クラブから歌謡曲へ―戦後日本ポピュラー音楽の黎明期』. みすず書房.

樋口直人. 2014. 『日本型排外主義 在特会・外国人参政権・東アジア地政学』. 名古屋大学出版会.

平井和子. 1998. 『日本占領を「性」で見直す』. 日本史研究.

平井陽一. 2000. 『三池争議―戦後労働運動の分水嶺』. ミネルヴァ書房.

平井正. 1983. 『都市大衆文化の成立―現代文化の原型 一九二〇年代』. 有斐閣.

平野共余子. 1998. 『天皇と接吻』. 草思社.

姫乃たま. 2017. 『職業としての地下アイドル』. 朝日新聞出版.

昼間たかし. 2017. 『1985-1991 東京バブルの正体』. マイクロマガジン社.

広岡敬一. 1984. 『ちろりん村顛末記』. 朝日新聞社.

_____. 2000. 『戦後性風俗大系 わが女神たち』. 朝日出版社.

広田照幸・伊藤茂樹. 2010. 『どう考える?ニッポンの教育問題 教育問題はなぜまちがって語られるのか?
　　「わかったつもり」からの脱却』. 日本図書センター.

ビットコイン研究所. 2014. 『はじめてのビットコイン』. ATパブリケーション.

PHP研究所. 1995. 『戦後50年の日本のあゆみ』. PHP研究所.

福田義也. 1993. 『日本文化論』. 新曜社.

福田慎一. 2018. 『検証 アベノミクス「新三本の矢」: 成長戦略による構造改革への期待と課題』. 東京大
　　学出版.

福間良明. 2013. 『二・二六事件の幻影―戦後大衆文化とファシズムへの欲望』. 筑摩書房.

フードビジネス総合研究所. 2018. 『日本の外食チェーン50』. フードビジネス総合研究所.

藤岡信勝. 2015. 『国難の日本史』. ビジネス社.

藤田尚徳. 1987. 『侍従長の回想』. 中央公論社.

藤本強. 2010.『日本の世界文化遺産を歩く』. 同成社.

藤本憲一(編集). 2000.『戦後日本の大衆文化』. 昭和堂.

藤村正之編著. 1990.『青年文化の聖・俗・遊』. 恒星社生閣.

富目ゆき. 1997.『性の歴史学』. 不二出版.

船橋洋一. 1987. 日米経済摩擦―その舞台裏』. 岩波新書.

冬原パトラ. 2019.『兎塚エイジ, 異世界はスマートフォンとともに』. ホビージャパン.

文化庁. 1978.『文化行政の歩み』. 文化庁.

_____. 1988.『我が国の文化と文化行政』. 文化庁.

_____. 1999.『新しい文化立国の創造をめざして』. ぎょうせい.

_____. 2003.『文化庁月報』(No. 414), 3月號.

_____. 2003.『地方文化行政状況調査報告書』. 文化庁.

_____. 2009.『文化藝術立国の實現をめざして』. ぎょうせい.

_____. 2016.『地方における文化行政の状況について』. 文化庁.

文芸春秋. 2010~2018.『文芸春秋 論点100』. 文芸春秋.

古田真梨子. 2013年 3月 17日.『さとり世代、浸透中 車乗らない、恋愛は淡泊… 若者気質、ネットが
      造語』. 朝日新聞デジタル.

穂積保. 2009.『コンテンツ商品化の法律と実務』. 学陽書房.

ベン アミ シロニ. 2003.『母なる天皇』. 講談社.

マイストリー. 2018.『平成オタク30年史』. 新紀元社.

マスシティ研究会. 1991.『マスシティ―大衆文化都市としての日本』. 学芸出版社.

増川宏一. 1987.『碁 ものと人間の文化史59』. 法政大学出版局.

増島宏一. 1982.『現代日本の思想構造』. 法律文化社.

正村公宏. 1990.『戦後史』(上・下). 筑摩書房.

升味準之輔. 1983.『戦後政治 1945-55年』. 東京大学出版会.

松田茂樹. 2013.『少子化論―なぜまだ結婚、出産しやすい国にならないのか』. 勁草書房.

松田義孝. 1989.『「ゆとり」時代のライフスタイル』. 日本経済新聞社.

松田久一. 2009.『「嫌消費」世代の研究 経済を揺るがす「欲しがらない」若者たち』. 東洋経済新報社.

松宮健一. 2006.『フリーター漂流』. 旬報社.

丸山俊. 2004.『フリーター亡国論』. ダイヤモンド社.

漫画おやぢ. 2017.『日出国の落日の大衆的文化』. 講談社エディトリアル.

三島由紀夫・石川達三. 2014.『1964年の東京オリンピック:「世紀の祭典」はいかに書かれ、語られた

か』. 河出書房新社.

三村正夫. 2013. 『熟年離婚と年金分割-熟年夫のあなた、思い違いをしていませんか』. セルバ出版.

水月昭道. 2007. 『高学歴ワーキングプア「フリーター生産工場」としての大学院』. 光文社新書.

みうらじゅん. 2004. 『ゆるキャラ大図鑑』. 扶桑社.

_____. 2006. 『ゆるキャラの本』. 扶桑社サブカルPB.

_____. 2013. 『扶桑社ムックゆるキャラグランプリ公式ランキングブック2012-2013』. 扶桑社.

溝口敦. 2005. 『パチンコ30兆円の闇』. 小学館.

溝上憲之. 1998. 『パチンコの歴史』. 暁聲社.

見田宗介. 1967. 『近代日本の心情の歴史-流行歌の社会心理史』. 講談社.

_____. 1971. 『現代日本の心情と論理』. 筑摩書房.

_____. 1985. 『文化と社会意識』. 東京大学出版社.

宮下真. 2001. 『キャラクタービジネス 知られざる戦略』. 青春出版社.

村上泰亮. 1984. 『新中間大衆の時代』. 中央公論社.

村本邦子. 2001. 『暴力被害と女性 -理解・脱出・回復』. 昭和堂.

村松岐夫・奥野正寛. 2002. 『平成バブルの研究〈上〉形成編—バブルの発生とその背景構造』. 東洋経済
　　　新報社.

森こう. 1988. 『異文化への理解』. 東京大学出版社.

森好夫. 1982. 『文化と社会的役割』. 恒星社厚生閣.

森武麿. 2009. 『現代日本経済史』. 有斐閣.

毛利嘉孝. 2004. 『日式韓流―〈冬のソナタ〉と日韓大衆文化の現在』. せりか書房.

門倉貴史. 2006. 『「夜のオンナ」はいくら稼ぐか?』. 角川書店.

文部科学省. 2000. 『新学習指導要領・生きる力』. 保護者用リーフレット(PDF).

ものがたり戦後労働運動史刊行委員会. 1999. 『戦後労働運動史VI(1959-1964)』. 第一書林.

_____. 1999. 『戦後労働運動史IV』(1952-1955). 第一書林.

ライシャワー. 2001. 『ライシャワーの日本史』. 講談社.

ライブ. 2017. 『二次元世界に強くなる 現代オタクの基礎知識』. 新紀元社.

リクルート出版編. 1987. 『「新人類」なんて言わせない』. リクルート出版.

リチャード モールトビー. 1991. 『大衆文化 (上) 20世紀の歴史』. 平凡社.

_____. 1991. 『大衆文化 (下) 20世紀の歴史』. 平凡社.

レイ・カーツワイル. 2007. 『ポスト・ヒューマン誕生 コンピュータが人類の知性を超えるとき』. NHK
　　　出版.

＿＿＿＿＿. 2016. 『シンギュラリティは近い 人類が生命を超越するとき』. NHK出版.

ロドニー・ブルックス. 2006. 『ブルックスの知能ロボット論―なぜMITのロボットは前進し続けるのか?』. オーム社.

八木隆. 2017. 『80年代バブルの生成からアベノミクスまで―「景気対策」依存症が蝕む日本の経済と社会』. ブイツーソリューション.

安江良介. 1991. 『近代日本総合年表』. 岩波書店.

安西祐一郎ほか. 2005. 『ロボットインフォマティクス』(岩波講座ロボット学 5). 岩波書店.

安田浩一. 2015. 『ネットと愛国―在特会の「闇」を追いかけて』. 講談社.

山岡拓. 2009. 『欲しがらない若者たち』. 日本経済新聞出版社.

山口啓二. 1993. 『鎖国と開国』. 岩波書店.

山口康男. 2004. 『日本のアニメ全史』. TEN-BOOKS.

山崎正和. 1987. 『文化開国への情報挑戦』. 中央公論社.

山崎功. 2014. 『任天堂コンプリートガイド -玩具編-』. 主婦の友社.

＿＿＿＿＿. 2018. 『懐かしの電子ゲーム大博覧会』. 主婦の友社.

＿＿＿＿＿. 2019. 『任天堂コンプリートガイド -コンピューターゲーム編』. 主婦の友社.

山田昌弘著. 2006. 『新平等社会』. 文藝春秋.

山野車輪. 2005. 『マンガ嫌韓流』. 晋遊舎.

＿＿＿＿＿. 2006. 『マンガ嫌韓流2』. 晋遊舎.

＿＿＿＿＿. 2007. 『マンガ嫌韓流3』. 晋遊舎.

＿＿＿＿＿. 2008. 『マンガ嫌中国流』. 晋遊舎.

＿＿＿＿＿. 2009. 『マンガ嫌韓流4』. 晋遊舎.

＿＿＿＿＿. 2015. 『マンガ大嫌韓流』. 晋遊舎.

山本明. 1998. 『カストリ雑誌研究―シンボルにみる風俗史』. 中央公論社.

山本喜久男. 1986. 『日本のサブカルチャー―大衆文化のヒーロー像』. 阪急コミュニケーションズ.

山本雄二郎. 1972. 『日本列島改造論の幻』. エール出版社.

山本武利(編集). 2009. 『占領期雑誌資料大系 大衆文化編 アメリカへの憧憬』. 岩波書店.

ヤンビョンソル・トラッシュ. 2006. 『嫌日流』. 有学書林.

横井清. 2007. 『中世民衆の生活文化』. 講談社.

横沢千秋他. 1995. 『日本流行歌史(1960-1994)』. 社会思想社.

吉川洋. 1997. 『高度成長―日本を変えた6000日』. ≪読売新聞≫.

吉永明弘. 2014. 『都市の環境倫理: 持続可能性、都市における自然』. 勁草書房.

吉田裕(編集). 2004. 『戦後改革と逆コース』. 吉川弘文館.

吉野源三郎. 2017. 『君たちはどう生きるか』. マガジンハウス.

吉本佳生・西田宗千佳. 2014. 『暗号が通貨(カネ)になる「ビットコイン」のからくり「良貨」になりうる3
　　つの理由』. 講談社.

吉行淳之介. 1982. 『夕暮まで』. 新潮社.

依田徹. 2014. 『盆栽の誕生』. 大修館書.

_____. 2015. 『盆栽 BONSAI ジャパノロジー・コレクション』. KADOKAWA.

余田弘実. 2016. 「書名から見た近世料理書と近代料理書: 日本料理, 西洋料理, 支那料理」. ≪國文學論
　　叢≫. 第61号.

和央明. 2014. 『姫ギャル パラダイス(3) (ちゃおコミックス)』. 小学館.

馬淵公介. 1989. 『「族」たちの戦後史』. 三省堂.

鷲巣力. 2003. 『自動販売機の文化史』. 集英社新書.

若野桂. 2001. 『AIBO BOOK』. ソニーマガジンズ.

渡辺泰. 1977. 『日本 アニメーション映画史』. 有文社.

渡部小童. 2010. 『花札を初めてやる人の本』. 株式会社土屋書店.

渡辺昭夫. 2001. 『戦後日本の宰相たち』. 中央公論新社.

Benedict, R. 1946. *The Chrysanthmum and the Sword*. Boston.

Biesanz, M. H. 1973. *Introduction to Sociology*. N. J.: Prentice-Hall.

Davis, Kingsley. 1959. "The Myth of Functional Analysis as a Special Method in Sociology
　　and Anthropology." In American Sociology Review.

Fishwick, M. 1974. *Parameters of Popular Culture*. Doubleday.

Fox, R. L. 1983. *The Culture of Consumption*. Pantheon.

GHQ/SCAP Records. *Civil Information and Education Section* (CIE).

James, William. 1950. *The Principles of Psychology*. New York.

Jameson, F. 1984. *Postmodernism or the Cultural Logic of Late Capitalism*. New Left
　　Review.

Kaplan, D. and Manners. 1972. *Culture Theory*. Englewood Cliffs: New Jersey.

McLuhan. 1964. *Understanding Media: the Extensions of Man*. McGraw-Hill.

Parsons, Tacott. 1951. *Social System*. New York Free Press.

Riesman D. 1950. *The Lonely Crowd*. Doubleday.

Roszak, T. 1970. *The Making of Counter Culture*. Doubleday.

Standards. 2018. 『Androidスマートフォン完全マニュアル』. Standards.

Swingewood A. 1977. *The Myth of Mass Culture*. Macmillan.

Tylor, E. B. 1871. *Primitive Culture*. London: Murray.

White, Leslie. 1959. *The Evolution of Culture*. New York: McGraw-Hill.

https://www.ntj.jac.go.jp(검색일: 2017~2019)

https://www.yahoo.co.jp(검색일: 2016~2019)

https://www.ascii.jp/elem(검색일: 2018~2019)

https://www.semstory.com(검색일: 2018~2019)

https://www.wikiwand.com/zh-mo(검색일: 2017~2019)

https://www.sumo.or.jp(검색일: 2017~2019)

https://www.naver.com(검색일: 2016~2019)

지은이

구 견 서 (具見書)

일본 도쿄대학교에서 사회학 박사학위를 받고 현재 평택대학교 국제지역학부 일본학 전공 교수로 재직하고 있다. 저서로는 『현대일본사회론』(1999), 『현대 일본문화론』(2000), 『일본 知識人의 사상』(2001), 『현대일본사회의 이해』(2001), 『일본 문화 총서』(2003, 공저), 『일본민족주의사』(2004), 『일본 영화와 시대성』(2007), 『일본 애니메이션과 사상』(2011), 『나, 사랑, 세상을 피우고』(2011, 시집), 『일본연구의 성과와 과제』(2013, 공저), 『국가의 희생』(2013), 『유토피아사회』(2015), 『21세기 일본』(2016), 『일본의 지역문화정책』(2018) 등이 있다.

한울아카데미 2189

일본대중문화론

ⓒ 구견서, 2019

지은이 ㅣ 구견서
펴낸이 ㅣ 김종수
펴낸곳 ㅣ 한울엠플러스(주)
편 집 ㅣ 조인순

초판 1쇄 인쇄 ㅣ 2019년 9월 25일
초판 1쇄 발행 ㅣ 2019년 9월 30일

주소 ㅣ 10881 경기도 파주시 광인사길 153 한울시소빌딩 3층
전화 ㅣ 031-955-0655
팩스 ㅣ 031-955-0656
홈페이지 ㅣ www.hanulmplus.kr
등록번호 ㅣ 제406-2015-000143호

Printed in Korea.
ISBN 978-89-460-7189-6 93910 (양장)
      978-89-460-6810-0 93910 (무선)

※ 책값은 겉표지에 표시되어 있습니다.
※ 이 책은 강의를 위한 학생판 교재를 따로 준비했습니다.
   강의 교재로 사용하실 때에는 본사로 연락해주십시오.